이 책에 쏟아진 찬사

몰입과 충격을 번갈아 선사한다. …… 책의 대부분은 스릴러 같은 속도 감으로 달음박질친다. …… 깊은 바다보다 밤하늘을 그린 지도가 더 많은 것만 보아도 알 수 있듯 바다는 많은 부분이 여전히 미지의 장소로 남아 있다. 이 책 덕택에 그곳을 다시 보고 새롭게 인식하게 될 것이다.

—《타임스》

《뉴욕타임스》기자 이언 어비나는 지구 표면 3분의 2에 걸쳐 있으나 거의 전부가 대중의 감시를 피해 숨어 있는 평행 세계를 탐사한다. …… 세계 수산 자원이 위기를 맞은 가운데 어비나는 세계의 범죄 문화를 덮은 두꺼운 장막을 걷어낸다. 바다에 가해지는 타격이 더는 손쓸 수 없는 지경에 이르려는 바로 그 순간에.

—《가디언》

이 책의 각 장은 각각의 이야기로도 생동감이 넘치지만, 하나로 모이니 지금까지 보이지 않았던 충격적인 세계의 복합적인 초상이 그려져 그야말로 출중하다. 어비나는 담력과 강단이 요구되기에 흔히 볼 수 없는 깊이 있는 르포르타주를 만들어냈다. …… 그 결과물은 읽기에 흥미진진할 뿐 아니라 진정 중요한 기록물이다. …… 저널리즘의 최고 경지에 올랐다.

—블레어 브레이버먼 |《뉴욕타임스북리뷰》

『무법의 바다』는 단순히 놀라운 읽을거리로 그치지 않는다. 이 책은 물로 된 개척지대에 대한 흥미로운 연대기이며, 어떻게 세계적 무관심이 무고한 사람들을 끝없는 착취의 순환 속에 가둘 수 있는지, 어떻게 광대한 바다가 위험 지역이 되었는지, 그리고 궁극적으로 우리 모두가 이 혼란과 학대에 대한 대가를 지불하는지를 보여준다.

—존 케리(전 미국 국무장관)

이 책은 우리가 좀처럼 생각하지 못하는 세상의 가장 어두운 구석들을 비추는 탐사 저널리즘의 탁월한 예다. …… 저자가 발견한 것은 끔찍한 것부터 충격적인 것, 불공평한 것부터 믿을 수 없는 것까지 다양하다. …… 장대한 읽기 경험. …… 탐사보도의 탁월한 본보기. …… 뛰어난 글쓰기가 여전히 우리가 살고 있는 세상을 알기 위한 최고의 도구 중 하나라는 증거.

—가비노 이글레시아스 | 내셔널퍼블릭라디오

세계를 대담무쌍하게 조사한 역작. …… 저자는 자신의 위험한 여정이 사람들에게 도움이 아니라 해가 될 것을 무엇보다 두려워한다. 그러나 저자가 용감하게 그러모아 충격을 안기는 바다 위 야만 행위와 부글대는 재앙의 실상이, 엄청난 생생함과 호소력으로 선보이는 이 사실들이 하나로 합쳐져 규모는 방대하고 의의는 막대한 폭로담을 이뤄냈다는 데는 의심의 여지가 없다.

—《북리스트》

이 책을 풍성하게 하는 것은 바다에서 생계를 꾸리는 이들에게 그곳을 너무나도 위험한 곳으로 만드는 살인, 범죄, 해적 행위와 해양 생물 파괴 문제를 다루는 어비나의 천부적인 스토리텔링이다.

—《내셔널북리뷰》

이 책은 독자를 압도적인 진실로 끌어당긴다. …… 보고 문학의 인상적인 위업. …… 어비나는 복잡한 사건들을 자신의 이야기로 능숙하게 드러낸다.

—《워싱턴포스트》

공해에서 판을 치는 부패, 착취, 인신매매에 주목한 충격적인 작업이다. …… 작법은 간결하지만 영리하다. …… 섬뜩하고 아름답다.
—《아웃사이드》

안타깝게도 당장 넓게 봤을 때 『무법의 바다』가 문학에 이바지한 바 중 가장 가치 있는 것은 인간 본성을 대하는 비관주의일 것이다. …… 저자의 이야기에서는 홉스가 논한 자연 상태와 유사한 무언가가 여전히 존재하며 육지에서 수십 킬로미터 떨어진 먼바다로 나갈 의사가 있는 이라면 누구나 그곳을 이용할 수 있다는 게 총체적으로 드러난다.
—《월스트리트저널》

어비나의 여정을 통해 우리가 알게 되는 것은 바로 인간성 자체의 심연이다. 육지의 단단한 체계와 결함이 없는 세계에 떨어졌을 때 우리의 가장 어두운 충동이 고개를 든다. 그러나 우리가 품은 가장 고결한 의지, 구하고 보호하고 공정한 법규를 세우려는 의지도 더불어 나타난다.
—《페이스트》

순식간에 읽어내리게 된다. 매혹적이면서도 고통스럽다.
—《시빌이츠》

이 책에서 저자는 이런 범죄가 왜 행해지며 범인들이 왜 거의 기소되지 않는지를 보여주고자 자신이 만난 인물들과 그들이 처한 상황을 이해하는 데 초점을 맞춘다. 이를 위해 어비나는 웬만한 사람들보다 더 멀리 나아간다. 최전방에서, 그곳에 있는 사람들과 이야기를 나누는 방식으로 우리에게 문제를 보여준다.
—《바이스》

무법의 조류에서 선원들과 국가들이 똑같이 직면하고 있는 위험에 대한 신속하고 놀라운 설명.
—《커커스리뷰》

굉장한 폭로 작업.

— 나오미 클라인(『이것이 모든 것을 바꾼다』의 저자)

지구에서 온 탐험가가 살아있는 행성의 표면에 도착하여 잔인함만이 유일한 질서고 탐욕이 유일한 동기 부여자인 무법천지를 발견하는 판타지 영화를 상상해보라. 『무법의 바다』에 오신 것을 환영한다. 이 완전히 혁신적이고 종종 불안한 책에서 이언 어비나는 지구 표면의 3분의 2에 걸쳐 통제되지 않는 놀라운 비인간성을 드러내기 위해 자신의 삶을 바쳤다. 이 지속적으로 놀라운 책은 희귀한 영웅들로 양념되어 있다. 그들 중 작가 자신도 매우 위험에 처해 있다.

— 칼 사피나(『푸른 바다를 위한 말과 노래를 넘어서』의 저자)

『무법의 바다』에서 이언 어비나는 외해에서의 전투로 우리의 일상과 우리가 살고 있는 세계에 깊은 영향을 미치는 사기꾼, 배신자, 자경단, 운동가 들을 흥미진진하게 그려냈다. 이것은 야성의 모험담이자, 놓쳐서는 안 될 무서운 경고다.

— 샘 워커(《월스트리트저널》의 전 부편집장)

이 책의 보도 범위는 주목할 만하다. 어비나는 바다를 떠도는 도적과 대혼란을 광범위하게 다루고 있으며, 자신의 발견을 이 더러운 활동에 활기를 불어넣는 명확하고 투명한 산문으로 전달한다.

— 수전 케이시(『물결: 바다의 악당, 괴물, 거인을 쫓으며』의 저자)

우리 행성은 70퍼센트가 바다인데, 아직 TV나 신문에서 보지 못한 사람은 인간이 먼바다까지 모험한 적이 있다는 것도 상상하기 어려울 것이다. 보도의 공백을 메워주기 시작하고 공해에서 볼 수 있는 극적인 사건들을 보여준 이언 어비나에게 감사하다.

— 빌 매키번(『우주의 오아시스 지구』의 저자)

무법의 바다

무 법 의 바 다

THE OUTLAW OCEAN

보이지 않는 디스토피아로 떠나는 여행

이언 어비나 지음

박희원 옮김

AGORA

무법의 바다

보이지 않는 디스토피아로 떠나는 여행

1판 1쇄 발행   2023년 9월 15일

지은이   이언 어비나
옮긴이   박희원
펴낸이   김찬

독자 북펀드에 참여해주신 분들(가나다순)

강경민, 강승미, 강은진, 건우, 고소현, 곽희정, 구도은구도연, 권선규, 글월마야, 금동혁, 김가론, 김광숙, 김면규, 김민수, 김보경, 김상록, 김상훈, 김수성, 김수현, 김연석, 김영수, 김영철, 김은서, 김은희청월, 김종년, 김지연제노, 김지은, 김지호, 김진우, 김푸딩, 김형호, 남혁우, 노영훈, 도미란, 류수아, 리퀴드뎁쓰, 마두산책북클럽최유진, 맹민지, 문선형, 문소현, 문종미, 문혜빈, 박미란, 박상규, 박성수, 박예령, 박유영, 박종우, 박지애, 박현웅, 박형우, 박화진, 박희령, 백동현, 서쌍용, 설우, 소울마인, 손영식, 손진우, 신나경, 심수빈, 안재희, 양성지, 오봉이누나, 오상민, 오치영, 우리고래, 우예은, 유명주, 유선종, 유아이, 윤혜경, 이덕아, 이보람, 이선향, 이성철, 이수향, 이영주, 이외숙, 이자영, 이진미, 이채은, 이혁민, 이훈, 임다희, 임채윤, 장소리, 장인선, 장창국, 정남두, 정성윤, 정영섭, 정은휘, 정은희, 정인숙, 정재원, 정혜윤, 조안제제, 존 골트가 누구지, 채영희, 최봉원, 최승은, 최윤영, 최현주, 프레이야배혜경, 한가람, 한달한권 조아조아, 한정호, 해피파인, 허일, 현미정, 홍두모, 황승흠, 황윤영, 황율찬, 황의승, 황혜선, Innis Lee, Jack Shin, KSM, lucetefam, Moonshine, ParkJiWon, presean, Yelley 외 44명 (총 169명 참여)

펴낸곳   도서출판 아고라
출판등록   제2005-8호(2005년 2월 22일)
주소   경기도 고양시 일산동구 정발산로 15 415호
전화   031-948-0510
팩스   031-8007-0771

ISBN 978-89-92055-79-6 03300

* 책값은 뒤표지에 있습니다.

에이든에게

아무리 정신없고 고단하다 해도
네 정비팀의 일원인 건
그 어떤 모험보다 대단하고
그 어떤 과업보다 자랑스러운 일이란다.

차례

서문

　해안에서 160킬로미터쯤 떨어진 태국 앞바다, 한 선망 어선 갑
판에서 30여 명의 캄보디아인 소년과 남성 들이 맨발로 하루 종
일 일하고 있었다. 4.5미터 높이의 너울이 뱃전을 타고 올라와 선
원들의 무릎 아래에 부딪쳤다. 바닷물이 들이치고 물고기 내장이
널려 있어 배 위는 스케이트장처럼 미끄러웠다. 거친 바다와 몰
아치는 돌풍 탓에 불규칙하게 널뛰는 배의 갑판은 뾰족한 장비와
회전하는 권양기, 높이 쌓인 227킬로그램짜리 어망 무더기가 늘
비한 장애물 경기장이었다.

　비가 오든 날이 개든 노동은 매일 18시간에서 20시간까지 이
어졌다. 밤이면 선원들은 어망을 던졌다. 목표물인 작은 은색 물
고기(대부분 전갱이와 청어다)가 빛을 더 잘 반사해 컴컴한 물속
에서도 쉽게 눈에 띄는 시간이었다. 해가 높이 솟은 낮에는 기온
이 섭씨 38도를 웃돌았으나 작업을 쉬는 법은 없었다. 식수는 빠
듯하게 배급되었다. 작업대 곳곳에 바퀴벌레가 우글거렸다. 갑판
의 널 하나를 들어내면 그곳이 화장실이었다. 밤에는 설거지하지

않은 일꾼들의 접시를 해충이 닦아줬다. 배에서 키우는 꾀죄죄한 개는 쥐들이 속 편한 도시 다람쥐처럼 배를 누비다 제 밥그릇에 입을 대도 고개조차 들지 않았다.

조업하지 않을 때는 어획물을 분류하거나 툭하면 찢어지는 어망을 수선하는 게 선원들의 일이었다. 물고기 창자로 얼룩진 웃옷을 입은 한 소년은 손가락 두 개가 잘린 자리를 자랑스레 내보였다. 돌아가는 크랭크에 감겨 있던 어망에 잘린 것이었다. 단 하루도 물 마를 날이 없는 선원들의 손에는 물고기 비늘에 베이고 어망에 쓸려 생긴 열린상처가 있었다. 깊은 상처는 선원들이 손수 꿰맸다. 감염은 늘 있는 일이었다. 선장은 선원의 작업 시간을 늘릴 각성제는 부족하지 않게 채워뒀지만 감염된 상처에 쓸 항생제는 거의 비축해두지 않았다.

이런 배의 선원들은 찢어진 어망 수선이 느리다거나 실수로 고등어를 은어나 청어 양동이에 넣는다거나 하는 사소한 잘못으로도 걸핏하면 얻어맞았다. 이 배에서 명령에 불복하는 것은 경범죄가 아니라 사형으로 다스려질 만큼의 큰 죄였다. 2009년 UN이 태국 어선에 팔려 온 캄보디아 남성 50명을 대상으로 조사를 했을 때, 면담한 남성 중 29명은 선장이나 사관이 인부를 죽이는 광경을 본 적이 있다고 했다.

대개 이런 배에서 일하는 사람들은 다수가 미등록 이주민이라 기관들에게는 투명 인간이었다. 미지의 세계로 내보내진 이들은 사회의 지원이 닿을 수 없는, 흔히 유령선이라고 불리며 태국 정부로서도 추적할 도리가 없는 미등록 선박에 있었다. 태국인 선장이 쓰는 말을 하지 못했고 수영할 줄도 몰랐으며 내륙 마을 출신이라 이런 처지가 되기 전까지는 바다를 본 적도 없는 사람들이었다.

거의 모든 선원에게는 청산해야 할 빚이 있었고 이 빚이 기간 계약 노역에 포함되었다. 이는 '배는 지금 타고 돈은 나중에 준다'는 식의 고용으로, 많은 경우 법을 피해 다른 나라로 몰래 들어오느라 빌린 돈을 노동으로 갚아야 했다. 내게 다가온 캄보디아인 소년 한 명은 대화가 깊어지자, 일단 육지를 떠난 후로는 빚이 도무지 줄지 않는다는 것을 서툰 영어로 설명하려 애썼다. 자기 그림자를 손으로 가리키며 그걸 잡아채려는 듯 이리저리 움직이더니 말했다. "안 잡혀요."

나는 이 무자비한 장소에 직접 가보기 위해 2014년 겨울의 5주를 들였다. 남중국해의 어선, 특히 태국 선단에 속한 어선들은 대부분 빚이나 협박 때문에 바다로 떠밀려 온 이주민들, 속칭 '해상 노예'를 부리는 것으로 수년간 악명을 떨쳐왔다. 그 중에서도 최악은 장기 운항선으로, 대개 해안으로부터 수백 킬로미터 떨어진 곳에서 조업하는 이 배들은 물자를 공급하고 어획물을 해안으로 날라주는 모선을 두고 1년 이상 바다 위에 머무르기도 했다. 나와 사진사를 태우고 160킬로미터가 넘는 거리를 이동해 이런 장기 운항선까지 데려다주겠다고 나서는 선장은 아무도 없었다. 그래서 우리는 적당한 곳에 닿을 때까지 이 배에서 저 배로 옮겨 타며(한 배로 60킬로미터를 가고 다음 배로 60킬로미터를 더 가는 식이었다) 멀리 나아가야 했다.

물이라는 족쇄에 나란히 묶인 죄수처럼 어망 당기는 동작을 맞추려 노래를 부르는 캄보디아인들을 보고 있자니 지난 수년 동안 해사 사건을 보도하며 몇 번이고 맞닥뜨렸던 모순이 다시 떠올랐다. 바다는 숨이 멎도록 아름답지만, 다른 한편으로는 암담한 비인도적 행위가 난무하는 디스토피아적 공간이기도 하다. 법은 수세기에 걸쳐 세심하게 말을 다듬고, 치열하게 싸워 사법권의 선을 긋고, 강력한 집행 체제를 확립하며 위력과 명료함을 키워온 덕에 육지에서는 대개 아주 견고한 지배력을 갖고 있다. 그러나 바다에서 법은 유동적이며 사실 존재감조차 미미하다.

모순은 여기서 끝나지 않는다. 손가락으로 밀거나 두드리는 동작 한 번에 즉각 너무나 많은 정보가 쏟아져 주변 세계에 관한 지식이 기하급수적으로 늘어나는 시대지만, 우리가 바다에 대해서 아는 것은 충격적일 정도로 적다. 오늘날 세계 인구 절반은 바다에서 160킬로미터 이내에 살고 있으며 세계 상품의 90퍼센트는 상선이 수송한다. 세계적으로 5,600만 명 이상이 어선에 몸을 싣고 바다에서 일하며 이 외에 160만 명은 화물선과 탱커선을 비롯한 다른 상선을 탄다. 하지만 이 영역을 다루는 보도는 이따금 보이는 소말리아 해적이나 대규모 기름 유출 사고 소식을 제외하면 극히 드물다. 우리 대부분에게 바다란 그저 하늘에서 내려다보는 곳이거나 어둡고 밝은 파랑으로 이뤄진 널따란 화폭에 지나지 않는다. 바다는 광활하고 전능해 보이지만, 환경을 위협하는 문제는 지도 제작자가 지난 몇 세기 동안 바다에 멋대로 그려놓은 경계를 넘어 멀리까지 뻗어나가기 때문에 바다는 한편으로 취약하고 아슬아슬하기도 하다.

뒤에서 들리는 합창의 불협화음처럼 이런 모순들은 40개월이라는 시간 동안 비행기 85대를 타고 전 대륙의 도시 40곳을 돌아다닌 40만 4,000킬로미터의 취재와 오대양과 다른 부속해 20곳을 넘나든 1만 2,000해리(바다에서 거리를 나타내는 단위로, 1해리는 1,852미터다—옮긴이)의 여정 내내 나를 사로잡았다. 그 여정에서 이 책에 들어갈 이야기가, 통제를 벗어난 프런티어를 개략적으로 드러내는 서사가 나왔다. 내 목적은 해상 노예의 딱한 처지를 알리는 것뿐 아니라 공해를 누비는 사람들의 면면까지 생생하게 살리는 것이었다. 자경 활동에 나선 환경 보호 활동가와 난파선을 노리는 도둑, 바다에서 활동하는 용병, 반항적인 포경선원, 앞바다의 압류원, 바다로 나가는 임신중지 시술자, 은밀하게 움직이는 폐유 투기업자, 미꾸라지 같은 밀렵꾼, 유기된 선원, 바다로 내몰린 밀항자 말이다.

나는 어릴 적부터 바다에 매력을 느꼈지만 추위가 매서운 시카고의 겨울을 나던 어느 날이 되어서야 비로소 그 마음을 행동으로 옮겼다. 시카고 대학교에서 사학과 인류학으로 박사 과정을 밟은 지 5년째 되던 해에, 박사 논문 완성을 잠시 미뤄놓고 해양 조사선 헤라클레이토스Heraclitus호의 임시직 갑판원 겸 상주 인류학자로 일해보고자 싱가포르로 날아갈 결심을 한 것이다. 거기서 지낸 3개월 내내 배는 서류 문제로 항구를 벗어나지 못했고 나는 근처에 정박한 다른 배의 선원들과 어울리며 그 시간을 보냈다.

싱가포르의 항구에 발이 묶였던 이 기간에 나는 상선 선원과 장기 조업 어민을 실제로 처음 접했고, 이들을 겪으며 내 관심은 마치 임시적 존재 같은 이 집단에 못 박혔다. 이 노동자들은 육지에 둘러싸여 살아가는 사람들에게는 좀처럼 보이지 않는다. 이들에게는 자기만의 언어와 예절, 미신, 사회적 위계, 규율 체계가 있고, 내가 들은 이야기에 의하면 줄줄이 이어지는 범죄 행위 목록과 면책의 전통도 있다. 이들의 세계에서는 전통이 법만큼이나 강력했다.

이들과 대화하며 특히 명확해진 사실은 화물의 해상 운송이 항공 운송보다 훨씬 저렴하고, 그 이유 중 하나는 공해가 여러 국가의 행정으로 어수선한 상태이며 규제에서도 자유롭기 때문이라는 것이었다. 이런 현실은 조세 피난부터 무기 비축까지의 각종 불법 행위를 낳았다. 어찌 보면 미국 정부가 가령 시리아의 화학 무기를 해체하거나 테러 관련 구금과 신문 일부를 진행할 장소 또는 오사마 빈라덴의 시신을 처리할 장소로 공해를 선택할 이유가 있는 것이다. 이런 현실에서 어업계와 해운업계는 바다 위 무법 행위의 피해자인 동시에 그 수혜자이자 가해자이기도 하다.

나는 박사 논문을 끝내지 못했다. 대신 2003년에 《뉴욕타임스》에 입사했고, 그후 10년 동안 기자가 되는 법을 익히며 바다 위의 세계를 연속 기획물로 다뤄보자는 아이디어를 간간이 내놓았으나 통과되지는 못했다. 나는 설득력이 있을 만한 비유라면 뭐든 끌어모아 써먹었다. 바다는 무한 리필 뷔페처럼 가늠할 수 없는 기회를 품고 있다고 주장했다. 이야기라는 관점에서만 봐도 지구 3분의 2를 종합적으로 탐사하는 기자는 거의 없으며 행여 있다 해도 아주 적으므로 그 영역은 밟지 않은 눈이나 다름없다고 밀어붙였다.

2014년, 당시 담당 편집인이었던 리베카 코벳Rebecca Corbett이 마침내 내 의견에 동의했다. 기획을 받아들이면서 그녀는 물고기보

다는 사람에게 초점을 맞추라고, 그 렌즈 너머로 환경 문제까지
드러날 테니 인권과 노동 문제 위주로 파고들라고 현명하게 귀띔
해줬다. 《뉴욕타임스》「무법의 바다」시리즈의 첫 기사는 2015년
7월에 나갔고 이듬해에 기사 여남은 편이 더 발표되었다. 나는
2017년 1월부터 15개월간 휴직에 들어가 이 책에 필요한 취재를
이어갔다.

* * *

이곳저곳을 이동하다 보니 비는 시간이 많았고 나는 바다 관련
책에 파묻혀 그 시간을 보냈다. 경험적으로 보든 철학적으로 보
든 바다는 예나 지금이나 사람들에게 제각기 다른 무언가를 의미
했다. 바다는 무한의 은유이자 정부의 간섭과 확실하게 분리되어
가장 순수한 형태의 자유를 누릴 수 있는 공간이다. 누군가에게
는 탈출이지만 다른 누군가에게는 감금이다. 사람을 집어삼키는
폭풍과 비운의 결말로 끝난 원정, 조난당한 선원과 광기에 찬 사
냥꾼으로 가득한 해양 문학의 정전은 망망대해와 함부로 날뛰는
무뢰한을 생생하게 그려낸다. 갈라파고스 제도에 서식하는 새처
럼 이들은 많은 경우 포식자의 부재 속에 진화하며 지난 수세기
내내 멋대로 살아왔다. 지금까지도 그런다는 것이 놀라울 따름이
다. 이 책에 그려진 소묘로 이런 사람과 장소를 바라보는 우리의
인식이 현재에 맞게 제고되기를 희망한다.
　일인칭 시점 여행기에 가까운 책을 만들고자(담당 편집자는 "기
사를 쓰지 말고 이야기를 들려주라"는 말로 나를 일깨워줬다) 해안에
서 들은 이야기와 기록상 증거보다는 여러 배에서 직접 취재한

내용을 활용하려 했다. 배는 대부분 어선이었지만 화물선과 여객선, 의료선, 해상 무기고, 연구 단체와 옹호 단체의 선박에 해군과 항만 경찰, 해안경비대의 소형 쾌속정까지 있었다.

글을 집필하겠다고 이렇게 야심만만한 주제를 건드리는 데는, 또는 관용 표현대로 '바다를 끓이는' 데는 현실적인 위험이 따랐다. 때로는 취재 과정이 너무 들쑥날쑥해서 내가 하고 있는 것이 언론 활동이 아니라 주의력결핍장애 경험 같다는 기분이 들기도 했다. 그러나 여정이 길어질수록 이야기는 꼬리에 꼬리를 물고 이어졌다. 단정하게 정돈되는 이야기 또는 옳고 그름과 선인과 악인, 포식자와 먹잇감이 깔끔하게 구분되는 이야기는 하나도 없었다. 바다와 마찬가지로 이야기도 여기저기로 마구 퍼져나가, 단일하고 직선적인 서사로 욱여넣기 어려웠다. 그래서 일련의 에세이로 각 장을 구성했다. 독자는 내가 읽어낸 패턴을 넘어서는 각자의 방식으로 점점이 흩어진 이야기를 이어붙일 수 있으리라 믿는다.

결국 이 작업의 목표는 좀처럼 눈에 보이지 않는 세계를 증언하는 것이다. 그리스 항구에서 탱커선을 낚아채 공해로 끌고가는 바다의 압류원과 멕시코 연안에서 임부를 공해로 실어날라 다른 곳에서는 불법인 임신중지 시술을 시행하는 의사의 이야기를 풀었다. 환경 보호 활동가의 자경 활동도 기록했다. 남대서양에서 인터폴이 수배한 밀렵선을 뒤쫓은 데 이어 남극에서 마지막 남은 일본의 공장식 포경선을 추격한 사람들이었다. 남중국해에서는 서로에게서 인질을 잡은 두 나라 사이의 무장 대치 상황에 처했다. 소말리아 앞바다에서는 해적이 득실대는 바다 위에서 조그만 나무 낚싯배에 갇혀 잠시나마 옴짝달싹 못 하기도 했다. 가라 앉는 배를 보았고 격렬한 폭풍우를 견뎌냈으며 폭동 발발 직전까지도 가봤다. 이런 이야기를 취재하다 보니 남극해와 남대서양의 잠수함부터 오만만 바다 위의 무기고를 지나 북극해와 술라웨시 해의 석유 굴착 시설까지 발길이 닿았다.

이 모든 모험에도 불구하고 내가 전세계의 배에서 목격해 이 책에 담아내려 애쓴 것 중 가장 중요한 것은 서글프리만치 제대로 보호받지 못하는 바다와 그 위에서 일하는 사람들이 빈번하게 맞닥뜨리는 혼란과 고통이었다.

1장
천둥을 덮치는 폭풍

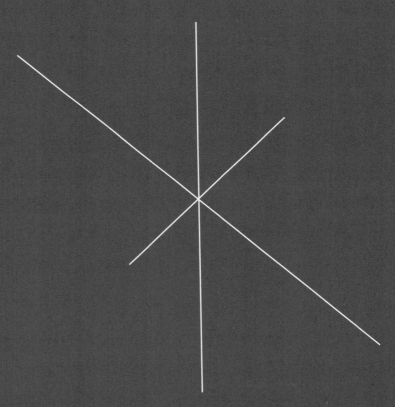

모든 전사들 가운데 가장 강한 전사는 바로 이 둘, 시간과 인내다.

—레프 톨스토이, 『전쟁과 평화』

추적에 나선 지 사흘째 되는 날, 피터 해머스테트Peter Hammarstedt 선장이 레이더 화면을 뚫어지게 응시했다.[1] 밥바커Bob Barker호를 몰고 오스트레일리아 호바트항에서 출항한 뒤로 수평선에 점점이 흩어져 있는 빙하 사이를 수색하며 황막한 남극해를 계속 조사하던 참이었다. 2014년 12월 17일 저녁 해머스테트가 선교船橋를 지키고 있을 때, 깜박이는 빨간불 세 개가 레이더에 나타났다.[2] 해머스테트는 신호를 유심히 살폈다. 둘은 조류를 따라 천천히 움직이는 걸로 보아 빙하가 틀림없었다. 하지만 꿋꿋이 조류를 역행하는 세 번째 신호는 달랐다.

해머스테트는 밥바커호를 몰아 슬며시 다가갔다. 남극의 여름 햇볕이 쉼 없이 쏟아지는 머리 위 망대의 망원경을 들여다보니, 멀리서 조업 중인 저인망 어선의 꽁무니를 맴돌며 자맥질하는 바닷새 무리가 눈에 들어왔다. 해머스테트는 서류철을 집어들었다. 거기에는 세계 최악의 불법 조업자들이 열거되어 있는 인터폴의 자색 수배 명단과 선박 식별을 위한 대강의 정보가 들어 있었다.

그는 불법 어획으로 세계에서 가장 악명 높은 62미터 길이의 나이지리아 선박 천둥Thunder의 자료가 나올 때까지 목록을 넘겼다.[3] 이제 5킬로미터 가량 떨어진 곳에 있는 저인망 어선을 찬찬히 뜯어본 해머스테트는 그 배의 윤곽이 천둥호와 일치하는 것을 확인했다. 그는 씩 웃으며 잠시 뜸을 들인 다음 경보 장치를 강타해(단음을 다섯 번 울렸다) 선원들에게 각자 위치에서 대기하라고 지시했다. 먹잇감을 발견한 것이다.

스톡홀름에서 태어난 해머스테트는 고등학교를 갓 졸업한 18세에 시셰퍼드Sea Shepherd에 합류했다. 앳된 얼굴에 호리호리한 체격인 해머스테트는 검은 수염(무자비한 해적이었던 에드워드 티치의 별명―옮긴이)보다는 하우디 두디(어린이 TV 프로그램 〈하우디 두디 쇼〉의 캐릭터―옮긴이)에 가까워 보였다. 바다에서 10년 이상을 보낸 서른 살 젊은이치고는 정중하고 격식을 차리는 유형으로, 한 문단짜리 이메일을 보낼 때조차 구두법과 들여쓰기를 제대로 지켰다. 책상에서 업무를 시작하기 전에 연필과 펜부터 세심하게 정리하는 편인 이 남자는 무질서한 업계를 누비는 질서정연한 사람이었다. 해머스테트는 남극에 나타나던 일본 포경업자를 추적하는 10건의 작전을 포함해 2003년부터 시셰퍼드가 진행한 주요 활동에 거의 매번 참여해왔다. 선원들은 해머스테트의 결연한 얼굴에서 자신의 일에 진지하게 임하며 포화 속에서도 늘 침착한 청년을 보았다.

시셰퍼드에게 천둥호 추적은 정의를 바로 세우거나 멸종 위기 어종을 보호하는 것 이상의 의미를 갖고 있었다. 이 추적은 사법기관의 허술한 공해 감시에 힘을 더해주려는 활동이었다. 사실

밥바커호 선교에 있는 피터 해머스테트 선장.

사법기관이 마땅히 받아야 할 평가에 비하면 허술하다는 말은 상당히 후한 표현일 것이다. 천둥호 같은 악의적 행위자에게 바다는 누구나 뛰어들 수 있는 광활한 무법지대였다. 너르디너른 전 세계의 바다가 그 자체로 장막이 되어주니 밀렵꾼으로서는 뒤탈을 걱정할 이유가 없었다. 먼바다에서 보는 사법 제도는 희미한 물의 경계만큼이나 흐릿했고, 대다수 정부에게는 이런 밀렵꾼을 추적할 자원도 관심도 없었다. 당시 인터폴의 자색 수배 명단에는 불법 행위를 일삼으면서도 수십 년간 체포를 피해 '여섯 날강도'라는 별칭까지 얻은 배 6척의 이름이 올라 있었다.[4] 세계에서 가장 악명 높은 배들이라 할 만했다. 이들은 오랜 세월 어떤 처벌도 받지 않고 조업을 해왔다.

정부가 손놓고 있는 상황에서, 해머스테트와 선원들은 안전한 해안으로부터 수백 킬로미터 떨어진 곳에서 이런 배들을 감시하는 위험천만한 활동을 수행했다. 천둥호의 사관들은 세계 어업계

밥바커호.

에서 가장 악랄한 무법자로 인식되었지만, 어떤 국가도 그들을 추적할 의지와 능력을 보여주지 않았다. 그러나 해머스테트가 활동하는 비영리 해양 환경 단체 시셰퍼드는 이들의 도전장을 받아들였다. 현상금도 없는 사냥꾼 역할을 자처한 이 단체가 지구 밑바닥 남극해 깊숙한 곳의 황막한 바다에서 '깡패선'을 추적하고 있었다. 대범한 자경 활동과 집요한 범죄 행위의 대결이었다.

해머스테트는 엔진 문제로 출항이 늦어진 시셰퍼드의 다른 배 샘사이먼Sam Simon의 선장 시다스 처크러바티Siddharth Chakravarty와 무전 교신을 했다. 그들이 지휘하는 시셰퍼드의 두 선박은 모두 해양용 위장을 해서, 선체 전면부는 쩍 벌어진 상어 주둥이처럼 보였고 뱃머리에는 가짜 해적기가 나부꼈다. 삼지창과 교차하는 목자의 고리 지팡이가 해골과 나란히 그려진 깃발이었다. 해머스테트가 말했다. "천둥호를 찾은 것 같다. 물에 부표가 몇 개 보이고 외관상으로도 확인된다."

해머스테트가 3노트(1노트는 1시간에 1해리를 이동하는 속력이
다—옮긴이) 속도로 조심스럽게 접근하던 중 한 선원이 저인망 어
선 후면에 '천둥호, 라고스'라고 적힌 글자가 보인다고 말했다.
해머스테트는 무전으로 상대에게 자신을 드러냈다.[5]

밥바커호 : 천둥호, 천둥호, 천둥호 나와라. 여기는 밥바커호다. 당
신들 배의 조업은 불법이다.

천둥호 : 미안, 미안. 영어 모른다. 스페인어만 한다.

밥바커호 : 잘됐다. 아블로 에스파뇰 탐비엔(스페인어 가능하다).

해머스테트는 스페인어를 할 줄 아는 사진사를 선교로 불렀다.
사진사가 통역을 시작했다.

밥바커호 : 당신들은 불법 조업 중이다. 어업 허가를 받았나?

천둥호 : 허가를 받았다, 허가를 받았다. 우리 배는 나이지리아 국
적이며 현재 공해를 항해하고 있다. 이상.

밥바커호 : 지금 당신들이 조업 중인 구역은 남극해양생물보존위
원회CCAMLR가 지정한 58.4.2 해역이고, 우리는 당신들을 찾는 인터폴
공개 수배령을 받고 왔다.

천둥호 : 우리는 운항 중이지 어획 중인 게 아니다. 그러는 당신들
배는? 해적기가 보이는데. 그건 뭔가?

해머스테트는 통역을 거쳐 시셰퍼드가 환경 보호를 위한 국제

경찰 기구라고 말했다. 천둥호를 억류(바다에서는 '나포'라고 한다)
하러 왔다는 말도 덧붙였다.

천둥호: 아니, 아니, 안 된다. 불가하다, 그건 불가하다. 당신들한테
는 이 배를 나포할 권한이 없다. 우리는 항해를 계속할 것이다. 쭉 이대
로 항해할 거다. 당신들은 선박 나포 권한이 없다. 이상.

밥바커호: 권한이 있다. 인터폴과 오스트레일리아 경찰에도 당신
들 위치를 알렸다.

천둥호: 그래, 알겠다. 우리 위치는 전해도 좋다. 하지만 이 배에 승
선하는 건 불가하다. 나포할 수도 없다. 우리는 공해에서 운항 중이고
이렇게 계속 갈 거다.

밥바커호: 우리가 뒤를 쫓을 거다. 당신들 배는 나포 대상이다. 오
스트레일리아 프리맨틀로 항로를 수정하라.

나중에 안 사실이지만 천둥호가 법을 위반하기는 했어도 그 선
장의 말은 옳았다. 시셰퍼드는 선박을 나포할 권한이 없었다. 하
지만 엄포는 바라던 효과를 냈다. 후갑판에서 물고기 찌꺼기를
배 밖으로 던지고 있던 천둥호 선원이 내부로 모습을 감춘 것이
다. 1,000톤이 넘는 보강철로 만들어진 깡패선이 돌연 방향을 틀
고 엔진 속력을 올려 자기보다 크기는 작고 속도가 빠른 시셰퍼
드의 배를 따돌리려 했다. 해머스테트는 2014년 12월 17일 오후
9시 18분 항해 일지에 이렇게 썼다. "밥바커호는 어선 천둥호를
끈질기게 추적해 인터폴에 위치를 알릴 것이다."[6]

* * *

해양사상 최장기 불법 어선 추적은 이렇게 시작되었다. 그후 110일 동안 세 대양과 두 부속해를 건너 2만 1,390킬로미터가 넘는 거리를 이동하며 쥐를 농락하는 고양이처럼 천둥호를 쫓은 시셰퍼드 요원들은 거대한 빙상과 포악한 폭풍우로 가득 찬 경기장에서 격렬한 대립과 충돌 직전의 위기라는 힘겨운 장애물을 헤쳐 가야 했다.

나중에 배에서 압수한 서류에 따르면 천둥호에 탄 선원 40명은 대부분 인도네시아인이었지만, 사관 중에는 스페인인 7명과 칠레인 2명, 포르투갈인 1명이 있었다. 배를 통솔하는 선장은 루이스 알폰소 R. 카탈도Luis Alfonso R. Cataldo라는 칠레인이었다. 스페인인 5명은 갈리시아 라코루냐 출신이었는데,[7] 스페인에서 가장 빈곤한 지역인 갈리시아는 마약 밀수와 담배 암거래, 특히 불법 어업을 자행하기로 유명한 범죄 조직들의 온상이라 종종 '스페인의 시칠리아'라고 불린다(시칠리아는 마피아의 본거지다―옮긴이).

비양심적인 선주가 바다에서 밀렵을 하는 이유는 뻔하다. 불법 수산물 거래가 1,600억 달러 규모로 추정되는 연매출을 올리며 세계적으로 번창하는 사업이기 때문이다. 어선이 보다 강력한 레이더와 커진 어망, 빨라진 선박 등의 기술 발전에 힘입어 놀라운 수준의 효율로 바다를 약탈하게 되면서 지난 10년 동안 불법 어획물 거래는 증가해왔다.

천둥호는 이 업계의 선두주자였고, 환경 보호 활동가의 눈에는 여섯 날강도 중에서도 제일 악질이었다.[8] 수온이 가장 낮은 바다에서만 발견되는 무시무시한 생김새의 이빨고기를 수십 년간 밀

밥바커호와 샘사이먼호가 인터폴의 수배령이 떨어진 밀렵선 천둥호를 추적하고 있다. 해양사상 가장 오래 이어진 불법 어선 추적 사례다.

렵해 생긴 평판이었다. 얼음고기라고도 알려진 이 어류는 최대 몸길이가 2미터가 넘으며, 상어와 유사하게 칼처럼 날카로운 이빨이 이중으로 나서 '이빨고기'라는 이름을 얻었다. 남극에서도 유독 커다란 포식자라 섬뜩하기까지 한 이 검회색 생명체[9]는 3킬로미터가 넘는 수심에서도 유유히 헤엄칠 수 있고[10] 차가운 심해에서 에너지를 보존하고자 6초에 1번이라는 유달리 느린 심장 박동을 보인다. 어민에게 붙들려 수심이 얕고 수압이 낮은 물로 올라왔을 때 눈구멍에서 괴상한 모양으로 불거지는 눈알은 당구공만 하다.

이빨고기는 미국과 유럽의 고급 식당에서 한 필렛에 30달러씩 하는 주요리 재료로도 인기가 높다. 그러나 손님용 메뉴판에서 이빨고기라는 이름은 보이지 않을 것이다. 식당에서는 이 생선을 한결 먹음직스러운 '칠레 농어(우리나라에서는 흔히 '메로'라고 불린다—옮긴이)'라는 이름으로 판매한다.[11] 마케팅에 재주가 있는 로스앤젤레스의 한 수산물 도매업자 덕에 새 이름을 얻은 이 생선은 1980년대와 1990년대에 수요가 한껏 치솟았다.[12] 리브랜딩의 효과는 다소 과했다. 오메가3 지방산이 풍부한 이 기름진 생선[13]은 전세계의 부두에서 백금으로 통하게 되었다. 오늘날 과학자들은 이빨고기의 개체 수가 지속 불가능한 수준으로 감소하고 있다는 데 대체로 동의한다.

천둥호는 한 번에 6개월이 소요되는 남극 원정 어업을 보통 두 차례씩 나갔다. 각 원정에서 100톤만 어획해도 충분히 본전을 찾을 수 있었지만, 이 양의 일곱 배 이상을 잡은 해도 있었다는 기록이 배가 부정하게 얻은 수확을 하역한 항구에서 확인된다. 1990년대 전반에 걸쳐 수산물 노략질을 일삼은 천둥호는 해양 환경 단체와 각국 정부의 블랙리스트에 올랐으며[14] 2006년에는 남극에서의 조업을 금지당했다. 그러나 감시 항공기와 위성 회사 그리고 다른 어선들은 남극해에서 이빨고기를 포획하는 천둥호를 봤다는 목격담을 빈번하게 전했다.[15] 천둥호는 여섯 날강도 중에서도 불법 수익의 규모 면에서 단연 돋보였다. 인터폴은 천둥호 선주들이 지난 10년 동안 다른 어떤 배보다도 많은 7,600만 달러 이상의 돈을 수산물 불법 판매로 벌어들였다고 추정했다.

2013년 12월 인터폴은 전세계 경찰에 천둥호 나포를 위한 지명수배령을 내렸다. 하지만 천둥호가 눈에 띄는 것만 피한다면 이 자색 수배령은 별 의미가 없었다. 수백만 제곱킬로미터에 이르는 공해에서 배 한 척을 찾기가 쉬울 리 만무했다. 천둥호처럼 위법 행위를 일삼는 선박들은 이해하기 어렵고 서로 충돌하는 해사 법규의 복잡한 타래와 시행하기 까다로운 조약, 의도적으로 느슨하게 설계된 국가 규제를 교묘하게 활용해 법을 피해 다니며 자기 배의 식별 정보를 지워버렸다. 과거에 그래왔던 것처럼 이 배들은 전화 몇 통과 수천 달러의 뇌물 그리고 페인트 한 통으로 새 이름을 얻고 새 국기를 등록해 다음 어장으로 나아갔다.

2,200마력짜리 저인망 어선 천둥호는 45년의 선령 동안 열 번도 넘게 이름을 바꿨다.[16] 그 시간 동안 게양한 국기 역시 이름만큼이나 많아 영국과 몽골, 세이셸공화국, 벨리즈, 토고 등의 국기를 올렸다.[17] 이 배가 EU의 블랙리스트에 해적선으로 추가되자[18] 토고는 2010년 천둥호의 국기 게양 권리를 말소했다. 여권을 여러 장 소지한 국제 범죄자와 마찬가지로 이 배의 소유주는 천둥호를 두 기국에 동시 등록하는 식으로 대응했다. 어떤 날에는 배에 몽골 국기가 걸렸고 다른 날에는 나이지리아 국기가 걸렸다. 이 정도 크기의 선박이면 새 국적을 취득하는 데 약 1만 2,000달러가, 등록 자격으로 필요한 안전과 장비 인증을 받는 데 2만 달러가 추가로 들었을 것이다.[19] 천둥호라는 이름과 선적항은 선체에 쓰이지 않았다. 대신 필요할 때면 언제든 금방 바꿔 달 수 있는 선미의 금속판에만 쓰였을 뿐이다. 선원들 사이에서 이 금속판은 '제임스 본드 번호판'이라 불렸다.

천둥호는 자동선박인식 시스템AIS이라고도 하는 위치 트랜스폰더를 끄고 다님으로써 추적을 피할 수 있었다. 방법은 간단했다. 항구로 슬그머니 들어와 포획물을 배에서 내려 한통속인 구매자 또는 사정을 모르는 깜깜이 구매자에게 넘기고 연료를 충전해 남들 눈에 띄기 전에 길을 나서는 일을 반복하면 되었다. 물론 그것은 해머스테트처럼 배의 행적을 낱낱이 감시하고 한발 앞서 지역 당국이나 인터폴에 고발하는 추적자가 따라붙지 않을 때의 이야기였다.

2014년 시셰퍼드는 이런 날강도를 찾아내 나포할 수 있음을 증명하겠다는 목표로 얼음고기 작전을 개시했다.[20] 작전 준비에만 수개월이 걸렸다. 착수에 앞서 처크러바티는 샘사이먼호가 앞으로 압수하려는 자망을 걷어올릴 수 있도록 전보다 튼튼한 권양기를 만드는 데 필요한 부품을 구하기 위해 뭄바이로 날아가 폐선 처리장과 선박 해체장을 샅샅이 뒤졌다. 시셰퍼드는 어선의 어망에 부착된 어망 위치 발신기를 발견할 수 있는 1만 달러짜리 주파수 스캐너도 배에 갖춰놓았다.

처크러바티는 이빨고기잡이 어선들이 어슬렁대는 1,300만 제곱킬로미터 이상의 남극해에서 수색 범위를 좁히고자 세 종류의 지도를 중복하여 사용했다. 얼음 지도에는 쉼 없이 변하는 해빙 경계, 즉 빈틈없이 꽁꽁 얼어붙은 남극의 빙붕이 끝나고 얼음이 녹아 항행과 조업이 가능한 수역이 시작되는 선이 그어져 있었다. 일반 해도에는 국가 관할을 벗어난 해역이 나왔다. 그리고 항해용 해도에는 가장 높고 넓어 이빨고기가 주로 군집하는 해저 대지의 위치가 표시되어 있었다.

해머스테트는 해당 구역을 순찰하는 데 적어도 2주는 걸릴 것이라고 보았다. 시셰퍼드 선내에 설치된 레이더의 시야는 둘레 길이가 22킬로미터에 달했지만, 화면으로 봤을 때 부유하는 빙산이 선박처럼 보여 깜박 속을 때가 많았다. 상갑판에서 8미터 이상

솟아오른 강철 구조물인 망루는 쌍안경을 든 선원들이 교대로 지켰다. 높은 곳에서는 배의 흔들림이 더 심하게 느껴져 뱃멀미가 유발되기 때문에 다들 꺼리는 일이었다. 나중에 밥바커호에 승선했을 때 나는 몇 시간 동안 망루에 앉아 전망을 감상하면서 내가 얼마나 오래 버틸 수 있는지를 시험했다. 최고로 무서운 놀이 기구 같은 망루에 있자니, 좌우로 움직이는 메트로놈의 꼭대기에 올라앉은 기분이었다.

밥바커호에 포착된 천둥호는 남극해의 외딴 구역인 반저뱅크에서 조업 중이었다.[21] 섀도랜즈라고도 알려졌으며 남극해에서도 웬만해서는 사람이 지나다니지 않는 이 구역은 세계에서 가장 외지고 혹독한 바다로, 제일 가까운 항구에 가는 데만도 대략 2주가 걸렸다. 나도 이후 항해에서 지나가봤지만 이 구역은 시속 210킬로미터에 달하는 바람과 안구의 유액마저 얼려버릴 정도의 기온을 체험하게 되는 곳이다.

시셰퍼드 요원들은 갑판에서 일할 때 동상에 걸리는 것을 방지하고자 대개 구명슈트를 입었다. 무게가 5킬로그램 가까이 나가는 이 슈트는 완전 방수 소재이자 극한의 추위를 막아주도록 고안된 고무의 일종인 네오프렌으로 만들어진다. 입으면 몸이 부해져 어기적거리게 되는 데다 색깔은 배 밖으로 떨어졌을 때 지나가는 선원의 주의를 끌 수 있는 강렬한 주황색인 경우가 많아 이 슈트에는 유명 클레이 애니메이션 캐릭터의 이름을 딴 '검비'라는 별명이 붙었다. 이 슈트를 입고 있으면 슈트 밑의 피부가 심하게 쓸렸고 말라붙은 땀의 악취가 났다. 어느 날 내가 슈트 입는 것을 도와주던 한 갑판원은 이렇게 말했다. "피를 볼지 얼어 죽을

지, 둘 중에 선택하는 거죠."

* * *

천둥호가 북쪽으로 내뺀 후로도 밥바커호는 악착스럽게 추적을 이어갔다. 하지만 처크러바티와 샘사이먼호는 뒤에 남았다. 처크러바티는 몇 주간 남극에 머물며 천둥호가 버리고 간 불법 자망을 감아올렸다. 고발에 꼭 필요한 증거였다. 2만 5,000달러 이상의 값어치가 나갈 귀한 어망이었는데도 천둥호의 선장은 붙잡히는 편이 더 끔찍하다고 생각했는지 어망을 두고 도주했다.

자망은 유독 우악스러워 사용이 금지된 어구다. 아랫부분이 무겁게 제작되어 있어 바다 밑바닥까지 어망이 내려간다. 부표가 윗부분을 잡아주면 알아차리기 어려운 그물망의 벽이 가로 11킬로미터, 세로 6미터 길이로 펼쳐진다. 천둥호는 빠져나갈 수 없는 미로를 만들기 위해 이빨고기가 모이는 해저 대지에 이런 벽을 지그재그로 수십 개씩 설치했다. 나중에 어획물이 들어찬 그물망을 건지러 돌아오는 어선은 상부의 부표를 보고 어망을 찾을 수 있다.

차가운 바닷물에서 그물을 걷어올리는 일은 위험한 동시에 가혹하리만치 고됐다. 어망 길이는 72.5킬로미터나 되어 맨해튼 길이의 세 배에 달했고, 남극은 기온 낮고 바람 거칠기로는 지구 전체에서 따를 곳이 없는 지역이다. 샘사이먼호의 갑판은 군데군데 얼어붙어 어수선했다. 선원이 뱉은 침은 바닥에 떨어지기도 전에 얼었다. 배의 난간이 높지 않아서 자칫하면 발을 헛디뎌 물에 빠질 수도 있었다. 반쯤 얼어 있는 배 아래 극지방의 바닷물 온도는 일부 구역에서는 섭씨 영하 32도까지 내려갔다. 배에서 떨어지면 즉시 구조되지 않는 한 1~2분 안에 심정지로 목숨을 잃을 것이 거의 확실했다.[22] 배가 극심하게 요동칠 때면 갑판원들은 하니스(몸에 매는 벨트—옮긴이)를 착용해 배에 몸을 고정했다.

샘사이먼호의 선원 몇 명이 서류판을 들고 천둥호의 어획량을 계산했다. 시셰퍼드가 이렇게 작성해 최종적으로 인터폴에 넘긴 기록에는 자망의 포획 실태가 상세히 실렸다. 어망에 걸린 해양 생물 중 이빨고기는 4마리 중 1마리 수준이었으며 나머지는 살아있어도 아무도 찾지 않는 부수 어획물이었다. 시셰퍼드 요원들은 거의 전원이 베지테리언이나 비건이었고 동물권 문제는 이들 다수를 움직이는 동기였다. 죽었거나 죽어가는 가오리와 대문어, 용물고기, 대게 등의 야생동물들을 그물에서 풀어내는 일은 감정적으로나 육체적으로나 힘든 작업이었다. 몇몇은 눈물을 흘렸고 몇몇은 구토를 했지만 보통 하루 열두 시간씩 이어지는 작업을 멈추지는 않았다. 양망揚網 작업이 2주차에 접어들었을 땐 선원들 가운데 3분의 1이 등허리의 통증 때문에 진통제를 먹고 있었다.

진 빠지는 작업에 더해 종종 구역질나는 상황도 발생했다. 이빨고기의 무게는 마리당 110킬로그램이 넘는데,[23] 샘사이먼호 선원들이 배 위로 어망째 끌어올린 이빨고기가 썩기 시작한 것이다. 부패 과정에서 사체 내부에는 가스가 쌓였고 팽만한 몸으로 어망에 눌린 물고기가 갑판에 내던져지면서 일부가 터져버렸다.

2014년 12월 25일 처크러바티는 일주일 가까이 이어진 하루 20시간의 작업을 마치고 닻을 내려 샘사이먼호를 정박한 후, 아침 6시 직전에 침대로 향했다. 20분 뒤 전화 한 통이 처크러바티

샘사이먼호 선교에 있는 시다스 처크러바티 선장.

를 깨웠다. "선교로 와주세요. 급해요." 처크러바티가 선교로 가자 일등항해사 비안다 뤼블링크Wyanda Lublink가 키를 잡고 있는 모습이 보였다. 단도직입적인 이 전직 네덜란드 해군 함장은 창 너머를 가리켰다. 높이는 7층(1층은 3.3미터에 해당한다—옮긴이), 너비는 약 1.6킬로미터쯤 되는 빙산이 샘사이먼호의 후갑판과 빠르게 가까워지고 있었다.

"뭘 꾸물대?" 처크러바티가 물었다.

"아직 시간 있어요." 사관 한 명이 대답했다.

"시간 없어." 처크러바티는 배의 엔진이 완전히 정지된 상태라 못해도 15분은 예열해야 움직일 수 있을 거라고 사관에게 일렀다. 그 전에 빙산에 닿을 수도 있었다.

"당장 후갑판을 비워!" 후갑판에서 작업 중인 선원의 안전을 염려한 처크러바티가 명령을 내렸다. "엔진 가동 즉시 시작하고." 18분이 흐른 뒤 샘사이먼호는 겨우 15미터라는 간발의 차이로 빙

1장 천둥을 덮치는 폭풍

산과의 충돌을 피하고 유빙을 밀어냈다.

샘사이먼호는 1월 말에 천둥호 어망 회수를 마쳤다. 처크러바티는 인터폴에 보내는 이메일에 이렇게 썼다. "이제 저는 무엇보다 모든 관계자에게 이 자망 뭉치와 어선 천둥호의 연결고리를 보이고 배를 고발할 증거로 이 자망을 쓰기 위해 움직일 겁니다." 샘사이먼호는 인도양 마다가스카르섬 동쪽에 있는 작은 섬나라 모리셔스로 어망을 가져갔다.[24] 천둥호를 비롯한 자색 수배 선박들의 정보를 수집하고 있던 인터폴 요원과 현지 수산청 직원 일곱 명이 부두에 모여 샘사이먼호를 맞이했다.

제복 입은 요원들이 모여들어 사진을 찍고 빠른 손놀림으로 메모를 하는 가운데 처크러바티는 천둥호의 어망에서 확인되는 고유한 특징을 72개 사항으로 항목화해 조목조목 설명했다. 어획은 과학이자 예술이라는 것이 처크러바티의 말이었다. 뛰어난 선장은 가장 사나운 폭풍우를 가르고 항해하며 기나긴 여정을 감내해야 했다. 그들은 충실하게 지키는 미신이 있었고 은밀하게 봐둔 최적의 조업 지점도 있었으며 자망을 칠 때는 그물망을 다루는 방식에서 뚜렷이 구분되는 스타일을 보였다. 처크러바티는 증거청문회에 필요할 법한 꼼꼼함으로 부둣가 강연을 펼쳤다. 이빨고기를 잡는 선장은 특징적인 매듭법과 어망 격자, 로프 스플라이스를 사용했다. 처크러바티는 천둥호 어망의 고유한 특징을 경찰에 제시했다. 그 특징들은 배의 원소유주의 정체에 관한 의혹을 풀어줄 일종의 지문이었다.

처크러바티는 하루를 꼬박 들여 부두에 모인 경찰들에게 증거를 설명했다. 그러곤 천둥호의 불법 자망은 아주 일부만 인터폴에 넘기라고 선원에게 지시했다. 세미 트레일러 트럭보다도 높고 길게 쌓여 청록빛을 반짝이는 70킬로미터 길이의 나머지 어망 더미는 샘사이먼호에 그대로 올려둘 예정이었다. 금지 품목인 이런 종류의 자망은 암시장에서 수만 달러에 거래되었고, 지역 당국의 한 관계자는 자망이 모리셔스의 창고에 보관될 경우 사라질 가능성이 크다고 경고했던 터였다. 임무의 한 단계를 완수한 처크러바티는 천둥호를 쫓는 밥바커호와 힘을 합치고자 발길을 돌렸다.

* * *

내가 이 추적 소식을 들은 것은 작전이 시작된 후 몇 주가 지나서였다. 과거 해군 정보장교로 복무했던 내 오랜 취재원이 어느 날 오후 내 휴대전화로 전화를 걸어와 "남극에서 벌어지고 있는 일"에 대해 들었냐고 물었다. "해양사에서 가장 긴 사법성 추격전이 될 거래요. 법 집행 기관이 관여한 건 아니지만요." 처음에는 앞뒤가 안 맞는 말 같았는데도 듣는 즉시 구미가 당겼다. 이 친구가 설명해주는 그간의 사정을 들어보니, 시셰퍼드의 자경 활동이 실제로 어떻게 진행되는지 두 눈으로 확인할 좋은 기회가 왔다는 느낌이 들었다.

나는 바로 시셰퍼드 대표 알렉스 코르넬리선Alex Cornelissen에게 연락을 해, 내가 그 배에 타서 시셰퍼드의 작전을 취재해도 되겠냐고 물었다. 이런 이야기가 으레 그렇듯 첫 답변은 안 된다는 것이었다.

상대방: 배 속도가 너무 빠릅니다.

나 : 따라잡을 배를 섭외할 수 있어요.(그 방법에 대해서는 감도 잡지 못한 상태였다.)

상대방 : 아주 멀리 나가 있다고요.

나 : 전에도 몇 주씩 바다를 돌아다녀봤으니 이번에도 어렵지 않아요.(이건 사실이었다.)

상대방 : 너무 위험합니다.

나 : 저는 중동 교전 지역도 취재했고 민병대와 함께 아프리카에 파병된 적도 있는 데다 왕년에는 바다에서 일도 해봤어요. 제게 이 일은 그다지 위험한 일은 아닙니다.

상대방 : 알았어요!

코르넬리선은 내 전화 대여섯 통을 받고서야 마지못해 승낙했다. 하지만 내가 72시간 내에 가나 아크라에 도착해야 한다는 조건을 붙였다.

나는 1년이 넘도록 어업의 가장 추악하고도 위험한 면면을 취재하며 음지에서 돌아가는 업계의 교묘한 불법 행위를 기록해온 참이었다. 이 업계는 노예 노동과 가학 행위가 만연한 곳, 인간이 바다에서 끌어올리는 상품으로 취급되는 곳이었다. 그런 행위를 하는 선박을 한 척이라도 나포해 정의의 심판대에 세우려는 임무에 뛰어드는 것은 생각만 해도 매력적인 일이었다. 그럼에도 시셰퍼드에 합류하는 데에는 망설여지는 부분이 없지 않았다.

시셰퍼드를 설립한 폴 왓슨Paul Watson은 몇 년 전부터 알고 있었다. 내가 그를 처음 만난 것은 해양 플라스틱 문제로 강연을 하게 되어 같은 연단에 선 날이었다. 직설적이고 자신감 넘쳤던 왓슨은 대단한 소문에 둘러싸인 인물이었고 나는 그 소문의 내막이 궁금했다. 나는 가만히 있지 않고 왓슨을 아는 사람들에게 다가가 솔직한 의견을 묻기 시작했다. 답변에는 모순이 많았다. 그들은 다소 과하다는 말과 진정성 있다는 말, 권력욕에 찌들었다는 말과 사심이 없다는 말, 복잡하다는 말과 단순하다는 말로 왓슨을 설명했다. 그래도 '열성적'이라는 특징에는 모두가 입을 모아 동의했다.

왓슨은 1970년대 초에 환경운동가 20여 명과 함께 그린피스Greenpeace를 설립했다. 그러나 그린피스 이사회는 뉴펀들랜드에서 일어난 사건으로 인해 1977년에 왓슨을 제명했다. 바다표범 사냥에 항의하는 그린피스 활동가팀을 이끌게 된 왓슨이 한 사냥꾼의 모피와 몽둥이를 물에 던져버리며 상대와 격하게 맞붙었던 것이다. 그린피스는 왓슨이 취한 행동이 지나치게 공격적이라고 보고 그를 단체에서 퇴출했다. 왓슨은 곧장 시셰퍼드를 설립해[25] 그린피스보다 더 급진적이고 공격적인 단체라는 이미지를 구축했다.

두 단체의 역사에서 내가 매력을 느낀 부분은 비록 차이는 있을지언정 무법의 바다에서 이들이 모두 독보적인 역할을 하고 있다는 사실이었다. 정부 기관이든 다른 기관이든 그 어떤 단체도 그들처럼 공해를 정기적으로 순찰하며 위법 행위를 단속하는 일을 하지 않았다. 정도의 차이는 있었으나 그린피스와 시셰퍼드 모두 목적이 수단을 정당화한다고 보았다. 범죄자를 저지하기 위해서라면 법의 테두리 밖에서 활동할 용의가 있었다. 유일한 문제는 그 테두리에서 얼마나 멀리 벗어날 생각이냐는 것이었다.

시셰퍼드는 단체의 행동과 명문화된 법을 대하는 방식의 정당성을 설명할 자신만의 서사를 구축해뒀다. 마침내 밥바커호에 올랐을 때 나는 해머스테트에게 시셰퍼드가 천둥호 같은 불법 어선을 추격할 법적 권리를 갖고 있냐고 물었다. 해머스테트는 본인과 함께하는 요원들은 국가 관할권이 미치지 않는 지역의 자연보호를 지원할 것을 비정부 단체에 촉구한 UN 세계자연헌장의 한 조항에서 그 권한을 도출했다고 대답했다.

해상 변호사와 국제 정책 전문가 일부는 이런 해석에 동의하지 않았다. (밀렵선이라고 해도) 어선을 방해하고 그 장비를 압수하는 것은 불법이라는 것이 그들의 견해였다. 환경 단체 연합인 세계자연보전연맹International Union for Conservation of Nature에서 활동하는 공해 정책 전문가 크리스티나 저디Kristina Gjerde는 이렇게 말했다. "하지만 천둥호의 만행에 비하면 심각한 일이 아니니 고발하려는 사람은 없죠. 시셰퍼드는 그걸 아는 겁니다."

'포세이돈의 군대'라는 별칭이 붙은[26] 시셰퍼드에는 대형 선박 5척과 공기주입식 쾌속정 5~6척, 드론 2대로 구성된 선단과 24개국에서 온 준비된 선원 120명이 있다. 활동 자금의 상당 부분은 믹 재거와 피어스 브로스넌, 숀 펜, 우마 서먼, 에드워드 노턴, 마틴 신 같은 유명인사들의 기부로 마련된다. 밥바커호 역시 2010년에 배를 구입하는 데 500만 달러를 보탠 퀴즈 쇼 〈그 가격이 맞아요〉의 전 진행자 이름을 딴 것이다. 2012년 샘사이먼호 구입에도 200만 달러가 넘는 돈이 들어갔는데, 〈심슨 가족〉의 공동 제작자가 비용의 큰 몫을 댔다. 400만 달러 이상의 연예산으로 활동하는 시셰퍼드의 오스트레일리아와 암스테르담 지부는 150만 달러를 들여 천둥호 추적 작전을 실행했다.

애니멀플래닛 채널의 〈고래 전쟁〉에서 다뤄진 포경 반대 활동으로 널리 이름을 알린 시셰퍼드는 결정적인 순간에 얼음고기 작전을 개시했다. 왓슨은 10년 전 코스타리카에서 상어 지느러미를 노리는 어선과 시셰퍼드가 빚은 충돌 때문에 유죄를 인정받아 2012년 독일에서 구속됐다. 그는 독일의 최고 보안 교도소에 8일간 갇혀 있다 보석으로 풀려났다. 그러고는 프랑크푸르트에서 가택연금을 당했으나 얼마 지나지 않아 바다로 도주했다. 일본이 이 사안에 수년간 매달려온 데다 막후에서 다른 국가 지도자들에게 정치적 압력을 행사하고 있었기에 현실적으로 범죄인 인도가 이뤄질 가능성도 있었다.

왓슨은 미국 시셰퍼드의 수장 자리와 단체의 대표 선박인 스티브어윈Steve Irwin호의 선장 자리에서 공식적으로 물러나 있었다.[27] 그렇지만 도망자 신분인 탓에 일이 계속 꼬였다. 왓슨을 재구속하는 대로 관할국에 인도하겠다는 계획을 발표한 일본이 시셰퍼드의 재원을 다 써도 모자란 어마어마한 액수의 법정 공방을 개시해둔 상황이었다. 2017년 10월 기준 왓슨 앞으로는 일본과 코스타리카 경찰이 제기한 혐의와 선박 충돌 건으로 두 건의 국제 체포 영장이, 그러니까 인터폴의 적색 수배서가 발부되어 있었다.[28] 왓슨이 천둥호를 추적하는 것은 아이러니가 아닐 수 없었다. 인터폴 적색 수배자가 바다의 자색 수배자를 쫓고 있었으니 말이다.

단체로서 시셰퍼드의 관심은 미묘한 법률상의 문제보다는 세계의 해양 생태를 보전하고자 자신이 '직접 행동'이라 명명한 수단을 활용하는 데 있었다. 불법 어획을 일삼는다고 판단되는 일본 포경선을 비롯한 여러 선박을 지난 수십 년에 걸쳐 수십 차례 들이받아온 단체였다. 이들은 그림을 고친 해적기와 해양용 위장, 2차 세계대전 때 사용됐던 폭격기를 닮은 뱃머리의 상어 아가리로 만천하에 열의를 드러냈다. '해적은 해적으로 잡는다'라는 단체의 신조에도 자경 정신이 담겨 있었다.

해머스테트와 처크러바티 선장에게 얼음고기 작전은 새로운 표적과 전술로 시셰퍼드를 쇄신할 기회였다. 여섯 날강도의 선박을 다짜고짜 들이받는 대신 법의 테두리 안에 머물면서 그 선박들이 운항을 중지할 때까지 계속 괴롭히며 따라다니기로 한 결정이 그 예였다.[29] 해머스테트는 본인이 속한 단체의 역할을 "요란한 확성기"라고 표현했다. 다른 임무를 수행할 때와 달리 이번에는 인터폴과 맞서기보다 공조하는 편을 택했다.

처크러바티가 모리셔스에서 인터폴과 협업한 것 역시 시셰퍼드의 이미지를 쇄신하려는 노력의 일환이었다. 나는 인터폴 해양과에 있는 몇몇 취재원에게 연락해 의견을 물었다. 공식 발언을 남기려는 사람은 없었지만, 다들 조용히 시셰퍼드를 지지한다고 했다. 한 사람은 이렇게 말했다. "그 사람들은 어쨌든 결과를 내니까요."

내가 추적에 합류한 2015년 4월 초, 천둥호 수색은 비슷한 규모의 과거 추적 기록을 이미 아득히 넘어선 상태였다. 2003년에 오스트레일리아 당국이 21일간 7,400킬로미터 가까이 되는 거리를 달려 비아르사1 Viarsa 1이라는 배를 추적한 적이 있었다. 천둥호와 마찬가지로 비아르사호도 이빨고기를 잡는 배였다.[30] 그 배는 결국 남아프리카공화국 근방에서 붙잡혔고 비로소 운영주가 재판에 회부되었지만 2005년 증거 부족으로 무죄 판결을 받았다. 그후로 달라진 것은 거의 없었다. 비슷한 인물들이 같은 어종을 같은 지역에서 훔치고 있었다. 하지만 이번 추적은 더 길고 위험했으며 법 집행관이 아니라 환경 자경단원이 주도한 것이었다. 내가 시셰퍼드 요원들에게 합류했을 무렵의 천둥호 추적은 계속 반복되면서 더 새롭고 더 종잡을 수 없는 무언가로 변형되어버린 옛이야기 같았다.

* * *

2015년 4월, 내가 《뉴욕타임스》에 실을 이야기를 취재하느라 태국과 아랍에미리트연합국, 필리핀을 비롯한 여러 지역의 바다에서 지낸 지도 어느새 6개월째였다. 기회는 경고장이 덕지덕지 붙은 채로 드물게 나타나는 데다 내 목표물은 보통 움직이고 있었기에, 이런 취재 여행은 황급히 시작될 때가 많았다. 이번에도 다르지 않았다. 그쯤 되니 급하게 준비하는 연습은 충분히 되어 있었다. 나는 워싱턴 D.C.에서 가까이 사는 매부와 어머니에게 전화를 걸어, 내가 없는 동안 10대 아들을 등하교시켜야 하는 아내를 도와달라고 부탁했다.

집에는 늘 백팩이 준비되어 있었고, 여기저기에(러닝화 깔창 밑, 안쪽 솔기에 꿰맨 비밀 주머니 안, 약통의 이중 바닥 밑) 나누어 숨겨둔 현금 5,000달러도 있었다. 모든 기기(여분의 배터리, 고프로 카메라, 헤드폰, 위성전화, 노트북, 국제 심 카드를 끼운 예비 휴대전화)는 완전히 충전되어 있었다. 항생제와 항진균제 연고도 다시 채워놓왔다. 연고가 절실했던 한 갑판원에게 내 비축분을 내줬다가 정작 일주일 후 내 팔에 난 자상에 약을 쓰지 못해 상처가 위험 수준으로 감염되는 것을 지켜보기만 해야 했던 남중국해의 지저분한 어선에서 값비싼 교훈을 얻은 덕이었다.

이런 여행을 떠나기 전에 나누는 대화 중 가장 힘든 것은 언제나 아내와 하는 대화였는데, 이번에는 귀환 시기가 확실치 않아 특히나 더 어려웠다. "3주일 수도 있지만 3개월이 될 수도 있습니다." 처크러바티는 이렇게 말하며 그 시기는 천둥호의 도주 기간이 얼마나 길어질지와 그 배가 연안 근처에 오기나 할지에 전적으로 달려 있다고 설명했다. 아내 셰리는 늘 그랬듯 이번에도 이렇게 말했다. "가봐. 잘 지내고 있을게. 돌아오기만 해줘."

나는 아크라로 향하면서 두 사람에게 연락해 도움을 청했다. 첫 번째 인물은 전 주미 가나 대사 코비 쿰슨Koby Koomson으로, 아내가 그의 아들이 다니는 고등학교의 스페인어 교사인 덕에 아는 사이였다. 쿰슨 대사는 내 비자 승인이 보다 빠르게 처리될 수 있도록 가나 정부 요직에 있는 몇몇 사람과 나를 연결해줬다.

두 번째로 연락한 사람은 몇 년 전부터 알고 지내온 가나인 기자 아나스 아르미요 아나스Anas Aremeyaw Anas였다. 아나스는 아마 아프리카에서 가장 유명한 탐사보도 기자일 텐데, 대부분 정체를 감추고 활동해서 그의 얼굴을 아는 사람은 사실상 아무도 없다. 인터넷에 있는 아나스의 사진은 얼굴을 가렸거나 기술을 이용해 조작한 것이다. 대여섯 개 나라에서 세간의 관심이 집중된 검거를 끌어낸 아나스의 조사는 무기 거래상과 군벌, 마약 밀수업자, 부패한 정부 관료를 겨냥해왔다. 아나스는 아프리카 일부 지역의 정부 관리에게 공포의 대상이 되어 아프리카 래퍼들이 사기꾼과 부패 경찰을 이야기하는 노래에서 귀신 비슷한 존재로 그의 이름을 들먹일 정도다. 래퍼들은 말썽을 피우는 사람들에게 취어(가나의 한 부족어─옮긴이)로 "아나스가 온다!"라고 경고한다.

아나스는 내가 아크라에서 안전하게 이동하고 가나의 행정 절차를 효율적으로 통과할 수 있도록 자신의 개인 비서인 셀라세 코베세이람Selase Kove-Seyram이라는 청년을 붙여줬다. 코베세이람은 우리가 가나 항만 경찰의 배를 탈 수 있도록 조율하는 일을 몇 시간 만에 해냈다. 경찰은 마침 비교적 신식인 쾌속정이 생겨 시험 운항을 하려던 참이었는데, 그 비용을 치르고도 남는 1,500달러의 돈을 내가 지불하겠다고 하니 흔쾌히 나를 바다 위 만남의 장소로 데려다주겠다고 했다.

아크라에 도착한 지 얼마 안 되었을 때, 내게 합류하기로 되어 있던 《뉴욕타임스》 사진 기자가 갑자기 비자 승인 문제에 부닥쳐 브라질발 비행기를 타지 못했다는 소식이 들려왔다. 나는 사진 찍는 재주도 있는 코베세이람에게 기간이 얼마가 될지는 모르겠지만 나와 같이 바다에 나가볼 생각이 있냐고 물었다. 코베세이람은 일말의 망설임도 없이 그러겠다고 했다. 우리는 항구로 가기에 앞서 필요한 물건을 사기 위해 서둘러 가게로 갔다.

나는 선택할 수 있는 상황이면 거의 항상 같은 식량을 챙겨 다녔다. 내가 선택한 저중량 고열량 식품은 땅콩버터와 말린 과일이었다. 보통은 껌과 혼합 견과를 잔뜩 가져갔고 어떨 때는 분위기 전환용으로 선원들에게 나눠줄 담배를 포함시키기도 했다.[31]

레모네이드 분말은 대부분 배의 식수에서 나는 녹물 맛을 가리는 데 유용했다. M&M 초코볼은 열기의 영향을 상대적으로 덜 받아 오래 두고 하루에 몇 알씩 천천히 나눠 먹을 수 있는 간식이었다. 가나에 도착한 지 열두 시간 만에 12미터짜리 경찰 쾌속정을 타고 바다로 달려나가니 일이 착착 진행되는 것이 신기했다. 우리의 계획은 해안에서 160킬로미터 이상 떨어진 약속 지점에 미리 도착해 닻을 내려놓고 우리를 데려갈 배를 기다리는(아마 20시간 이상) 것이었다.

떠날 준비를 하고 있던 내게 샘사이먼호 선장 처크러바티가 위성전화를 걸어와, 두 추적자 중 하나가 이탈했다는 사실을 천둥호에 알리고 싶지 않으므로 본인 배는 자동선박인식 시스템을 끄고 있을 것이라고 설명해줬다. 나를 바다로 데려다주는 이가 누구든 간에 시셰퍼드의 접근을 확인할 수 없다고 해서 걱정할 필요는 없다는 이야기였다. "우리가 그리로 갈 겁니다." 처크러바티는 이 말에 이어 너무 오래 대기하다가는 천둥호를 놓칠 위험이 있다고 덧붙였다. "늦지 말아요."

일이 어그러지기 시작한 것은 이때였다. 우리가 섭외한 가나 항만 경찰의 배에 탄 선원 열 명 중 해안에서 20킬로미터 이상 나가본 사람은 딱 한 명뿐이었다. 선원들은 손님에게 멋진 인상을 남기고 싶어하는 마초 무리여서 일부가 뱃멀미를 시작하자 창피해 했다. 해안으로부터 110킬로미터 떨어진 곳에서 파도가 4.5미터 높이로 솟아오르자 당연하게도 그들이 겁을 집어먹는 것이 느껴졌다. 배 위에는 점점 긴장이 감돌았다. 해류에 맞서느라 연료를 추가로 태우고 있던 탓에 선원 몇 명은 배가 뒤집히거나 디젤유가 동날 것을 염려했다. 하급 선원들 사이에서 번지던 우려는 이들과 사관 사이의 격한 언쟁으로 폭발했다.

위험의 특징은 그것을 경험하고도 탈 없이 빠져나오는 일이 쌓일수록 거기에 둔감해진다는 것이다. 나는 위험을 마약처럼 받아들이거나 스릴만 노리고 위험을 찾아다니는 사람은 아니지만 공포에는 어느 정도 단련이 되어버렸다. 그 가나인들 틈에 있던 순간, 평범한 사람이라면 내면의 위험 측정기에서 노란 경고등이 번쩍였을 순간에 나는 닥칠 수 있는 위험을 눈으로 보면서도 그 위험성을 실감하지 못했다. 이 배보다 한참 못한 장비를 갖춘 배에서 이보다 더한 위험에 처한 적도 있었기에 이 가나 쾌속정 정도면 충분히 견고하니 사태를 감당해내리라고 자신했다. 물론 그것은 사관들이 평정을 유지했을 때의 얘기였지만.

얼마 지나지 않아 희망이 옅어졌다. 사관들은 여정에 필요한 연료의 양뿐 아니라 우리가 건너려는 바다의 수심까지 과소평가했다. 쾌속정의 닻줄은 300미터가 넘는 깊이의 바다 바닥에 닿기에는 부족한 길이였고, 이는 곧 우리가 샘사이먼호를 기다리는 오랜 시간 동안 배의 엔진을 끄지 않아야 배가 좌표에서 너무 멀어지거나 격하게 요동치는 것을 막을 수 있다는 의미였다. 나는 배터리를 소진해가면서 위성전화로 처크러바티에게 전화를 걸어 곤란한 사정을 전했다. 분명 시셰퍼드 역시 우리를 돌려보내 언론에 자신들의 이야기가 실리는 홍보 효과와 자금 확보 기회를 잃고 싶어하지는 않을 것 같았다. 처크러바티는 자신이 도착하면 자기 배의 예비 연료 탱크에서 여분을 빼 해안까지 무사히 돌아갈 수 있도록 이쪽 배에 공급하겠다는 말을 가나인 선원들에게

전해달라고 했다.[32]

처크러바티의 제안을 듣고도 가나인 선원들은 안심하지 못했다. 배 위의 언쟁은 고성에서 몸싸움으로 격앙되기 시작했다. 평소 같으면 내가 '아이스 브레이커(껌이랑 견과, 담배 외에 참치 통조림과 사탕까지 있었다)'의 힘을 빌려 분위기를 말랑하게 해볼 만한 순간이었지만, 출항한 지 네 시간이 지났을 때라 챙겨 온 간식은 이미 바닥나 있었다. 나는 초반만 해도 이 고함질을 선원들의 피로와 허세에서 비롯된 단발성 폭발로 보고 내심 대수롭지 않게 생각했다. 하지만 유독 덩치가 좋은 갑판원 두 명이 벌떡 일어나 내 쪽을 가리키며 사관들 앞에서 고래고래 소리를 질러대는 걸 보니 긴장 상황이 한층 심각하게 느껴졌다. 폭동이 코앞까지 닥친 듯했고, 나는 잘못을 저지른 쪽이었다.

가나의 여러 언어를 내게 통역해주던 코베세이람은 뱃멀미 때문에 뱃전 너머로 토사물을 쏟아내고 있었다. 선원들이 무슨 내용으로 소리를 질러대는지 더는 알 수 없었지만 일촉즉발의 위기 상황인 것만은 분명했다. 선원들은 당장 항구로 돌아가기를 원했고 상급 사관들은 맡은 일을 끝까지 완수하기를 고집했다. 20분간 괴성이 오간 끝에 덩치로 보나 수로 보나 사관보다 우위였던 선원들이 이겼다. 배는 육지로 방향을 돌렸고, 이어지는 몇 시간 동안 노기가 흐르는 어색한 침묵이 배를 메웠다.

운수는 더 사나워졌다. 해안으로 돌아가던 중 알 수 없는 원인으로 계기반 전원이 싹 나가버려(누전이었을 것이다) 항해 계기가 작동하지 않았다. 시야에 들어오거나 전파가 닿는 배도 없었다. 배의 정확한 위치를 몰라 복귀할 진로를 계획하는 것도 불가능했다. 연료량은 한정되어 있으니 실수할 여유도 없었다. 까딱하면 심술궂은 외국 바다에 덩그러니 남게 될 판이었다. 나는 배터리가 한 줄밖에 안 남은 위성전화를 들고 한때 내 취재원이 되어줬던 해양 조사원에게 전화를 걸었다. "자동선박인식 시스템 사이트에 들어가서 내가 탄 배 좀 찾아봐줄 수 있어요?" 오밤중에 그의 잠을 깨운 나는 미안한 목소리로 부탁했다. 배터리로 작동하는 트랜스폰더가 아직 배 위치를 발신하고 있으니 이 조사원 친구가 우리를 발견할 수 있으리라 생각했다. 그러나 미처 답을 듣기도 전에 내 전화는 명을 다했다.

그후 몇 시간 동안 우리는 각자의 생각과 두려움에 잠긴 채 밤의 어둠 속에서 부유했다. 아내와 아들과 다시는 이야기를 나눌 수 없게 되는 건 아닌지 두려웠다. 내 취재가 이런 식으로 끝난다는 것도 믿을 수 없었다. 겪을 수 있는 위험을 따져보며 상상했던 그 어떤 위험에도 해당하지 않는 기묘한 시나리오였다. 나는 전화의 예비 배터리를 가져오지 않은 나 자신을 탓했다.

어둠에 묻혀 넘실대던 중 수평선 위에서 가물대는 불빛이 내걱정의 끈을 끊어줬다. "저기!" 후갑판에 있던 선원 하나가 소리치며 불빛을 가리키자 다른 선원들은 신이 나서 손뼉을 치기 시작했다. 불빛의 정체는 다 쓰러져가는 저인망 어선이었고, 우리가 휴대용 무전기로 연락을 취하자 어민들이 옆으로 다가왔다. 계기반의 누전 문제를 도와주러 우리 배에 오른 어민들이 배의 좌표를 알려줬다. 우리가 서 있던 곳은 저인망 조업이 금지된 구역이었다. 법 집행 기관의 배가 아마 불법 조업 중이었을 배에 구조되었다는 사실은 굳이 지적하지 않는 것이 좋을 듯싶었다. 혼자서만 즐겨야 할 작은 아이러니였다.

긴장감은 여전했으나 당장이라도 폭발할 것 같던 기세는 잦아든 분위기 속에서 우리 배는 항구로 돌아가는 항해를 재개했다. 아크라에 도착해 배에서 내리니 쾌속정 함장은 목적지까지 데려다주지 못해 미안하다고 내게 사과했다. 함장은 나를 암행 순찰차에 태우고 아부Abu라는 이름의 군인을 동행시키며 아부에게 우리를 호텔로 돌려보내라고 지시했다.

어느새 해가 중천에 뜬 아크라에는 활기가 가득했다. 나는 잠이 부족했던 데다 잠시나마 바다 미아가 되어 불안에 떠느라 진이 다 빠져 녹초가 되어 있었다. 하지만 지금이라도 빨리 다른 배를 섭외하면 시간에 딱 맞춰 약속 장소에 갈 수 있었다. 나는 아부에게 지금 가는 곳 말고 근처 어항으로 우리를 데려다주고 배편 마련하는 것을 도와줘 돈을 짭짤하게 벌어볼 의향이 있냐고 물었다. 아부의 답은 "그럼요"였다. 천둥호 추적을 직접 보고야 말겠다는 내 의지는 (어쩌면 지나치게) 결연했다.

190센티미터가 넘는 키에 몸무게 110킬로그램인 아부는 태산같은 덩치에 군복까지 입어 호락호락하지 않은 인상을 풍겼다. 그는 눈빛에 뜻을 담아 사람을 지그시 쳐다봄으로써 말만큼이나 침묵으로도 의사를 표현했다. 암행 순찰차를 타고 항구 쪽으로 가다 보니 전에는 15분 동안 실랑이를 벌인 뒤에야 통과할 수 있었던 검문소가 나왔는데, 이번에는 운전석 창문을 내리기도 전에 그대로 가라는 허락이 떨어졌다. 한 시간이 채 지나지 않아 아부는 전보다 배도 더 크고 더 노련한 선장이 조종하는 화물선을 800달러에 섭외해 우리를 태워줬다. 아부 역시 우리와 함께 그 배에 타기로 했다. 우리가 늦지 않게 도착할 수 있을지 진심으로 걱정했던 데다 우리가 만나려는 상대의 정체도 궁금했던 모양이다. 여섯 시간의 항해 끝에 우리는 겨우 20분의 여유를 남겨놓고 지정된 좌표에 도착했다. 선장은 엔진을 공회전 상태에 놓고 대기했다. 현실인지 얼떨떨하면서도 압박감에 마음이 조여오던 그 시간은 마치 열에 달뜬 꿈을 꾸고 있는 것처럼 느껴졌다.

"성공했다는 게 안 믿기네요." 코베세이람이 소곤거렸다. 나는 눈에 안 띄는 나직한 높이에서 그와 손바닥을 마주치는 것으로 답했다. 그러나 축하 분위기는 오래가지 않았다. 우리가 샘사이먼호의 보조선을 찾아 수평선을 살피는 동안 화물선 선장은 점점 더 불안해 했다. 마침내 입을 뗀 선장은 자동선박인식 시스템에서 확인할 수도 없는 데다 선원이나 선장과 면식도 없는 배와 접촉하는 것이 영 꺼림칙하다고 털어놓았다. "당신들이 날 속여 해적한테 갖다 바치는 건 아닌지 알 게 뭡니까?" 나는 샘사이먼호가 탐지를 피해 다른 배를 쫓고 있어 위치 트랜스폰더를 껐다고 해명했다. 그러나 내 진실한 답변에 선장은 오히려 더 초조해진 듯했다.

얼마 지나지 않아 샘사이먼호의 보조선이 모습을 드러냈다. 하지만 문신을 새긴 다부진 몸에 죄다 시커먼 옷을 걸치고 군함처럼 생긴 배를 빠르게 몰고 오는 시셰퍼드 요원들을 보자 우리의 선장은 안심하기는커녕 공황에 빠지고 말았다. 시셰퍼드 요원들을 해적 용병이라 생각한 선장은 황급히 화물선의 방향을 틀어 해안을 향해 스로틀을 눌렀다. 내가 제발 멈춰달라고 사정했지만 소용이 없었다. 나는 아부에게 당장 뭐라도 해달라는 눈빛을 쐈다. 아부는 벌떡 일어서서는 코로 숨을 깊게 들이쉬어 키를 더 키우는 듯하더니 쩌렁쩌렁한 목소리로 선장에게 배를 돌리라고 지시했다. 선장은 즉각 지시를 따랐다.

화물선에서 내려와 시셰퍼드의 소형선에 몸을 실으며 나는 가나인 선장에게 약속한 800달러의 나머지 절반을 건넸다. 아부는 보수를 받으려 도운 것이 아니라며 한사코 거절했지만, 나는 악수와 함께 작별 인사를 하며 아부의 손에도 200달러를 억지로 쥐여줬다. 우리를 떼어내게 되어 마음이 놓인 듯한 두 남자는 코베세이람과 나의 행운을 빌어줬다. 가나 화물선은 서둘러 해안으로 돌아갔다. 보조선에 있던 시셰퍼드 요원들은 우리를 샘사이먼호로 데려가기 위해 엔진 속도를 높이고 배를 돌려 기니만 더 깊숙한 곳으로 들어갔다.

* * *

추적이 시작된 지 2개월이 지났을 때이자 내가 시셰퍼드의 배에 오르기 2개월 전이었던 2월, 밥바커호 선장 해머스테트와 천둥호에 있는 그의 적수는 이 추격전에서 어느 한쪽도 포기할 생각이 없음을 함께 깨달았다. 그 무렵 두 남자는 세계에서 가장 위험한 수역을 지나고 있었다. 배에서 내려오는 오랜 격언 중에는 남위 40도 밑으로는 법이 없고 남위 50도 밑으로는 신이 없다는 말이 있다. 아르헨티나 최남단 바로 아래에 있는 이 구역의 날씨와 바람은 너무나 광포하고 위험해 몇백 년 묵은 공포의 거름이 되었으며 수많은 배를 침몰시켰다. 추적이 계속되는 동안 두 배의 선장은 뱃사람들 사이에서 '노호하는 40도대'[33]와 '광포한

천둥호가 남극 바다 빙원의 위험 구역을 돌파해 도망치려 하고 있다.

50도대'로 통하는 북쪽을 향해 '신이 버린 60도대'를 헤치며 이미 수천 킬로미터를 위태롭게 내달린 참이었다.

남극해에서도 거칠기로 유명한 이 수역은 폭풍이 수만 킬로미터에 거쳐 힘을 모으는 곳이다. 전문 용어로는 취송 거리라 하는데, 폭풍이 남아메리카 남단을 제외한 어떤 육지에도 방해받지 않고 개빙 구역을 지나 동쪽으로 이동하는 것이다. 풍속은 시속 320킬로미터가 넘고, 파고는 30미터에 이른다.[34] 극전선과 무역풍이 평균 주 1회꼴로 성난 폭풍을 일으킨다. 이 해역을 통과하려는 배는 주변부에서 대기하다가 폭풍이 잠잠한 틈을 타 빠져나가는 것이 보통이지만, 천둥호는 그렇게 하지 않았다.

천둥호를 쫓아 종잡을 수 없는 해역에 들어선 해머스테트는 노트북에 코를 박고 일기도를 뜯어보았다. 노란 얼룩은 시속 72킬로미터가 넘는 바람을 표시했다. 빨간 부분은 시속 88킬로미터 이상으로 부는 바람이었다. 캘리포니아 출신 일등항해사이자 전

직 자동차 정비공으로 체격이 다부진 애덤 마이어슨Adam Meyerson
이 해머스테트의 어깨 너머를 유심히 지켜보다 입을 열었다. "머
스터드는 괜찮아요. 케첩만 피하면 됩니다." 그러나 그후 이틀 동
안 케첩이 계속되었다.

폭풍 속에서 보낸 이틀 동안 선체 폭이 더 넓고 무게도 더 나가
는 천둥호는 배의 자세를 유지했지만, 밥바커호는 40도 정도 기
운 채로 15미터 높이의 파도를 맞으며 앞뒤로 요동쳐야 했다. 갑
판 아래에서는 탱크에서 흘러나온 배의 연료가 천장 틈 사이로
흘러나와 배를 디젤 연기로 채웠다. 조리실에서는 벽에 묶어뒀던
플라스틱 기름통이 떨어져 식물성 기름이 바닥을 덮고 아래의 선
실로 스며들었다. 선원 절반은 뱃멀미 중이었다. 해머스테트 선
장의 기억이다. "10초마다 6층 높이의 건물을 예고 없이 내려갔
다 올라갔다 하는 엘리베이터에서 일하는 느낌이었죠."

훗날 인터뷰한 선원들은 폭풍을 가른 그 경험을 "세탁기 안의
동전", "욕조 안 탁구공", "차량 파괴 경기에 참여한 운전자"가 된
것 같았다고 비유했다. 그때 밥바커호를 타고 있지 않았던 나도
그 말뜻은 확실히 알 수 있었다. 나 역시 이후 항해에서 같은 해역
을 건넜고, 벽처럼 솟은 물이 행사하는 강력한 힘 앞에서 배가 끙
끙대고 우짖다가 무자비한 두들김이 가라앉은 후엔 끽끽대는 소
리를 들었다.

그런 폭풍이 몰아칠 때는 뱃멀미가 가라앉기를 기도하며 선실
안에 가만히 누워 있어야 한다. 제대로 묶어두지 않은 물건은 죄
다 이리저리 날아다니므로 선내 복도도 위험하다. 바깥이 잘 보
이지도 않으니 다음 파도가 언제 덮칠지, 그때 배는 또 얼마나 덜

거덕댈지 결코 가늠할 수가 없다. 그러다 보면 상상력이 공백을 메운다. 선실에서 빈둥대는 몇 시간은 어느새 며칠로 늘어나고, 그 시점에는 따분함 자체가 위험이 된다.

시셰퍼드 요원들에게는 빈둥댄다는 선택지가 없었다. 배가 부두에 닿으면 선원들은 보통 항구 벽이나 부두의 말뚝에 배가 긁히거나 부딪히는 것을 방지하고자 고무로 된 커다란 '요코하마 방현재'(소형 잠수함을 타이어로 감싼 듯한 생김새다)를 뱃전 너머에 건다. 한번은 폭풍이 몰아쳐 밥바커호의 조타실 아래에 묶여 있던 방현재가 줄에서 풀린 적이 있었다. 3미터 길이에 무게는 1톤 이상 나갔던 그 방현재는 1미터만 더 움직였다가는 배의 쾌속정을 결딴낼 위치에서 세차게 흔들렸다. 해머스테트가 말했다. "이 정도로 거대한 폭풍을 만났을 때는 갑판에 안 나가는 게 상책이죠. 선택의 여지가 없을 때는 예외지만요." 선원 두 명(갑판장 앨리스터 앨런Alistair Allan과 기관사 파블로 왓슨Pablo Watson으로 둘 다 오스트레일리아 출신이었다)이 작업에 자원했다. 두 사람은 구명슈트에 몸을 집어넣고 뱃전 난간에 스스로를 고정한 다음 휘몰아치는 폭풍우 속에서 방현재를 다시 묶기 위해 손발로 기어서 갑판 앞쪽으로 나아갔다.

천둥호 추적은 의지와 담력을 시험하는 동시에 끈기로 승부를 봐야 하는 일이었다. 지난 몇 주 동안 천둥호는 밥바커호가 재보급을 받지 못하도록 자신이 쓸 수 있는 모든 수를 동원했다. 밥바커호와 샘사이먼호는 보통 800미터 정도의 거리를 두고 평행을 이뤄 항해했다. 천둥호 선장은 두 배가 가까이 붙어 이동하면 물자를 교환하려 하거나 서로의 연료 탱크를 채워주려 하는 것으로 짐작해 자기 배를 돌려 두 적선 사이에 끼어들었다. 시셰퍼드의 선장들은 재보급 없이도 최소 두어 달은 너끈할 만큼 물자를 탄탄히 비축해뒀기에 그런 행동을 비웃어줬다. 왜 계속 붙어서 이동하냐는 나의 질문에 시셰퍼드의 선장들은 끝까지 시원한 답을 해주지 않았다. 나는 그냥 상대를 교란하려는 술책이 아닐까 생각했다.

잔뜩 성난 폭풍 속의 항해가 굴러떨어지는 상자에 갇혀 있는 듯한 폐소공포증을 거칠게 경험하는 것이라면, 마침내 그 폭풍을 넘어가는 것은 자주 맛볼 수 없는 강렬한 희열을 선사한다. 무거운 짐이 들리는 것이다. 비로소 숨통이 트이는 기분이다. 옷장만 한 선실에 갇혀 지내던 나날도 끝난다. 갑판에 오르면 낮게 가라앉았던 불길한 구름 천장이 사라지는 것이 보인다. 어떨 때는 해까지 나온다. 문은 열린 채로 걸쇠가 걸려 있다. 신선한 공기가 흘러든다. 시셰퍼드에게 이 희열은 한층 더 달콤했다. 자신들을 동요시키려던 천둥호의 수작을 저지했다는 자부심이 더해졌기 때문이다.

이어지는 며칠 동안 전보다 잔잔한 바다를 지나며 시셰퍼드는 천둥호에 남은 연료가 얼마나 될지 가늠해보려 했다. 밥바커호와 샘사이먼호의 사진사들이 천둥호의 영상과 사진을 찍어, 휘발유의 양을 파악할 단서가 될 수면 위 선박 높이를 계산했다.

나는 시셰퍼드의 배에 승선하기 전에 몇 가지 조건에 동의해야 했는데 그 중 하나가 배의 연료량에 관한 어떤 정보도 누설하지 않겠다는 약속이었다. 처크러바티의 설명은 이랬다. "자기들의 도주가 얼마나 길어질지 적선에게 알릴 필요는 없으니까요." 선교 벽에 붙어 있는 배 설계도를 어딘가에 게재하는 것도 금지 사항이었다. 혹 천둥호와 대치하게 되었을 때 적절한 환기구에 물대포를 맞으면 시셰퍼드 선박 하나는 중요 구역이 침수될 수 있었다.

추적이 시작된 지 거의 2개월이 되어가던 때, 시셰퍼드와 천둥호는 인도양 마다가스카르에서 남쪽으로 수백 킬로미터 떨어진 멜빌뱅크라 불리는 구역에 있었다. 오후의 해가 빽빽한 구름에 가려 힘을 쓰지 못하고 있을 때였다. 천둥호가 갑자기 속도를 줄이더니 원을 그리기 시작했다. 해머스테트는 문제가 없는지 확인하려고 천둥호 선장 카탈도에게 무전을 쳤다. 아무 응답도 없었는데, 이는 평소와 다른 반응이었다. 격하게 적대시하는 관계였지만 두 선장은 서로 자주 교신을 하고 있었기 때문이다. 보통은 카탈도가 소리를 지르며 욕과 조롱을 퍼붓고("개똥 같은 자식", "모자란 놈", "네깟 놈이 무슨 선장이냐") 해머스테트가 침착함을 지키며 간간이 빈정대는 말을 덧붙이는("그거 고마운 말이군", "나도 같은 생각이야") 식이었다.

얼마 안 가 천둥호의 후방 탐조등이 켜지고 뒤쪽의 전개판이 열리더니, 선원들이 부표가 달린 800미터 길이의 어망을 던졌다. 밥바커호 사관들은 어안이 벙벙해 말문이 막힌 채로 선교에서 그 광경을 지켜보았다. 해머스테트는 프로펠러 날개에 그물이 걸리지 않도록 그물이 펴지는 방향에서 빨리 밥바커호를 빼라고 도선사에게 지시했다. 수심이 120미터도 되지 않는 이쪽 바다는 물이 워낙 얕아서 이빨고기가 보이는 곳이 아니었다. 자기들 먹을 물고기를 잡으려는 걸까? 해머스테트는 영문을 몰랐다. 어쩌면 싸

천둥호와 충돌 직전까지 간 밥바커호.

움을 거는 것일지도 모른다는 생각도 들었다.

30분 후 천둥호가 어망을 회수하러 되돌아왔고, 해머스테트는 그 진로를 막으려 했다. 카탈도는 엔진 속도를 올려 밥바커호를 향해 전속력으로 돌진하는 것으로 응수했다. 해머스테트는 즉시 스로틀을 역방향으로 당겨 약 3미터 차이로 충돌을 피했다. (내가 나중에 팔라우와 태국, 인도네시아에서 경험하게 될) 선박 간 충돌은 자동차 충돌 사고보다도 격렬하고 살벌한 소리와 감각을 선사한다. 이런 충돌은 대개 한쪽 또는 양쪽 모두의 침몰로 이어지기에 위험도도 더 높다. 금속과 금속이 맞물려 나는 날카로운 소리와 유리섬유가 산산이 조각나는 소리, 목재가 찌그러지다가 휜 나무처럼 꺾여버리는 소리 등 잔음 역시 슬로모션처럼 길게 지속된다. 다행히도 규모가 훨씬 큰 두 선박은 이날은 그런 일 없이 지나갔다. 카탈도의 선원들이 갑판 위로 포획물을 끌어올린 뒤 배는 다시 어둠에 잠겼다.

다음 날 밤, 천둥호는 또다시 전개판을 열고 어망을 던졌다. 카탈도에게서 무전이 오자 해머스테트는 한층 공격적인 자세로 나갔다.

천둥호 : 밥바커호 나와라. 여기는 천둥호.[35]

밥바커호 : 원하는 게 뭔가?

천둥호 : 안녕하신가. 나이지리아 정부와 우리 계약 위탁 업체의 지시로 통지하는데, 우리는 한 번 더 조업할 거다. 그러니 당신네 선미가 우리 장비와 얽히지 않도록 주의하라.

밥바커호 : 어획을 시도하면 어망을 절단해버리겠다.

천둥호 : 어망을 절단하면 나이지리아 정부에 알리겠다. 그건 이 배의 사유재산을 갈취하는 거니까. 우리는 일을 할 거다. 전에 말한 것처럼 나이지리아 정부의 인가도 받아 허가증을 비롯한 모든 것을 최신 상태로 갖춰뒀다. 당신들이 하려는 짓은 불법이다.

밥바커호 : 허가를 받기는 무슨. 지금 투망해봤자 소용없다. 우리가 바로 잘라버릴 테니까. 당신들 배가 어업 허가를 안 받았다는 걸 나이지리아 측에서 우리에게 알려줬다. 어망을 내리면 절단하겠다.

선장 중 한쪽이 공연히 엄포를 놓은 것인지 아니면 나이지리아가 상대를 봐가며 한 입으로 두말을 한 것인지는 확실치 않다. 하지만 어망은 어느새 물속에 있었다. 천둥호가 어망을 끌자 해머스테트는 천둥호의 항적을 따라 밥바커호를 몰면서도 그물에 얽히지는 않도록 적당한 거리를 유지했다. 해머스테트는 어망 옆으로 이동해 그물을 천둥호에 연결하는 줄을 잡으라고 선원들에게 지시했다. 밥바커호의 선원들은 어망의 부표를 끊어 어망 일부를 해저로 떨어뜨렸고 다른 선원들은 나머지를 물 밖으로 끌어냈다. 카탈도가 배를 급하게 유턴하자 해머스테트가 지시했다. "서둘러라. 천둥호가 우리 쪽으로 돌아온다."

밥바커호 선원들이 마주한 위험은 실제였다. 무법의 바다를 취재하며 수차례 마주친 이런 순간마다 근본적인 질문이 떠올랐다. 이 청년들은 왜 이렇게 큰 생명의 위협을 감수하는 걸까? 그후 몇 년간 해양 환경 보호 운동가들과 더불어 바다에서 수개월을 보내고 나니, 이 질문에 답이 될 만한 요소들의 목록이 나왔다. 그렇다. 이들은 어류, 나아가 해양 생태계에 관심이 많았다. 활동의 목적을 물어보면 탐욕과 기후 변화, 불필요한 살생 같은 광범한 힘에 저항하는 것에 관한 이야기를 들을 수 있었다. 그러나 감정을 직접 자극하는 동기도 있었다. 모험하고, 세상을 누빌 기회를 얻고, 선의의 싸움에서 오는 전율을 맛보고, 남들은 존재하는지조차 모를 장소를 탐방하고, 실질적인 항해술을 익히고, 같은 목적을 공유하는 이들과 동지애를 다지는 것 등이었다. 한 가지는 확실했다. 내 일을 포함한 대부분의 직종에서와 마찬가지로, 일의 근간을 이루는 소명 의식이야말로 두려움이 닥치는 순간에 우리를 더욱 굳건하게 한다는 핵심 서사를 일하는 세월이 길어질수록 더 확고하게 믿게 된다.

무전을 친 카탈도는 해머스테트를 절도로 고발하겠다며 분노에 차 씩씩댔다. 해머스테트는 법을 어기고 있는 쪽은 카탈도라고 반격했다. 카탈도는 "당신이 시작한 전쟁이야"라고 내뱉곤 어망을 돌려받을 때까지 시셰퍼드를 쫓겠다는 말을 덧붙였다. 밥바커호가 엔진 출력을 올렸고, 천둥호는 500미터 뒤에서 전속력으로 따라붙었다.

해머스테트는 천둥호를 따돌릴 수 있다는 자신감도 있었고 카탈도가 자신을 쫓아오느라 귀한 연료를 낭비한다는 생각에 들떴지만, 압수한 어망은 얼마든지 돌려주겠다고 태연하게 말했다. 그러고는 천둥호가 가까운 항구로 따라와 경찰에 자수하기만 하면 된다는 말을 덧붙였다. 카탈도는 기뻐하지 않았다. "수단과 상황은 아무래도 좋다. 우리도 받은 지시가 있다. 이건 명령을 따르는 거다. 우리는 부표를 회수해야 한다."

다음 몇 시간 동안은 추적자가 추적을 당했다. 해머스테트는 스페인어를 쓰는 상대를 '팜플로나의 황소(스페인 팜플로나에서 개최되는 산 페르민 축제에는 골목을 질주하는 황소를 피해 달리는 소몰이 행사가 있다―옮긴이)'라고 부르기 시작했다. 마침내 멈춰 선 카탈도는 뱃머리를 돌려 원래 항로로 돌아갔다. 어디로 가는지는 아무도 몰랐다.

* * *

얼음고기 작전 수행지와 5,000킬로미터 이상 떨어진[36] 스페인 북서부 귀퉁이에서는 다른 드라마가 펼쳐지고 있었다. 갈리시아에서 어류 밀렵 업체로 악명을 떨쳤던 비달아르마도레스Vidal Armadores의 전 본사 건물을 포함해 불법 어업 회사로 의심되는 사무실 몇 곳을 경찰이 덮친 것이다. 경찰이 도착했을 때, 직원들이 맹렬한 기세로 문서를 파쇄하고 있었다. 경찰은 직원들을 제지하고 남은 서류 수만 장을 챙겨 30분 이내에 현장을 떠났다.

이 급습은 조니 뎁이 연기한 영화 〈캐리비안의 해적〉의 캐릭터 잭 스패로에게서 농담조로 이름을 따온 스패로 작전의 일환이었다. 2015년에 도입되어 세계 어디서든 불법 어획에 가담한 스페인 국민을 고발할 수 있게 한 새 수산업법을 스페인 당국에서 처음으로 집행하려 한 수사였다.

스페인 경찰을 포함한 관계자들은 비달아르마도레스가 천둥호 일에 연루되었다고 의심했다.[37] 그러나 세이셸공화국과 나이지리아, 파나마에 있는 서류상 회사들 중 누가 천둥호의 진짜 소유주인지는 여전히 수수께끼로 남아 있었다. 배가 계속 움직이는 데다 워낙 멀리 떨어져 있어 조사도 간단하지 않았으니, 이런 회사들에게는 거리와 짧은 체류 기간이 가장 좋은 방패막이였다. 그러나 이런 밀렵선에도 치명적인 약점은 있었다. 바다 위에 머물려고 아무리 애를 쓴다 해도 배의 생명은 육지와 떼려야 뗄 수 없는 관계에 있다는 것을 선박 운영주도 모르지 않았다. 이들의 재원은 육지에 뿌리를 둔 기관과 거래에 붙들려 있었다. 선원들에게는 만나야 할 가족과 갚아야 할 빚이 있었다. 이는 외면할 수 없는 삶의 진실로, 스페인의 수사관들은 이런 사실을 기소에 활용하는 법을 알고 있었다. 재정난에 허덕이는 정부로서는 느긋하게 앉아 배가 해안으로 돌아오기를 기다리는 것이 자원을 가장 효과적으로 활용하는 길이기도 했다.

이런 회사를 겨냥한 스페인 정부의 수사에 속도가 붙으니 여러 취재원에게서 사건 관련 자료가 풍성하게 들어오기 시작했다. 일부 자료에서는 천둥호의 소유주가 에스텔라레스Estelares라는 파나마 회사로 나왔는데 인터폴 요원이 말하기를 플로린도 곤살레스 코랄Florindo González Corral이라는 갈리시아 출신 남자가 운영하는 회사라고 했다. 다른 해양 기록[38]에서는 트랑코에이로수산Trancoeiro Fishing이라는 이름으로 파나마에 등록된 다른 회사가 천둥호의 소유주로 언급되었다. 이 회사의 임원 가운데에는 과거 수산업법 위반으로 유죄 선고를 받았으며 인터폴에 따르면 비달아르마도레스와도 연줄이 있는 스페인인이 있었다. 트랑코에이로수산의 임원은 여러 차례 입장을 묻는 내 요청에 응답하지 않았다. 전에 비달아르마도레스를 대리했던 스페인인 변호사 카를로스 페레스 보우사다Carlos Pérez-Bouzada가 보낸 이메일에는 자신이 맡았던 고객은 천둥호와 "어떤 식으로도 관계가 없다"[39]고 씌어 있었다.

모호하고 파편적이며 오해의 소지가 있는 이런 서류[40]들을 조사하는 일은 고단했지만, 그것을 통해 알게 되는 것도 많았다. 문을 박차고 들이닥쳐 문서를 압수할 때 아드레날린이 치솟는 것도, 사관을 생포하겠다는 희망을 품고 세계의 바다를 누비며 배를 추적할 때 흥미진진한 언론 보도가 나오는 것도 사실이었지만 법 집행에서 가장 수고롭고 어쩌면 제일 중요한 부분은 공소장을 구성하는 따분한 절차였다.

사실 바다에서 펼쳐진 천둥호 추적의 진정한 의의는 육지에서 천둥호의 소유주를 기소하는 데 필요한 증거를 확보하는 데 있었다. (실제로 징역형이나 막대한 액수의 벌금형을 받게 되는) 돈세탁이나 문서 위조, 조세 회피 같은 범죄를 조사하려면 수고를 마다하지 않는 근면함과 자원이 필요하다. 어류에 관한 대중의 관심을 촉구하는 것만으로도 충분히 힘들지만 어류의 원산지를 속이는

수산물 세탁에 대해 파헤치는 것이 얼마나 어려운지는 말할 필요
도 없다. 다국적 수사에 들어가는 세금을 서류에서나 중요해 보
일 뿐 표면상으로는 '피를 보지 않는' 범죄에 쓰이게 하는 것은
더더욱 힘든 일이다.

일부 진상 규명 작업은 지칠 줄 모르는 두 노르웨이인 기자 에
스킬 엥달Eskil Engdal과 셰틸 세테르Kjetil Sæter의 공으로, 두 사람은 천
둥호를 둘러싼 미로 같은 기업 지형을 알아내려 노력하는 인상적
인 모습을 보여주며 스페인과 다른 대여섯 개 나라를 반복해서
오갔다.[41] 하지만 내가 그랬듯 이들 역시 배의 소유주를 확실하게
밝히는 데에는 어려움을 겪었다.

이 결과야말로 이런 구조가 지향하는 목표였다. 상황이 좋을
때는 선주와 보험업자, 금융인, 선박 운영주, 수산물 구매업자, 기
국 등록처, 심지어 정부까지도 공해에 만연한 해적 조업을 통해
이익을 본다. 그러다 상황이 나빠지면 이 행위자들은 법적인 책
임이나 자기들을 감시하는 인터폴과 조합 조직책, 인권운동가와
기자의 시선을 피해 숨어버린다.

* * *

2월 중순에 이르자 추적도 7주차에 접어들었다. 남아프리카공
화국 아래로 직선거리 650킬로미터 이상을 내려온 지점에서 천
둥호는 수위가 낮아진 연료 탱크 때문에 물 위에 높이 뜬 채 거친
인도양을 견디고 있었다. 그러던 2월 16일, 천둥호 뒤쪽에서 시
커먼 연기를 뿜어내며 높게 치솟은 불길이 밥바커호 선교에 있던
사관들의 눈에 띄었다. 배에서 흘러나온 기름이 선박 꽁무니를

따라 궤적을 그렸다.

시셰퍼드가 무전으로 무슨 일인지 묻자, 천둥호 사관들은 상자와 포장지, 화장지, 담뱃갑 같은 주방과 욕실 쓰레기 때문에 불을 피웠다는 미심쩍은 주장을 했다. 그런 폐기물을 소각하는 것은 합법이었다. 불길은 이틀 내리 타올랐는데 그 정도 크기의 배에서 피운 불의 일반적인 지속 시간보다 길었다. 비슷한 시점에 천둥호 뒤편에 쌓여 있던 어망 더미가 줄어들기 시작했다. 처크러바티는 천둥호가 증거를 인멸하고 있다고 추측했다. 의심할 이유는 충분했다. 인도네시아와 오스트레일리아의 수산청 직원들도 2012년 천둥호에 승선했을 때 처음에는 어구가 보이지 않아 당황했다. 나중에 밝혀진 사실에 따르면 선장이 어망을 조각내 선미 갑판에 있는 녹슨 화덕에 넣고 태워버린 것이었다.

천둥호에서 피어오른 연기를 목격하고 엿새가 지났을 때, 처크러바티는 요원 몇 명을 보조선에 태워 배달에 나섰다. 요원들은 검은 쓰레기봉지 하나와 던지기 쉽게 쌀 한 줌을 넣어 무게를 더하고 노란 테이프로 입구를 봉한 500그램짜리 플라스틱 병 열 개를 싣고 갔다. 병에는 인도네시아어와 영어로 쓴 메모가 여러 장 들어 있었다.[42] 해머스테트는 천둥호의 인도네시아인 선원들에게 시셰퍼드가 그들 편이라는 것을 알리려 했다. 메모에는 선원들은 사관의 지시를 따랐을 뿐이니 범죄 행위로 입건되지 않을 것이라는 내용이 단호하게 적혀 있었다. 단어 450개짜리 메모가 전하는 말은 이랬다. "당신들을 곤경에 빠뜨릴 생각은 없습니다. 우리는 협력해야 합니다."

해머스테트는 천둥호 사관들을 불법 어획으로 확실하게 고발

얼굴을 가린 천둥호의 한 사관이 시셰퍼드의 작은 배로 사슬을 던진다.

하는 것이 이 일의 목적이라는 말도 메모에 덧붙였다. 또한 가족에게 기별하기를 원하거나 부탁할 일이 있는 인도네시아인은 그 내용을 쓴 답신을 병에 넣은 다음 나중에 시셰퍼드의 보조선이 가까이 왔을 때 다시 던져주기만 하면 된다고 적었다. 공유해줄 수만 있다면 천둥호 사관들에 대한 정보 역시 도움이 될 터였다. "우리 배는 천둥호보다 연료와 식량이 풍족합니다. 우리는 항구에 닿을 때까지 천둥호를 쫓을 겁니다."

　사정거리에 들어선 시셰퍼드 요원들이 배 위로 병을 던졌다. 잠시 후 검은색 스키 마스크를 쓴 남자 한 명이 천둥호 상갑판에 나타났다. 남자가 던진 짧은 사슬이 보조선의 선외기 한 쌍에서 10센티미터쯤 떨어진 물에 철썩 소리를 내며 떨어졌다. 이어서 대략 덕트 테이프 하나쯤 되는 크기의 둥근 금속관이 공기를 가르고 휙 날아와 시셰퍼드 요원의 어깨를 맞혔다. 멍이 들긴 했지만 특별히 다친 곳은 없었다. 병이 잘 전달되어 임무가 완수되자 해머스테트는 요원들에게 물러나라고 지시했다.

* * *

1977년에 설립[43]된 이래 시셰퍼드는 전세계 수산업계에 예측하기 어렵고 걸핏하면 극단적인 행동을 하는 단체로 인식되었다. 시셰퍼드 지도부부터가 단체의 사명은 "강압적 환경 보호", 회원은 바다를 지키려고 싸우는 "환경 전사"라고 표현했다.

그래서 68미터 길이의 어선 애틀러스코브Atlas Cove가 시셰퍼드의 천둥호 추적 작전을 지원하겠다며 남대서양에 모습을 드러냈을 때 여러 사람이 놀랐다. 3월 25일, 가봉에서 서쪽으로 1,600킬로미터 가량 떨어진 곳에 나타난 애틀러스코브호의 뉴질랜드인 선장 스티브 퍼쿠Steve Paku는 샘사이먼호에 무전을 보내, 연대의 표시로 시셰퍼드의 선박과 나란히 위치를 잡아도 되겠냐고 물었다. 당연히 해머스테트는 환영이라고 응답했다.

사실 이 만남은 사전에 은밀하게 계획된 것이었다. 시셰퍼드는 얼음고기 작전을 개시하며 자신들이 반대하는 것은 어획 자체가 아니라 오로지 불법 어획임을 언론에 강조했다. 이렇게 대상을 구분하는 말은 예전의 시셰퍼드에게서는 들어보지 못한 것으로, 내게는 단체가 새롭게 취한 실리적 태도의 일부로 보였다. 폴 왓슨을 고발하려는 일본의 법적 조치가 성공한 것이 적잖은 자극이 되었는지 시셰퍼드가 진정한 영향력을 발휘하려면 동맹을 구축해야 한다는 생각이 내부 이사회에서 생겨난 것이었다.

시셰퍼드는 애틀러스코브호와 다른 이빨고기잡이 선단을 보유하고 있는 오스트레일리아 회사 오스트랄수산Austral Fisheries과 몇 달 동안 연락을 주고받았다. 남극에서 불법으로 이빨고기를 포획하는 어선을 오랫동안 추적해온 오스트랄수산은 시셰퍼드가 이빨고기 밀렵선을 뒤쫓자 반가워했다. 불법 어선과 각축을 벌이는 일만큼이나 상대는 그러지 않는데 자신은 법을 준수해야 한다는 부담이 지긋지긋했던 오스트랄수산은 누가 무엇을 남극해 어디에서 하는지에 관한 필수 정보로 환경 전사들을 무장시키기 시작했다.

애틀러스코브호 기관사는 샘사이먼호 옆에 배를 붙이고 천둥호에 보내는 전갈을 무전으로 읽기 시작했다.

애틀러스코브호 : 당신들 배는 계속해서 불법 어업을 하고 있다.[44]

기관사가 선장 대신 스페인어로 말했다. 이어서 애틀러스코브호는 자신들은 이빨고기운영협의체 소속이며, 밥바커호와 샘사이먼호를 만나 불법 어획에 맞서는 싸움을 지원하려고 항로를 설정했다는 이야기를 했다.

애틀러스코브호 : 당신들을 뒤쫓는 사람들이 당신들을 순순히 보내줄 리 없다…… 이 사람들의 명성이 괜히 높은 게 아니다.

애틀러스코브호 : 남극해에서 계속 조업하기를 원한다면 남들처럼 올바른 경로를 택해서 책임감이라는 걸 좀 보여라…… 간신히 남아 있는 소량의 해양 자원을 돌봐야 한다. 우리가 그러지 않으면 우리

의 자녀와 손자녀, 증손자녀에게는 아무것도 남지 않을 것이다. 이상.

기관사의 일장연설이 끝나자 천둥호는 급히 배를 돌리더니 선체로 애틀러스코브호의 우현을 겨냥했다. 배가 들이받히기 일보 직전이라고 해머스테트가 퍼쿠에게 무전으로 경고했으나 퍼쿠는 진작에 비스듬히 배를 빼내고 있었다. 한쪽에는 샘사이먼호를, 다른 쪽에는 밥바커호를 두고 애틀러스코브호가 곧장 선두로 나섰다. 그 순간 무전을 통해 카탈도의 목소리가 흘러나왔다.

천둥호: 천둥호는 나이지리아 국기를 걸고 공해를 항해하고 있다. 이제 당신들이 몰고 온 배가 세 척씩이나 되는데, 대체 뭐가 문젠가?
애틀러스코브호: 당신들 조업이 불법이라는 게 문제다. 우리 동료가 말했듯이 우리는 당신들을 저지하려 한다.

두 남자의 다툼은 계속 이어졌다. 둘 모두 상대가 위협을 일삼으며 위험한 행동을 하고 있다고 비난했다. 양측은 으름장을 놔봤자 소용없다며 서로에게 호기를 부렸다. 결국 천둥호는 제 갈 길을 갔고, 무전은 잠잠해졌다. 애틀러스코브호는 천둥호를 쫓는 시셰퍼드의 배들과 몇 시간 더 동행하다가 작별 인사를 하고 사라졌다. 시셰퍼드는 애틀러스코브호가 찾아왔다는 보도자료를 온라인에 신속히 게재해, 천둥호를 법으로 심판하는 데 협력하지 않고 해양법 집행을 옹호 단체와 수산 회사에 미루고 있는 여러 국가들을 부끄럽게 했다.

정부들이 이 보도자료를 실제로 읽어보기나 했는지 의문을 품지 않을 수가 없다. 읽어본 것이 맞다면 어깨나 으쓱하고 넘어갔거나, 공해에서 일어나는 일이니 본인들이 해결할 문제가 아니라고 결론지은 모양이다.

* * *

추적이 시작된 지 100일 이상이 지났을 때이자 내가 시셰퍼드의 배에 탔을 즈음인 4월 초의 천둥호는 나이지리아 해역으로 가고 있는 듯 보였다. 인터폴과 시셰퍼드 요원들은 천둥호 선주가 사관들에게 도주를 멈추라는 지시를 내렸으리라고 생각했다. 나이지리아 당국이 3월에 천둥호의 기국 등록을 취소하기는 했으나, 시셰퍼드 요원들이 추측하기로 이 깡패선은 일단 라고스에 배를 대면 해양 공무원이 과거에 나이지리아의 국기를 걸고 다녔던 자신들의 배를 눈감아주리라고 기대하고 있을 것 같았다.

하지만 천둥호가 나이지리아 해역으로 향하는 데 다른 이유가 있을 가능성도 없지는 않았다. 나이지리아는 도난된 벙커유를 거래하는 암시장이 성행하는 나라였다. 벙커유는 먼바다로 나가는 선박 대부분이 태우는 무거운 증류잔사유다. 게다가 나이지리아에는 돈만 잘 쳐주면 시셰퍼드의 자국 해역 진입을 막아 천둥호의 도주를 거들어줄 해양 공무원도 무더기로 있었다.

미국 국무부는 천둥호가 수년간 저지른 위반 행위를 증명할 기록이 버젓이 있는데도 계속 국기 계양을 허용한다면 제재를 가하겠다고 위협하는 서신을 나이지리아 정부에 보냈다. 하지만 그것은 아무리 봐도 공허한 위협이었다. 역사적으로 미국은 무역 기회에 영향이 가거나 자국의 수상쩍은 관행에 이목이 쏠릴 것을 우려해 타국의 노동이나 환경 규제 위반 사례를 적발하는 데 소극적이었다.

인터폴 역시 추적을 끝낼 간단한 방법이 있다고 나이지리아 정부에 알렸다. 나이지리아 정부가 정식으로 선박 나포를 요청하기만 하면 되었다. 남아프리카공화국 해군은 나이지리아의 승인만 떨어지면 천둥호에 승선해 배를 억류할 준비가 된 상태였고 심지어 열의도 있었다. 그러나 나포를 요청하면 사건을 수사하고 기소할 의무가 생기기 때문에 그럴 의사도 자원도 없는 나이지리아로서 나포 요청을 하는 것은 무모한 일이었다.

이런 사건에서 흔히 그러듯 나이지리아는 쉬운 길을 택했다. 천둥호에 걸렸던 국기를 거두고 배를 무국적 선박으로 만들어 문제를 다른 쪽으로 떠넘긴 것이다.[45] 기술적으로 따지면 이런 조치는 모든 국가의 해양 당국에 천둥호 승선 권한을 부여한 것이었지만 현실적으로 따지면 그런 조치가 행해질 가능성을 줄인 것이기도 했다. 남아프리카공화국에서도 의문을 던졌다. "지원 요청이 온 것도 아닌데 누가 뭐하러 그런 골치 아프고 돈 드는 일을 떠맡겠습니까?"

점검해야 한다는 구실로 천둥호를 강제 귀항시킬 일도 없어졌고 오스트레일리아 군대에 지원을 요청하는 것도 거절한 나이지리아는 법망을 피해 다니는 이 배에 대해 그나마 쥐고 있던 통제권마저 놓아버렸다. 모두가 공유하는 것은 보존되기보다는 방치될 가능성이 크다는 개념, 흔히 공유지의 비극이라 일컬어지는 현상을 그 무엇보다 또렷이 보여준 사례였다.[46] 나이지리아가 기다렸다는 듯 기국의 의무를 내던진 데서 오늘날 선박 국적 등록 제도의 결함이 여실히 드러났다.

수세기 동안 전세계의 상선과 어선은 모항이 있는 나라의 국기를 게양했다. 선원의 적절한 처우와 선박의 안전을 보장할 책임이 그 국가에 돌아갔다. 그런데 '편의치적'이라고도 하는 '개방 등록' 제도가 생기면서 20세기 초부터 사정이 바뀌기 시작했다. 1차 세계대전 후 미국에는 선박이 넘쳐났고 그 선박 다수가 파나마로 팔렸다. 많은 경우 미국인 사업가들은 그 선박을 계속 운항할 생각은 있었으나 가벼운 규제 부담이라는 이점을 누릴 수 있는 먼 지역에서 그렇게 하기를 바랐다.

미국 국적의 배는 공해에서도 술을 제공할 수 없다고 정한 미국 법원 명령을 여러 여객선이 우회하려 한 탓에, 금주법 역시 편의치적으로 넘어가는 변화에 추진력을 더했다. 2차 세계대전이 발발하기 전까지 미국에서는 나라를 전쟁에 휘말리게 하거나 중립법에 저촉되는 일 없이 상품과 자재를 영국에 공급할 요량으로 상선의 선적을 파나마로 변경하는 일이 늘었다.

현재 몽골이나 볼리비아 같은 내륙국까지 포함한 많은 국가들이 자국 국기를 게양할 권리를 판매하고 있다. 미국 버지니아에 있는 회사가 라이베리아 기국 등록처를 관리하는 등 손에 꼽힐 정도로 규모가 큰 몇몇 등록처는 해외에서 운영된다. 특정 국기를 게양할 권리를 주고 수수료를 받는 이런 회사는 고객을 단속해 안전과 노동, 환경 규제를 준수하는지 확인하고 문제가 발생했을 때 조사를 진행할 책임도 진다. 그러나 실상 편의치적은 선박 운영주가 최저 가격과 최소 규제로 가장 방만하게 운영되는 기국을 찾아 이리저리 돌아다니게 유인함으로써 위법 행위를 이중으로 은폐한다.[47] 이런 제도가 실질적인 관리 효과가 아닌 관리의 허상을 만들어내고자 설계된 규제임은 꽤 명백하다. 이 제도가 기능하는 방식은 운전자의 거주지나 운행지와 상관 없이 아무 나라에서나 얻어온 번호판을 차량에 갖다 붙이는 것을 허용하고 차량 검문과 사고 조사를 담당하는 경찰이 운전자로부터 직접 돈을 받는 것과 다르지 않다.

천둥호를 추적한 지 석 달이 넘자 시셰퍼드의 두 선박에는 권태와 공포와 기대감이 뒤섞인 공기가 감돌았다. 나이지리아가 천둥호의 기국 등록을 취소했다는 소식은 천둥호가 버림받았다는 추가 증거이기는 했으나 규제 제도가 그만큼 망가졌다는 표시이기도 했으며 시셰퍼드가 하고 있는 일이 외로운 싸움임을 선명하게 드러냈다.

나이지리아 인근 기니만은 중무장한 해적 수백 명이 어슬렁거리는 곳이라 위험하기로 유명했다. 밥바커호와 샘사이먼호는 해적들의 공격에 대비해 24시간 보초를 세웠다. 두 배의 선원들은 물대포와 부티르산(악취탄), 바다에 던져 선외기 프로펠러에 엉키게 하는 두꺼운 유도 밧줄인 '프로펠러 손상기'도 손봐두었다.

시셰퍼드 요원들은 코베세이람과 내가 양쪽 배에서 벌어지는 일을 모두 볼 수 있도록 며칠 간격으로 우리를 보조선에 태워 두 배 사이를 오가게 했다. 바다 위에서 다른 배로 건너가는 것은, 특히 밥바커호와 샘사이먼호처럼 크고 높은 배 사이를 옮겨 다니는 것은 보통 15분쯤 걸리는 아주 위험한 일이었다.

보조선을 타려면 몇 개 층을 줄사다리로 내려가야 했다. 그러나 진짜 시험은 줄사다리를 다 타고 내려온 후에 시작된다. 보조선은 본선과는 비교도 안 되게 작은 데다 사나운 파도 위에서 이리저리 출렁이고 있으므로 우리는 빠르게 움직이는 엘리베이터에 올라타려는 사람처럼 보조선으로 뛰어들 타이밍을 잘 맞춰야 했다. 게다가 샘사이먼호와 밥바커호로서는 우리가 배를 갈아타는 동안 천둥호의 행방을 놓칠 것을 각오하고 정선할 여유가 없었기에, 배는 가만히 있는 법 없이 늘 시속 10킬로미터 속도로 전진했다. 몸에 밧줄을 묶으면 더 위험해질 수도 있어 우리를 잡아주는 줄도 없었다. 우리는 이렇게 배를 갈아타다가 행여 바다로 떨어지면 두 선박 사이에 끼거나 아래에 깔리지 않도록 주의하는 것이 무엇보다 우선이라는 경고를 들었다. 그러나 그걸 어떻게 해야 하는지는 전혀 알 수 없었다.

처음으로 배를 갈아타던 날, 난간 옆에 선 코베세이람이 안전모를 쓰고 잠시 숨을 고르더니 내 어깨에 손을 얹었다. "이언, 날 데려와줘서 정말 고마워요. 이건 믿기지 않을 정도로 멋진 경험이에요." 우리 둘 다 30시간째 한숨도 자지 못해 지칠 대로 지쳐 있는 상황이었던지라 그 말은 특히나 감동적이었다. 이어서 코베세이람은 난간을 넘어가 거친 바다 위에서 덜렁거리는 닳아빠진 나무 사다리의 첫 번째 가로대를 한 손으로 잡았다. 아슬아슬하고 긴 하강에 돌입하기 전 코베세이람은 한마디를 덧붙였다. "그리고요, 이언, 나 수영 못해요." 바다에서 보낸 열흘 동안 우리는 이런 식으로 대여섯 번 배를 갈아탔는데, 갈수록 요령은 생겼지만 목숨이 걸렸다는 위험한 감각은 매번 그대로였다.

대부분 나보다 열 살에서 스무 살까지 어렸던 시셰퍼드 요원들에게, 내가 바다의 규범에 훤하고 몸도 제법 건강하며 진이 빠지는 그들의 15시간 노동도 웬만해서는 무난히 따라갈 수 있다는 것을 증명하려고 나는 그간 무지하게 노력해온 터였다. 사다리 타기가 겁났던 이유는 내가 대체로 비싼 장비(드론, 고프로 카메라 키트, 코베세이람의 고가 줌 렌즈 일부)들을 잔뜩 짊어지고 있다는 것과 떨어지면 죽을 수도 있다는 것뿐 아니라, 시종일관 미심쩍은 눈으로 나를 외부인 대하듯 했던 청년들 앞에서 망신당하는 것만은 어떻게든 피하고 싶어서이기도 했다.

시셰퍼드의 선상 생활은 엄격하게 관리되었다. 의무적으로 참석해야 하는 오전 7시 회의가 있었고 살림은 모두가 나눠서 했으며(코베세이람과 나는 화장실 청소를 맡았다) 물을 절약해야 하니 샤워는 하루 한 번 3분 이내로 해야 했다. 배의 위치나 진로가 노출되어 해적의 공격에 취약해지는 것을 방지하고자 승선 사관 한 명이 중앙 서버를 점검해 선원들이 외부로 발송하는 모든 메일을 검사했다. (나는 개인 위성전화를 사용해 통신 검사를 면제받았다.)

우리는 외딴섬에 발이 묶인 조난자처럼 우리만의 의식과 규칙을 만들었다. 술과 담배는 금지였다. 매일 오후 4시에 중갑판에서 단체 운동이 진행되었고, 여기에는 원하는 사람만 참여했다. 중갑판에는 실내자전거와 조정 기구, 러닝머신, 프리웨이트 도구, 턱걸이 기구, 평행봉을 들여놓은 훈련장이 있었다. 일요일 저녁마다 게시판에 주간 체조 루틴이 공지되었다. 승선한 지 이틀째 되는 날 배와 허리의 극심한 통증을 경험한 나는 널뛰는 배에서 하는 버피테스트의 강도를 과소평가해서는 안 된다는 것을 금세 깨달았다.

샘사이먼호의 선원 몇몇이 식당에서 직원 회의를 하고 있다.

저녁에는 독서 모임이 열렸다. 선원들은 브루스 채트윈의 『파타고니아』와 폴 서루의 『오세아니아에 있는 행복의 섬』을 읽었다. 〈월터의 상상은 현실이 된다〉, 〈매드 맥스: 비욘드 선더돔〉, 〈퍼펙트 스톰〉 같은 영화도 봤는데, 세 번째 작품은 일의 연장이나 다름없지 그런 환경에서 고를 기분 전환용 영화와는 영 거리가 먼 느낌이었다. 휴게실에는 통기타와 전기 기타, 전통 북, 클라리넷, 키보드 등 다양한 악기가 준비되어 있었고 선원 중에는 훌륭한 연주자가 많았다. 덕분에 즉흥 연주가 하나의 별미였다.

9개국 사람들로 이루어져 20여 개 언어를 사용하는 시셰퍼드 요원들은 다양성이 강한 집단이었지만, 거의 전원이 대학 교육을 받았고 20~35세라는 공통점이 있었다. 회의를 비롯한 업무는 영어로 진행되었다. 요원 절반은 여성이었는데 대개 남성 비율이 압도적인 해상 업무에서는 보기 드문 성비였다. 내가 본 바에 따르면 그 배에서는 평등주의 정신이 제법 잘 지켜졌고 여성이 남성과 모든 업무를 똑같이 하고 같은 직급을 달았다. 선원 간 연애는 금지 사항은 아니었으나 요란하게 드러내지는 말아야 하는 분위기였다. 직급 차이가 있는 경우에는 더욱 그랬다.

나는 주로 처크러바티와 함께 샘사이먼호 선교에서 시간을 보냈다. 처크러바티의 등 뒤로는 상단에 '수배—깡패나 다름없는 이빨고기 밀렵선—여섯 날강도'라는 문구가 빨간 글자로 적힌 코팅 포스터가 걸려 있었다. 글자 아래에는 천둥호와 바이킹호, 쿤룬호, 융딩호, 쑹화호, 펄론호라는 선박 여섯 척의 사진이 있었다.[48] 처크러바티는 인도 보팔에서 자란 이야기와 화학 제품 운반선에서 10년간 일해 선장 자리까지 차근차근 올라간 뒤 2011년 시셰퍼드에 합류한 이야기를 내게 들려줬다.

서른두 살인 처크러바티는 위엄 있는 용모에 허둥대는 법 없이 차분한 태도를 지닌 체구가 작은 남자였다. 한번은 내가 칠칠치 못하게 한 잔 가득 든 따뜻한 커피를 열려 있던 처크러바티의 노트북에 쏟아 머더보드를 쫄딱 적신 일이 있었다. 천둥호와 관련된 처크러바티의 기록 대부분이 그 노트북에 저장되어 있었다. 처크러바티는 무릎에서 뜨거운 커피가 줄줄 흐르는 채로 조용히 일어나, 커피가 흘러나오도록 노트북을 거꾸로 들었다. "괜찮아요. 천둥호 관련 기록은 머릿속에 잘 넣어뒀거든요." 침착하고 관대한 처크러바티의 반응은 타고난 성격이기도 하겠지만 한편으로는 개인적 과업의 연장과도 같은 집중과 결단의 산물이라는 것이 느껴졌다. 내가 만나본 여느 모험가나 직접 행동을 추구하는 환경 보호 활동가와 다르지 않게, 처크러바티도 외부의 임무 못지않게 내면의 임무를 수행하고 있는 듯했다.

이런 모습은 운동가에게 따라붙는 흔한 오해와는 전혀 다르다. 운동가들은 드레드락 머리와 피어싱, 문신을 한 철부지라며 괄시당하거나 개인의 책임과 '현실', 9시부터 5시까지 일하는 직장을 피해 도망쳐 되는대로 사는 순진한 도피주의자로 묘사되기 일쑤지만, 대부분은 사실이 아니었다. 9시부터 5시까지 일하는 직장 이야기만 해도, 사실 이 활동가들이 바다에서 일하는 시간이 그보다 더 길었다. 시셰퍼드 선박 양쪽의 선원과 이후 다룰 그린피스 배의 선원은 투지에 불타는 사람들로, A유형 성격(성취를 지향하는 급하고 경쟁적인 성격―옮긴이)이라고도 할 수 있을 정도였다. 단지 일반적인 이력서에 먹히지 않을 법한 목표를 세웠을 뿐이다. 또한 이들 다수는 바다를 지키는 활동 외에 자기 수양이라

천둥호는 시셰퍼드가 얼음고기 작전으로 쫓는 여러 선박 중 하나일 뿐이었다.

는 과업을 수행했다. 불평을 줄이고, 집중력은 늘리고, 진심으로 듣고, 현재에 더 충실하게 지내는 것 말이다. "이 일을 하고 있음에 감사하라고 매일 저를 일깨워주는 거죠." 왜 늘 자진해서 화장실 청소를 하냐는 내 질문에 한 남자 갑판원이 건넨 답이었다. 지루하기 짝이 없어 보이는 세계 식량 정책에 관한 책을 왜 읽고 있냐고

다른 여자 선원에게 물었을 때는 이런 답을 들었다. "정치적으로 살려면 의도하지 않은 결과도 곰곰이 따져봐야 하니까요."

* * *

4월 5일 오후 7시경 밥바커호 사관들이 천둥호 후갑판에서 이상한 움직임을 포착했다. 일부는 주황색 조끼를 입은 남자들이 어두운 배에서 수선을 피우고 있었다. 이 광경은 밥바커호의 항해 일지에 "섬광등이 움직였으며, 흔히 쓰지 않는 갑판등이 점등되었다"라고 기록되었다. 다음 날 이른 아침에는 천둥호 선원 한 명이 배를 떠날 준비라도 하는 것처럼 뱃전 너머로 줄사다리를 던졌는데, 실제로 배를 떠나려는 것이었다. 곧이어 구조 요청이 왔다.

무전기 너머로 카탈도가 말했다. "지원 요청, 지원 요청한다. 배가 침몰한다."[49] 화물선으로 짐작되는 무언가와 천둥호가 충돌했다는 것이었다. "도움이 필요하다." 카탈도는 15분 안에 배가 가라앉을 것 같다며 이렇게 덧붙였다.

이 주장이 사실이라고 믿기는 어려웠다. 시셰퍼드 선박 외에 천둥호 근처에 접근한 배는 며칠 동안 한 척도 없었다. 해머스테트는 일부 선원을 항구에 내려주려고 길을 돌아오느라 약 세 시간 거리에 있던 처크러바티에게 상황을 알렸다. 처크러바티는 샘 사이먼호를 돌려 현장으로 질주했다. 천둥호 선원들은 구명정 몇 척을 물 위로 내리고는 그리로 올라탔다. 그 과정에서 한 남자가 미끄러져 물에 빠졌다가 다시 배 위로 몸을 끌어올렸다.

나는 그 일이 일어나기 겨우 며칠 전에 샘사이먼호를 떠나, 집으로 돌아가는 길이었다. 시셰퍼드 요원 한 사람의 전화를 받은 건 아크라 공항까지 가서였다. 그 갑판원은 이렇게 말했다. "믿기지 않는 일이 벌어졌어요. 천둥호가 눈앞에서 침몰하고 있네요." 그 충격적인 소식을 듣는 순간, 사건을 놓쳤다는 데서 치미는 짜증이 온몸을 휘감았다. 이성이 완전히 증발한 상태에서, 가까운 항구로 날아가 시셰퍼드의 배로 돌아갈 방법을 짜내보려고 공항의 비행편 안내판을 몇 번이나 올려다본 기억이 난다.

해머스테트와 처크러바티는 샘사이먼호에 공간 여유가 더 있으니 배가 현장에 도착하는 대로 천둥호 선원들을 그 배에 승선시키기로 했다. 처크러바티는 선교에서 회의를 소집해 경고했다. "저쪽 인원이 우리 두 배야. 우리에게 아주 위험한 상황이지." 처크러바티는 요원들 전원에게 티셔츠와 반바지를 벗고 '제대로 된 복장'을 갖추라고 지시했다. 시셰퍼드 로고가 들어간 검은 셔츠와 검은 작업 바지를 뜻했다. 처크러바티는 괜히 치고받거나 잡담하는 일이 없어야 한다고 강조했다. 외부인은 화장실에 갈 때도 반드시 시셰퍼드 요원들과 동행해야 했다. 상갑판은 남자 두 명이 상시로 감시할 예정이었다. 처크러바티는 여성 요원들에게 양해를 구하며 신체적 폭력이 발생할 것을 대비한 안전상의 이유로 천둥호 선원 감시는 남성 요원만으로 진행하겠다고 설명했다. 조업 관련 질문은 누구도 해서는 안 됐다. 처크러바티의 말이었다. "엄밀히 말하면 지금부터는 구조 작업을 하는 거니까."

천둥호는 우현으로 위태롭게 기울어 천천히 침수하고 있기는 했으나 구조 요청을 하고 일곱 시간 가량이 지난 4월 6일 늦은 오전까지도 완전히 침몰하지 않았다.[50] 선원들은 뜨거운 태양 아래에서 세 시간 이상 구명정을 타고 있었다. 높이 2.5미터가 넘는 너울에 흔들리며 몇몇은 구토를 했다. 카탈도는 배를 버리지 않겠다고 버텼다. 해머스테트는 천둥호에서 전원이 나오지 않는 이상 구명정에서도 아무도 빼내지 않겠다고 했다. 해머스테트는 카탈도가 더 작고 빠른 인근 선박에 연락을 취해두고 밥바커호가 다른 선원들을 구명정에서 건지는 동안 도주를 시도할 수도 있다고 의심했다.

시셰퍼드 요원 몇 명은 배가 완전히 물에 잠기기 전에 천둥호 내부로 들어가 증거를 수집할 요량으로 기울어가고 있는 천둥호 옆에서 보조선을 타고 대기했다. 카탈도가 12시 46분에 마침내 줄사다리를 타고 내려와 천둥호 한쪽의 구명정에 몸을 싣자, 시셰퍼드의 기관사와 사진사가 배 반대쪽 끄트머리를 힘겹게 타고 올라갔다.

"10분 안에 마칠 것." 해머스테트가 반쯤 물에 잠긴 천둥호에 오르는 시셰퍼드 요원 두 사람에게 말했다. 실제로는 37분이 걸렸다. 배가 우현으로 20도를 그리며 기우는 와중에 두 사람은 내부로 들어가 이 선실과 저 선실, 기관실과 선교를 드나들며 다른 선원이 없나 확인했다. 조리실에서는 요리대 위에서 닭고기가 해동되고 있었다. 복도에는 배에서 빠져나가던 누군가가 떨어뜨린 양말과 셔츠가 있었다. 선교에 가니 서류들이 바닥 여기저기에 흩어져 있었다.

몇 분 후 사진사가 카메라 하나와 휴대전화 하나, 천둥호 조타실에서 나온 서류 무더기가 든 쓰레기봉지를 들고 갑판에 나타났다. 사진사는 천둥호 아래에 있는 보조선에서 대기하고 있던 동료에게 봉지를 던졌다. 선교 서랍장에서는 시셰퍼드 웹사이트에서 출력한 밥바커호 선원들의 사진도 발견되었다. 사진사는 지도와 해도 몇 장과 함께 그 사진도 보조선으로 던졌다. 해도 한 장은 펄럭거리다 바다로 떨어졌다.

천둥호는 빠르게 침몰하고 있었고, 해머스테트는 두 사람이 갑판 아래에 너무 오래 머물다가 갑자기 내부로 물이 들이닥치거나 배가 아래로 빨려들어가 배 안에 갇힐까 봐 마음을 졸이며 선교를 이리저리 오갔다. 천둥호 안을 분주히 돌아다닌 시셰퍼드의 사진사는 안전모에 고프로 카메라를 끈으로 고정해둔 상태였다. 우리가 나중에 본 어둡고 흔들리는 영상에는 탁수가 거의 끝까지 차오른 천둥호의 기관실이 나온다. 어창은 4분의 1 가량이 이빨고기로 채워져 있었다.

몇몇 단서를 통해 천둥호가 의도적으로 자침했음을 짐작할 수 있었다. 선박의 밀폐문은 살짝 열려 있게 고정된 상태였다. 기관실이 침수되게 밸브도 열려 있었다. 뒤집힌 책장이나 터진 배관 등 천둥호가 다른 선박과 충돌했다는 명백한 흔적은 없었다. 카탈도가 결국 도주를 포기한 이유를 가장 그럴듯하게 설명하는 것은 하루 남짓 버틸 연료만 남은 천둥호의 연료 탱크였다.

침몰하는 천둥호에 승선하는 것은 말도 안 되게 위험한 행동이었다. 나는 훗날 인터뷰에서 그 결정에 대해 어떻게 생각하냐고 시셰퍼드 갑판원에게 물었는데, 내 목소리에 탐탁지 않다는 기색이 묻어났는지 그가 도리어 내게 반문했다. "이언, 우리랑 같이 그 배에서 실컷 지내놓고서 본인 같으면 천둥호에 안 올라갔을

2015년 4월 6일 천둥호가 상투메프린시페 인근 해안에서 갑자기 침몰했다. 범죄 증거를 인멸하기 위해 선장이 배를 고의로 자침했다는 것이 중론이다.

거라고 말하는 거예요? 그렇게 오랜 기간 추적한 배를 눈으로 볼 기회인데 그걸 마다하겠다고요?" 일리 있는 말이었다.

천둥호 선원들이 샘사이먼호에 올라오자 시셰퍼드 요원들은 무기 확인차 그들의 몸을 수색하고 라이터를 빼앗은 뒤 물과 과일을 주고 후갑판에 모아 앉혔다. 천둥호 사관들은 불량한 태도로 입을 꾹 다물고 있었다. 카탈도는 선원들의 여권을 넘기지 않고 머무적댔으나 숨겨둔 여권 뭉치는 한 선원의 소지품에서 이내 발견되었다. 처크러바티는 제일 가까운 항구, 그러니까 가봉에서 서쪽으로 약 260킬로미터 떨어진 작은 섬나라 상투메의 항만 경찰에게 상황을 알렸다. 상투메에 있던 경찰과 인터폴 요원들은 배가 도착할 때에 맞춰 대기하겠다고 응답했다. "에스투피도(머저리)!" 천둥호 사관 한 명이 선원들의 사진을 찍는 시셰퍼드 사진사에게 달려들며 외쳤다.

짙은 선글라스와 금색 용 자수가 들어간 파란색 야구 모자를 쓰고 초록색 하이네켄 티셔츠를 입은 카탈도는 짧게 깎은 검은 수염에 파리한 낯빛을 띠운 작달막한 남자였다. 카탈도는 사진 찍히는 것이 싫다며 처크러바티에게 툴툴댔다. 전체 상황을 녹음하려고 셔츠 아래에 마이크를 차고 있던[51] 처크러바티는 그의 불평을 무시했다. 계속해서 시셰퍼드 선박의 승선자가 지켜야 할 기본 규칙을 전할 뿐이었다. 카탈도는 신경질적으로 말했다. "나한테 왜 그런 식으로 말하지? 우리는 둘 다 선장이니 대등한 위치에서 얘기해야 맞아." 이동하는 동안 다른 선원과 부대끼며 외부 갑판에서 기다리는 것도 부당하다는 말을 덧붙인 카탈도는 이런 대우에 관해 해양 관련 국제기관에 정식으로 불만을 제기하겠다고 했다. 처크러바티는 "얼마든지"라고 대꾸했다.

마침내 천둥호가 가라앉자 카탈도는 기뻐했다. 카탈도가 배를 파괴했다는 의심에 힘을 실어주는 묘한 반응이었다. 배는 연료가 바닥난 데다 유죄를 입증할 증거를 실은 채 조만간 압류될 상황이었으니 천둥호 선주 역시 배가 침몰한 것을 흡족하게 여길 공산이 컸다. 30분쯤 후 카탈도는 샘사이먼호 뒤쪽에 1.5미터 높이로 쌓여 있는 압수된 어망 위로 올라갔다. 그러고는 몸을 뻗더니 잠을 청했다. 몇 시간이 흐른 뒤 카탈도와 나머지 선원들은 잠에서 깼고 해안을 3킬로미터 앞둔 곳에서 전투복 차림의 해군과 경찰에게 구속되었다.

* * *

그후 6개월에 걸쳐 인도네시아인 선원들은 고국으로 송환되었다.[52] 카탈도와 배의 기관장, 이등기관사는 재판에 회부되어[53] 위조와 오염, 환경 훼손, 미필적 고의에 대해 유죄 판결을 받았다. 이들은 모두 합해 1,700만 달러가 넘는 벌금형을 선고받았으나[54] 법원에서 항소가 받아들여지지 않았음에도 불구하고 알 수 없는 이유로 석방되었다.

한편 스페인에서는 천둥호와 유착되어 있다는 혐의를 받던 비달아르마도레스의 기소가 엎어졌다. 대법원은 이 불법 어획이 공해에서 발생했기 때문에 스페인 정부에는 기소 권한이 없다는 판결을 내렸다. 그러나 플로린도 곤살레스 코랄이 천둥호와 유착 관계를 맺고 불법 어획을 일삼은 것에 대해 스페인 정부가 제기한 별도의 민사 소송은 승소했으며, 법원은 1,000만 달러의 벌금형을 내렸다.[55]

한 가지 사실만은 논쟁의 여지가 없다. 이번 활동은 시셰퍼드가 승리했다는 것이다. 나중에 벌금 1,000만 달러 이야기를 꺼내자 해머스테트는 "이게 우리가 싸우는 이유죠"라고 말했다. 시셰퍼드는 천둥호를 업계에서 몰아냈다. 사건 당사자들이 징역을 살게 된 가장 주요한 요인이 바로 이 단체였다. 효과가 지속될까? 이 사건으로 다른 밀렵선에도 메시지가 전달될까? 확신은 들지 않았다. 이런 메시지가 바다 건너 멀리까지 전해지는 일은 드물었다. 밀렵선이 느끼는 경제적 유인이 강력한 만큼이나 법과 규제 기관은 갈피를 못 잡고 있었다. 하지만 천둥호 사건을 계기로 심각하게 간과되던 문제에 전세계의 시선이 집중되었다는 것만큼은 부인할 수 없었다.

약간의 휴식기를 보낸 뒤 처크러바티는 시셰퍼드를 떠나 직접 인포서블오션Enforceable Oceans이라는 이름의 환경 보호 단체를 세웠다.[56] 해머스테트는 불법 어획을 단속하는 해역 순찰을 지원하고자 가봉으로 떠났다. 샘사이먼호와 밥바커호의 사관들 다수는 이내 남극해로 돌아갔다. 이번에 추적할 배는 세계에 마지막 남은 기업형 포경선이었다. 일본 선박의 남극 포경은 최근 국제재판소

에서 금지되었으나 판결을 집행하는 주체가 없었다. 시셰퍼드가
개입하기에 더없이 좋은 기회 같았다. 물자를 채우고 휴식도 취
한 포세이돈의 군대는 다시 남극해로 출발했다.

2장
외로운 파수꾼

무한하고 영속한 우주의 물은
만물의 무결한 원천이자 황공한 죽음이다.
—하인리히 치머, 『인도의 신화와 예술』

바다를 규율하는 법은 부족하지 않다. 진짜 문제는 느슨한 집행이다. 육지와는 확연히 다른 바다 위 영역 싸움을 이어가는 일은 냉정한 계산의 문제다. 어떤 나라는 국경 양쪽의 땅 몇 토막을 놓고 싸우지만, 바다의 경계는 그보다 덜 명확해서 침범하는 자를 추적하는 일이 무용해 보인다.

이것이 우리 저녁식사 접시에 올라오는 생선 5마리 중 1마리가 불법 어획물인 이유이자 전세계 수산물 암시장의 규모가 200억 달러를 웃도는 이유다.[1] 세계의 수산 자원 대부분은 남획으로 위기를 맞았다. 2050년에 이르면 중량 기준으로 바다에 물고기보다 플라스틱 폐기물이 더 많아지리라 예측하는 연구도 여럿 있다.[2] 바다를 보호하려는 의지도 자원도 없는 대다수 정부 탓에 바다는 훼손되고 고갈되었다.[3] 고온 현상과 해수면 상승, 강력해진 폭풍 등 그 영향이 뚜렷하게 나타나는 지구 온난화의 위험성에도 대중의 관심은 잘 모이지 않는다. 하물며 수산 자원 감소 문제는? 어지간해서는 눈에도 안 띈다.

2015년 팔라우 해양경찰이 불법 어획을 일삼은 베트남 선박을 나포하고 있다.

　그러나 팔라우는 2006년부터 다른 길을 걷기로 했다. 중국과 베트남 어선 등 자국 수역에 떼거리로 들이닥치는 외국의 불법 어선들을 추적해 나포하겠다고 공언한 것이다. 어려운 싸움이 되리라는 것은 불 보듯 뻔했다. 자국 군대가 없고 상대적 빈곤국에 해당하는 팔라우에서는 경찰 18명이 수역 순찰을 담당했다. 이들은 단 한 척뿐인 순찰선 레멜리크Remeliik로 프랑스만 한 면적의 연안을 지켜야 했다.

　승산이 있었을까? 2015년 1월 21일 새벽 2시경 웨스트버지니아의 단층 사무실 건물에서 얼핏 해법이 보였다. 환경 단체 스카이트루스SkyTruth의 조사원 비욘 버그먼Bjorn Bergman이 이메일을 쓰면서 연어와 스위스근대를 올린 양파 베이글을 그날만 여섯 잔째인 커피로 씻어내리고 있었다.[4]

"마지막에 확인된 위치로 쫓아가려 하지 말고 진로를 차단하려 해봐요." 버그먼은 이렇게 썼다. 레멜리크호는 1만 5,000킬로미터 정도 떨어진 곳에서 10명이 타고 있는 대만의 불법 조업선 신지취33⁵을 추적하고 있었다. 이 배를 가장 빨리 쫓을 수 있는 항로를 팔라우 소형선 선장에게 알리는 것이 버그먼의 일이었다. "레멜리크호의 방향을 남동쪽으로 틀 것을 권합니다."

신지취33호 선원들은 지역 어장 몇 곳을 급습한 뒤 팔라우 관할권이 아닌 인도네시아 수역으로 도주하는 중이었다. 술라웨시해나 반다해까지 가면 이 밀렵선은 손쉽게 어획물을 하역한 후 서태평양에 수천 개쯤 있는 필리핀이나 인도네시아의 작은 섬들 사이로 종적을 감출 수 있을 터였다. 레멜리크호 선장은 이들을 저지하기 위해 기관사의 가슴을 졸아들게 하는 20노트의 최고속력으로 배를 몰았다. 지난 6개월간 팔라우 경찰은 불법 조업선을 여남은 척 발견했지만 단 한 척도 잡지 못했다. 버그먼이 컴퓨터 화면을 보는 동안 레멜리크호의 사관들은 선수 방향을 조금이라도 잘못 계산했다가는 표적을 놓치고 연료까지 동날 수 있음을 깨닫고 있었다.

버그먼이 밀렵선으로 의심되는 배를 팔라우 측에 제보한 것은 이틀 전 일이었다. 버그먼은 서른네 살이었던 2014년에 웨스트버지니아 셰퍼즈타운으로 이사해 스카이트루스의 데이터 분석가가 되었다. 그 전 3년 동안은 알래스카에서 킹크랩과 대구와 명태를 잡는 통발선, 연승 어선, 저인망 어선의 옵서버로 일했으며, 그가 했던 일은 연방과 주 수산청이 수산 회사에 요구하는 집행 자료인 항해 일지를 작성하고 어획 규모와 위치, 어구를 상세히 기록하는 것이었다. 스카이트루스로 자리를 옮긴 버그먼은 전세계의 선박을 위성으로 관찰하며 단속 활동의 고도를 한층 더 높였다. 버그먼은 책상에 앉아 있는 일은 모험의 맛이 덜하기는 해도, 이제는 현장에서 직접 목격한 문제에 영향력을 더 많이 행사하고 싶다고 내게 말했다.

버그먼이 팔라우 상공의 위성 피드를 확인한 것도 몇 달째였다. 구불구불한 선과 기다란 직선으로 나타나는 운항 패턴은 모두 외워버렸다. 핏케언섬에서는 몇 주마다 여객선이 나왔고 디에고가르시아섬에 주둔한 미 해군 군함은 근방에서 정기적으로 기동 훈련을 했다. 중국 조사선은 격자무늬 비슷한 것을 그리며 조사를 진행했고 조업을 멈출 기미가 없는 대만 선박은 자꾸 바다로 나가 다른 연승 어선과 접촉했다. 나로서는 버그먼의 분석을 다 따라갈 수 없었지만, 버그먼은 이동 격자계를 훤히 꿰고 있어 움직임이 엇나가면 귀신같이 알아챘다. 그런데 신지취33호가 엇나가는 움직임을 보였다. 신지취33호는 팔라우 수역 내 조업 허가를 받지 않았으나 지그재그로 움직이는 것을 보면 조업 행위를 하고 있는 듯했다.

버그먼이 레멜리크호에 연락해 어느 방향으로 가야 할지를 자문해준 뒤, 팔라우에서 인구 밀도가 제일 높은 섬인 코로르에 있는 말라칼항의 비좁은 경찰 지휘 본부에서는 희한한 구성의 다국적 팀이 꾸려졌다. 이 팀에는 현지 경찰 3명과 미국에서 교육받은 정치 고문 1명, (오스트레일리아에서 기증한) 레멜리크호 운영부터 신형 어장 관리 소프트웨어와 위성 소프트웨어 사용까지 활동 전반에 대한 자문을 해주고자 오스트레일리아에서 파견한 해군

2명이 들어갔다. 괌에 주둔한 미국 해안경비대 요원도 공중 지원 의사를 밝히고 통신 중이었다. 이들은 밤에도 작업을 계속하며 웨스트버지니아에서 받은 정보를 앨리슨 바이에이Allison Baiei에게 무전으로 전달했다.[6] 팔라우 해양경찰인 바이에이는 팔라우 초대 대통령 하루오 이그네이시오 레멜리크Haruo Ignacio Remeliik의 이름을 딴 레멜리크호에 있었다.

팔라우 부둣가 지휘 본부의 분주했던 하루는 전세계 바다를 지키는 데 없어서는 안 될 국가와 기업, 비정부 기구 간의 특수한 공조를 들여다볼 창구가 되어주었다. 팔라우는 해적질과 밀렵, 공해 유발, 밀수를 비롯한 각종 범법 행위를 일삼으면서도 처벌을 받지 않고 바다를 어슬렁대는 불법 선박을 포착하고 나포할 국가적 역량을 강화해줄 여러 기술(드론, 위성 감시, 이라크와 아프가니스탄에서 사용된 군용 레이더와 카메라 등)의 시험대로도 부상했다.[7]

격랑을 한참 헤쳐 가야 했던 51시간의 진격 끝에 레멜리크호는 속도를 늦추지 않고 내달린 보람을 맛봤다. 인도네시아 수역으로 탈출하기까지 10여 킬로미터도 안 남았던 대만 선박을 따라잡은 것이다. 밀렵선은 순순히 항복했고 팔라우 경찰은 이들을 항구로 호송한 뒤 어창을 열었다. 바이에이는 자신의 눈을 믿을 수가 없었다. 산더미처럼 쌓인 참치 사이로 상어 지느러미 수백 개가 보였다. 지느러미가 어찌나 많은지 경찰은 신지춰33호의 갑판에 지느러미를 쌓다가 공간이 모자라 부두에까지 피투성이 산을 만들어야 했다. 법적 보호 대상이자 팔라우 문화에서 신성시되는 동물이 무참히 도륙된 현장을 마주하고 바이에이가 할 수 있었던 말은 "역겨워" 한마디가 다였다. 경찰은 상어 지느러미의 수량과 크기를 확인하고 검찰에 보낼 사진을 찍은 다음 지느러미를 바다로 던졌다.

바이에이와 경찰에게 신지취33호를 억류한 일은 다윗과 골리앗의 싸움에서 그들이 이길 수 있다는 증거였다. 경찰은 배의 나머지 어획물을 몰수하고, 밀렵선과 선원들은 몇 달 뒤 대만으로 돌려보냈다. 선주들에게는 다시는 팔라우 영해에 들어오지 못하게 금지하고, 10만 달러의 벌금을 부과했다. 팔라우 판사가 책정한 이 액수는 일반적인 처벌에 비하면 높았으나 대형 수산 회사가 벌어들이는 연간 수익에 비하면 하잘것없었다. 하지만 목숨을 걸고 밀렵선을 쫓았던 팔라우 해양경찰로서는 벌금형이 내려진 것만 하더라도 크게 보면 승리를 거둔 것이었다.

"좋은 날이었죠. 그런 날이 더 많아져야 해요." 바이에이가 말했다.

* * *

팔라우 판결은 왠지 기운이 나는 소식이었고, 나는 실제 현장을 보고 싶은 마음에 그곳으로 갔다. 솔직히 말하자면 유명무실한 활동을 목격할 각오도 되어 있었다. 이전 취재에서 인도네시아처럼 제대로 된 함대와 해경선을 갖춘 강력한 국가도 자국 수역을 효과적으로 단속하는 데 어려움을 겪는 것을 봐온 터였다. 배도 고작 한 척뿐인 팔라우 같은 작은 나라가 그 일을 어떻게 해낼 수 있겠는가?

워싱턴 D.C.에서 출발한 22시간의 비행 끝에 터키석 빛깔 바다 위로 하강해 수도 응게룰무드에 착륙하면서 나는 팔라우의 고립성에 혀를 내둘렀다. 지구상에 몇 곳 없는, 바다로 단절된 작은 점 같은 나라였다. 고립이 이 나라의 매력이자 아킬레스건인 듯했다.

필리핀 동부로부터 960킬로미터, 뉴기니 북부로부터 800킬로미터 떨어진 서태평양의 팔라우는 군도 국가로, 주민 2만 1,000여 명이 250개가 넘는 섬에 흩어져 산다.[8] 면적과 인구로 보면 팔라우는 세계에서 손에 꼽히게 작은 나라다. 하지만 팔라우의 섬들은 곳곳에 흩어져 있고, 국제법상 한 나라가 권리를 행사할 수 있는 배타적경제수역Exclusive Economic Zone, EEZ은 해안에서 200해리까지다.[9] 그래서 팔라우는 국토가 (뉴욕시와 비슷한) 459제곱킬로미터(정확히는 뉴욕시의 수면 면적임—옮긴이)밖에 안 되는데도 너르게 트인 바다에서 통치권을 지니는 면적은 (거의 텍사스만 한) 60만 제곱킬로미터에 이른다.[10] 팔라우의 바다는 밀렵꾼이 입맛을 다시는 풍성한 어장이다.[11] 한 마리 가격이 100만 달러를 웃도는 태평양참다랑어를 포함한 다양한 종류의 참치와 중국에서 진미로 여겨져 식당에서 먹으려면 한 접시에 150달러가 넘는 해삼의 서식지이기도 하다.[12]

팔라우는 외진 곳에 있으나 세계적 규모의 어선단과 끝없이 수산물을 탐하는 시장에 인접한 위치 때문에 신음하고 있다. 북서쪽으로는 일본과 중국, 대만이 있고 남서쪽으로는 인도네시아가 있기 때문이다. 자연은 눈부시게 아름답지만, 팔라우는 서태평양에 넓게 펼쳐진 해상 디스토피아와 얽혀 있다. 거대 저인망 어선과 국가가 돈을 대는 밀렵선단, 킬로미터 단위로 늘어진 유망과 포식자 같은 부표가 우글대며, 초대형 사이클론과 해양 산성화, 해수면과 해수 온도의 상승 그리고 텍사스만 한 크기의 환류에 모이는 부유 쓰레기로 몸살을 앓는 해역이다. 어느 모로 보나 팔라우가 쿼 패는 상상 이상으로 난감했다.

단단한 인상과 강렬한 눈빛의 소유자인 팔라우 대통령 토미 레멩게사우-Tommy Remengesau Jr.는 내 어깨를 움켜쥐며 힘주어 악수했다.[13] 우리가 만난 곳은 팔라우 수도에 있는 대통령 집무실이었는데, 벽이 나무로 되어 있고 다소 어수선했다. 레멩게사우는 해양 보호에 팔라우의 경제적 생존이 달려 있다고 말했다. 팔라우 국내총생산의 절반 이상은 관광에서 발생한다. 관광객 대부분은 1제곱마일(약 2.58제곱킬로미터—옮긴이)당 서식하는 산호초 어류와 무척추동물이 지구 어느 곳보다 많다고 할 수 있는 팔라우의 산호초에 다이빙을 즐기러 온다.[14]

다이버들을 팔라우로 이끄는 인기 요인 중 하나는 이곳의 상어 개체군이다.[15] 신지취33호의 어창에서 상어 지느러미 수백 개가 발견된 일을 어떻게 생각하냐고 묻자 레멩게사우는 곧장 상어 살육의 경제적 영향을 설명하기 시작했다. 살아있는 상어 개체 한 마리는 관광 수입으로 1년에 17만 달러 이상, 일생 전체로 보면 200만 달러에 달하는 가치를 낸다고 한다. 반면 죽은 상어는 마리당 100달러에 팔리고 그 돈은 보통 외국 밀렵꾼 손으로 들어간다. 수치가 좀 과장되었다는 느낌은 들었으나 상어 살육이 팔라우에 경제적인 피해를 입히는 것만은 확실했다.

상어 지느러미 채취를 금지한 국가는 팔라우와 대만을 포함해 10여 곳이 넘는다. 그러나 상어 지느러미에 대한 수요는 여전히 높으며 아시아에서는 특히 더하다. 중국의 결혼식이나 여타 공식 만찬에서 나오는 상어 지느러미 수프는 한 그릇 가격이 100달러를 넘어가기도 해 수세기 동안 재력을 드러내는 수단이었다. 이 별미는 급속도로 성장한 중국 중산층과 상류층의 지위를 상징하는 요리가 되면서 1980년대 후반에 특히 인기를 얻었다. 연골인 지느러미를 투명해질 때까지 갈아서 만드는 수프다. 영양소나 향미보다 식감을 더하는 재료인 상어 지느러미는 자양강장과 노화 방지 효과가 있다고 여겨진다.

상어는 포획이 쉽지 않으며 우연히 잡히는 일도 드물다. 연승 어업을 하는 배는 두꺼운 미세 섬유로 된 연승에 미끼를 끼운 낚시를 일정 간격으로 달아 사용한다. 신지취33호 같은 참치 연승 어선 다수는 더 크고 강한 상어가 줄을 잡아채 도망가려 해도 끊어지지 않도록 특수하게 제작한 강철 줄로 상어를 직접 노린다.

빈곤선 수준인 임금을 벌충해줘야 하니 이런 배의 선장은 선원들이 항구에서 내다 팔 지느러미를 챙겨 수입에 보태는 것을 눈 감아준다.[16] 상어 몸통은 작은 배의 어창에서 귀한 공간을 차지하며, 사체가 부패하면 다른 어획물을 오염시키는 암모니아가 발생한다. 나도 어창에 상어 사체가 쌓여 있던 필리핀 어선에서 코를 찌르는 이 냄새를 맡아본 적이 있다. 꼭 고양이 오줌 냄새 같았다.

그래서 대개 갑판원들은 공간 낭비와 다른 값비싼 어획물이 오염되는 것을 막기 위해 지느러미를 절단하고 남은 상어 몸통을 도로 물속에 던진다. 몸통 고기보다 지느러미가 백 배는 더 비싸게 팔리기 때문이다. 죽음은 느리게 진행된다. 살아는 있으나 지느러미가 없어 헤엄을 칠 수 없는 상어는 바다 밑바닥으로 가라앉아 굶거나 질식해서, 또는 다른 물고기에게 뜯어 먹혀 죽는다. 과학계는 해마다 지느러미 때문에 학살당하는 상어가 9,000만 마리 이상이라고 추정한다.[17] 2017년 기준 전체 상어 어종 중 약 3분의 1이 멸종 위기에 처했다.[18]

상어는 핵심종이다. 이 종의 개체 수가 감소하면 산호초에 서식하는 종까지 내려가는 먹이그물 전체가 무너진다. 최상위 포식자가 사라지면 작은 어류가 너무 많이 살아남아 산호초를 부양하는 미생물을 지나치게 많이 먹어치운다. 상어 밀렵을 규제하는 일은 상어만 보호하는 것이 아니라 산호초의 생존 가능성을 높이는 일이기도 하다.

감상과는 거리가 먼 냉엄한 사람인 레멩게사우는 동물을 보호하겠다는 생각보다는 자국의 경제 주권을 수호하겠다는 목표로 움직인다고 말했다. 본인 앞의 어려움 역시 분명하게 인식하고 있었다. 지세도를 펼쳐 든 레멩게사우는 밀렵이 집중되는 구역을 가리켰다. "땅은 협소하고 바다는 광대하죠."[19] 가느다란 목걸이 형태로 모국을 이루는 여러 섬을 둘러싼 드넓은 구역을 레멩게사우는 이렇게 표현했다.

팔라우만큼 해양 보호에 적극적인 나라는 없었다. 팔라우는 2006년 저인망 어업이라는 파괴적 행태를 발 빠르게 금지한 국가 중 하나였다.[20] 저인망 어업이란 무게 추를 단 거대 어망으로 바다 밑바닥을 긁어 심해의 물고기를 포획하는 방식이다. 이런 어망은 경로에 들어오는 생물 전부를 무차별적으로 죽여버린다. 팔라우는 2009년 세계 최초로 상어 보호 구역을 조성해 자국 수역 내 상업적 상어 포획을 금지했다.[21] 2015년에는 수역 내에서 조업 허가를 받은 모든 참치 연승 어선에 옵서버를 두겠다는 계획을 발표했다. 다른 대다수 국가에서는 조업 허가를 받은 배에 옵서버 승선을 의무화한 경우가 10퍼센트도 되지 않는다. 뭐니뭐니 해도 팔라우가 취한 가장 적극적인 조치는 '취득을 금지하는' 보전 지역을 설정해 50만 제곱킬로미터에 달하는 구역에서 수출용 어업과 시추, 채굴을 막은 것이었다.[22]

팔라우는 2012년 그린피스와 손을 잡았고, 그린피스는 대형 선박을 보내 몇 달간 인근 해역 순찰을 지원했다.[23] 팔라우는 국가로서는 최초로 크라우드펀딩 플랫폼인 인디고고에서 캠페인을 시작해 팔라우의 수역 감시 활동을 도우려는 개인들의 소액 기부로 2014년까지 (약 1년간 레멜리크호에 연료비를 댈 수 있는) 5만 달러 이상을 모금했다.[24] 비록 최종적으로는 결렬되었지만, 팔라우는 심지어 과거 '블랙워터'라는 이름으로 치안 서비스를 제공했던 사설 보안 업체와 논의를 하기도 했다.[25]

나와 집무실에 앉은 레멩게사우는 자국 수역의 통제권을 확보하는 데 필요한 요소들을 나열했다. 한층 철저한 항만 검역이 필요했다. 어선은 끊김 없는 실시간 추적이 가능하도록 신호를 더 자주 발신하고 전원을 끌 수 없는 좋은 위치 트랜스폰더를 구입해야 할 것이었다. 여기까지 말하고 나서 한동안 말이 없던 레멩게사우는 더 많은 경찰과 더 많은 나포가 무엇보다 중요한 요소라고 덧붙였다. 이런 요소들이 갖춰지지 못하면 팔라우의 보전 지역은 바다에 그어놓은 선에 지나지 않을 것이라고 했다. 나는 레멩게사우의 희망 사항만으로 그 일을 할 수 있을지 의심스러웠다.

내가 레멜리크호를 타고 바다로 나가려면 레멩게사우에게 허가를 받아야 했다. 나는 단속 활동이 어려운 정확한 원인과 이렇게 멀리까지 와 팔라우 수역에서 조업하는 외국 어민의 정체를 파악하고 싶다는 바람을 레멩게사우에게 설명했다. 그러자 보좌관 한 명이 해양 순찰은 결코 즐거운 일이 아니라고 내게 경고했다. 그는 팔라우 경찰이 바다에서 흔히 맞닥뜨리는 일을 이렇게 표현했다. "지루하고 참혹하죠. 폭력적일 때도 있고요." 나도 이미 취재 경험을 통해 바다의 지루함이 어떤지는 알고 있었다. 하지만 그 참상과 폭력을 이해하고 싶었다.

"당연히 같이 가셔도 됩니다." 레멩게사우의 답은 시원시원했다. 언론 홍보가 자신의 활동에 필요한 외국의 자금 지원을 늘리는 길이라고 생각하는 듯했다. 집무실을 나서는데 "이렇게 머나먼 동네" 일에 관심을 갖는 사람이 있는 것만으로도 기쁘다고 하는 레멩게사우의 중얼거림이 귀에 들어왔다.

* * *

레멜리크호에서 나와 연락할 담당자로 지정된 사람이 바이에이였다. 작달막한 키에 가슴이 떡 벌어진 바이에이는 해양경찰로 10년 가까이 복무해 이글 스카우트의 성실함과 해상 범죄에 관한 깊이 있는 지식을 갖춘 사람이었다. 호텔로 돌아가는 차에서 나는 담당 사진사 벤 로위Ben Lowy에게 휴대전화로 연락해 곧 출발하게 되었다고 알렸다. 우리는 다음 날 오전 4시 30분에 승선했다.

대체로 통하는 규칙인데, 방문객을 초대하는 일이 드문 곳에 갔을 때는 침묵을 지키는 것이 내가 알기로는 최선이다. 그래서 레멜리크호에 오른 후 처음 몇 시간 동안 나는 뭘 묻지도 않고 돌아다니지도 않았으며 주의를 끌 만한 일은 아무것도 하지 않았다. 팔라우 사람인 양 그저 가만히 말없이 앉아 있으려 했다.

레멜리크호가 3미터 높이의 너울을 헤치고 코로르 항구를 떠나 처음으로 향한 곳은 밀렵꾼 사이에서 인기를 끄는 카양겔 인근의 팔라우 최북단 환초(원형이나 타원형의 고리 모양으로 배열된 산호초—옮긴이)였다. 항해는 아홉 시간이 넘게 걸렸고 대부분 시간 동안 팔라우 경찰들은 레멜리크호 선교에서 앞유리만 조용히 응시했다. 선원들은 팔라우인의 습관대로 '베틀 너트'라 불리는 것을 씹고 있었다. 베틀 너트란 빈랑나무 열매를 라임, 후추나무 잎, 담배와 섞어 베틀 잎에 싼 것이다. 남자들은 각자 빈 탄산음료 병을 갖고 있었다. 그리고 몇 분마다 입 안에 모인 벌건 석회질 침을 뱉었다. 입술과 잇몸 사이에 들어간 베틀 너트는 몸을 덥히고 약간의 각성 효과를 내는 약한 자극제 기능을 한다.[26]

한번은 베틀 너트를 씹으려는 한 사관을 향해 궁금하다는 눈빛으로 움질대니 그가 내게 베틀 너트를 내밀었다. 다른 사관들은 잠자코 지켜봤다. 그걸 준 것은 예의상 한 행동이기도 하지만 내 용기를 시험하는 장난임을 모두 알고 있었다. 나는 당연히 미끼를 물었고, 남들 하는 것을 본 대로 흉내 내 조그만 덩어리를 입에 집어넣었다.

남자들은 놀라서 함박웃음을 지었다. 후추 맛이 느껴지는 순간 머리가 핑 돌았다. 10분 동안 용을 써보았지만 결국 선교를 빠져나가 화장실에 들어서자마자 속을 게웠다. 화장실 안에서 일을 조용히 치렀다고 생각했지만, 내가 허옇게 질린 채 땀에 절어서 선교로 돌아오자 사관들은 한바탕 웃음을 터트렸고 몇몇은 내 등을 두들겨줬다. 나중에 듣기로는 내가 베틀 너트를 너무 많이 씹었거나 일부를 삼켜서 그랬던 듯하다. 베틀 너트는 삼키는 게 아

팔라우 순찰선 레멜리크호의 선내 수면실.

니었다. 어쨌든 내가 자초한 신고식은 이렇게 끝났고 그후로는
나를 향한 사관들의 시선이 한결 누그러진 것 같았다.

카양겔에는 그날 늦게 도착했다. 전체 면적은 약 1.3제곱킬로
미터고 자그마한 점처럼 생긴 그 바위투성이 섬은 그야말로 별
천지였다. 군도 국가의 가장 바깥 가장자리에 있는 변방의 프런
티어였다. 활주로도 없었고 수도까지 가는 배도 없었으며 대개는
전기나 휴대전화도 쓸 수 없었다.

그곳에 도착한 우리는 이 섬의 어류 및 야생동물 보호과에서
상근 순찰대원으로 근무하는 팔라우 사람 밥 존슨Bob Johnson을 만
났다. 낯선 사람을 만나는 것보다 혼자 있는 걸 더 좋아하는 게 분
명한 건장한 체구의 존슨은 환초의 주민이 줄면서 이곳을 단속하
는 게 더 힘들어졌다고 말했다. 인구가 감소한다는 것은 밀렵꾼
을 찾아내고 신고할 사람이 줄어든다는 의미였다. 사람들이 떠나

는 이유가 뭐냐고? 존슨의 말은 이랬다. "폭풍요." 그는 남은 주민이 20여 명도 안 될 것이라고 짐작했다. 존슨은 불쑥 나타났던 만큼 느닷없이 사라졌다. 나는 존슨에게 질문을 더 하고 싶었지만, 존슨은 우리에게서 받아 갈 물자가 없다는 것을 확인하자마자 자취를 감췄다.

2012년 12월, 태풍 보파가 카양겔을 뭉개버리며 수백 명쯤 있던 주민을 몰아내고 인근 산호초를 처참하게 할퀴어놓았다.[27] 11개월 후에는 태풍 하이옌이 이곳을 강타했다.[28] 풍속이 시속 270킬로미터를 넘기는 이런 5등급 태풍은 기록된 열대 저기압 중 강력하기로 손에 꼽혔다.[29]

강력한 태풍이 갈수록 증가하는 원인이 기후 변화라는 데 과학자들은 대체로 동의한다. 67개국 영해의 어장에 기후 변화가 미칠 경제적 영향을 모델링한 2014년의 연구에서 팔라우는 그 어느 국가보다 큰 타격을 입을 것으로 예측되었다.[30] 2014년에 진행된 다른 연구는 2050년에 이르면 팔라우가 기후 변화라는 요인만으로도 어장에서 얻을 수 있는 어획물 4분의 1을 잃게 될 거라고 추산했다.[31]

"기후를 체포할 수는 없겠죠." 레멜리크호를 타고 카양겔을 돌아보는 우리에게 바이에이가 말했다. "체포할 수 있는 건 사람뿐입니다. 우리 물고기를 빼앗아가는 범법자들 말이에요." 긴 침묵이 흐른 후 다른 사관도 팔라우어로 무어라 웅얼거렸는데 나중에 들은 통역은 이랬다. "그게 말로나 쉽지."

그 말에 동의한 바이에이는 팔라우의 전환점, 그러니까 단속 횟수와 질을 높여야 한다는 것을 국가 차원에서 깨달은 순간은

2012년 3월에 찾아왔다고 말했다.[32] 날짜만 언급했을 뿐인데 선교에 있는 다른 사관들의 입에서 탄식이 터져나왔다.

바이에이의 설명은 이랬다. 당시 중국 밀렵선 두 척이 카양젤 인근에서 며칠 동안 계속 발견되었는데 그 배들은 60마력짜리 선외기를 세 대나 갖추고 있어 번번이 잡히지 않고 빠져나갔다.[33] 현지의 팔라우 어류 및 야생동물 순찰대원은 선외기가 하나뿐인 공기주입식 보트로는 쫓아봤자 헛수고라는 것을 알았다.

3월 31일 오전 7시경 그 중국 쾌속정 중 한 척을 세 번째로 목격한 팔라우 순찰대는 배의 엔진 저격을 시도해볼 수 있을 만큼 가까이 접근하는 데 성공했다. 그런데 총알 몇 발이 중국인 갑판원 루융의 오른쪽 어깨와 복부, 오른쪽 허벅지를 맞혔다.[34] (팔라우 경찰은 자신들이 갑판원을 조준한 것이 아니라 총알이 선외기에 맞아 튄 것이라고 했다.) 사관 몇 명이 작은 쾌속정을 몰아 간호사가 있는 25분 거리의 섬으로 루융을 서둘러 데려갔지만,[35] 루융은 과다출혈로 사망했다. 고국인 중국에 아홉 살짜리 아들과 세 살 난 딸이 있는 35세의 남자였다.

레멜리크호에 남은 사관들은 밀렵선의 쾌속정에 올라 나머지 선원들을 신문했다. 팔라우 순찰대원들은 이들이 바다 더 먼 곳에 큰 '모선'을 세워놓고 기습 밀렵을 조직한다는 것을 이내 알게 되었다. 그 모선을 찾아내기 위해 팔라우 경찰 두 명과 미국인 조종사 한 명이 엔진 하나짜리 임대 세스나기를 타고 파견되었다.[36] 그러나 땅거미가 내려앉을 무렵 조종사는 방향을 잃었고 비행기가 레이더에서 사라졌다.[37]

다른 이들은 배로 모선을 수색했다. 해안에서 약 35해리 떨어

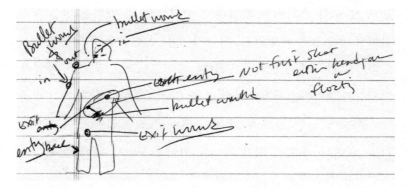

총알이 루융의 몸을 어디로 뚫고 들어가고 나왔는지를 표시한 경찰의 스케치. 중국인 갑판원이었던 루융은 추격 중이던 팔라우 경찰에 의해 사망에 이르렀다.

진 곳에서 팔라우인들은 비로소 25미터 길이의 선박을 발견했으나, 그 배는 선수를 스친 경고 사격을 무시하고 그 자리에서 바로 도주했다. 배는 몇 시간을 내달리고서 불길에 휩싸인 모습으로 느닷없이 정선했다. 그 배의 선원들이 앞다투어 구명정에 올라탄 직후 배는 범죄의 증거를 끌어안고 침몰해버렸다.

세스나기가 행방이 묘연한 채로 팔라우를 둘러싼 드넓은 바다 위 어딘가를 배회하는 동안 육상의 당국은 마지막으로 필사의 수단을 동원했다. 여러 섬에서 조명을 강하게 밝히면 세스나기가 섬을 발견하고 귀환할 수 있으리라는 것이 당국의 생각이었다. 치안 책임자는 모든 구급용 운송 수단들을 팔라우에서 가장 인구가 많은 섬인 코로르의 최고점으로 옮겨 섬광등을 점등하게 하라는 명령을 내렸다. 팔라우 최남단에 있는 앙가우르의 한 공무원은 환초 외곽의 삼림 구역에 불을 지르자는 의견까지 냈다. 물론 이 아이디어는 금방 기각되었다. 요트에 있던 사람들은 "조명을 위로 쏘라"는 지시를 받았다. 팔라우의 아사히 야구장을 밝히는 투광 조명 스위치도 켜졌다.[38] 주민들도 집 안의 조명을 모두 밝혀달라는 요청을 받았다. 거리에 서서 손전등을 흔드는 사람도 있었다. 그때 마침 팔라우에 있던 마이크로소프트 공동 창업자, 억만장자 폴 앨런Paul Allen은 본인 소유의 130미터짜리 초대형 요트 '문어'에 있는 헬기 두 대를 수색과 구조 작업에 쓰라고 내놓았다. 앨런의 선원 한 명은 지시에 따라 1분에 한 발씩 총 49발의 조명탄을 상공으로 쏘아올렸다.[39]

세스나기의 행방을 놓치고 팔라우 경찰이 특히 괴로워한 것은 조종사 프랭크 올링거Frank Ohlinger와 동승자 얼리 데체롱Earlee Decherong, 윌리 메이스 토웨이Willie Mays Towai의 목소리를 무전으로 들었기 때문이었다. 반면 올링거 쪽에서는 케이블이 마모됐거나 기내 스피커의 성능에 문제가 있었는지 육지에서 보내는 통신이 전혀 들리지 않는 것 같았다. 오후 3시 30분에 이륙한 올링거가 오후 8시 16분에 구조 신호를 보내기까지 경찰은 올링거의 목소리에서 공포감이 짙어지는 것을, 그가 먹통이 된 항공기 GPS와 나침반 앞에서 좌절하는 것을, 결국 가족에게 자기 소식을 전해달라고 부탁하는 것을 고스란히 들었다. "활공각이 나오면 북쪽으로 기수를 잡겠다"가 끝을 앞둔 올링거의 말이었다. 올링거는 항공기로 파도 위에 가능한 한 부드럽게 착륙해보겠다고 했다. "현재 고도 6,000피트, 속도 65노트, 연료는 떨어졌다." 세스나기의 잔해는 끝까지 발견되지 않았다. "뭔가가 집어삼킨 거예요."[40] 바이에이는 세스나기가 사라진 심연을 이렇게 표현했다.

전세계 신문사가 이 파국을 몇 주 동안 보도했다. 중국 정부는 피격 사건을 논의할 외교 사절을 팔라우에 보냈다. 팔라우 대통령과 법무부 장관은 수사를 개시했다. 자국 수역을 보호하려는 싸움에서 팔라우 정부의 힘이 한참 모자란다는 사실이 그때 아리도록 분명해졌다. 바이에이는 이렇게 말했다. "팔라우인은 자긍심이 강해요. 그 일은 처음부터 끝까지 비극이었고 또 부끄러운 사건이었습니다."

팔라우 경찰들의 이야기가 끝나갈 때쯤 돌연 우리의 관심은 중국 밀렵선보다 더 큰 위협으로 옮겨갔다. 레멜리크호가 나라의 남단에 닿자 팔라우 경찰 한 명이 인도네시아와 면한 팔라우 해상 경계 근처의 주요 도련에서 남서쪽으로 580킬로미터 가량 떨어진 헬렌리프 쪽을 가리켰다. 네 명에서 여섯 명쯤 되는 팔라우 순찰대원을 제외하면 다른 주민을 찾아보기 힘든 헬렌리프는 지대가 낮고 모래가 많은 약 5만 5,700제곱미터(미국 국회의사당 반사 연못의 두 배 정도 된다) 크기의 섬이었다.[41]

앞으로 수십 년 안에 바다는 세계 전역의 작고 외딴 섬나라들을 집어삼킬 것이다.[42] 이미 키리바시와 몰디브, 피지, 나우루, 투발루 일부 지역은 높아지는 조류 아래로 밀려 내려가고 있다. 팔라우의 남단 국경이 헬렌리프의 산호초를 기준으로 하는 만큼 헬렌리프가 소멸되는 것은 팔라우에 특히 중요한 문제다. 이쪽 국경이 수면 아래로 내려가면 팔라우 수역에 대해 인도네시아가 영유권을 주장하는 범위가 약 14만 제곱킬로미터 확대될 것이었다. 산업 혁명이 기후에 비가역적 피해를 초래하기 시작한 것과 같은 방식으로 기후는 바다에 심각하고 지속적인 결과를 일으키고 어업의 본질을 바꿔놓는다.

* * *

오늘날 바다의 곤란한 상황을 이해하려면 바다의 과거를, 무엇이 변했고 무엇이 변하지 않았는지를 곰곰이 되돌아봐야 한다. 어업 현장을 취재한 수개월 동안 나는 그 업종에서 오랜 세월 유지된 한결같은 행태에 놀랐다. 어민의 일반적인 노동 시간은 갈릴리 어부의 시대 이래로 달라진 것이 없었다. 등골 휘는 노동에, 사람을 짓누르는 권태가 사이사이 끼어 있다. 그물을 던지고 낚싯줄을 드리운 채 기다리고 또 기다리며 물고기를 퍼올리거나 감아올리기를 기대하는 일의 연속이다. 그러나 지난 세기를 거치며 어업은 기술의 영향으로 인해 사냥의 일종에서 채집과 유사한 무언가로 변모했다. 물에 뜬 공장처럼 돌아가는 고도로 기계화된 선박과 함께 이 산업은 바다가 품은 것을 사실상 모조리 긁어내는 데 무자비한 효율을 내게 되었다.

한 해에 포획되는 물고기는 2015년 기준 세계 인구 전체의 중량을 넘어서는 9,400만 톤이다.[43] 이는 대개 1930년대에 불어닥친 선망선 건조 바람의 공적이자 과실이다. 선망선은 깊이 내려가는 커튼 같은 어망으로 어군 전체를 휘감는데 그 둘레는 1.6킬로미터에 달하기도 하며, 그물망 하단에는 고리를 통과하는 두꺼운 와이어가 둘려 있다.[44] 어망을 치고 나면 하단 와이어를 당겨 세탁물 주머니를 여미듯 어망을 오므려 잡아맨다. 그러고 나서 인양기가 어망을 물 밖으로 끌어올리면 물고기는 입구가 벌어진 깔때기 안으로 투하되어 (대부분 컨베이어 벨트에서) 분류된 다음 배의 어창에 들어간다.[45]

2차 세계대전은 가볍고 빠르고 내구성까지 뛰어나 더 적은 연료로 더 멀리 운항할 수 있는 선박을 개발하도록 조선기사를 자극한 계기였다. 잠수함 대결은 음파 탐지기 혁신에 박차를 가해 어두운 물속을 밝히는 데 일조했다. 어군 탐지는 이제 막연한 추측보다는 스프레드시트의 과학에 가까워졌다. 영하 온도를 유지하는 선상 냉동고 덕에 어민들은 자꾸 녹아내리는 냉동용 얼음과 씨름하는 일에서 해방되었다. 플라스틱과 모노필라멘트 혁신으로 낚싯줄 길이는 미터에서 킬로미터 단위로 늘어났다. 폴리머 소재 경량 어망이 등장하면서, 전차 두 대 사이에 강철 케이블로 엮은 그물을 걸고 우림을 밀어버리는 것과 비슷하게 사정없이 바다를 갈퀴질하는 거대 저인망 어선의 조업이 가능해졌다.

어망의 규모와 강도가 늘어나면서 의도치 않게 죽거나 도로 버려지는 부수 어획물의 양도 늘어났다. 현재 전세계 어획물의 절반 이상은 사체가 되어 배 밖으로 던져지거나 잘게 갈린 뒤 알갱이로 뭉쳐져 돼지와 가금류, 양식 어류를 먹이는 사료가 된다. 예컨대 '양식' 참치 1마리를 먹이려면 그 참치 무게의 30배가 넘는 물고기를 바다에서 잡아올려 사료 알갱이로 만들어야 한다. 기술 발전은 어업의 산업화와 더불어 공해에서 잡힌 어획물이 지난 반세기 동안 700퍼센트 증가한 주요 원인이다.[46] 또한 세계 여러 지역의 수산 자원이 붕괴 직전까지 내몰린 이유이기도 하다.

공고히 자리 잡은 두 가지 오해도 지대한 역할을 했다. 첫 번째 오해는 수생동물이 생명 질서상 낮은 계급에 해당한다고 보는 것이다. "'해산물seafood'이라는 단어만 봐도 그렇죠."[47] 어업사 연구자 폴 그린버그Paul Greenberg의 말이다. 독일어와 프랑스어, 스페인어를 비롯한 대다수 서유럽어에서는 해산물을 '바다의 열매'라고 한다. 대중의 인식 속에서 생물 수백만 종을 아우르는 전체 생태계는 뚜렷이 구분되는 여러 동물이 아니라 우리가 소비하는 대상으로 뭉뚱그려진다. 그린버그는 농장에서 괴로워하는 소와 닭을 생각하며 분개하는 페스카테리언(육류는 먹지 않지만 어류는 섭취하는 사람—옮긴이)도 자연산 물고기는 자주 먹는다는 것을 지적했다. 코셔 법(음식에 관한 유대교의 율법—옮긴이)에서도 포유류와 가금류는 고통을 최소화해 도축하라고 하지만 어류에 대해서는 그런 요건이 없다. 게다가 어류의 상당 비중은 실제로 우리가 소비하기 위해서가 아니라 우리가 먹는 다른 동물을 살찌우기 위해 도살된다. 어류는 냉혈동물이고 끌어안을 만한 상대도 아니기 때문에 인간은 늘 어류를 다른 동물과 다르게 인식했다.

한층 더 중요한 두 번째 오해는 바다가 독보적인 풍요의 공간이라는 생각이다. 19세기 영국의 정치평론가 헨리 슐츠Henry Schultes는 1813년 자신의 글에 이런 관념을 담았다. "풍성한 결실을 낳는 땅과 더불어 우리를 둘러싼 바다는 마르지 않는 부의 광산이자 연중 어느 때든 거둘 수 있는 수확물이 영글어 있는 곳으로, 경작의 수고로움도 없고 씨앗이나 거름도 들지 않으며 지대나 세금도 붙지 않는다."[48]

이런 생각은 호손 대니얼Hawthorne Daniel이 뉴욕 자연사 박물관에 남긴 글이나 1954년 『마르지 않는 바다The Inexhaustible Sea』라는 제목의 책을 공저한 프랜시스 마이닛Francis Minot이 매사추세츠 우즈홀 해양 연구소에 남긴 저술에 실려 20세기까지 이어졌다.[49] 마이닛의 책에는 이렇게 쓰였다. "우리는 아직 바다를 잘 모른다. 하지만 바다가 우리에게 줄 수 있는 것이 우리 상상력의 한계를 넘어선다는 것, 풍요로운 바다는 마르지 않는다는 사실을 언젠가 인간이 확인하게 되리라는 것은 이미 이해하기 시작했다."

쇠하지 않는 넉넉함이라는 이미지와 어류라는 생물을 보호해야 할 대상이 아닌 먹거리로 보는 관념이 어류 남획을 더욱더 부추긴 것은 확실하다. 반면 여러 환경 보호 활동가들은 이 과정의 속도를 늦추고 광활한 세계를 통제하고 단속할 기술의 힘에서 희망을 발견했다. 선내에 탑재된 초단파 송신기로 배의 위치와 식별 정보, 속도를 다른 선박과 위성에 계속 발신해 충돌을 방지하는 자동선박인식 시스템automatic indentification system, AIS을 1990년대부터 선박에서 사용할 수 있었다.[50] 2002년 UN 해양 기구는 여객선의 경우 규모와 무관하게, 어선을 포함한 상선의 경우에는 총톤수 300톤 이상인 배(일반적으로 길이는 40미터 이상이다)를 대상으로 AIS를 단계적으로 도입하기 시작했다.

그런데 안타깝게도 AIS에는 결함이 있었으니, 해적이나 경쟁자의 추적이 우려될 경우 선장이 트랜스폰더를 끌 수 있으며 또 그게 허용된다는 것이었다. 시스템을 해킹해 위치를 허위로 발신하는 것도 가능하다. 게다가 신지취33호처럼 악랄한 범죄에 연루된 선박 다수는 총톤수가 300톤 미만이다.

많은 국가는 자국 수역 내 조업을 허가하는 조건으로 선박의 위치와 기타 정보를 현지 수산청에 송신하는 선박모니터링 시스템vessel monitoring system, VMS 장치를 추가로 설치할 것을 요구했다. VMS는 조작하거나 전원을 끄기가 훨씬 까다로워 단속 목적으로 활용하기에 AIS보다 낫다. 합법적으로 운항하는 선박이 더 많아질수록 밀렵선이 필수 추적 장치가 없는 상태로 항구에 불법 어획물을 하역하기가 어려워지리라는 논리다.

여러 나라가 제한 구역에 접근하는 선박을 적발하려고 음파 탐지기와 카메라 장착 부표, 물에 띄우는 저비용 수중 청음기를 투입하니, 이용 가능한 해상 교통 데이터는 늘어날 것이다. 합성 개구 레이더가 탑재되어 대개 정부에서 쓰는 위성 역시 기상 상황과 관계 없이 선박 위치를 감지할 수 있다.

2015년 신지취33호를 억류한 데서 증명되듯 이런 정보는 이를테면 한 선박이 트랜스폰더를 꺼서 '깜깜'해졌거나 밀렵선이 어업 금지 구역에 진입한 경우 경보를 작동시키는 정교한 감시 소프트웨어와 함께 쓰일 때 특히 강력한 힘을 발휘한다.[51] 이제 경찰은 드넓은 바다를 무작정 순찰하는 대신 공중에 눈을 지니게 된 셈이다.

하지만 이런 신기술이 만병통치약은 아니다. 〈홈랜드〉와 〈퍼슨 오브 인터레스트〉 같은 인기 텔레비전 프로그램 속 공중 감시 화면은 구글 지도만큼이나 신뢰도가 높아 보이지만, 상공에서 그렇게 세밀한 상을 포착하려면 대개는 군용 드론을 써야 한다. 우주에서 해상도 높은 사진을 촬영하려면 비용도 막대하거니와(보통 한 장에 3,500달러 이상이다) 위성을 운용하는 기업이나 정부가 지구 주위를 획획 회전하는 위성의 렌즈를 정확한 지점에 맞출 수 있도록 이미지 요청도 일주일 전에 미리 해야 한다.

스카이트루스의 버그먼 같은 이들이 웨스트버지니아에서 사용했던 고도의 위성 추적 기술을 쓴다고 해도 바다의 광활함 앞에서는 감시 활동이 꼬이고 만다. 세계에서 가장 큰 저인망 어선인 네덜란드 국적선 아넬리스일레나Annelies Ilena는 위에서 내려다본 표면적이 약 3,500제곱미터로 미국 프로 농구 구장 8개를 합한 넓이와 맞먹는다.[52] 그러나 위성으로 대서양의 1퍼센트만 탐지해도 그 구획에서 아넬리스일레나호가 차지하는 면적은 고작 30억분의 1에 불과하다. 배에서 발신기를 꺼버리면 그 행방에 관한 정보는 순식간에 증발한다.

* * *

몸을 숨기거나 짝짓기를 하기 위해 근처 부유물 주위로 모여드는 물고기의 본능을 현장의 어민들은 수세기 동안 이용해왔다. 어민들은 플라스틱과 대나무 폐품을 낡은 어망과 엮어 만든 특수 부표를 이용해 어류를 한 지점으로 유인함으로써 쉽게 물고기를 포획할 수 있게 하며 배가 바다에 머무는 시간을 대폭 줄인다. 오늘날 연구자들 사이에서 '집어 장치' 또는 FADFish Aggregating Device라고 불리는 이런 부표는 팔라우 인근 해역에 특히 강한 충격을 줬다.[53]

수산 회사들은 참치와 청새치 같은 종을 유인하려고 음파 탐지기와 GPS를 장착한 '스마트' FAD의 사용을 늘리고 있다.[54] 이 집어 장치를 쓰는 선장은 육지에 느긋하게 앉아 그물을 걸어 모으라는 알람이 오기를 기다리면 된다. 장치의 효과가 어찌나 좋은지 세계 일부 지역에서는 경쟁업자가 장치를 훼손하거나 주위에 모인 물고기를 훔치지 못하도록 어민들이 집어 장치 위나 근처에 있을 무장 경비원을 고용하기까지 한다.

해안과 수십 킬로미터 떨어진 집어 장치 옆에서 방수포가 덮인 부유 구조물을 타고 보초를 서는 일자리에 고용된 사람들의 이야기를 인도네시아에서 만난 어민들에게 들을 수 있었다. 이런 경비원은 보통 물 몇 통과 염장 생선, 총 한 자루와 함께, 일주일쯤 후 물자를 새로 조달해주거나 자신을 해안으로 다시 데려갈 사람이 올 것이라는 약속을 받았다. 그러나 약속이 지켜지지 않거나 폭풍이 경비원을 죽여 시신을 해안으로 밀어 보내는 일이 왕왕 생겼다. 나는 필리핀에서도 비슷하게, 다른 어민과의 총격전이 벌어져 집어 장치 경비원이 사망했다는 이야기를 들었다.

지난 30년 동안 집어 장치는 상업 어선단 사이에서 큰 인기를 끌었는데, 어떤 면에서 이는 돌고래 보호 운동이 낳은 뜻밖의 결과였다.[55] 원래 선단은 돌고래부터 찾는 방식으로 참치를 탐지했다. 참치 어군이 있으면 포식자가 가까이 못 오니 돌고래가 참치 어군을 따라다니며 그 위의 수면 근처에서 헤엄치는 일이 잦았기 때문이다.[56] 이런 어류 탐지 방식은 수많은 돌고래가 참치와 함께 어망에 걸린 부수 어획물이 되어 죽는 결과로 이어졌다.[57] 1980년대와 1990년대에는 '돌고래를 해치지 않은' 참치를 찾는 소비자들의 수요가 생기면서 많은 선단이 조업 구역을 바꿔야 했다. 이들은 바하 근방의 열대 동태평양을 떠나 돌고래가 참치를 그다지 가까이 따라다니지 않는 팔라우 인근의 중태평양과 서태평양으로 이동했다.[58] 서태평양에서는 수온 변동의 영향으로 참치가 헤엄치는 수심이 돌고래가 보통 활동하는 수심보다 훨씬 깊어서 참치와 돌고래가 함께 다니는 모습이 잘 보이지 않았다.

이런 어선 다수는 모여든 물고기에게 먹이를 주는 집어 장치를 새로운 참치 어탑 수단으로 삼았다. 그러나 새 방식에는 문제가 있었다. 집어 장치는 참치가 아닌 어류도 끌어오는데, 이는 엄청난 수의 상어와 바다거북 그리고 번식도 하기 전인 참치 치어를 무차별적으로 죽인다는 의미였다. 새끼 참치를 그렇게나 많이 없애버린 영향은 오래지 않아 뚜렷하게 드러났다. 2014년 연구에 따르면 팔라우를 비롯한 태평양 섬 주변 해역의 황다랑어 개체 수는 집어 장치 사용 전의 38퍼센트 수준으로 떨어졌다.[59]

레멜리크호가 배를 때리는 파도를 가르며 나아가는 동안 팔라우가 자국 물고기를 지키는 싸움에서 밀리고 있다는 조짐은 은근하면서도 불길하게 나타났다. 나는 속이 흐릿하게 비치는 따뜻하고 푸른 바닷물로 잠수해 주변을 자세히 살펴보길 원했고, 경찰은 팔라우 동부 해안에서 16킬로미터 가량 떨어진 곳에 있는 한 집어 장치 근처에 배를 대췄다. 해양경찰들은 나를 미친 사람 보듯 봤다. 그들은 집어 장치 주변은 지난 수년간 대형 어류들이 바글대고 있는 곳이라 그 어류를 먹이로 하는 상어도 자주 출몰한다고 경고했다.

나와 동행한 사진사 로위는 망설임 없이 스쿠버 탱크를 메고 등이 먼저 떨어지도록 입수했다. 상어 촬영 경험이 많아서 그런지 로위는 겁먹은 기색이 없었다. 나도 로위 뒤를 따랐지만 속으로는 조마조마했다. 뒤에서 무언가가 나타나면 로위에게 알리는 것이 내 임무였으나 사실 그 의미를 정확히 파악하지는 못한 상태였다. 상대방도 나도 물속에 있는데 어떻게 늦지 않게 주의를 준단 말인가? 알 수가 없었다.

한곳에 고정된 조악한 집어 장치는 수면 밑 150미터 넘는 곳에 있는 콘크리트 블록에 두툼한 밧줄로 매인 플라스틱 부표에 지나지 않았으며, 연체동물들로 뒤덮여 있었다. 커다란 대나무 이파리 무더기가 밧줄이 시작되는 부분부터 15미터 가량을 타고 내려가며 부숭부숭한 나방 날개처럼 퍼덕였다. 이파리가 만든 그늘에는 몸길이가 10센티미터 내외 정도밖에 되지 않는 자그마한 은색 물고기 수백 마리가 쏘다녔다. 30센티미터가 넘는 물고기는 한 마리도 없었다.

나는 집어 장치를 고정하는 줄을 붙들고 가능한 한 깊이, 대략 6미터 정도를 내려갔다. 그런데 그 순간 로위를 시야에서 놓쳤다. 로위는 눈 깜짝할 사이에 더 깊은 물로 사라졌다. 수면으로 올라온 나는 수달처럼 등으로 물을 철벅댔다. 그러다 몸을 돌리니 내 쪽으로 산탄총을 겨누고 있는 해양경찰이 보였다. 당황스러웠지만 너무 숨이 찼던 나머지 나는 "저기요?"라는 말밖에 내뱉지 못했다. 경찰은 상어가 나타나는지 감시하다가 한 마리라도 눈에 띄면 총을 쏘려 했다고 대답했다. 나는 "그냥 우리한테 소리를 질러서 알려줘요. 쏘지 말고요"라고 부탁했다. 이날 우리는 순찰로 100해리가 넘는 바다를 가로지르며 다른 집어 장치 3개를 더 찾아갔다. 그러나 집어 장치가 유인했어야 할 대형 어류는 어디에도 없었다.

해가 저물 무렵, 배가 있는 곳에서 가장 가까운 북쪽 해안을 8킬로미터쯤 남겨뒀을 때 해양경찰 한 명이 오락이라는 이름의 작은 섬 근처에 있는 집어 장치를 마지막으로 확인하자고 했다. 이번 관심은 다소 지엽적이었다. 경찰들이 원한 것은 저녁으로 먹을 물고기였다. 경찰들은 한 시간 동안 집어 장치 주변에서 원을 그리며 낚싯줄을 당겼으나 결국 빈손으로 포기하고 말았다.

대신 인근 섬의 부두에 배를 대고 동네 시장에서 닭고기 스튜를 샀다. 항구 근처의 조그마한 식료품점에서 나는 섬에서 기르는 닭이 있냐고 물었다. 계산대에 있던 남자는 아니라고 답했다. "중국에서 수입한 거예요." 이런 모순이 있을까. 팔라우의 물고기를 밀렵하는 나라가 팔라우에서 먹는 닭고기를 공급하고 있었다.

물고기 없이 허전한 집어 장치 주변을 보면, 제아무리 광활하다 해도 여러 바다는 결국 떼려야 뗄 수 없이 연결된 공간이며 결코 마르지 않는 공간도 아님을 상기하게 되었다. 팔라우 보전 지역이 성공을 거두려면 다른 국가도 어느 정도는 그런 보전 지역을 설정하는 것이 필요하다. 물고기가 없는 것에 대해 바이에이는 이렇게 말했다. "여기까지 오기도 전에 다 뺏겨버리니까요."

참치는 여러 대형 바닷고기와 마찬가지로 이주성 어류다.[60] 팔라우 근방에서는 황다랑어와 뿔돔, 가다랑어 개체 수가 급감하고 있는데 여기에는 이런 어류들이 팔라우 보전 지역까지 아예 도달하지도 못한다는 이유가 있다. 물고기를 가로채는 방법은 가지가지며 서태평양과 중태평양에 부유하는 5만 개가 넘는 집어 장치 중 하나에서 그물로 잡는 것도 그 중 하나다. 그런 집어 장치 대다수는 법적으로 전혀 문제가 없다.[61]

자국 수역을 보호하고자 장대한 싸움에 나선 팔라우는 해양 보전 구역을 설정해 자국 영해의 거의 80퍼센트에 이르는 면적에서 기업형 어업을 막는 등 바람직한 일을 많이 하고 있었다.[62] 그러나 자연 보전을 위한 팔라우의 노력이 결실을 보려면 다른 정부와 기업의 협력이 필요했다. 팔라우 혼자만으로는 성공할 수 없었다.

* * *

레멜리크호 선교에서 시간을 보내며 바이에이의 이야기를 들으니 머릿속이 한층 더 복잡해졌다. 바이에이는 참치와 상어만 걱정스러운 것이 아니라고 했다. 연안에 서식하는 열대성 어류 개체군 역시 초토화되었다. 나는 그런 결과를 야기한 원인 중에는 팔라우가 무분별한 관광 산업을 벌인 잘못도 있지 않냐고 지적했다. 팔라우의 국내총생산은 절반 이상이 생태 관광에서 발생하며, 이는 세계에서 손꼽히는 스노클링과 스쿠버 다이빙 명소가 사람들의 발길을 끄는 덕분이다. 2015년 들어 중국에서 온 월평균 관광객 수는 전년도의 2,000명 수준에서 거의 1만 1,000명까지 치솟았다.[63]

그런데 알고 보니 관광객 다수는 물고기를 보는 것만큼이나 먹는 데도 열심이었다.[64] 팔라우 현지 식당 메뉴에 오르는 이국적인 해산물 종류가 덩달아 다양해진 것은 우연이 아니었다. 대부분 현지 어민들이 잡아 오는 매부리바다거북과 나폴레옹피시, 혹비늘돔 같은 포획 금지 어종이 여기에 포함되었다.[65] 팔라우는 외국 밀렵선의 자국 수역 진입을 차단하려 하면서도 보호 어종을 자국 식당에 공급하는 현지 어민을 막는 데 애를 먹고 있었다.

레멜리크호 승선에 앞서 나는 팔라우 록아일랜드의 작은 무인도에 있는 약 4만 8,500제곱미터 크기의 염수호 젤리피시호를 찾았다. 팔라우가 특히 자랑하는 명소인 만큼 관광업이 이 나라의 해양 환경에 어떤 독특한 짐을 지우는지 내 눈으로 확인하기에 완벽한 장소라 생각해 간 곳이었다. 초록을 빛내는 이 호수는 쏘지 않는 해파리 수백만 마리가 서식하는 보금자리다. 해파리는 주황색 방울을 벌름거렸고 탁구공 크기부터 볼링공 크기에 이르기까지 몸집이 다양했다.

지난 5년 동안 일부 중국인 관광객들이 산호초에 둘러싸인 리조트 해변에서 그물로 물고기를 잡거나 호수에서 해파리를 유출하다가 체포되었다. 짐에 넣어 온 요리용 열판으로 호텔 객실에서 물고기와 해파리를 요리해 먹으려 한 것으로 추정되었다. 호수로 와글와글 들어가는 사람들에게 팔라우인 가이드는 해파리를 만지면 안 된다고 영어로 설명했으나 잠수복 차림의 20명 남짓한 중국인 관광객들은 가이드의 말을 무시했고, 관찰하겠답시고 이미 물 밖으로 해파리를 들어내고 있었다.[66]

* * *

레멜리크호 위에서 어렴풋한 허무감을 길벗 삼던 중 팔라우 경찰이 해안에서 약 70해리 떨어진 곳에서 대만 국적 참치 연승 어선 성치후이12호를 정선시켰다. 검문을 위해 승선한 경찰은 인도네시아인 선원 여섯 명을 배 앞쪽에 모이게 했다. 내가 상갑판에 올라가려는데 여섯 갑판원 중 한 사람이 느닷없이 앞으로 튀어나와 내 손목을 덥석 잡았다. 화들짝 놀라서 보니, 10센티미터 정도만 더 갔으면 내 손이 강철 전기 케이블에 닿을 뻔한 상황이었다. 갑판에 처음 올라왔을 때 거세게 펄떡대는 큰 물고기를 기절시키는 용도의 케이블이었다. 갑판원은 케이블의 위력을 경고하는 의미로 다른 사람의 팔에 있는 15센티미터 길이의 검은 화상 흉터를 가리켰다. 이런 배에서 겪을 수 있는 위험을 나도 나름대로 안다고 생각했건만, 나는 여전히 배우는 중이었다.

팔라우인들이 팔라우 수역에서 조업한 대만 국적의 참치 연승 어선 성치후이12호의 어획물을 검사하고 있다.

　팔라우 해양경찰에게 밀렵선을 붙잡는 것은 첫 단계일 뿐이었다. 배를 해안으로 끌고 온다 해도 외국인 선원과 말이 통하는 통역사가, 이들을 수용할 교도소 공간이, 심지어 이들을 실질적으로 고발할 법이 팔라우에 있으리라는 보장이 없었다. 경찰이 나포한 밀렵선 대다수는 가족 사업체 소유의 작은 배였다. 다소 무거운 편인 벌금 50만 달러를 낼 돈은 이런 운영주에게는 대개 딴 세상 이야기였으며 선원을 송환할 비용은 더더욱 감당이 안 되었다. 배를 압류하면 팔라우는 그 선원들을 먹이고 재우고 고향으로 돌려보낼 비용 문제를 떠안아야 했다.

　레멜리크호 사관들이 성치후이12호를 수색하는 동안 나는 갑판 아래의 선원실을 살펴보려고 배 후미로 향했다. 사다리 하나를 타고 내려가니 1.2미터 높이의 터널로 통하는 해치가 나왔다.

배의 길이만큼 이어지는 이 터널 안에는 1.8미터짜리 칸 여남은 개가 줄을 이루고 있었으며 각 칸에는 베개로 쓰는 작은 옷 뭉치가 하나씩 놓여 있었다.

어선, 특히 개발도상국의 어선은 위생과는 거리가 멀다. 눅눅하고 갑갑한 공간에 몇 달씩 쑤셔넣어진 수십 명이 죽었거나 썩어가는 생물 수천 마리를 하루가 멀다고 만져야 한다면 감염은 당연지사였다. 팔라우에 갔을 때 나는 이미 어선 수십 척에서 생활해본 경험이 있었고 안전을 위해 몇 가지 습관을 조정해야 한다는 것을 알고 있었다. 이제 손톱 물어뜯기는 금지였다. 손은 입 근처에 얼씬도 하지 않아야 했다. 작은 상처라 해도 순식간에, 그리고 심하게 감염되었다. 콘택트렌즈 착용도 관뒀는데 세균이 득시글거리는 환경에서 불안하게 렌즈를 넣고 빼다 보면 자꾸 다래끼가 나기 때문이었다. 귀 감염 문제는 끈질긴 습기와 쉬지 않고 벌이는 싸움이었다. 식초와 소독용 알코올을 같은 비율로 섞은 액체를 매일 넣어주면 감염 관리에 도움은 되었지만 보통 죽을 만큼 따가웠다.

성치후이12호는 유달리 불결한 배였고, 대만에서 운항해 오느라 약 1,400해리를 건너온 참이었다. 걸린 시간은 일주일이 살짝 넘었다. 공해에 있고 날씨가 궂으면 선원이 갑판 위에 머무는 것은 절대 금물이었다.

배 아래 깊은 곳으로 기어들어가는 것은 보나마나 좋지 않은 생각이었으나 나는 호기심을 이기지 못했다. 폭풍이 닥쳤을 때 선원들이 어디서 자고 시간을 보내는지를 눈으로 보고 싶었다. 터널로 들어갈수록 주변은 어둡고 후텁지근해졌으며 묵직한 연기와 열기와 소음이 흘러들었다. 쥐 한 마리가 나를 앞질러 조르르 달려갔다. 몇몇 지점에서는 쉰내를 풍기는 갈색 점액이 위에서 떨어졌다. 상갑판 절단 작업대에서 흘러내리는 것이었다.

수면 칸은 바닥 아래 공간을 거의 꽉 채우며 이어졌다. 터널 제일 깊숙한 곳에서는 거대한 디젤 엔진이 격렬하게 돌아갔다. 연기는 올라가 배출되어야 할 틈이 일부 막힌 탓에 엔진 주위에 고여 있었다. 나는 그 비좁은 공간에 몇 분 동안 앉아 실태를 눈에 담았다. 공기가 너무 뜨거워 콧구멍이 그을릴 것만 같아 숨은 입으로만 쉬려고 애썼다. 방금 내가 기어서 지나온 통로가 선원들의 수면실로만 사용되는 것이 아님을 그때 깨달았다. 그 통로는 엔진의 주된 배기관이기도 했다.

무법의 바다를 탐사하면 할수록 포식자와 먹잇감을 구별하는 것이 어려워졌다. 내가 팔라우에 온 것은 어류를 비롯한 이곳의 해양 생물이 처한 위태롭고 암울한 상황에 초점을 맞춰 전세계 바다에서 벌어지는 약탈 행위의 일선에 있는 외국 밀렵선의 행태를 파악하기 위함이었다. 그러나 이런 차이는 내가 생각했던 것만큼 뚜렷하지도 단순하지도 않다는 것이 금방 드러났다. 어류를 노리는 사람들에게 팔라우 수역의 자원을 고갈시키는 책임이 있는 것은 맞지만, 이 사람들은 그 자원보다 더하지는 않을지언정 비슷한 정도로 취약해 보였다.

그날 늦은 오후 레멜리크호로 돌아온 나는 2012년의 세스나기 실종과 중국인 갑판원 사망 사건에 관한 팔라우 정부의 조사 보고서를 읽으며 시간을 보냈다. 서류에는 중국 불법 어선에 있다가 체포되어 코로르의 유치장에 17일간 갇혔던 어민 25명의 면담 기록이 포함되어 있었다.

보고서에 기재된 사람 대부분은 과거에 바다에 나와본 경험이 없었고 자기들이 탄 배나 일하는 수산 회사의 이름을 알지 못했으며 심지어 선장의 성과 이름조차 몰랐다.[67] 이들 대부분은 배에 발을 들일 때 갑판장에게 신분증을 넘겼다. 해양경찰에게 배가 쫓긴 날 도망친 것은 제복을 입지 않은 팔라우 경찰이 강도인 줄 알았기 때문이라고 했다.[68] 서류에 적히기로는 자신들의 조업이 불법인지도 몰랐다고 했다. 중국인 갑판원의 말을 기술한 경찰 면담 기록은 이랬다. "어민들은 허가에 관해서는 아무것도 몰랐으며 단지 선장이 시키는 대로 했을 뿐이라고 했다."

그후 선원들은 형량 협상에서 각자 1,000달러의 벌금을 내는 데 동의했고 이 금액은 선원의 가족과 정부가 팔라우로 대신 송금했다.[69] 소형 쾌속정은 폐기되었고 어구는 몰수되었다. 이들은 죽어서 관에 들어간 동료 루융과 함께 중국 정부가 보낸 전세기에 실려 고국으로 갔다. "죽음으로 죗값을 치러야 할 사람은 아니었어요."[70] 나중에 팔라우에 온 루촨안은 죽은 사촌 루융에 대해 이렇게 말했다.

보고서에서는 유독 한 줄이 두드러지며 이 이야기에 등골 서늘해지는 종결부를 선사했다. 중국 밀렵꾼들은 팔라우 수역에서 물고기를 훔쳐보겠다고 가족을 뒤로한 채 제 목숨을 걸고 수백 킬로미터를 이동해 왔지만 며칠간 밀렵을 벌이고도 잡은 물고기는 10여 마리가 채 안 되었다. 대부분 라푸라푸(아열대 바리과의 값싼 어종—옮긴이)였고 큰 조개가 조금 있었다. 처량하도록 적은 생산량으로, 팔라우의 수산 자원이 희박해지고 있다는 추가 증거로도 볼 수 있을 듯했다.

그날 밤 레멜리크호 조타실에서는 사관들이 그날의 운항을 복기했다. 멀리 떨어진 작은 외딴섬의 불빛만 보일 뿐 우리를 둘러싼 바다는 여전히 잔잔하고 컴컴했다. 대화는 밀렵선에서 일하던 선원들 이야기로 전환되었다. 내가 물었다. "그 사람들은 적 아닙니까?" 사관 몇 명이 고개를 저어 아니라는 뜻을 표했다. 한 사람이 말했다. "인간은 누구나 자기가 할 수 있는 일을 하니까요."

어선을 붙잡고 선원들을 체포한 뒤 동료 경찰들이 하는 일은 갑판원들이 입을 옷을 찾아주는 것이라고 바이에이가 설명했다. 갑판원들은 대개 가진 것이 별로 없다. 경찰이 그들에게 주는 티셔츠 중에는 팔라우의 지난 선거 운동에서 쓰인 티셔츠가 많다. 선거용 티셔츠는 수량도 많고 사람들에게 무료로 나눠주기 때문이다. 바이에이는 대만과 중국, 베트남에서 온 불법 어선의 갑판원이 팔라우의 특정 정치인을 홍보하는 티셔츠를 입고 팔라우 수역에 다시 나타나는 기묘한 광경이 1년에 적어도 한 번씩은 되풀이된다고 했다. 다른 경찰은 2016년에 해적 선장 한 명을 체포했는데 똑같은 사람이 6개월 후 다른 배에서 얼굴을 비쳤다는 이야기를 없었다. 다시 본 남자는 갑판원으로 일하고 있었다. '정기 반복 승객'이 빈번히 출몰하는 데서 그들의 집요함과 절박함이 엿보였다. 바이에이의 임무가 다윗과 골리앗 이야기보다는 시시포스 신화에 가깝지 않은가 하는 생각도 들었다.

"잠수병 앓는 사람 본 적 있어요?" 항구로 돌아오던 중 바이에이가 물었다. 바이에이의 순찰팀이 추적하는 밀렵선 다수는 선명한 색을 칠한 선체 때문에 '파란 배'라는 별칭이 붙은 베트남 배라고 했다. 이런 배 대다수가 노리는 것은 가죽을 두른 거대 민달 팽이처럼 생긴 모습으로 바다 밑바닥에 서식하는 해삼이었다. 그 걸 잡으려고 배를 세우면 베트남인 선원은 배의 공기 압축기와 연결된 고무관을 입에 문다. 잠수를 거드는 납 벨트를 허리에 두 르고 종종 30미터가 넘는 수심까지 잠수하는 위험을 감수하며 중 국에서 100그램에 67달러가 넘는 해삼을 채취한다.[71] 바이에이 는 2016년에 배를 나포하던 중 잠수부 한 명이 수면으로 너무 빠 르게 올라오다가 극심한 고통을 유발하는 기포가 관절에 생기는, 흔히 말하는 잠수병을 얻었다고 말했다.

"며칠간 아주 그냥 끙끙거렸다니까요." 바이에이는 그 우는 소 리가 아직도 머릿속을 맴돈다고 했다. 우리 대화를 듣고 있던 다 른 경찰 한 명이 검사 기록을 보다가 고개를 들었다. 그런 어선의 갑판원들에 대해 이 경찰은 이렇게 말했다. "진짜 부수 어획물은 그 사람들이에요."

바이에이가 들려준 신음하는 인부 이야기에서 나는 정신이 번 쩍 드는 깨달음을 얻었다. 그것은 사실 실종된 세스나기와 주변 이 휑한 집어 장치, 파괴된 환초, 해파리 관광객 이야기에서 얻은 깨달음과 다르지 않았다. 내가 팔라우에 온 것은 귀감을 찾고 해 양 보호 활동의 세계적 전망은 어떤지 알아보려는 마음에서였다. 전세계 어류 자원이 존속할 가능성이 있다면 이 군도 국가가 길 잡이 노릇을 할 수 있을 것 같았다. 그러나 팔라우를 떠나는 내가 얻은 것은 희망보다는 해양 보존을 가로막는 장벽을 마주했다는 고통스러운 지각에 가까웠다. 바다를 뒤덮은 위험은 범죄보다도 훨씬 크고 복잡했다. 합법과 불법의 선은 팔라우의 진짜 적을 이

해하기에 적절하지 않았다. 상대는 더 거대했다. 기후 변화, 마구
잡이식 관광, 많은 영역에 야성을 간직한 지리, 법보다 생존이 더
우선인 사람들로 배가 바글대게 하는 빈곤이 그 상대였다. 이 웅
대한 전투에서 팔라우는 솔선해 본보기를 보여주고 있었으나, 유
일한 문제는 그 뒤를 따르려는 이가 있냐는 것이었다.

3장
녹슨 왕국

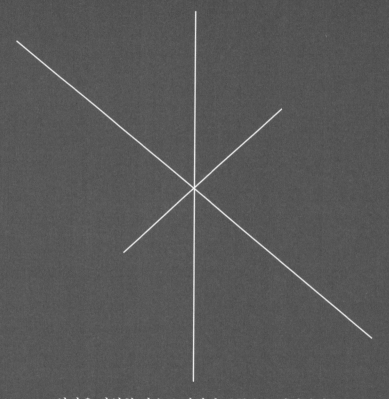

인간은 다양한 이유로 세계의 공동으로 나아간다.
어떤 이는 단지 모험을 사랑해서 움직이고,
어떤 이는 과학 지식에 통렬한 갈증을 느끼고,
또 어떤 이는 '작은 목소리의 유혹'에,
그 미지의 신비로운 매력에 끌려 닦인 길을 벗어나게 된다.
—어니스트 섀클턴,『남극의 심장』

1966년 크리스마스이브, 온 나라 사람들이 집에서 성탄을 축하하고 있을 때 퇴역한 영국 육군 소령 패디 로이 베이츠Paddy Roy Bates는 선외기가 달린 작은 배를 몰고 영국 해안에서 북해를 향해 11킬로미터를 나갔다.[1] 한밤중에 집에서 몰래 빠져나온 로이의 머릿속에는 아내 조앤에게 줄 완벽한 선물에 관한 별스러운 아이디어가 있었다.[2] 로이는 쇠갈고리와 밧줄을 이용해 버려진 방공 구조물에 올라가 정복을 선언했다. 이 구조물에 '시랜드Sealand'라는 이름을 붙여 아내의 소유로 삼을 셈이었다.

로이의 선물은 낭만 가득한 해상 궁전이 아니었다. 1940년대 초 템스강 방어 목적으로 구축된 요새 5곳 중 하나인 HMF(His Majesty's Fort, 국왕 폐하의 요새) 러프스타워의 거대한 잔해는 초라한 몰골로 바람을 맞고 있었다.[3] 흔히 '러프스'라 불리던 이 버려진 구조물은 바다에서 18미터 높이로 서 있는 속 빈 콘크리트 탑 2개 위에 테니스장 2개만 한 크기의 널찍한 상판을 올려놓은 것에 지나지 않았다.[4] 로이는 브루탈리즘 양식이라도 따른 듯한 자

2002년의 시랜드.

신의 기지를 비할 데 없이 엄숙하게, 코르테스Hernán Cortés나 바스쿠 다 가마Vasco da Gama 못지않은 진지한 태도로 대했다.

한창 전쟁 중이던 시기의 러프스는 영국 해군이 100명 넘게 주둔했으며, 40밀리미터 보포스 경대공포 2문과 포신이 5미터도 넘어 나치 폭격기 조준에 탁월한 94밀리미터 비커스 중대공포 2문이 갖춰진 곳이었다.[5] 그러나 독일의 패전으로 갑자기 쓰임새가 사라져버린 이 기지를 영국 해군은 버려뒀다.[6] 사용되지 않고 방치된 기지는 영국의 경계 활동을 쓸쓸히 기리는 황량한 기념물이 되었다. 대형 선단의 소유주였던 로이는 이 구조물을 익히 알고 있었다. 전후에 육류와 고무, 어류를 영국으로 들여오며 항해 중에 종종 지나쳤던 것이다.

영국 당국은 로이가 구조물을 점거한 것에 당연히 불편한 기색을 드러내며 로이에게 구조물을 떠나라는 명령을 내렸다. 그러나

로이는 고집만큼이나 배짱도 세서 당국에게 대놓고 꺼지라고 말할 수 있는 사나이였다. 런던에서 나고 자란 로이는 열다섯 살의 나이로 국제여단에 입대해 스페인 내전에서 공화파 편으로 싸웠다.[7] 귀향해서는 영국 육군에 입대해 빠르게 진급하며 당시 군의 최연소 소령이 되었다. 2차 세계대전을 치르는 동안에는 북아프리카와 중동, 이탈리아에서 복무했다.[8] 그의 얼굴 가까이서 폭발한 수류탄에 심각한 부상을 입기도 했고, 타고 있던 전투기가 추락해 그리스 파시스트들에게 포로로 잡혔다가 겨우 탈출한 적도 있었다.[9] 로이는 두 팔 걷어붙이고 인생을 불태우는 사람이었다.

처음에 그는 러프스를 '해적' 라디오 방송국으로 사용했다.[10] 당시 방송 전파를 독점했던 BBC는 비틀스, 킹크스, 롤링스톤스와 다른 인기 밴드들의 노래를 늦은 밤에만 송출해 어린 청취자들의 아쉬움이 이만저만이 아니었다. 로이 같은 반항적인 사업가들은 배나 다른 구조물에 무허가 방송국을 설립해 영국 국경을 아슬아슬하게 벗어난 위치에서 24시간 내내 음악을 틀어주는 것으로 이들의 요구에 응했다. 로이는 1966년에 구조물을 점거한 뒤 그곳에 콘비프 통조림과 라이스푸딩, 밀가루, 스카치를 비축해놓고 그걸 먹고 살았으며, 한번 구조물에 가면 몇 달씩 육지로 돌아오지 않을 때도 있었다. 로이는 전에도 바다 위에 해적 라디오 방송국을 차린 적이 있었다. 하지만 그 방송국은 영국 영해 안에 있었기에 당국이 신속하게 폐쇄해버렸다. 당시 기준으로는 해안선에서 3해리까지가 영해였다. 반면 러프스는 확실히 영해 경계 밖에 있었다.

포격용 구조물에 새 라디오 방송국을 세워 그걸 아내의 생일에 정식으로 선물한 로이는 몇 달 후 아내와 친구들이랑 한잔하러 술집에 갔다. 그리고 아내에게 말했다. "이제 당신만의 섬이 생겼잖아."[11] 로이의 행동이 으레 그랬듯 이 선물이 진심인지 진지한 척하는 농담인지를 아무도 구별할 수 없었다. 그의 아내가 대답했다. "야자수 몇 그루와 햇볕을 즐길 수 있고 섬만의 깃발도 있다면 아쉬울 게 없겠네." 한 친구는 농담을 더 밀어붙였다. 아예 그 구조물에 나라를 세워도 되지 않겠나? 다들 신나게 웃고 다음 잔으로 넘어갔지만 로이는 아니었다. 몇 주 후 로이는 시랜드라는 새로운 국가를 수립한다고 세상에 공표했다. 로이가 다스리는 나라의 신조는 에 마레 리베르타스E Mare, Libertas, 즉 '바다에서 자유를'이었다.[12]

* * *

바다는 비정하고 포악한 곳이 될 수 있다. 인간 최악의 본능을 배양하는 물 위의 인큐베이터이자 진화적 적합성이 해양 생물 사이에서 가혹하게 힘을 휘두르는 서식지다. 발견의 장소이자 한없는 열망과 재창조의 장소이기도 하다. 세계에서 가장 작은 해양 국가의 희한한 건국 설화는 바다 위 기행의 상징이자 국제법을 향해 보란 듯이 날린 한 방이었다. 그러나 이 이야기의 의의는 여기서 그치지 않았다. 이건 바다에서 펼쳐지는 모험주의의 풍부한 유산과 완강하고 집요한 권리 주장, 요란한 주권 선언의 이야기였다.

공국으로 설립된 시랜드는 자신만의 여권과 문장 그리고 빨강과 검정 바탕에 흰색 대각선을 그은 국기를 갖췄다.[13] 통화는 로

이의 아내 그림이 들어간 시랜드 달러였다. 근래에는 시랜드 페이스북 페이지와 트위터 계정, 유튜브 채널도 개설되었다.

공식적으로 시랜드를 인정한 국가는 없었지만 시랜드의 주권을 부정하기도 어려웠다. 영국 정부와 용병의 지원을 받은 여러 단체가 그 구조물을 무력으로 장악하려고 대여섯 번 시도했으나 실패했다. 그런 시도가 있을 때마다 베이츠 일가는 소총을 쏘거나 화염병을 던지고 콘크리트 블록을 떨어뜨리거나 사다리를 바다로 밀어 정부와 단체에서 온 사람들을 쫓아버렸다. 영국이 해가 지지 않는 광대한 제국을 호령하던 시절도 있었다. 그랬던 나라가 이제는 버킹엄 궁전의 주 무도회장보다 클까 말까 한 크기로 독자 행동을 고집하는 초소형 국가체 하나를 못 건드리는 처지가 되었다.

그 이유를 알려면 주권의 기본 원칙을 돌아봐야 한다. 그 원칙에 따르면 한 국가가 자국법을 집행할 능력은 국경 안으로 한정된다. 영국 정부는 1968년 5월 시랜드에서 로이의 아들 마이클이 근처 부표를 점검하던 인부들에게 22구경 권총을 발포했을 때 이 점을 깨달았다.[14] 마이클은 인부들에게 시랜드의 영토 주권을 알리려는 단순 경고 사격이었다고 주장했다. 다친 사람은 없었지만, 이 사건이 영국의 법 체제(와 시랜드의 지정학적 지위)에 초래한 결과는 어마어마했다.

영국 정부는 화기를 불법으로 소지하고 발포한 혐의로 마이클을 즉각 고발했다.[15] 그러나 법원은 마이클의 행위가 영국 영토와 관할권 밖에서 발생했기 때문에 영국법으로 처벌할 수 없다고 판결했다. 이 판결로 기고만장해진 로이는 그후 한 영국 관료에게

"시랜드의 법을 책임지는 것은 나"이니 자신이 마음만 먹으면 시랜드에서 사형을 명령할 수도 있다고 말했다.

호기와 낭만이 넘실대는 바다의 연대기에서도 이만큼 이상야릇한 이야기는 흔치 않다. 시랜드의 사연은 때로는 몬티 파이선(영국의 전설적인 코미디 그룹―옮긴이)의 코미디 콩트처럼 느껴지기도 했지만, 바다의 통치 구조에 뚫린 구멍이라는 심각한 사안을 조사할 기회가 될 것 같았다. 특히 눈에 띄었던 것은 로이가 그렇게 뻔뻔스레 배짱을 튕기면서도 실제로는 합법적으로, 적어도 법의 공백 안에서 기회를 봐가며 활동하는 것 같다는 사실이었다.

존재한 지는 50년이나 된 곳이지만 이 을씨년스러운 기지에 거주한 사람은 베이츠 일가의 손님 대여섯 명을 넘지 않았다. 구조물의 평평한 상부에는 2차 세계대전 때 있던 대형 화기와 헬기 대신 풍력 발전기가 들어서서 냉골인 시랜드의 방 열 개를 덥힐 실내 난방기에 불안정하게나마 전기를 공급했다. 매달 배 한 척이 들어와 차와 위스키, 초콜릿, 과월호 신문 같은 물자를 주민에게 날라줬다. 근래에는 상주하는 시민이 한 명으로 줄었다. 마이클 배링턴Michael Barrington이라는 상근직 경비원이었다.

시랜드가 아무리 우스꽝스럽고 터무니없어 보였어도 영국은 이 나라를 진지하게 취급했다. 최근 기밀이 해제된 1960년대 후반 영국 문건을 보면 관료들이 시랜드에 대해 상당히 우려했음이 드러난다.[16] 관료들은 이제 영국의 문 앞에서 쿠바 같은 나라가 탄생하는 건 아닐까 우려했다. 구조물을 폭파하자는 해군 작전도 논의되었으나 최종적으로 취소되었다. 1970년대에는 알렉산더 고트프리트 아헨바흐Alexander Gottfried Achenbach라는 독일인 사업가가

"SAYS HIS NAME IS SMITH — WANTS
TO KNOW HOW WE GOT AWAY WITH IT."

1968년 10월 23일 런던에서 발행된 신문
《더선》에 실린 한 만화는 시랜드가 주장하
는 탈식민적 신생 독립국 지위의 배경을 로
디지아의 사례를 끌어와 설명한다. 로디지
아는 소수 백인의 지배를 유지하고자 영국
에서 독립을 선언한 바 있다.

네덜란드 용병 집단을 고용
해 시랜드에서 쿠데타를 일
으켰다가 인질극으로 번져
독일과 영국 사이에 요란한
외교적 긴장을 초래하기도
했다. 1980년대 초반 포클
랜드 전쟁이 발발했을 때는
한 아르헨티나 단체가 이
구조물을 사서 훈련소로 활
용하려 했다. 더 최근에는
위키리크스가 이곳으로 서
버를 이전하는 것을 검토했
고, 파나마 페이퍼스(파나마
최대 로펌인 모색폰세카의 비
밀 문서—옮긴이)에는 조직

범죄의 피난처로 시랜드가 등장한다.[17]

취재를 시작한 이래 바다는 여러 갈래로 나를 호출했지만, 시
랜드는 무법의 바다에서도 남다른 프런티어였다. 뻔뻔한 배짱만
으로도 기가 막혔으나 철학적 기반 역시 놀라웠다. 자유지상주의
그 자체를 실천하고 있으면서도 불가사의한 해사 법규와 외교 관
계에 어정쩡하게 매여 있었다.

나는 2016년 10월, 로이 베이츠의 아들로 당시 예순네 살이었
던 마이클과 마이클의 아들인 스물아홉 살의 제임스와 함께 그
구조물을 찾았다. 공국 방문 허가를 내달라고 일가를 설득하는

데 몇 달의 시간과 대여섯 통의 전화 통화가 필요했다. 왜 그렇게 주저했는지 그들의 속내는 끝까지 알 수 없었다. 그곳을 둘러싼 설화를 위태롭게 하는 위험은 감수하고 싶지 않았던 게 아닐까 싶다.

마침내 영국에 도착한 나는 마이클과 제임스가 업무를 하는 곳이 시랜드가 아닌 영국 에식스라는 것을 알고 깜짝 놀랐다. 두 사람은 에식스에서 새조개잡이 어선단을 운영하고 있었다. 마이클은 은퇴한 하키 선수 같았다. 땅딸막하고 어깨가 떡 벌어진 체격이었으며 머리를 짧게 깎았고 앞니 하나가 없었다. 걸걸한 목소리로 불쑥 웃음을 터트렸고 인상은 거칠었다. 반대로 제임스는 마르고 얌전했으며 대학 교육을 받은 사람의 차분한 분위기가 있었다. 제임스가 뉘앙스와 리듬을 따져가며 신중하게 말을 골랐던 데 비해 그의 아버지는 말을 섬광 수류탄처럼 던지는 편이었다. 마이클은 나를 만나자마자 곧바로 말했다. "당신 쓰고 싶은 대로 막 쓰시오! 뭐 켕길 게 있다고." 실제로는 켕기는 게 꽤 많을 것 같았다.

부자 콤비는 바람이 셌던 2016년 10월의 어느 추운 날 막 동이 트려는 무렵에 하리치라는 항구 도시에서 보조선으로 나를 태워 갔다. 조그만 배는 가운데에 베이츠 일가의 두 남자를, 뒤쪽에 나를 태우고서 쿵쾅대는 파도 사이를 오르내렸다. 살을 에는 바람 속에서는 대화가 안 되어서 나는 침묵을 지켰다.

그날처럼 파고가 높을 때 3미터 길이 소형선으로 항해하면 전속력으로 질주하는 말에 탄 것과 비슷한 느낌이 난다. 배에도 박자는 존재하지만 질주하는 말과 달리 그 박자는 예고 없이 자주 바뀐다. 시랜드를 향해 지그재그로 나아가는 한 시간은 로데오 경기 그 자체였다. 내장은 어디를 두들겨 맞은 듯했고 다리는 길쭉한 좌석을 붙들고 있느라 힘이 빠져 바들거렸다.

소형선은 수평선에 보이는 콩알만 한 점을 향해 파도를 뚫고 돌진했고, 점은 우리가 다가갈수록 차차 커지더니 얼룩진 콘크리트 기둥과 그 위에 올라앉은 널따란 단 그리고 중앙의 헬기 이착륙장 아래에 볼드체로 적힌 인터넷 주소를 눈으로 볼 수 있을 정도가 되었다. 그 유명한 초소형 국가체는 왕국이라기보다는 바윗덩이에 가까워 보였다. 구조물에 다가갈수록 공국 최고의 방어 수단은 그 높이라는 것이 분명히 드러났다. 아래에서 공략하기가 거의 불가능해 보이는 이 공국에는 계류장도 층계도 사다리도 없었다. 따개비가 다닥다닥 붙은 기둥 근처에서 배를 공회전시키고 있으니 6층 높이의 상판 가장자리에서 인양기가 휙 튀어나왔다.

선명한 파란색 오버올(막일을 할 때 입는, 아래위가 한데 붙은 작업복—옮긴이) 차림의 배링턴이 뒷마당의 나무 그네에 달려 있을 법한 조그만 목제 의자가 붙은 케이블을 내렸다. 배링턴은 머리가 세어가는 60대 남성으로, 둥그렇게 배가 나왔으며 웃음이 많은 사람이었다. 나는 의자에 올라앉아 인양되었다. 울부짖는 바람을 맞으며 올라가려니 가슴이 울렁거렸다. "잘 왔어요." 배링턴이 바람 위에서 소리쳤다. 그러고는 인양기를 돌려 나를 상판에 툭 떨어뜨렸다. 그곳은 폐품 처리장 같았다. 산업용 드럼통 무더기와 플라스틱 상자 더미, 얼기설기 꼬인 와이어 뭉치, 녹이 슬어버린 잡동사니 무덤 사이에서 풍력 터빈 한 대가 금방이라도 퍼질 것 같은 모양새로 윙윙대며 돌아가고 있었다. 파도가 거세지자 구조

2016년 시랜드를 찾은 마이클 베이츠가 인양기에 달린 그네를 타고 올라가고 있다.

물 전체가 낡은 출렁다리처럼 끽끽대는 소리를 냈다.

배링턴은 제임스와 마이클을 한 사람씩 끌어올렸고, 마지막으로 배까지 인양해 공중에 매달아뒀다. "예방 조치죠." 배링턴이 배를 구조물 아래의 물에 남겨두지 않는 이유를 설명했다. 마이클은 어지러운 상판을 뒤로하고 시랜드의 정부 소재지 역할을 하는 주방으로 나를 안내했다. 이야기를 나눌 수 있게 차도 한 주전자 끓였다. "세관 신고부터 합시다." 마이클은 내 여권을 검사하고 도장을 찍어주는 내내 진지했다. 나는 웃어도 괜찮다는 신호가 있을까 해서 마이클의 얼굴을 유심히 들여다봤지만 그런 신호는 전혀 없었다.

* * *

시랜드에 도착하기 전에는 무엇을 기대해야 할지 몰랐다. 물 위에 자리 잡은 여러 초소형 국가체의 다채롭고도 기상천외한 역사에 관해 이런저런 자료를 읽어보기는 했다. 늦게 잡아도 쥘 베른Jules Verne의 『해저 2만 리Vingt mille lieues sous les mers』가 처음으로 출간된 1870년 이래 사람들은 바다 위나 아래에 영구 거주지를 만드는 것을 줄곧 꿈꿔왔다.

대개 이런 기획은 정부가 기업가 정신을 약화하는 일종의 크립토나이트(슈퍼맨의 가장 대표적인 약점—옮긴이)라는 관점에 착안한 것이었다. 일을 벌이는 사람들 다수는 정부의 방해만 없다면 기술과 그 잠재력이 인류의 문제를 해결할 수 있으리라 낙관했다. 이런 초소형 국가체의 후원자(21세기의 첫 10년에 활약한 닷컴 시대의 거물도 제법 있었다)들은 보통 돈깨나 있는 자산가로, 에인 랜드Ayn Rand와 토머스 홉스Thomas Hobbes에게 경도된 사람들이었다. 자급자족과 자치를 실천하는 바다 위 공동체로 고안된 이런 도시들은 한편으로는 자유지상주의의 유토피아로, 다른 한편으로는 억만장자의 놀이터로 구상되었다. 미국 서부의 자영 농지(homestead, 미국에서는 1862년 제정된 홈스테드법에 따라 국유지를 5년간 개척하면 토지 160에이커를 무상으로 받을 수 있었다—옮긴이)에서 이름을 따와 이런 도시는 종종 '시스테드seastead'라 불렸다.[18]

1970년대 초 라스베이거스의 부동산 큰손 마이클 올리버Michael Oliver는 오스트레일리아 모래를 실은 바지선 여러 척을 태평양 통가 근처의 수심 얕은 산호초 지대로 보내 미네르바 공화국 수립을 선포했다. 그곳에 국기를 꽂고 경비원도 몇 명 배치한 올리버는 자신이 만든 초소형 국가체가 "세금과 복지, 보조금을 비롯한 모든 종류의 경제 간섭주의"에서 자유로운 곳이라고 공언했다. 그러나 몇 달이 지나지 않아 통가가 군대를 보내 연안 12해리의 영해권을 주장하며 미네르바 공화국의 점거자들을 퇴거시키고 파란 배경에 횃불 하나를 그려 넣은 그들의 깃발을 제거했다. 1982년에도 미사일 설계 일을 하던 군수 엔지니어 모리스 C. '버드' 데이비스Morris C. 'Bud' Davis의 주도하에 한 미국 단체가 다시 산호초를 점거하려 했다.[19] 이들 역시 몇 주 만에 통가 군대에게 쫓겨났다.

다른 곳에서도 많은 시도와 실패가 있었다. 1968년에는 미국의 부유한 자유지상주의자 워너 스티펠Werner Stiefel이 바하마 인근 공해에서 '아틀란티스 작전'이라는 초소형 수상 국가체를 수립하려 했다. 스티펠은 큰 배를 매입해 자기 영토로 점찍은 곳에 보냈다. 배는 얼마 못 가 허리케인에 침몰했다. 1999년 또 다른 부자 자유지상주의자 노먼 닉슨Norman Nixon은 퀸메리2호(영국 국적 초호화 크루즈선—옮긴이)의 약 네 배에 달하는 1.4킬로미터 길이 선박으로 '자유의 배'라는 이름의 수상 도시를 건립하겠다며 40만 달러 정도 되는 돈을 착수금으로 마련했다.[20] 하지만 배는 끝내 건조되지 않았다.

이런 기획 다수는 이론상으로는 말이 되는 듯해도 바다 생활의 혹독한 현실은 전혀 고려하지 않은 것이었다. 바다는 발전에 필요한 바람과 파도, 태양 에너지가 풍부하기는 하지만 기상 환경과 해수의 부식을 견딜 재생 에너지 설비 구축은 어렵고 비용이 많이 드는 일이었다. 통신 수단 역시 제한적이었다. 위성 기반 연결망은 엄두도 못 내게 비쌌고 광섬유 케이블을 매설하거나 해상 시설을 육지와 잇는 점 대 점 레이저 또는 마이크로파에 의지하는 방법도 마찬가지였다. 이런 시스테드는 오가기도 고생스러 웠다. 무엇보다도 파도와 폭풍이 큰 방해물이었다. 간혹 각기 다 른 방향으로 움직이는 작은 파도들이 서로 만나 하나가 되면 '깡 패' 파도가 일었다. 이때의 파고는 시랜드 높이의 두 배쯤 되는 33.5미터 이상으로 솟을 수도 있다.

규모가 아무리 작아도 한 나라를 운영하려면 돈이 든다. 예를 들어 기본 서비스(보통은 시스테드를 일구겠다는 자유지상주의자들 이 그렇게 벗어나려 드는 국가가 세수로 제공한다)에 필요한 자금은 어디서 댄단 말인가? 불이 들어오게 하고 해적을 막는 데도 비용 이 많이 들어간다.

원대한 꿈을 품은 이들이 2008년 시스테딩 연구소Seasteading Institute라는 비영리 단체를 중심으로 결집했다.[21] 샌프란시스코에 본거지를 둔 이 단체의 설립자는 정부의 역할을 제한해야 한다 는 사상으로 잘 알려진 노벨상 수상 경제학자 밀턴 프리드먼Milton Friedman의 손자이자 구글의 소프트웨어 엔지니어인 패트리 프리 드먼Patri Friedman이다. 연구소의 주요 후원자는 페이팔을 공동으로 창립한 억만장자 벤처 자본가로 이 단체와 관련 사업에 125만 달 러가 넘는 돈을 기부한 피터 틸Peter Thiel이었다.[22]

틸은 블루시드Blueseed라는 스타트업 벤처에도 투자했다. 이 벤 처 회사의 목적은 여러 실리콘밸리 기업을 괴롭히던 골치 아픈 문제, 그러니까 미국 취업 비자가 없는 엔지니어와 사업가를 영 입하는 문제를 해결하는 것이었다. 블루시드는 캘리포니아 북부 연안에서 공해로 나아가 주거용 바지선을 띄워 정박하려는 계획 을 세웠다. 그러나 결국 준비 단계를 넘어서지 못한 블루시드는

스스로를 유지할 필수 자금조차 조달하지 못했다.[23]

* * *

나는 차를 홀짝이며, 수상 도시를 만들려는 사람들이나 틸이 시랜드에 접근했던 적은 없냐고 마이클 베이츠에게 물었다. 마이클은 그런 쪽에서 관심을 보인 적은 없다며 "다행스러운 일이지요"라고 덧붙였다. 일가가 선택한 파트너 또는 동맹에 마이클이 의심의 눈길을 보내는 데는 그럴 만한 이유가 있었다. 오랜 세월 시랜드를 심각하게 위협했던 것은 정부뿐 아니라 마이클 가족이 친구라 여겼던 사람들이기도 했기 때문이다.

초창기에는 다른 해적 라디오 DJ에게 공격을 받았다. 근처 배에서 '라디오 캐럴라인'이라는 해적 라디오 방송을 하던 로넌 오라힐리Ronan O'Rahilly가 1967년 시랜드 급습을 시도한 것이 한 예다. 베이츠 일가는 화염병을 던져 오라힐리와 그 일행을 쫓아버렸다. 그 뒤에는 속이 시커먼 투자자들이 시랜드에서 쿠데타를 일으키려 했다. 마이클은 두 가지 사건을 들려줬다. 1977년 독일 변호사와 네덜란드 변호사, 다이아몬드 상인이 협력체를 꾸려 로이를 찾아와 로이의 구조물에 카지노를 짓고 싶다고 제안했다. 그에 대한 논의를 하자며 그들은 로이를 오스트리아로 초청했고, 로이는 1978년에 당시 20대 초반이었던 청년 마이클에게 감시를 맡기고 시랜드를 떠났다.[24] 잘츠부르크에 도착한 로이는 다섯 사람의 따뜻한 환대를 받으며 그 주 후반에 다시 만나 사업 계획을 논의하기로 일정을 잡았다. 그러나 그후 약속 자리에 아무도 나타나지 않았고, 수상한 낌새를 챈 로이는 시랜드 근처에서 조업하는

1978년 헬기 한 대가 접근하는 동안 마이클 베이츠가 시랜드 위에서 무장 경계 태세로
다른 사람들과 함께 대기하고 있다.

어선 선장에게 전화를 걸기 시작했다. 시랜드에는 전화도 없었고
자체 무선통신도 사용할 수 없었다. 한 소형선 선장이 시랜드에
착륙하려는 큰 헬기를 봤다고 로이에게 알려줬고 초조해진 아버
지는 영국으로 황급히 돌아갔다.

　1978년 8월 10일 오전 11시경 마이클은 털털대는 회전 날개가
가까워지는 소리를 들었다.[25] 시랜드의 무기고에서 2차 세계대전
때 쓰였던 구형 권총을 집어들고 위층으로 뛰어올라간 마이클은
상공을 맴도는 헬기를 발견했다. 헬기는 초대받지 않은 방문객이
그런 식으로 들이닥치는 것을 저지하려고 세워둔 10미터짜리 기
둥에 막혀 착륙하지 못하고 있었다. 헬기의 문은 열려 있었고 카
메라맨이 바깥으로 몸을 기울인 채 착륙 의사를 밝히는 손짓을
했다. 마이클은 썩 꺼지라고 사납게 손을 휘저었다. 하지만 남자
몇 명이 헬기에 매달린 줄을 타고 순식간에 강하해 구조물에 발

을 디뎠다.

헬기가 날아간 뒤 마이클은 앞에 선 남자 중 한 명의 강한 억양과 굵은 목소리를 이내 알아차렸다. 전에 아버지가 통화로 오스트리아에서 만날 약속을 잡을 때 전화기 너머로 목소리가 들렸던 사람이었다. 남자들은 마이클에게 가짜 전보를 내밀며 사업 협의 중 로이에게 시랜드 방문 허가를 받았다고 이야기했다. 미심쩍기는 했지만 마이클은 이들을 맞이하는 수밖에 없겠다고 판단했다. 그래서 안에 들어가 이야기를 하기로 했다. 마이클이 위스키를 따라주려고 등을 보인 순간 남자들은 문밖으로 슬그머니 빠져나가 마이클을 방에 가두고 바깥쪽 손잡이에 끈을 묶어버렸다.

전복을 계획한 이는 알렉산더 고트프리트 아헨바흐라는 독일인이었다. 전직 다이아몬드 거래상이자 사업가였던 아헨바흐는 공국을 크게 확장할 구상을 들고 1970년대 초 베이츠 일가에게 접근했다. 아헨바흐의 계획은 구조물과 연결해 인접한 곳에 카지노와 가로수 광장, 면세점, 은행, 우체국, 호텔, 식당, 아파트를 짓자는 것이었다. 베이츠 일가는 제안을 받아들였으나 실행에는 지지부진한 모습을 보였다.

하지만 아헨바흐는 열과 성을 다해 목표를 이루려는 사람이었고, 1975년에는 시랜드의 '외교부 장관'으로 임명되어 시랜드의 헌법 제정을 돕고자 구조물에 와서 지냈다.[26] 아헨바흐는 시랜드 시민으로 인정받기를 요구하며 독일 시민권을 포기하겠다는 청원을 제출했다. 아헨바흐의 청원을 접수한 독일 아헨의 지역 당국은 그의 신청을 거부했다.

아헨바흐는 시랜드의 공식 승인을 받아내려고 시랜드 헌법을 전세계 150개 국가와 UN에까지 보내 비준을 요청했다. 그러나 다른 국가 지도자들은 미심쩍은 눈초리만 보낼 뿐이었다. 국제법 상 국가로 간주하는 데 필요한 세 가지 기본 요소인 영토와 주권 과 국민이 시랜드에는 없었다. 쾰른의 한 법원은 이 구조물이 지 표에 속하지 않고 사회 활동이 이뤄지지 않는 곳이며 이토록 좁 은 영역은 장기적으로 유지 가능한 생활권을 구성하지 않는다는 판결을 내렸다.

아헨바흐는 시랜드에 관한 자신의 계획이 계류되자 갈수록 안 달복달했고, 온 힘을 다하지 않는다고 베이츠 일가를 나무랐다. 얼마 지나지 않아 아헨바흐는 속도를 올릴 계획을 꾸몄다. 헬기 를 빌려 자신의 변호사 게르노트 퓌츠Gernot Pütz와 네덜란드인 두 명을 보내 구조물을 탈취하게 한 것이다. 그들은 마이클을 며칠 간 인질로 잡아뒀다가 네덜란드로 가는 어선에 태웠고, 마이클은 네덜란드에서 풀려나 부모에게로 보내졌다. 아헨바흐가 쿠데타 현장에 있었던 것은 아니지만, 기밀이 해제된 영국의 기록과 파 나마 페이퍼스[27] 유출 후 공개된 다른 문건을 보면 뒤에서 꼭두각 시들을 조종한 사람은 아헨바흐였을 가능성이 농후하다.

로이는 쿠데타 시도에 격노했다. "아버지는 화가 나면 입을 꾹 닫았지. 그러면 말이 죄다 멎어버렸다고." 아버지에 대한 마이클 의 말이었다. 순순히 져줄 사람이 아니었던 로이는 자신의 초소 형 국가체를 무력으로 수복하기로 결심했다. 영국으로 돌아온 로 이는 초기 제임스 본드 영화에 참여했던 헬기 조종사이자 자신의 친구인 존 크루드슨John Crewdson의 도움을 받아, 사람들을 대동해 무장한 구조물로 갔다.[28] 동트기 직전에 시랜드에 도착한 이들은 회전 날개 소음을 줄여주는 순풍을 타고 구조물에 접근했다. 헬기 줄을 타고 내려간 마이클은 구조물 상판에 세게 몸을 찧어 비틀대다가 가슴에 메고 있던 산탄총을 발사해 하마터면 아버지를 맞출 뻔했다. 갑판을 지키던 독일인들은 침입자가 다짜고짜 총을 쏘는 줄 알고 기겁해서 즉시 항복했다. 건국자들이 시랜드를 다시 장악했다.

로이는 다른 사람들은 금방 풀어줬으나 퓌츠에게는 모반 혐의를 적용해 시랜드의 구금실에 2개월간 가뒀다. "퓌츠를 감금한 것은 해적 행위로 볼 수 있습니다. 공해에서 일어났다고는 하나 영국 영토의 앞마당에서 영국 시민이 저지른 일입니다."29 독일 대사관 관계자가 영국 정부에 지원을 요청하며 보낸 탄원에 쓴 내용이다. 다른 서신에서는 네덜란드 외교부 직원이 문제의 해결책을 제안했다. "영국 순찰선이 그 요새 근처를 '지나가다가' 요새에 타격을 줘서 바다로 거꾸러뜨릴 가능성은 없습니까?" 영국 정부는 어떤 식으로든 조치를 취할 사법권이 없다고 응답했다.

서독은 결국 런던에서 시랜드로 외교관을 파견해 퓌츠의 석방 문제를 놓고 협상을 벌였다. 이는 사실상 시랜드의 주권을 인정한 조치였다는 것이 훗날 마이클의 설명이다. 처분을 기다리는 동안 변기를 청소하고 커피를 준비하는 노역을 해야 했던 퓌츠는 벌금 7만 5,000마르크를 베이츠 일가에게 지불하고 시랜드에서 석방되었다.

몇 년 후 이 사건은 한층 더 혼란스러운 국면에 접어들었다. 네덜란드인 한 명을 고발하려고 1980년 네덜란드에 방문한 로이가 과거 본인이 죄수로 붙잡았던 퓌츠를 대리인으로 세운 것이다.

일부 논평가들은 로이와 퓌츠가 실은 시랜드를 언론에 알리고 독립국 지위를 법적으로 인정받을 속셈에서 쿠데타를 주도면밀하게 연출한 것이 아니냐는 의문을 제기했다. 이런 주장에 대해 묻자 마이클은 부정했다. 마이클이 말하는 요새 탈환은 이랬다. "증거가 될 사진이 있소. 전부 실제 상황이었다니깐." 나는 마이클의 답변에서 바람이 빠지도록 뜸을 좀 들였다가 추가 질문을 했다. 마이클이 허구의 신화란 없고 다만 회의론자의 눈에 비치는 여러 진실이 있을 뿐이라는 식의 상대주의를 갖다 붙여 답변을 정당화할 것을 충분히 예상했고 또 어쩌면 바랐기 때문이다. 그러나 마이클은 내 기대에 부응하지 않았다. 적이었던 퓌츠가 별안간 친구가 된 경위에 대해 조금도 들려주지 않았던 것이다.

터질 만해서 터진 쿠데타 아니었냐는 내 의견도 마이클은 일축해버렸다. 나는 "도적끼리 명예가 다 뭐냐, 그런 거죠?"라고 물었다. 시랜드는 갈취가 아니라 정복으로 세운 곳이라고 마이클이 반박했지만 내 귀에는 실질적 차이가 없는 구별로 들렸다. "시랜드는 우리가 통치하는 곳이지. 여기는 무법지대가 아니란 말이오." 마이클은 이 점을 거듭 강조했다.

방언과 언어의 차이는 힘의 차이라는 것이 언어학자의 견해고 사이비는 정치적 영향력이 없는 교회라는 것이 신학자의 주장이라면, 웬 구조물이 하나의 나라가 되는 것은 서사 장악력에 달렸다는 것이 베이츠 일가의 관점인 듯했다. 그렇다 해도 이들의 서사는 이따금 샛길로 새거나 음모론에 빠지는 등 너무나도 유별났기에 장악하려는 시도 자체가 벅찬 도전 같았다. 하지만 베이츠 일가는 비공식 역사가의 역할을 놓지 않았고, 수년간의 연습으로 이야기를 술술 풀어내는 능력을 연마해왔다.

시랜드에서 발발한 두 번째 쿠데타는 한층 더 위협적이었다. 마이클은 아헨바흐와 있었던 일이 다 정리된 줄 알았다고 한다. 그러나 1997년 FBI에서 연락이 왔다. FBI는 패션 디자이너 잔니 베르사체Gianni Versace가 마이애미에 있는 자택 현관 계단에서 살해 당한 일로 이야기를 좀 하자고 했다. "그 무렵에는 우리도 시랜드 일로 온갖 이상한 전화를 받는 데 제법 익숙해진 상태였지." 마이클이 말했다. 베르사체를 죽인 앤드루 쿠너넌Andrew Cunanan은 살인을 저지르고 며칠 후에 주거용 보트에 무단으로 침입해 그곳에서 자살했다.[30] 그런데 보트 소유주를 조사하는 과정에서 토르스텐 라이네크Torsten Reineck라는 남자가 시랜드의 위조 여권을 당국에 제출했다. 라이네크에게는 로스앤젤레스에서 시랜드의 '외교용 차량 번호판'을 메르세데스 세단에 달고 다닌 혐의도 있었다.

마이클은 시랜드의 '공식' 여권은 자신이 개인적으로 검증한 사람들에게 발급한 300매 가량이 전부라고 FBI에 말했다. 그러자 FBI는 시랜드 '망명 정부'가 운영한다고 주장하는 웹사이트를 마이클에게 들이밀었다.[31] 그 웹사이트에서는 시랜드 여권을 판매하고 있었으며, 이 나라의 '디아스포라' 인구가 16만 명에 달하며 전세계에 대사관이 있다고 홍보했다. 수사관들은 여권과 웹사이트가 스페인에서 만들어진 것을 추적해냈고 그 나라에서 아헨바흐가 다시 한 번, 이번에는 멀찍이서 쿠데타를 일으켜보려고 끈덕지게 기다리고 있었다는 증거를 발견했다. 마이클은 온라인과 현실 세계에서 시랜드의 이름과 외교적 증명서를 팔아댄 무수한 사기 계획과 관련해 자신은 아는 바가 없다고 주장했으나 설득력

Above Left: Sealand Passport
Above Right: $25 Sealand Dollar Coin
Right: First Edition Stamps
Below: 1977 Edition Stamps

시랜드 여권과 우표.

이 떨어졌다.

더 기묘한 일이 남아 있었다. 같은 해 후반, 플라멩코 클럽의 소유주인 프란시스코 트루히요Francisco Trujillo가 마드리드에 있는 자신의 주유소에서 농도가 묽은 휘발유를 판매한 혐의로 스페인의 준군사 경찰 조직인 치안수비대에 체포되었다.[32] 그런데 트루히요는 자신이 시랜드 '영사'라며 외교관 여권을 보여주면서 기소 면책권을 주장했다. 경찰의 연락을 받은 스페인 외교부는 그런 나라는 존재하지 않는다고 했다. 경찰은 마드리드에 있는 시랜드 사무실 3곳과 시랜드의 차량 번호판을 제작한 가게를 급습했다.[33] 경찰은 트루히요가 자신을 시랜드 장성으로 소개하고 다녔으며 본인과 다른 장교가 입을 군복까지 디자인했다는 사실을 알게 되었다.

스페인 경찰은 바다 생물 두 마리가 왕관을 쓰고 있는 베이츠 문장을 양각한 시랜드 여권 수천 매를 시랜드 '망명 정부'가 판매했다는 것도 발견했다. 여권은 동유럽부터 아프리카에 이르기까지 전세계에서 출몰하는 것으로 제보되었다. 1997년 영국이 식민지를 중국에 반환하기 전 주민들이 앞다투어 외국에서 발행한 증명서를 구하려 하던 홍콩에서는 시랜드 여권이 4,000매 가까

3장 녹슨 왕국

이 판매되었다.[34] 스페인 경찰이 여권으로 신원을 파악한 이들 중에는 모로코의 해시시 밀수업자와 러시아의 무기상이 있었다. 스페인 경찰에 따르면 이런 지하 세계 인물 일부는 탱크 50대와 미그-23 전투기 10대를 비롯해 전투기와 대포, 장갑차를 러시아에서 수단으로 보내는 5,000만 달러 규모의 거래를 중개하려는 시도도 했다. 이와 관련해《로스앤젤레스타임스》는 약 80명이 사기와 문서 위조, 외교부 고위 관료 행세를 한 혐의로 고발되었다고 보도했다.

나는 이런 거래가 시랜드를 물리적으로든 명목적으로든 탈취하려는 대규모 계획의 일부라고 생각하냐고 마이클에게 물었다. 마이클은 그럴 수도 있다며 이렇게 덧붙였다. "그냥 아이디어로 돈이나 좀 벌어보려던 것일 가능성이 제일 크지만." 동기가 무엇이었든 간에 이들의 교섭을 조정한 것은 '시랜드무역개발유한공사'라 불린 사업체였다. 파나마시티의 법률 회사 모색 폰세카가 설립한 이 회사가 돈세탁과 여타 범죄와 관련해 전세계로 광범하게 뻗친 네트워크에 엮여 있다는 증거가 파나마 페이퍼스에 들어 있었다.[35]

배배 꼬인 이야기는 부조리하게까지 느껴졌고 때로는 무엇이 진짜인지 갈피를 잡기가 어려웠다. 독일과 스페인에 있는 시랜드 '망명 정부'는 수상한 원본의 허구적 복제물이었다. 이 모든 일을 들으니 호르헤 루이스 보르헤스Jorge Luis Borges의 단편「원형의 폐허들」속 한 구절이 떠올랐다. "꿈꾸는 사람의 꿈속에서 꿈꿔진 사람이 깨어났다."

* * *

　나는 어수선하고 지저분한 시랜드 주방에서 마이클을 마주 보며 탁자에 몇 시간째 앉아 있었다. 마이클이 비잔틴 제국의 역사처럼 길고 복잡한 시랜드 역사의 실타래를 풀어내는 동안 우리가 마시던 차는 식어갔다. 이야기를 마친 마이클은 내 반응이라도 기다리는지 표정 없는 얼굴로 나를 빤히 바라봤다. 나는 마이클이 이야기를 계속하기를 기다리며 시선을 되돌려줬다. 마이클은 이야기 대신 자리에서 일어나 차를 새로 준비했다. 탁자에 놓아둔 수첩을 보고 내가 이야기에 푹 빠져들어 필기도 멈췄다는 것을 깨달았다.

　이 특이한 곳을 방문하기에 앞서 나는 옛날 신문과 잡지 기사, 기밀이 해제된 영국 문건 수천 장을 읽었다. 과거 라디오와 텔레비전 보도까지 찾아봤다. 마이클이 들려준 이야기 대부분이 내가 조사해 이미 알고 있던 사실과 겹쳤으나 당사자가 직접 해주는 이야기는 더 믿을 만하게 들렸다. 모를 일이다. 마이클이 자신을 귀찮게 굴던 영국 정부를 떨쳐내는 데 사용한 허튼소리로 내게도 약을 판 것일까?

　바람을 쐬어야겠다 싶어 마이클에게 구조물을 구경시켜달라고 부탁했다. 주방에서 나온 우리는 복도를 지나 가파른 나선형 계단을 비집고 내려갔다. 시랜드의 두 다리는 각각 원형 방이 층층이 쌓인 탑이었다.[36] 방의 지름은 6.7미터였다. 콘크리트로 만들어져 서늘하고 축축했으며 곰팡이와 디젤유 냄새가 났다. 파도 위가 아니라 아래로 뻗어나가는 뒤집힌 등대처럼 대부분 층이 수면 아래에 있어 물이 꿀렁이는 희미한 소리가 방을 채웠다. 몇

몇 방은 달랑거리는 전구 하나로만 불을 밝혀놓아 조명에서 생존주의자의 벙커 분위기가 났다. 시랜드의 경비원 배링턴도 구경에 동행해 밤이면 지나가는 선박의 고동 소리가 들린다는 이야기를 해줬다.

북쪽 탑에는 손님방과 구금실과 회의실이 있었고 배링턴도 이 탑에서 생활했다. 여기 난방기로 겨울에 따뜻하게 지낼 수 있냐고 묻자 배링턴은 "사실 나는 쌀쌀한 게 좋아요"라고 했다. 아래로 내려가던 중 배링턴이 모든 종교를 아우르는 단출한 예배실로 꾸며진 방에 멈춰 섰다. 화려한 천으로 장식된 탁자 위에 성경 한 권이 펼쳐져 있었다. 선반에는 쿠란 한 권이 소크라테스, 셰익스피어의 작품과 나란히 놓여 있었다. 잠수함 안의 서재처럼 폐소공포증을 유발하는 초현실적인 골방이었다.

우리는 북쪽 탑의 꼭대기 층으로 나가 플랫폼을 건너 남쪽 탑으로 갔다. 마이클은 시랜드와 관련한 가장 최근의 (그리고 여러 면에서 가장 대담했던) 계획 이야기를 꺼냈다. 정부의 염탐 행위가 미치지 않는 곳에 민감 데이터를 모으는 서버팜을 유치하는 것이었다. 정보업계의 조세 피난처와 같았던 이 회사는(이름은 헤이븐코HavenCo였다) 2000년에 설립된 후 도박과 다단계, 포르노, 소환장 스팸 방지 메일, 추적이 불가한 은행 계좌 등의 사업에 웹호스팅 서비스를 제공했다. 스팸과 아동 포르노, 기업형 사이버 사보타주와 엮인 고객은 거부했다. "우리도 선이 있으니." 마이클의 말이었다. (나는 머릿속에 떠오른 질문, 스팸은 안 되고 다단계는 되는 이유가 뭐냐는 질문을 꺼내고 싶은 마음을 애써 눌렀다.) 마이클은 2010년 위키리크스 설립자 줄리언 어산지Julian Assange에게 시랜드 여권을 발급하고 은신처를 제공해달라는 단체 직원의 요청을 거절했다는 이야기도 덧붙였다. "거기는 불편할 정도로 뭘 많이 공개한단 말이지."

온라인 서비스를 먼바다로 옮기자는 아이디어는 새롭지 않았다. 과학소설 작가들은 수년간 데이터 피난처를 꿈꿔왔다. 1999년 출간된 닐 스티븐슨Neal Stephenson의 『크립토노미콘 Cryptonomicon』에 등장하는 사례가 가장 유명할 것이다. 이 소설에서 필리핀과 보르네오섬 사이에 있는 작지만 석유가 풍부한 가상의 섬 키나쿠타의 술탄은 주인공을 불러 저작권법을 비롯한 여러 규제로부터 자유로운 커뮤니케이션 허브로 섬을 개조해달라고 요청한다.

이런 시도가 모두 소설이나 공상 속에서만 일어나는 것은 아니다. 구글은 해수로 서버를 냉각해 육지에서 드는 어마어마한 냉방 비용을 절감하는 친환경적 해법을 실천할 해상 데이터 센터를 건립하려고 2008년부터 공을 들이고 있다. 하버드와 MIT 연구팀은 고속 증권거래소가 우위를 확보하고 싶다면 서버를 바다로 이전해 정보의 이동 거리를 단축하는 방안을 고려해야 한다는 논문을 2010년 발표했다.[37] 아직 열매를 맺은 구상은 아니었으나 연구자들은 시스테딩 연구소가 주최한 콘퍼런스에서 몇 가지 제안을 내놓았다.

헤이븐코는 두 기술 사업가가 머리를 맞댄 결과물이었다. 숀 헤이스팅스Sean Hastings는 온라인 도박 사업을 하려고 카리브해 동부의 영국령 앵귈라로 이주한 프로그래머였다. 라이언 래키Ryan Lackey는 코더이자 독불장군 성향의 MIT 자퇴생이었다. 두 청년 모두 정부가 표현의 자유나 디지털 프라이버시를 제한하는 것에 반대하는 사이버 자유지상주의에 열렬히 빠져 있었다. 시랜드에 회사를 만들자고 베이츠 일가를 설득하는 데 성공한 헤이스팅스와 래키는 투자자를 모집했고 그 투자자들 중에는 성공한 인터넷 기업가 두 명도 있었다.

헤이븐코 설립자들의 계획은 원대했다. 침입자 저지 차원에서 중무장한 경비원을 최소 네 명은 배치해 서버를 지키게 할 생각이었다. 설비를 보관한 방에는 순수 질소를 채우려 했다. 질소는 호흡에 적합하지 않은 기체라 방에 들어가려는 사람은 산소 마스크를 착용해야 한다. 코더와 온라인 보안 전문가로 이뤄진 엘리트팀이 해킹을 감시한다. 시랜드는 호스팅하는 콘텐츠를 이유로 헤이븐코를 단속하려 드는 영국 또는 타국 정부가 네트워크 연결을 교란하는 것을 막고자 여러 국가에 인터넷을 중복으로 연결하고 추가적인 예비 조치로 위성 연결까지 하려 했다. 고객 데이터는 항상 암호화해 헤이븐코 직원조차도 고객의 활동을 알 수 없게 할 셈이었다.

이 계획의 대부분은 실패로 돌아갔다. "그야말로 재앙이었지." 마이클은 아쉽다는 목소리로 말하며 걸음을 멈추고 한때 헤이븐코의 서버가 쌓여 있었던 3미터 높이의 빈 선반이 설치된 벽을 빤히 바라봤다. 서버실 냉각은 사실상 불가능했다. 대부분의 방에는 배출구가 없었고 발전기 연료는 늘 공급이 부족했다. 협약을 맺고 헤이븐코에 인터넷 서비스를 제공하기로 했던 회사 한 곳은 파산했다.[38] 대신 찾은 위성 링크는 대역폭이 겨우 128Kbps라 속도가 21세기 초반의 느려터진 가정용 인터넷 수준이었다. 시랜드 남쪽 탑이 서버로 가득 차는 일은 없었다. 추가 보안을 위해 서버실에 질소를 주입한다는 말은 마케팅 술수였을 뿐 끝내 실행되지 않았다. 헤이븐코 웹사이트에 가해진 여러 차례의 사이버 공격으로 연결은 수일간 마비되었다. 헤이븐코는 온라인 도박 사이트 위주로 10곳 남짓한 고객사를 유치했으나 이 고객들은 헤이븐코의 단전 문제와 부족한 기술력에 갈수록 답답해 하다가 오래지 않아 거래처를 다른 곳으로 옮겼다.

래키는 2003년 헤이븐코를 떠났고 전 파트너를 향한 불만을 키웠다. 같은 해 보안 컨퍼런스 '데프콘'에 나타난 래키는 헤이븐코가 처음에 약속했던 일 다수는 거짓이거나 까보니 실행이 불가능했다고 폭로했다. 그는 데프콘에 모인 청중에게 이렇게 말했다. "거의 모든 시간이 언론 대응에 들어갔습니다. 매출은 누구도 책임지지 않았고 장애 처리 시스템도 없어서 초기에 고객들이 한 문의는 죄다 유실되었거나 잘못 처리되었죠."[39]

마이클은 다른 문제도 있었다고 말했다. "그 컴퓨터쟁이들하고는 어떤 고객을 받을 거냐는 문제에서도 마음이 잘 안 맞았지." 구체적으로 말하자면, 왕실 일가는 이용자에게 DVD를 불법으로 재송출하는 사이트를 호스팅하려던 래키의 계획에 퇴짜를 놓았다. 래키가 보기에는 헤이븐코야말로 이런 종류의 서비스를 제공하기 위해 탄생한 곳이었다. 베이츠 일가는 그렇게 배짱을 튕겨 놓고도 영국과 척을 지게 되어 지금껏 아슬아슬하게 지켜온 주권에 문제가 생길까 봐 몸을 사리고 있었다. 제 몸을 건사하려 영국 정부의 눈치를 보는 베이츠 일가의 자세가 성숙의 결과로 생긴 것인지 아니면 원래 있었으나 넘치는 객기에 가려 보이지 않았던 것인지는 알 수 없었다. 다만 이들과 래키 사이의 갈등은 원칙보다는 성격 문제였고(마이클은 "하여튼 이상한 인간이었다니까"라는 말을 반복했다) DVD 불법 복제에 선을 그은 일은 순전히 구실이었으리라는 짐작이 갔다. 헤이븐코에서 손을 뗀 래키는 이라크로 떠나 2004년 블루이라크Blue Iraq라는 인터넷 서비스 제공업체를 차려 미군과 민간 도급업자에게 웹 접근을 제공했다.[40]

우리가 하루를 시작한 주방에서 마지막 찻잔을 비울 때 마이클은 뜬금없이 씩 웃었다. 시랜드의 꿋꿋함을 자랑스럽게 생각하는 만큼 자기 가족이 만든 이상야릇한 작품 뒤의 복잡다단한 이야기에도 자부심을 느끼고 있는 듯했다. 국제법의 틈새를 쏠쏠히 이용한 시랜드는 나이를 먹어갔고, 시스테드를 꾸리려는 그간의 여러 시도는 상상을 늘어놓는 구상에서 멀리 나아가지 못했다. 베이츠 일가의 배짱이 두둑했던 것은 맞지만, 시랜드가 살아남은 비결은 야망의 크기를 제한한 데 있었다. 발칙했으나 소소했던 시랜드는 거창하게 칼리프국을 세우려는 알카에다나 ISIS와는 달랐다. 막강한 여러 이웃 국가들의 눈에 시랜드는 근멸하기보다 무시하는 쪽이 더 간단한 녹슨 왕국에 지나지 않았다.

베이츠 일가는 신화를 만드는 데도 일가견이 있어 시랜드의 서사를 열성적으로 구축하고 보전했으며, 결국은 이 서사가 시랜드의 주권을 강화했다. 시랜드는 결코 유토피아적 안식처가 아니었다. 애초부터 나라를 이루는 섬이라기보다는 신념을 이루는 섬에 가까웠다. 한 논평자의 말마따나 "비법인 가족 사업체와 꼭두각시놀음 사이의 어딘가"[41]에 있다고도 할 수 있겠다. 이들의 사업을 다룬 할리우드 영화가 제작되고 있었다(어디까지 진행되었는

1973년 시랜드에 있는 마이클과 로이 베이츠.

지는 확실히 알 수 없었고 베이츠 일가도 세부 내용에 관해서는 말을 아꼈다). 일단은 베이츠 일가가 운영하는 공국의 온라인 '쇼핑몰'이 시랜드의 주된 자금줄이다. 쇼핑몰의 상품은 시랜드 달러가 아니라 영국 파운드화로 가격이 책정된다.[42] 머그잔은 9.99파운드고 작위는 29.99파운드부터 시작한다.

해안으로 복귀할 시간이 되어 나는 다시 그 어처구니없는 나무 좌석에 몸을 실었다. 그리고 인양기에 매달려 아래쪽 북해에서 넘실대는 보조선으로 내려갔다. 이 유별난 장소의 입구와 출구를 장식하고 있는 유치한 그네의 꺼벙한 모양새에서는 정말이지 현실감이 느껴지지 않았다. 시랜드의 콘크리트 다리 옆에서 다시 배에 오른 나는 녹이 슬어가는 구조물 상판을 올려다보며 배링턴에게 손을 흔들어 인사했다. 배링턴은 돈키호테의 비전을 수호하는 고독한 산초 판사처럼 그 위에 서 있었다. 우리를 할퀴는 바람을 맞으며 마이클과 제임스는 엔진 시동을 걸고 해안을 향해 배를 돌렸다. 시랜드는 서서히 멀어졌고 아버지와 아들은 육지와 에식스의 포근한 자택으로, 자기들의 공국을 멀찍이서 위풍당당하게 다스리는 곳으로 몸을 물렸다.

4장
상습 범죄 선단

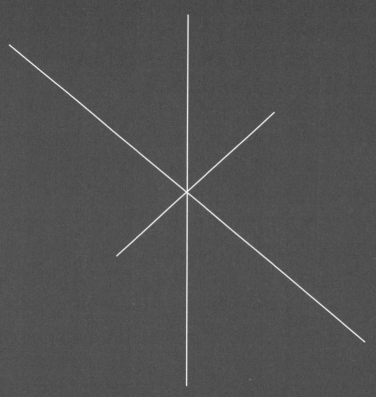

실상 이는 삶이 아니었다. 기껏해야 숨만 근근이 붙은 수준이었다.

치른 대가에 비해 돌아오는 몫은 너무 적었다.

이들은 언제든 일하려 했다.

사람이 최선을 다하면 삶을 이어갈 수 있어야 하지 않은가?

—업턴 싱클레어, 『정글』

2010년 8월 14일 밤, 한국 국적 저인망 어선 오양70의 선장이 뉴질랜드 차머스항을 나섰다. 그에게 마지막이 될 항해였다. 목적지는 동쪽으로 640킬로미터쯤 가면 나오는 남태평양의 어장이었다. 사흘 후 배가 해당 지점에 도착하자 마흔두 살 신현기 선장은 선원들에게 녹슨 선미 너머로 투망하라는 지시를 내렸다. 선원들이 조명을 밝힌 갑판 위에서 분주히 움직이자 이내 나긋나긋하고 길쭉한 몸의 남방청대구 수천 킬로그램이 배로 올라와 갑판에서 꿈틀대며 퍼덕거렸다. 한 번 양망할 때마다 수북한 은빛 생선 무더기는 커져만 갔다.

대구의 일종인 청대구는 살이 분쇄되어 기다란 생선튀김이나 가짜 바닷가잿살이 되기도 하지만, 알갱이 형태로 가공되어 연어 같은 육식성 어류를 먹일 단백질이 풍부한 사료로 팔리는 경우가 더 많다. 청대구는 파운드당 가격이 90센트[1] 정도(1킬로그램당 약 2달러—옮긴이)인 저렴한 어종이라 오양70호가 수익을 내려면 어마어마한 양을 잡아야 했다. 선원들이 어망을 당기면 물고기가

톤 단위로 갑판에 미끄러져 내렸다. 모두 3만 9,000킬로그램을 잡
았으니 짭짤한 어획이었다.

73미터 길이의 오양70호는 전성기를 지나도 한참 지난 낡은 배
였다. 한국 선단 원양어선의 평균 선령이 29년이었는데 오양70호
는 38년 된 배였다. 항장들은 오양70호를 가리켜 "부들부들하다"
고 했는데 이는 불안정한 선박 상태를 에두른 표현이었다. 오양
70호의 출항을 1개월 앞두고 뉴질랜드 검사관은 10여 개 이상의
안전 규정 위반을 이유로 이 배에 '고위험' 등급을 매겼다. 위반
사항 중에는 갑판 아래의 주 출입문 하나에서 수밀이 제대로 되
지 않는다는 것도 있었다. 그러나 그후 검사관은 문제를 모두 시
정했다는 운영주의 주장만 듣고 배의 출항을 허가했다.

오양70호의 해결되지 않은 문제들 가운데에는 배의 책임자 문
제도 있었다. 신씨는 전임 선장의 대타로 자리를 맡았는데, 전임
선장이 술에 취해 인사불성 상태로 배에서 떨어져 익사한 탓이었
다. 그 배가 처음으로 투망한 날은 신씨가 배의 키를 잡은 지 9개
월 됐을 때였다. 전에 함께 일한 선원들은 신씨가 "화가 많은 사
람"이라고 했다. 신씨는 부루퉁한 얼굴로 툭하면 고성을 질렀으
며 거의 항상 병을 들고 다니며 병 안에 든 투명한 액체를 들이켰
다. 그 액체가 물인지 소주인지를 놓고 갑판원 사이에서는 의견
이 분분했다. 그게 뭐냐고 물어볼 만큼 간이 큰 사람은 없었다.

신씨는 아랫사람을 혹독하게 부려먹었다. 그날 밤의 첫 그물을
당긴 선원들은 후갑판에 무더기로 쌓여 꿈틀대는 기름진 무더기
를 분류해 배 내부로 이어지는 활송 장치에 던져 넣어 다음 양망
을 위한 공간을 만들었다. 한 층 아래에 있는 선내 처리실에서는

한국 어선의 어획물 분류대.

열 명도 넘는 남자들이 '점액 작업대'라 불리는 컨베이어 벨트 앞
에 다닥다닥 붙어 칼질을 하고 회전 톱을 돌렸다. 생선 대가리와
내장, 부수 어획물을 제거해서 값어치가 있는 부위를 포장과 냉
동이 진행될 다음 공정으로 넘기는 것이 이들의 일이었다. 첫 어
획물을 완전히 처리하려면 한나절은 걸렸다. 하지만 해당 분량
작업이 다 끝나기도 전에 신씨는 갑판에 있는 이들에게 어망을
다시 물에 넣으라는 지시를 내렸다. 작업은 사실상 24시간 내내
쉬지 않고 이어졌다.

2010년 8월 18일 오전 3시경 배의 일등항해사 박민수가 자고
있던 신씨를 허둥대며 깨웠다. 박씨는 어망이 꽉 찼다고 알렸다.
배가 어망에 끌려 내려가고 있었다. 이미 기관실에는 물이 1미터
가까이 차오른 상태였다. 갑판 위에 있던 선원들은 어망을 끊자
고 간청했다. 선장은 침대에서 튀어나와 선교로 달려갔다. 그러

나 어망 절단을 지시하기는커녕 갑판원들을 책임지는 갑판장을 시켜 어망을 계속 끌어올리라고 명령했다. 마지막이 될 신씨의 명령이었다.[2]

* * *

이 배의 운영주인 사조오양에게 노동자의 열악한 처우와 끔찍한 선박 상태는 특별한 일이 아니었다. 사조오양은 오랜 시간 선원들을 착취했으며 성가시고 쓸데없는 존재로 취급되는 그물 속 부수 어획물과 다를 바 없이 등한시했다. 이런 무시 탓에 어떤 이들은 목숨을 잃었다. 사조오양 선단의 악명은 그 선장과 선원을 덮친 불행과 더불어 바닷사람들 사이에 널리 알려져 있었다.

내가 취재한 무법의 바다 이야기에 일관되게 등장하는 한 가지 주제는 바다의 광활함이 악의적 행위자 추적을 어렵게 한다는 것이었다. 애초에 범죄자 적발이 불가능한 경우가 태반이었다. 사조오양 선박의 사례에서 두드러지는 점은 안전상 위험과 규정 위반, 반복적인 선원 학대 문제가 빤히 보이는데도 간과되었다는 사실이다. 여러 명의 검사관과 규제 담당자는 매번 책임을 대수롭지 않게 떨쳐버렸고 목숨이 위태로운 사람들에게 무관심과 경멸만 보이기 일쑤였다.

기계 고장으로 항공기 추락 사고가 발생했을 때도 그렇듯 이런 사건이 터지면 대개 사건을 거의 필연으로 보이게 하는 하나의 이야기가 사후에 짜맞춰진다. 슬로모션으로 펼쳐지는 사소한 실수들의 연쇄 속에서 각각의 실수가 차곡차곡 쌓여 희생자의 운명을 모두가 희생자보다 먼저 예감하게 된다. 사조오양 선단의 사례에서 이런 식의 진상 규명은 가소로운 군더더기였다. 이 회사의 배에 대해 잘 아는 사람이라면 이 참사가 사실상 뻔한 결과임을 모를 수 없었다.

2017년 봄, 나는 사조오양의 배 대여섯 척을 덮친 재앙과 이런 상습 범죄 선단을 조사하고자 뉴질랜드와 인도네시아로 갔다. 사건 파일을 뜯어보며 알게 된 내용에 정신이 번쩍 들었는데, 선원들에게 가해지는 추악한 가혹 행위 때문이기도 했으나 그곳에서 살아남아 목소리를 낸 이들이 맞이한 결말 때문이기도 했다.

한국인 사관 8명을 제외한 오양70호의 선원은 인도네시아인 36명, 필리핀인 6명, 중국인 1명이었다. 인도네시아인 선원은 월 평균 180달러를 벌었다. 사관들은 배에 있는 무슬림을 '개'나 '원숭이'라 부르며 조롱했다. 선원들이 이후 수사관과 변호사에게 말했듯 식수는 보통 흙빛이었고 마시면 쇠 맛이 났다. 일정 시점부터는 배에서 잡은 물고기와 쌀이 승선 선원이 먹는 음식 전부가 되었다. 식사를 느리게 하면 임금이 차감되었다. 선원들은 이 배를 '물 위의 냉동고'라 불렀다. 선내 난방기가 거의 구실을 하지 못했기 때문이다. 공용 화장실에서는 물이 잘 나오지 않았다. 바퀴벌레는 또 어찌나 많은지 훗날 한 선원은 바퀴벌레가 뜨거운 엔진 구역에 떨어져 익는 냄새를 맡을 수 있었다고 할 정도였다.

오양70호는 기다란 원통형 어망을 뒤로 끌고 다니는 선미식 저인망 어선으로 알려졌다. 가장 강도 높은 노동은 밤에 이뤄졌는데, 청대구가 해저면 가까이에 서식하는 군집성 강한 어종이라 밤에 수면 근처로 와 플랑크톤과 작은 새우, 크릴을 먹을 때 포획하는 편이 수월해서였다.

선원들이 어망과 사투를 벌이던 8월 18일, 배가 감당할 수 있는 것보다 물고기가 많이 잡혔다는 것은 배에 있는 모두가 알았다. 그러나 어망 무게 측정기의 전지가 나간 탓에 그 양이 어느 정도인지는 아무도 몰랐다. 저인망을 교체하는 비용은 15만 달러가 넘었다. 물고기가 가득 들어찬 어망을 잃는다면 그 대가는 선장이 치르게 될 것이었다.

새벽의 어둠 속에서 선미 경사로 위로 들린 어망은 무시무시한 고래처럼 보였다. 활송 장치를 향해 어망 입구가 열리자 고래는 홍수를 터트리듯 물고기를 토했고, 그 엄청난 양에 어창은 이내 막혀버렸다. '끝자루'라고도 하는 어망의 막힌 끝부분은 배 뒤의 바다로 늘어졌다. 배에 끌려오는 이 원통형 어망은 30미터 가까이 이어졌다. 한 어선 선장은 훗날 그 어망이 "커다란 은색 소시지"처럼 보였을 거라고 설명했다. 물 밑으로 한참 내려간 어망 끝부분은 테니스 경기장 여섯 개가 들어갈 면적을 덮을 만큼 불룩하게 부풀었다. 배의 미끄럼판에 올려진 물고기는 약 6톤에 달했으나 아직 100톤이 물 밑에 남아 있었다. 값으로 따지면 2만 달러는 쉽사리 넘길 양이었다.

나중에 다른 선장들이 증언한 바에 따르면 당시 어획량은 본인들이 그 정도 규모의 배에 당겨 올렸을 '자루' 크기의 곱절 이상이었다. 배 뒤편에서 한껏 부푼 그물이 오양70호의 키를 물속 깊이 끌어내리기 시작해, 선수船首가 먹물 빛의 하늘을 향해 찌뿌드드하게 들리고 있었다.

다른 평범한 선장이었다면 오양70호의 선내 상황이 얼마나 위험해졌는지를 단박에 알아차렸을 것이다. 전투기 조종사와 마찬가지로 원양어선 선장에게도 학습한 능력만큼이나 타고난 재능이 중요하다. 조류를 읽고 돌풍에 대응하며 갑판 위에서 분주히 움직이는 십수 명에게 지시를 내리는 동시에 1,870톤 선박의 안정을 확보하려면 보기 드문, 거의 본능에 가까운 침착함과 공간 민감성이 필요하다. 100톤짜리 어망을 걷어올릴 거라면 더더욱 그렇다. 어망은 배 뒤편의 중앙에 세심하게 위치시켜야 한다.

신씨에게는 이런 본능이 없었다. 신씨는 침착한 사람이 아니었고, 그가 모는 배는 상황이 좋을 때조차 안정을 유지하지 못했다. 그러니 어망이 갑자기 좌현으로 쏠려 배가 돌연 15도 기울었을 때는 말할 것도 없었다. 갑판 아래 처리실의 점액 작업대에 선 노동자들은 배가 기울고 물이 무릎까지 차오르는 와중에도 작업을 계속했다. 선체를 바로잡아보려는 절박한 마음에 신씨는 몇몇 선원에게 움직일 수 있는 무거운 장비를 전부 우현으로 옮겨 고정하라고 지시했다.

그러나 선체 기울기는 그대로였고, 생선 내장과 대가리를 바다로 배출하는 좌현의 개구부 '내장 활송 장치'가 열려 있어 그쪽으로 물이 들이닥치기 시작했다. 동시에 죽은 물고기와 찌꺼기에 배수공이 막혀버려, 배출되었어야 할 물이 선내에 갇혀버렸다.

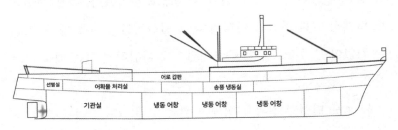

오양70호의 구조.

밀폐 상태였어야 할 아래 기관실로 이어지는 문은 열려 있었다. 어창도 마찬가지였다.

모든 일이 잘못된 방향으로 흐르기 시작했다. 바닥 배수구에서 물이 부글거렸고 현창으로 물이 들이쳤으며 격벽은 폭포가 되었다. 배 갑판의 물을 빼는 기능은 인간의 호흡 능력만큼이나 필수적이다. 물이 빠지는 속도는 항상 물이 들어오는 속도보다 빨라야 한다. 그렇지 않으면 문제는 삽시간에 불어난다.

선원들은 위에서 쏟아지는 물을 막아보려고 판지 상자를 납작하게 눌러 발전기 위에 쌓아보았으나 무익한 시도였다. 얼마 안 가 배수용으로 설계된 수중 펌프도 멈췄다. 포장한 생선 대부분을 두 어창에 분산해 싣는 대신 한쪽 어창에만 적재하도록 한 선장의 지시 때문에 오양70호는 물이 들어차기 전에도 기우뚱한 상태였다. 배의 연료 탱크도 '압착' 상태, 즉 가득 찬 상태가 아니어서 '자유 표면 효과'라고 하는 내부 출렁임이 오양70호의 선체 불안정 문제를 더 키웠다.

오전 4시경 선교에서 격렬한 언쟁이 벌어졌다. 기관장은 어망을 절단하자고 애원하며 선장을 향해 한국어로 고래고래 울부짖었다. 선장은 비로소 뜻을 굽혔다. 하니스를 착용한 갑판장이 칼을 들고서 안간힘을 쓰며 그물 한쪽으로 다가갔다. 다른 선원들도 일제히 그를 따라가 어망에 대고 필사적인 칼질을 했다. 그러나 턱없이 부족하고 늦은 대응이었기에 뒤집히려 하는 배를 바로잡을 순 없었다.

불 보듯 뻔했던 결과를 이제는 피할 수 없었다. 오양70호는 침몰할 것이었다. 배 전체가 혼돈에 빠졌다. 신씨는 선교에서 초단파 무전으로 구조 요청을 보냈다. 선원들은 바다로 뛰어들기 시작했다. 구명조끼는 한국인 사관들만 입고 있었다. 오양70호의 구명정이 물에 있기는 했다. 그러나 그 배 역시 진즉 파도에 전복된 상황이었다.

그날 아침 동트기 전의 수온은 약 섭씨 6.6도였다. 배에는 한기를 차단하도록 제작된 구명슈트가 68벌 있었다. 승선자는 51명이었으니 수량은 충분하고도 남았다. 하지만 슈트를 입은 선원은 아무도 없었다. 입는 법을 아는 사람이 있기나 했을지 의문이다.

오양70호를 침몰시킨 것은 물이 아니라 탐욕이었다. 배가 물고기를 과하게 집어삼키려 하자 바다가 역으로 배를 집어삼킨 것이다. 가라앉는 배에서 마지막으로 탈출한 선원은 위치를 이탈하는 것도 구명조끼를 입는 것도 거부하고 조타실에 들어앉은 신씨를 봤다고 한다. 기둥을 끌어안은 채 손에는 투명한 병을 쥔 신씨는 한국어로 뭐라 중얼거리며 울고 있었다. 뉴질랜드 국적의 어선 어멀털애틀랜티스Amaltal Atlantis호가 초단파 무전을 듣고 한 시간 후 도착했다. 더 늦었으면 그 배로 구조된 45명도 아마 동사하거나 익사했을 것이다.

침몰하는 배의 마지막 순간은 섬뜩하고 비통하다. 나는 인도네시아에 있을 때 그 광경을 가까이서 목격한 적이 있다. 마치 괴수가 아래에서 배를 잡아끄는 것만 같다. 물이 배를 빨아들이는 마지막 순간의 힘은 너무나 강력해 근처 물에 있는 사람까지도 딸려들어갈 정도다. 어멀털애틀랜티스호의 선장 그레그 라이열Greg Lyall은 검시 조사에서 이렇게 말했다. "그 배는 10분도 안 되어 자취를 감췄습니다. 경고음도 경보등도, 아무것도 없었죠."

2006년 6월의 오양70호.

몇몇 생존자는 급성 저체온증을 앓았다. 구조사는 끝내 선장의 시신을 찾지 못했다. 사망한 다른 선원 다섯 명 중 셋은 떠 있던 구명보트 안에서 얼어붙은 몸으로 발견되었다. 이 사건처럼 방지할 수 있었던 재난이 육지에서 터졌다면 기업 하나가 끝장났을 것이다. 그러나 육지와 떨어진 망망대해에서는 그렇지 않았다.[3]

* * *

사조그룹은 원양어업계의 거대 괴수다. 1971년 설립된 이 그룹은 70척 이상의 어선으로 구성된 거대 선단을 부린다. "자연이 맛있다"가 회사의 슬로건이다. 2010년 기준 그룹의 연매출은 10억 달러가 넘으며 이 중 수백만 달러는 뉴질랜드 수역에서 잡아올린 물고기로 번 것이었다.[4]

뉴질랜드 내 사조오양의 기업 형태는 러시아 마트료시카 인형 세트 같은 구조였다. 큰 기업이 지닌 자회사들이 또다시 자신

의 자회사를, 또 그 자회사들이 자회사를 포함하는 식이었다. 뉴
질랜드에서 사조오양은 상대적으로 규모가 작은 서던스톰수산
Southern Storm Fishing과 손을 잡고 선단의 운용 관리에 도움을 받았다.
또 서던스톰수산은 수산자문사Fisheries Consultancy라는 회사와 계약해
선박에 필요한 다른 사항을 총괄하게 했다.[5] 배에서 일하는 선원
들은 사조오양에 직접 고용되어 계약을 맺은 것이 아니라 인도네
시아와 미얀마, 한국을 비롯한 다른 곳의 인력 송출 업체를 통했
다. 국제 수산 회사에서는 일반적으로 이용되는 방식이었다. 기
업은 고용과 조달, 급여 지급을 외주화해 이윤은 중앙으로 모으
고 책임은 분산했다.

오양70호의 침몰은 뉴질랜드의 뉴스 헤드라인을 장식했다. 피
해 수습을 위해 회사는 늘 전투 태세인 로비스트 겸 대변인 글렌
인우드Glenn Inwood를 기용했다. 늘 논란으로 가득한 까다로운 업계,
특히 포경업계와 담배업계를 대변하는 것으로 유명한 인우드는
자신이 무엇을 해야 할지 정확히 알았고, 곧장 행동에 돌입해 이
참사가 단발적 사고라는 주장을 펼쳤다.[6]

인우드는 어업은 어렵고 위험한 일이라고 주장했다. 사고는 늘
발생하며 선박이 유실되는 일은 다른 회사에서도 있었다는 것이
다. 사조오양을 향한 비판은 인권운동가와 해양 보호 운동가의
조작이라는 것이 그의 말이었다. 그는 뉴질랜드 수역에서 외국
선단이 축출당하기를 원해서 경쟁사가 적기를 치켜든 것이라고
도 역설했다.

인우드는 오양70호가 침몰한 후 약 8개월이 지났을 때, 그 후
임인 오양75호가 뉴질랜드 수역에서 2개월간의 조업을 마치고

뉴질랜드 리틀턴항에 도착했다는 소식을 전했다. 배가 어장으로 다시 출항하기 직전 인우드는 언론에 새 선박을 보여주며 최고 수준의 노동 기준과 어업 표준을 준수하는 모범적인 배라고 설명했다.

그러나 사조오양의 약삭빠른 해결사조차 다음에 터질 사건의 언론 보도에는 손을 쓸 수 없었다. 쌀쌀했던 2011년 6월 20일 이른 아침, 리틀턴에 있는 교회에 온 어느 신자가 신도석에 몸을 숨기고 있는 인도네시아 남자 32명을 발견했다. 산에 둘러싸여 자연적으로 계단식 반원 극장 형태를 이룬 뉴질랜드 남섬 동쪽 끝의 리틀턴은 주민 약 2,200명이 모여 사는 크라이스트처치 외곽의 조용한 항구 도시다. 이곳에서 절박한 얼굴로 떨고 있는 인도네시아인들은 하역 작업을 틈타 그 '모범'적이라던 오양75호에서 탈출한 사람들이었다.

오전 4시경 잠자리에서 일어난 인도네시아인들은 선장이 잠들어 있는 사이 배에서 몰래 빠져나왔다. 무슬림이었기에 모스크를 찾아 거리를 헤맸으나 모스크가 하나도 보이지 않아 대신 교회로 피신했다.

선원들은 한 사람씩 교회 직원에게, 나중에는 정부 수사관에게 그 가혹한 배에서 겪은 감금 생활에 대해 이야기했다. 한 갑판원은 실수로 기관장과 부딪혔다는 이유로 그에게 맞아서 코가 부러졌다. 다른 사관은 한 선원의 머리를 자주 때려 부분적 시야 손상이 오게 했다. 명령에 복종하지 않는 선원은 냉장실에 갇히기도 했다. 썩은 물고기 미끼를 강제로 먹은 이들도 있었다. 사정이 괜찮은 날에도 노동은 20시간씩 이어졌다. 어떤 때는 48시간 연속으로 일했다. 법정 서류에 기록된 인도네시아인 갑판원 안디 수켄다르Andi Sukendar의 진술은 이랬다. "도움을 요청해야겠다는 생각은 자주 했지만 누구한테 요청해야 할지 알 수 없었습니다."

선원들이 말하기를 그 중에서도 최악은 성추행이었다. 대부분은 강원근이라는 가학적인 갑판장의 소행이었다. 이 마흔두 살 한국인은 샤워 중인 선원의 옷을 훔쳐 숨기고는, 알몸으로 침대까지 뛰어가는 선원의 뒤를 쫓았다. 조리실에서는 선원 뒤로 다가가 발기한 제 성기를 꺼내놓고 상대를 쿡쿡 찔렀다. 복도에서 지나칠 때면 선원들의 성기를 움켜잡았다. 선원들의 말에 따르면 비슷한 목적으로 접근하는 다른 한국인 사관들도 있었으나 이 갑판장처럼 공격적인 사람은 없었다고 한다. 갑판장은 몸을 씻는 갑판원을 추행했다. 밤에는 선원들이 자는 침대로 기어들어갔다. "그 갑판장이 나한테 자신과 성관계하는 법을 가르쳐주려 했지만 내가 싫다고 했어요"라고 한 선원이 말했다. 그러나 다른 선원들은 그를 물리치지 못했다.

내가 이런 기록을 보고 놀랐다고 말할 수 있다면 좋겠다. 하지만 구역질이 나도록 익숙한 내용이었다. 바다의 광활함과 사관이 선원에게 휘두르는 독재적 권력은 보통 배가 침몰했을 때나 겨우 밝혀지는 이런 잔인하고 모욕적인 행위를 가능하게 했다.

경찰이 리틀턴에서 오양75호 선원들을 면담하는 동안 배의 소유주는 그 선원들이 더 이상 자사 사용인이 아니라며 숙식비 지급을 거부했다. 갑판장은 해고되었고 한국으로 신속하게 환송되어 뉴질랜드에서 기소되는 것을 피했다. 배에 탈 선원을 모집했던 인도네시아 인력 송출 업체 직원들은 선원 가족에게 누차 연락해, 기자와 변호사에게 아무 말도 하지 말고 침묵을 지키라고 압력을 넣었다.

뉴질랜드 기자 마이클 필드Michael Field와 오클랜드 대학교의 두 연구원 크리스티나 스트링어Christina Stringer, 글렌 시먼스Glenn Simmons 는 몇 년에 걸쳐 조사를 더 진행했다.[7] 사조오양의 배에 탔던 선원 수십 명과 뉴질랜드 수역에서 조업하는 다른 외국 선박 선원 수백 명을 인터뷰해 광범하게 나타나는 학대 양상을 폭로했다.

선내의 혐오스러운 노동 환경도 문제였지만 사조오양 선단의 조업은 생태계 전체를 위험에 몰아넣고 있었다. 한 선박은 러시아에서 불법 어획으로 몰수되었다가 이후 뉴질랜드에서 폐엔진 오일 수천 갤런을 바다에 투기해 벌금을 물었다. 사조오양의 다른 선박 두 척은 뉴질랜드 수역에서 수십만 달러어치 물고기를 배 밖으로 버리다가 잡혔다. 이는 '고등급화'라 알려진 관행으로, 어획량 할당제에 걸리지 않고 더 신선하고 값나가는 물고기를 잡을 수 있도록 여유분을 만드는 행위였다.

하지만 무엇보다 끔찍했던 것은 노동 착취였다. 사조오양 배에 있던 노동자들의 말에 따르면 식사에는 죽은 벌레가 점점이 박혀 있었고 매트리스에는 사람을 무는 진드기가 들끓었다. 선원들은 폭력을 행사하는 사관을 피해 옷장에 숨어야 했고 자기 근처의 침대에서 강간이 일어나도 저지할 힘이 없음을 절감하기만 했다. 남이 신던 것이라 잘 맞지도 않고 다 찢어진 장화와 누더기나 다름없는 상의와 장갑을 배급받았다는 이야기도 나왔다. 선장은 선원들이 떠나지 못하게 하려고 그들의 여권과 증명서를 압수해 보관하고 있었다.

뉴질랜드 수역에 있던 이 회사의 다른 선박 한 척에서는 산토소Santoso라는 갑판원이 잘못해서 무거운 밧줄 뭉치에 손가락이 으스러지는 사고를 당했다. 그후 손가락을 절단하고도 갑판 아래의 작업에 즉시 투입되는 바람에 상처는 다시 벌어졌다. 밤에 잠에서 깨면 피딱지에 이끌려 온 바퀴벌레가 상처 위를 기어다니는 것이 보였다. 압둘라디스Abduladis라는 다른 갑판원은 배에 물고기가 차면 전력이 냉동실로 돌아가 선원들의 몸을 덥혀주던 난방기 전원이 꺼졌다고 했다. 기관사인 운와눌로Unwanulloh는 선원에게 허락된 세탁 방법은 물고기 처리에 쓰는 주머니에 바닷물을 담아 쓰는 것뿐이라 시큼한 냄새를 풍기는 작업복을 어쩔 도리 없이 매일 입었다는 이야기를 수사관에게 들려줬다. 화물 구역에서 일한 와르실라Warsila는 벌레로 얼룩덜룩했던 음식을 이야기했다. 어쨌거나 배가 너무 고파서 먹었다고 했다.

* * *

오양 선단의 이야기를 하나로 짜맞추는 과정에서 유독 생생히 드러났던 한 가지는 이 사례에서 알 수 있는 올가미의 실태였다. 선원들은 왜 이 일을 택했을까? 조건이 얼마나 열악한지 보고도 왜 즉시 도망치지 않았을까? 절박함 때문이라는 뻔한 답도 있었지만, 나는 다른 어떤 요인이 있었는지 알고 싶었다.

사조오양의 배에 오른 선원 대부분은 인도네시아 자와섬 중부의 트갈 출신으로, 파견업자나 인력 송출 업체를 통해 채무 노동이라는 복잡한 체계로 고용된 사람들이었다. 이들은 모르는 언어인 영어로 된 계약서에 서명했다. 통상적인 임금은 월 235달러 수준이었다. 최소한 뉴질랜드 수역에서 조업하는 동안에는 지켜져야 할, 약소하지만 법으로 정해진 최저 임금이었다. 파견업자는 이 급여에서 '환율 변동'과 '송금 수수료', 건강검진 명목으로 비용을 제했고, 공제액은 때로는 소득의 30퍼센트에 달했다.

선원들은 일을 구하는 수수료로 대개 175달러 이상을 냈다. 일부에게는 한 달치 급여보다 많은 돈이었다. 담보로는 2년 계약 이행을 보장하는 의미로 제일 귀중한 소유물을 넘긴 경우가 많았다. 집문서와 자동차 등록증이 맡겨졌고 한번은 지역 모스크를 짓는 데 필요한 토지 불하 증서까지 등장했다. 선단 소유주가 선원을 착취한다는 사실은 나도 이미 알고 있었지만, 이 갑판원들의 이야기에서는 블랙리스트에 올리겠다고 협박하고, 문화적 수치심을 유발하고, 재산 담보권을 쥐고 영향력을 행사하는 등 선박 소유주가 통제력을 발휘하는 방식이 이례적으로 선명하게 정제되어 나타났다.

계약을 위반했다가는 선원들의 가정 경제가 결딴날 판이었다. 오양77호의 갑판원이었던 수산토Susanto는 초등학교와 중학교 졸업장을 내놓았다. 수산토가 사는 작은 마을에서는 그런 증명서를 다시 발급받을 수 없었다. 서류를 돌려받지 못하면 일자리를 구할 수 없었다. 진술서에는 그 문서가 "그가 가진 유일한 귀중품"이라고 적혀 있었다.

* * *

이 업계의 사기와 착취에 관한 소식이 선원을 새로 모집하는 작은 마을까지 전달되는 경우는 드물었다. 속은 이들이 수치심

침몰한 오양70호에 탔던 인도네시아인 선원과 필리핀인 선원 들이 2010년 8월 뉴질랜드를 떠나려고 줄을 서서 기다리고 있다.

때문에 사실을 털어놓거나 남들에게 경고하지 못했기 때문이다. 위험을 아는 이들조차 일자리가 너무 절실했기에 일단 뛰어들어 보려 했다.

선박의 환경이 뉴질랜드에 알려지자 대중은 몸서리를 쳤고 입법자들은 엄단에 들어갔다. 수산업계는 공세를 취했다. 업계의 만능 해결사 인우드가 선두로 돌격해 장시간 노동은 모든 어선에서 나타나는 일반적인 관행이라는 주장을 펼쳤다. 임금 체불은 사조오양의 잘못이 아니라 이런 문제를 처리할 책임이 있는 인도네시아 인력 송출 업체의 잘못이다, 한국인은 인도네시아인보다 격하게 행동하고 말하는 편이다, 제기된 착취 혐의 중에는 문화적 차이에서 기인한 오해도 있다는 것이 인우드의 논지였다.

"뉴질랜드에서 배를 운용한 기간 내내 사조오양과 그 사관, 선원, 직원이 고발 대상으로 지목된 적은 단 한 번도 없습니다." 인우드는 2012년 7월 한 뉴질랜드 신문사 편집장에게 보내는 서신에 이렇게 썼다. "뉴질랜드 수산업계처럼 규제가 강력한 업계에서 이는 보기 드문 성과입니다."

다른 수산 회사들은 사조오양 선단의 문제는 개별적인 사안이니 새로운 규제를 정당화하는 데 활용되어서는 안 된다는 견해를 보였다. 유한회사 오로라수산Aurora Fisheries Limited은 "뉴질랜드 수산업계는 이미 행정 관료의 천국"이라고 주장했다. 뉴질랜드의 다른 대형 수산물 업체 시로드Sealord는 외국 선박이 거두는 것은 "뉴질랜드 선박이 어획하기에는 수익성이 떨어지거나 현실적으로 어획 자체가 불가한 어종, 또는 두 가지 면이 모두 문제가 되는" 저가 어종뿐이라고 말했다. 외국 선박 다수는 어획한 물고기를 뉴질랜드 해안으로 가져와 가공하므로 이런 배들이 사라지면 수출에서 1억 9,600만 달러의 손실이 발생하며 뉴질랜드인의 일자리도 줄어든다는 것이 시로드의 주장이었다.

한편 사조오양은 브랜드 이미지를 지키려고 용을 썼다. 계속 주도적으로 관련 보도를 하고 있는 뉴질랜드인 기자 마이클 필드에게 누가 정보를 흘리는지 알아내고자 인우드는 정부 당국과 오클랜드 대학교에 이메일과 다른 문서를 확인하고 싶다는 기록 공개 요청을 제출했다. 미국 인신매매 담당 대사인 루이스 시데바카Luis CdeBaca가 수산업계에 제기된 착취 문제를 논의하고자 뉴질랜드로 왔을 때 마이클 필드는 사조오양에서 자신을 미행할 사설탐정을 고용했다고 보도했다.

2017년 봄 오클랜드에서 취재를 하던 나는 뉴질랜드 수역에서 발생하는 착취 사례를 여러 건 폭로한 오클랜드 대학교의 두 연구원 중 한 명인 크리스티나 스트링어를 만났다. 스트링어는 외국 어선단을 조사하던 중 연구 파트너 글렌 시먼스와 사조오양의 배에 탔던 몇몇 인도네시아 선원들과 함께 현지 중식당에서 식사한 날의 이야기를 들려줬다. 당시 선원들은 은신처에서 생활하고 있었는데 수입이 없어 배를 채우려면 낯선 이의 친절에 의지해야 하는 처지였다. 그런데 선원들의 전 상관이 하필 그 식당에서 밥을 먹고 있었다. 전 상관이 휴대전화로 선원들의 사진을 찍고 전화를 몇 통 돌리자, 웬 남자들이 식당 밖에 나타나 무리를 이루더니 선원들이 나올 때까지 버틸 태세로 그들을 노려봤다. 시먼스가 허겁지겁 선원들을 뒷문으로 빼내 차에 태우고서 그 무리를 따돌리는 데 성공했지만 얼마간 추격전을 치러야 했다.

기업으로서는 언론의 부정적 보도와 싸울 이유가 충분했다. 뉴질랜드 정부는 이미 벌금을 부과하고 있었다. 오양75호가 값나가는 물고기를 포획하려고 값어치가 떨어지는 어획물을 투기한 일에는 34만 200달러 상당의 벌금이, 폐유를 바다에 무단 투기한 데는 8,500달러의 벌금이, 오양77호가 물고기 73톤 이상을 배 밖으로 던져버린 행위에는 9만 7,600달러의 벌금이 선고되었다.

해외에서 오는 압박도 높아지던 차였다. 미국 국무부는 2012년 6월 연례 「인신매매 보고서」[8]를 발표했는데 어선에서 일하는 외국인 노동자의 열악한 처우에 대해 뉴질랜드의 책임을 명시적으로 묻는 내용이 들어갔다. 뉴질랜드는 이에 대응해 특단의 조치에 나섰다. 2014년 8월 의회에서 모든 외국 어선을 자국 수역 밖으로 추방하는 법을 통과시킨 것이다. 수산 회사에는 2년의 시정 기간과 선박을 뉴질랜드 국적으로 변경할, 그러니까 배의 '국적

기'를 바꿔 달 선택권이 주어졌다.[9]

이 법의 목적은 뉴질랜드 수역에서 조업하는 외국 용선이 뉴질랜드 노동 기준을 준수하도록 강제해 약 1,500명으로 추정되는 외국인 어선 노동자를 보다 효과적으로 보호하는 데 있었다. 수산 회사가 새로운 규제 때문에 발생하는 비용 부담을 추가로 짊어지지 않으려 다른 지역으로 이동하면 뉴질랜드로서는 수억 달러 규모의 해외 투자를 놓치게 되므로 이는 과감한 시도였다. 뉴질랜드 수역에서 조업하려면 급여를 예치할 은행 계좌가 선원 전원에게 있어야 했고, 옵서버 승선은 외국인 소유 선박의 경우 거의 언제나 의무화되고, 급여 관련 독립 감사도 도입될 것이었다.

어선에서 행해지는 강제 노동은 대단한 고발 대상이 아니었다. 해상 노예 이야기는 태국과 아일랜드, 대만을 비롯한 여러 나라의 배에서 10년 이상 보도된 사실이었다. 그러나 그 동안 이 문제에 맞서 뉴질랜드처럼 적극적으로 행동을 취한 국가는 없었다.

그러나 어선원 노동자를 대리하는 변호사들과 선원 노동조합은 이번 정부 조치가 충분했는지에 여전히 의구심을 표했다. 악질 상습범은 그냥 뉴질랜드 수역을 떠나 외국 어선단 규제가 약한 관할 구역에서 사업을 벌이는 길을 택할 것이므로 뉴질랜드가 통과시킨 법의 효과는 불량 행위를 다른 지역으로 밀어내는 것이 된다고 이들은 주장했다. 한 국가에서 엄중 단속이 이뤄지면 법 집행이 느슨한 다른 국가의 인기가 높아지는 것은 나도 익히 목격한 바 있었다.

뉴질랜드가 이보다 더 적극적인 태도를 보일 마음만 있었다면 이 나라에는 그럴 권리가 있었다. 이를테면 어업 범죄 혐의로 오양75호와 오양77호를 몰수할 권리 말이다. 정부가 선박을 몰수한 후 매각함으로써 사조오양에 보다 강력한 메시지를 전달하고 배를 매각한 돈으로 외국인 노동자의 밀린 임금을 줄 수 있었다. 이렇게 하는 대신 뉴질랜드 정부는 벌금을 징수한 후 두 선박을 모두 회사에 돌려줬다. 오양75호는 이후 모리셔스 근처 동아프리카로 갔고 오양70호는 포클랜드 제도 인근 수역으로 갔다. 두 선박 모두 금지 수역에 있는 것이 위성에 포착되었다.

사조오양 참사에 대한 규제는 분노가 사그라지는 양상을 보여주는 교과서적 사례였다. 배에서 일하는 노동자에게 가해지는 소름 끼치는 학대가 밝혀지며 대중이 충격을 받자 입법자와 규제 담당자는 행동을 보이지 않을 수 없었다. 그러나 시간이 지나면서 해운업계는 사건 흐름을 비틀고 흐려버렸다. 그리고 그에 대한 대응에서 핵심 문제를 온전히 다루는 법이 전혀 없었다.

깡패선 운영주에게는 언제나 다른 바다가 있었고, 선박과 선원의 안전을 보장해야 할 검사관은 버젓이 자기 눈앞에 있는 위반 행위를 못 본 체했다.

* * *

사조오양 선단에는 오래지 않아 또 다른 재앙이 닥쳤다. 이번 무대는 알래스카와 러시아 사이의 베링해였다. 분수령과 같았던 법이 웰링턴 의회에서 통과되고 4개월쯤 지났을 무렵 사조오양 소유의 다른 선박은 생사를 건 사투를 벌이고 있었다. 1964년 도쿄에서 건조된 1,753톤급 선박 오룡501호는 오양70호와 마찬가지로 선미식 저인망 어선이었다. 선원 60명은 한국인 11명, 인도네시아인 35명, 필리핀인 13명 그리고 어획하는 물고기의 양과 종류를 확인하는 러시아인 수산물 검사관 1명으로 이뤄져 있었다. 선장은 김계환이라는 이름의 46세 한국인 남자였다. 4년 전인 2010년 뉴질랜드 인근에서 침몰해 선원 6명의 목숨을 앗아간 자매선 오양70호가 맞은 것과 별반 다르지 않은 끔찍한 최후가 이 선원들을 기다리고 있었다.

오룡501호는 한국의 최남단 항구인 부산에서 출발했다. 이 배는 러시아와 맺은 어업협정에 따라 흔히 맥도날드 필레오피시 버거[10]의 주재료로 알려진 명태 어획 허가를 받은 한국 저인망 어선 6척 중 하나였다. 명태는 한국에서도 인기가 많아 성장 정도와 크기, 잡힌 지역에 따라 달리 불리는 이름이 못해도 28개는 된다. 한국은 자국 수역에서 명태 씨를 말린 후 1970년대 후반과 1980년대 초부터 베링해에서 명태 저인망 조업을 시작했다.

2014년 12월 1일 러시아 극동의 추콧카 연안 어장에는 거센 눈보라가 휘몰아쳤다. 시속 97킬로미터를 웃도는 바람이 불자 12미터 높이의 파도가 오룡501호의 갑판에 들이닥쳤다. 선원 10여 명이 꿋꿋이 일어서서 명태 20톤이 든 어망을 끌어올리려 고군분투했다. 비가 얼마나 억수같이 쏟아졌는지 앞이 제대로 보이지 않아 꼭 안개가 낀 것 같다는 말이 나올 정도였다. 다가오는 파도는 들리기만 하고 보이지 않았다.[11]

베링해의 폭풍 해일파는 재난 영화에서나 볼 법한 높이인 27미터도 넘게 증폭된다고 알려져 있다. 그 정도로 커다란 물의 벽 앞에서는 배가 순식간에 옆으로 휘청인다. 그러나 생명을 위협하는 것은 파도의 규모만이 아니다. 타이밍도 치명적이다. 이미 기울어진 배라면 중간 크기의 파도에도 넘어갈 수 있다. 위치 역시 중요하다. 파도가 옆에서 들이받는지 위에서 내려치는지가 문제다. 선박 유지력, 특히 배수량 역시 가혹한 매질을 견뎌내는 데 결정적인 역할을 한다. 오룡501호를 침몰시킨 파도는 약 7.7미터 높이라 원양 기준으로 특별히 크지는 않았으나, 타이밍이 날카로웠고 배의 취약 지점을 정확히 저격했다.

김계환 선장은 두 가지 막대한 오판을 했다. 악천후 속에서도 계속 조업하도록 지시한 것이 첫째였다. 나중에 수사관은 그날 작업을 중단하지 않았던 그의 과실을 지적하며 "무리한 조업을 강제"했다는 표현을 썼다. 둘째, 김계환 선장은 갑판장의 말을 무시했다. 갑판장은 어망의 물고기를 투하하는 어창을 개방하지 말자고 간곡하게 부탁했다. 선체에 물이 파괴적인 양으로 밀려드는 상황, 전문 용어로 '해수 유입'이라고 하는 상황을 우려한 것이었다. 그러나 선장은 개의치 않고 어창을 개방했다.

파도가 어창 위에서부터 오룡501호를 내리덮자 포효하는 바닷물이 배 안으로 곧장 쏟아졌다. 파도는 화물 구역의 나무 격벽에 자동차 타이어만 한 구멍을 냈다. 이 구멍은 이날 배의 침몰로 이어진 대여섯 가지 요인 중 하나였다. 갑판 위아래의 선원들은 나동그라졌다. 김계환 선장은 무전을 보냈다. "바닷물이 제대로 빠지지 않아 배가 슬슬 기울고 있다. 배수구가 물고기로 막혔다." 선원들이 배수에 총력을 기울이도록 엔진을 꺼둔 상태에서 선장은 말을 이었다. "바닷물이 새서 조종이 불가하다."

오룡501호는 자매선 오양70호를 똑 닮아 정비 상태가 나빴다. 한국에서 오룡501호 작업을 맡았던 정비사가 나중에 정부 수사관에게 말한 바에 따르면 배의 배수 장치는 출항 때부터 제대로 작동하지 않았다고 한다. 배에 배치된 선원들도 상대적으로 경험이 부족했다. 한국인 선원 11명 중 선장을 포함한 4명은 기준 미달자로, 각자 직무에 요구되는 필수 면허가 없었다. 선장과 기관장은 2급 해기사 면허 대신 3급 면허를 보유하고 있었고, 이등항해사와 일등기관사 역시 적절한 자격 증명을 갖추지 못했다. 배에는 이등기관사, 삼등항해사, 통신장도 없었다. 조종사 없는 비행기이자 교사 없는 교실이었다. 재앙을 기다리는 상태로 바다에 내보내진 것이다.

오룡501호 선장은 최초 무전 후 한 시간이 지나서 다시 무전을 보냈다. 배에 계속 물이 찬다는 내용이었다. "배를 돌리려 했는데 배가 기울기 시작했다." 목소리에서는 공포심이 더 짙어졌다. "다시 조종해보려 한다."

기사와 정부 자료에 기술된 공포 가득한 마지막 장면을 보니 오양70호 항해의 처절한 결말이 눈앞에서 똑같이 되풀이되는 듯한 기분을 느끼지 않을 수 없었다. 김계환 선장은 기울어진 배를 어떻게든 바로잡으려고 움직일 수 있는 물건을 모두 배 반대편으로 옮겨 고정하라고 지시했다. 갑판 아래 처리실에서는 여섯 사람이 차가운 물에 허리까지 몸을 담그고 있었다. 수동 펌프로 배수하라는 지시를 받은 선원들이었다. 펌프질이 세 시간 넘게 계속되었으나 물은 가슴까지 차올랐다. 선장이 선원들에게 구명정으로 대피하라고 지시했을 무렵에는 오룡501호의 선미 절반이 물에 잠겨 있었다. 김계환 선장은 오후 4시가 갓 넘었을 때 무전을 쳤다. "곧 배를 버려야 한다. 구조대를 준비해달라."

사조오양은 배에 선원 60명이 입을 수 있는 구명슈트가 74벌 있었다고 주장했으나 어떤 이유에선지는 몰라도 덮쳐오는 비극 앞에서 구명슈트를 입은 선원은 이번에도 거의 없었다. 슈트를 입은 사람은 러시아인 검사관과 한국인 선원 한 명뿐이었다. 승선자는 7명만 빼고 그날 밤 모두 사망했다.

"하직 인사를 해야겠습니다." 김계환 선장이 오랜 친구이자 근처에서 사조오양의 다른 배를 타고 있던 이양우 선장과 나눈 마지막 무전 교신에서 한 말이다. 이양우 선장은 재촉했다. "그런 말 말아. 선원들 침착하게 대피시키고 너도 빨리 나오라고, 얼른." 김계환 선장은 불이 다 꺼졌다고 말했다. "난 끝까지 배와 함께하겠습니다." 배는 그로부터 한 시간이 채 되지 않은 오후 5시 15분에 침몰했다.

오룡501호는 오양70호와 너무나도 비슷하게 배와 선장 모두 바다에 나설 준비가 되지 않은 상태였고, 대가는 결국 선원들이 치렀다.

* * *

사조오양 배를 탄 불운한 선원들에게 거듭 닥친 참상은 분노를 유발하는 비극이었다. 더 중요하게는, 해상 활동 규제가 얼마나 무질서하고 임의적인지를 선명하게 드러냈다. 다른 업계에서 어떤 기업이 반복되는 사고를 묵과하고 대중의 따가운 시선을 받으면서도 별다른 제약 없이 사업을 이어나갈 수 있었다면 국제적인 추문이 일었을 것이다. 그러나 수산업계에서는 예삿일이었다. 수산업계의 상습범을 고발하려 하는 것은 맨손으로 물고기를 잡으려 아둥바둥하는 것과 같았다.

　나는 이유를 알아보고자 2017년 5월 인도네시아로 갔다. 사조오양의 배를 탔던 전 선원들과 대화하며 법원 기록과 수사 보고서로 알 수 없었던 내용을 보태 이들의 이야기를 더 정확하게 전하고 싶었다. 정부 자료를 활용하고 변호사와 노동운동가의 도움을 받아 선원들의 이름은 찾아둔 터였다. 선원 다수는 대화를 거절했다. 선상 범죄를 고발할 때는 대개 선원에게서 증거를 수집하는 것이 관건이었으나 사조오양은 증인이 될 만한 선원의 입을 막는 데 선수였다. 내가 찾은 선원들에게 사조오양은 사측 표현대로라면 '평화적 합의'라는 비밀 유지 계약에 서명하라고 압력을 넣었다. 소정의 합의금을 받는 대가로 노동자들은 침묵을 지키고 형사와 민사 양쪽의 고소를 모두 취하하는 데 동의했다.

　하지만 착취당한 선원들이 세간의 주목을 받는 것을 막으려는 주체는 이 기업뿐만이 아니었다. 인도네시아에 도착한 나는 뉴질랜드인 연구자 글렌 시먼스가 나보다 한 발 앞서 전직 선원들에게 연락을 취해 나와 대화하지 않는 편이 좋다고 충고한 것을 알게 되었다. 시먼스와는 오클랜드에서 만나 함께 커피를 마신 적이 있었는데, 그 자리에서도 그는 자신이 아는 사조오양 노동자에게 나를 소개해줄 생각이 없으며 혹 노동자들이 조언을 구한다면 나와 대화하는 것을 권하지 않겠다고 말했었다. 시먼스는 기자를 믿지 않았고, 본인도 노동자 안전 문제에 관한 연구를 진행하고 있어서 그 노동자들이 연구에 긴요하다는 말을 덧붙였다. 협력 정신이 부족한 것은 그럴 수 있다 치지만 기자와 노동자가 대화하지 못하게 차단하는 것은 완전히 다른 문제였다.

그래도 다른 연구자와 변호사의 도움을 받아 사조오양에서 일했던 선원 10여 명을 자카르타에서 만날 수 있었다.[12] 무거운 분위기 속에서 선원들은 내가 하루 동안 대여해둔 자카르타 시내 JW 메리어트 호텔의 작은 회의실로 한 사람씩 들어와 대화에 임해줬다. 그들은 사조오양에서 미지급 임금을 받아내려 한 후로 삶이 얼마나 괴로워졌는지를 차례차례 설명했다.

마드라이스Madrais라는 남자는 아내가 한 달 전에 두바이로 떠나 다른 남자의 집에서 입주 가사 도우미로 일하고 있다는 말을 하며 눈물을 보였다. 아내가 그 일을 구하게 된 것은 그가 오양77호 일자리를 구하려고 낸 비용을 선지급해준 고리대금업자에게 갚을 돈을 보태기 위해서였다. 오양77호에서 갑판원으로 일했던 두 번째 노동자 자르와디Jarwadi는 바다에서 받는 처우에 관해 변호사와 상담한 적이 있다는 이유로 인도네시아에 돌아와서도 인력 송출 업체의 블랙리스트에 올랐다는 이야기를 했다. 오양70호에서 일했던 와이후디Wayhudi라는 선원도 블랙리스트에 올랐다고 했다. "우리는 맞섰어요." 회사에 맞서 싸웠다는 뜻이었다. "그래서 다른 사람들은 득을 봤지만 우리는 다시는 일할 수 없게 됐죠."

오클랜드에서 활동하는 변호사 캐런 하딩Karen Harding이 사조오양에서 일한 여러 노동자를 대리하고 있었다. 하딩은 앞서 2년 동안 뉴질랜드 정부가 150만 달러 상당의 오양75호와 750만 달러 상당의 오양77호를 몰수하여 전매하게 하려고 힘썼다. 하딩의 목표는 그 수익금으로 선원들이 끝끝내 받지 못한 임금이 지급되게 하는 것이었다.

내가 자카르타에서 만난 하딩의 얼굴에는 먹구름이 껴 있었다.

해당 회사 소유의 다른 선박을 몰수하고 매매해 오양70호에서 구조된 선원들의 밀린 임금을 지급하는 것은 불가하다는 말을 마침 그날 뉴질랜드 항소법원에서 들었기 때문이었다. 하딩이 말했다. "우리가 바다 밑바닥에 주저앉은 배를 팔아 임금을 지급하라고 회사를 압박하기를 기대하나 봐요." 이 사건을 진행하며 개인적으로도 5만 달러 이상의 빚을 지게 된 하딩은 뉴질랜드 대법원에 상고할 계획이라고 했다.[13]

한국의 변호사이자 인권운동가인 김종철에 따르면 오양70호 사건에서 회사는 선원들에게 임금을 지급했음을 보이려고 은행 거래 기록을 포함한 서류를 뉴질랜드 정부에 제출했다. 서류를 검토한 운동가들은 그것이 위조 문서라고 판단했다. 김 변호사가 운영하는 공익법센터 어필은 정부가 사조오양을 고발하게 하려고 노력했으나 성공하지 못했다. 육체적 학대와 성적 학대를 일삼았던 가해자는 이미 바다로 돌아갔고, 피해자는 증언을 꺼리며, 한국 검찰은 조사를 계속하지 않으려 한다는 것이 김 변호사의 설명이었다.[14]

자카르타에 있는 다른 변호사 데이비드 수리아David Surya는 오룡 501호에서 사망한 선원 6명의 유가족을 대리했다. 침몰 현장에서 구조사들은 구명정과 물 위에서 시신 4구를 수습했다. 수리아에 따르면 이들의 가족은 무슬림이라 종교 특성에 따라 매장을 빨리 진행할 수 있도록 사랑하는 가족의 시신을 최대한 신속히 회수하고 싶어했다. 다급해 하는 가족들의 마음을 이용해 회사는 이들에게 전화를 퍼붓고 집에 찾아가, 고소하지 않겠다는 각서에 서명해야 돈을 주겠다고 했다. 각 가족은 여전히 미지급 중인 임금

6만 달러를 받아야 했지만, 수리아는 비밀 유지 계약 또는 그 '평화적 합의'를 파기시키려 노력하다가 한국 법원에서 길이 막혔다고 했다.

한편 사조오양은 내가 회사로 보낸 대여섯 통의 이메일과 전화를 무시했다. 며칠간의 선원 인터뷰를 마친 나는 어느 날 저녁 자카르타의 카페에 앉아 이 모든 상황을 이해해보려 애쓰며 노동자나 그들 편의 운동가에게 들은 사실을 검토했다.

이런 보도의 중심에는 불법 행위를 밝히면 앞으로 그런 범죄가 계속 발생하는 것을 막는 데 도움이 되리라는 믿음이 있다. 하지만 이번과 같은 사건을 접하면 보도 사명에 의문을 품지 않기가 어렵다. 바다 위 무법 세계에 관해 대단한 이론이라도 찾으려는 건가? 이 선원들을 착취한 쪽에 정의를 구현하는 것이 목표인가? 혹시 내가 사조오양의 배에서 발생한 것과 같은 범죄의 원흉을 쫓을수록 범인은 더 멀리 도망치고 그들에게 당한 피해자는 받아야 할 미미한 몫마저 받기 어려워지는 것은 아닐까?

사조오양 선단과 다른 외국 선박을 자국 수역에서 추방하기로 한 뉴질랜드의 대담한 결정이 혐오스러운 업계 환경에서 세계적인 경각심을 불러일으켰다는 데는 의심의 여지가 없다. 그런 결정이 가능했던 것은 변호사와 운동가, 기자와 연구자의 부단한 노력 덕분이기도 했다. 2018년 3월 뉴질랜드 대법원은 밀린 임금으로 700만 달러 이상을 지급할 것을 회사에 요구하며 항소한 하딩의 손을 들어줬다. 그러나 착취 피해자가 육지에 돌아와서도 여전히 무거운 대가를 치러야 했던 것을 생각하면 사조오양은 여전히 고집스레 버티고 있었다.

다른 암울한 업계(탄광, 장거리 트럭 운수, 성노동, 의류와 접착제 공장)들을 수년간 취재해온 나였지만 어선의 여건에는 여전히 벌어진 입이 다물어지지 않았다. 몇 가지 뻔한 설명은 가능했다. 조합이 없었고, 한곳에 얽매인 동시에 한곳에 오래 머물 수 없는 성격의 일이었으며, 해안도 정부의 감시도 너무나 멀리 있었다.

문화의 역할도 무시할 수 없다. 배는 남성적이고 군대식으로 돌아가는 전장이다. 고생과 그 고생을 불평 없이 견뎌내는 능력을 명예로 여겼다. 선내 지배 구조에는 계급이 굳건했고 비민주적 행태가 고수되었다. 일반 선원의 의견은 보통 달갑지 않게 여겨졌다.

침묵이야말로 배의 핵심 생활 양식이었으며 침묵을 깨는 것은 위험한 범죄가 될 수 있었다. 내가 취재하면서 일찍이 들은 최고의 조언은 영국인 일등항해사의 입에서 나왔다고 해야 할 것이다. 항구를 막 떠나던 참이었다. "어울리고 싶소? 최대한 거치적거리지 마쇼." 항해사의 조언은 비좁은 거주구가 아니라 한가한 수다에 숨은 사회적 위험에 대한 이야기였다. 침묵을 존중하고 편안히 여기면서 적절한 순간에 활용하는 능력은 내가 취재 중에 습득한 도구들 가운데 단연 최고로 귀중한 도구일 것이다. 여러 사람에게 다가가고 여러 장소에 접근할 수 있게 해준 열쇠였다.

긴긴 침묵, 때로는 며칠씩 이어지는 듯했던 침묵을 편안히 받아들이는 조용하고 침착한 바닷사람을 나는 존경하게 되었다. 시간이 지나니 침묵 자체도 존경스러워졌다. 내가 살던 세계, 개인사를 과도하게 공유하고 욕구를 즉시 충족하려는 경향이 있는 온라인에서 생활의 많은 부분이 이뤄지는 세계와 비교하니 더더욱 그랬다. 반대로 이런 배 위의 삶은 전적으로 오프라인이었으며 개인 생활과 고요, 기다림으로 규정되었다.

한편으로는 우리가 흔히 생각하는 뱃사람의 걸걸함을 만들고 육지로 돌아온 이들의 적응을 자주 힘들게 하는 요인도 침묵이 아닌가 하는 생각이 들었다. 다른 건 몰라도 침묵은 뱃사람 다수가 자신의 운명을 대하는 거의 신학에 가까운 체념적 태도의 배경이었다. 수많은 갑판원, 특히 인도네시아 갑판원은 사조오양 선원들이 어떻게 되었는지 들었다. 이 직업에서 많은 이들이 지각하게 되는 스산한 불가피성을 뒷받침하다시피 하는 일이었다. 사조오양 사건으로 노동자들은 업계에 맞서면 웬만해서는 자신이 진다는 사실을 다시금 깨달았다. 이들이 어떤 경우에는 침묵을 지키는 편이 가장 안전하다고 생각하는 것도 무리가 아니었다.

* * *

가슴이 답답해진 뉴질랜드행 이후 몇 달 동안 나는 오양75호를 원격으로 계속 관찰했다. 위성 기술 덕에 불법 행위를 적발하기가 수월했다. 자카르타에서 1만 2,800킬로미터 이상 떨어진 아르헨티나 연안의 포클랜드 제도 인근 해역에서 선원 47명이 오양75호 위로 오징어를 몇 톤씩 건져올리며 조업하고 있었다. 2011년 같은 배에 탔던 선원들이 배 위에서 자행된 강간과 구타를 피해 뉴질랜드 리틀턴으로 도주했던 때로부터 약 6년이 지난 시점이었다.

내가 오양75호를 발견한 지점은 '빛의 도시'라고 알려진 기묘하고도 신비로운 해역이었다. 불법 어선 수백 척의 터전으로서 밀집도가 세계 최고 수준이라는 추정까지 나오는 이 구역은 오징어가 모이게 하려고 밤마다 산업용 조명을 밝히는 몇백 척씩 되는 소형 어선들 때문에 이 이름을 얻었다. 조명이 워낙 밝아 위성 사진에 포착된 해역의 밤하늘이 빛날 정도였던 것이다.

빛의 도시는 아르헨티나와 영국의 영해 분쟁으로 사법권의 공백이 발생한 탓에, 불법 어획을 작심한 배나 오양75호처럼 우여곡절을 겪은 배에 매력적인 수역이었다. 아르헨티나 정부는 자국 영해와 대부분이 겹치는 빛의 도시 수역을 단속하려 했으나 이 나라의 해군은 제도를 놓고 영국과 벌인 전투에서 패배한 후 끝내 회복하지 못했다. 아르헨티나 해안경비대는 여덟 척밖에 없는 배로 260만 제곱킬로미터가 넘는 바다를 순찰해야 했다.[15] 이곳 수역에서 조업하는 어선이 노동법과 환경법, 어업법 위반 행위로 조사받는 일은 없다고 봐도 무방했다.[16]

오양75호는 빛의 도시에서 저인망 조업으로 오징어를 어획할 허가를 받지 않았다. 그러나 위성으로 추적하자 이 배가 아르헨티나 수역을 일상적으로 드나드는 모습이 보였고, 아르헨티나 해군 관계자의 말에 따르면 그 목적은 불법 어업이었다. 배가 우루과이의 수도 몬테비데오의 항구로 향했을 때 나는 선원들을 만나볼 기회가 왔다고 생각했다. 우루과이로 갈 아르헨티나 수사관을 급히 섭외했다. 오양75호가 부두에 정박했을 때, 수사관은 국제 선원 연맹인 ITF(국제운수노동조합연맹)의 도움을 받아 선장이 없을 때 승선했다. 그리고 선원들에게 근무 환경에 대해 묻기 시작했다. 나는 뉴질랜드 수역에서 퇴출당한 뒤로 사조오양 선단에 어떤 식으로든 변화가 생겼는지를 확인하고 싶었다.

오양75호는 이제 멀끔했다. 비참한 최후를 맞은 오양70호와는 비교도 안 되었다. 인도네시아인 27명, 필리핀인 12명, 한국인 7명, 중국인 1명으로 이뤄진 선원들은 언제가 되었든 자기들이 어느 나라 수역에 있는지 잘 몰랐다. 식당에 앉은 선원 여남은 명은 선장이 자기들을 몰아붙이기는 하지만 육체적 학대와 성적 학대는 일어나지 않고 있다고 말했다. 부수 어획물을 배 밖으로 버리는 일도 더는 없었다. 상어 지느러미 절단과 고등급화(물고기를 새로 잡으려고 기존 어획물을 내버리는 행위) 역시 멈췄다고 했다.

선원들의 말을 들어보면 과거보다 여건이 개선된 것은 분명했다. 그러나 이 배의 선원들은 여전히 하루에 20시간씩, 일주일에 6일에서 7일 동안 일해 월 400달러 정도를 번다고 했다. 선원 대부분은 일자리를 구하는 대가로 송출 업체에 150달러를 내고 왔으며 초반 3개월간의 급여는 2년 계약을 모두 이행할 때까지 지급이 유예되었다.[17] 고국으로 급여를 송금할 때 회사에서 인도네시아 돈으로 바꾸는 환율을 인위적으로 낮게 책정한다는 불만도 있었다.

이 배는 한국 국적선이었으니 한국의 노동법을 준수해야 했다. 나는 해양법과 노동법에 특화한 서울의 두 법률 회사(법무법인 선율과 법률사무소 지현)에 연락을 취해 노동자들의 이야기를 들려주고 그런 정황이 한국법에서 불법 행위를 구성하는지 물었다. 두 회사의 변호사들은 그런 선급 수수료와 환율 낮추기, 임금 지급 유예, 노동 시간이 위법이라는 답을 줬다.

노동법을 따르고 어업 규제를 준수하며 국경을 지켜 활동하도록 상습범을 잡아매려면 강력한 법 집행 체제와 상시적인 감시 활동 그리고 도덕 규범까지는 아니어도 상위의 법 규범에 봉사하겠다는 완강한 집념이 필요하다. 그러나 대개 다른 무언가가 더 필요한데, 이 요소는 빠져 있을 때가 많다. 바로 착취를 당하는 쪽의 참여와 협조다.

사조오양 선단을 덮친 재난에 대해서는 책임을 나눌 곳이 너무 많았다. 정부는 진작에 훤히 드러났던 문제를 못 본 척했으며 참사가 일어난 후에도 미적지근한 대응과 아쉬운 후속 조치를 보였다는 과실이 있었다. 수산업계는 문제를 악착같이 부인하고 사실을 비틀어 진실을 왜곡했으며 착취가 뻔히 예상되는 환경에 노동자를 묶어놓고 착취에 관해서는 입을 다물게 해 이들을 한층 더 옭아맨 책임이 있었다. 선원이 침묵을 지킬 이유야 충분했지만, 그런 침묵이 사조오양 어선 같은 배가 책임을 지거나 처벌받지 않고 계속 운항할 가능성을 키우는 결과만 낳았다는 사실은 부인하기 어려울 것이다.

내가 섭외한 수사관이 오양75호에서 내리기 전, 배에 있던 스물여덟 살 인도네시아인 선원 푸르완토Purwanto가 수사관을 따로 붙잡았다. 푸르완토는 누가 왜 자신의 노동 환경과 만족도, 임금 지급 여부에 관심을 보이는지 몰라 진심으로 어리둥절한 모양이었다. "지금까지 우리 이야기를 물어보는 사람은 아무도 없었거든요." 푸르완토는 그 배에서 일한 지 1년째였다. "배 생활이 왜 궁금한 거죠?" 수사관과 조합 조사관은 그냥 노동법 위반 사항이 없나 확인하는 것이라고 대답했다. 그러자 푸르완토는 설사 법이 안 지켜진다 해도 상관없다고, 일자리가 필요하니 말을 그만해야겠다고 했다. 인도네시아로 돌아가봤자 달리 할 일이 없다는 것이었다. "우리한테는 이게 최선이에요."

5장
애들레이드의 항해

미로 안의 쥐는 어디를 가든 자유다.
미로를 벗어나지만 않는다면.

—마거릿 애트우드, 『시녀 이야기』

해안에서 배를 타고 21킬로미터만 나가면 순식간에 정부의 손이 닿지 않는 '공해'에 들어서게 된다는 사실은, 땅에는 구석구석 주인이 있고 모든 나라가 법으로 다스리는 시늉이라도 한다고 생각되는 현대 세계에서 묘한 지점이다.

그러나 바다 자체와 마찬가지로 해사 법규는 불투명하다. 법이 없는 곳이라는 묘사가 전적으로 정확한 것은 아니지만 바다는 분명 수세기에 걸쳐 항해와 무역에 힘을 행사해온 사법권과 조약, 국가법이 곤혹스럽게 얽힌 매듭이다. 바다에서 벌어진 행위가 범죄를 구성하는지는 바다 위 어디에서 행위가 발생했는지에 따라 달라진다고 할 수 있다. 해사 법규 조항은 공해의 선박을 물 위의 대사관으로, 사실상 배가 국적기를 내건 나라에서 한 뭉텅이 떼어온 땅으로 취급한다. 즉 배 위에서 적용되는 법은 그 배가 등록된 나라의 법뿐이다.

해사 법규의 구멍을 자신에게 유리하게 활용하는 데 레베카 홈퍼르츠Rebecca Gomperts만 한 선수도 흔치 않다. 네덜란드인 의사이자 파도위의여성들Women on Waves의 설립자인 홈퍼르츠는 의료선을 개조해 여러 나라 출신의 의사 자원봉사단을 태우고 세계를 누비며 임신중지가 불법인 지역의 거주자에게 시술을 해준다. 비밀리에 이뤄질 때가 많은 이 임무를 21세기 초부터 수행해온 홈퍼르츠는 연방법과 국제법의 가장자리에서 아슬아슬하게 줄을 타며 과테말라, 아일랜드, 폴란드, 모로코와 그 외 대여섯 개 나라의 해안을 여러 차례 찾았다.

한 나라의 연방법이 임신중지를 금지한다고 해도 그 법의 관할권은 그 나라 영해의 경계인 해안선 기준 20킬로미터까지만 미칠 뿐이다. 공해가 시작되는 21킬로미터 선부터 홈퍼르츠의 배에서는 임신중지가 합법이 된다. 이 배는 오스트리아 국기를 걸었는데, 오스트리아는 임신중지 시술을 허용하는 나라기 때문이다.

해사 법규에 숨은 별난 기회와 바다 덕분에 홈퍼르츠는 그녀 자신의 표현에 따르면 여성들이 유산 유도를 "스스로 승인"하게 할 수 있었다. 파도위의여성들이 더 넓은 관점에서 목표로 두고 있는 것은 홈퍼르츠와 많은 여성이 개인 건강 관리의 문제라고 보는 이 사안을 '탈의료화'하는 것이다. 홈퍼르츠는 승객을 먼바다로 데려가는 방법을 통해, 여성이 자신의 신체를 통제할 권리에 개입하는 의사(홈퍼르츠 자신도 포함된다)와 국가라는 중재자를 제거하게 한다고 말했다. 누군가의 평처럼 홈퍼르츠의 방식은 여성을 "땅 너머로, 법 너머로, 허가 너머로" 데려가기 위해 바다를 활용하는 것이다.

바다 위의 대혼란을 취재하는 동안 나는 위법을 대수롭지 않게 여기는 악의적 행위자들을 볼 만큼 보았다. 바다의 건강과 노동자에게 어떤 결과가 일어날지에는 신경 쓰지 않고 무조건 더 많은 돈을 벌어들이는 것이 이들 대부분의 목표였다. 그런 와중에도 확고한 신념을 품고 해사 법규의 묘한 지점을 일종의 비기로 활용해 자신의 의제를 밀어붙이는 다른 부류가 소수 존재했다. 사안을 대하는 관점에 모두가 동의하는 것은 아니겠지만 이 운동가와 활동가 들이 신념을 분명히 표명한다는 데는 반론의 여지가 없었다.

내가 애들레이드Adelaide라 불리는 홈퍼르츠의 배에 탔던 2017년 4월 당시, 내 취재의 대부분은 바다 위에서 벌어지는 범죄와 참사에 집중되어 있었다. 그런데 이곳 멕시코 앞바다에는 육지의 불행을 피해 바다로 나가는 사람들이 있었다. 내가 이 이야기를 취재하기로 한 데는 잠시 쉬어 가야겠다는 생각이 어느 정도 작용했다. 무법의 바다에서도 유독 어두운 구석에 박힌 선박 수십 척에 올라 1년 이상의 시간을 보냈더니 감정이 넝마가 된 상태였다. 다른 유형의 주인공이 등장하는 이야기가 절실했다. 수완 좋게 이곳저곳을 들고 나는 애들레이드호를 보면 일부 법이 우스울 정도로 자의적이라는 것을, 그런데도 많은 이들의 삶에 무척이나 실질적인 결과를 초래한다는 것을 선명하게 되새길 수 있었다. 법을 써먹는 데 도가 튼 홈퍼르츠는 법을 시행하는 여러 나라에 엄청난 골칫덩이였다.

2002년 프랑스에서 건조된 애들레이드호는 부분 범장 슬루프 fractional sloop라고 하는 일종의 범선이었다. 배 내부는 밝은 파란색 천을 두르고 쿠션을 잔뜩 들여놓아 안락했다. 돛을 펼치면 제법 속도가 나는 배였지만, 멕시코 수역을 벗어나려는 우리 쪽으로

애들레이드호가 임신중지가 필요한 멕시코 여성들을 공해로 실어나르고 있다. 공해에서는 이들의 임신중지를 합법적으로 할 수 있다.

역풍이 불고 있었던지라 배가 의지할 것은 29마력 디젤 엔진뿐이었다.

나는 항해에 나갈 때 나를 한번 데려가라고 몇 달 동안 홈퍼르츠를 설득했다.[1] 홈퍼르츠는 남자의 승선을 웬만해서는 허락하지 않는다고 했다. "여자들이 불편해 할 수 있다"는 것이었다. 멕시코에서 홈퍼르츠의 배를 몬 세스 비어든Seth Bearden 선장은 예외였다. 이미 검증이 된 사람인 데다 조사선 일을 돕는 등 육지에서 파도위의여성들과 함께 일한 적이 있었기 때문이다. 나는 배에 탄 여성들의 신원을 보호한다는 조건으로 멕시코 익스타파 항구에 있는 팀에 합류해도 좋다는 홈퍼르츠의 허락을 마침내 받아냈다.

초록빛 눈이 도드라져 보이며 주근깨가 박힌 하얀 얼굴 옆으로 까만 머리카락을 내린 홈퍼르츠는 장거리 육상 선수 같은 체형이었다. 피로라고는 모르는 듯 언제나 분주히 움직이며 휴대전화에 무언가를 입력하는 동시에 근처 누군가에게 말을 했다. 내용은 보통 다음 임무의 실행 계획이나 마친 임무의 아쉬웠던 점이었다. 홈퍼르츠는 용감한 인상이었지만 고독한 카산드라에게서 보일 법한 서글픈 복잡미묘함과 풍파에 시달린 사람의 초연함도 지니고 있었다. 늘 여러 일을 동시에 하다 보니 분산되지 않은 관심을 진득하게 보여주는 경우가 거의 없었고 눈길은 짧게 스치기만 했다. 전화는 언제나 새벽 3시에 받는 것처럼 퉁명스럽게 받았다. 내가 이야기에서 가지를 치거나 흐리멍덩한 질문을 하며 우물대기라도 하면 참지 못하고 단도직입적으로 말을 잘랐다. "내가 하는 일 대부분이 언론용 연극이냐고 묻는 거죠?"

홈퍼르츠는 논쟁을 촉발하는 것이 목적이었기에 보통 자신의 도착을 지역 언론에 미리 알렸다. 그러나 익스타파로 가는 이번 항해는 우선 비밀리에 진행했다. 2주 전 과테말라에서 겪었던 일이 되풀이되는 것을 원치 않았기 때문이다. 파도위의여성들의 계획을 제보받은 과테말라 정부는 홈퍼르츠가 배를 댄 정박지에 경찰을 보냈다. 과테말라 정부는 사람들의 승선을 막고 파도위의여성들을 국가 안보에 대한 위협으로 공표하며 자기 나라에서 추방했다.

이 단체가 이런 일을 겪는 것이 드물지는 않았다. 방문한 나라에서 이들이 따뜻하게 환영받는 경우는 거의 없었다. 아일랜드에서는 폭탄 협박을 받기도 했다. 폴란드 항구에서 홈퍼르츠를 맞이한 것은 달걀을 던지고 빨간 페인트를 뿌리는 시위대였다. 모로코에서 홈퍼르츠는 성난 군중과 직접 마주칠 뻔했다. 스페인에서는 반대자들이 홈퍼르츠의 배를 예인하려 했고 홈퍼르츠는 줄을 끊어서 이를 막았다.

임신중지를 비난하는 이들은 홈퍼르츠가 '죽음의 배'를 몬다고 공격했다. 홈퍼르츠의 단체가 국가 주권을 침해하고 있으며, 자신들의 정치적 의견을 표명하기 위해 감정적으로 취약한 여성들을 먹잇감 삼아 죽음의 극을 연출한다는 것이 그들의 주장이었다.

홈퍼르츠의 시각은 달랐다. "아주 간단하고도 창의적인 방법으로" 법을 지렛대처럼 활용해 "위해 저감"을 실천하고 여성에게 삶에 대한 통제권을 제공한다는 것이었다. 홈퍼르츠는 이렇게 말했다. "임신중지는 금지한다고 해서 사라지지 않아요. 지하로 몰릴 뿐이죠."

* * *

나는 멕시코 익스타파에서 애들레이드호에 승선했고 배는 출항을 서둘렀다. 파도 상태가 갈수록 나빠져 육지에 발이 묶일 위험이 커졌다. 임신한 여자를 태우고 바다로 나간다는 소식을 멕시코 당국이 이내 접수하고 배를 돌려세울지 모른다는 것도 홈퍼르츠 팀의 걱정거리였다.

출항은 순조롭지 않았다. 2.5미터 높이의 파도가 애들레이드호의 뱃머리를 때려서 비어든 선장은 11미터 길이의 유리섬유 선박을 제어하느라 애를 먹었다. 폭풍이 다가오고 있었고, 배를 두들기는 멕시코의 파도는 점점 심해지기만 했다. 애들레이드호는 벌써 두 차례나 암초에 얹혔다. 두 번째 좌초 때는 모래톱을 따라 양쪽으로 6미터씩 울퉁불퉁하게 솟아 있는 바위들에 들이받히는 것을 아슬아슬하게 면했다.

갑판에 있던 나는 파도가 우리를 세차게 덮치며 짭짤한 바닷물을 얼굴에 마구 뿌려대는 통에 버팀줄을 붙들고 있었다. 내 옆에는 몸을 웅크린 멕시코 여성 두 명이 있었다. 두 사람 모두 20대였다. 임신중지를 원했지만 멕시코 대부분 지역에서 이 시술은 불법이었다. 선원들은 태평양 해안에서 21킬로미터 떨어진 곳, 멕시코 형사법의 경계를 막 벗어난 곳으로 이 여성들을 데려갈 계획이었다.

익스타파의 항입구는 좁았고 파도가 안으로 들이쳐 출항하기에 위험했다. 떠나는 때를 잘못 맞췄다가는 배가 넘어가거나 암초에 부딪힐 수도 있었다. 비어든은 돌진하기에 최적인 순간을 기다리며 입구 끄트머리에 서 있었다.

"지금 가야 해요." 홈퍼르츠가 긴장과 다급함이 서린 목소리로 결국 비어든에게 지시를 내렸다. 시간이 별로 없다고 했다. 외국인이 가득 탄 배가 왜 위험한 해황 속으로 항해하지 못해 안달인지 익스타파항을 감시하는 당국이 벌써부터 의심의 눈초리를 보내고 있었다. 홈퍼르츠가 말했다. "당국이 우리를 불러 세우면 다 끝이라고요."

사우스캐롤라이나 출신으로 강한 남부 억양과 문신을 수놓은 상반신의 소유자인 서른다섯 살의 비어든은 오클랜드 부두에서 일하며 배를 모는 법을 독학으로 익힌 노련한 선장이었으나, 몇 시간 전 익스타파로 몰래 들어오다가 잔교에 배를 받은 탓에 다소 당황한 상태였다. 정온 수역(파도가 거의 없는 잔잔한 수역─옮긴이)은 몰아치는 파도 사이에서 약 2분 36초간 유지되었다. 나는 파도를 응시하면서 손에 시계를 들고 조수가 밀려드는 시간을 재 기회의 틈을 계산하고 있었다. 우리의 굼뜬 애들레이드호가 그

틈을 뚫고 항구를 빠져나가려면 빠른 급발진과 적지 않은 운이 필요할 터였다. 홈퍼르츠와 비어든이 파도를 이기려 드는 일의 위험성을 논하는 동안 한 자원봉사자는 멕시코 여자들 곁에 앉아 도리토스(일종의 양념된 나초—옮긴이)를 나눠 먹으며 '마나'라는 멕시코 록 밴드에 대해 수다를 떨어 여자들의 주의를 딴 데로 돌리려 했다.

 "에라, 모르겠다." 비어든이 드디어 이 말을 내뱉었다. 비어든은 홈퍼르츠에게서 물러나 타륜을 잡고 스로틀을 부드럽게 앞으로 밀어 격돌 지대를 30센티미터 앞두고 공회전을 했다. 다음 파도가 다 부서지자 비어든은 수평선에 시선을 고정하고 엔진 속도를 올려, 뒤이어 올 물마루를 눌러버릴 기세로 내달렸다. 비어든이 외쳤다. "전원 뒤로!" 그 말과 거의 동시에 파도가 뱃머리를 직격으로 강타해 금속과 유리로 된 여러 물건이 갑판 아래 선반에서 와장창 소리를 내며 요란하게 떨어졌고, 애들레이드호는 양아치 고등학생에게 밀려 사물함에 처박히는 빼빼 마른 아이처럼 파도에 떠밀렸다. 애들레이드호는 바람이 다 빠진 꼴로 긴장 속에 얼마간 정지해 있었다. 그러다 천천히, 조금씩 전진하기 시작했다. 멕시코 여자 한 명은 손에 얼굴을 파묻고 있었다. 애들레이드호가 다시 움직이며 모두에게서 박수가 터져나오자 그 멕시코 여자도 악몽에서 막 깨어난 어린아이처럼 안심한 얼굴로 고개를 들었다.

 애들레이드호가 익스타파항에서 완전히 벗어나자 우리의 집단 아드레날린은 가라앉았고, 부두를 따라 정박한 2층 요트들이 점점 작아지는 것을 보며 모터의 힘으로 나아가는 갑판에는 침묵이 내려앉았다. 멕시코 여성들은 졸음을 유발할 수 있는 멀미약을 먹은 상태였다. 이들의 침묵은 무거워 보였고, 임신을 끝낸다는 결정의 무게감이 얼마간 영향을 줬음이 분명했다.

멕시코 여성 중 한 사람과 대화할 기회를 포착한 나는 그녀 곁에 다가가 스페인어로 말을 붙였다. "아이를 키울 돈이 없어요. 엄마가 될 준비가 안 되었다는 이유가 제일 크고요." 이야기를 들어보니 여자에게는 오래 사귄 남자친구가 있었고, 콘돔을 사용했으나 그 콘돔이 찢어졌다고 했다. 멕시코 대부분 지역에서는 임신중지 시술을 받았다거나 받으려 했다는 소문만 퍼져도 자기 같은 여자에게는 위험하다고 했다.

멕시코는 수세기 동안 로마 가톨릭의 보루였다. 21세기 첫 10년이 후반에 접어든 이래 많은 멕시코 여성이 가족과 병원 관계자 또는 다른 사람에 의해 임신중지로 신고당했고 이후 범죄 혐의로 고발되었다. 임신중지는 여전히 불법에 해당하지만 매해 100만 명 정도로 추산되는 여성들이 비밀리에 이 처치를 받을 방법을 찾는다. 재생산 건강 연구 센터인 구트마허 연구소Guttmacher Institute의 조사에 따르면 이런 처치의 3분의 1 이상은 감염과 자궁 손상, 출혈, 자궁경부 천공 등을 비롯한 합병증으로 이어진다.[2]

이 나라의 일부 지역에서는 임신부가 건강한 아이를 낳지 못하면 엄마를 의심하기도 했다. 임신중지 시술이 잘못되어 치료를 받으려다 수감된 여성이 수백 명이나 되었다. 병원은 미심쩍은 유산 환자가 있으면 총상 환자를 받았을 때와 마찬가지로 경찰에게 신고해야 했다. 베라크루스 같은 멕시코 일부 주에서는 임신을 중지했다고 의심되는 여성에게 정체 모를 '교육' 조치를 의무로 부과했다.

2007년 4월 멕시코시티는 임신중지를 비범죄화해 임신 초기 12주 동안에는 제한 없이 임신을 종료할 수 있게 했다. 이 결정에 대한 반발이 온 나라에서 일어났다. 전국 31개 주에서 못해도 절반에 해당하는 주가 수정을 생명의 시작으로 천명하는 헌법 수정안을 통과시켰다.

나는 애들레이드호에 오르기 전 파트리시아 멘데스Patricia Mendez라는 여성의 사례를 읽었다. 2015년 스무 살의 나이로 유산한 여성이었다. 훗날 멘데스는 병동으로 경찰과 형사가 들이닥쳤을 때의 상황을 회고했다. 멘데스는 서류에 강제로 서명해야 했고, 간호사가 태아를 멘데스의 얼굴에 들이밀었다. 그때 간호사에게 들었던 말은 시간이 지나도 기억에서 사라지지 않았다. "입을 맞추세요. 당신이 이 애를 죽였어요." 남자친구네 가족은 태아를 위한 장례식을 열었고 멘데스는 반드시 참석할 것을 요구받았다.

* * *

"국경이란 건 허튼소리죠." 익스타파를 벗어나고 몇 시간이 지났을 때 비어든이 말했다. 그 커다란 소리가 나를 붙잡았다. 비어든은 남들이라면 머릿속에 꽁꽁 넣어둘 법한 생각을 늘 입 밖으로 내놓는 유형의 남자인 듯했다. "말이나 되는지 모르겠다만" 또는 "내가 진짜 그렇게 생각하는지도 확실치 않지만" 같은, 스스로 딴지를 거는 말을 문장 사이사이에 자주 끼워넣었다. 국경을 넘으려고 목숨을 걸면서 그 경계를 무시하는 것은 모순 같다고 나는 말했다. 그러자 비어든은 바다든 어디든 그곳에 그어진 선이 말이 돼서 목숨을 거는 것이 아니라고 대답했다. 단순한 실용주의라는 것이었다. 그는 배에 탄 여성들을 도우려면 멕시코의 규제와 국경을 무시할 것이 아니라 인정해야만 한다고 덧붙였다.

카리브해와 멕시코 바다, 캘리포니아 바다를 항해했던 경험이 있는 비어든은 지도와 항해용 해도를 능숙하게 읽었다. 그러면서도 인공적으로 구성된 개념은 계속해서 만들어지는 작업물이며 거의 항상 누군가의 이익에 부합하는 것이라고 보았다. 비어든은 상의를 걷어 한쪽 배에서 뻗어나가는 문신을 보여줬다. 과달루페이달고 조약을 맺기 전, 그 지역을 점령한 이들이 선을 다시 긋기 전인 1848년 멕시코의 외곽선을 그린 지도였다. 반대편 배에는 미국 실루엣을 겹쳐놓은 아프리카 지도가 있었다. 세계 지도 대부분에서 흔히 잘못 표현되는 것과는 다른 아프리카의 진짜 크기를 보여주는 문신이라고 비어든은 설명했다. 국가는 각자의 이익에 맞춰 국경선을 긋는다는 것이 그의 말이었다. 그는 땅과 바다의 지도에서라면 그렇게 할 힘이 국가에 있을지 몰라도 여성 신체의 경계를 정하는 데 국가가 개입해서는 안 된다고 말했다. "자기 신체에 대한 주권은 온전히 여성 자신이 쥐어야 해요." 파도위의 여성들이 말하는 기본 화두가 메아리쳤다.

해양 경계가 보기에는 임의적일지 몰라도 그 결과는 냉혹할 수 있다. 공해상 사망에 관한 법을 생각해보라. 1920년에 통과된 이 미국법은 선원이 공해에서 사고로 사망한 경우 소송은 재산상 손실에 관한 것으로 제한된다고 규정한다. 유가족이 배상을 요구하는 것은 오직 금전적 손실에 대해서만 가능할 뿐, 신체와 정신상의 고통이나 감정적 괴로움을 비롯한 여타 계산이 어려운 손해에 대해서는 불가하다는 의미다. 반면 동일인이 의류 공장이나 목장에서 사고로 사망했다면 친족은 고용주에게 손해와 미래 소득을 포함하는 훨씬 큰 액수의 배상을 요구하며 소송을 제기할 수 있을 것이다.

바다에서 닥치는 죽음은 신의 섭리라 선주에게 책임을 물을 수 없다고 보는 영국 보통법의 흔적이 이 법에 남아 있다. 해운 활동 초창기였다면 맞는 말이었을지도 모른다. 하지만 자가 복원 구명정, 긴급 위치 발신기, 수밀 화물창 등 안전 기술이 발달한 오늘날의 기준으로 보면 공해에서 발생할 수 있는 치명적인 사고 다수는 불가피한 것도, 신의 섭리도 아니다. 많은 경우 사고는 오히려 선박을 관리하는 선장과 회사의 중대 과실을 보여주는 사례다. 일부 회사는 이런 시대착오적 법에서 안전 관리 책임을 회피하고 공해에서 사람이 죽는 것은 어쩔 수 없다는 식의 해석 뒤에 숨을 빌미를 찾는다. 실제로 여러 회사가 공해를 지정하는 물 위의 경계선을 교묘히 이용한다. 홈퍼르츠, 또는 로이 베이츠와 폴 왓슨 같은 내가 취재했던 다른 무법자들과 다르지 않다.

애들레이드호팀의 일은 바다 위 국경의 의미에 관한 보기 드문 사례 연구였고, 내 머릿속에서는 각종 흥미로운 가설이 떠올랐다. 임신중지 유도제 다섯 알을 삼키겠다는 여성들의 결정은 홈퍼르츠의 오스트리아 국적선이 공해에 있었기에 합법이었다. 홈퍼르츠와 환자들이 멕시코 국적선을 타고 있다가 공해에 도달했을 때 몇 초만 수영해 나가 알약을 먹었다면 어떨까? 어쨌든 멕시코 국적선에서 몸을 뺀 것이니 물에 뛰어들기만 해도 멕시코의 금지법이 닿는 권역을 벗어나게 되는 것 아닌가?

멕시코로 가기에 앞서 역사와 법률 학술지 기사를 살피며 몇 가지 가설을 더듬어가던 나는 19세기에 있었던 소름 끼치는 이야기에서 약간의 답을 얻었다. 1884년 남대서양에서 미뇨넷Mignonette 호라는 영국 국적 요트가 거센 폭풍우에 휘말려 침몰했고 선장과 선원 세 명은 작은 배로 탈출했다. 3주쯤 지나자 이들은 허기와 갈증으로 죽음의 문턱까지 갔다. 이대로면 곧 죽을 게 뻔한 상황에서 선장은 작은 배에 같이 타고 있던 열일곱 살 사환에게 달려들었고 주머니칼로 목을 그어 사환을 죽였다. 세 사람은 며칠 후 지나가던 독일 배에 발견되어 구조되었다. 사환을 먹어 생존한 것이었고, 독일인들이 배에서 사환의 시신 일부를 발견했다.

육지로 돌아온 생존자들은 살인과 식인 혐의로 재판정에 서게 되었다. 피고 측 변호사는 두 가지 주장으로 이들을 변호했다. 사환은 영국 국적 요트가 아니라 요트에 딸린 작은 배에서 살해당했으므로 영국법은 물론이고 다른 어떤 나라의 법도 적용되지 않는다는 것이 첫째였다. 둘째는 이들이 맞닥뜨린 상황이 너무나 극단적이었으므로 법을 적용한다는 생각 자체가 합당하지 않다는 것이었다. A. W. 브라이언 심프슨A. W. Brian Simpson은 『식인과 보통법Cannibalism and the Common Law』에 이들이 "법적 권리도 의무도 범죄도 없는 자연 상태에 있었다"라고 썼다. 그러나 그 논변은 두 가지 모두 성공을 거두지 못했고 생존자들은 유죄를 선고받았다.

심프슨은 선원을 대리한 변호사가 기술적으로는 법을 맞게 파악했으나 해당 사건의 평결은 법리보다는 정치의 문제였다고 설명했다. 그 형사법원의 치안판사는 대영제국을 잇는 머나먼 동맥에서도 제국의 권위가 한결같다는 메시지를 대중에게 전하려 했다. 이 이야기를 보고 나니 굶주린 이들이 절박한 마음에 사환을 잡아먹은 사연에서든 여자들이 공해로 뛰어들어 임신중지 알약을 복용하면 어떻게 될지 생각해본 내 가설에서든 법을 벗어난 행위를 정부가 용인하는 데는 한계가 있다는 확신이 들었다.

* * *

홈퍼르츠는 멕시코 정부가 자신의 임무를 용인해주는 한계선을 잘 알고 있었기에 나까지 데리고 먼바다로 나가는 원정은 많은 부분 은밀함이라는 망토를 덮은 채 개시했다. 약 10노트 속도로 순항하며 세 시간을 달린 끝에 애들레이드호는 도착을 알리는 비어든의 목소리와 함께 20킬로미터 떨어진 보이지 않는 국경에 닿았다. 엔진 속도가 떨어지자 홈퍼르츠가 갑판으로 나왔다. 홈퍼르츠는 여자 한 명을 향해 부드럽게 고개를 끄덕이며 마음을 다독이는 미소를 보냈다. 선내 진료실을 겸하는 갑판 아래 선실로 가면 된다는 신호였다.

아래층 선실에서 홈퍼르츠는 그 여성의 몸을 초음파로 검사해 임신 주수를 확인했다(1개월이었다). 그러고 나서 알레르기와 병력에 관해 몇 가지를 질문하고 임신중지 전에 고려해야 할 요소를 알려주는 상담을 15분간 진행했다. 피임 정보를 알려주고 출혈과 통증이 있을 수 있다는 경고와 함께 시술 절차를 설명했다. "정말 계속 진행하겠어요?" 홈퍼르츠의 물음에 여자가 그러겠다고 대답하자 홈퍼르츠는 하얀 알약 다섯 알을 건넸다. (전에는 RU-486이라고 불렸던) 미페프리스톤 1정과 미소프로스톨 4정이었다.

흔히 '미소'로 통하는 이 알약은 분만 후 출혈의 치료와 궤양 예방을 포함한 다양한 용도로 전세계에서 사용된다. 많은 국가에서 대개 이런 질환을 대상으로 약국 진열대에 쌓아놓은 약이다. 임신 종료를 간절히 바라는 대다수 여성은 당장 쉽게 구할 수 있는 이 약을 적정량 복용해 유산을 유도할 수 있다는 사실을 알 길이 없다.

홈퍼르츠는 알약이 혈류로 더 빠르게 용해되도록 입에 넣은 약을 혀 밑에 두거나 잇몸과 볼 사이로 밀어넣으라고 여자들에게 가르쳐줬다. 애들레이드호에 있던 첫 번째 멕시코 여자가 갑판 아래에서 돌아오자 두 번째 여자가 아래로 내려갔다. 두 번째 여자도 올라왔고, 두 사람은 아무 말 없이 숨을 죽이고 배 앞을 바라보며 가만히 앉아 있었다.

승선한 여성 몇몇을 조용히 인터뷰한 것을 제외하면 나는 멕시코 통치권의 끝자락으로 가는 이 시간을 침묵 속에서 보냈다. 관찰자로 바다에 나선 첫 경험 후 배에 섞여들려면 거치적거리지 않아야 한다는 충고를 내면화한 상태이기도 했지만, 항해의 목적이 극도로 사적인 성격을 띤다는 이유와 여자만 가득한 배라 내가 보통 때보다도 더한 외부인이라는 이유가 있었기에 이번 항해에서는 침묵을 지키는 데 한층 더 신경을 썼다.

여러 배에서 관찰된 적막에 관해 곰곰이 생각했다. 말없이 바다를 응시하며 가끔 몇 시간까지도 앉아 있으면 평소에는 듣지 않았거나 관계하는 것을 스스로 오랜 시간 허락하지 않았던 목소리가 들어올 공간이 머릿속에서 열렸다. 바다에서는 혼잣말의 달인이 되게 마련이라는 말을 한 뱃사람에게 들은 적이 있다. 다른 뱃사람은 그런 목소리를 "영혼의 속삭임"이라 표현했다. 어떤 것은 어둡고 어떤 것은 덜하지만 모두 심히 사적이었다. 이런 내면의 대화는 그 자체로도 가치가 있었지만 동시에 무법의 바다를 이해하는 일과도 관련이 있는 듯했다. 물 위의 프런티어를 돌며 전세계에서 만난 사람들 가운데 육지에서는 보기 드문 독불장군의 자세를 공유하는 듯한 사람이 왜 그렇게 많은지 짐작할 수 있었다.

* * *

멕시코에 도착한 뒤, 나는 홈퍼르츠가 묵는 곳 옆에 정박지가 내다보이는 방을 에어비앤비로 빌렸다. 홈퍼르츠와 그녀가 이끄는 팀이 늦은 밤에 애들레이드호를 몰고 나가기로 했을 때 나만 뒤에 남겨질 가능성을 아예 없애고 싶었다. 첫 항해를 떠나기 전날 밤 나는 새벽 2시경 잠에서 깨 발코니로 나갔다. 홈퍼르츠가 전화기에 대고 스페인어와 영어, 네덜란드어를 넘나들며 임신중지 시술이 필요한 여성들을 320킬로미터 이상 떨어진 마을로 어떻게 은밀히 이송할지 열띠게 의논하는 소리가 들렸다. 몇 시간 후 부두 위로 여명이 밝아왔고, 간밤의 수면 여부를 이야기해줄 생각은 홈퍼르츠에게 없어 보였다. 그는 대신 비어든과 함께 살펴볼 항해용 해도를 꺼내 들었다.

수리남에서 태어난(아버지가 과거 네덜란드 식민지 출신이다) 홈퍼르츠는 세 살 때 어머니의 모국인 네덜란드로 이주했다. 성장기 대부분은 플리싱언에서 보냈고 그곳에서 가족과 함께 북해를 항해하며 배의 매력에 푹 빠져들었다.

나는 레베카 홈퍼르츠가 멕시코 해안에서 애들레이드호를 띄우려고 준비하던 시기에 합류했다. 홈퍼르츠는 젊은 임신부 두 명을 공해로 데려가 멕시코에서는 불법인 약물적 임신중지를 시행했다.

　　1980년대 중반 암스테르담의 의과 대학에 입학한 홈퍼르츠는 예술 강의도 같이 들어 여성 신체, 그리고 그 신체와 생식력의 관계를 탐구하는 영상으로 설치미술을 제작하는 것을 전공했다. 의학 교육을 수료한 뒤에는 그린피스의 배 레인보우워리어2호 Rainbow Warrior II에서 몇 년간 선의로 일했다. 이 배에서 일할 때, 임신중지 시술 받는 것을 도와주기로 했던 남자에게 강간당한 여자를 만났다. 남아메리카에서는 동생 세 명을 돌보려 애쓰는 열여덟 살 여자아이도 만났다. 그 여자아이의 엄마가 얼마 전 뒷골목 임신중지 시술을 받다가 죽었다고 했다.

　　"그 사람들 이야기를 들으니 전에는 통계 수치로만 접하던 일이 개개인의 일로 다가오더군요." 배를 대여하고 컨테이너를 개조해 배 내부에 선상 임신중지 진료소를 차릴 자금을 모으기 시작한 이유를 홈퍼르츠는 이렇게 설명했다. 홈퍼르츠는 네덜란드의 유명 예술가 윱 판리스하우트Joep van Lieshout를 포함한 미술 대학 친구들에게 연락해 진료소 디자인과 구현에 도움을 받았다.

2001년 홈퍼르츠가 계획한 아일랜드행 첫 항해가 시작되기 직전, 네덜란드 교통부가 배의 진료소를 걸고 넘어지며 항해 허가를 취소하겠다고 으름장을 놨다. 네덜란드에서 임신중지는 합법이지만 진료소가 일정 기준을 충족해야 했다. 홈퍼르츠는 이 진료소가 배의 선실이 아니라 'A-포터블'이라는 제목의 예술 작품임을 밝힌 증명서를 네덜란드 당국에 팩스로 보냈다. 그러니 해사 규칙을 준수할 필요가 없다는 것이 홈퍼르츠의 주장이었다. 배는 항해 허가를 받았고 그후 판리스하우트는 베네치아 비엔날레에 전시를 열어 자신이 만든 진료소의 설계도와 모형을 선보였다.

홈퍼르츠는 원래 배에서 수술적 임신중지를 시행할 계획이었으나 허가 획득과 자원 조달의 벽을 넘지 못했다. 그래서 유산을 유도하는 알약을 주는 약물적 임신중지를 고수하고 있다. 비슷한 구상을 한 다른 이들도 있었으나 다들 계획 단계 이상으로 나아가지는 못했다. 이스라엘인 사업가 나마 모런Na'ama Moran 역시 그런 이들 중 한 명으로, 미국 해안에서 21킬로미터 떨어진 곳에 배를 정박해두고 미국 형법이나 의사 면허 규제의 영향권 밖에서 낮은 가격에 의료 서비스를 제공하는 회사를 출범하려 수년간 시도했다. 비록 모런은 착수에 필요한 자본금을 마련하지 못했지만, 이런 활동에 대한 수요는 실제로 존재한다. 매년 100만 명이 넘는 미국인이 얼굴 주름 제거 성형술과 엉덩관절 치환 수술, 판막 수술, 지방 흡인술 등의 비용을 아껴보려고 멕시코와 남아프리카공화국, 태국 등의 나라로 간다.

항구로 돌아오는 애들레이드호에서 나는 갑판 아래에 있던 홈퍼르츠 곁으로 갔다. 돈 있는 여성이 임신중지 시술을 원하면 비행기를 타고 그 수술이 합법인 나라로 가면 되지만 그건 대부분의 여성에게는 불가능한 선택지라고 홈퍼르츠는 말했다. 아일랜드 출신 자원봉사자 이머 스파크스Eimear Sparks가 대화에 끼어들었다. "그 여자들을 오스트리아로 데려갈 수는 없어도 오스트리아 한 조각을 여자들에게 가져다줄 수는 있죠."

홈퍼르츠는 최근 몇 년 사이 메일과 전화로 받은 고민 상담 내용을 들려줬다. 모로코에 있는 한 여성은 표백제를 마셔 임신을 종료할까 생각 중이라고 글로 알려왔다. 아프가니스탄에서 복무하다 강간을 당한 미국 군인은 기지 안이나 근처에서는 임신중지 시술을 받을 수가 없다고 했다. 교제 폭력에 시달리고 있는 영국인 여성은 자신이 임신했다는 사실이나 임신중지 시술을 받으려 한다는 사실이 남자친구 귀에 들어가면 남자친구에게 또 맞게 될 거라고 말했다.

나는 홈퍼르츠에게 자신이 무법자라 생각하냐고 물었다. 나는 홈퍼르츠가 약간의 조건을 단 긍정의 답을 주리라 기대해 마지않았다. 정의를 논하는 두 제도가 교차하며 법에 따르는 행위가 언제나 정의로운 행위인 것은 아니라는 주장이 설득력 있게 제시되는 『앵무새 죽이기』 후반의 현관 장면과 비슷한 설명이 나올 줄 알았다. 홈퍼르츠의 답은 그렇지 않았다. "우리는 법을 어기는 게 아니라 우리한테 유리하게 활용하는 거예요." 자기 스스로는 예술가라 생각한다는 말이 더해졌다. 법의 허점을 찾는 것도 기교이며 환자의 사생활을 보호하는 동시에 대중적 논란을 촉발하는 것도 기교라고 했다. 한 가지는 확실했다. 파도위의여성들이 펼치는 활동에는 부인할 수 없는 연극적 성격이 있었다. 그리고 홈퍼르츠는 무대 위에서 편안하고 능숙했다.

파도위의여성들의 도발 중 특히 성공적이었던 활동은 홈퍼르츠가 포르투갈을 찾은 2004년에 펼쳐졌다. 이 단체는 포르투갈 해안에 가려다가 전함 두 대를 보내 항구를 봉쇄한 정부에 저지당했다. 그후 매체를 통해 사건의 불길이 폭풍처럼 번지자 홈퍼르츠는 포르투갈 방송에 초청받아 파도위의여성들을 옹호할 기회를 얻었다. 홈퍼르츠는 자기 단체의 정당성을 피력하는 대신 미소 알약으로 임신을 종료하는 방법을 설명하는 데 방송 시간을 썼다. 포르투갈에서 임신중지는 불법이지만 미소는 현지 약국에서 구할 수 있다는 사실을 그 나라의 수십만 시청자에게 대담하게 알린 것이다. 홈퍼르츠의 인터뷰는 국민투표와 2007년 포르투갈의 임신중지 합법화라는 결과를 낳은 촉매로 널리 인정되었다.

"정말 많은 지역에서 여성들은 이런 알약이 존재하며 구하기도 쉽다는 사실을 알지도 못해요." 포르투갈 방송에서 보인 과감한 행동에 관해 묻자 홈퍼르츠는 이렇게 말했다. 세계보건기구에 따르면 세계적으로 1년에 2,000만 명 이상의 여성이 '안전하지 않은' 임신중지 시술을 받고 그 결과 해마다 약 4만 7,000명이 사망한다고 한다.

먼바다로 나간 첫 비밀 항해를 마치고 익스타파에 머문 둘째 날부터 홈퍼르츠는 포르투갈에서 언론을 다뤘던 재주를 고스란히 발휘해 사회를 휘젓기 시작했다. 오늘날 인구가 4만 5,000명가량 되는 풍광이 빼어난 도시 익스타파는 1970년대 후반부터 인기 관광지로 부상했다. 필요한 것을 내부에 다 갖춰둔 호화 리조트들이 즐비한 이 도시는 조직이나 마약과 얽힌 살인 및 납치로 악명이 높아 멕시코에서 위험하기로 손꼽히는 게레로주의 태평양 연안에 있다. 만연한 납치 사건에 대응하려고 멕시코 정부에서 파견한 사복 또는 제복 차림의 경찰들이 온 도시에 바글댔다.[3]

홈퍼르츠는 정박지와 멀지 않은 호텔에서 기자회견을 열어 파도위의여성들이 전날 임신중지 시술을 위해 여성들을 공해로 데려갔으며 같은 일을 다음 날에도 할 것이라고 발표했다. "이건 사회 정의의 문제입니다." 홈퍼르츠는 그 자리에 모인 50명쯤 되는 기자와 여성운동가에게 말했다.

기자회견 후 나는 주 정부 보건 관계자에게 전화를 걸어 파도위의여성들에 관한 의견을 물었다. 답변은 이랬다. "합법적으로 활동한다고는 생각하지 않습니다만, 세부사항은 아직 파악하는 중이에요."

한 시간 후 홈퍼르츠는 멕시코 당국의 연락을 받았다. 먼저 항만 공무원이 악천후를 이유로 들며 홈퍼르츠 배의 출항을 승인할 수 없다고 했다. 홈퍼르츠는 더 작은 배도 출항 허가를 받았다고 지적했다. 공무원은 꼬리를 내렸다. 이어서 홈퍼르츠의 팀원들이 해상 조업 목적이 아니라 관광 목적이라는 거짓 사유로 입국했다며 이민국이 문제를 제기했다. 홈퍼르츠는 비자를 제시해 팀원들의 신원 확인이 올바르게 이뤄졌음을 증명했다. 그 다음에는 여객 운송 허가를 제대로 받았냐는 정부의 추궁이 이어졌다. 홈퍼르츠는 선박이 요트로 분류되어 있어 그런 규제에서 면제된다는 것을 확인해줬다. 막판에는 홈퍼르츠가 멕시코에서 추방될 가능성마저 보였다. 홈퍼르츠의 변호인단은 멕시코 판사에게 요청해 홈퍼르츠의 체류권을 보장하는 판결을 받아냈다.

바다 위에서 벌어지는 일에 관해 어떤 법이 다른 법보다 더 공격적으로 집행되는 것은 분명했다. 취재 과정에서 최저 임금제나 노동 시간 제한, 어획 할당제 단속에 적극적으로 나서는 정부를 보는 일은 훨씬 드물었다. 내가 다른 곳에서 본 것처럼 해양보호구역에서 어획하는 선장이나 노예 노동을 용인하는 기업과 달리 홈퍼르츠는 법을 어기는 것이 아니라 그 허점을 이용하고 있었다. 그 행위를 공공연하게 벌인다는 사실과 홈퍼르츠가 여자라는 사실 그리고 외국인이라는 사실이 모두 정부의 반응에 영향을 미치는 것 같았다. 미뇨넷호 사건과 마찬가지로 이 반응은 법보다 정치와 훨씬 더 관련이 깊었다.

그날의 마지막일 것으로 보이는 행정적 장애물을 처리한 뒤 홈퍼르츠가 선원들을 불렀다. "서두릅시다. 정부가 내세울 다른 방해물을 찾아내기 전에 가야 해요." 파도위의여성들은 다른 여성 두 명을 더 데리고 공해로 두 번째 모험을 떠날 애들레이드호를 향해 발길을 재촉했다. 키를 잡은 비어든은 휴대전화로 몇 가지 항해용 해도를 확인했다. 이어서 스로틀을 앞으로 밀고, 이번에는 조심스레 잔교를 피해 갔다.

6장
창살 없는 감옥

말하건대 바다만큼 한 인간을 모질게 무너뜨리는 것은 없다.
그 인간이 아무리 강인하다 해도.

―호메로스, 『오뒷세이아』

바다 위의 삶은 더할 나위 없는 자유의 표현으로, 육지에 매인 생활을 벗어나는 탈출이자 탐험과 쇄신의 기회로 오랜 세월 낭만화되었다. 이런 서사는 새로운 땅을 찾아 나선 대담한 모험담부터 시작해 수세기 동안 우리의 DNA에 깊이 박혀 있었다. 오늘날 크루즈 산업의 당혹스러운 모순도 여기서 생긴다. 물 위의 거대 호텔에 올라 미리 정해진 정류장에 들러 자질구레한 현지 물건을 사는 것으로 예측 가능한 일상에서 한숨 돌리게 되리라는 관념을 여기저기에 파는 그 업계 말이다. '바다에서'라는 간단한 어절마저 가능성과 힘의 노래를 내포한 것처럼 보인다.

내가 이 서사와 정면으로 상충하는 듯한 이야기를 계속 발굴한 것은 기조에 어긋나는 일이었다. 이 이야기에서는 바다가 누군가에게는 해방의 공간이지만 다른 누군가에게는 감금의 공간임이 드러났다. 그래서 나는 사람들이 바다에 사로잡히는 다양한 방식을 탐구해보고자 길을 나섰다. 가두는 쪽은 누구이며 이들을 갇힌 쪽과 구분하기 어려워지는 때는 언제인가? 바다는 다양한 형태의 속박에 어떤 식으로 힘을 빌려주며 또 어떤 식으로 직접 인간을 옭아매는가? 이런 구속이 신체뿐 아니라 정신까지 벌하는 방식 역시 이해하고 싶었다. 먼바다를 탐험하는 동안 내게는 선택지가 있다는 사실이 통렬하게 와닿았다. 내가 조만간 육지로 돌아가리라는 것을 나는 언제나 알고 있었다. 그러나 억류되었거나 좌초한 이들에게 바다란 창살 없는 광활한 감옥이었다.

그렇게 찾은 이야기 중 유독 뇌리에 남았던 여러 사연에는 항해 중 알게 된 새로운 표현 '표류당하다'가 등장했다. 배가 바다를 건너다닌 오랜 세월 동안 몰래 승선하려는 사람(대부분은 사정이 절박한 사람들이었고 때로는 위험한 이들이기도 했다)은 꾸준히 있었으며 이런 밀항자 사이에는 배에서 적발되었을 때 겪게 될 수 있는 일을 가리키는 용어가 존재했다. '표류당하다'는 초대하지 않은 손님을 발견한 선원이 바다 한복판에 밀항자를 띄워놓고 죽어가도록 방치할 때 밀항자에게 닥치는 특히나 암담한 운명을 일컫는다.

수세기에 걸쳐 셀 수 없이 많은 밀항자와 폭도, 해적이 배 밖으로 뻗은 판자를 밟았다. 21세기 첫 10년의 후반에는 테러의 공포 속에 유럽과 미국의 이민법이 엄격해지면서 공식 선원 명부와 여객 명부에 이름이 오르지 않은 사람을 태우고 들어오는 배는 한층 무거운 처벌을 받게 되었다. 국가는 밀항자를 처리할 책임을 정부 이민국의 손에서 해운업체와 보험업자의 손으로 넘겼다. 이로써 새로운 부담을 떠안은 선주는 그 부담을 선장과 선원에게 차례로 떠넘겼다. 항해 중 배 안에서 밀항자가 발견되면 선원은 종종 "문제를 치워버리라"는 지시를 받았다. 표류시키기는 하나

의 해결책이었다.[1]

데이비드 조지 음은돌와David George Mndolwa와 그의 친구 족탄 프랜시스 코벨로Jocktan Francis Kobelo는 2011년 5월 케이프타운에 있던 110미터 길이 화물선에 몰래 올라탔다. 그리스인 소유의 도나리베르타Dona Liberta라는 냉동선이었다. 두 사람은 바닥이 빨간 배가 야간 경비 없이 부둣가에서 대기 중인데 그 배가 곧 영국으로 출발할 거라는 한 갑판원의 말을 항구에서 주워들었다. 케이프타운 항구를 따라 늘어선 판잣집에 사는 수많은 탄자니아인과 마찬가지로 이들 역시 밀항을 더 나은 삶을 위한 도전으로 생각했다. 아프리카를 탈출해 어디로든 가고 싶었다.

여권과 빵 한 덩이, 비닐봉지에 넣은 오렌지 주스를 챙긴 두 사람은 그날 밤 계류 밧줄을 타고 기관실로 내려가 바닥 그레이팅 밑으로 기어들어 조용히 자리를 잡았다. 엔진 유수가 섞여 기름 낀 물이 가슴께까지 차오른 곳에서 이들은 잠과 싸우며 몸을 웅크리고 있었다. 그러나 은신처는 점점 더 견디기 힘든 곳이 되어갔다. 터빈이 돌면서 배가 케이프타운에서 출항하자 절그럭대는 엔진 소리가 끝도 없이 이어지며 두 사람의 귓전을 때렸고 연기가 머리를 어지럽게 했다. 음은돌와는 열기가 "우리 숨을 앗아갔다"라고 했다. 챙겨 온 음식은 이틀 만에 동났다. 두 사람은 바닥에서 나와 갑판까지 미로처럼 이어진 아래층을 몰래 돌아다녔고 그 안에 실려 있던 구명정에서 크래커와 병에 담긴 생수를 찾아냈다. 그렇게 구명정에 숨어 며칠을 더 보냈다.

아흐레가 지났을 때, 굶주리고 낙담한 두 사람은 숨어 있던 곳에서 다시 빠져나와 이번에는 선원들 앞에 모습을 드러냈다. 선장은 노발대발해 음은돌와와 코벨로를 방에 가둬버렸다. 밀항자가 나오면 다음 항구에 도착할 때까지 선실에 붙잡아두기만 하는 배도 있었다. 그러나 도나리베르타호의 방식은 그렇지 않았다. 이 배의 선원들은 빈 기름 드럼통과 나무 상판으로 얼기설기 뗏목을 엮었다. 선원 한 명이 칼을 들고 밀항자들을 끌어내 갑판에 올라서게 했다. 파도 위에서 출렁이는 뗏목 쪽으로 밧줄이 늘어져 있었다. 선원들은 음은돌와와 코벨로에게 난간을 넘어가라고 명령했다. "내려가!" 칼을 든 남자가 외쳤다. "가라고!"

기름으로 번들대는 뗏목에 올라탄 탓에, 수영하는 법을 몰랐던 이 탄자니아인들은 그대로 바다에 미끄러질 뻔했다. 파도가 거의 2미터에 가까운 높이로 일었다. 선원들이 밧줄을 끊어 뗏목을 떨어내자 뗏목은 순식간에 물살에 휩쓸렸다. 도나리베르타호는 멀리서 차차 작아져가다가 수평선 아래로 꼬빡 넘어갔다.

음은돌와와 코벨로는 뗏목 위에서 부유하며 수평선 근처에서 먹구름이 뭉치는 것을 지켜봤다. 두 밀항자는 몸을 뗏목에 밧줄로 고정하고 다가오는 폭풍우를 기다렸다. 이내 6미터 높이의 너울이 일자 가로세로가 각각 2미터와 2.5미터 정도 되는 뗏목이 널을 뛰었다. 두 사람은 뗏목의 균형을 잡아 뒤집히는 것을 막아볼 요량으로 등을 대고 몸을 납작하게 펼쳤다. 녹슨 파랑

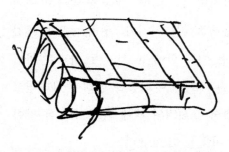

데이비드 조지 음은돌와가 그린 간이 뗏목. 음은돌와는 다른 밀항자 한 명과 함께 이 뗏목에 실려 바다로 유기되었다.

드럼통에서 삐져나온 보강근 조각을 쥐고 있느라 손이 다 쓸렸다. 음은돌와가 혼잣말을 했다. "이렇게 끝나는구나."

코벨로와 음은돌와의 경험이 이례적이기는 했으나, 안전 문제와 억류 비용을 이유로 들며 관할 해안에 밀항자가 하선하는 것을 허가해주지 않는 항만 당국이 늘고 있었다. 밀항자가 몇 년씩 배에 발이 묶이는 사례도 있었다.

2014년에는 기니 출신 밀항자 두 명이 몇몇 아프리카 국가에서 하선을 거부당한 뒤 프랑스 해안에서 강제로 또는 스스로 물에 뛰어들었다는 소식이 언론과 인권운동가를 통해 전해졌다. 그 중 한 명은 익사했다. 이 일이 일어나기 2년 전에는 한 선원이 아프리카 출신 밀항자 네 명을 지중해에 빠뜨렸다(밀항자들은 해안까지 헤엄쳐 와 전원 생존했다). 밀항자를 데리고 입항한 선장이나 보험업자에게 부과되는 벌금은 밀항자 한 명당 5만 달러에 이른다.[2] 화물 도착까지 지연되면 벌금은 보통 배로 늘어났다.

해마다 1,000명이 넘는 밀항자가 배에 숨어 있다가 적발된다. 북아프리카와 중동에서 필사적으로 도망쳐나와 배로 지중해를 건너는 해상 이주민은 수십만 명쯤 더 있다. 이런 횡단을 감행하는 사람들에게 이만큼 위험한 경로도 별로 없다. 인터뷰에서 밀항자 대여섯 명은 본인들의 경험을 며칠, 몇 주 또는 몇 달씩 자동차 트렁크에 숨어 혹독하기 짝이 없는 지대를 가로질러 알 수 없는 장소로 향하는 여정에 비유했다. 온도는 극한으로 치닫는다. 음식이나 물은 얼마를 가져와도 넉넉하지 않다. 행여 배에서 뛰어내려 여정 중간에 발을 빼려 들면 남아프리카공화국 더반에서 만난 밀항 경험자의 말처럼 "땅이 당신을 통째로 집어삼킨"다.

몇몇 밀항자는 배에 타기 위해 항만 노동자나 갑판 청소부 행세를 했다. 어떤 이들은 선미 아래로 헤엄쳐 가 선체와 키가 만나는 공간을 비집고 들어갔다. 발판과 갈고리를 달아 선측을 타고 오르는 데 쓰는 대나무 장대인 '밀항용 막대기'를 가져오는 사람이 많았다. 때로는 정박 중인 배에 연료와 식량을 전달하는 보급선에도 초대하지 않은 승객이 실려 있었다. 배에 잠입한 후 선체나 선적 컨테이너, 인양기 운전실, 공구실에 숨어 있던 사람들이었다.

새 삶을 향한 공짜 표를 얻었다고 생각했을지도 모르겠다. 하지만 처음에는 안전해 보였을 은밀하고 구석진 장소도 일단 항해가 시작되면 대개 목숨을 위협하는 곳으로 변했다. 냉장 어창은 사람이 있을 수 없는 환경이 되었고 배기관은 달궈졌으며 선적 컨테이너는 밀봉되어 훈증 소독이 가해졌다. 해상 소식지와 운송보험 보고서가 희생자들의 섬뜩한 이야기를 전했다. "닻줄 보관고 내부에서 몸이 으스러진 채", "벙커유 연기에 질식", "회수된 닻 아래에서 발견" 등의 표현으로 말이다. 그러나 죽음은 느리게 다가오는 경우가 훨씬 많았다. 뱃멀미로 인한 구토가 탈수로 이어졌다. 탈진이나 기아로 의식을 잃었다.[3]

마침내 폭풍우가 닥쳤고 음은돌와와 코벨로는 그날 밤 내내 죽을 고비를 견뎌야 했다. 칠흑처럼 검었던 여덟 시간 동안 두 남자는 계속해서 몸을 쓸어내리는 파도 탓에 입을 꾹 다물고 거세게 내리꽂히는 비를 올려다보았다. 눈을 감으면 멀미가 더 심해졌기에 실눈이라도 뜨고 있었다. 물 위에서 맞는 폭풍은 위아래로 두들겨대는 바닷물 탓에 한층 더 가혹했다. 음은돌와는 지진과 허리케인을 동시에 겪는 것 같았다고 말했다.

다음 날 아침이 되자 푸른 하늘이 화사하게 밝아왔다. 두 사람은 몸을 묶었던 밧줄을 풀고 축구와 가족 이야기를 하며 시간을 보냈다. 뗏목을 붙들고 버티려니 한시도 힘을 풀 수가 없었다. 식량과 물 없이 차가운 물보라를 맞아 기력이 다 빠졌다. 바람이 심한 봄날이었다. 해질녘이 되자 기온이 떨어지며 공포가 엄습해왔다. "말도 다 말라붙더군요." 음은돌와의 말이다. 음은돌와는 처음에는 머릿속으로, 나중에는 소리를 내어 주기도문을 외웠다. 같이 주기도문을 읊던 코벨로는 기침과 함께 피를 토하기 시작했다.

두 사람에게는 평생에 한 번 있을까 말까 한 행운으로, 얼마 있지 않아 수평선 위 조그마한 점의 형태로 희망이 나타났다. 시끄러운 선외기를 단 3미터 길이의 목조선이 이내 탄자니아인들 곁에 배를 댔다. "왜 거기 있어요?" 어선원이 영어로 외치며 뗏목을 향해 밧줄을 던졌다. 음은돌와가 대답했다. "모르겠어요."

어선은 한나절 후 라이베리아의 항구 도시 뷰캐넌 외곽에서 몇 킬로미터 떨어진 항구에 표류당한 밀항자들을 내려줬고, 라이베리아 이민국은 이들을 미등록자로 파악해 억류했다. "왜 우리는 감옥에 가두고 선원들은 그냥 둬요?" 음은돌와는 자신이 이민국 직원에게 이렇게 물었던 것을 훗날까지 기억했다. 도나리베르타호 선원들에게 왜 책임을 묻지 않냐고 말한 것이었다. 직원의 대답은 이랬다. "우리는 육상에서 발생한 범죄를 다루지 해상 범죄는 취급하지 않습니다." 코벨로는 객혈이 점점 심해져 뭍에 도착한 지 엿새 만에 숨을 거뒀다. 나이는 스물여섯이었다.

도나리베르타호는 음은돌와와 코벨로를 표류시키고 약 1개월 정도 지났을 무렵인 2011년 6월 영국 서남쪽 끄트머리에 있는 트루로항에 도착했다. 라이베리아 관계자의 연락을 받은 듯한 영국 경찰이 배에 올라 선장과 면담했다. 항만 관계자에 따르면 수사는 그후 증거 부족으로 종결되었다.

나는 트루로항의 항장인 마크 킬링백Mark Killingback 선장에게 연락해 그 밀항자들 이야기를 물었다. 그는 비바람에 상한 외관에서 도나리베르타호가 험한 일을 당한 것을 분명히 알 수 있었다고 했다. 그가 비꼬는 기색 없이 덧붙인 말은 사무실로 해당 선박을 억류해달라는 요청이 몇 건 들어왔으나 밀항자를 바다에 내던진 잔인한 처분과는 아무 관련도 없었다는 것이었다. 요청을 보낸 쪽은 외국 채권자로, 물에 띄운 투자물에 손실이 생길까 봐 배를 억류해달라고 한 것뿐이었다.

* * *

20년 전이었다면 이런 일은 가능하지 않았을 것이다. 워싱턴 D.C.에 앉아 있는 기자가 이름도 소재도 모르는 상대를, 남아프리카공화국 판자촌에 사는 사람을 추적할 수는 없었을 것이다. 3개월의 시간이 들어갔고 행운이 적잖이 따라준 것도 맞지만, 스마트폰과 디지털 기록, 왓츠앱과 페이스북 같은 소셜미디어가 전 세계를 상호 연결해준 덕에 나는 음은돌와를 찾아내 그에게 연락을 취할 수 있었다.

밀항자의 이름은 정확히 몰랐지만 한 명이 고초를 겪다 사망했다는 사실을 알고 있던 UN 직원이 음은돌와의 이야기를 내게 처음으로 들려줬다. 나는 라이베리아인 친구에게 도움을 청했고,

친구는 라이베리아의 수도인 몬로비아에 거주하며 현지 경찰을 사귀고 있는 사촌과 나를 이메일로 연결해줬다. 그 경찰은 유용한 정보에 접근할 수 있는 전직 항만 관계자를 페이스북 메신저로 비밀리에 소개해줬다.

돈은 전혀 오가지 않았다. 수많은 전화 통화와 문자메시지, 진심 어린 부탁이 전부였다. 나는 매번 이렇게 말했다. "그쪽이 저를 꼭 도와야 할 이유는 없고, 저는 정보를 얻는 대가로 돈을 주는 것이 금지되어 있어요. 하지만 당신은 저와 뜻이 같다고 들었고, 이런 사건은 대중이 알아야만 합니다."

당시 해안으로 쓸려온 두 밀항자에게 어떤 일이 있었는지 기술된 사고 보고서를 이 항만 관계자가 구해주기로 하면서 큰 진전이 생겼다. 내용은 드문드문해도 보고서에는 코벨로의 이름 전체가 나왔고, 그 정보를 쥔 나는 웬만해서는 온라인에 게재되지 않는 현지 매체를 조사하는 일과 코벨로의 유가족을 수소문하는 데 도움을 받을 수 있을지 인권 단체에 문의하는 일을 맡아줄 몬로비아 현지 기자를 섭외했다.

일주일이 채 지나지 않아 우리는 탄자니아에 거주하는 코벨로의 형을 찾아냈다. 37세인 마이클Michael이었다. 나는 마이클과 통화했고, 이어서 다른 현지 기자를 섭외해 마이클을 직접 만나 전화를 연결해달라고 요청했다. 다르에스살람(탄자니아의 항구 도시—옮긴이)의 단칸방 집에 앉은 마이클은 동생이 밀항으로 법을 어긴 사실은 인정했다. 그러나 목숨까지 잃어야 할 일은 아니었다고 했다. 이런 말이 이어졌다. "우리 탄자니아에서도 도둑을 잡으면 때리지 말라고 해요. 바다로 던지는 건 말도 안 되죠." 그는 음은돌와를 찾는 것을 도와달라는 나의 부탁을 받아들였다.

음은돌와는 케이프타운항 근처에서 집 없이 노숙하고 있었다. 하루 벌어 하루 사는 형편이었지만 선불 스마트폰은 갖고 있었다. 도시에서 무료 인터넷을 이용할 수 있는 장소도 알고 있어 하루에 몇 번은 인터넷에 접속했다. 코벨로의 형이 페이스북 메신저로 우리를 연결해줬다. 그후 몇 달 동안 나는 음은돌와와 거의 매일 통화를 하거나 메시지를 주고받았다. 음은돌와는 스와힐리어를 쓰며 자랐기에 영어를 완벽하게 구사하지는 못했다. 단어를 소리 나는 대로 쓸 때가 많아 그가 하려는 말이 무엇인지를 알려면 종종 메시지를 소리 내어 읽어야 했다.

음은돌와가 2011년 도나리베르타호에서 그 일을 겪은 뒤 라이베리아 이민국은 음은돌와를 미등록 이민자로 보고 5개월간 구금했다. 음은돌와는 이후 탄자니아로 송환되어 결국 케이프타운항 근처의 판자촌으로 돌려보내졌다.

도나리베르타호를 타고 밀항한 이유를 묻자 음은돌와는 간단한 답을 들려줬다. "새 삶을 원했거든요." 음은돌와의 말에 의하면 코벨로는 세 차례의 밀항 경험이 있었다. 각각 싱가포르와 앙골라, 세네갈로 가는 배를 타고였다. 싱가포르로 간 코벨로는 1년 동안 작은 건선거(dry dock, 선박을 수리하거나 청소할 때 배를 넣을 수 있도록 만든 구축물—옮긴이)에서 야간 경비와 소방관으로 일하기도 했다. 그러나 각 나라의 이민 당국은 결국 코벨로를 적발해 탄자니아로 송환했다.

음은돌와는 케이프타운에서 근근이 살아가는 생활이 어떤 것인지 설명했다. 남아프리카공화국의 테이블만 인근 보도를 어슬

데이비드 조지 음은돌와.

렁거리며 낮에는 모조 시계와 축구 저지를 팔고 밤에는 다리 아래에 지붕만 겨우 얹어놓은 공간에서 잠을 청한다고 했다. 읽고 쓰는 것도 겨우 하고 그 일이 있기 전에는 아프리카를 떠나본 적이 없었던 음은돌와에게 코벨로가 묘사한 싱가포르 생활은, 언제든 병원에 가고 식당에서 밥을 먹으며 자기를 쫓아내는 경찰을 마주칠 일 없이 해변을 거니는 그 생활은 케이프타운 생활보다 훨씬 좋게 들렸다.

몇 달 동안 음은돌와와 통화하고 메시지를 주고받은 끝에 나는 케이프타운으로 영상 제작자 두 명을 보내도 좋다는 승낙을 받았다. 영상 제작자 에드 오Ed Ou와 벤 솔로몬Ben Solomon이 음은돌와를 비롯해 항구 근처에 모여 사는 밀항자들과 시간을 보내게 하는 것이 내 목적이었다. 2014년 12월 케이프타운으로 간 오와 솔로몬은 크리스마스와 새해 연휴를 포함한 몇 주 동안 밀항자들을 따라다니며 그들의 일상을 영상과 사진에 담았다.

당시 음은돌와는 흙과 자갈 위에 쓰레기와 배설물이 널려 있는 항구 비탈에서 지내고 있었다. 지푸라기와 나뭇가지로 엮어 세워둔 지붕 안쪽 바닥에 때 묻은 담요가 놓여 있었는데 그곳이 음은돌와의 잠자리였다. 담요 위로는 당첨되지 않은 복권 수십 장이 모빌처럼 걸려 대롱거렸다.

음은돌와는 생계를 꾸려보고자 근처 신호등 앞에서 대기하는 운전자들에게 껌과 머리끈을 팔았다. 생활이 그토록 불안정하다는 얘기를 들으니, 그가 밀항에 뛰어드는 위험을 기꺼이 감수한 이유를 헤아릴 수 있었다. 음은돌와는 가능한 한 빨리 그 일을 다시 시도할 거라고 했다. "배가 내 인생을 바꿔줄 거라고 믿거든요. 정말 그렇게 믿고 있어요."

음은돌와가 지내는 구역은 위험했다. 에드 오는 어느 날 오후 밀항자 몇 명을 만나러 혼자 길을 가다가 강도를 당했다. 그를 공격한 무리는 주먹질과 발길질을 퍼붓고(오는 한쪽 눈과 갈비뼈에 멍이 들었다) 수천 달러씩 하는 영상 장비를 챙겨 황급히 달아났다. 음은돌와나 다른 밀항자가 연루된 일인지 아니면 단순히 그 구역 불량배의 소행인지는 불분명했다.⁴

나는 페이스북으로 음은돌와와 계속 연락했다. 2015년 《뉴욕 타임스》에 그에 관한 기사가 실린 후 2년 동안, 음은돌와는 세 번 더 밀항했다. 케이프타운을 떠나 두 번은 세네갈에, 한 번은 마다가스카르에 이르렀다. 음은돌와가 말하기를 매번 선장이 배에 탄 자신을 찾아냈고, 선주는 배에서 내리는 대가로 1,000달러를 줬다고 한다. 그만한 돈이면 반 년은 생활을 유지할 수 있다는 말이 더해졌다. 음은돌와는 번번이 케이프타운항을 따라 이어진 판자촌의 빈곤한 삶으로 돌아와 다시 출발할 날을 기다렸다.

첫 시도 때 죽을 뻔했으면서도 계속 그 일을 반복하는 음은돌와의 모습이 내게는 당혹스러웠다. 그러나 음은돌와는 밀항으로 죽음이라는 결말을 맞을 수도 있는 것은 맞지만 지금보다 나은 곳에 도착하거나 집으로 이송되는 대가로 1,000달러를 벌 수도 있지 않냐고 말했다. 음은돌와가 보기에는 도전해볼 만한 확률이었다.

* * *

수세기 동안 음은돌와 같은 밀항자는 가둔 자와 갇힌 자의 역할을 역전시키며 선박 운영주를 괴롭힌 악몽이었다. 페터 라비츠Peter Rabitz는 21세기 초부터 독일 브레멘에서 유니콘Unicon이라는 회사를 운영하고 있는데, 해운업체와 보험업자를 대신해 밀항자의 본국 송환 절차를 처리하는 것이 그 회사의 일이다. 라비츠는 2015년 덴마크 탱커선에서 발견된 열여섯 살짜리 기니 출신 밀항자의 사례를 들려줬다. 이 밀항자는 배에서 내리는 것을 거부하며 이름이나 출신 국가를 밝히지 않았다. 어디로 보내야 할지 알 수가 없으니 해운 회사 측에서도 밀항자를 강제로 쫓아내기가 조심스러웠다. 이게 가두는 자와 갇힌 자의 역할이 뒤섞이는 사례라고 라비츠는 말했다. 밀항자가 붙들려 있는 동시에 그 배를 인질로 잡는 것이다.

놀랍게도 이 기니 출신 밀항자는 배가 세계를 돌아다니며 대여섯 개 항을 지나는 동안 대부분 시간을 선실에 갇힌 채로 1년 반이나 배에 머물렀다. 그는 바다 생활이 지긋지긋해진 후에야 선장을 만나게 해달라고 요청했다. 선원이 밀항자를 선교로 안내했다. 밀항자는 선장에게 제 이름을 알리며 이제 그만 고향으로 돌아가고 싶다고 말했다. 여태 여권을 매트리스 밑에 숨겨뒀다는 것도 털어놓았다.

이상야릇했지만 나로서는 어쩐지 믿게 되는 이야기였다. 뱃사람이 보이는 독불장군식 태도를 조금씩 알아가던 중이라 그랬는지 아니면 바다 위의 삶이 육지와 너무 유리되어 그랬는지 몰라도 밀항자와 선장이 고집을 피우며 구태여 몇 년씩 대치 상태를 이어갔다는 이야기가 허무맹랑하게 느껴지지 않았다. 노련한 뱃사람은 기다림의 명수다. 배로 움직일 때면 시간과 거리가 늘어지는 것이 한 가지 이유다.

나는 다수의 밀항자 사건을 담당했던 뉴욕의 해상법과 무역법 전문 변호사 에드워드 칼슨Edward Carlson에게 연락했다. 칼슨은 상대를 어떻게 다뤄야 할지 이리저리 고민해야만 하는 선장이나 해운 회사에게 밀항자는 기민하고 능숙한 적수라는 말을 했다.[5] 예컨대 선원에게 폭행을 당했다고 주장하면 배가 긴 수사로 항구에 묶이게 되고 그런 지연으로 수백만 달러의 비용 손실이 생길 수 있다는 사실을 아는 밀항자들이 많다는 것이었다. "엑손이나 모빌로 들어갈 2억 달러 상당의 원유를 실은 탱커선에다 예인선과 보급선, 부두 대리인까지 항구의 정유 현장 전체가 극도로 빠듯한 일정에 맞춰 물건을 하역하고 정박지를 비워주려고 대기하고 있는데 이 모든 과정을 지연시킬 수 있는 웬 열다섯 살짜리 꼬마가 나타나는 거죠."

라비츠의 설명에 따르면, 일부 밀항자는 여러 차례 붙잡힌 '단골 손님'이었다. 밀항자의 국적을 밝혀야 하니 라비츠가 꾸린 직원들이 구사하는 외국어는 각종 지역 아랍어와 아프리카어를 비롯해 여남은 개에 달했다. 라비츠는 보통 밀항자의 억양과 단어 선택, 외모적 특징을 보면 출신 국가를 알아낼 수 있다고 했다.

해운업체에서 의뢰를 받으면 라비츠의 회사 직원들은 비행기를 타고 해당 선박이 정박한 나라로 간다. 그리고 배에 올라 부드러운 태도로(라비츠는 위협은 절대 통하지 않는다고 강조했다) 망명 인정은 받지 못할 것이며 수용소 생활은 유쾌하지 않을 것이라고 밀항자를 설득하려 한다. 밀항자가 떠나는 데 동의하면 보통 비행기에 태워 밀항자의 본국으로 보낸다. 종종 비행기에 동승할 감시 요원 한두 명이 파견되기도 한다. 일부 밀항자는 돈을 주지 않으면 공공장소에서 옷을 벗거나 다른 식의 난동을 피우겠다며 을러대 마지막 극적 항변의 순간을 연출하기도 한다. 라비츠의 동료들은 그런 사태에 대비해 당장 쓸 수 있는 현금을 언제나 챙겨 다닌다고 했다. 한번은 밀항자 한 명을 비행기에 태우려고 설득하느라 회삿돈 1만 달러를 준 적도 있다고 했다. 그렇게 해도 밀항자를 몇 주씩 호텔에 재우고 감시하며 본국으로 돌아갈지 말지를 재차 협상하는 것에 비하면 고객사가 쓰는 돈이 훨씬 적게 드는 거라고 라비츠는 설명했다.

어쩌면 밀항의 시작에는 절망과 낭만이 섞여 있을지도 모른다. 어차피 어떤 식으로든 목적지로 갈 배니 좀 얻어 타도 누군가가 따로 비용이나 수고를 감당하지 않아도 되는 히치하이킹처럼 말이다. 그러나 현실은 훨씬 암담했다. 밀항이 대립으로 변하는 일은 꽤 빈번했고, 그러면 누군가는 이기고 누군가는 져 돈이나 목숨으로 값을 치렀다.

* * *

이곳저곳을 돌아다니며 바다에 억류된 사람들의 이야기를 모으다 보니, 사람이 바다로 나오는 데는 바다의 매력에 이끌려 오는 것과 자신의 의지와는 무관하게 끌려오는 것 두 갈래 길이 있음을 알게 되었다. 읍은돌와처럼 바다의 매력에 이끌린 이들은 보통 돈과 기회라는 가능성을 좇아 육지를 떠난다.

반면 아흐마드 아부 카탈라Ahmed Abu Khattala는 끌려온 쪽이었다. 2001년 9월 11일의 여파로 테러는 육지뿐 아니라 공해에서 이뤄지는 구금과 신문의 문제를 다루는 완전히 새로운 법학의 영역을 창조해냈다. 아부 카탈라 사건은 국가 안보가 걸린 종류의 사건이었다. 태국과 보르네오에서 만난 이주 갑판원들처럼 인신매매범에게 속은 것이 아니었다. 아부 카탈라는 미군에게 납치되어 바다로 빠르게 이송되었다. 이유는? 미국 대사 존 크리스토퍼 스티븐스J. Christopher Stevens와 다른 미국인 세 명의 목숨을 앗아간 2012년 9월 11일 리비아 벵가지 테러 공격의 주모자로 지목되었기 때문이다.

2014년 6월 14일 미 해군 네이비실에서 꾸린 소규모 팀과 최소 두 명의 FBI 요원이 아부 카탈라를 붙잡을 작정으로 고무 쾌속정을 타고 리비아 해안에 접근했다. 미 육군 특수부대 델타포스는 이미 인근 육상에 있었다. 팽팽한 긴장이 감도는 임무였다. 미군이 아부 카탈라 체포 계획을 세운 것은 1년도 더 된 일이었으나, 트리폴리의 인구 밀집 지역에서 테러리스트 체포 기습 작전을 벌이려던 비슷한 시기의 계획이 트위터에 공개되어 아부 카탈라 체포가 너무 위험한 일이 되면서 그때의 작전은 실행 직전에 중단되었다.

이번에 미군은 아부 카탈라를 벵가지 남부 해변에 있는 빌라로 유인했고, 아부 카탈라는 혼자서 군인들과 맞닥뜨렸다. 키 190센티미터에 몸무게 105킬로그램으로 체구가 건장했던 아부 카탈라는 미국인들과 싸워보려다가 경미한 부상을 입고 바닥에 눕혀졌다. 그후 특수부대는 공해에 정박하고 있던 210미터 길이의 상륙 수송 선거함 뉴욕New York호로 아부 카탈라를 신속히 이송했다.[6]

그후 닷새 동안 정보 기관과 법 집행 기관 관계자로 구성된 미군 내 전문 조직이 아부 카탈라를 신문했다. '고가치 억류자 신문 집단'이라고 불리는 이 조직은 계획 중이거나 과거 자행했던 공격에 관해 아는 것이 있는지 아부 카탈라에게 꼬치꼬치 캐물었다. 그때쯤 다른 FBI 요원 집단은 아부 카탈라에게 체포 사실을 알리고 미란다 원칙을 고지했다. 아부 카탈라는 즉각 변호인 선임을 요청했으나, 바다에 있었으니 올 수 있는 변호사는 없었다. FBI 요원의 아부 카탈라 신문은 7일간 더 이어졌다.

공해 위 뉴욕호에서 아부 카탈라가 구금과 신문을 당한 일로 미국이 테러 용의자를 다루는 방식에 새로운 의문이 제기되었다. 9·11 테러 후 이어진 10년 동안 구금자는 대개 변칙 인도라고 하는 프로그램에 따라 루마니아와 폴란드, 이집트 같은 나라에 있는 비밀 감옥 '블랙 사이트'로 호송되었다. CIA는 종종 워터보딩(사람을 판에 눕혀 고정한 후 머리에 봉지를 씌워 물을 붓는 고문—옮긴이) 같은 고문 기법을 써가며 변호사 접촉을 제한한 채 구금자를 장기간 신문했다. 구금자는 쿠바 관타나모베이에 있는 미국의 구금 시설로 보내지기도 했다. 이런 관행은 버락 오바마 대통령의 당선과 함께 중단되었어야 했다. 오바마는 선거 운동 당시 고문과 용의자 인도에 종지부를 찍고 블랙 사이트와 관타나모베이의

시설을 폐쇄하겠다는 공약을 내걸었으니 말이다.[7]

원칙을 세우는 입장이기는 했지만 그러면 정보 기관에는 전에 없던 과제가 생겼다. 정보 기관은 테러 용의자를 어디로 이송할지 알아야 했다. CIA나 군대가 구금자를 미국으로 이송하면 구금자가 미국 땅에 도착하는 순간 형사 절차가 즉시 시작될 텐데 이는 그들에게 권리를 고지하고 변호사를 연결해주는 것을 의미했다. 한동안은 미국이 운용하는 아프가니스탄 내 감옥이 사용되었으나 이런 구금 시설은 얼마 지나지 않아 아프가니스탄 정부에 이양되었고, 아프가니스탄 정부는 외국인 용의자를 관리할 때 따라오는 법적·정치적 여진을 감당할 생각이 없었다.

전쟁 포로는 외부 감시자가 위치를 파악하고 사찰할 수 있도록 주소지가 고정된 육지에 억류해야 한다는 국제 협약 규정이 있다. 구금자를 항공기로 옮기면 구금자가 목적지로 신속하게 이송되리라는 기대를 충분히 할 수 있었다. 반면 배를 이용하면 이동하는 데 몇 주 또는 몇 개월이 걸렸다.

공해에서는 구금과 신문의 적법성이 흐릿하다. 미국 군함은 당연히 미국 국기를 게양하며 따라서 미국법의 관할권에 속한다. 이런 선박에 있는 구금자라면 미란다 원칙을 반드시 고지받을 것 같다.[8] 그러나 구금자가 미국에 붙잡혔다 해도 공해에 있다면 미란다 원칙에서 말하는 권리가 어느 정도까지 적용되는지 분명하지 않다.

연방법에 따르면 체포된 용의자는 해외에서 잡혔다 하더라도 적절한 기간 내에 치안판사에게 최초 심문을 받아야만 한다. 일반적으로는 48시간 이내를 의미한다. 연방 법원은 이 의무사항을 위반하더라도 처벌은 제한적일 것으로 정해졌으나, 구금자 이송이 지나치게 지연되었다고 보는 몇 가지 사례도 제시했다. 한 판사는 "체포를 정당화할 추가 증거를 수집하려는 목적의 지연, 체포된 개인을 향한 악의에서 비롯된 지연, 지연 자체가 목적이었던 지연"이 과도한 기간에 해당한다고 요약했다. 2009년 대법원은 해상 구금에 해당하지는 않는 다른 사건에서도 5 대 4의 아슬아슬한 판결을 내리며 이런 시각을 거듭 드러냈다. 콜리 대 미국 사건(FBI 요원이 은행 강도 혐의로 콜리를 체포한 뒤 근처에 치안판사 사무실이 있었음에도 자백을 받아낼 심산으로 굳이 따로 신문했다—옮긴이)에서 데이비드 수터David Souter 대법관은 "신문을 위한 지연은 '불필요한 지연'의 전형"이라고 썼다.

아부 카탈라의 신문이 이뤄진 정황은 여기서 말하는 부당함에 해당했을 것이다. 그런데도 오바마 행정부는 구금자를 바닷길로 호송한 행위를 옹호했다. 법무부 측 변호사들은 공해로 구금자를 데려오는 것이 유럽이나 북아프리카 국가의 공항을 통해 해당 국가의 허가를 받아가며 호송하는 것보다 실용적이며 안전을 위해서도 필수적이라고 주장했다.

미국 지방법원에서 변론을 펼친 아부 카탈라의 변호인단은 그런 환경에서 신문하는 것은 법을 조롱하는 것이라고 주장했다. 정부가 공해를 이런 식으로 이용하는 것은 '잘 계획된 무법'과 다를 바 없다는 말이었다. 아부 카탈라가 바다에서 고문을 받으며 내놓은 증언은 채택을 보류해야 한다는 것이 이들의 주장이었다. 2017년 8월 연방 판사는 이들의 요청을 기각하고 아부 카탈라가 바다 위 구금 상태로 했던 진술을 법정에서 채택하겠다는 판결을

내렸다.[9]

바다에서 신문을 받은 테러 용의자는 아부 카탈라 전에도 있었다. 아부 아나스 알리비Abu Anas al-Libi는 1998년 케냐와 탄자니아 주재 미국 대사관 테러 공격의 주모자라는 혐의를 받아 2013년 샌안토니오San Antonio호에 억류되었다.[10] 2011년에는 소말리아 테러 집단 알샤밥의 군 지휘관 아흐마드 압둘카디르 와르사메Ahmed Abdulkadir Warsame가 아덴만에 있던 어선에서 체포되어 공해에 있는 해군에게 2개월간 구금되었다. 흔히 미국인 탈레반이라 불리는 존 워커 린드John Walker Lindh는 부시 행정부가 이 스무 살 먹은 캘리포니아 출신 청년에게 어떤 처분을 내릴지 결정하는 동안 2001년에는 강습상륙함 펠렐리우Peleliu호에, 2002년 1월 22일까지는 바탄Bataan호에 붙잡혀 있었다.[11]

당연하게도 이 테러 용의자들 중 내가 인터뷰할 수 있는 사람은 없었다. 대신 과거에 테러 용의자로 지목되어 관타나모베이 수용소에 갇혔던 적이 있는 만수르 아다이피Mansoor Adayfi와 연락이 닿았다. 아다이피는 그곳에 수감된 사람들의 사정을 잘 알았고 그 내용으로 글을 쓰기도 했기에 나는 공해를 취조 장소로 사용하는 것에 대해 그의 의견을 듣고 싶었다.

아다이피는 관타나모베이에 갇힌 아프가니스탄인 다수가 바다를 모르는 사람들이라고 설명했다. 이들에게 바다란 가공할 괴수였다. "그 아프가니스탄 사람들이 아는 건 바다가 어마어마한 양의 물로 사람을 죽이고 먹어치운다는 것뿐이었죠." 미국 취조관이 그 점을 활용한다는 말도 덧붙였다. 아다이피는 취조관이 했던 말을 기억했다. "여기 일이 끝나면 당신들을 바다로 끌고 가서 전부 던져버릴 거야." 취조관의 일이란 결국 구금자에게 공포를 주입해 그들에게서 정보를 뽑아내는 것이란 이유만 생각해도 믿음이 가는 일화였다.

바다는 단지 용의자를 붙잡아두기에 편리한 장소로만 그치지 않는다고 아다이피가 말했다. "용의자로부터 정보를 얻어내는 강력한 심리적 수단이기도 했어요." 관타나모의 구금자 대다수는 옥외 감옥에 수감되었는데 이 감옥과 물가의 간격이 몇백 미터밖에 되지 않았다. 감옥을 둘러싼 울타리가 방수포로 덮여 있어 구금자 중 바다를 온전히 볼 수 있는 사람은 아무도 없었다. 그래도 그들은 희끄무레하게 반짝이는 방수포 아래의 틈으로 이따금 밖을 훔쳐봤다. 바깥을 보고 싶은 구금자는 다른 수감자에게 간수가 오는지 망을 봐달라 부탁한 뒤 배를 깔고 엎드려 몰래 틈새를 엿봤다.

2014년 허리케인 접근에 대비해 며칠간 방수포를 걷었다. 냄새와 소리로만 접하던 바다는 구금자에게 두려움의 대상이었다. 그러다 마침내 눈으로 보게 된 바다는 경이로움의 원천이자 일종의 해방으로 변했고, 바다를 그림으로 그리려 한 구금자도 있었다고 아다이피는 말했다. 남아프리카공화국의 밀항자에게 그랬던 것처럼 바다의 실체와 거기에 깃든 상징은 테러 용의자에게 모순으로 다가왔다. 불법이자 상규의 범위를 벗어난 그곳은 더할 나위없는 자유인 동시에 그 무엇보다 두려운 감금을 의미했다.

* * *

취재를 하다 보면 제일 시급한 이야기를 눈앞에 두고도 보지 못하는 경우가 있다. 바다에 갇힌 사람들의 참모습을 가장 잘 보여주는 사례가 내 주변에 널려 있었는데, 나는 찾으려 애쓰기를 그만둔 뒤에야 비로소 그들을 발견했다. 해안에서 멀찍이 떨어진 곳에 정박한 파손 선박의 선원들을 마주친 것은 이미 여러 차례였다. 유기되고도 배를 떠날 수 없는 사람들이었다.

속사정은 대체로 비슷했다. 가진 자원을 한계치까지 끌어다 써서 자금난에 허덕이는 선주가 파산을 신청한다. 선주는 손해를 줄이려고 배를 포기하고, 그러면 보통 먼바다로 나갔거나 외국 항구에 정박한 배에 승선 중인 선원들은 그대로 발이 묶여버리고 만다. 선원들은 플라잉 더치맨(항구에 정박하지 못하고 영원히 바다를 표류하는 설화 속의 유령선—옮긴이)처럼 그저 이곳저곳을 배회하며 속수무책으로 기다릴 수밖에 없고, 이런 시간이 몇 년씩 이어지기도 한다. 대개 이들에게는 상륙에 필요한 입국 서류도, 집으로 돌아갈 수단도 없다. 이런 식으로 온 세계의 바다를 맴돌며 신체와 정신 모두가 야금야금 으스러지는 사람이 해마다 수천 명씩 있었다. 일부는 목숨을 잃었는데, 육지까지 헤엄쳐 가려다 그렇게 되는 것이 일반적이었다.[12]

다른 주제를 취재하는 중에도 풍파에 치인 사람들은 계속 나타났다. 그리스 아테네에서 바다의 압류원과 부패한 항만 관계자가 배를 빼돌리는 수법을 조사하던 중에는 소피아Sofia라는 배의 선원들을 만났다. 해안에서 8~10킬로미터쯤 떨어진 곳에 닻을 내린 아스팔트 운반선에 고립된 채 5개월째 급여를 받지 못한 절박한 처지의 필리핀인 10명이었다. 오만만에 있는 시폴원Seapol One이라는 해상 무기고는 민간 해상 경비원들이 파견 사이사이에 공해에서 대기하는 곳이었는데, 거기서는 경비원 대여섯 명에게 언젠가부터 고용주가 연락을 받지 않는다는 이야기를 들었다. 그들이 탄 배에서는 악취가 심해졌고 해충이 들끓었다. 한번은 그 경비원들이 상의를 걷어올리고 빈대에게 물린 자리가 감염되어 피부에 시뻘건 발진이 일어난 것을 보여주기도 했다.

하지만 선원 유기 문제를 내게 누구보다 확실히 가르쳐준 사람은 얽은 얼굴에 담청색 눈을 지닌 루마니아인 제오르제 크리스토프George Cristof였다. 경험 많은 뱃사람이었던 크리스토프는 2011년 6월 영국 트루로의 항구에서 110미터 길이의 도나리베르타호에 발을 디딘 순간 문제가 있다는 것을 알았다. 크리스토프가 승선한 시점은 도나리베르타호가 두 밀항자를 표류시키고 한 달이 지났을 때였다. 배가 트루로항에 다다르자 운영주는 기존 선원들을 얼른 집으로 돌려보내고 음은돌와와 코벨로에게 잔인한 유형을 내리는 데 가담한 바가 전혀 없는 사람들로 선원을 완전히 새로 꾸리려 했다.

송출 업체를 통해 고용된 크리스토프는 선원 전원이 출항 준비를 마친 상태로 대기하고 있으니 즉시 영국으로 오면 된다는 그리스 해운 회사의 간단한 연락을 받았다. 그러나 도착해서 본 것은 물자가 죄다 사라졌고 화물창이 비었으며 선원 대부분이 떠난 배였다. 도나리베르타호에는 조타실 천장 조명을 밝힐 연료조차 빠듯해 5,600마력 엔진을 구동하는 것은 엄두도 낼 수 없었다. 트루로항 인근 육지에서 몇 킬로미터 떨어진 영국 연안에 닻을 내린 도나리베르타호는 어디로도 갈 수 없었다. 크리스토프는 집으로 돌아갈 항공권이 없었던 탓에 그곳에 머물면서 언젠가 일이

제오르제 크리스토프(오른쪽)와 플로린 라두칸(왼쪽)은 2011년 도나리베르타호에 선원으로 고용되었다. 두 사람은 영국 항구에 유기되어 열악한 환경에 발이 묶여버렸다.

풀리기를 바랐다고 한다.

얼마 지나지 않아 다른 루마니아인 플로린 라두칸Florin Raducan이 합류했다. 그후 몇 개월 동안 두 남자는 뱃전에서 물고기를 낚거나 지나가는 배에 사정해 얻은 통조림과 생수로 연명했다. 음식을 먹지 못하는 날도 있었다. 허기보다 힘들었던 것은 "구걸해야 한다는 창피함"이었다고 크리스토프가 말했다. 난방을 할 수 없었고 물도 나오지 않았으며 전기도 끊긴 상태였다. 휴대전화도 명을 다했다. 화장지도 떨어졌다. 담배도 마찬가지였다. 신경이 곤두섰다. 두 사람은 빗물을 모아 식수와 목욕물로 썼다. "충분하지 않았어요." 크리스토프가 회고했다. 진료 기록에 따르면 크리스토프의 가슴팍에는 이내 심각한 피부 염증이 생겼다. 두 사람이 절대 오지 않을 지시를 기다리는 동안 하루, 또 하루가 흘렀다.

"급여를 주는 감옥이죠." 크리스토프는 흔히들 바다 위의 일을 가리키는 표현을 읊었다. "급여를 받는다는 보장이 없는 게 문제지만요."

내가 크리스토프가 겪은 일을 듣게 된 것은 도나리베르타호와 그 배의 밀항자 대상 가혹 행위 연루 정황을 조사하고 있었기 때문이었다. 루마니아 갈라티에 있는 크리스토프에게 연락하자 그는 그런 식으로 발이 묶이는 것은 업계에서 흔한 일이며 도나리베르타호처럼 사정이 좋지 못한 배에서는 특히 그렇다는 말을 들려줬다.[13]

도나리베르타호에서 일했던 선원들은 조용히 전화를 걸거나 은밀하게 편지를 쓰는 식으로 국제운수노동조합연맹ITF에 연락해 자주 도움을 요청했다. 여러 선원이 진술한 안전 규정 위반과 열악한 환경, 임금 착취와 선원 유기 문제가 조합의 기록에 나온다.

부적절한 처우가 신고되자 2012년에는 도나리베르타호와 그 배의 소유주 커머셜SACommercial SA가 운용하는 선박에서 일하지 말라고 조합 측에서 선원에게 통고하는 일까지 생겼다. "겨울 외투도 안전모도 안전화도 없었다." 조합 검사관이 쓴 기록에는 평균 기온이 영하로 내려가는 11월의 노르웨이에서 야외 작업을 하는 선원들의 처지가 이렇게 기술되었다. 스페인과 남아프리카공화국에서는 한 번도 지급된 적 없던 임금과 한 번도 진행된 적 없던 선박 수리 내용이 기재되게 선장이 항해 일지를 조작하는 일이 비일비재하다는 선원들의 불만이 제기되었다.

"계약 기간이 끝나면 돈을 이미 송금했다면서 우리를 집으로 돌려보낸다." 우크라이나인 유리 쳉Yuriy Cheng은 온라인 선원 커뮤

니티의 날짜 없는 게시글에 러시아어로 도나리베르타호 선주 이야기를 썼다. "그렇지만 집에 가보면 아무것도 없다." 쳉은 자신이 탔던 배에서 대다수가 필리핀인이었던 선원들이 경영진과 어떻게 대치했는지 썼다. 1년 동안 임금을 받지 못한 선원들은 선적 화물을 전달하지 못하면 징역을 살게 될 수도 있다는 협박에 굴하지 않고 작업을 중단했다. "그들은 마흔 살에서 쉰 살쯤 된 사람들이었다. 그런 사람들이 갑갑한 마음에 어린아이처럼 울었다."[14]

크리스토프와 라두칸은 도나리베르타호를 타고 영국 앞바다에 5개월간 발이 묶여 있다가 선원선교단Mission to Seafarers이라는 구호단체에 구조되었다. 두 사람은 통조림을 먹으며 배에서 구한 나무를 태워 물을 끓이고 쌀과 라면을 익혀 연명하던 상태였다.

"두 사람은 거기 있고 싶어하지 않았지만 하선은 거부하더군요." 선원선교단의 프로젝트 책임자였던 벤 베일리Ben Bailey는 크리스토프와 라두칸을 배에서 빼낼 계획을 어떻게 세웠는지 설명했다. 이런 상황에서는 복잡하게 얽힌 돈의 족쇄가 사람을 한자리에 옭아맨다. 루마니아인들은 도나리베르타호에서 일하기 위해 각자 1,000달러가 넘는 돈을 송출 업체에 냈다. 배에서 내린다는 것은 초기 비용을 회수하거나 약속된 임금을 받을 기회를 완전히 잃는다는 것을 의미했다. 선주의 동의 없이 행동했다간 블랙리스트에 올라 앞으로 영영 일자리를 얻지 못하게 될 수도 있었다.

5개월이 지났을 때 크리스토프는 더는 견딜 수 없다고 판단했다. 학비를 낼 돈이 없어 자녀가 학교에서 제적당했다는 사실을 알게 된 것이 결정적이었다. 라두칸에게는 아내가 사람들 앞에서

2014년의 도나리베르타호.

구걸까지 하게 되었다는 소식을 들은 것이 그랬다. 두 사람은 선원선교단이 마련해준 비행기 표로 루마니아의 집에 돌아갔다.

두 남자가 맞이한 결말을 보니 더 큰 질문이 떠올랐다. 이런 문제가 횡행하는데도 대중의 관심은 어째서 이렇게 적을까? 임금 착취와 선원 유기가 방임죄라는 것이 한 가지 답이었다. 고의성과 잔인한 계산이 얼마나 들어갔든 간에 이런 학대는 외견상으로는 폭력성이 덜해 보이는 수동적 형태의 위해로 나타난다. 방임 사건의 목소리는 대개 고함보다는 속삭임이고, 명백한 악당을 원하는 관객 앞에는 으스스한 무관심이 대신 나타난다. 방임의 결과는 보통 멀리 떨어진 곳에서 슬로모션으로 펼쳐진다. 안타깝게도 "피가 나야 잘 나간다"라는 기자 세계의 오랜 격언은 사실이었고, 그 정반대의 경우도 마찬가지다. 너무 만연해 극적인 매력이 덜할수록 참사는 참사처럼 보이지 않았고 심지어 이야깃거리조차 안 되는 것처럼 보였다.

이런 불편한 사실은 내 취재에서도 고스란히 드러났다. 내가 조사 시간 대부분을 할애한 영역은 카메라에 찍힌 살인, 족쇄로 배에 묶인 노동자, 바다에서 발생하는 강간 같은 심각한 가혹 행위였지, 소피아호나 시폴원호 또는 도나리베르타호에서 적발된 선원 유기처럼 더 많은 이들에게 영향을 미치는 만성 범죄가 아니었다. 머나먼 사무실에서 일하는 얼굴도 이름도 모르는 관리 직원이 어느 날 이메일 회신을 끊고 휴대전화 전원도 꺼버렸다는 이야기보다는 로켓 추진식 수류탄 발사기를 어깨에 들쳐 멘 소말리아 해적 이야기에 더 이목이 쏠리는 것이 사실이다. 어떤 사례에서건 배에 남겨진 선원들이 볼모가 되는 건 마찬가지인데도 말이다.

나는 아랍에미리트연합국으로 가서 선원선교단의 지부장이자 성공회 사제인 폴 버트Paul Burt와 며칠간 함께 지냈다. 두바이와 아라비아반도 북단 사이에 뻗은 160킬로미터 길이의 해안을 따라가면 제벨 알리처럼 크기로 손꼽혀 대형 컨테이너선을 주로 취급하는 항구부터 예인선과 보급선이 주로 드나드는 라시드항 같은 작은 항구까지 대략 10여 개의 항구가 나온다. 그 중에는 정박지가 큰데 비용이 저렴해 주머니 사정이 나쁘거나 감독을 피해 가려는 운영주에게 적합한 항구가 몇 군데 있었다. 아지만과 샤르자 함리야가 그런 항구로, 버트 신부가 이번 시간의 대부분을 쓴 곳이었다.

이런 항구에서는 똑같은 기본 줄거리가 몇 번이고 변형되었다.[15] 물로 된 사막에 남겨진 사람들의 발을 묶은 배는 대개 공식적으로는 항구에 입항한 상태였으나 실은 육지와 몇 킬로미터 떨어져 해안이 보이기만 할 뿐 닿지 않는 위치에 있었다. 예를 들어 팰컨Falcon호에서는 수단과 에리트레아, 필리핀 출신 선원 다섯 명이 예멘까지 디젤을 운반하려 대기하다가 밀린 9개월치 임금을 주지 않으려 드는 새 선주에게 배가 매각되면서 방치되고 말았다. 선원들은 바다에 갇혀 있는 동안 전업 인증과 자격증까지 만료되어 한층 난감한 처지에 놓이게 되었다. 선불 전화카드의 충전금이 떨어져 가족과도 연락이 끊겼다. "그냥 집으로 돌아가고 싶을 뿐입니다." 선장은 내게 이 말을 반복했다. 선원들은 대부분 독실한 종교인이었다. 나와 이야기를 나누는 동안 이들은 신이 정한 운명을 자주 언급했다. 이 사람들에게 내세는 관념이 아니라 목적지였고, (어떤 용어로 부르든 간에) 지옥은 지금 여기에 있었다.

2008년 배럴당 130달러로 정점을 찍었던 원유 가격이 2017년 7월 배럴당 47달러까지 추락하면서 두바이에서는 선원 유기 사건이 여러 건 발생했다.[16] 아랍에미리트연합국을 포함한 중동 걸프 국가 대부분에서는 노동조합이 금지되어 있어 선원선교단의 활동이 더욱 긴요했다. 두바이 인근 항구에는 어떤 시기든 오도 가도 못하는 처지의 선원이 250명 이상 있었다. 버트의 직원 5명에게는 매일 평균 3건의 긴급 전화가 걸려왔다. 법적 수단이 전혀 없었기에 선원선교단은 대개 수치심을 자극하는 방식에 의존해 선주가 선원을 책임지도록 압박해야 했다.

한편 두바이 해안으로부터 10킬로미터 가량 떨어진 곳에서는 버트와 마찬가지로 성공회 사제인 넬슨 퍼낸데즈Nelson Fernandez가 배를 타고 디젤 탱커선 애드미럴The Admiral로 갔다. 지나가던 선원들이 애드미럴호에서 생수를 간절하게 찾고 있다며 버트에게 전화로 신고를 한 상황이었다. 애드미럴호 선원들은 인화성이 높은 갑판에서 가림막도 없이 불을 피워 음식을 만들어 먹기까지 했다. 퍼낸데즈가 애드미럴호에 승선하자 60대 필리핀인 선장이 휴대전화를 들고 갑판에 나타났다. "매일 이런 일이 벌어지오." 선장은 이 말을 반복하며 휴대전화 속 사진을 보여주었다. 피로 흥건한 변기 안을 찍은 사진이었다.

배의 엔진은 고장났고, 선장과 필리핀인 선원 여섯 명은 깨끗한 물도 없이 그곳에 9개월간 발이 묶여 있었다. 선장은 담수화 장비가 작동하지 않아 염수를 마시는 바람에 위궤양이 생긴 듯하다고 자신의 출혈 원인을 설명했다. "끔찍한 일투성이라고." 선장은 낮은 목소리로 계속 중얼대며 제발 답을 달라고 선주에게 보낸 문자메시지 144개를 죽어라 훑어내렸다.

퍼낸데즈는 선장의 말을 30분 동안 진득하게 들어주다가 떠날 시간이 되자 사다리를 타고 본인의 수송선으로 내려갔다. 작별을 고하는 기교에 관해서라면 퍼낸데즈는 피카소였다. 선장의 어깨에 손을 얹고 평범한 말을 약속으로 바꾸는 눈빛을 보냈다. "사흘 뒤에 깨끗한 물과 음식을 갖고 돌아오겠습니다." 퍼낸데즈가 이렇게 말하자 선장은 고통스러우리만치 작은 목소리로 말했다. "부탁이니 우리를 데려가시오." 퍼낸데즈는 다른 말 없이 느리지만 단호하게 몸을 뺐고 그 차분한 태도가 어쩐지 약속에 힘을 실어주는 듯했다. 하지만 눈이 팔이었다면 선장의 눈빛은 손처럼 뻗쳐 엔진 시동을 거는 퍼낸데즈를 움켜잡았을 것이다.

나는 선원들이 애드미럴호에서 옴짝달싹 못 했던 이유는 알아내지 못했다. 어떤 선주는 선원들이 자기 소유의 배에서 연료를 빼돌려 암시장에 내다 판다고 의심해(가끔은 사실이었다) 임금을 주지 않으려 했다. 하지만 의외로 그저 단순히 돈이 없어 급여를 못 준다는 선주가 더 많았다.

이번 취재에서 내가 목격한 문제의 범위와 심각성은 가히 충격적이었다. 전세계 작업장에서 노동자가 물도 식량도 없고 임금도 받지 못한 채 집으로 돌아가도 된다는 허락이 언제 떨어질지도 가늠할 수 없는 상태로 몇 주, 어떨 때는 몇 달씩 사슬로 고정된 문 너머에 갇히는 일이 일상적으로 발생하는데 이를 외면하는 것을 사실상 방침으로 삼는 업계가 있다는 사실이 대중에게 알려지면 즉각 분노가 터져나와 범죄 수사와 불매 운동이 시작되지 않겠는가? 바다에서는 그렇지 않았다.

어선이든 상선이든 마찬가지다. 채무 노동부터 업계 전체에 퍼져 있는 유기 문제에 이르기까지 알아볼 의지가 있는 사람이라면 모를 수 없을 만큼 명백한 양상이 쩌렁쩌렁 드러나는데도 이를 무시하는 것은 암묵적 관행으로 인정된다. 이런 사건은 드물게 언론에 보도되어도 업계 대변인의 말에 따라 예외적인 사건으로 일축되거나 여러 국가를 넘나드는 먼바다의 무역에서 고유하게 나타나는 불가피한 행정 절차상 문제라는 식으로 논쟁 속에서 희석되었다. 노동자들은 개별적으로 계약을 맺은 것이라 우리 소관이 아니다. 다른 나라에 등록된 국적선이다. 송환과 임금 문제는 송출 업체가 처리할 일이다. 업계가 아닌 선주가 책임을 져야 한다. 이런 말이 이어진다. 자기 잇속만 챙기려 이런 주장을 내세우는 것은 날로 세계화하는 경제 속에서 닳도록 쓰인 수법이지만 바다만큼 그 효과가 강력한 곳은 없었다.

몇 년에 걸쳐 업계 자문위원과 변호사, 보험업자, 선박 운영주 수십 명과 이야기를 나눠보니, 업계가 충분히 통합되어 있지 않아 채무 노동과 인신매매, 임금 체불, 선원 유기 같은 문제를 해결하기 어렵다는 주장이 자주 등장했다. 사실 업계라 할 만한 것이 없다는 말도 종종 나왔다. 어찌 되었건 까다로운 문제를 다루는 데 효율적으로 또는 합의를 이뤄 행동을 취할 만한 업계는 없다는 것이었다. 별별 나라의 국기를 게양한 개개의 선박과 선단이 잔뜩 있을 뿐이라고 이들은 말했다. 하지만 소말리아 해적 대응이나 조합 활동 저지, 항만 규약 표준화, 테러 위협 대응, 또는 대규모 어장을 접근 금지 구역으로 설정하거나 오염과 임금에 관해 더 엄격한 규제를 도입하는 조치를 막는 데서 이 업계가 혀를 내두를 정도의 효율성과 단합력을 보여준다는 사실은 눈에 또렷하게 들어왔다.

불쾌한 진실은 바다 세계 대부분 영역에서 법은 선원보다 선적화물을 더 잘 보호한다는 것이었다. 2017년 해운업계는 언론의 뭇매와 조합의 압력을 어느 정도 의식했는지 전례 없는 방식으로 뭉쳐 선원 유기 추세에 대응하려 했다. 선원이 항구에 방치될 때 발생하는 비용을 보장하는 보험을 선주가 의무적으로 들게 하는 새로운 규제를 도입한 것이다. 그러나 버트가 지적했듯 이 신규 규제에서 선원의 발을 묶을 가능성이 제일 큰 소형 선박은 보험 의무 가입 대상이 아니었다.

바다 세계에서 흔히 나타나는 문제였다. 바다에 그나마 존재하는 약간의 노동자 보호 장치는 보통 그런 장치의 필요성이 가장 떨어지는 선박들에만 적용되었다. 한 예로 선원의 여러 기본권을 보호하는 국제 협정인 '해사노동협약'은 어선을 적용 대상에서 면제했는데, 어선이야말로 가혹 행위가 가장 기승을 부리는 곳이다. 남중국해 선박에서 발생하는 해상 노예 문제를 막고자 태국 정부가 새로 도입한 규제 다수는 중형선에 과도한 재정 부담을 지게 한다는 이유로 비교적 규모가 큰 선박에 집중되었다. 그러나 선박 수는 중형선이 훨씬 많았고 노동자 밀매가 이뤄질 가능성이 큰 배도 중형선이었다.

솔직히 표적을 아슬아슬하게 빗맞히는 해결책이 너무 비일비재하게 나오다 보니 일부러 그렇게 의도하는 것이 아닌지 의심하지 않기가 어려웠다. 음모론이라며 이런 추측을 무시할 사람도 있겠으나 나는 이것이 패턴을 인식하는 일이라고 생각한다. 번드르르한 조치도 사실 업계가 몸값 높은 자문위원들에게 돈을 줘가며 얻어내는 술수의 일종일 뿐이지 않냐는 생각도 들었다. 어느 쪽이든, 주의 지속 시간이 짧은 입법자와 내가 뉴질랜드에서 보았듯 분노를 허망하게 날려버릴 때가 많은 일반 대중이 없었다면 과녁을 아깝게 비껴가 어딘지 아쉬움을 남기는 이런 해결책들이 계속 이어지지는 않았을 것이다.

* * *

태만한 선주에게 유기되었든 외국 정부에 납치되었든 화가 난 선장에 의해 배 밖으로 떠밀렸든 간에 바다는 무자비한 감옥이 될 수 있다. 데이비드 조지 음은돌와와 아흐메드 아부 카탈라, 제오르제 크리스토프가 먼바다에 갇힌 경험은 제각기 너무나 달랐지만, 나는 그 일들을 겪으며 그들이 어떻게 제정신을 유지할 수 있었는지 공통된 대응 기제가 궁금해졌다.

이 주제를 자세히 조사하던 중 나는 벨기에의 조사선 벨기카Belgica 이야기를 우연히 접하게 되었다. 바다에 발이 묶이는 것의 정신적 부담을 가르쳐주는 유익한 초기 사례였다. 1898년 36미터 길이의 목조선인 벨기카호가 남극 벨링스하우젠해에서 유빙에 갇히고 말았다.[17] 승선자는 19명이었다. 갑판원 9명과 기관사 2명에 출신국이 다양한 사관과 지질학자, 기상학자, 인류학자 등의 과학자 8명이었다. 해가 사라져버린 2개월 동안 이들은 몸을 웅크리고 가혹한 겨울을 견뎠다. 구조를 기대할 수 없는 상황에서 이들의 진짜 적수는 추위가 아니라 정신이상이었다. 몇 주 만에 선원 한 명이 편집증 증세를 보이더니 밤중에 사라졌고, 다른 선원은 벨기에까지 걸어가겠다며 큰소리를 쳤다.

벨기카호가 얼음에서 풀려나 안트베르펜의 항구로 귀환한 것은 1년 가까이 지난 후였다. 남은 선원들은 초췌한 몰골에 야윈 몸이었으나 몸과 정신의 기능은 대체로 온전했다. 선원들이 정신 건강을 유지할 수 있도록 선장이 생활 습관을 철저히 관리한 덕이었다. 그 습관 중에는 열을 내는 난로 앞에 30분씩 앉아 맛은 지독해도 비타민이 풍부한 펭귄 고기를 챙겨 먹어야 한다고 정한 '굽기 요법'도 있었다. 배 밖의 얼음 위에서 실시한 정기적인 운동과 배에 있던 잡지에서 여자 사진을 찢어놓고 순위를 매기는 등의 이야기로 친목을 다지는 모임에도 의무적으로 참석해야 했다.

벨기카호의 생존 전략 이야기는 선장들 사이로 퍼져나갔다. 이 사건을 통해 여러 선장들은 심리적인 문제에 대비하는 것이 때로는 기상 상황에 대비하는 것만큼이나 중요하다는 교훈을 얻었다. 그후 남극으로 떠나는 선장들은 구속복(정신이상자의 행동을 제압하기 위해 입히는 옷—옮긴이)을 챙기기 시작했다. 20세기 후반 들어서는 북극이나 남극 또는 다른 곳으로 장기 항해를 떠나는 여러 선박의 의무실에 항정신병 의약품이 비축되기 시작했다. 1996년에는 잭 스터스터Jack Stuster라는 인류학자가 벨기카호에서 작성된 일지를 우주 정거장 설계에 활용했다. 우주 비행사가 생존하려면 극한의 고립 상태에서 오랜 시간을 보낼 때 생길 우울감과 지남력 상실에 대비할 필요가 있다는 것이 스터스터의 제안이었다. 바다에서 항해하며 유사한 고난을 겪은 사람들에게서 배울 점이 많았다.

나는 자진해서 먼바다로 나가는 수백만 선원이 맞닥뜨리는 심리적 난관에 관심이 갔다. 환경이 평범할 때조차 바다 위 장기 항해에서 오는 고독과 권태는 감정적으로 가혹할 수 있다. 국제운수노동조합연맹에서 진행한 한 연구에서는 인터뷰 대상이었던 선원 600명 중 절반 이상이 바다에 있는 동안 우울감을 느꼈다고 했다. 학술지《국제해사보건》에 발표된 다른 연구는 전세계적으로 바다 위 선원의 자살률이 영국과 오스트레일리아 내륙의 자살률보다 세 배 이상 높다는 사실을 발견했다.[18]

선원은 예나 지금이나 사람을 고립시키는 직업이다. 9·11 테러 이후 미국과 유럽 국가 다수가 테러방지법에 따라 선원들의 항구 접근을 제한하면서 이런 성격은 더 강화되었다. 선원들은 다음 목적지를 알리는 운영주의 연락을 기다리는 동안에도 항구에서

800미터보다 가까이 들어와 배를 대서는 안 된다. 배 위의 선원은 아내에게 이메일을 보내고, 제대로 된 식사를 하고, 의사에게 가서 밤마다 잠 못 이루게 하는 치통 치료를 받고, 생일을 맞이한 딸의 목소리를 들을 수 있는 곳이 눈앞에 보이는데도 직접 가지는 못하는 상태로 때로는 몇 달씩 붙박이게 된다.

여러 항구의 부둣가 성매매 업소들은 새로운 기준에 맞춰 사업 방식을 조정했다. '러브 보트'라 불리는 선상 성매매 업소가 마약, 술과 함께 여러 연령대의 여자들을 정박 중인 배로 실어나르기 시작한 것이다. 그러나 선원들이 틀어박혀 있는 시간이 길어질수록 이렇게 찾아오는 배는 줄어든다. 발이 묶인 선원은 오래지 않아 땡전 한 푼 없는 처지가 된다는 것을 다들 알기 때문이다.

뱃일을 하며 겪는 극심한 향수병에도 불구하고, 내가 인터뷰한 선원 대다수는 착취나 유기를 당한 상황에서조차 배를 떠나기를 주저했다. 많은 경우 돈을 받지 못한 채 집으로 돌아간다는 부끄러움 때문이었다. 육지에서 이 선원들은 누군가의 배우자이자 아버지이자 아들이었다. 바다에서는 직책이 있었고 지위가 있었다. 지위에는 엄격한 규칙이 따라왔고 자리를 비우는 것은 지고의 명령을 어기는 일이었다. 선원은 압도적 다수가 남자였고 거의 항상 여성 대명사로 지칭되는 배는 이들의 감정을 독특한 방식으로 장악했다. 선원들은 이 여자를 사랑했고 그만큼 증오했다. 더불어 항해하며 서로에게 짜증을 키우면서도 서로를 보호해 선원들은 흔히 배가 일터인 동시에 아내 같다고 말했다.

발이 묶였던 선원들은 집으로 돌아갈 방법을 찾은 후엔 거의 모두가 다시 바다로 나오고 싶다는 말을 했다. 이들이 겪었던 일을 생각하면 이해가 잘 안 되는 말이었다. 이들을 내모는 힘은 뻔하게도 필요였다. 다른 선택지가 별로 없는 동네에서 뱃일은 보수가 짭짤한 일자리다. 하지만 먼바다 생활로 이들을 끌어당기는 다른 무언가도 있다. 이들에게 들은 갖은 고생담을 생각하면 그 이끌림은 매혹보다는 체념에 가까워 보였다. 강력하기는 매한가지였지만 말이다. 육지에서 떨어져 어느 정도 시간을 보내고 나면 그 시간이 끝났을 때 전과 같은 상태인 경우는 거의 없다는 말을 들었다. 발이 묶였던 선원 한 명은 이렇게 말했다. "사람이 바뀌죠."

나도 얼마간 바다에서 지내고 나니 잠과 대화, 음식을 대하는 방식이 미묘하게 달라졌음을 스스로 느낄 수 있었다. 항해하는 동안 좁아터진 침대에서 자고, 극한의 침묵을 오래 유지하며, 앞에 놓인 것은 뭐든 먹는, 반쯤 설익은 생선이나 생쌀에 가까운 밥을 제일 자주 먹는 생활이 점점 몸에 밴 것이다. 집에 돌아와서도 나는 어느새 빨라진 속도로, 즐기기보다는 의무를 다하는 자세로 식사를 했다. 침대에서는 공간이 남는 게 불편해 아내 곁에 더 바짝 몸을 붙였다. 대화에 빠르게 지쳤고 헤드폰 속 세계로 물러나고 싶은 마음을 더 자주 느꼈다. 뭍으로 돌아올 때마다 나는 이전의 나보다 퉁명스러운 인간이 되어 있었다.

무엇보다 큰 변화는 위장에서 느껴졌다. 나는 바다에서 취재를 하는 몇 년 동안, 일부 선원이 '스웨이'라 부르는 증세가 점점 심해져 고역을 치렀다. '독 록', '육지 멀미', '역멀미', '말드데바크망(mal de débarquement, '상륙 멀미'라는 뜻의 프랑스어)'이라고도 불리는 증세였다. 선상 생활에 적응할 때 바다에서 바로 설 다릿심을 키우는 것이 중요한 만큼이나 뭍으로 돌아왔을 때는 육지에서 바로 설 다릿심을 되찾는 것이 중요했다. 그러나 재적응은 때때로 만만찮았고 그 결과는 메스껍고도 기묘했다. 다시 육지에 발을 딛는 순간 구역질이 나는 것이다.

술에 취해 세상이 빙빙 돌 때와 비슷한 느낌이었다. 체내의 자이로스코프처럼 평형감각을 담당하는 전정계에서 요동치는 감각이 계속 생기니 머리가 물 위에서 울렁대는 부표가 된 것 같았다. 몸이 시차 증후군의 공간 버전을 겪으며 이미 떠나온 장소의 기억을 놓지 못하고 있었다. 보통 뱃멀미에 가장 덜 예민한 사람이 육지 멀미에 가장 취약하다. 나도 배에서는 멀미로 토한 적이 한 번도 없었으나 육지에 발을 딛고서는 속을 게운 적이 두 번이나 된다. 바다에 머무는 시간이 길고 물이 거칠수록 집에 돌아왔을 때 스웨이가 더 끈질기게 이어졌다. 며칠씩 가기도 했다.

물론 바다 위의 일은 내가 평생을 바칠 직업이 아니었다. 나는 방문객이자 잠시 스쳐가는 육지 생물에 지나지 않았다. 내가 인터뷰했던 많은 선원들과 달리 내게는 항상 떠난다는 선택지가 있었다. 그러나 이런 기이한 무질서는 바다의 지배를 경외하는 마음을 내게 불어넣었다. 그게 나를 바꿔놓았다. 심리뿐 아니라 생리까지. 그간 만난 많은 선원도 그렇게 바뀌었으리라 생각하지 않을 수 없었다.

7장
잃어버린 방주의 약탈자

모두에게 죄가 있는 닫힌 사회에서는 잡히는 것만이 범죄다.
도둑의 세계에서 돌이킬 수 없는 유일한 죄는 어리석음뿐이다.

—헌터 S. 톰프슨, 『라스베이거스의 공포와 혐오』

취재 여행에서 만난 사람들에게 어떤 사안을 다루냐는 질문을 받으면 나는 보통 해상 범죄와 관련된 일이라고 대답했다. 사람들의 반응은 거의 항상 이랬다. "아, 〈캡틴 필립스〉에 나오는 소말리아 해적 문제 같은 거요?" 그러면 나는 멋쩍게 대답했다. "네, 그런 건데 다른 해적 행위도 다뤄요."

절도는 인간이 바다에 처음으로 나선 그날부터 바다 생활의 일부였고, 고층 건물만 한 배를 강탈하는 것은 듣기에는 어처구니없는 소리 같아도 놀라운 빈도로 발생하는 일이다. 실제로 해적 행위는 쾌속정을 탄 습격자들만의 소행이 아니다. 해적은 종종 정장을 입고 무력보다는 기회를 활용해 항구에서 배를 탈취한다. 수차례 들은 말마따나 "세계의 몇몇 항구에서는 점유가 법적 권리의 90퍼센트를 구성하는 것을 넘어 그 자체로 법"이다.

나는 취재를 다니는 동안 불법 어획과 집어 장치 기습, 어민 납치, 잔해 수거, 인신매매 등 온갖 종류의 도둑질을 목격했다. 하지만 배를 낚아채 도주하는 것은 다른 차원의 절도로, 너무 터무니

없어 믿기가 어려울 정도였다. 그래서 나는 2016년 11월 그리스로 갔다.[1] 이 남다른 부류의 해적 행위를 조사하되 항만 부정부패의 역할에 구체적인 초점을 맞춰볼 생각이었다. 무법이 판을 치는 곳은 바다였으나 그 뿌리는 육지에서 조사해야 했다.

내가 이 주제를 접한 계기는 몇 달 전 집으로 배송된 가로 23센티미터, 세로 30센티미터 규격의 마닐라지 봉투였다. 그 물건은 발신인 정보가 전혀 없는 채로 내 집에 도착했다. 봉투 안에는 배를 훔치고 식별 정보를 수정하고 몰래 연료를 빼돌리고 화물을 슬쩍하는 방법들을 설명한 용어 목록에 '항만 사기'라는 제목을 붙인 10쪽 분량의 너덜너덜한 문서가 들어 있었다. 봉투의 발송지는 그리스로, 아마 내가 2014년 아테네를 찾았을 때 보수를 받고 피레에프스항 이곳저곳을 보여줬던 묘하게 수상쩍은 남자가 보낸 것인 듯했다. 항만 범죄를 다루는 원고를 쓰기 시작했지만 통 완성되지 않는다는 말을 했던 사람이었다. 그의 눈에 내가 그런 사기 이야기를 세상에 내놓을 수 있는 사람으로 비친 모양이었다. 나는 기꺼이 응할 용의가 있었다.

기자에게 그 용어집은 금광이었다. 〈오션스 일레븐〉에 나올 법한 각종 사기에 '예상 밖의 난관' 따위의 이름이 붙어 있었다. 조선소에서 거짓으로 문제를 꾸며내 수리를 진행하는 과다청구 수법을 뜻하는 말이었다. '카푸치노 벙커'는 공급업자가 카푸치노 같은 거품이 나도록 벙커유에 공기를 주입하거나 벙커유를 가열하는 식으로 용량을 부풀려 더 적은 양에 더 높은 가격을 청구하는 사기였다.

보험 사기가 목적이라면 실효가 증명된 수법을 용어집에서 찾을 수 있었다. 부패한 운영주는 선원을 고용해 배를 바다로 끌고 나간 다음 선박에 고장이 생긴 것처럼 꾸민다. 그러고는 한통속인 정비사를 불러 비용을 감당할 수 있는 조치는 자침뿐이라고 진단하게 한다. 그렇게 해서 받은 보험금을 정비사와 나눠 가진후, 선박의 기국과 이름을 바꾸고 새로운 식별 정보를 달아 다른 곳으로 떠난다.

용어집에서는 도난 선박의 식별 정보를 수정할 때 유용한 지침도 얻을 수 있었다. 그 문서에는 선박을 과거와 묶는 줄을 끊으려면 선박의 콘솔과 선체에 내장되어 있을 모든 추적 장비를 제거하라고 적혀 있었다. 구명조끼와 선교의 서류, 부표, 문구류, 구명정 등을 포함해 이름이 씌어 있는 물건은 배 안에서 모조리 없애야 했다. "최초 이름 또는 건조 당시의 이름은 교체하라"라고 나왔는데, 이 이름은 보통 선수와 선미 양쪽에 피트 단위 높이의 강철 글자로 튀어나오게 용접되어 있었다. "주 엔진의 번호판을 놓치지 말 것"이라는 말도 더해졌다. 도난 선박의 원 식별 정보를 추적하는 수사관이 즐겨 찾는 곳이기 때문이었다.

내가 그 용어집에서 알게 된 것이 있다면 바다 위 사기에는 기술이 필요하다는 것이었다. 담보 채권자를 대신해 선박을 압류하거나 개인적 이득을 노리고 선박을 훔쳐 도주하는 것은 쉬운 일이 아니었지만 드문 일도 아니었다. 나는 이쪽 계통 종사자와 동행함으로써 이 주제에 더 접근해보고 싶었다. 그리고 모두가 입을 모아 가리키는 이 업계의 달인은 맥스 하드버거Max Hardberger라는 남자였다.

* * *

  아테네의 불빛이 아득하게 보이는 곳에서 한 도난 선박이 밤의 장막에 몸을 숨긴 채 그리스 해안을 떠나 사로니코스만으로 물살을 가르기 시작했다. 80미터 길이 화물선 소피아호는 신호등이 모두 꺼져 있었다. 현창에서 새어나가는 선실의 빛도 없었다. 선교마저 어둡게 해놓은 상태에서 긴장한 선장이 배의 스로틀을 당기며 파도를 응시했다. 10킬로미터 떨어진 곳에 있는 피레에프스 항으로부터 점점 멀어지고 있었다. 달도 없는 밤이라 물이 끝나고 하늘이 시작되는 지점을 알 수 없었다. 배는 검정 중에서도 유독 어두운 검정으로, 파도를 가르는 그림자의 얼룩으로만 보였다.

  이 도난 선박은 컴컴한 26층 건물이 옆으로 누워 물 위로 미끄러지고 있는 듯한 형상이었다. 1,774마력 엔진의 힘으로 뱃머리가 서늘한 밤공기를 갈랐다.[2] 8노트 속도로 달리는 소피아호의 거대한 스크루는 부글대는 뽀얀 거품으로 항적을 만들며 물 아래에서 격렬하게 회전했다. 파나마 기국에 등록되어 있는 이 탱커선은 급하게 출항하느라 화물창도 비었고 연료도 부족한 탓에 수면 위로 높이 올라와 있었다. 배의 속도는 바다에 나직한 웅웅 소리를 만들 만큼은 빨랐지만, 정부가 마음만 먹으면 당장이라도 그리스 해안경비대에 붙잡힐 만큼 느렸다.

  소피아호 선교에서는 긴장이 고조되었다. 선장은 서로 대립하는 불만 가득한 두 채권자 집단의 지시를 전화로 받고 있었으나 어느 쪽이 책임자인지는 불분명했다. 한쪽에는 매일의 선박 운영을 담당하는 관리업체 뉴리드NewLead가 있었다. 이들의 업무는 선원을 감독하는 것이었고, 이 배의 선원들은 밀린 임금 수만 달러

소피아호는 맥스 하드버거가 아테네 인근의 피레에프스항에서 빼돌려달라는 의뢰를 받은 그리스인 소유의 선박이었다. 그의 의뢰인은 배에 묶인 돈을 받아야 했던 뉴욕의 담보 채권자 집단이었다.

를 받아야 했다. 이 회사가 운영주였다. 반대쪽에는 배의 담보 채권자가 있었다. TCA자산운용TCA Fund Management Group이라는 뉴욕의 벤처 캐피털 기업으로, 선주에게서 420만 달러를 받아야 했다.[3] 이 회사는 자금주였다.

운영주와 자금주 양쪽 모두 소피아호를 항구에서 가능한 한 멀리, 가능한 한 빠르게 빼내기를 바랐다. 많은 이들이 두려워하는 선주 미칼리스 졸로타스Michalis Zolotas의 자산을 두고 피 튀기는 경쟁이 벌어지고 있었던 것이다. 졸로타스는 몇 주 전 뇌물 공여 및 수수와 부정행위 혐의로 체포되어 사이프러스에 인도되었다.[4] 졸로타스에게 돈을 받아야 할 사람은 많았으나 그가 체포되기 전까지 누구도 상환을 요구할 용기를 내지 못했다. 졸로타스의 빚을 마음껏 독촉할 기회가 오자 채권자들은 그의 선박들을 낚아채려 했다. 대체로 해사 법규의 테두리는 한 국가의 해안선에서 20킬로미터 떨어진 곳에 그어진 가상의 선을 따른다. 그러나 적정 액수의 돈 앞에서 그 선이 굽는 건 간단한 일이다.

소피아호 선교에서는 키는 작지만 진중한 분위기를 풍기는 필리핀인 선장 베르나르도 델로사리오Bernardo del Rosario가 키를 잡고 있었다. 그리스 수역에서 빠져나오는 이 은밀한 질주는 10년이 넘는 세월 동안 여러 직급을 거쳐 올라온 그가 선장으로서 치르는 겨우 두 번째 항해였다. 델로사리오는 마닐라 해사 학교에서 두루 훈련받았으나 이런 여정에 대비한 준비는 되어 있지 않았다. 논쟁에 불이 붙어 격해지는 와중에 델로사리오의 머릿속을 차지한 것은 이제 막 시작한 선장 경력이 이렇게 끝나면 어쩌냐는 걱정이었다. 선주의 지시에 불복하는 것은 선장 자격증을 걸어야 하는 일이다. 문제는 선주가 누구인지 확실치 않다는 것이었다. "이거 안 좋은데." 델로사리오는 계속 중얼댔다. "영 안 좋아."

피레에프스를 벗어나려는 소피아호의 전력질주 전 일주일 동안에는 판돈 큰 체스 경기가 벌어졌다. 업계 최고의 해상 압류원으로 통하는 맥스 하드버거는 자금주의 의뢰를 받고 미시시피에서 아테네로 날아왔고, 선원들을 어찌어찌 설득해 소피아호 승선 허락을 받아냈다. 다음 과제는 아테네의 피레에프스항에서 배를 빼내는 것이었다. 그 배가 졸로타스의 재산을 건드리기 좋은 발판이라는 소문이 어느새 채권자들 사이에서 빠르게 퍼지고 있었다. 하드버거가 배에 걸린 유치권과 체포 영장을 정리하려 할 때마다 매번 새로운 인물이 튀어나왔다. 가짜 청구인과 진짜 청구인이 섞인 성난 채권자 무리가 앞다투어 아테네 법정을 찾았다. 다들 졸로타스가 지급하지 않은 청구서를 손에 쥐고 나타났다. 소피아호 선원들의 식사를 맡은 급식업체와 배의 연료 탱크를 채워준 연료 공급업자, 갑판원들의 항공권을 구매해준 여행사 등이었다.

하드버거는 자금주 쪽에서 과감하게 움직이지 않으면 소피아호의 가치가 금세 사라져버린다고 주장했다. 하드버거를 고용한 자금주가 제일 많은 액수를 받아야 하기는 했으나 다른 채권자도 무더기로 있었다. 이런 채권자가 어떻게 취급되고 우선 청구권이 누구에게 돌아가느냐의 문제는 청구서가 제출되는 나라가 어딘지에 따라 달라졌다. 다른 채권자와 경쟁하기 좋은 무대를 조성하려면 영국 보통법에 따라 채권 분쟁을 취급하는 관할권으로 소피아호를 끌고 가야 했다. 담보 채권자와 외국 소송인에게는 영국 보통법이 훨씬 유리했다. 괜찮은 선택지 두 곳은 약 500해리 떨어진 몰타와 거리가 그 세 배쯤 되는 지브롤터였다. 그리스 법정에 비하면 이들 나라의 법정은 선주에게 유리하지 않았다. 게다가 지브롤터는 선박 매수와 매각, 경매 업무가 특히나 빠르게 이뤄지는 곳으로 유명했다.

"어느 정도는 타이밍 싸움이죠." 하드버거는 어느 날 오후 아테네의 한 식당에서 내게 이렇게 말했다. 행동에 나설 적절한 순간을 기다리고 있을 때였다. 나는 그의 적출 현장에 따라가 해상 압류 작업을 직접 볼 작정으로 아테네에 가 있었다. 대하 요리 너머에 앉은 하드버거는 해상법에는 독특한 구석이 있어 선박이 일단 매각되면 과거의 채무와 구속 사실은 청산되는 규정이 있다고 설명했다. 소피아호를 두 나라 중 한 곳으로 데려가면 '배의 뒤를 닦아'줄 수 있었다. 앞선 유치권과 체포 사실을 지운다는 바다의 은어다. 자금주는 이런 방식으로 선박을 전매해 손실을 신속히 만회할 수 있었다. 문제는 배를 그곳으로 끌고 가는 일이었다.

적당한 순간은 늦지 않게 찾아왔다. 하드버거는 자금주가 고용한 그리스인 변호사와 함께 아테네 법원 주변을 몇 시간씩 맴돌다 금요일 업무 시간이 끝날 때쯤 기회를 포착했다. 두 사람은 대부분 수천 달러 액수에 그친 부채 청구 대여섯 건이 새로 제출되는 것을 지켜봤다. 법원 업무 종료를 10분 남겨놓고 이들은 신속하게 모든 청구서를 처리하고 체포 영장을 없앴다. 그리고 항구로 발길을 재촉해 쾌속정을 타고 정박 중인 소피아호로 갔다.

그들의 계획은 졸로타스의 다른 빚쟁이에게 법원의 누군가가 말을 전하기 전에 소피아호를 20킬로미터 선 너머 그리스 당국의 손길이 닿지 않는 곳으로 재빨리 옮기는 것이었다. 채무를 청산한 뒤 아테네 법원의 한 주 업무가 끝나면 하드버거가 공해로 나갈 시간을 벌 수 있었다. 그러고 난 뒤 다른 나라 관할권에서 경매를 진행하면, 하드버거와 자금주는 배의 뒤를 닦아 혹시 남았을지 모를 부채까지 완전히 떨어낼 수 있을 것이었다. 걸린 것이 많아 위험천만한 일이었으나 말이 되는 계획이었다. 선장이 협조만 해줬다면 말이다. 일은 그렇게 풀리지 않았다.

* * *

미시시피 럼버턴 숲속 깊은 곳에 이동주택 두 채를 연결한 하드버거의 허름한 집에서 전화벨이 울린다는 것은 보통 어딘가에서 누가 지독한 궁지에 몰렸다는 뜻이었다. 그렇지 않고서야 하드버거에게 연락하는 걸 달가워할 사람은 없을 테니 말이다. 하드버거는 업계에서 가장 노련한 해상 압류원이라 최고로 어려운 일만

맡았다. 그가 운영하는 회사의 이름은 '선박 적출Vessel Extractions'이었고, 주로 밤의 어둠을 틈타 외국 항구에 있는 선박을 몰래 빼내(절도라고 할 사람도 있을 것이다) 의뢰인이 법적 소유권을 획득할 가망이 있는 관할권으로 이동시키는 것이 전문 분야였다. 소피아호 같은 배가 대상이었다.

자신이 거주하는 미시시피 럼버턴의 이동주택 앞에 반려견 모건 르페이와 함께 선 맥스 하드버거.

자금주에게 소피아호를 그리스 수역에서 가능한 한 빠르게 빼내달라는 의뢰를 받은 하드버거는 그가 아테네에서 일하는 데 동행하고 싶다는 내 부탁을 들어줬다. 나는 이틀 후 비행기를 탔다. 소피아호의 속사정은 복잡했고, 현장으로 가는 동안 나는 하드버거와 함께 다니면 법의 어느 편에 서게 될지를 생각했다. 비행하는 동안 입장을 정리해보고자 법원 기록과 뉴스 기사, 경찰 문건 뭉치를 뒤적였다.

소피아호를 포함해 졸로타스의 선단에 속해 있는 배 대여섯 척은 대다수가 액화 아스팔트, 즉 역청을 운반하는 탱커선이었다. 찐득한 검정 페인트처럼 생긴 역청은 주로 도로 건설에 사용되는 물질로, 세계에 시장이 형성되어 있다. 수시로 가열하지 않으면 굳어버리는 탓에 운반선 유지 비용이 많이 든다. 자신의 선단이 취급하는 이 유별나게 귀한 화물 때문에 졸로타스는 머나먼 정부에 힘 있는 친구들을 두고 있었다.

졸로타스에게는 적도 많았다. 그런데 2013년 사이프러스 금융 제도가 붕괴하면서 그의 적들이 노릴 빈틈이 생기기 시작했다. 그리스와 사이프러스 정부가 금융 붕괴 사태 조사에 착수했고, 졸로타스는 본인 소유의 회사 한 곳을 통해 사이프러스 중앙은행 전 총재에게 뇌물을 공여한 혐의로 2016년 체포 및 입건되었다.[5]

졸로타스가 체포되자 뉴욕의 자금주들이 행동을 개시했다. 담보물로 설정되어 있는 소피아호를 얼른 손에 넣지 않으면 돈을 돌려받을 기회가 다시 오지 않을 수도 있었다. 자금주가 전화기를 들고 하드버거에게 연락한 것이 바로 그때였다.

졸로타스의 자산에 달려든 것은 TCA자산운용뿐만이 아니었다. 조지아 서배너의 연방 보안관은 졸로타스의 설탕 운반선 카스텔라노Castellano를 덮쳐, 미상환 부채가 있으니 이동을 금지한다는 명령을 내렸다. 볼티모어에서는 미국 해안경비대가 선원 10여 명이 계류되었다는 이유를 내세워 아스팔트 탱커선 그라나디노Granadino를 억류했다. 졸로타스 소유의 다른 탱커선 아이올라Iola는 채권자들이 그 배를 놓고 다투는 동안 노르웨이 드람멘에 있는 항구에 발이 묶였다. 다른 역청 운반선 카타리나Katarina의 선원들은 직접 팔을 걷고 나서서 체불 임금 지급을 요구하며 선박 통제권을 쥐었다.

졸로타스의 재산을 둘러싼 그물은 빠르게 조여왔고, 소피아호가 그리스 수역에서 나포되면 자금주든 임금을 못 받고 배에 있는 필리핀인 선원이든 돈을 받으리라는 기대는 한동안 접어둬야 할 판이었다. 세간의 평에 따르면 그리스 사법 체계는 특별히 효율적이지도, 외국인 채권자나 선원의 사정을 고려해주지도 않았다.

바다 세계에서 그리스는 초강대국이었고, 이 나라에서 해운업으로 이름난 가문들은 대략 절반 가까이가 튀르키예 해안에서 8킬로미터 떨어진 산지 지형의 작은 섬 키오스 출신이었다. 인구가 희박한 이 조그만 땅덩이는 수세기 동안 섬을 차지한 여러 제국과 나라에 완전히 통합되기보다는 언제나 상선 기지에 가까운 역할을 했던 곳으로, 역사적으로는 동방과 서방 사이의 관문이었다. 이 섬에서 나고 자란 사람들은 비범한 정신만큼이나 무법의 바다를 항해하는 영민한 사업 감각으로 유명했다.

졸로타스도 키오스섬 출신이었다. 선주 가문의 3세인 졸로타스는 금융계와 정치계에까지 촉수가 뻗어 있는 인물로, 아테네에서는 존경과 두려움의 대상이었다. 내가 그리스에 도착해 곧장 찾아갔던 키오스섬의 사람들은 배후 세력의 배후 세력으로 아무렇지 않게 나다니면서도 정체를 들키지 않은 1990년대 영화 〈유주얼 서스펙트〉의 신화적 캐릭터, 카이저 소제 같은 경이로운 존재로 졸로타스를 묘사했다. "맞아요, 여기 출신이죠. 근데 그 사람 이야기를 쓸 생각이라면 이 섬을 떠나는 게 좋을 겁니다." 과거 졸로타스와 일했던 사람이 내게 경고했다. "안전하지 않거든요."

* * *

내가 하드버거를 처음 만난 곳은 아테네가 아니었다. 일전에 미국 해안경비대 수사관인 친구 한 명이 배가 허구한 날 도난당한다는 사실을 내게 지나가듯 언급한 적이 있었다. 배를 훔치는 사람은 보통 해적이 아니라 은행과 압류원이라고 했다. 해적질이라는 불법 행위에 대해서는 알고 있었으나 준합법적으로(적어도 명시적인 불법은 아니었다) 선박을 수취한다는 이야기는 새로웠다. 관련 자료를 살펴보는데, 쌓여가는 자료 속에서 하드버거의 이름이 계속 나왔다. 하드버거는 지난 20년 동안 주로 은행이나 보험업자 또는 선주를 대리해 20척도 넘는 선박을 압류했으며, 특히 까다로운 날치기 작업을 도맡기로 유명했다. 나는 그를 수소문해 이메일을 한 통 보냈다. 그의 기술과 견해를 알고 싶다고 했더니 하드버거는 내가 본인 일을 글로 쓰는 것을 허락해줬다.

　나는 2016년 아이티에서 하드버거를 만났다.[6] 만연한 해상 범죄에 대응하고자 애쓰는 현지 해안경비대를 동행 취재하려고 간 섬이었다. 하드버거가 그곳에 있었던 것은 계약 위반을 주장하는 부패한 용선주에게서 자기 화물선을 떼어내려 하는 파키스탄 선주를 돕기 위해서였다. 법원이 선주에게 유리한 판결을 내려 압류 작업은 취소되었고, 시간을 때워야 했던 하드버거는 섬 이곳저곳을 돌아다니는 나와 함께해줬다.

　나는 아이티 해안경비대의 연락을 기다리는 동안 묵었던 포르토프랭스의 올로프슨 호텔에서 하드버거와 만나 인터뷰를 진행했다. 호텔은 진저브레드 트림이라 불리는 정교한 건축 장식을 달고 삭아가는 19세기 고딕 양식 저택으로, 그레이엄 그린Graham Greene이 '파파 독Papa Doc'이라 불리는 뒤발리에François Duvalier 전 아이티 대통령 재임기를 다룬 소설 『코미디언스The Comedians』를 집필

순찰 중 검문검색차 승선한 작은 어선에서 물고기 한 마리를 선물받은 아이티 해양경찰과 함께 포즈를 취했다.

하며 묵었던 곳이다. 오랜 시간 집으로 생각해야 했던 칙칙한 배를 벗어나 호텔에서 한숨을 돌리게 된 것이 반가웠다. 하드버거와 나는 베란다에 앉아 바다 이야기를 주고받으면서, 열대 지방의 과일나무와 부두교 신상, 호텔의 투광 조명 아래를 돌아다니는 박쥐를 내다보며 클럽샌드위치를 먹고 맥주를 마셨다.

지하 세계의 일에 관해서라면 걸어다니는 백과사전이었던 하드버거는 아직 디지털화가 진행되지 않은 항만들의 이름을 나라별로 댈 수 있었다. 그는 여전히 문서 기록에 의존하는 항구에서는 이름이나 여권 번호로 적발될 확률이 훨씬 낮아 이런 정보가 유용하다고 설명했다. 나는 하드버거에게 수년간 활용해온 승선 비결을 알려달라고 부탁했다. "어디 봅시다"라고 답하는 하드버거의 얼굴은 손주 사진을 보여달라는 부탁을 받은 할아버지처럼 환해졌다. 하드버거는 배에 관심 있는 매수자나 항만 관계자, 용선주 행세를 할 때가 많다고 했다. 경비원에게는 술을 권하고 매춘부를 동원해 주의를 흩뜨렸다. 항만 경찰에게는 주술사의 힘을 빌려 겁을 줬다. 야간 감시원은 친척이 입원했다는 거짓말로 속여 근무지를 이탈하게 했다.

우락부락한 이름과 달리 하드버거는 거친 업계의 종사자에게 기대할 법한 전형적 외모의 소유자가 아니었다. 키는 172센티미터고 몸무게는 68킬로그램이었던 하드버거는 마라톤 선수 같은 체격에 농장 주인 같은 수염을 기르고 있었다. 테가 튼튼한 안경을 썼으며, 속도를 올린 레코드플레이어처럼 높은 목소리로 빠르게 이야기를 들려줬다. 그가 케이준(루이지애나에 사는 프랑스계 캐나다인의 후손—옮긴이) 가정에서 자랐다는 흔적은 '웰'이 '월'로 변하고 '비커즈'가 '비코우즈'로 변하는 억양에 남아 있었다. 하드버거는 콧소리 강도를 마음먹은 대로 올려 대부분 상황에서 방 안의 누구보다 여행을 많이 다녀본 사람이면서도 겉으로는 바깥 세상을 모르는 시골 사람처럼 보이게 연기할 수 있었다. 책벌레 같은 분위기는 수십 년 묵은 청바지와 확연히 대조되었다. 하드버거는 오마르 하이얌Omar Khayyám이라는 학자가 쓴 11세기 페르시아 시 「루바이야트」에서 몇 행을 암송하기도 했다.

호기심을 주체하지 못하는 하드버거는 떠오른 생각이나 관찰한 사실을 기록할 수 있는 작은 검정 스프링 노트를 늘 손 닿는 데 뒀다. 감리교 집안에서 성장했으나 지금은 무신론자라고 못을 박았고, 과거의 모험 이야기를 들려주거나 미래의 계획을 설명할 때의 얼굴에는 대개 당장이라도 삼루로 도루할 것만 같은 짓궂은 웃음이 걸려 있었다. 그 동안 내가 만난 압류원들 중 자존감 부족으로 괴로워하는 사람은 아무도 없었다. 정도는 달랐으나 그들은 하나같이 자신을 신화화하는 무대쟁이였다. 성마른 이야기꾼이었던 하드버거는 자기 이야기를 시작할 수 있게(예외 없이 그의 이야기가 더 나았다) 상대의 이야기가 끝나기만을 열렬히 기다리는 자세로 말을 들었다.

하드버거의 부모는 둘 다 교사였다. 아버지는 취미로 종종 뱀을 잡아 얼려서 수업에 활용하겠노라며 유해를 보존했다. 일단 사체를 수년 전 뒷마당에 만들어놓은 불개미 집 위에 얹어뒀다. 그리고 다음 몇 주 동안 개미 떼가 뼈를 깨끗이 발라내고 나면 고정제를 뿌려 전시판에 옮기는 식이었다.

다섯 잔째인 맥주를 주문하느라 자리에서 일어선 하드버거는 그의 가족이 키우던 반려 악어 이야기를 하면서 먹이를 줄 때 아버지가 가게에서 사 온 생닭을 통째로 꼬챙이에 끼워 우리에 밀어넣던 모습을 따라 해 보였다. 남부 시골 사람들이 으레 그렇듯 하드버거 역시 총을 가까이하며 자랐다. 그는 아버지가 자신과 동생 칼에게 화약 만드는 법을 알려줬고 두 형제는 그걸로 집 뒤편에서 아버지의 감독하에 사이프러스 그루터기를 터트리곤 했다는 이야기를 신나게 풀어놓았다. 1960년대 중반 총기의 통신판매를 제한하는 법이 통과될 기미가 보이자 하드버거의 아버지는 우편으로 배송되는 소총과 권총을 두 아들이 한 정씩 주문하게 해줬다. 그 방법이면 청소년도 나이 제한에 걸리지 않았다. 두 소년은 자주 근처 늪지대로 가서 과녁에 총을 쐈지만 실제로 야생동물을 사냥한 적은 없었다. 동물 사냥에 대해 하드버거는 이렇게 말했다. "아무래도 공평한 싸움이 아닌 것 같아서요."

10대 시절의 하드버거는 C. S. 포레스터가 쓴 '혼블로어' 시리즈 같은 해양 모험담을 즐겨 읽으며, 바다로 떠나거나 비행기를 조종하기를 꿈꿨다. 1966년에는 아버지가 근무 중이었던 니컬스 주립대학교에 입학했다. 자유로운 학풍 덕에 바이우의 버클리로 알려진 학교였다.

하드버거는 니카라과 독재자 아나스타시오 소모사Anastasio Somoza의 아들 버니 소모사Bernie Somoza와 방을 같이 쓰게 되면서 여러 나라에서 온 학생들로 이뤄진 무리와 친해졌다. 베트남 전쟁 반대 단체에도 가입했다. 1968년의 어느 오후, 훗날 대학 관계자들에게 '참나무 아래의 모의'라 불리게 된 날에 하드버거는 교정의 나무 옆에 앉아서 안정적인 폭발 장치 제작이 얼마나 간단한지를 반전주의자 친구들에게 설명했다. 며칠 후 교정 내 한 쓰레기통 근처에서 조악한 폭탄이 터졌다. 미국 독립기념일을 맞이해 벌인 폭죽놀이였을 수도 있지만(애국심 강한 루이지애나에서는 법적으로 전혀 문제가 없는 행위다) 그 일과 관련해 하드버거의 즉석 폭탄 제조 강좌에 관한 소문이 퍼졌다. "관련된 사람들이 다들 내가 학교를 옮기는 게 좋겠다고 하더군요." 하드버거는 그래서 뉴올리언스 대학교로 학교를 옮겼다고 짤막하게 말했다.

하드버거는 여름 방학 동안 먼바다 위 석유 시추기로 시추 이수를 운반하는 배에서 갑판원으로 일했고, 차차 직급을 올려 선장 자격증까지 취득했다. 덕분에 스물여덟 살이 되기 전에 카리브해에서 본인 화물선을 운항하는 선장이 될 수 있었다. 항공기 조종사 자격증도 취득해, 거리가 너무 멀어 육로로 수송하기 힘든 시신을 영안실에 공수하는 일과 농약 살포기를 모는 일을 하며 수입을 벌충했다. 진정 박학다식한 인물인 하드버거는 미시시피 빅스버그의 한 고등학교와 루이지애나 슬라이델의 교구 학교에서 영어와 역사를 가르치기도 했으며 아이오와 대학교의 작가 워크숍 석사 학위 과정에 등록해 소설과 시에도 집중했다.

1990년, 여러 배에서 특이한 일을 하고 있던 하드버거에게 한 선주 친구가 범상치 않은 부탁을 해왔다. 부패한 항만 관리자가 뇌물을 두둑히 받을 심산으로 베네수엘라 푸에르토카베요에 친구의 배를 잡아뒀다는 것이었다. 마침 모험심 강하고 수완 좋은 사나이로 하드버거를 알고 있던 이 선주는 하드버거에게 그 지역으로 와 항구에서 배를 몰래 빼내달라고 부탁했다. 하드버거는 기쁜 마음으로 일을 수락했고, 그의 무모한 모험은 해사 매체에 보도되기에 이르렀다. 그후로 하드버거에게 비슷한 요청을 하는 전화가 걸려오기 시작했다.

하드버거는 이 일이 마음에 들었다고 했다. 이어서 4년간 노스웨스턴 캘리포니아 대학교의 통신 강좌를 수강한 끝에 로스쿨 강의실에 하루도 앉지 않고 1998년 첫 시도로 캘리포니아 변호사 시험을 통과했다. 4년 후 하드버거는 고등학교에서 자기에게 역사를 배웠던 학생인 마이클 보노Michael Bono와 함께 선박 적출이라는 회사를 설립했다. 호화 요트 일감은 드문드문 있었다. 더 잦은 것은 현물 시장을 드나드는 소형과 중형 크기의 '부정기 화물선'을 회수해달라는 의뢰였다. 그런 배는 정해진 일정이나 기항지를 두지 않고 정부의 재원이나 안정성이 부족한 개발도상국 간에 상품을 운반했다. 하드버거는 의뢰인에게 비용을 두 차례로 나눠 청구했다. 착수할 때 사건 조사에 들어가는 연구비가 있었고 선박 회수에 성공했을 때 받는 돈이 있었다. 하드버거의 말에 따르면 500만 달러 상당의 선박을 적출했을 때 수수료로 25만 달러 정도를 벌 수 있다고 했다.

하지만 하드버거가 수임을 후회할 만큼 위험도가 높을 때도 있었다. 매번 어떻게든 일은 해냈지만, 위험이 즐길 수 있는 수준을 넘어서는 경우도 있었던 것이다. 물론 사례가 될 이야기도 준비되어 있었다. 우리가 맥주를 한 잔씩 더 주문해 마시는 동안 그가 이야기를 들려줬다.

때는 2004년, 아이티에서 무장 반란이 터진 후였다. 하드버거의 표적이었던 배는 10층 높이의 1만 톤급 마야익스프레스Maya Express였다. 한 미국인 사업가가 중고차 235대를 미국 북동부에서 아이티로 운송하려고 배를 잡아놓고는 운항비 지급을 거부하고 있었다. 그러자 선박 소유주는 담보대출을 이행하지 않았고 그 결과 아이티 당국이 배를 항구에 억류했다. 현지의 부패 공무원과 결탁한 미국인 사업가는 경매를 조작해 본인이 배를 매입할 계획을 세웠다. 흔한 방식은 아니었으나 전무후무한 것도 아니었다. 해사 경매에서는 익명 구매를 허용하니, 배의 실구매자가 담보대출 채무불이행의 원인 제공자와 동일인이라는 사실을 아는 사람은 계획이 성공하면 들어올 두둑한 사례금을 기대하는 부패한 아이티 공무원밖에 없을 터였다.

하드버거에게 일을 의뢰한 선주는 그를 미라고안으로 보내 자기 적이 경매를 통해 배를 훔치기 전에 하드버거가 먼저 항구에서 배를 훔치게 했다. 하드버거는 도착한 지 얼마 되지 않아 마야익스프레스호에 배치된 감시원이 배의 연료를 빼돌려 암시장에 팔고 있다는 사실을 발견했다. 사소한 듯하지만 중요한 다른 사실도 알아냈다. 항만 관계자가 오로지 항구 축구장에서만 휴대전화를 사용할 수 있다는 것이었다. 통화 서비스가 안정적인 지점이 그곳뿐이었다. 하드버거는 재빨리 머리를 굴려 웅간houngan이라는 현지 주술사에게 100달러쯤 되는 아이티 돈 6,000구르드를 쥐여주고 경비원이 얼쩡대지 못하도록 사람들이 다 보는 앞에서 축구장에 저주를 걸어달라고 했다. 그러곤 훔친 연료를 구입할까 싶으니 술집에서 만나자는 말로 선원들을 속여 배 밖으로 꾀어냈다.

배에서 선원들을 빼낸 하드버거는 세 명으로 팀을 꾸려 마야익스프레스호에 승선해 작업에 들어갔다. 배의 앵커 체인을 절단하는 블로토치의 불꽃 때문에 발각될 뻔도 했지만, 미라고안의 정박지에서 배를 무사히 풀어내 바하마로 몰고 가는 데 성공했다. 그곳 판사는 압류를 인정했다. 판사는 판결의 타당성을 보이고자, 항만과 사법 체계의 부패 탓에 아이티가 해당 선박의 소유권 문제를 적절히 처리할 수 없었으리라고 썼다. "정실주의와 부정부패가 통상적으로 행해지는 곳이다"라는 결론이었다. 나는 법정 서류를 낱낱이 뜯어봤으나 해당 선박이 본인의 관할권까지 당도한 (법을 벗어났다고 할 수 있는) 과정을 판사가 언급한 부분은 한 곳도 찾을 수 없었다.[7]

포르토프랭스에서 하드버거와 시간을 보낸 뒤 나는 아이티 해안경비대를 따라 미라고안으로 가는 내 여정에 동행해달라고 하드버거에게 부탁했다. 하드버거는 "옛 친구와 담소를 나눌 기회군요"라며 승낙했다. 운전하는 동안 하드버거는 자신이 어떤 동기로 압류 일을 하는지 이야기했다. 삶을 온전히 누리지 못하는 것보다는 죽는 게 덜 두렵다는 말도 했다.

하드버거는 꼭 나이 든 땡땡(벨기에 만화 '땡땡의 모험' 시리즈의 주인공이다—옮긴이) 같았다. 시와 소설로 석사 학위를 따놓고 자신이 구상한 인생 역작을 직접 살아내며, 글로 쓰는 일은 다른 이에게 맡긴 사람이었다. 딸이 태어난 지 겨우 두 시간 만에 과테말라로 가는 오전 6시 비행기에 올라 밀림 속 석유 시추기에 28일간 매여 있었다는 이야기를 후회하는 기색 없이 들려주기도 했다. 그랬으니 지금 혼자 사는 것도 당연하다고 나는 생각했다. 하드버거는 자기가 지내는 미시시피 럼버턴의 허름한 이동주택 사진을 보여주고 자신은 언제나 주머니에 든 돈이 아니라 풍요로운 경험을 척도로 하여 삶을 평가해왔다는 말을 덧붙였다. 맥주를 과하게 마신 하드버거와 나는 마지막 잔을 들어 지금까지 저지른 실수에 건배하고서 그날 밤의 회동을 마무리했다.

다음 날 나는 사실 확인차 미국 해안경비대 수사실과 인터폴, 하드버거에게 변호사 자격을 부여한 캘리포니아 변호사 협회에 전화를 몇 통 걸었다. 하드버거에게 소송, 징계 조치, 체포 영장 발부 기록이 있는지 알고 싶었다. 그런 기록은 전혀 없었다.

나는 2012년까지 미국 해군 정보국에서 해상 범죄를 추적 관찰한 찰스 N. 드래거넷Charles N. Dragonette에게 연락해 바다 위 적출 사업에 관한 의견을 물었다. 드래거넷은 내게 주의를 줬다. 하드버거와 그 무리의 활동이 자경 행위라는 사실은 부정할 수 없다는 것이었다. 법의 지배를 확립하는 데 이미 어려움을 겪고 있는 지역에서 법의 지배를 침식하는 이들이라는 것이었다. "그런 사람들이 현지 정부의 힘을 깎아내리는 게 진심으로 우려스럽습니다. 정부가 빤히 지켜보는데 배를 빼돌려 정부에 망신을 주고 또 강도질을 해내겠답시고 현지 조력자에게 뇌물을 먹여 전반적인 부정부패 문제를 악화하잖습니까." 드래거넷은 한참 동안 침묵하더니 이렇게 덧붙였다. "하지만 맥스는 진국이죠. 그런 상황에 통하는 규칙이 있다면 그걸 따를 사람입니다."

* * *

포르토프랭스에서 미라고안으로 가는 거리는 약 65킬로미터밖에 되지 않았으나, 푹푹 찌는 열기 속 먼지 풀풀 날리는 길에서 덜컹대는 차를 네 시간이나 타야 했다. 색이 선명한 탭탭 버스(아이티의 교통수단으로, 아이티 크레올어 '탭탭'은 '빨리빨리'라는 뜻이다—옮긴이) 행렬 사이로 차를 이리저리 틀며 수도를 빠져나가던 중, 어느 순간 차들이 느닷없이 멈췄다. 10분이 지나 차가 겨우 조금씩 전진하자 제복을 입고 일부는 기관총까지 든 경찰들이 교차로에 모여 있는 것이 보였다. 경찰은 오토바이를 몰다가 사살된 남자의 시신을 내려다보고 있었다. 나는 어떻게 된 일이냐고 한 경찰에게 물었다. 경찰은 그 남자가 절도 용의자라고 설명했다. 하드버거는 내 쪽으로 알 만하다는 눈빛을 보냈다. 아이티 당국에는 물건 훔치는 사람을 처리하는 특유의 방식이 있다고 하드버거가 알려준 것이 바로 어젯밤이었다.

우리는 해가 막 졌을 때 미라고안에 도착했고, 열기가 잦아들자 도시가 부산스러워지기 시작했다. 하드버거의 설명에 따르면 이 항구 도시의 전성기는 1960년대 후반이었다. 알루미늄박 기업

'레이놀즈'가 이곳을 가공 거점으로 쓰던 시기였다. 이 지역의 적색토에는 알루미늄의 주원료 광물인 보크사이트가 풍부했다. 그러나 레이놀즈는 당시 아이티를 독재하던 '베이비 독Baby Doc' 장클로드 뒤발리에Jean Claude Duvalier와 마찰을 빚어 1980년대에 미라고안 공장을 버렸다. 항만과 인근 공장의 관리 권한은 지역 당국에 귀속되었다. 하드버거가 말했다. "그 사람들은 여기를 이제 독립 세력권처럼 운영하죠."

사람들은 종종 배의 식별 정보를 새로 부여받을 생각으로 미라고안에 배를 끌고 왔다. 이곳의 항구는 외진 데다 순찰이 상대적으로 적었고 수심이 깊어 대형 선박이 드나들기 좋았다. 도난 선박의 신속한 정보 변경과 신규 서류 발급을 원하면 이틀 안에 일을 끝마칠 수 있었다. 이름을 모두 지우고, 엔진에 붙은 번호판을 비틀어 뜯어내고, 금속으로 용접된 기존 이름을 떼어내는 일 말이다. 그리요(돼지고기 튀김)와 람비안소스크레욜(크레올식 소스를 얹은 고둥)을 파는 노점이 잔뜩 늘어서 있고 오토바이로 미어터지는 미라고안의 좁다란 도로를 헤치고 가는 동안 하드버거는 배에 식별 정보를 새로 부여할 때 필요한 간단한 계산을 설명해줬다. "300달러하고 용접공 넷, 팩스 한 대만 있으면 됩니다. 300달러가 제일 중요합니다만."

뇌물은 여러 개발도상국에서 흔하디흔한 일이지만 항구만큼 이 문제가 만연한 곳은 없다. 항장이 휘두르는 힘은 독보적이다. 검사관은 선체 상태나 수면실 크기, 항해 일지의 가독성 등 온갖 꼬투리를 잡아 배를 억류할 수 있다. 빈곤국에서는 배를 항구에 가능한 한 오래 붙잡아두는 것이 지역 경제를 활성화하는 손쉬운 방법이다. 선박을 억류하면 검사관이 직접 이득을 보지 않더라도 가족과 친지가 항구에 발이 묶인 선원들에게 연료와 식량과 술을 팔거나 배를 수리해주면서 돈을 벌게 된다.

광범한 뇌물 문제로 특히 악명이 높은 항구들도 있다. 파나마 운하는 암시장에서 오가는 인기 품목의 이름을 따서 종종 '말보로' 운하라고 불린다. 나이지리아 라고스항은 뇌물 문제에 있어 최악의 평판을 자랑하는데, 배가 다른 나라에서 온 화물을 하역하려면 먼저 검사관에게 서명을 130개 이상 받아야 한다고 요구해온 세월이 워낙 길기 때문일 것이다. 상선 운항과 관계된 사람들은 누구나 뇌물에 시달리지만, 거의 모두가 불법 행위에 어느 정도는 연루되어 있는 탓에 공개적으로 그 문제에 맞서려는 사람은 아무도 없다.[8]

미라고안은 중고 의류를 비롯한 중고품 취급을 많이 하기로 카리브해에서 손꼽히는 항구다. 도난 선박을 몰고 온 이들이나 마이애미로 마약을 운반하려는 밀수꾼에게도 인기가 좋다. 항구 근처에 도착한 우리는 중고 매트리스와 헌 신발, 폐자전거, 고물 자동차가 어마어마한 높이로 쌓여 있는 여러 배를 따라 이뤄진 부산스러운 풍경을 뚫고 지나갔다. 감각을 압도하는 광경이었다. 그 어느 곳보다 소리는 시끄럽고 냄새는 고약하고 열기는 후끈했으며 바글대고 다채롭고 정신없어 그야말로 생경했다. 민망하게도 내 직업에 감사하게 되는 드물지 않은 순간이었다.

미라고안으로 가는 길에 미리 연락해뒀던 오제 카데Oge Cadet가 얼마 안 있어 우리에게 합류했다. 그는 오랫동안 하드버거의 현지 조수로 일해온 사람이었다. 우리 셋은 곧장 4.5미터 길이의 목조 나룻배를 타고 앞바다 쪽에서 해변의 후미진 구역을 보러 나갔다. 앞서 사설 부두를 새로 짓자는 이야기를 한 적이 있는 두 남자에게 이번 재회는 앞으로 쓸 수 있는 부동산을 둘러볼 기회였다. 두 사람은 폐선을 조각내는 선박 해체 사업을 벌이고 싶어했다. 하드버거가 말하는 해체 작업의 매력은 이랬다. "고철의 매력이란 말이죠, 일련번호가 없다는 겁니다."

카데는 하드버거와 나를 싣고 노로 쪽빛 물을 퍼내고 튀기며 파도를 갈라 녹슨 화물선 여섯 척이 정박한 해안 근처로 갔다. 두 사람은 나룻배에서 내리지 않은 채, 배를 매입할 것처럼 굴면서 선원들을 향해 큰 소리로 질문을 던졌다. 그 배들 중 두 척의 선원들이 우리가 있는 아래쪽을 보며 자기 배가 이곳 공무원에게 억류당했다고 소리쳤다. 한쪽 선박은 수상한 화재 사건으로 수리를 받는 중이었다. 보험 사기를 노리고 일부러 불을 지른 것 같다는 말을 선원들은 대놓고 했다. 다른 배의 선원들 역시 자기 배가 억류된 것은 현지 경찰이 마약 밀수를 의심해서라는 이야기를 놀라울 정도로 거리낌 없이 전했다.

나룻배 한쪽 너머로 물속을 내려다보니 물 밑으로 가라앉아 있는 선박 몇 척을 눈으로 쉽게 확인할 수 있었다. 우리는 배 바닥이 타워에 긁히는 것을 몇 피트 차이로 피하며 그 철제 시체 위를 유령처럼 미끄러져 갔다. 한 난파선 위에 멈춰 섰을 때 나는 선박 해체 사업 기회를 아깝게 놓쳤다고 농담했다. "당분간 저걸 썰어 갈 사람은 없겠는데요." 그러자 배를 몰던 카데는 배가 침몰했다고 해서 훔칠 수 없는 것은 아니라고 했다. '바다의 수거업자'가 괜히 있겠냐는 이야기였다.

물론 맞는 말이라고 나는 수긍했다. 인도네시아에서 취재할 때 이미 이런 지하 세계 사람들을 접한 적이 있었다. 그 나라의 바다 수거업자들은 대개 마두라족이었으며, 침몰한 배에서 값나가는 금속을 벗겨내는 능률이 대단하기로 유명했다. 그들은 쇠지레, 망치, 손도끼, 호흡용으로 쓰기 위한 정원용 호스 비슷한 것이 달린 디젤 기관 공기 압축기를 챙겨 목조선을 타고 해안에서 몇 킬로미터 떨어진 곳까지 노를 저어 갔다. 그러고는 잠수를 하는데 어떨 때는 15미터도 넘게 물 속 깊이 내려가, 난파선에서 큼직한 쇳덩이를 잘라내서는 끌어올릴 수 있게 케이블에 묶었다.[9] 비교적 큰 배에서 구해 온 이런 쇠붙이와 부품은 호황 때면 녹이 좀 슬고 따개비가 붙었더라도 100만 달러까지 받고 팔 수 있었다.[10]

반면 아이티의 선박 해체업자는 대체로 수면 위에 머물렀다. 미라고안 해변에는 매캐한 연기가 자욱했고 쉭쉭대는 압축기와 떵떵대는 양손망치 소리가 가득했다. 상의를 입지 않은 근육질 남자들이 블로토치와 날이 무딘 도끼를 들고, 코끼리 사체에 몰린 개미 떼처럼 구획을 나눠 선박을 분리했다. 그들은 아래에 있는 사람에게, 떨어지는 파편을 조심하라고 크레올어로 소리쳐 알렸다. 배에서 빼낸 엔진 부품은 바닷가의 엉성한 판자촌에서 수리되고 세척되었다. 배에서 뜯은 쇳조각은 녹여서 콘크리트 벽 축조에 쓰는 철근이나 보강근을 만들었다.

미라고안 항구에서 여유로운 하루를 보낸 우리는 다음 날 아이티 해안경비대와 함께 길을 나섰다. 도난 가능성이 의심되는 선박이 아이티 수역에 진입하려 한다는 경고가 미국 해안경비대에서 들어온 참이었다. 섬 서단을 향해 사나운 바다를 가르고 나가는 동안 몇 시간이 흘렀다. 배에 있던 일곱 명의 경비대원 중 한 사람인 루핸디 브리저드Louhandy Brizard는 최근에 자신과 동료 경비대원들의 일을 잔뜩 늘려준 선박 강도 사건 두 건을 들려줬다. 하나는 몇 달 전에 발생한 일로, 아이티 정부가 자국 수역에서 금을 찾으려고 고용한 민간 선박이 도난당했다가 회수된 사건이었다. 다른 사건은 여전히 발견되지 않은 작은 선박을 도난당한 일로, 선주는 부유한 전 아이티 정부 관계자라고 했다. 브리저드가 말했다. "우리가 웬만해서는 안 잡는다는 걸 그쪽에서도 알아요."

우리가 미라고안에서 목격한 수거 작업의 효율을 생각하면 해안경비대가 찾는 대상은 이제 부분의 총합에 미치지 못할 수도 있었다. 갈가리 분해되기 전에 행방이 묘연한 배를 찾으려면 외국인 압류원의 도움을 받을 수도 있지 않냐고 내가 브리저드에게 물었다. "그런 사람들은 체포돼야 마땅하죠." 브리저드는 하드버거가 무슨 일을 하는지는 꿈에도 모르고 심드렁하게 대답했다. 가까이 서 있던 하드버거는 공연히 불장난하지 말라는 눈빛을 내게 보냈다. 나는 얼른 다른 질문으로 넘어갔다.

아이티 같은 곳에서 맞닥뜨리게 되는 역경과 위기는 하드버거에게 문제가 되지 않는 듯했다. 확실히 하드버거는 목숨과 법을 놓고 아슬아슬하게 벌이는 자기 일을 즐겼다. 그와 함께한 모험 후 얼마간 거리를 두고 보니 하드버거가 활동하는 회색지대가 제대로 눈에 들어왔다. 꼼수를 부리는 채무자와 부정직한 항만 정비공, 짜증에 찬 경비대원, 불만 가득한 선원, 갈취를 일삼는 항만 관계자가 어떻게 길러지는지도 보였다. 해상 압류원은 이들을 앞지르는 일에 고용된다. 아이티를 비롯한 이런 회색지대들을 그토

록 좋아하는 이유를 하드버거에게 물었다. 그는 미시시피 생활을
좋아하는 이유와 크게 다르지 않다고 했다. "법이 거의 없잖아요."

* * *

해상 압류를 바라보는 한 가지 관점은 하드버거에게 배웠다.
하지만 이 혼탁한 업계에서 활동하는 인물은 하드버거 말고도 더
있었다. 나는 비법을 몇 가지 더 들어보고자 더글러스 린지Douglas
Lindsay에게 연락했다. 그 역시 해상 압류원으로, 영국 추심업체 매
리타임리졸브Maritime Resolve의 주요 파트너였다. 린지는 선박 절도
가 바다에서 벌이는 사기극의 목적인 경우도 가끔은 있지만 항만
비리 대부분은 '쥐어짜고 풀어주기'라는 편취 수법으로 이뤄진다
고 설명했다. 부패한 현지 당국은 이 전략으로 수수료를 뜯어낼
때까지 배를 억류했다. 구실이야 많았다. 수리 비용을 부풀리고
부두 사용료를 조작하는 것부터 유치권을 꾸미거나 환경 규제 위
반을 날조하는 것까지 가능했다.

"하지만 그렇게 쥐어짜다 보면 목을 조르게 되죠." 린지가 덧
붙여 말했다. 화물선은 가만히 두고 놀려도 하루 유지 비용이 1만
달러까지 든다. 대기 화물이 손상되고 배송 기한이 넘어가고 체
불 임금이 쌓이면 해운업체는 도산한다. 어떤 때는 이런 억류가
급조한 공매나 법원 경매로 선박 소유권을 취득하려는 큰 계획의
일부이기도 했다.

린지는 2011년에 자신이 처리했던 일을 들려줬다. 한 보험업자
가 브라질에서 출발한 그리스 운영주의 설탕 화물선을 풀어주는
일에 린지를 고용했다. 배가 서아프리카에 있는 나라인 기니에

도착하면서 사고를 내 잔교를 파손한 상황이었다. 선장은 구속되었고 배 역시 억류되었다. 선장은 5,000만 달러의 벌금이 청구된 채 구류되었으나 보험업자의 추산에 따르면 잔교 파손으로 인한 손해액은 1만 달러도 되지 않았다. "비행기를 타고 그리로 가서 담당자를 만나 현실적으로 말이 되게 협상하는 게 내 일이었죠." 린지는 최종적으로 20만 달러가 안 되는 액수에 그 배와 선장이 풀려났다고 했다.

린지의 이야기에 감탄해야 할지 분개해야 할지 헷갈렸다. 20만 달러가 애초에 요구받은 5,000만 달러보다 훨씬 적은 액수라는 것은 인정하지만 실제로 치러야 했을 1만 달러라는 약소한 돈에 비하면 너무나 많은 액수였다. 그러나 알고 보니 진짜 중요한 숫자는 선박의 가치인 300만 달러였다. 사실 그게 문제가 되는 액수였다. 선주는 압류원 덕에 그만큼의 돈을 아꼈다고 할 수 있다.

이런 종류의 항만 비리로 온갖 비용을 부담해도 해운은 여전히 높은 수익을 내는 사업이다. 노련한 운영주는 돈을 찔러줄 상대가 누구인지, 사업 과정에서 은밀하게 그러나 불가피하게 발생하는 비용을 소비자에게 어떻게 전가할지를 알기 때문이다. 연료부터 식량 그리고 각종 상품에 이르기까지 전세계의 재화 90퍼센트 이상이 바닷길로 시장에 운반되는데, 항구에서 오가는 뇌물로 매년 수억 달러에 달하는 비공식 수입세와 화물 및 선박 연료의 부대 비용이 더해지면 결국 운송비와 보험료와 상품의 표시 가격이 10퍼센트 이상 높아진다.

도난 선박들로 구성된 세계 최대 규모의 '유령 선단'에 들어가는 지정학적 비용도 있다.[11] 이런 배들은 광범위한 범행을 벌이는 탓에 사실상 추적을 할 수 없다. 예를 들어 소말리아와 예멘, 파키스탄에서는 이슬람 무장 단체에 연루된 전투원을 이동시키는 데 유령선을 쓰며, 2012년 뭄바이를 공격한 테러리스트도 이런 배를 사용했다. 이란과 이라크에서는 원유와 무기 수출입을 금지하는 국제 조치를 우회할 수단으로 유령선이 인기다. 여타 지역에서도 다른 목적으로 이런 배가 흔히 쓰인다. 동남아시아에서는 인신매매와 해적 행위와 불법 어획에, 카리브해에서는 총기 및 마약 밀수에, 서아프리카 해안에서는 불법 벙커유 수송에 활용된다.

해상 사기(또는 해운 전반)에는 대체로 용선주, 송하인, 수하인, 선주라는 네 주체가 참여한다. 용선주는 화물 운송을 위해 선주에게서 선박을 임대한다. 용선주의 일은 화물을 운송할 용의가 있는 송하인을 찾는 것이다. 수하인은 송하인에게서 화물을 산다. 조연으로는 선원 관리 감독과 일상적인 조달을 맡는 관리업체, 유실 등으로 환경 피해를 유발하거나 선박 또는 화물에 손해가 발생할 위험을 보장하는 보험자, 흔히 P&I클럽이라 불리는 선주책임상호보험이 있다.

해사 법규의 고유한 특성 일부는 협잡꾼의 입맛에 맞게 작동한다. 선장이 쓴 항해 일지가 법정에서 보통 이상의 법적 무게감을 지닌다는 것이 한 예다. 부패한 용선주가 선장에게 돈을 주고 운항 중 화물 손상이 생겼다고 기록하게 하면 그 배는 누가 돈을 얹어주기 전까지는 항구를 떠나지 않을 공산이 크다. 선박 매매는 다른 자산 매매와 비교하면 익명성이 높고 번복이 어렵다. 정부의 눈에 띄어 세금을 무는 것을 원치 않는 부패한 개인이나 기업의 자산 덤핑과 돈세탁에 선박 매입이 인기 수법으로 활용되는 데는 이런 이유가 있다. 배는 매입된 나라와 선적국으로 등록된 나라, 정박한 나라가 모두 다를 수 있어 들어간 돈의 출처를 국가가 추적하기 어렵다.[12]

선박 거래의 익명성은 절도가 쉬운 이유이기도 하다. 그림이나 자동차 또는 기타 가공물이 도난되어 경매에 나왔다가 적법한 소유주에게 발견되면, 소유주는 문제를 제기할 수 있으며 많은 경우 자신의 소유물을 회수하게 된다. 그러나 국제 해사 법규를 따를 때는 이런 시정이 훨씬 까다로워진다. 법원 경매에서 팔린 선박은 업계 표현으로 '얼굴이 씻겨' 유치권과 담보대출을 포함한 다른 기존 채무가 청산된 것으로 간주되었다.

도난 선박을 쫓는 경찰은 고전을 면치 못한다. 해양 당국이 공해에서 외국 국적 선박을 추적해 그 진로를 막고 승선해 압류하는 것은 대부분 자국 영해에서 추적을 시작했고 도주하는 선박과 시각 접촉을 처음부터 끝까지 유지한 경우에만 가능했다. 많은 법정에서 시각 접촉은 위성이나 레이더 관측이 아니라 인간의 눈으로 보는 실제 시계를 의미한다. 배의 선교에서 내다본다고 하면 이 범위는 맑은 날 기준으로 11킬로미터 정도밖에 되지 않는다.

공해에서 추적을 시작했다면 한층 더 난감하다. 특수한 상황을 제외하면 공해에서 선박을 정선시킬 수 있는 주체는 동일 선적국에 등록되었거나 도주 선박의 선적국에서 허가를 받은 군함뿐이다. 운항 중인 배에 국기가 가장 많이 걸린(4,100척이 넘는다) 선적국 라이베리아에는 군함이 없다. 등록 선박이 두 번째로 많은 파나마는 평소 자국 연안 너머까지 군함을 운항하지 않는다. 국경을 넘나드는 선박 절도의 묘미는 바로 이 지점에 있다. 협잡꾼은 추적자가 붙어도 도주하면 그만이고, 그럴 일 자체도 드물다. 이는 하드버거가 일하는 세계의 많은 부분을 설명하는 공리였다.[13]

* * *

어떤 배는 너비와 높이가 엠파이어스테이트 빌딩을 능가한다. 그런 배를 훔칠 기술을 아무리 생각해봐도 그 거대한 배를 낚아채 당국의 눈을 피해 감춰둘 수 있다는 것이 상상조차 되지 않았다. 그러나 현실에서는 작은 배부터 큰 배까지 전세계에서 매년 선박 수만 척이 도난당한다. 이런 배를 찾아내는 것은 보기보다 훨씬 어려운 일이다.

일단 이동을 시작한 도난 선박은 일주일 안에 수천 킬로미터를 갈 수 있다. 수사관은 사례금 공지를 올리고 매물 명단을 뒤지고 항만 관계자에게 연락한다. 단서를 찾아보려 가짜 구인 광고를 내고, 해당 선박에 있던 선원의 친척이나 전 부인 또는 헤어진 애인을 찾아간다. 비행기를 띄우거나 쾌속정을 빌리고 해운업체에 감시를 계속해달라는 경보를 보내기도 한다. 이런 전략은 거의 효과를 보지 못한다.

누가 슬쩍해도 웬만하면 없어진 나라 안에 남아 있는 자동차나 테러 우려로 밀접 추적이 이뤄지는 비행기와 다르게 도난 선박은 회수가 유달리 힘든 소유물이다. 미국 내에서도 배는 주 경계를 넘어가면 관련 데이터베이스의 연계가 떨어지고 자동차에 비하면 정보량이 부족해 회수하기가 어렵다.

도난 선박을 잡는 가장 확실한 방법은 출항 전에 배를 붙드는 것이다. 대개 기민한 협상이 필요한 일이다. 플로리다에서 활동하는 해상 압류원 찰리 미첨Charlie Meacham은 서아프리카 항구(어떤 항구인지는 밝히지 않았다)에 갇힌 배를 회수하는 작업을 맡았던 몇 년 전 일을 들려줬다. 배와 선원들은 원유 50갤런을 인근 항구에 누출한 혐의로 6,000만 달러의 벌금이 부과된 채 억류되어 있었다. 항장 사무실로 잭 대니얼스 상자가 배송되고 항장 계좌로 5만 5,000달러가 은밀히 송금되자 선원과 배가 조용히 풀려났다. 미첨은 내게 이 말을 강조했다. "뇌물은 불법이지만 벌금 협상은 불법이 아니니까요."

보통 이런 협상은 서류와 은행이 엮인 지루하기 그지없는 일인데, 현지 관계자가 비협조적으로 나온다면 수상 탈주전이 벌어질 수도 있다. 압류가 '적출'이 되는 것이 바로 이때다. 현지 정부가 외국인 선주의 사정을 덜 고려해주는 '비우호적인 관할권(베네수엘라와 쿠바, 멕시코, 브라질, 아이티 같은 나라의 항구)'으로 배를 옮기는 일이 흔히 발생한다. 이런 상황에서는 나쁜 방법과 최악의 방법 사이에서 회수 방법을 선택해야 한다.

미첨은 몇 년 전 아바나에 파견되어 쿠바의 유명 호텔이 낚시 관광에 사용한 미국인 소유의 초대형 요트를 되찾아야 했던 일을 이야기해줬다. 미첨과 그의 팀은 그 요트를 개인 자격으로 빌려 공해로 몰고 나간 뒤, 쿠바인 선장에게 자신들과 함께 미국으로 가는 것과 구명정을 타고 해안으로 돌아가는 것 중 한쪽을 선택하라고 통보했다. 선장은 후자를 택했다. 미첨은 도난 선박이나 부정한 방법으로 점유된 배가 풀려나게 하는 일을 처리하려고 1년에 몇 번씩 다른 나라에 간다고 했다. 미국에서 도난되는 배 다수는 사람, 총기, 마약을 몰래 들이거나 내보내는 범죄 카르텔의 손에 들어간다.

해상 압류원이자 머린리스크매니지먼트Marine Risk Management라는 영국 회사의 최고 경영자인 존 돌비John Dalby는 '우호적이지 않은' 항구에서는 배를 탈취한 범인이 현지 정부와 연줄이 닿아 있는 경우가 많아 그런 곳에서 도난 선박을 회수하는 일은 피하려 하고 있다고 말했다. 그는 그런 상황의 선박을 회수하기 위해 자기 회사의 직원들이 마약 단속관으로 가장해 공해에 있는 의심 선박에 승선했던 사례를 들려줬다. 돌비의 팀은 해당 선박에 몰래 추적기를 설치하고 배에서 내린 뒤 그 배가 인도네시아 수역에 들어가기를 기다렸다. 인도네시아의 법 집행 기관에 체포 의지가 있는 돌비의 지원군이 있었던 것이다.[14]

항구에서 배를 몰래 빼낼 계획을 짜는 일은 감시에서부터 시작된다는 말을 여러 압류원에게서 들었다. 오래 지켜보다 보면 보통 경비원 교대 등의 이유로 선원들이 배를 비우는 30분 정도의 시간이 거의 어느 배에나 다 있다. 대부분 적출팀이 배에 오르는 데는 15분도 걸리지 않는다고 압류원들은 말했다. 대형선은 엔진 예열에만 30분 이상이 소요되는 탓에 배를 몰아 항구 밖으로 나가는 시간이 더 오래 걸렸다. 은밀하게 승선하는 데는 쇠갈고리가 부착된 밧줄과 헤드램프 정도의 장비면 충분했다. 한 압류원은 배의 금속 난간에 걸렸을 때 나는 쩔그렁 소리를 죽일 수 있게 쇠로 된 고리를 천으로 감싸주면 유용하다는 말을 덧붙였다.

하드버거는 기회가 있을 때마다 모아둔 가짜 제복을 활용하거나 공신력 있어 보이는 명함을 챙겨 다니며 말로 구슬려 승선하는 편을 더 좋아했다. '항만 검사관', '해군 감시관', '해양 측량사', '내부 감사인', '매수 대표자' 같은 직함을 썼다. 선원에게 선박 내부를 정식으로 안내받을 기회를 잡으면 카메라가 내장된 안경을 쓰고 갔다. 자신이 없을 때 사관들이 무슨 말을 하는지 파악할 수 있도록 선원의 눈에 띄지 않을 법한 선교 구석에 녹음기를 남겨뒀다가 배를 다 둘러보고 녹음기를 챙겨 가기도 했다. 선박 식별 정보를 밝혀야 할 때는 엔진 일련번호를 확인했다. 절도범이 지우는 것을 자주 잊어버리는 번호였다. 기관실에 혼자 들어갈 수 있는 상황이면 자성 분말이 든 작은 유리병을 챙겨 가서 배의 원래 이름 또는 건조 당시의 이름을 선체에서 뜯어냈을 만한 부분에 그 가루를 흩뿌렸다. 용접했던 것을 떼면 금속의 원자가가 변형되어 자성 분말이 다르게 흡착되기 때문에 이렇게 하면 나중에라도 이름의 흔적이 드러났다.

항구에서 배를 빼내기 위해 시선을 다른 곳으로 돌려놓는 영리한 수법이 필요할 때도 있었다. 압류원은 현지 정치인을 매수해 인근 도로를 폐쇄하게 하거나, 거리에서 어슬렁대는 청년 무리를 시켜 골목에 불을 피우게 하거나, 술집 주인에게 돈을 주고 동네 반대편에서 성대한 파티를 열게 했다. 하드버거는 자신이 경비원을 배에서 떼어내느라 썼던 방법 중 최악은 다른 사람에게 돈을 주고 경비원의 어머니가 막 입원했다는 거짓말을 시킨 것이었다고 말했다. 대개는 매춘부를 쓰는 편이라고 했다. "그 사람들은 평생 연습을 해왔으니 연기로는 최고거든요."

내가 인터뷰한 압류원 대여섯 명 중 배를 빼내다 잡힌 적이 있다고 한 사람은 아무도 없었지만, 아슬아슬한 곤경에 빠진 경험은 적잖이 있었다.[15] 린지는 블라디보스토크 항장과의 거래가 틀

어지는 바람에 자동차 트렁크에 숨어 러시아에서 몰래 빠져나와
야 했던 전 동업자 이야기를 해줬다. 돌비는 자기 직원 중 압류 과
정에서 인질로 잡혔다가 정부군의 도움으로 구조된 사람이 있다
고 했다. 미첨은 멕시코에서 마약 카르텔의 배 수십 척을 빼낸 일
로 아직도 카르텔이 자기에게 현상금을 걸어뒀다는 말을 했다.

그러나 교묘한 시선 돌리기와 적재적소에 자리한 협력자, 가짜
제복과 편리한 장비도 물론 중요하지만 이 일에서 무엇보다 중요
한 기술은 법을 유연하게 대하는 관점이라는 것이 내가 최종적으
로 받은 느낌이었다. 뇌물, 벌금, 세금, 수수료 등 문제 해결에 드
는 돈의 이름은 대개 돈을 내는 사람에 따라 달라진다. 누군가는
절도라고 할 행위를 어떤 사람은 적출이나 사법적 이전 또는 해
상 압류라고 할 것이다. 어떤 이름으로 부르든 간에 하드버거는
소피아호로 그 일을 해내려던 참이었고, 나는 그걸 현장에서 내
눈으로 보고 싶었다.

* * *

하드버거의 기준에서 봤을 때 소피아호를 그리스에서 빼내는
것은 간단히 끝날 일이었다. 배에 몰래 승선할 필요도 없었다. 가
짜 제복을 입지도, 말재주로 선원들을 속이지도, 쇠갈고리나 매
춘부나 부두교 저주를 쓰지도 않을 것이었다. 하드버거에게 일을
의뢰한 뉴욕TCA의 자금주들은 선원들도 분명 한편일 거라고 장
담했다. 정확한 숫자를 말해주지는 않았으나 하드버거는 너무나
쉬운 일이라고 생각했기에 이례적으로 낮은 보수를 청구했다.

선박 운영주 뉴리드는 아테네 항만 당국의 손아귀에서 벗어나

야 한다는 필요성에는 동의했다. 하지만 나중에 어떤 일이 생길지, 하드버거가 배를 어디로 옮길지 우려하기 시작했다. 자기들이 배의 앞날을 통제하기 어려운 곳으로 가지는 않을지 궁금해 했다.

작업이 생각보다 훨씬 고되리라는 것은 하드버거가 아테네에 도착한 지 얼마 되지 않아 확연히 드러났다. 선박 탈취를 실행할 계획이 문제가 아니라 두 주요 채권자인 뉴욕의 자금주와 선박 운영주가 같은 곳을 보지 않는 것이 문제였다. 하드버거는 운영주가 주저하는 것을 감지했지만 배의 행선지를 계속 비밀에 부치고 거푸 이렇게만 말했다. "일단 그리스 수역 밖으로 배를 빼내기부터 합시다. 어디로 갈지는 그러고 나서 걱정하자고요." 소피아호가 역청 운반으로 돈을 계속 벌 수야 있겠으나 그러려면 가짜일 가능성도 있는 피라미 채권자들이 배를 묶어두고 있는 그리스에서 배를 떨어뜨려야만 한다는 것이 하드버거의 요지였다.

하드버거가 소피아호 운영주에게 말하지 않은 것은 배를 공해로 옮긴 뒤 자금주의 입장을 대리해 선장에게 몰타나 지브롤터로 운항하라는 지시를 내리겠다는 진짜 계획이었다. 각각 500해리와 1,600해리 떨어진 두 지역의 법정은 선주나 운영주보다 담보 채권자에게 훨씬 우호적이었다. 하드버거는 며칠 동안 소소한 부채를 구제하고 체포 영장을 정리하는 등 아테네 육지에서 분주하게 움직이며 소피아의 다음 기항지를 얼버무리는 데 성공했다.

그런데 하드버거가 계획을 행동으로 옮기는 순간 상황이 달라졌다. 배가 출항하려면 그 전에 누군가는 항장에게 새 행선지를 신고해야 했다. 명단에서 몰타를 본 운영주는 무슨 일이 일어나고 있다는 것을 알아차렸다. 몰타에는 역청 공장이 없었다. 이건 몰타에 닿는 대로 자금주가 선박 소유권을 완전히 차지할 심산이며 어쩌면 운영주의 지분을 아예 끊어낼 수도 있다는 뜻이었다.

내가 아테네에서 하드버거와 합류한 후로 계획은 노선을 한참 이탈해 며칠 후에는 피레에프스에서 전력으로 빠져나가야 하는 상황까지 왔다. 성난 목소리로 걸려온 뉴욕발 전화에서 자금주들은 왜 일이 진작에 완수되지 않았냐며 뱃속부터 불편한 심기를 드러냈다. 하드버거와 동업자 마이클 보노는 항만 당국에서 제대로 출항 인가를 받기 전에는 소피아호가 피레에프스를 떠날 수 없다고 설명해 자금주들을 진정시키려 했다. 보노는 뉴욕에서 자금주의 일을 처리하는 변호사가 통화 중에 내지른 소리를 전했다. "우리는 해적질을 해달라고 당신들을 고용한 거예요. 계속 출항 절차 운운할 겁니까?" 보노는 여기는 아이티가 아니라 그리스라고 응수했다. 이쪽 동네에서 배를 훔쳐 도주하는 것은 마냥 쉬운 일이 아니었다.

이리저리 뻗어 있는 그리스 제도의 지형 탓에 소피아호가 공해에 도달하려면 최대 17시간을 항해해야 했다. 공해에서라면 하드버거도 선박 탈취에 대해 한층 설득력 있는 법적 주장을 내세울 수 있을 것이었다. 자그마한 실수로 중대한 대가를 치르게 될 수 있다고 보노는 설명했다. 운영주가 당국에 연락해 소피아호가 도주 중이라는 사실을 알리면 "맥스는 1시간도 안 되어 체포될 것"이라고 했다. 17시간은 운영주가 그리스 정부 내의 아군에게 연락을 취하거나, 졸로타스의 빚을 받아낼 마지막 기회가 순식간에 날아갈 것이라는 소식을 피레에프스에 있는 누군가에게 전하기에 충분한 시간이었다.

하드버거가 그리스 사람들을 공략하고 보노가 뉴욕 사람들을 달래며 팽팽한 긴장 속에 며칠이 흘렀고, 나는 도움을 받고자 섭외한 현지 기자 디미트리스 부니아스Dimitris Bounias와 함께 항구 근처 호텔에 앉아 대기했다. 드디어 보노에게 문자메시지가 왔다. 하드버거가 작업에 돌입한다는 것이었다. 부니아스와 나는 작은 임대 쾌속정으로 달려가 에게해로 한 시간을 항해해 나가서, 숨어 있으라고 지정받은 소피아호 근처 다른 탱커선 뒤의 좌표로 갔다. 하드버거는 선장이나 선원이 우리 때문에 겁먹을 것을 우려해 우리가 소피아호 선장 눈에 띄지 않기를 바랐다. 나더러 무전을 꺼놓고 자기한테 전화를 걸지 말라고 지시한 것도 같은 이유에서였다.

우리가 그 탱커선 근처에 배를 세우고 다섯 시간을 대기하는 동안 하드버거와 소피아호 선원들은 해가 진 뒤 출항할 채비를 했다. 너울이 너무 높게 일어서 엔진을 정지하면 배가 뒤집힐 위험이 있었기에 우리는 작은 원을 그리며 선회했다. 우리가 탄 배는 선저가 단단하고 선측이 낮은 3미터짜리 보조선으로, 속도는 빨랐지만 지붕이 없어 물보라를 일으키는 파도나 궂은 날씨에 그대로 노출되었다. 해가 저물자 기온이 떨어졌고 물살이 강해지면서 물보라가 더 심하게 튀었다. 나는 떨리는 몸을 진정시켜보려 애썼다. 당뇨가 있는 부니아스는 혈당을 측정해본 결과, 혈당이 위험 수준으로 떨어진 것을 확인했다. 우리는 잠깐 가까운 섬에 들러 먹을거리와 따뜻한 음료를 구하기로 했다.

부두에 올라 음식을 주문하자마자 내 아이폰이 울리기 시작했다. 추적 프로그램 화면에서 소피아호가 움직이고 있었다. 내가 내뱉듯 말했다. "젠장, 당장 가야 해요." 부니아스가 추위를 덜어

보려고 아니스 향이 나는 그리스 술 우조를 몇 잔 시킨 참이었다. 우리는 술을 털어 마시고서 포장된 감자튀김을 집어들고 도로 배로 달려갔다. 30분 안에 소피아호를 따라잡을 수 있었다. 어둠 속에서 스로틀을 끝까지 밀고 공해를 향해 터덜터덜 나아가는 소피아호를 우리는 그렇게 따라갔다.

선교에서 벌어진 논쟁은 그대로 이어지고 있었다. 소피아호의 행선지는 아직도 정해지지 않은 채였다. 자금주와 운영주는 아직도 대치 중이었고 선장은 중간에 끼어 있었다. 운영주는 몰타로 가는 것을 마뜩잖아했으나 다른 대안을 내놓지 못했다. 하드버거는 운영주가 소피아호를 리비아나 이집트, 튀니지의 항구로 돌리려 할까 봐 걱정했다. 운영주는 이 나라들의 정부에 막강한 연줄이 있다고 알려져 있었다. 소피아호가 전에도 정박했던 이들 나라에서는 뉴욕의 담보 채권자나 배에 탄 압류원의 요구쯤은 무시될 가능성이 컸다. "중동 교도소에서 죽을 생각은 없어요." 하드버거는 며칠 전 아테네에서 저녁을 먹던 중 이런 말을 했다. 배를 어느 나라로 끌고 가든 본인도 그 나라에 내려야만 한다는 사실을 곤혹스럽게 일깨워주는 말이었다. 선주뿐 아니라 하드버거 자신에게도 우호적인 곳을 목적지로 삼아야 했다.

당시 소피아호의 선원은 그리스 송입 업체를 통해 고용된 필리핀인 13명이었다. 선원들은 선주에게 급여를 받지 못한 채 지난 몇 달을 보냈다. 송입 업체는 위기 방지 차원에서 개입해 필리핀인 선원 가족에게 돈을 송금해줬는데, 이 업계에서는 보기 드문 일이었다. 송입 업체 사장에게는 측은지심도 있었겠지만, 앞으로도 필리핀인 선원을 더 고용해야 할 테니 선원들 사이에서 회사

평판을 사수해야겠다는 마음도 있었을 것이다. 선원이 임금의 일부라도 쥐고 귀향할 수 있는 항구로 배를 옮길 계획을 하드버거가 짜내면 송입 업체(와 선원들)는 그 계획을 지지하기 마련이었다. 운이 따라준 덕에 하드버거는 선원들의 밀린 임금 절반을 출항 전에 지급하고 몰타까지 배를 인도하는 데 선원들이 협조하면 나머지 절반도 지급하자고 자금주를 설득해놓은 상태였다.

선원들은 이 계획을 반겼으나 델로사리오 선장은 난감했다. 공해로 갈까, 아니면 그리스 수역에 남을까? 뉴욕의 자금주 말을 들어야 하나, 아니면 아테네에 있는 운영주 말을 들어야 하나?

소피아호가 피레에프스를 황급히 벗어나던 순간, 운영주를 대리하는 변호사가 선장에게 전화를 걸어 하드버거의 말은 절대 따르면 안 된다고 전했다. 배가 아직 그리스 수역에 있으니 정당한 통제권은 아직 운영주 손에 있다는 것이었다. "무슨 일이 있어도 공해로 진입하면 안 됩니다." 변호사는 하드버거의 지시를 따랐다간 선장이 고소당할 수도 있을 거라고 경고했다. 운영주는 하드버거에게 "해적 행위가 가당키나 합니까!"라고 이메일을 보내고 하드버거와 보노를 상대로 형사 소송을 고려하고 있다는 말을 덧붙였다. 뉴리드는 델로사리오에게 "피레에프스를 떠나 근처 섬으로 가서 정박"하라는 지시를 내렸다.

하드버거와 델로사리오가 선교에 있는 동안 두 사람에게는 팩스와 이메일과 문자메시지와 위성전화로 상충하는 지시들이 마구 쏟아져 들어왔다. 자금주는 담보 채권자로서 배에 대한 법적 권한을 쥔 것은 본인들이라고 주장했다. 선장에게는 전화로 "당장 몰타로 갈 것"을 지시했다. 보노는 자금주의 말에 힘을 보태주려고 소피아호의 선적국인 파나마에서 해상 변호사가 보내온 편지를 선장에게 이메일로 보내기까지 했다. 이런 상황에서는 담보 채권자에게 권한이 있다고 설명하는 내용이었다. 보노는 델로사리오와 통화하며 경고했다. "까딱하면 '악행'을 저지른 게 될 겁니다." 악행이란 선장이나 선원이 선주의 이익에 반해 행위하는 범죄를 의미했다. 보노는 당장 몰타로 가지 않으면 자금주가 배를 아예 버릴 것이라고 선장에게 말했다. "돈을 받는 건 꿈도 못 꾸겠죠." 보노의 경고였다.

입씨름은 거의 열 시간 동안 이어졌고, 그 동안 소피아호는 그리스 수역에 있으면서도 피레에프스와는 최대한 거리를 벌리려 했다. 나는 엔진 두 개짜리 쾌속정을 타고 하드버거와 보노에게 간간이 상황을 전달받으며 소피아호를 몇 시간 동안 따라다녔다. 그러나 우리 배로는 감당하기 힘든 큰 파도를 맞닥뜨려 항구로 돌아갈 수밖에 없었다.

선교의 델로사리오는 어느 쪽 말을 믿는지 드러내지 않고 자기 패를 숨겼다. 그러다 마침내 아기오스게오르기오스라는 그리스의 섬 근처에서 배의 속도를 늦췄다. 델로사리오는 닻을 내리고, 아옹다옹하는 아이들에게 지쳐버린 엄마처럼 양쪽에 다 반하는 자기만의 지시를 내렸다. 그가 하드버거에게 말했다. "나는 여기서 안 움직일 겁니다. 당신네 둘이 합의를 보도록 해요."

그후 일주일 동안 이들은 그 자리에 가만히 있었다. 하드버거가 나중에 말하기를 자신이 좋은 경찰 역할을, 보노가 나쁜 경찰 역할을 했다고 한다. 두 사람은 그리스 해안경비대가 와서 배를 영구적으로 못 쓰게 하기 전에 이 나라 수역을 떠나야 한다고 운영주를 설득하려 애썼다. 따분해진 선원들은 배에 있는 몇 안 되는 영화인 〈분노의 질주〉 시리즈를 보고 또 보며 시간을 죽였다. 하드버거는 배에서 유일하게 비어 있던 침상인 의무실 침대에서, 침몰한 영국 군함의 유일한 생존자 이야기인 포레스터의 『레절루션의 브라운』을 읽으며 시간을 보냈다. 나는 아테네로 돌아와 호텔에 틀어박힌 채 가족에게 문자메시지로 내 위치를 알리고 일정을 수정했다. 소피아호에서 누가 우위에 서게 될지 궁금했다. 그 배를 놓고 벌어지는 격렬한 언쟁도 결국은 전세계에서 배로 운송되는 대다수 품목의 가격을 소비자에게 보이지 않는 방식으로 뻥튀기하는 더 거대한 판에 속한 경기가 아닌가 하는 생각이 들었다.

다음 날 양측은 비로소 합의에 이르렀다. 운영주는 자금주가 5만 달러를 지불하는 조건으로 소피아호가 몰타로 가는 데 동의했다. 자금주와 보노는 그 돈이 "그야말로 갈취"라고 평했다. 반면 운영주는 제안 액수를 자기 식으로 표현했다. 그쪽 입장에서는 "선심 써준 것"이었다. 운영주는 자금주가 "해적 행위를 시도"한 탓에 어마어마한 비용이 발생하는 지연을 감내해야 했던 것을 고려하면 진짜 받아야 할 돈에 비해 이 정도는 푼돈이라고 주장했다.

몰타로 가는 항해는 6노트의 속도로 엿새가 걸렸다. 그게 거센 바람과 바다에 맞서 그 배가 낼 수 있는 최대 속도였다. 항해하는 동안 소피아호에서는 심각한 파손 문제가 생겼다. 변기가 안쪽에서 막혀 중수도 물이 넘치기 시작한 것이다. 내용물이 화장실 바닥에 철벅대며 8센티미터 높이로 고여 악취를 풍겨댔고, 선원들은 그걸 양동이로 퍼내 위층으로 옮긴 다음 배 밖으로 부어야 했다. 무전은 먹통이 된지라 선교에서 붙들 것은 위성전화뿐이었

소피아호 선교 발코니에 쌍안경을 들고 선 하드버거는 피레에프스항을 벗어나 공해로
가면서 그리스 해안경비대가 배를 따라잡을지 확인했다.

다. 끝내 배의 주 발전기 한 대마저 명을 다했고 소피아호는 예
비 비상용 발전기로 마지막 힘을 짜내 겨우겨우 몰타로 갔다. 하
드버거는 통화 중 이렇게 말했다. "순 고물을 놓고 이렇게들 싸운
겁니다."

배가 몰타에 도착하자 하드버거는 자신이 가져온 유일한 짐인
백팩을 챙기곤 그간 가까운 사이가 된 선원들과 두루 작별 인사를
했다. 바다의 불쾌한 환경을 겪다 보면 깊은 유대감이 빠르게 생
기기 마련이었다. 물론 환경 탓에 선원끼리 싸움이 붙지 않을 때
의 이야기지만 말이다. 그 배의 선원들은 화를 내도 이상할 것이
없었다. 필리핀인 13명은 거의 5개월간 돈을 받지 못한 상태였다.

"소피아호는 매각하든지 아니면 몇 주 안에 다시 운용할 예정
입니다." 자금주는 보노에게 이렇게 말했다. 그러나 선원들은 그
말을 믿지 않았다. 나 역시 안 믿었다. 이 이야기에서 자기 역할을
다한 하드버거는 미시시피로 돌아갔다. 몇 달 후 하드버거는 휴

대전화의 추적 프로그램으로 소피아호가 결국 어디로 갔는지 확인했다. 배는 여전히 몰타에 정박 중이었다.

그 무렵에는 나도 선원들과 연락이 끊겨 그들이 고향으로 돌아갔는지, 받기로 한 돈은 다 받았는지 소식을 들을 수 없었다. 기묘한 탈취 후 시간이 한참 지나니 필리핀인 선원 13명이 그렇게 고약한 배에 갇힌 채로 어떻게 제정신을 유지했는지, 제정신을 유지하기는 했는지가 궁금했다. 내가 무법의 바다에서 찾아낸 이야기 중에는 주인공이 무언가를 주장하고자 바다로 나간 이야기가 많았다. 천둥호는 부정한 방법으로 풍어를 노렸고, 애들레이드호의 여성들은 육지에서 누리기 어려운 권리를 찾아 바다로 갔고, 시랜드는 녹슨 영토를 챙겼고, 낚아채인 소피아호에는 약간의 재산이 걸려 있었다. 그리고 많은 경우 이런 배에 오른 선원들은 단지 생계 수단을 찾다가 큰손들 사이에 끼어버린 사람들이었다.

하드버거가 해준 이야기에 따르면 소피아호는 제대로 기능하는 구명정도 없이 바다로 내보내졌다. 기관장이 몇 달째 선주에게 부품을 요청했지만 부품을 받은 적은 한 번도 없었다고도 했다. 필리핀인 선원들은 위험하고 끔찍한 곤경에 정말로 발이 묶였던 것 같았다. 이들을 태운 배는 재앙에 대비하는 대신 재앙을 목적지로 삼은 듯 보였다. 선원들이 행여 하선을 원했어도 선주나 운영주의 승인이 있을 때만 가능했을 것이다.

하드버거는 다음으로 나아갔다. 압류할 다른 배가 여럿 있었다. 그가 소중히 여기는 해사 법규의 회색지대 덕에, 그가 고용되어 앞질러야 할 정장 입은 강도 무리 덕에 하드버거의 일거리는 꾸준히 공급되었다.

8장
중개인

선원 동료 여러분,

이 세상에서 돈 있는 악인은 통행증 없이 자유롭게 여행하지만

가난한 선인은 모든 변경에서 가로막힙니다.

—허먼 멜빌, 『모비 딕』

2010년 9월 에릴 안드라데Eril Andrade는 건강한 몸과 희망찬 마음으로 필리핀의 작은 마을 리나부안 수르를 나섰다. 어선에서 일해 번 돈으로 물이 새는 어머니 집 지붕을 고쳐드리리라 기대하고 있었다. 7개월 후, 안드라데는 목관 속 주검이 되어 집으로 돌아왔다.

시신은 한 달도 넘게 선내 냉동 어창에 있었던 탓에 시커멨다. 안구와 췌장이 없었고, 자상과 타박상이 온몸을 뒤덮고 있었다. 부검 결과에 따르면 상처는 사망 전에 생긴 것이었다. "병으로 사망"이라고 적힌 쪽지가 시신에 묶여 있었다. 선장이 손으로 쓴 중국어 메모에는 2011년 2월 서른한 살의 나이로 사망한 안드라데가 자다가 죽었다고만 씌어 있었다.

나는 안드라데의 소식을 2015년 한 인권운동가에게 들었다. 어선에서 죽는 사람들이 숱하다는 것은 알고 있었으나, 안드라데는 송출 업체를 통해 일자리를 구한 경우라 유독 관심이 갔다. 이런 업체에 관해서는 노동조합원과 항만 관계자, 선원 권리 운동가에

게서 들은 바가 있었는데, 노동자의 돈을 사취하기로 악명이 높다고 했다.[1]

필리핀 검찰은 안드라데의 사망 경위를 파악하려 애썼지만 배의 운영주를 찾지 못했다. 사실 송출 업체의 소유주조차 찾지 못했다. 나는 그 이유를 알고 싶었다. 내가 필리핀에 간 것은 안드라데의 사망 원인을 알아내기 위해서일 뿐 아니라, 이런 노동자들이 배에 고용되는 방식과 일이 잘못되었을 때 송출 업체가 수행하는 역할을 파헤쳐보기 위해서였다.

유가족이 들려준 이야기에 따르면 2010년 여름의 안드라데는 날이 갈수록 초조해 했다. 안드라데는 경찰이 되겠다는 꿈을 품고 대학에서 범죄학을 공부했으나 최소 160센티미터를 요구하는 신장 제한 기준에 자기 키가 5센티미터 부족하다는 것을 몰랐다. 대신 구한 지역 병원 야간 경비원 일은 시급이 50센트도 안 됐다. 가족이 일구는 논에서 일할 때가 아니면 안드라데는 텔레비전으로 만화를 보며 대부분의 시간을 보냈다고 그의 형 줄리어스Julius가 말했다.

그러던 어느 날, 사촌에게 바다에 가면 일할 수 있다는 이야기를 들은 안드라데는 그 일이 세계를 여행하면서 가족에게 보탤 돈을 넉넉히 벌 기회라고 생각했다. 안드라데는 싱가포르 송출 업체 스텝업머린Step Up Marine의 현지 모집책인 실리아 로벨로Celia Robelo라는 여자를 소개받았다. 안드라데와 같은 마을 출신이기도 한 로벨로는 안드라데가 매달 500달러를 벌고 수당도 50달러씩 받게 될 거라고 했다.

안드라데가 기회를 놓치지 않으려 서둘러 1만 페소(200달러

에릴 안드라데는 스텝업머린이라는 싱가포르의 불법 송출 업체를 통해 2010년 일자리를 구했다가 대만 국적 참치 연승 어선에서 의심스러운 죽음을 맞았다.

가량 된다)가 넘는 필리핀 돈을 '처리 수수료'로 내고 마닐라에 간 다음 거기서 318달러를 추가로 지불해 싱가포르로 간 것이 2010년 9월의 일이었다. 회사 직원 한 명이 공항에서 안드라데를 맞아 인파로 북적대는 싱가포르 차이나타운의 스텝업머린 사무실로 데려갔다. 스텝업머린이 모집한 사람들은 사무실이 있는 건물 16층에 있는 지저분한 방 두 개짜리 아파트에서 잠을 잤다. 바다에 가기 전과 다녀온 후에 대기하는 곳이었다.

　당시 안드라데와 짧게 통화했던 가족이 말하기로 안드라데는 이 아파트에 일주일 정도 묵었다. 텔레비전은 없었다. 구석에는 냄비와 프라이팬이 쌓여 있었고, 벽은 노동자들 말에 따르면 거의 매끼 나왔다는 생선튀김 기름에 찌들어 있었다. 바닥은 어찌나 더러운지 군데군데 곰팡이가 피어 있었다. 창은 굳게 닫혀 있었고 방에서 소변과 땀 냄새가 났다는 내용이 내가 필리핀 경찰 수사관에게 받은 법정 기록과 인터뷰 녹취에 나왔다. 노동자들은 남의 눈에 띄지 않게 드나들라는 지시를 받았다. 바다에서 할 일까지 좌지우지할 권한이 있었던 숙소 관리자는 밤이면 노동자들에게 성관계를 요구하기도 했다.

안드라데는 이 아파트에서 너절한 시간을 보내던 중 가족과 연락이 끊겼다. 9월 15일 오후 4시 29분, 안드라데가 형에게 문자메시지를 보냈다. "형, 나 에릴이야. 지금 싱가포르에 있어. 휴대전화 요금 충전한 게 다 떨어져서 지금까지 문자를 못 보냈다." 안드라데가 대만 국적 어선 홍위212에 오르기 전 가족이 마지막으로 받은 문자메시지였다.

* * *

세계 경제의 생산자와 소비자가 이어지기 위해 반드시 건너야 할 광활한 공간이 바다라고 하면, 선원은 물 위에서 보이지 않는 존재로 유령 같은 삶을 살아가면서 이 항구에서 저 항구로 상품을 이동시키며 쉼 없이 움직이는 매개다.

선원이 일하는 업계는 크게 해운업과 어업으로 나뉜다. 해운업에 종사하는 상선 선원도 유기 등 나름의 어려움을 겪기는 하지만, 인원이 훨씬 많고 처지는 더 열악한 어선 노동자에 비하면 이들은 그나마 보호망이 있는 편이다. 어선원은 조합을 만드는 일이 드물고 그래서 정치적 영향력도 부족한데, 선원을 보호하고 정당한 임금 지급을 보장하겠다는 뜻으로 수십 개국이 서명한 국제 협약인 해사노동협약에서 어선원이 빠진 데는 이런 이유가 일부 작용했다.

세계적으로 5,600만 명이 넘는 해상 노동자가 어선에서 일한
다.[2] 다른 160만 명은 화물선과 탱커선, 컨테이너선을 비롯한 다
른 상선에서 일한다. 대개 이렇게 두 부류로 나뉘는 노동자들은
모두 송출 업체라 불리는 고용 사무소에서 일을 구한다. 수천 개
씩 되는 이런 회사는 전세계에서 운영되며 수십 개국 출신의 선
원을 거의 언제나 이동 중인 배에 공급하는 데 필수적인 역할을
한다.

스텝업머린 같은 송출 업체는 급여와 비행기 표부터 항만 사
용료와 여권까지 모든 사안을 처리한다. 동시에 이런 업체에서는
규제가 허술하게 이뤄져 착취가 빈번하게 발생한다. 선원이 인신
매매되면(자신의 의지에 반해, 대체로 채무나 강압 또는 사기에 떠밀
려 이런저런 일자리로 옮겨지면) 비난의 화살은 대개 송출입 업체를
향한다. 사실 비난을 듣는 것은 이런 업체의 업무 중 하나다. 이런
회사가 있어 선박 운영주는 그럴듯하게 부인할 구실을 얻고 간단
히 책임을 피할 수 있다. 회사가 제공하는 조달 지원보다도 훨씬
유용한 기능이다. 송출입 업체는 노동자의 거주 지역과 착취 발
생 현장에서 멀리 떨어진 곳에 있는 편이라 비난을 듣는다고 해
도 책임을 지게 되는 경우는 드물다.

이런 업체는 모집하는 사람들에게 돈을 더 많이 버는 다른 삶
으로 향하는 문이 열려 있다고 약속한다. 안드라데는 스텝업머린
이 모집한 다른 갑판원들과 마찬가지로 리나부안 수르라는 마을
출신이었다. 인구는 3,400명 정도로, 마닐라에서 남동쪽으로 약
360킬로미터 떨어진 필리핀 북부 해안의 섬 파나이에 있는 마을
이다. 내가 대화를 나눈 주민 대다수는 어선에서 일하게 되기 전

에는 외국에 나가본 적도, 공해에서 일해본 적도, '밀거래'라는 단어를 들어본 적도, 송출 업체를 상대해본 적도 없었다고 했다.[3]

안드라데의 경험이 내가 마을에서 인터뷰한 필리핀인들과 다르지 않았다면 안드라데는 싱가포르에 있는 스텝업머린 사무실에 도착했을 때 무언가 착오가 있었으며 급여는 앞서 약속받은 액수의 절반도 안 된다는 말을 들었을 것이다.[4] 한 달에 500달러라는 처음 이야기는 잊어야 했다. 새로 안내받은 급여는 월 200달러였고, 회사가 말하는 '필수 공제분'까지 계산에 넣으면 액수는 더 줄어들었다.

공제 사항은 정신없이 몰아치는 서류와 눈 깜짝할 새 치러지는 계산, '여권 몰수'와 '의무 수수료', '부수입' 등 익숙지 않은 용어들 틈에서 두루뭉술하게 설명되었을 것이다. 안드라데가 살던 마을의 다른 남자 대여섯 명은(검찰은 이들도 스텝업머린을 통해 고용되었다고 했다) 새 계약서에 반드시 서명해야만 했다고 말했다. 보통 3년 기간을 구속력 있는 약속으로 규정한 내용이었다. 계약서에는 초과근무 수당이나 병가는 없을 것이며 주 6일 하루 18~20시간 근무에 매월 50달러가 식비로 공제되고 선장이 선원을 다른 배로 재배치할 전적인 재량권을 지닌다고 명기되었다. 가족에게 송금되는 급여는 매월 지급되는 것이 아니라 계약 기간이 끝나고 한 번에 지급될 예정이었는데, 이 방식은 대부분의 국가에서 불법이다.

이어서 일부는 식료품 공급 선불 고지서에 서명했다(일회성 비용이고 금액은 250달러 정도로, 대부분의 공제금과 마찬가지로 대행업체가 챙겼다). 그 뒤에는 선원이 배를 벗어나면 '이탈 위약금'이 부과된다는 것을 확약하는 '각서'를 써야 했다(위약금 액수는 보통 1,800달러 이상이었다). 그런 경우 선원이 임금을 수령하려면 자비로 싱가포르에 돌아와야 한다고 서류에 적혀 있었다.

나는 리나부안 수르로 가서, 안드라데와 아는 사이였고 그와 비슷하게 스텝업머린을 통해 고용되었던 남자 대여섯 명과 이야기를 나눴다. 여러 도로가 교차하는 깔끔한 마을에는 야자수가 한가득 늘어선 중심가와 전면 테라스 위로 깃발 여러 개가 펄럭이는 옛날 느낌의 도로변 기도소, 온라인 게임과 '폴 몰' 담배를 광고하는 편의점이 있었다. 나는 콘크리트 블록으로 지은 그들의 작은 집에서 남자들을 한 명씩 만났다. 집은 보통 닭과 돼지가 주위를 어슬렁거리는 숲속 깊은 곳에 있었다. 남자들은 거의 모두 상의는 입지 않고 플립플롭을 신고 있었으며, 내가 별다른 소개를 하지 않았는데도 늘 선뜻 시간을 내어 나와 앉아 대화해줬다.

남자들에게 계약에 관해 물어본 결과, 서명한 서류 사본을 받은 사람이 아무도 없다는 것이 확실해졌다. 서류가 있었으면 체결한 계약이 양쪽 모두에게 법적 구속력을 지닌다는 보장을 받는 데 도움이 되었을 것이다. 남자들은 외국에 있는 상사가 자기들 여권을 압수하는 것이 왜 문제인지도 몰랐다. 그러면 떠날 방법이 없어지는데도 말이다.

이들이 싱가포르에 도착할 무렵에는 대개 빚이 산더미처럼 불어나 있었다. 어떨 때는 그 액수가 2,000달러도 넘어 필리핀인 평균 임금 6개월치를 합한 것보다 많았다. 남자들은 이 돈을 마련하려고 친척에게 돈을 꾸거나, 집을 저당 잡히거나, 가족 재산을 전당포에 맡겼다. 서류에 나오기로 이들이 내놓은 자산 목록에는

"가족의 고기잡이배"와 "형제의 집", 농부가 땅을 경작하는 데 쓰는 소의 일종인 "카라바오" 등이 있었다.

안드라데와 다른 필리핀인들은 몇 년에 걸쳐 각기 다른 시기에 싱가포르에 갔으나, 스텝업머린 사무실 위에 있는 아파트를 묘사할 때는 사실상 전원이 거의 똑같은 표현을 썼다. 싱가포르의 옹호 단체 이주경제인권기구Humanitarian Organization for Migration Economics의 임원인 졸로반 왐Jolovan Wham은 2014년 이 숙소에 붙들려 있는 선원들을 돕는 과정에서 그곳을 방문했다. 왐의 말에 따르면 그 숙소에 있는 사람들은 "통조림 속 정어리처럼 빽빽하게 붙어" 있었다.

몇몇 남자가 내게 일러주기로 숙소는 봉Bong이라는 이름의 작달막한 40대 필리핀 남자가 리나Lina라는 중국인 여자와 함께 회사를 대신해 관리했다. 새로 들어온 사람은 목소리를 낮추고 되도록 돌아다니지 말라는 지시를 받았다. 어떤 사람들은 오전 7시 전에 숙소에서 나가 해가 진 뒤에 돌아와야만 했다. 다른 이들은 봉이 언제나 대문을 잠가놓는 숙소 안에 고립되었다.

밤이면 20명 남짓한 남자들이 바닥에 판지를 깔고 손가락 몇 마디나 들어갈까 말까 한 간격으로 몸을 누였다. 선원 세 사람이 공통되게 한 말에 따르면, 봉이 손가락으로 가리킨 사람은 그의 방에 가서 자야 했고 봉은 거기서 성관계를 요구했다. "거절이라는 선택지는 없었다"고 한 선원이 말했다. 누가 어떤 일을 하게 될지 관리하는 사람이 봉이었기 때문이다.

답을 모르는 것이 아닌데도, 누가 봐도 함정인 곳에 이 남자들이 왜 제 발로 들어갔냐는 의문을 누르기가 가끔은 힘들었다. 새 삶이 너무도 절실했던 이들은 쉽게 속았고, 일단 대행업체의 손아귀에 붙잡힌 뒤에는 방향을 돌리기가 훨씬 힘들어졌다.

* * *

지난 10년간 매해 필리핀만큼 국외로 선원을 많이 내보낸 나라
는 없었다. 필리핀인이 세계 인구에서 차지하는 비율은 2퍼센트도
안 되었으나 전세계 상선 선원 약 4분의 1이 필리핀 출신이었다.
2017년 기준 필리핀은 자국 노동인구의 약 10퍼센트에 해당하는
노동자 100만 명 가량을 해마다 외국으로 보내고 있었다. 1년 평
균 총 200억 달러가 넘는 돈을 고국에 보내는 이 노동자들은 수요
가 많았다. 다수가 영어를 할 줄 알았고 스리랑카나 방글라데시,
인도 출신 노동자보다 교육 수준이 나은 경우가 많았으며 고분
고분하다고 소문이 난 덕이었다. 필리핀 이민국은 노동자 유출을
장려하는 것이 아니라 절차 관리를 지원할 뿐이라고 주장했다.

학자와 인권운동가들은 이런 주장에 동의하지 않았다. 이들은
정부가 노동자 유출에 동력을 제공해 필리핀을 '유랑민의 나라'
로 만들고 있다고 말했다. 비판하는 쪽에서는 국민의 자국 이탈
을 방지할 국내 일자리를 충분히 창출하지 못하고 나아가 국외로
떠난 국민을 보호하지도 못한 데서도 정부의 과실을 지적했다.

2016년 사관과 갑판원, 어업 노동자, 하역 노동자, 크루즈선 노
동자로 일자리를 구한 필리핀인은 40만 명이 넘었다. 안드라데의
죽음에서 드러난 사실이 있다면 해상 노동 시장에 수십 년 경험
이 있는 정부조차 바다 위에서 자국민을 보호하는 데 애를 먹는
다는 것이었다. 다만 나도 곧 알게 되었듯, 정부의 노력은 최대한
좋게 표현해도 미적지근해 보일 때가 많았다.

안드라데 같은 사람을 보호해야 할 정부 기관의 이름은 필리핀 해외고용청으로, 마닐라에 본청이 있다. 열기로 절절 끓는 시내 건물에 들어서 있는 이 기관은 그레이엄 그린의 소설에 나와도 손색이 없을 관료제의 풍자화였다. 층층이 쌓인 동굴 같은 방에서 직원들이 커다란 나무 책상에 줄지어 앉아, 끽끽 소리를 내며 비협조적으로 구는 서랍이 달린 높다란 철제 캐비닛에 보관될 마닐라지 서류철 무더기에 둘러싸인 채 양식 사본에 대고 볼펜을 꾹꾹 눌러댔다. 비대한 몸집으로 어기적대는 행정 공룡은 전세계에서 언제나 움직이고 있는 노동자 100만 명을 (보호하는 것은 고사하고) 추적하기에 전혀 적합하지 않은 모양새였다.

나는 거의 하루를 꼬박 들여 그 건물을 돌아다니면서 착취당한 노동자들에 관한 행정부의 사건 파일을 훑어보았다.[5] 호텔 영수증만큼이나 건조하게 작성된 문서였지만 놀랄 만한 일이 몇 가지 숨어 있었다. 한 서류 캐비닛에는 (흔히 인신매매성 착취에 훨씬 취약하리라 여겨지는 업계인) 성 산업과 야간 유흥업에 종사하는 필리핀인 여성 인신매매 사건보다 어선에서 발생하는 필리핀인 남성 인신매매 사건(2010년 1월부터 2011년 4월까지 약 63건)의 지원 요청이 주싱가포르 필리핀 대사관에 더 많이 접수되었음을 나타내는 2012년 연구가 들어 있었다.

문서 중에는, 있지도 않은 일자리에 수수료를 내도록 사람들을 속이려고 모집책이 만든 가짜 양식도 있었다. 일부는 공식적인 느낌이 나도록 오른쪽 위 모서리에 도장이 찍혀 있었다. 그 중 한 도장에 적힌 깨알 같은 글씨를 가까이서 들여다보니 어린이용 도장 세트로 찍은 인장이라 미니 마우스 얼굴이 들어간 것이 눈에 띄었다.

점심시간에는 도시를 가로지르는 모험을 감행해 인파로 발 디딜 틈 없는 마닐라만 근처 T. M. 칼로 거리의 두 블록짜리 보도로 가봤다. 그곳에서는 선원 수백 명이 일자리를 찾고 있었다. (일부는 합법이지만 다수는 그렇지 않은) 송출 업체에서 나온 모집책은 구인 중인 자리가 나열된 표지판을 목에 걸고 있거나 탁자에 놓인 안내 책자를 손으로 가리켰다.

타갈로그어로 쓰인 인기 랩곡 〈시맨 롤로 코Seaman lolo ko(내 할아버지는 뱃사람)〉가 주변에서 울려퍼졌다. 가수 용가스Yongas가 "요즘 속는 건 뱃사람이지"라고 랩을 했다. 선원은 한때 (배우자를 두고 외도하는 식으로) 속이는 쪽에 있었으나 이제는 선원이 모두에게 속는 존재가 되었다고 경고하는 노래였다. 인파를 뚫고 지나다니는 다수가 가사를 외우고 있는지 노래를 따라 불렀다. 노래를 누가 틀었는지는 몰라도 일자리 시장에서 그런 노래가 쾅쾅대는 것의 아이러니는 다들 개의치 않는 듯했다.

정부의 해외고용청으로 돌아오니, 운영감시과장 셀소 J. 에르난데스 2세Celso J. Hernandez Jr.가 자리에 있다며 내 질의를 받아주겠다고 했다. 쿠웨이트에서 일하는 필리핀인 가사 도우미는 고용주에게 강간당했을 때 필리핀 대사관에 도움을 요청할 수 있다고 에르난데스가 설명했다. "하지만 바다에는 대사관이 없죠." 에르난데스는 매주 처리하는 70건쯤 되는 노동자 착취 사건 중 10~15건 정도가 선원 관련 사건이라고 했다.

에르난데스의 말에 의하면, 노동자를 착취한다고 알려진 업체가 인력을 모집하지 못하게 하려고 정부도 한동안 노력을 기울였다. 마닐라 공항 이민국은 출국하는 필리핀 남성 중 특정 프로파일에 맞는 이들을 붙들었다. 이 활동에서 정부는 시골 출신으로 볼 만한 특징이 있는, 피부가 어둡고 저렴한 옷을 입었으며 여행에 서툴러 보이는 20세에서 40세 사이 남성을 집중적으로 공략했다. 전략의 효과는 미미했다고 에르난데스가 말했다. 들키기 싫으면 어떻게 대답해야 하는지 송출 업체에서 선원들에게 가르치기 시작한 탓이었다. 모집 담당자는 선원이 아무런 질문도 받지 않고 통과하도록 일부 이민국 관계자에게 돈을 찔러주기도 했다.

나는 에르난데스에게 안드라데 이야기를 하며 내가 수집한 증거를 보여줬다. 내가 말하는 동안 에르난데스는 자기 컴퓨터를 확인했다. 무덤덤한 얼굴로 내용을 찾던 에르난데스는 사망한 안드라데나 스텝업머린에 관련된 기록이 전혀 없다고 했다. "확실한 겁니까?" 나는 믿어지지 않는다는 기색을 감추지 못하고 물었다. 에르난데스는 스텝업머린 같은 송출 업체 다수는 정부의 시야에 아예 들어오지도 않는다고 쭈뼛대며 말했다. 나는 혼자서라도 더 조사하겠다고 했다. 에르난데스는 고개를 젓더니, 내가 찾게 되는 내용을 자신에게도 알려달라고 부탁했다.

* * *

에르난데스의 사무실에는 기록이 전혀 없었지만, 스텝업머린은 그 업계에서 꽤 유명했다. 1988년에 설립된 이 회사는 원래 입주 가사 도우미 등 필리핀에서 싱가포르로 파견되어 요리와 청소, 보육을 맡을 살림 인력과 가사 노동자를 모집하는 곳이었다.

나는 몇 주 동안 전세계의 선원 옹호 단체와 인권 단체에 연락

시부얀해에서 어선원들과 찍은 사진. 선원들은 송출 업체 스텝업머린을 통해 인신매매된 사연을 들려줬다.

해 그들이 갖고 있는 파일에 이 회사가 언급된 부분이 있는지 확인해달라고, 기록이 있다면 뭐든 공유해달라고 요청했다. 스텝업머린이 위법 행위로 악명을 떨치고 있음은 금세 명백해졌다. 이 회사는 안드라데가 사망하기 전 10년 동안에도 인신매매 대여섯 건과 심각한 수준의 신체적 학대와 방임, 고용 사기에 연루되었으며, 인도네시아와 인도, 탄자니아, 필리핀, 모리셔스 출신 선원 수백 명에게 임금을 지급하지 않았다는 것이 내가 받은 여러 기록에서 드러났다.[6] 필리핀 정부의 해외고용청이 왜 이런 회사의 소문을 듣지 못했는지 납득하게 해주는 자료는 전혀 없었다.

내가 취재 과정에서 맞닥뜨린 송출입 업체 중 태만한 모습을 보인 곳은 스텝업머린뿐만이 아니었다. 사조오양의 배에서 강간과 구타를 당한 인도네시아인들을 모집한 업체도 마찬가지였고, 두바이에서 만난 선원들의 유기 문제에서도 송출입 업체가 핵심적인 역할을 했다.

이런 회사들은 하나같이 같은 각본을 갖고 있었다. 채무와 협잡, 공포와 폭력, 수치심과 가족 관계를 활용해 선원을 모으고 옭아매 바다의 가혹한 환경에 때로는 수년씩 내버려뒀다. 이 회사들을 통해 선원의 인신매매는 유별난 일이 아니라 예삿일에 가깝다는 사실을, 대개는 수상한 지하 범죄 세계의 수장이 아니라 기꺼이 한눈을 팔아주는 정부 기관 덕에 처벌받지 않고 운영되는 기업형 사업체가 조직한다는 사실을 알 수 있었다. 선박 압류를 취재하면서 나는 육지의 부정부패가 어떤 식으로 바다에까지 손길을 뻗치는지 목격했다. 송출입 업체를 조사하면서는 국경 내 범죄 행위를 향한 법 집행 기관의 관심이 대체로 해안선에서 끊겨버린다는 사실을 발견했다. 기관의 관할권과 책임 범위는 그보다 더 멀리 뻗어나가는데도 말이다.

송출입 업체가 세계 수산업계에서 수행하는 더 큰 역할이 있다는 사실도 차차 알게 되었다. 이런 회사는 단순히 선원과 고용주 사이의 의무와 책임 문제를 완충하고자 존재하는 것이 아니었다. 세계화에 관한 어떤 환상을 지탱하는 것 역시 이 회사들의 목적이었다. 송출입 업체는 (툭하면 임금을 삭감하고 선원을 속이는 수상한 곳이라면 더더욱 그런데) 전세계의 소비자가 어떻게든 믿으려 하는 환상을 수산 회사가 유지하는 데 필요한 효율성을 제공한다.

이 환상이란 어업이 지속 가능하며 합법적인 방식으로, 노동자가 작성된 계약서에 따라 먹고살 만한 돈을 벌 수 있는 방식으로 진행되면서도, 수천 킬로미터 떨어진 바다에서 물고기를 건져 겨우 며칠 만에 2.5달러라는 가격으로 식료품점 선반에 올라가는

140그램짜리 참치 통조림을 생산해내는 일이 가능하다는 생각이다. 이토록 저렴한 가격과 이토록 조밀한 효율에는 숨은 비용이 있으며, 이를 은폐하는 데 힘을 보태는 것이 송출입 업체다.

숨은 비용은 어업에서만 발생하는 것이 결코 아니다. 산업 혁명 이래로 여타 업계에서 탄소를 대기 중에 공짜로 버릴 수 있었던 것이 한 예이며, 이때 사회에 부과된 숨은 비용은 차곡차곡 누적되어 오늘날 기후 변화라 불리는 현상으로 나타났다. 그러나 바다가 워낙 동떨어진 영역인 탓에 어업계에 존재하는 숨은 비용은 훨씬 덜 알려졌다.

말도 안 되게 낮은 임금을 받고 그렇게 위험한 일을 하는 선원을 직접 모집하고 조달을 관리해야 한다면 수산 회사는 분명 재정 유지에 애를 먹을 것이다. 바다의 무법성, 그리고 숨은 비용을 기꺼이 외면하려는 소비자와 정부의 태도는 이런 어선단 다수의 재정이 유지되게 하는 일종의 보조금과 같았다.

이것이 세계화의 불편한 진실이다. 그 바탕이 되는 것은 애덤 스미스가 말한 보이지 않는 손이 아니라 시장의 교묘한 손기술에 가깝다. 이런 업무가 송출 업체로 외주화되니, 공급망의 다음 단계에 있는 식료품 유통업체와 수산물 도매업체의 사회적 책임 부서와 인사 부서 직원은 배의 선장이 뭘 어떻게 하기에 그렇게 적은 보수를 받고도 일하려는 노동자를 구할 수 있는지 이해하거나 설명하려 노력할 필요가 없다. 숨은 비용에 의문을 제기하거나 메뉴판에 보이는 가격이 물고기의 진짜 값이 맞는지 의심할 필요가 없다. 어째서 적당한 비용과 엄청난 속도로 물고기를 전세계로 실어나르는 일이 가능한지, 또는 배에서 죽거나 다치는 선원의 가족은 어떻게 되는지를 해명할 필요가 없다. 송출입 업체가 존재하는 덕분에 이런 질문은 답할 수 없는 것이 된다. 소비자든 누구든 애초에 질문을 던지기나 할 때의 이야기지만.

* * *

나는 싱가포르에서 스텝업머린 본사를 몰래 방문할 현지 기자를 섭외했다. 그 기자는 휴대전화로 사진을 찍어 내게 이메일로 보내줬다. 쇼핑몰 2층 성인용품점과 안마시술소 맞은편에 있는 사무실은 작고 비좁았다. 나는 스텝업머린의 소유주인 빅터 림 Victor Lim과 브라이언 림Bryan Lim을 인터뷰해보려고 몇 주간 애썼다. 누차 의견을 물었지만 거절당했다. 그러나 2001년 필리핀 대법원에 제기된 소송을 통해 이들의 생각을 들여다볼 수는 있었다.[7] 빅터 림은 임금 미지급으로 소송을 건 선원과 어떤 관계냐는 심문에 "아예 모르는 사이"라고 답했다. 그러고는 선원이 배에 오르고 나면 회사가 더 책임질 것이 없다는 말을 덧붙였다.

림이 자기 회사에서 모집한 노동자에게 거리를 두는 방식과 필리핀 정부가 국외로 나간 노동자를 대하는 방식의 여러 유사성에서 분명히 드러나는 바가 있었다. 양측 모두 위험하고 가혹한 환경에 노동자를 배치한 책임을 인정하지 않으려 했다는 것이다. 그러면 문제를 해결할 의무가 그들에게 있다는 뜻이 되기 때문이었다.

법원은 최종적으로 림의 주장을 기각했다. 판결문에는 "글을 모르는 시골 사람을 외국으로 보내 착취를 일삼는 고용주 아래에서 비인도적 처우를 겪게 한"것보다도 나쁜 것은 바로 회사가 임금 지급 거부에 공모했다는 사실이라고 적혔다. 내가 필리핀 정부를 여러 면에서 비판하기는 했지만, 이 법원 평결은 상쾌하기까지 한 직설로 학대를 단호하게 규탄했다.

안타깝게도 이 법원 판결은 하나의 전환점이기도 했다. 빅터 림과 스텝업머린이 필리핀 국내에 등록된 송출 업체를 이용하던 방식을 바꿔, 싱가포르에 있는 필리핀인 가사 노동자를 시켜 작은 마을에 사는 자신의 친척들을 모집하게 하는 불법적인 수법을 개시한 것이 대략 이쯤이었다. 실리아 로벨로도 이런 사례에 해당했다. 림의 집에서 가사 도우미로 일한 적이 있던 동서 로즐린 로벨로Roselyn Robelo를 통해 모집책 일을 구하게 됐던 것이다.

주싱가포르 필리핀 대사관이 2012년에 보낸 서한에 따르면 안드라데가 사망한 후 스텝업머린 관계자와 안드라데가 근무했던 대만 어선의 소유주는 유가족에게 5,000달러를 주겠다고 했다. 필리핀 내 합법 송출 업체에서 주는 선원 사망 보상금이 못해도 통상 5만 달러는 된다는 것을 생각하면 통탄스러운 제안이었다. 유가족은 보상금을 거절하고 2011년 11월 싱가포르 노동부와 함께 스텝업머린에 정식으로 소를 제기했다.[8]

나는 고소 내용을 더 알아보고 싶었지만, 안드라데 사건에 관해 누구와 접촉하든 문제는 스텝업머린으로 되돌아왔다. 싱가포르 노동부 관계자는 왜 그 회사를 인신매매와 다른 위반 행위로 고발하지 않았는지를 내게 설명하느라 진땀을 뺐다. 수사는 진행했으나 스텝업머린의 역할은 순전히 행정적이었다는 결론을 냈다고 했다. 회사는 어디까지나 수산 회사에 선원을 알선하고 숙소와 항공 운임, 바다에서 필요한 서류 작업을 지원해 선원이 배에 원활히 배치되도록 조달을 보조하는 중개인일 뿐이었다는 것이 공무원들의 주장이었다.

싱가포르 노동부 관계자는 자신들은 국외에서는 관할권이 없어서 채무 예속과 신체적 학대 또는 인신매매 피해를 주장한 필리핀인 노동자와 면담한 적도 없다고 인정했다. 스텝업머린이 선취 수수료를 요구하고, 선원들에게 실제 임금을 속이고, 학대당한 이들의 고국 송환 지원을 거부한 이유를 질문하자 싱가포르 공무원들은 그런 문제는 회사에 직접 문의해야 한다고 답했다.

나는 대만에서 경찰과 수산청, 안드라데가 사망한 배의 선주에게 질의할 조사관을 섭외했다. 원래는 내가 직접 조사할 수 있게 대만행 비행기에 몸을 싣게 해달라고 담당 편집자를 설득하려 했지만, 시간이 빠듯하기도 했거니와 내가 중국어를 모르는 외국인이니 현지인의 힘을 빌려야 더 나은 정보를 얻을 수 있겠다는 생각이 들었다. 대만 경찰과 수산청 직원은 안드라데가 탔던 대만 국적선 훙위212호의 선장 사오친충을 신문한 기록이 전혀 없다고 했다. 훙페이 수산의 비서는 회사 소유주가 다른 선박의 수리 문제로 해외에 있어 인터뷰에 응할 수 없다고 말했다. 선원 관련 질의는 송출 업체에 하는 것이 좋겠다는 뜻도 비쳤다.

한편 스텝업머린과는 계속 연락이 닿지 않았다. 사무실로 메시지를 대여섯 번 보내고도 답을 듣지 못한 나는 배달원을 고용해, 내가 알아낸 내용을 상세히 기재하고 필리핀 사법기관을 비롯한 여러 곳에서 제기한 혐의를 기술한 서신을 직접 전달하게 했다. 끝까지 답변은 오지 않았다. 싱가포르 이주민 옹호 단체 이주노동자도중요합니다Transient Workers Count Too의 이사진인 셸리 티오 Shelley Thio는 이렇게 말했다. "그런 회사는 어디에도 답변을 하지 않아요. 정확히 그런 식으로 굴러가도록 설계된 사업이죠."

* * *

2011년 4월 6일, 안드라데의 시신이 홍위212호에 실려 싱가포르의 항구로 들어왔다. 엿새 후 싱가포르 보건과학청 소속 법의병리학자 위켕포Wee Keng Poh 박사가 부검을 실시했다. 그는 심장 근육에 발생하는 염증성 질환인 '급성 심근염'이 사망 원인이라고 결론지었다. 보고서에서 더 알 수 있는 내용은 별로 없었다.

그후 시신은 비행기에 실려 필리핀으로 넘어갔고, 칼리보의 현지 병리학자인 노엘 마르티네스Noel Martinez 박사가 2차 부검을 실시해 처음과 모순되는 결과를 얻었다. 장기적인 심장 질환의 증거가 없다는 것이 마르티네스의 말이었다. 그가 사망 원인으로 대신 지목한 것은 '심근경색증', 즉 심장마비였다. 부검 보고서에는 사망 전에 생긴 타박상과 자상이 안드라데의 눈썹과 위아래 입술, 코, 오른쪽 가슴 윗부분과 오른쪽 겨드랑이에서 두루 발견되었다고 적혔다.

나는 두 병리학자와 연락해보려고 일주일 가까이 시간을 들였다. 공무원과 이전 고용주에게 이메일을 돌렸고《뉴욕타임스》외신 기자들에게 도움을 청해 연락처를 수소문했다. 진전은 없었다. 막다른 길에 이르렀을 때 내가 얻은 것은 중요한 깨달음 딱 하나뿐이었다. 탐사보도가 본업인 기자가, 그것도《뉴욕타임스》라는 든든한 뒷배가 있는 기자가 병리학자들조차 못 찾는 상황이라면, 안드라데의 가족이 답을 얻길 어떻게 기대할 수 있겠는가.

마침내 주 경찰 수사관으로부터 약간의 도움을 받을 수 있었다. 수사관은 부검 보고서를 검토해, 안드라데의 시신에서 보이지 않았던 췌장과 안구는 부검 과정 중 검시관이 제거했거나 실수로 훼손했을 수도 있다는 의견을 들려줬다. 그러나 실제로 그랬으리라고는 생각지 않는다는 말을 덧붙였다. 중대 사고를 당해 회복이 불가한 정도의 장기 손상을 입었으리라는 것이 더 그럴싸한 설명이라는 것이었다.

2015년 9월, 나는 안드라데의 고향 마을인 리나부안 수르로 가서 스텝업머린을 통해 일했던 남자 대여섯 명을 인터뷰했다. 안드라데와 마찬가지로 모두 남아프리카공화국과 우루과이 사이의 남대서양에서 일한 사람들이었다. 수산업계에서 노동 착취로 유달리 지독한 악명을 떨치는 배인 대만 국적 참치 연승 어선에서 일한 것도 공통점이었다.

그들 중 몇몇은 필리핀 하급 공무원이 인신매매에 공모하고 있다고 생각했다. 마닐라 공항에서 특정 창구에 있는 특정 직원 앞으로 안내받으면 필요한 해외 취업 비자가 없는데도 그 직원이 그냥 통과시켜주더라는 이야기가 나왔다. 정부 대변인은 이런 주장을 부인하며, 필리핀 정부가 노동자 보호에 적극적이라는 증거로 새로 도입한 인신매매 방지법과 법 집행 노력 사례를 들었다.

나는 안드라데와 절친한 사이였던 콘드라드 보니이트 이 비센테Condrad Bonihit y Vicente를 인터뷰하고 싶었는데, 내가 그의 위치를 파악했을 때 보니이트 이 비센테는 어선을 타고 바다로 가고 있는 중이었다. 나는 보니이트 이 비센테의 상사인 선장에게 허락을 받아 그가 있는 곳으로 가기로 하고, 야간 원정 조업에 나서는 선원 열 명과 함께 해안에서 65킬로미터 가량 떨어진 곳으로 떠나게 되었다. 배 위의 선원들은 운항이 시작되고 일곱 시간이 지날 때까지 별다른 말 없이 나와 거리를 뒀다. 그러다 내가 볼일을 봐야 하는 상황이 되었다. 나는 선원 한 명에게 어디로 가면 되냐고 물었다. 이런 종류의 어선에서 소변을 보는 것은 비교적 쉬운 일이다. 그러나 대변을 보려면 체조 선수 버금가는 균형 감각이 필요하다.

배 뒤쪽으로 가서 선외기를 지나니, 판자 두 짝이 발 하나 길이 정도 사이를 두고 평행하게 놓여 있었다. 그 위에 쪼그리고 앉아 판자 사이의 공간을 조준해야 했다. 나무판은 심하게 미끄러웠고, 사람들이 쓰면서 표적을 빗나가 판자를 맞히는 것이 일상이었던 탓에 망측하리만치 지저분했다. 선원들이야 넘어지지 않고 버티는 능력이 대단했지만, 나 같은 손님은 물에 빠질 가능성이 차고 넘쳤다. 배의 프로펠러가 바로 아래에서 돌아가고 있어 무섭기까지 했다. 그날 밤 나는 물에 빠지지는 않았으나 바지를 내린 채로 미끄러져 빠지기 직전까지 가는 바람에 선원들의 왁자한 웃음을 유발했다. 몸을 제대로 가누고 바지를 추켜올린 뒤 무대라도 마친 듯 인사를 해 보이자 선원들은 곧장 열렬한 박수를 보내줬다. 창피하고 오금이 저리도록 겁나는 일이었지만, 성공적으로 분위기를 풀어준 사고였다.

그로부터 한 시간 후 나는 안초비가 가득 든 15미터 길이 어망을 걷고 있는 보니이트 이 비센테에게 다가갔다. 안드라데가 스텝업머린 같은 불법 송출 업체에 무모한 기대를 건 이유가 무엇인 것 같냐고 묻자, 그는 이렇게 답했다. "돈을 벌려면 돈이 필요한데, 우리 대다수에게는 그게 없거든요."

보니이트 이 비센테는 처음에는 그러지 않으려 했지만 자신도 스텝업머린에서 일한 적이 있다고 했다. 그는 선원 교육을 받느라 친척들에게 몇 년에 걸쳐 2,100달러가 넘는 돈을 빌렸으나, 결국 9달러가 없어서 최종 시험을 치를 때 강사가 학생에게 요구하는 뇌물을 마련하지 못했다. 돈을 빌릴 시간과 상대가 남지 않은 상황에 수료증도 없으니 불법 송출 업체를 이용하는 것 말고는 달리 도리가 없었다는 것이 보니이트 이 비센테의 말이었다.

2010년 보니이트 이 비센테는 스텝업머린을 통해 지혼101이라는 대만 참치 연승 어선에서 다른 선원 30명과 함께 일하는 일당 5.3달러짜리 일을 구했다. 선장과 갑판장이 매주 선원을 폭행하는 것을, 그러다 한번은 한 갑판원이 의식을 잃는 것까지 목격한 보니이트 이 비센테는 10개월 후 케이프타운에 배가 정박했을 때 배에서 도망치자는 결단을 내렸다고 한다. 그후 한 현지 성직자의 도움을 받아 싱가포르로 돌아왔으나, 스텝업머린 측에서는 그가 집으로 돌아갈 마지막 여정의 비행기 푯값을 처리하는 데 그가 받아야 할 임금 전액을 소진하겠다는 서류에 서명하라는 요구를 했다. 보니이트 이 비센테는 그후로 다시는 공해에 발을 들이지 않았다고 했다. 필리핀 해안과 수십 킬로미터 떨어진 곳에서 나와 인터뷰했던 시기에 그는 일당으로 1.2달러를 벌고 있었다.

해변으로 돌아온 뒤 나는 근처 시내의 패스트푸드점에서 일한다는 안드라데의 다른 친구를 찾았다. 에마누엘 콘셉시온Emmanuel Concepcion은 자기 경험을 이야기하면서 안드라데가 자다가 죽었을 가능성은 없다고 잘라 말했다.[9]

스텝업머린을 통해 일을 구한 콘셉시온은 남대서양에 있던 대만 국적 참치 어선 푸성11에서 2010년 10월부터 약 9개월간 일했다. 선장은 작업 속도가 너무 느리다거나 물고기를 떨어뜨렸다는 사소한 잘못을 구실 삼아 몇 주에 한 번씩 선원을 구타했다(보통은 손이나 발로 때렸으나 나무 봉으로 찌르는 일도 잦았다).

선장이 조리수를 유독 가혹하게 폭행했던 어느 날 저녁, 선원들은 조타실 바닥에 떨어진 피를 발견했다. 그리고 얼마 지나지 않아 선장이 사라진 것을 알아차렸다. 그후 일주일 동안 선원들은 무엇을 해야 할지 모르는 마비 상태로 지냈고, 배가 정처 없이 떠돌던 중 결국 기관사가 지휘권을 쥐고 케이프타운으로 배를 몰았다. 경찰은 조리수를 즉시 체포했고, 나중에 조리수는 선장을 찌르고 시신을 배 밖으로 던졌다고 자백했다. 콘셉시온은 그 사고가 일어난 후 곧장 고국으로 돌아왔고, 돈은 끝내 받지 못했다. 콘셉시온은 내가 처음에 물었던 질문을 다시 짚으며 이렇게 말했다. "안드라데가 자다가 죽은 것 같냐고 했죠? 아뇨, 일은 그런 식으로 돌아가지 않아요."

마을 사람들을 찾아 인터뷰하는 데는 상당한 시간과 수고가 들어갔다. 값지면서도 소용없다는 느낌이 동시에 드는 과정이었다. 가혹 행위를 들을 만큼 듣다 보면 어느 순간 그런 이야기에 무뎌진다. 그리고 그보다 나쁜 것은 이야기가 너무나 일률적이라 메아리처럼 울리기까지 한다는 것이다. 내가 무엇을 하든 안드라데를 되살릴 수는 없었고, 그 무렵에는 행동에 나서도록 수산업계나 필리핀 또는 대만 정부의 등을 떠밀 무언가를 밝혀낼 힘이 내게 있다는 믿음도 없었다.

이 과정 자체가 문제의 설명이라는 느낌이 들기 시작했다. 저 널리즘의 핵심을 이루는 한 가지 변치 않는 확신, 사건을 증언하고 목소리가 없는 이들에게 목소리를 주는 일에 가치가 있다는 생각이 확실치 않게 느껴졌다. 물론 이런 정보를 세상에 내놓으면 다른 이들이 현실을 변화시키는 데 어떤 식으로든 쓰일 수 있다는 희망을 놓지는 않았다. 하지만 마음 깊은 곳에서는 이런 생각이 타당한 동기 부여인지 직업적 망상인지 의구심이 일었다.

* * *

2014년 필리핀 경찰은 안드라데를 비롯한 마을 주민을 대상으로 한 인신매매와 불법 취업 알선 혐의로 스텝업머린 관계자 10명을 입건했다. 그러나 최종적으로 기소된 사람은 딱 한 명, 실리아 로벨로뿐이었다. 노동자 착취에 가담한 사람 중 가장 하위에 있고 가장 죄과가 가볍다고 해도 무방할 인물이었다.[10]

마흔여섯 살인 로벨로는 검찰에 따르면 첫 알선 행위로, 담당한 사람을 다 합쳐도 수수료로 기껏해야 20달러를 벌었을 그 행위로 종신형이 될 수도 있는 형을 선고받았다.[11] 다른 스텝업머린 관계자들은 부재중인 채로 필리핀 당국에 입건되었으며 위치는 싱가포르로 추정되었는데, 두 나라 사이에는 범죄인 인도 조약이 체결되어 있지 않아 이들이 법의 심판을 받는 일은 영영 일어나지 않을 가능성이 컸다.

로벨로를 제외한 다른 사람들이 기소되지 않았다는 사실에서 개별 소유가 아닌 것은 돌보지 않는다는 이른바 공유지의 비극 개념이 강력하게 떠올랐다. 공해는 모두의 소유인 동시에 누구의

의심스러운 정황 속 죽음으로 이어진 대만 국적 참치 연승 어선 일자리를 에릴 안드라데에게 소개한 실리아 로벨로가 필리핀의 시골 교도소 아클란재활센터에 앉아 있다. 아홉 살 난 아들 하비어가 뒤에 서 있다.

소유도 아니었기에 여러 정부는 해상 노동자를 보호하거나 가혹 행위를 수사하는 데 공조하지 못한다. 공해는 잘못이 허용되는 여백이자 위험을 각오하고 통과해야 하는 프런티어다. 방관자 증후군과, 범죄 단속이나 부정행위 시정은 다른 누군가가 하리라는 병적이고도 확고한 믿음에 힘이 실리는 장소다. 그리고 스텝업머린 같은 회사에게 이런 공백은 비극이 아니라 기회였다.

　조업을 하는 안드라데의 친구를 만나고 해안으로 돌아온 후 며칠이 지났을 때, 나는 교도소에 있는 로벨로를 찾아갔다. 논에 둘러싸인 외진 지역의 흙길을 차로 달려 2만 제곱미터 면적의 아클란재활센터에 도착했다. 로벨로가 수감되어 있는 곳이었다. 3미터 높이의 콘크리트 블록 벽 안에는 재소자가 약 223명 있었고 그 중 24명이 여성이었다. 교도소는 어수선한 판자촌 분위기를 풍겼다. 면회 온 아이들과 닭이 발치에서 종종대며 돌아다녔다. 재소자들은 금속판을 얹은 지붕에 쪼그리고 앉아 뜰을 내려다봤다. 건물 한편을 따라 흐르는 하수도에서는 속을 뒤집는 짙은 배설물 냄새가 났다.

2013년 5월부터 복역 중인 로벨로는 체포된 사연을 설명하며 눈물을 보였다. "이름을 알게 되면 싱가포르에 알렸어요."로벨로는 두 림씨 중 어느 쪽과도 직접 만나거나 대화한 적은 없고, 자기에게 도움을 요청했던 싱가포르에 사는 동서 로즐린 로벨로하고만 연락을 주고받았다고 했다. 림씨들은 로벨로가 한 명을 넘길 때마다 2달러를 주겠다고 약속했으나 실제로 지급하는 일은 전혀 없었다. 청년들이 서류를 작성하고 송부하는 것을 도우려고 그들 집을 수차례 오가느라 들인 교통비를 메워줄 돈이었다고 로벨로는 말했다. 로벨로는 안드라데가 사망하기 전까지는 자신이 모집한 10명이 싱가포르나 바다에서 무슨 일을 겪었는지 들은 적이 없다고 했다. 검찰에 따르면 로벨로가 모집한 사람 일부는 그녀의 친척이었다.

"다들 일이 없으면 일자리를 서로 나눠야 해요."이렇게 말한 로벨로는 교사가 되려고 대학에 갔으나 끝내 교단에는 서지 못했다. 그녀는 자기가 마을에서 수행한 역할은 일자리 알선이 아니라 해외 취업 기회를 알려 도움을 주는 것이었다고 주장했다.

내가 로벨로를 만나러 교도소에 갔을 때 그녀의 남편 미첼Mitchell도 면회 중이었다. 두 자녀, 아홉 살인 하비어Xavier와 일곱 살 가즈렐Gazrelle도 함께였다. 미첼은 아내의 첫 변호사비 2,800달러를 마련하느라 오토릭샤를 판 뒤로 줄곧 실직 상태였는데, 부부의 말에 따르면 변호사는 사건에 손도 대지 않고 종적을 감췄다.

교도소에 가기 전에 나는 주도 칼리보에 있는 검사 레이날도 B. 페랄타 2세Reynaldo B. Peralta Jr.의 사무실에서 하루를 보냈다. 페랄타는 스텝업머린과 얽힌 인신매매 사건을 지휘한 인물이었다. 나는 미리 약속된 인터뷰를 하려고 몇 시간을 기다렸다. 그러나 페랄타는 끝까지 나타나지 않았고 나중에 보낸 이메일에도 답장을 하지 않았다. 하지만 내가 섭외한 조사관에게는 결국 입을 열었다.[12] 현지 경찰이 안드라데의 사망 경위를 규명하려 안드라데와 같은 배를 탔던 다른 선원들과 면담을 진행하지 않은 것은 그 선원들이 본인 관할권이 아닌 국내 다른 지역에 있었기 때문이라는 게 그의 말이었다.

로벨로는 하급 행동원에 불과하고 어쩌면 잘못도 제일 적지 않냐는 질문에 페랄타는 "그 여자가 모집하지 않았다면 피해자들은 출국하지 않았을 것"이라고 답했다. 또한 일부 마을 주민이 싱가포르로 보내달라며 로벨로에게 돈을 쥐여줬으나 고용 권한이 로벨로 본인에게 있던 것은 아니었으니 모집 일이 불법임을 로벨로가 알았을 거라고 주장했다.

필리핀에서 보내는 마지막 날, 나는 안드라데가 살았던 마을을 다시 찾았다. 안드라데의 어머니 집에 가서 그의 삶을 마지막으로 돌아보고 싶어서였다. 그러나 내가 인터뷰를 시도해도 마을 사람들은 나서려 하지 않았고, 안드라데 일을 언급하자 입을 더 굳게 다물었다. 사람들이 이렇게 망설이는 것은 그 일을 공공연하게 말했을 때 따라올 결과가 두려워서라기보다는 피해자와 범인이 모두 동네 사람이라는 데서 오는 수치심 탓이라는 느낌이

들었다.

내 설득에 입을 열어준 한 명은 질척대는 뒷길 위 외따로 서 있는 과일 수레 옆에서 만난 남자였다. 그는 사건 이야기를 들었으며 자신도 그런 일을 제안받았다면 똑같이 함정에 빠졌을 것 같다고 했다. 내가 그 이유를 묻자, 남자는 아무 대꾸 없이 반쯤 썩어가는 망고와 산톨, 바나나를 변변찮게 벌여놓은 쪽을 가리키기만 했다. 나는 남자의 손짓을 '가진 게 이것뿐이면 눈앞에 나타난 기회를 덥석 물지 않겠냐'는 의미로 이해했다.

마침내 찾은 안드라데의 어머니 집은 무성하게 자란 바나나 덤불에 둘러싸인 폐가였다. 집 주위를 걷다 보니, 현관문 틈에 끼어 있는 미납 전기요금 고지서 대여섯 통이 보였다. 2014년 암으로 사망한 안드라데의 어머니 몰리나Molina 앞으로 온 것이었다. 현관문이 잠겨 있지 않아 나는 집 안으로 들어갔다. 천장에서 물이 떨어졌고, 멀지 않은 곳에 먼지가 내려앉은 가족 앨범과 대학 졸업 앨범이 쌓여 있었다. 안드라데의 시신을 필리핀으로 운구하는 데 사용되었던 관도 집과 나란히 놓여 있었다.

공항으로 가기 전 나는 안드라데의 형 줄리어스를 만나러 그의 집으로 갔다. 줄리어스는 자신의 가족들은 안드라데의 죽음에 잘못이 있는 누군가가 고발되기를 아직도 기다리고 있다는 말을 했다. 나는 실리아 로벨로가 이미 교도소에 있지 않냐고 했다. 줄리어스는 그건 오심이라고 일축했다. 진범(그의 표현에 따르면 "책임져야 할 사람들")은 여전히 자유의 몸으로 싱가포르와 바다에서 활동하고 있었다. 줄리어스가 말했다. "그 사람들은 멀찌감치 거리를 유지하지요." 우연은 아니라고 나는 생각했다.

9장

다음 프런티어

컴컴한 바다에게 물었네
어부는 어디로 내려가냐고
그는 내게 침묵으로 답했네
아래의 침묵으로 가노라고
—세라 티즈데일, 「아말피의 밤 노래」

브라질 해안으로부터 240킬로미터 가량 떨어진 곳, 2인용 소형 잠수정에 탄 나는 내가 끔찍한 실수를 저지른 것은 아닐까 생각했다. 모질게 내리쬐는 적도의 태양 아래에서 목과 가슴을 타고 흘러내리는 땀줄기가 느껴졌다. 소방차처럼 빨간색으로 칠한 잠수정의 비좁은 격실에 들어가니, 손잡이와 단추 그리고 풍광이 나를 둘러쌌다.

이곳으로 우리를 데려온 그린피스 요원들이 내 머리 위로 두꺼운 돔형 유리를 당겨 덮었다. 공기가 흡입되는 큰 소리와 압착되는 쉭쉭 소리가 나면서 내가 있는 격실이 단단히 밀폐되었고, 요원들은 잠수정 조종사 존 호서바John Hocevar가 탄 왼쪽 칸도 똑같이 닫아줬다. 어항에 나란히 들어간 것처럼 쌍둥이 망대 안에서 머리를 내민 채로 호서바는 내게 엄지를 들어 보였고, 나는 초췌한 미소로 화답했다.

이어서 인양기가 잠수정을 9미터 높이의 허공으로 들어올리더니 뱃전 너머로 방향을 돌려 진녹색 선체를 따라 수면으로 내려

브라질 대서양 연안에서 인양기가 헬기 이착륙장에 있던 잠수정을 들어올려 뱃전 너머로 돌린다. 바다 밑바닥을 따라 965킬로미터 이상 뻗어나간 산호초를 기록으로 남기고자 한 브라질 과학자들은 2017년 1월 해당 구역 내 석유 시추 계획을 저지하려는 속도전을 벌였다.

줬다. 우리는 인양기에서 분리되어 파도 위로 던져졌고, 110미터 이상 내려가야 하는 해저로 잠수를 시작하자 돔형 덮개 위로 물거품이 폭포처럼 밀려들었다.

내가 브라질에 온 목적은 싸움 구경을 하기 위해서였다. 한편에는 에너지 기업 삼총사가 있었고, 반대편에는 브라질 과학자 집단이 있었다. 이들이 노리는 것은? 한 해저 구역의 관할권이었다. 에너지 기업은 해당 구역의 석유 시추권을 따려고 엄청난 돈을 들였다. 브라질 연구자들은 그 시추 작업이 인근에 있는 1,000킬로미터 길이의 산호초에 위협이 된다고 주장하며 이들을 막으려 했다.

승산이 있는 쪽은 시추 기업이었다. 이 기업들은 수역에 대한 접근권을 주장할 변호인단을 고용하고 음파 탐지 장비를 사용하는 배와 수중 드론을 동원해 저 아래에 숨겨진 부를 쫓을 자원이 있었다. 브라질 정부도 그들 편이었다. 2013년에 이 기업들에게 시추 허가를 내줬던 것이다. 그린피스는 격차를 줄여보고자 자기 단체의 선박들 중 특히 큰 에스페란사Esperanza(스페인어로 희망을 뜻한다)와 임대 잠수정을 보내 브라질 과학자들이 문제의 해저 구역까지 갈 수 있게 했다. 연구자들은 그곳에서 보호가 필요한 자연의 풍요를 영상으로 담고자 했다.

나는 내심 석유 기업이 승리할 거라고 짐작했다. 이런 싸움에서는 으레 그렇게 결론이 나기 마련이었는데, 그쪽의 자금력이 더 탄탄하기 때문만은 아니었다. 사실 규칙부터가 기업에 유리하게 쓰여 있었다. 브라질 당국은 다른 대다수 국가와 마찬가지로 자국 영해 내 기업의 시추나 채굴을 승인하기에 앞서 환경영향평가서를 요구했다. 하지만 이런 서류는 공허한 보호 조치다. 이런 지역에서는 문서의 정확도를 검증할 인력이나 기관이 거의 없어 더욱 그렇다. 시추나 채굴이 벌어지는 바다의 수심을 자체적으로 측정하려면 막대한 비용이 들었다. 그 결과 대중은 별수 없이 환경영향평가를 액면 그대로 믿어야 했다.

해저가 지구상 마지막으로 남은 프런티어이자 막대한 광물 자원과 미지의 생물다양성을 간직한 무법과 불가사의의 영역이라는 사실이 브라질의 이 결전에서 여실히 드러났다. 이 행성에서 단속이 가장 덜 이뤄지는 지대라고 해도 과언이 아닌 바다 밑바닥은 접근권과 통제권을 둘러싼 과학자와 환경 보호 활동가, 산업계와 정부의 혼전이 일상적으로 벌어지는 곳이다.[1] 그런데도 우리는 바다 깊은 곳을 기록한 해도보다 밤하늘을 그린 천문도를 더 많이 제작했다. 공해에 무법이 판을 친다지만, 깊은 해저는 문자 그대로든 법적 의미로든 그야말로 광대한 공백이다. 나는 그 공백을 직접 탐사하고 싶었고, 대서양에서 벌어지는 산호초 전투는 더없이 적절한 기회였다.

해저의 공백은 그곳에서 일어나는 일을 우리가 거의 알지 못해서 생겨난 것이기도 하다. 브라질에서만 그런 것도 아니었다. 2010년 멕시코만에서 BPBritish Petroleum의 딥워터 호라이즌Deepwater Horizon 원유 유출 사고가 발생했을 때 미 연방 당국은 시설 봉쇄뿐 아니라 이런 종류의 해상 재난 상황에서 누구에게 권한이 있는지를 분별하는 데도 애를 먹었다. 해양 당국이 나중에 내게 일러준 바에 따르면 미국 정부는 종합 연구를 수행한 적도 없고 자국 관할권에 들어오는 1,165만 5,000제곱킬로미터 규모 바다의 광범한 생태계를 완전히 측량한 적도 없다고 한다.

이 지식의 맹점에는 유구한 역사가 있고, 바다에 관한 우리의 지식이 부족하기에 수세기에 걸쳐 매혹적인 오해가 빚어졌다. 내가 제일 좋아하는 것은 단연 아래로 깊이 내려갈수록 바닷물의 밀도가 높아진다는 빅토리아 시대의 믿음으로, 물이 한층 끈끈해지는 깊은 층에서는 물체가 일정 지점 이하로 내려가지 못한다는 생각이었다. 그래서 사람들은 침몰하는 배가 바닷속에서 정해진 깊이까지만 떨어질 수 있으며 바닥에는 영원히 닿지 않고 그곳을 맴돈다고 믿었다. 죽은 사람이 가라앉는 깊이는 몸의 크기와 옷의 무게에 따라, 일부 견해에서는 회개하지 않고 누적된 죄의 밀도에 따라 달라졌다. 미신과 종교와 과학이 어우러진 혼합체 속에서 바다는 어느 모로 보나 지구의 연옥이 되었다. 가장 악한 자는 바닥까지 가라앉고 도덕성이 모호한 자는 영겁의 세월 동안 표류하는 것이다.

이런 고색창연한 오해는 물론 이후 과학과 근대성으로 바로잡혔으나 대다수 국가는 자국 관할권에 귀속된 수역에 관해 여전히 아는 바가 별로 없다. 버락 오바마는 2009년 취임하면서 통합적인 해양 정책을 수립하기 위한 행정명령을 발표했고, 드넓은 해저를 포함한 미국 수역을 측량하는 것이 그 정책의 일부였다.

사람들은 대부분 국가의 영토가 해안선에서 끝난다고 생각하는 편이다. 그러나 국제법에 있어 한 나라의 관할권은 통상 해안에서 322킬로미터까지 뻗친다(물론 갈수록 통치권의 여러 부분이 약해지기는 하며, 홈퍼르츠가 배를 몰아 멕시코 해안에서 19킬로미터만 항해해 나가면 되었던 것과 시랜드가 영국 해안에서 5킬로미터만 떨어지고도 충분했던 것은 이런 이유에서다). 그 결과 미국 통제하에 있는 영역은 육지(약 906만 5,000제곱킬로미터)보다도 바다(약 1,165만 5,000제곱킬로미터)가 더 많다. 미국 영토 중 괌, 사모아, 푸에르토리코, 미국령 버진아일랜드, 북마리아나 같은 곳은 작은 섬이지만, 막대한 수역을 미국 관할권에 더해준다. 덕분에 바다 위에서 미국보다 큰 영역을 보유한 나라는 없다.

그런데도 바다 위의 영역을 기록하고 관리할 방식을 정할 핵심 관리 주체가 미국 정부에 없다는 것을 오바마 행정부는 깨달았다. 이런 현실을 바꾸려는 것은 시추업계와 어업계에 위협을 제기하는 일이었고, 이들 업계는 해당 영역의 통제를 늘리려는 연방 정부의 노력에 맞서 과거에 그랬듯 로비 공세를 펼쳤다. 이 업계는 국가가 바다를 측량하는 것을 구역 설정의 전조로 인식했고, 자기 산업의 활동 범위가 더 많이 제약되는 결과로 이어질 것이라고 판단했다. 2017년 4월 트럼프 대통령은 오바마의 행정명령을 폐지했다.[2]

* * *

　브라질의 환경 정책은 언제나 미국보다 구속이 덜했다. 석유 기업 세 곳(영국의 BP, 프랑스의 토탈Total, 브라질의 케이로스 가우방 이스플로라상 이 프로두상Queiroz Galvão Exploração e Produção)은 다국적 협력체를 구성해 아마존강 하구 인근 대서양에서 석유를 시추하고자 1억 1,000만 달러가 넘는 돈을 2013년 브라질 정부에 지급했다. 그러나 시추권을 확보하려고 정부에 제출한 서류에서 산호초의 존재는 거의 언급하지 않았다. 그 존재를 모르는 것은 아니었지만.

　그곳의 산호초를 가까이서 본 과학자는 없었지만, 어민들은 기억에서 잊혔으나 여전히 살아 숨 쉬는 아틀란티스를 이야기하듯 산호초가 존재한다는 이야기를 전해왔다. 브라질 과학자 집단은 '아마존리프'라는 이름이 붙은 곳의 규모와 위치를 포함한 주요 세부사항을 밝힌 획기적 학술 논문을《사이언스 어드밴시스》에 발표했는데, 그때가 2016년이었다.[3] 석유 기업들이 서류를 제출하고 시추권 허가를 받아낸 지 3년이 지나서야 발표된 이 연구는 과학자들이 해저에서 어망으로 건져낸 어패류와 어류 등의 여러 증거를 근거로 삼고 있었다. 그때까지도 산호초 자체를 본 사람은 없었다. 연구자들의 처음 생각은 그랬다.

　그런데 브라질 과학자들 사이에서 산호초를 찍은 영상이 있다는 소문이 돌았다. 내가 에스페란사호에 승선해 만났던 이들을 포함한 몇몇 과학자는 탐정 노릇을 하며 해당 석유 기업 밑에서 일하는 연구자들과 은밀히 대화하기 시작했다. 시추 허가를 따내기 한참 전에 이 회사들이 아마존리프가 있는 해저로 ROV(원격 무인 잠수정)를 보내, 너르게 뻗어나가 약동하는 구조체의 영상을 찍었다는 사실이 이내 밝혀졌다. 그러나 기업들은 그 영상을 대중에게 공개할 생각이 없었다. "시추권에 입찰할 때는 그 산호초가 없는 것처럼 굴었죠." 에스페란사호에 탄 과학자 중 한 명인 호나우두 바스투스 프란시니필류Ronaldo Bastos Francini-Filho의 말이다.

2017년 이 시점에 그린피스가 이 과학자들을 돕겠다고 나선 것이 이 때문이었다. 과학자들은 산호초를 직접 눈으로 보고 그 존재를 기록해 영상을 공개한다는 계획을 세우고 작업을 시작했다. 산호초에서 신종이나 멸종 위기종이 발견되면 브라질 정부가 이 시추 업체들을 대상으로 하여 시추권 입찰을 새로 진행할 가능성이 컸고, 그러면 업체는 지연으로 인한 어마어마한 비용을 부담하게 될 터였다. 계획을 취소하는 결과로까지 이어질 수도 있었다.

내가 미국을 떠나기 전, 그린피스 관계자는 엄격한 조건을 내세웠다.[4] 안전을 위해 브라질인 요원 일부는 촬영할 수 없었다. 배까지 가는 동안, 특히 비행기로 브라질에 입국한 뒤에는 이번 일의 세부사항에 관해 다른 사람과 이야기하는 것을 삼가야 했다. 몇몇 요원은 에스페란사호에 무사히 승선하기 전까지는 그린피스 로고를 몸에 걸치지 말라는 이야기를 들었다. 배는 마카파의 아마존강 유역에 정박 중이었다.

그린피스가 주의를 기울일 이유야 분명했다. 2016년 브라질에서는 환경주의자 49명이 살해되었고 이는 그 어느 나라보다 많은 숫자였다. 2017년 7월까지 45명이 브라질에서 더 살해당했다. 범인이 기소되는 일은 드물었고, 범행은 대개 악랄하고 파렴치했다. 한 환경주의자는 양쪽 귀가 잘렸고 그 귀가 가족에게 배송되었다.[5] 아마존 우림 벌목에 항의한 수녀는 벌건 대낮에 사람들 앞에서 사살되었다.[6] 지난 10년 동안 전세계에서 발생한 환경주의자 살해 사건의 절반 가량이 브라질에서 일어났다.

72미터 길이의 에스페란사호는 세계에서 활동하는 그린피스의 배 세 척 중 가장 규모가 컸다. 1984년 선원 40명을 수용할 수 있는 소방선으로 폴란드 그단스크에서 건조된 이 배는 16노트까지 속력을 낼 수 있었으며 네덜란드 국기를 걸었다. 거친 조류에서도 안정적이라는 이유로 임무에 선택된 에스페란사호는 인양기도 제일 튼튼했고, 잠수정을 내보내고 보관하는 데 사용하는 헬기 이착륙장도 제일 컸다.

나는 여유 있는 일정으로 브라질에 입국했고, 에스페란사호로 출항하기에 앞서 그린피스 소속 조종사와 함께 단체의 수상기를 타고 아마존강 하구를 조감할 기회를 얻었다. 그린피스의 운동가들은 바다를 두고 벌어지는 싸움이 우림을 둘러싼 싸움과 같다고 설명했다. 모든 싸움은 수익을 많이 내는 산업(해상 석유 시추와 삼림 벌목)이 공공 자원을 훼손하는 것을 허용해 돈을 벌어들이라는 유혹의 손길을 정부가 거부하게 하려는 노력이었다.

이른 아침 수상기에 오른 우리는 브라질 주들 가운데 인구는 손에 꼽히게 적고 나무는 제일 빽빽한 아마파를 가로질렀다. 아마존 우림은 지구 산소의 약 20퍼센트를 생성한다. 해안을 향해

가면서 우리는 모두베기의 흔적인 갈색 네모가 군데군데 박혀 들쭉날쭉하게 기운 누비처럼 보이는 녹지 상공을 지났다.

한 해에 1만 9,425제곱킬로미터, 1분에 축구 경기장 6개 면적의 우림이 삼림 벌채로 파괴된다. 이런 파괴 속도는 악순환을 낳는다. 숲 상공의 습기는 절반이 나무에서 방출되는 것이 정상인데 모두베기가 가뭄을 일으키고 그 속도를 높인다. 또 나무가 베여 나감에 따라 잘린 나무가 부패하거나 태워져 대기에 탄소를 토해낸다. 일반적으로 나무는 탄소 스펀지 같은 기능을 해 탄소를 흡수하고 산소를 배출하므로, 삼림 벌채는 아마존을 파괴할 뿐 아니라 일부 구역을 탄소 흡수원에서 탄소 방출원으로 바꿔놓는 일이다.[7]

듬성듬성 비어버린 숲은 브라질이 바다 못지않게 육지에서도 자국의 보금자리를 지키는 데 고전하고 있음을 뚜렷하게 보여주는 증거였다. 삼림 벌채에 관해 여러 이야기를 접한 나였지만 불타버린 구역이 들쭉날쭉 새겨진 우림을 볼 준비는 되어 있지 않았다. 다친 먹잇감이 쌩쌩한 포식자에게 쫓기는 광경을 볼 때처럼, 다가오는 일을 피할 수 없겠다는 불길한 예감이 진하게 남았다. 끝이 좋지 않으리라는 생각이 들었다.

해안에 도착한 우리는 세계에서 가장 큰 규모로 펼쳐져 있는 200킬로미터 가량의 맹그로브 숲 상공을 비행했다. 맹그로브 습지는 해안 침식을 방지하며, 폭풍 해일(특히 허리케인 중 발생하는 것)과 지진 해일로부터 해안을 지켜준다. 탐사가 거의 이뤄지지 않았고 방대한 생물다양성 역시 거의 분류되지 않은 맹그로브 습지는 울창한 별세계다. 나무는 거미 다리처럼 섬세한 뿌리를 내리고 물 위에서 일렁이는 듯 보인다. 완전한 육지도 완전한 바다도 아닌 이곳 습지는 물 아래로 물고기와 게, 새우, 거북, 연체동물이 바글대고 물 위로는 새와 포유류가 복작대는 염성 서식지다. 아마존강 근처의 신설 시추장에서 원유 유출 사고라도 발생하면 석유를 향한 세계의 집착보다 훨씬 오래 묵은 맹그로브가 대가를 치르게 될 것이었다.

다음 날 내가 에스페란사호 선실에 자리를 잡고 나니, 브라질 정당 지속가능성네트워크 소속 아마파주 상원의원인 한도우프 호드리기스Randolfe Rodrigues가 지역 환경 단체에서 나온 운동가와 언론인 20명 정도를 대동하고 배를 방문해 몇 시간쯤 머물렀다. 출항 전의 에스페란사호를 둘러보고 유출 사고의 위험성을 설명하는 과학자들의 목소리를 듣는 자리였다. 석유 기업들은 아마존강에서 나가는 물이 해안과 산호초 지대의 반대 방향으로 해류를 밀어내니 유출 사고의 피해가 제한적일 것이라고 주장해왔다. 그러나 과학자들은 브라질 해안의 해류는 다양한 깊이에서 여러 방향으로 흐른다고 설명했다. 한 과학자가 말했다. "바다가 2차원 평면이 아니라 여러 방향이 있는 3차원 공간이라는 걸 기억해야 합니다."

배 위의 발표가 끝나고 손님들이 에스페란사호에서 내렸다. 나는 사람들에게 존재조차 알려지기 전인 해저 생물들이 유출 사고로 인해 깡그리 죽어버릴 것을 걱정하는 거냐고 프란시니필류에게 물었다. 프란시니필류는 개별 종의 문제가 아니라고 대답했다. "이건 수백, 수천 종의 생물들이 사는 보금자리 문제예요. 행성 하나가 아니라 태양계 전체를 보호하려는 거죠."

출항 전 마지막 날 나는 글을 쓰려고 일찍 눈을 떠, 선실을 같이 쓰는 사람이 깨지 않도록 조심스럽고 조용하게 에스페란사호의 내 침대를 빠져나왔다. 배는 항구에 있을 때조차 24시간 돌아가는 일터였지만 그 시간대에 움직이는 곳은 기관실과 조리실뿐이었다. 갑판은 컴컴하고 고요했다. 조식은 7시는 되어야 먹었고 아침 회의는 8시에 열렸으며 8시 30분부터는 잡무를 시작했다.

이런 보도 프로젝트는 전달 가능한 양 이상으로 정보를 그러모으다가 과잉 보도가 되기 쉽다는 경고를 들은 적이 있었다. 여행에 시간을 너무 많이 들이면 정작 글을 쓸 시간은 별로 남지 않는다는 것이다. 나는 그런 실수를 하지 않기 위해 바다에 있을 때라도 적은 분량이나마 매일 무조건 글을 써야겠다고 시작할 때부터 다짐했더랬다. 오전 4시 30분에 일어나 7시나 8시까지 글을 쓰는 것이 내가 정한 방식이었다. 이 시간 동안에는 졸음이 협력자가 되어줬다. 하루 중 시간이 더 흐르면 서로 입씨름하며 나무라는 여러 목소리가 머릿속에 들어차 생각이 뜬금없는 옆길로 빠지기 일쑤였다. 그러나 동트기 전 몇 시간 동안 나와 함께 침대를 빠져나올 수 있는 목소리는 하나뿐인 듯했고, 나는 다른 목소리들이 늦잠을 자는 사이 그 목소리와 고요하고 차분하며 명징한 대화를 나눌 수 있었다. 그 결과 각성제라도 복용한 것처럼 소리 죽인 하품 사이로도 집중이 이어졌다.

나는 선실 밖으로 나가 좌현에 있는 의자로 갔다. 강한 바람이 열기를 식혀줄 곳이었다. 그런데 모퉁이를 돌다가 하마터면 커피를 쏟을 뻔했다. 내 손바닥만큼 커서 꼭 대왕바퀴벌레처럼 보이

9장 다음 프런티어

는 무언가가 내 발목 근처를 기어가고 있었다. 몇 미터 떨어진 앞쪽 바닥에도 다른 녀석이 있었고, 또 다른 한 놈은 난간을 기어오르고 있었다. 네 번째 놈은 내가 가려는 길 중앙, 3미터쯤 앞에 버티고 앉아 있었다. 지난밤에 처음으로 이 배에 올랐던 나는 그때까지는 이 새벽의 존재를 마주칠 일이 없었다.

그게 현지에서 '바라타 다구아('물바퀴'라는 뜻—옮긴이)'라 불리는 벨로스토마티과의 물장군임은 나중에 알았다. 미국에서는 보통 딥 사우스(미국 남부의 주들 가운데 대개 미시시피, 루이지애나, 앨라배마, 조지아, 사우스캐롤라이나를 이른다—옮긴이)에서 발견되며 '발가락 깨물쟁이'나 '악어 진드기'라고 불린다. 수생 무척추동물을 주식으로 삼으며 물뱀이나 새끼 거북도 잡아먹는 공격적인 포식자로 알려져 있다. 먹잇감을 죽일 때는 부리 같은 침을 써서 강력한 소화액을 주입해 몇 분 내로 먹잇감을 속에서부터 녹여버린다. 그러고는 먹잇감에 들러붙어 액체가 된 유해를 빨아먹는다. 인간에게 치명적인 것은 아니지만 물장군에 물렸을 때의 고통은 곤충 가운데 손에 꼽을 정도다.[8]

나는 그 커다란 곤충을 피해 조금씩 발을 움직였고 내가 지나가는 도중에 한 놈이 날아올랐다. 부드러운 여명을 받은 녀석의 실루엣은 마치 참새 같았다. 의자에 도착한 나는 정신을 가다듬고 주변을 찬찬히 살폈다. 푹푹 찌는 공기 탓에 노트북 화면에 물방울이 구슬처럼 맺혀 있었다. 배 위는 아침의 혼잡 시간대를 맞아 부산스러웠다. 새가 모여 쩍쩍, 꿱꿱, 딱딱거렸다. 배 측면을 따라 이어지는 관 위로 군대개미가 일렬종대로 행군해 한 층 아래로 내려가더니 우리 배를 부두에 매어둔 밧줄을 타고 건너갔다. 물에는 길이가 1.8미터쯤 되고 수영 보조 막대처럼 생긴 무언가가 떠 있었는데, 새 한 마리가 그 위로 뛰어들자 스르르 미끄러졌다. 그곳에 앉아 나를 둘러싸고 맥동하는 이색적인 환경을 보고 있으니 남의 영역에 몰래 찾아온 외계인이 된 기분이었다. 눈은 휘둥그레지고 입은 다물어진 채 경이로움 앞에 절로 고개가 숙어졌다.

에스페란사호는 그날 늦게 출발했고, 순식간에 분위기가 진지해져 긴박감마저 흘렀다. 배는 몇 주 전 브라질 지방·연방 환경 당국으로부터 잠수정을 이용해 산호초 쪽으로 잠항해도 좋다는 서면 승인을 받아뒀다. UN 해양법 협약에 따라 연안국의 독점적인 관할권이 인정되는 해역인 브라질의 배타적경제수역에서는 그런 허가를 받을 필요가 없었다. 그래도 정부와 대립하려는 것으로 인식될 때 닥칠지 모를 심각한 결과로부터 승선한 브라질인 요원과 과학자를 보호할 추가 예방 조치 차원에서 그린피스는 허가를 요청했다(그리고 받아냈다). 그러나 항해에 나선 지 하루 만에 우리 배의 선장은 브라질 해군으로부터 퉁명스러운 전갈을 받았다. 허가가 필요한 것은 아니지만 잠수정을 띄우면 체포하겠다는 내용이었다.[9]

법적으로 아무런 문제가 없는 과학 탐사에 해군이 난입하는 것을 보며 무법의 바다에서는 국가를 비롯한 거의 모두가 규칙을 무시하는 만큼이나 빈번하게 규칙을 만들어낸다는 사실을 알 수 있었다. 내가 보러 온 싸움은 석유 기업뿐 아니라 브라질 정부로서도 많은 것을 건 싸움임이 분명했다. 아마존강 하구 아래의 석유 매장량은 150억~200억 배럴로 추정되었다. 대규모 매장지로 유명한 알래스카 해안 평원에 있는 미개발 석유의 두 배에 달하는 양이다. 석유 기업 세 곳은 연안에 탐사정을 시추할 권한을 브라질 정부에게서 샀으나 약 2년 뒤면 그 허가의 기한이 끝날 예정이었다. 환경영향평가를 새로 실시하게 되면 반대 여론을 일으키거나 법정에서 사업을 지연할 시간이 환경주의자에게 생길 테니 이 매장지를 개발할 가능성을 영영 잃게 될 수도 있었다.

브라질 대중은 연안 시추의 안전성을 특히 우려했는데 최근 자국 내 다른 해안에서 심각한 사고가 몇 건 일어났기 때문이었다. 2015년 석유 기업 페트로브라스Petrobras의 시추선에서 일어난 사고로는 노동자 9명이 사망했다. 2011년에는 셰브론Chevron이 캄포두프라드에 시추한 유정에서 3,000배럴이 넘는 원유가 흘러나와 리우데자네이루 연안에 18킬로미터 길이의 유막이 생겼다.

에스페란사호가 아마존리프로 나아가는 동안 우리는 자동선박인식 시스템으로 위치 신호를 송출해 당국이 우리 위치를 찾을 수 있게 했다. 브라질이 우리를 가로막을 단속선을 보낼지 아닐지는 알 수 없었다. 단속선을 보내는 것보다는 우리가 브라질의 아무 항구로 돌아갔을 때 해군이 지시 위반 여부를 확인하겠다며 우리를 억류할 가능성이 더 컸다.

배 위의 논쟁은 선장실 안의 비공개 논의로 전환되었다. 사관들은 내가 긴장 상황을 목격하지 않기를 바랐던 것 같다. 나는 안에서 수술이라도 진행되는 양 선장실 문 앞을 초조하게 서성였다. 회의를 마치고 나오는 사람들이 내게 그린피스 요원들은 임무 속행을 바란다는 이야기를 전해줬다. 요원들은 해군에서 지시가 왔다고는 해도 허가가 필요한 행위가 아닌 만큼 해당 구역에 잠수해야 한다고 주장했다. 아직 브라질의 배타적경제수역 내에 있기는 했으나 동식물 표본을 떼어 가지 않고 관찰만 하는 한 수역 탐사는 법적으로 허용된다는 것이 회의에 참석한 그린피스 요원들의 입장이었다.

"브라질 해군이 일하는 방식을 몰라서 그래요." 토론의 열기가 한껏 치솟았을 때 잠수를 밀어붙이자는 쪽의 과학자 한 명이 말했다. "그 사람들은 아무도 체포하지 않는다고요." 그는 해군이 그냥 위세를 부려보려고 저러는 거라는 말을 덧붙였다.

그러나 그린피스가 임대한 잠수정의 소유주인 뉴트코리서치 Nuytco Research는 해군이 개입했다는 소식을 듣고 경계심을 보였다. 뉴트코리서치의 CEO는 위성전화를 걸어와, 180만 달러나 하는 잠수정이 브라질 당국에 몰수되는 위험은 감수하고 싶지 않다고 했다.

하루 동안 이어진 논쟁 끝에 그린피스는 새로운 계획을 세웠다. 북서쪽으로 322킬로미터 이상 떨어진 프랑스령 기아나의 해상 국경으로 신속히 빠져나가, 산호초 벽의 반대편 끝이지만 브라질의 배타적경제수역을 막 벗어난 위치라 브라질 해군의 손길이 닿지 않는 수역에서 잠수정을 내려보내자는 것이었다. 기아나에서 잠수를 반대할 이유는 별로 없었다. 자국 수역 내 시추를 허가하지 않는 나라라, 석유 기업이 쥐여주는 수억 달러의 수입을 얻거나 잃을 입장이 아니었다. 게다가 유출 사고가 발생하면 원유 일부가 해류에 밀려 기아나 연안까지 올 것이었기에 기아나는 브라질의 시추 계획에 회의적이었다. 기아나가 해상에서 법 집행 활동을 그다지 많이 하지 않는다는 것도 에스페란사호에 유리했다. 기아나가 잠수정을 저지하려 든다 해도 움직일 수 있는 해군 병력이 브라질보다 적었다.

그러나 기아나 수역으로 가겠다는 새 계획은 촌각을 다투는 일이었다. 잠수 지점까지 가려면 이틀이 걸렸는데 다음 작업을 위해 잠수정을 노스밴쿠버로 돌려보내기까지 시간 여유가 열흘밖에 없었다. 게다가 선내에 있는 담수가 굉장히 부족해 선장이 세탁실을 폐쇄했을 정도였다. 때는 여름이었고 섭씨 35도나 되는 기온에 땀이 줄줄 흘렀다. 갑판 위 여자들은 반바지로 자른 오버올에 스포츠 브라 차림이었고 남자들은 아예 상의를 벗어버렸다. 나를 포함한 선원 몇몇은 냄새를 풍기기 시작했다. 선실이 악취로 찌들지 않도록 신발은 방 밖에 내놓았다. 하지만 얼마 지나지 않아 웃옷과 바지와 양말까지 같이 널리면서 고등학교 탈의실 같은 모양새가 된 복도에서 역한 냄새가 났다.

거센 폭풍이 빠른 속도로 다가오고 있어 3톤짜리 잠수정을 띄우는 것은 극도로 위험한 일이었다. 육지에서는 그린피스 법무팀이 분주하게 움직였다. 프랑스령 기아나에 있는 팀은 우리가 기아나 해저에 가도 좋다는 허가를 받아내려고 당국과 협의를 하고 있었다. 브라질에서는 에스페란사호 과학자들을 돕는 사람들이 정치적 도움을 구해보고자 출항 전에 배를 둘러봤던 브라질 상원의원 한도우프 호드리기스에게 연락을 했다. 브라질 정부가 입장을 바꾸도록 설득하는 데 의원의 힘을 빌려보려는 것이었다.

에스페란사호의 분위기는 점점 침울해졌다. 2층 휴게실에서 저녁마다 맥주를 걸고 벌이던 다트 게임은 사라졌다. 언짢은 기운이 감도는 적막을 메워보려 했는지 누군가가 〈엣지 오브 투모

로우)를 틀었다. 톰 크루즈가 (그린피스와 마찬가지로) 같은 전투를 몇 번이고 되풀이해야만 하는 불운한 군인으로 나오는 공상과학 스릴러였다. 그런데 영화를 반쯤 봤을 무렵 휴게실 문이 활짝 열렸다. 과학자 한 명이 백라이트가 켜진 통로에서 입이 귀에 걸리도록 웃고 있었다. "됐어요!" 이가 다 드러나는 함박웃음이었다. 브라질 정부가 입장을 바꿔 우리의 잠수를 허가했다는 것이었다. 나는 물어볼 수 있는 사람은 모두 붙잡고 물어봤으나 결정이 번복된 이유에 관해서는 끝까지 속시원한 답을 듣지 못했다. 잠수정을 막았다가는 잘못이 있는 것으로 비칠 수 있음을 정부가 깨달았다는 것이 내가 추측한 최선이었다.

* * *

그린피스가 해저를 둘러싸고 벌인 싸움은 처음도 아니고 유일하지도 않았다. 그린피스는 수년간 저인망 어선과 싸웠다. 흔히 바다의 노천 채굴이라 불리는 저인망 어획은 무게 추를 단 커다란 어망을 바다 밑바닥에 대고 끌어서 깊은 곳에 서식하는 물고기를 포획하는 방식이다.

이 방식은 두 가지 면에서 심각하게 파괴적이다. 저인망 어획은 능률은 높으나 무차별적이다. 자라는 데 수천 년이 들었을 산호초를 몇 분 만에 모조리 어망으로 쓸어버리고, 그렇게 휩쓸고 지나간 자리에는 납작하게 짜부라져 생명이 느껴지지 않는 평지만 남는다. 이렇게 초래되는 무차별적 학살은 한 작가[10]가 표현했듯 다람쥐를 잡겠다고 거대한 전지형 차량 사이에 1.6킬로미터 너비의 그물을 걸고 아프리카 평원을 빠른 속도로 가로지르며 그물을 끌어대는 행위와 다르지 않다. 중요한 차이점은 아프리카 평원에서 이런 일이 벌어졌다면 포획물의 절대다수가 불필요하게 살육되고 내던져져 썩어간다는 사실을 대중이 알고 분노했으리라는 것뿐이다. 더한 말살이 저인망 어획의 부수 어획물을 기다린다. 어선원은 그런 물고기를 찾는 시장이 없다는 이유 또는 물고기가 너무 잘거나 으스러졌다는 단순한 이유로 그물에 잡힌 것을 무더기로 내다 버린다.

2008년 그린피스는 북해에 활동 현장을 만들었다. 독일의 저인망 어선단을 저지하기 위해 수개월을 들여 질트아우터리프 주변 독일 근방의 바다 밑바닥에 100개가 넘는 바윗돌을 전략적으로 배치한 것이다. 어민들이 산호초를 급속도로 파괴하고 있었다. 항구에 있는 모두가 그린피스의 계획을 알았으나(그 정도로 큰 물체를 감추기는 어렵다) 바다 위의 일이 으레 그렇듯 그 행위가 불법인지는 확실하지 않았다. 개입해서 못하게 막아야 할지, 한다면 어떻게 해야 할지 아는 사람은 아무도 없었다.

각각의 무게가 3톤이 살짝 넘는 그 바위들은 대략 양문형 냉장고만 한 크기였다. 그 위로 저인망을 끌었다가는 그물이 망가질 만큼 컸다. 그린피스는 인양기를 써서 바위를 하나하나 들어올린 다음 지정해둔 위치에 맞춰 바다 밑바닥에 떨어뜨렸다. 그린피스의 바람은 어업인의 비싼 어망을 망가뜨리는 것이 아니라 저인망 어획을 저지하는 것이었기에, 바윗돌을 둔 위치가 보이도록 새로 수정한 해도를 지역 당국과 어선 선장들에게 제공했다. 그린피스는 스웨덴 연안 북해에서도 2011년까지 같은 전술을 사용했다.[11]

몇몇 국가의 정부 관계자들은 그린피스의 바위 때문에 저인망 어업에 제동이 걸리는 데 격노했다. 현지 어민에게 그 바위는 생업에 투하된 폭탄이나 마찬가지였다. 네덜란드 수산부 장관 헤르다 페르뷔르흐Gerda Verburg는 그린피스가 커다란 돌덩이를 가라앉히는 데 사용한 선박인 노르트란트Noortland를 체포할 계획을 발표했다. 네덜란드 어민들은 항의의 뜻으로 그린피스 본부에 소포를 보내기 시작했는데, 수천 개나 되는 그 소포 안에는 대부분 비닐로 꽁꽁 싸맨 죽은 물고기와 벽돌이 담겨 있었다. 몇몇 나라에서는 바윗돌을 둔 것이 어선원의 생활을 위험에 빠뜨리는 덤핑 행위라는 논리로 어민들이 그린피스를 고소하기도 했다. 독일과 스웨덴, 네덜란드 법정은 이런 주장을 기각했다.

그러나 해저의 통제권을 놓고 벌이는 싸움에서 수년간 그린피스의 최대 강적은 석유와 가스 업계였다. 2010년 그린피스는 멕시코만에서 폭발해 미국 역사상 최대 규모의 원유 유출 사고를 낸 시추선 딥워터 호라이즌의 소유주 BP에 맞섰다. 폭발 후 몇 달 동안 BP는 유정 봉쇄에 애를 먹었고, 해저면과 가까운 관에서는 원유가 뿜어져나왔다. 회사는 화학분산제를 사용해 표면 유막을 분해하는 방법으로 유출된 기름을 정화하겠다고 했다. 이런 공언에 의구심을 품은 그린피스와 대여섯 개 대학교의 연구자들은 해양 건강성을 점검하고자 멕시코만에 잠수정을 띄웠다. 펜실베이니아 주립대학교팀은 불과 몇 달 전만 해도 만화경처럼 오색찬란했던 바다 밑바닥이 아스팔트 주차장처럼 변해버린 충격적인 영상을 갖고 돌아왔다. 분산제는 실상 기름을 분해해 없애는 대신 바다 밑바닥으로 가라앉혀, 내려가는 길에 있는 모든 것을 기름으로 덮어버리고 있었다. 나는《뉴욕타임스》에서 BP의 유출 사고를 보도했다. BP 측 과학자들이 이 문제를 논의한 내부 문건과 법정 기록을 읽은 기억도 있다. 피해 구역 해저에서 확보한 전후 비교 영상을 보기 전까지만 해도 나는 분산제에 관한 우려가 그저 학술적이고 미미한 문제라고 생각했다.

이런 유출 사고는 또 다른 미개발 지역에 발을 내디디려는 에너지 기업의 움직임에 환경주의자가 우려를 표하는 여러 이유 중 하나이기도 하다. 이 미개발 지역이란 북극으로, 두꺼운 얼음 아래의 물과 바다 밑바닥에 기름이 퍼지기라도 하면 정화 작업이 특히 까다로울 곳이다.

시추 기술이 발전하면서 과거에는 손댈 수 없었던 북극 매장지에 접근할 수 있게 되었고, 이 자원을 개발할 권리를 놓고 여러 국가가 다투고 있다. 오늘날의 시추 작업은 워낙 먼 바다에서 실시되어 수심 때문에 실용성이 떨어진다는 이유로 시추선을 해저면에 고정할 수 없을 정도다. 하나하나가 통학 버스만큼 커다란 프로펠러가 대신 시추선을 한자리에 고정한다. 시추선이 해안에서 멀어진다는 것은 시추로 이득을 볼 국가의 영역 관련 법에 이 시추선이 완전히 종속되지 않게 된다는 의미다.

나는 2017년 악틱선라이즈Arctic Sunrise라는 그린피스 배를 타고 러시아와 핀란드 북부 연안에 있는 바렌츠해로 갔다. 정부가 지분을 갖고 있는 노르웨이 기업 스타토일Statoil이 코르프피엘 유전에 손가이네이블러Songa Enabler라는 시추선을 정박해둔 상태였다. 브라질 연안 아마존강 하구에 시추 작업을 계획한 것과 마찬가지로 노르웨이 인근에서 작업을 계획한 것은 석유 업계가 새로운 수준의 위험을 감수하려 한다는 표시였다. 지금까지 북극해로

석유 시추선 손가이네이블러가 러시아와 핀란드 북부 연안에 있는 바렌츠해의 공해에
자리 잡고 있다. 시추 업체가 북극해 북쪽으로 가장 멀리 침습한 사례다.

이만큼 북상해 시추를 시도한 기업은 없었다. 스타토일의 유정은
노르웨이 본토에서 북쪽으로 415킬로미터 이상 떨어진 공해에
있었기에 더 큰 논란거리였다.[12]

공해상의 시추와 여타 작업에 관한 법은 자국 수역을 관할하는
법보다 한층 더 복잡했다. 그래서 스타토일에는 시추할 자유가
생겼고, 그린피스에는 항의할 자유가 생겼다. 일이 한층 더 복잡
하게 꼬인 것은 시추선이 노르웨이의 배타적경제수역 밖에 있으
면서도 연장된 대륙붕 해역에는 여전히 들어와 있기 때문이었다.
국제법에 따르면 연안국은 브라질이 연안 산호초 지대에서 그
렇듯 배타적경제수역에서 천연자원을 탐사하고 이용할 모든 권

리를 갖고 있었다. 그러나 더 멀리 나간 대륙붕에서 권리의 내용은 "항행과 그 밖의 권리 및 자유를 침해"하거나 여기에 "부당하게 개입"할 수 없다는 것이었으며, 항거할 권리도 포함되었다. 법원은 시추 시설을 둘러싼 바깥쪽 가장자리의 반경 0.5킬로미터를 보호 구역으로 설정하는 것을 시추 업체에 허용하는 판결을 내린 바 있었다. 그러면서도 동시에 이 기업들은 "주권적 권리 행사의 방해"에 해당할 정도가 아니라면 일정 수준의 "생활 방해"를 용인해야 했다. 한마디로 해석의 여지가 상당히 많은 규칙이었다.[13]

그린피스의 초기 계획은 스타토일이 점찍은 북극해 시추 지점에 시추선보다 먼저 도착해 배를 세워놓고 퇴거를 거부하는 것이었다. 유정 작업을 지연시키고, 가능하다면 해당 지점에 대한 권리를 걸고 그 석유 기업을 상대로 하여 시간과 비용을 많이 잡아먹는 법정 싸움의 불을 지피는 것이 그린피스의 목표였다. 그러나 악틱선라이즈호의 출발이 조달 문제로 늦어지는 바람에 작업 지점에 스타토일의 시추선이 먼저 도착하고 말았다.[14] 그린피스는 차선책에 기댈 수밖에 없었다. 유전에 도착하면 운동가들이 보호 구역에 들어가 바짝 접근해, 시추 확대의 위험을 알릴 공공 캠페인에 필요한 화면을 확보할 작정이었다. 노르웨이 정부와 스타토일로서는 코르프피엘 유전에 많은 것이 걸려 있었다. 석유 수백만 배럴을 품고 있을 가능성이 지질 검사로 드러난 곳이었다. 노르웨이는 환경 보호를 중시하는 정책으로 유명한 나라이면서도 수출 수익의 40퍼센트 가량을 석유와 가스 생산에 의존하고 있었고, 웬 성가신 환경 단체를 달래겠다고 그 자원의 상당 비중을 포기할 생각은 없었다.

2017년 7월 그린피스의 악틱선라이즈호. 몇몇 운동가가 노르웨이의 시추 계획 저지 활동의 일환으로 손가이네이블러를 겨냥한 직접 행동에 나설 준비를 하고 있다.

악틱선라이즈호가 현장에 도착했을 때는 노르웨이 해안경비대의 노르카프Nordkapp라는 105미터 길이 소형 쾌속정이 그린피스가 법을 어기면 개입할 태세로 대기하고 있었다. 사흘 후 그린피스는 행동을 개시했다. 항의 팻말을 든 팀이 카약 네 척을 타고 노를 저어 보호 구역으로 진입했다. 쾌속정에 오른 다른 팀은 위기에 빠진 지구를 나타내는 커다란 금속 구를 얹은 부표를 끌고 갔다. 그린피스가 보호 구역을 침범한 지 여덟 시간이 지났을 때, 노르웨이 해안경비대가 악틱선라이즈호로 올라와 배에 있던 사람들을 모두 체포했다. 경비대는 배에 케이블을 연결하고 이틀에 걸쳐 악틱선라이즈호를 예인해 그린피스 요원들을 노르웨이 트롬쇠로 끌고 갔다. 그곳에서 요원 다섯 명은 총액이 2만 달러 가까이 되는 벌금형을 선고받고 풀려났다. 노르웨이 정부는 그린피스 소유의 배를 그후 몇 달 동안 계속 잡아뒀고, 그 배와 체포의 적법성을 놓고 벌어진 기나긴 법정 싸움이 이어졌다.

스타토일의 프로젝트는 거의 지연 없이 진행되었으나 그린피스는 압수당한 장비를 돌려받는 법정 싸움으로 몇 달이라는 시간과 수만 달러의 돈을 소모했다. 북극해에서 임무를 수행하는 배를 타면서 나는 두 가지 중요한 교훈 사이에서 갈등했다. 첫째는 운동가들이 승리할 가능성이 현저히 낮다는 것이었다. 둘째는 운동가들도 이 사실을 인지하고 있으며 때로는 이들의 관심도 진짜 싸움을 벌이기보다는 한바탕 극을 연출하는 데 있다는 것이었다.

* * *

브라질 인근 해역에서 벌어진 싸움이 실제였는지 연출이었는지, 브라질 과학자 무리가 이 시추 작업을 저지할 가능성이 있는지 없는지는 두고 볼 일이었다. 그린피스는 일단 이쪽 해저까지 뻗은 신비로운 산호초와 수역을 보호해야 한다고 주장할 근거를 모아야 했다.

브라질 탐사의 중심에는 산호가 있었고, 에스페란사호 내부의 작은 도서관에는 산호에 관한 서적과 학술지가 쌓여 있었다. 탐사에 참여한 과학자들은 산호를 무척이나 진지하게 생각했다. 그린피스의 잠수정 조종사 존 호서바가 나를 자극하기로 작심한 것도 그래서였다. 어느 날 오후 노트북으로 조용히 작업 중인 과학자와 요원 들 틈에 내가 섞여 앉아 있던 배의 휴게실에 호서바가 들어오더니, 무언가를 발표하기라도 할 것처럼 목청을 가다듬었다. 나를 포함해 휴게실에 있던 모든 사람이 기대하는 눈빛으로 고개를 들었다. "그러니까 말이죠." 교황이 회칙이라도 공표하는 듯한 말투였다. "이언은 산호가 따분한 것 같답니다." 사람들은 내 쪽을 돌아보며 경멸에 가까운 의심의 눈빛을 보냈다. 나는 지옥에나 떨어지라는 표정으로 호서바를 있는 힘껏 쩌려봤다. "그 사실을 알기는 하셔야죠." 호서바는 아무것도 모른다는 듯 나를 향해 짐짓 웃어 보였다.

완전히 틀린 말은 아니었다. 내가 산호를 기껏해야 화려한 돌덩이쯤으로 생각한 시절도 있었다. 호서바와 알고 지낸 지는 5년째였고 그 세월 동안 나는 산호초를 놓고 호서바와 장난 섞인 실랑이를 벌여왔다. 호서바는 역대 최고 액션 영화의 매력을 설명하는 사람처럼 신이 나서 산호초 이야기를 했고, 내가 써줬으면 하는 기사에 대한 아이디어를 주기적으로 제안하기도 했다. 나는 매번 거절했다. 우리의 지식에는 각자 취약한 구석이 있고, 바다에 관해서라면 내 약점은 산호초였다. 물론 산호초가 수많은 생물종이 서식하는 다채로운 보금자리이며 세계 곳곳의 다이빙 산업에 없어서는 안 될 존재라는 것은 알았으나, 거기까지 내 호기심이 미친 적은 한 번도 없었다.

호서바가 산호와 해양 생물 이야기를 하는 것을 듣고 있으면, 인생에서 가장 중요한 이틀은 태어난 날과 왜 태어났는지를 알게 된 날이라는 마크 트웨인의 말이 떠올랐다. 호서바는 바다를 지키려고 태어난 사람이었다. 190센티미터에 86킬로그램인 호서바의 체구는 늘씬하면서도 탄탄했다. 코네티컷에서 자란 그는 미국 산림청에서 일하면서 낙하산을 타고 산불 현장에 뛰어들겠다는 꿈을 품었다. 그러다 해양생물학과 사랑에 빠져 1993년 플로리다 포트로더데일 인근 노바사우스이스턴 대학교에서 석사 학위를 받았다.

호서바의 몸은 문신으로 뒤덮여 있었다. 오른팔에는 공장식 명태 저인망 어선을 끌어내리는 거대 문어와 해면동물, 가오리가 있는 베링해 협곡을 그린 색색의 모자이크가 있었다. 오른쪽 어깨뼈에는 피카소가 그린 돈키호테가 있었다. 그린피스와 이 단체의 사명에 잘 어울리는 상징이라 할 만한 이상주의적 인물이었다.

전염성 강한 호서바의 열정은 결국 내 의구심을 압도했다. 나는 이번 여정에 합류하기에 앞서 산호초의 중대성을 제대로 이해해보리라 마음먹었다. 똑똑한 사람들이 산호초의 매력과 의의를 발견하고 심지어 짜릿함까지 느끼는 일이 왜 그렇게나 많은지 알아보자는 생각이었다. 산호초가 생물들의 서식지라는 사실만으로는 마음이 동하지 않았다. 보금자리에 마음을 쓰려면 그곳에 누가 사는지를 알아야 했다. 그래서 배가 잠수 지점까지 항해해가는 동안 나는 작지만 전문적인 선내 도서관에서 책과 잡지를 꺼내 그 주제를 다룬 자료를 잔뜩 읽으며 시간을 보냈다.[15] 배에 있는 과학자들에게 질문을 던져 열혈 산호 지킴이들의 즉흥 강의를 듣기도 했다.

오래지 않아 내가 산호초를 얼마나 잘못 이해하고 있었는지 알게 되었다. 산호는 지구 최고라 해도 과언이 아닌 탁월한 건축가다. 다만 속도는 조금 느리다. 2억 년에서 3억 년에 걸친 진화의 결과인 산호는 성장 속도가 달팽이처럼 느려 대개 1년에 3센티미터도 안 커진다. 가령 우주에서도 보일 만큼 크고 선명한 오스트레일리아의 그레이트배리어리프는 펜실베이니아 면적의 두 배가 넘는 34만 4,468제곱킬로미터 규모로 자랐는데, 나이가 약 60만

살이지만 여전히 어린 축에 속한다.

산호가 뛰어난 사냥꾼이라는 것도 알게 되었다. 산호는 독성이 있는 미세 돌기로 먹잇감이 될 작은 플랑크톤을 찌르거나, 점액으로 그물을 펼쳐 희생양을 붙든다. 산호는 생명이 빽빽이 운집한 하나의 소우주로, 알고 보니 북아메리카 전역에 서식하는 각기 다른 조류종보다도 이곳 8,000제곱미터 안에 서식하는 해양 생물종이 더 많았다. 심지어 이 소우주는 모든 유기체의 부산물이 다른 유기체의 자원이 되어 노폐물이 거의 발생하지 않는 이례적으로 효율적인 곳이었다. 바다 대부분이 (척박하고 양분도 많지 않은) 물로 된 사막이라 한다면, 넘쳐나는 생물다양성으로 생기를 가득 뿜어내는 산호초는 사하라 사막 한복판에 있는 아마존 우림과 같았다. 어느 날 오후엔 고개를 들어 시계를 봤더니, 내가 네 시간 동안이나 책 한 권에 고개를 파묻고 있었던 게 아닌가. 하마터면 저녁식사를 놓칠 뻔했다.

우리가 탐사하려는 산호초가 유독 흥미로웠던 것은 그 존재가 산호초에 관한 여러 믿음에 배치되는 듯했기 때문이었다. 산호는 식물이 아니지만, 햇빛은 보통 산호의 생존에 필수적이다. 산호 안에 서식하며 산호의 먹이 대부분을 만들어내는 미세 조류인 황록공생조류에 에너지를 공급하려면 햇빛이 필요하다. 대다수 산호가 얕고 맑은 물에서 자라는 이유였다. 반면 아마존리프는 담수와 해수가 섞인 깊고 탁한 물에 있었다. 연중에는 아마존강의 으스스한 물기둥이 해저의 빛을 완전히 차단해버리는 기간도 있었다. 과학자들은 아마존리프가 광합성이 아니라, 빛 없이도 이산화탄소와 물, (암모니아, 철분, 질산염, 황 같은) 기타 무기물에서 박테리아로 유기물과 에너지를 생성해내는 화학합성에 대체로 의존한다고 봤다. 과학자들은 화학합성으로 지구에 생명이 탄생했으며 오늘날 이런 유기체는 지구에 최초로 살았던 유기체의 먼 후손이라는 가설을 제기한다.

"자, 이제 나쁜 소식 차례군요." 과학자 프란시니필류는 어느 순간 이렇게 말하며 산호초를 밝게만 바라보던 내 생각을 잘랐다. 수온이 상승하면 바다의 화학적 조성이 변하므로 지구 온난화가 세계의 산호를 위험에 몰아넣는다고 그는 설명했다. 산호는 알칼리성 물에서 잘 활동하는데, 화석 연료 배출물 탓에 바다는 점점 더 산성이 되어가고 있다. 기후 변화로 대기가 과열되면서 바다는 상해버렸다. 대기로 배출된 이산화탄소 4분의 1 가량이 전세계 바다로 흡수되면서 바다의 pH 농도가 눈에 띄게 낮아져 산호 골격의 석회화가 어려워졌다.

기온이 오르자 산호초의 황홀한 색을 내는 황록공생조류가 산소를 과도하게 생성하기 시작했고, 폴립(산호 군체를 이루는 산호충의 입 부분에 있는 촉수—옮긴이)은 이런 조류를 배출해버렸다. 산호는 점차 허옇게 변해 죽어갔다. 이 과정이 백화다. 지금 지구에서는 유사 이래 가장 극심하다고 할 수 있는 산호 백화가 일어나고 있다. 한 과학자 집단은 《지구물리학 연구 회보》라는 과학 학술지에 이런 식의 배출이 몇십 년 더 이어지면 모든 산호초가 "성장을 멈추고 소멸하기 시작"할 것이라고 기고했다. 이는 수백만 종의 생물이 사라진다는 의미다.

호서바가 내 치부를 공개했을 때 선내 휴게실에서 그렇게 많은 이들이 기겁한 것은 당연한 일이었다. 배우면 배울수록 이곳 해저 수역에 가려고 열정을 불태우는 브라질 과학자들의 손에 무엇이 걸려 있는지를 깨닫게 되었다. 시추는 파괴적인 유출 사고의 위험만 의미하는 것이 아니었다. 해저에서 뽑아 올린 석유는 결국 전세계 산호초를 쓸어버리는 기후 변화의 동력에 보탬이 될 것이었다. 아마존리프를 둘러싼 싸움은 더 큰 전쟁 속 하나의 전투였고, 나는 그 작은 교전의 한복판에 뛰어들 참이었다.

한층 높은 고도에서 바라본 아마존리프 보호 캠페인은 바다를 향한 세계 대중의 시각에 패러다임 전환을 일으키려는 시도였다. 브라질 과학자와 그린피스 환경 보호 활동가가 보기에 바다는 우리가 이용하는 대상이 되어서도, 자원을 추출하거나 폐기물을 버리는 장소가 되어서도 안 되었다. 바다는 손을 대지 말아야 할, 보호하고 지원하면 더할 나위 없이 융성해질 광활한 서식지였다. 바다는 우리의 지갑이나 배를 채우는 곳이 아니라, 우리 인간성을 확장하고 생물다양성을 증진하며 우리가 지구에서 함께 살아가는 다른 존재와 균형을 이루어 살 수 있음을 증명할 기회의 장이었다.

* * *

에스페란사호는 나흘간 항해한 끝에 속도를 늦춰 정선했다. 과학자들은 옛 항해 기록과 어획 기록으로 볼 때 산호초를 찾기에 좋은 위치에 들어왔다고 선장에게 알렸다. 선명한 빨간색의 듀얼디프워커2000Dual DeepWorker 2000은 우리가 출발할 때부터 갑판에 단단히 묶여 있었다. 요원들이 이제 그 잠수정을 물에 내릴 준비를 했다. 하늘에는 안개와 구름이 껴 있었으나 바닷바람에 머리카락이 나풀대는 와중에도 숨 막히는 열기가 우리를 내리눌렀다.

미니 쿠퍼만큼 작은 몸집과 픽사처럼 깜찍한 모양새로 2004년에 건조된 이 잠수정은 조종사와 동승자 한 명만 태울 수 있는 크기였다. 따로 나뉜 밀폐 격실에 들어갔기에 우리는 무전으로 소통해야 했다. 배와 연락하는 수단도 무전이었다. 나는 더위를 피하려 반바지와 티셔츠를 입었다. 잠수정은 차가운 심해에서도 쾌적한 수준의 온기를 유지할 수 있도록 온도가 조절되었다. 작은 선풍기처럼 생긴 1마력짜리 추력기 여섯 대로 구동되는 이 잠수정의 최대 속도는 2노트(느긋하게 걷는 속도에 해당하는 시속 약 3.7킬로미터)였고 최대 610미터까지 잠항할 수 있었다. 잠수정 한쪽 옆면에는 몇 년 전 작업 중 세찬 해류에 밀려 샌타바버라 해협에 있는 한 시추 구조물 측면을 들이박았을 때 생긴 홈이 깊게 파여 있었다.

잠수정 기술자들은 전날 내게 선실 여압을 처리하는 방법, 해저에 도착한 후 에스페란사호와 통신하는 방법, 화재나 엔진 출력 상실 또는 유망이 잠수정을 옭아매는 등의 비상 상황이 발생했을 때 할 일을 가르쳐줬다. 그러나 그런 교육을 받은 게 무색하게 나는 기어코 초보자다운 실수를 저질러 잠수를 지연시키고 말았다. 캡슐을 밀폐한 직후 어딘가에 내 팔꿈치가 부딪혔고 옆에서 작게 터지는 소리와 쉭쉭거리는 소리가 들렸다. 나는 헤드셋으로 이게 무슨 상황이냐고 물었다. 기술자 한 명이 헬기 이착륙장을 가로질러 달려오더니 내가 탄 캡슐의 유리 해치 너머로 계기반을 살폈다. 그의 표정을 보니 영 불안했다.

"저 칸 열어야 해요." 기술자가 동료에게 말했다. "당장!" 내가 교육받은 대로 손잡이를 꽉 돌리지 않은 탓에 흡입하면 치명적이고 불꽃이 튀면 폭발 위험이 큰 순 산소가 내 격실로 밀려들고 있었던 것이다. 30초 후 호서바와 나는 밖으로 나와 기술자들이 설정을 고쳐주기를 기다려야 했다. 내가 이쪽 세계에서는 이방인임을 또 한 번 절감했다. 육지에서는 별로 덤벙대는 편이 아닌 내가 선장의 노트북에 커피를 쏟는가 하면 어선에서 감전사를 당할 뻔하기도 하더니, 이제는 위험천만하게도 목숨이 날아갈 수 있는 개인 잠수정 폭발 사고의 문턱까지 간 것이었다.

평정을 되찾은 나는 이 구역의 시추 활동이 실패로 돌아가는 일이 잦은 이유를 과학자들에게 물었다. 내가 읽은 바에 따르면 석유와 가스 업계가 지난 수십 년에 걸쳐 이 구역에서 시추 작업을 벌이려고 (못해도 95번은) 시도했으나 개발에 성공한 적은 한 번도 없었다. 그런 시도의 3분의 1은 기업이 철수하는 결말로 끝났다. '기계적 오차'라는 것이 내가 조사한 브라질 정부 기록에 흔히 등장하는 아리송한 설명이었다. 시추 산업은 수압파쇄법을 도입하고 원양 활동을 늘리는 등 기술 면에서 더 정교해졌는데, 이런 수역에서 다시 한 번 작업을 시도하려 드는 데는 이런 이유도 있었을 것이다. 나는 내가 과학자들에게 심심한 질문을 던진 줄 알았다. 틀린 생각이었다.

과학자들은 모닥불에 둘러앉은 자리에서 귀신 이야기를 들려줄 기회를 잡아 기뻐하는 사람처럼 거의 신이 난 듯한 눈빛을 주고받았다. 과학자들의 말에 따르면 이곳 수역은 까다롭기로 악명이 높았다. 하구 강물은 진흙이 많아 초콜릿 우유 같은 색이었고 물살도 셌다. 전세계 바다로 흘러드는 담수량의 약 20퍼센트가 아마존강에서 나왔다. 밀도 차이가 있는 담수와 염수가 섞이니 이곳의 수중 세계는 층진 케이크처럼 보였다. 바다 밑바닥의 일부는 진흙이었고 다른 곳은 모래였다. 물의 이동은 그래서 한층 더 복잡해졌다.

아마존강이 대서양에 퇴적물을 쏟아부으면 일부 지점에서 물기둥이 형성되어 수정처럼 맑던 물이 불투명하게 변했다. 물기둥은 물 아래의 모래 폭풍처럼 해류를 타고 예측 불가능한 방향으로 이동해 아마존강 하구에서 수백 킬로미터 떨어진 곳까지 갈 수도 있었다. 배에 탄 과학자 중 상파울루 대학교 소속 해양학자 에두아르두 시에글리Eduardo Siegle의 설명에 따르면 물기둥을 타고 운반된 퇴적물은 수십만 년에 걸쳐 침강하며 가파른 붕을 이룬다. 붕의 전면 가장자리에는 150미터 깊이부터 3,000미터 이상의 깊이로 바다 밑바닥이 가라앉는 절벽이 형성된다.

다른 과학자 니우스 아스프Nils Asp는 브라질 파라연방 대학교 소속 해양학자로, 다른 곳에서 일반적으로 발견되는 것에 비해 두께가 수천 미터 두껍고 불안정성이 심한 실트(모래보다 가늘고 점토보다는 굵은 퇴적물—옮긴이)를 뚫는 것만 해도 시추업자에게 거대한 난관이라고 알려줬다. 그의 설명에 따르면 물기둥도 주위를 어슬렁대는 위협이었다. 물기둥은 시추업자의 원격 무인 잠수정을 몇 분 안에 집어삼킬 수 있었다. 석유 대부분이 잠들어 있다고 생각되는 해붕의 전면 가장자리에서는 시추선을 전복시킬 만한 대규모 해저 사태가 수시로 발생했다.

잠수정 기술자가 끼어들지 않았더라면 갑판 위의 강의는 계속되었을 것이다. 기술자는 선실 여압을 한 번 더 처리하고, 과학자들이 설명한 힘겨운 장소로 내려가야 하니 내게 캡슐 안으로 다시 들어가라고 했다. 기술자가 슬슬 해치를 닫자 프란시니필류는 능청스럽게 웃어 보이며 말했다. "행운을 빌게요."

* * *

잠수정이 내려가기 시작했고, 세찬 파도가 돔형 덮개 위로 거세게 밀려들며 폐소공포를 유발했다. 배를 타고 전세계를 누비며 지난 몇 년을 보낸 나였지만 그때까지 잠수정에 타본 적은 없었다. 정말 격실에 공기가 충분할까? 배에서 멀리 떠나왔는데 밀폐가 또 풀려 순 산소에 잠기면 어떻게 하지?

호서바가 추력기를 작동시키자 프로펠러가 움직이며 잠수정이 내려갔다. 순간 물속 공간이 너무나 광활하게 보이면서 폐소공포가 삽시에 광장공포로 변했다. 내가 거대하고 어두컴컴하며 이질적인 세계에 맨몸으로 들어온 하잘것없는 존재로 느껴졌다. 그러다 서서히 공포가 물러나고 경이가 들어섰다. 방울 모양 유리 밖으로 위쪽을 올려다보니 햇빛을 받은 해수면이 반짝여 투명한 푸른빛이 어른거렸다. 격실 안은 엔진 울리는 소리와 선실 내 이산화탄소를 제거하는 스크러버 소리로 생각보다 시끄러웠다. 시계를 확인하니 흐른 시간은 2분 정도였다. 목덜미의 땀이 마르기 시작했고 격실 안은 시원하고 쾌적했다. 앞쪽으로는 물체를 잡을 수 있는 탐사용 팔이 고해상도 수중 카메라가 장착된 상태로 뻗어나갔다. 우리가 천천히 하강하는 동안 탐사 장비 양측에 달린 램프 빛이 어둠을 찔렀다.

잠수정이 해저까지 96미터를 잠수하는 데는 약 15분이 걸렸다.

그린피스 해양 캠페인 책임자 존 호서바가 대서양 해저를 향해 잠수정을 운항하고 있다.

내려가는 동안 옆으로는 1.2미터 길이의 날개를 펼친 가오리가 미끄러져 갔고 앞뒤로는 형광빛 물고기가 쏜살같이 헤엄쳤다. 우리는 화살게와 대왕바닷가재, 거미불가사리 위를 지나갔다. 아마존강의 물기둥 안에 있는 것이 아니었는데도 가시거리가 급변해 비행기로 구름을 뚫고 지나가는 것과 다르지 않았다. 어떤 순간에는 아무것도 안 보이다가 다음 순간에는 반짝이다시피 청명해졌다.

레모라라고도 불리는 회색빛의 길쭉한 빨판상어 떼가 잠수정 쪽으로 돌진해 오더니 고래와 상어에게 그러듯 우리에게 들러붙으려 했다. 15센티미터 길이의 하얀 물고기 한 마리가 해저면에 난 구멍으로 드나들었다. 호서바는 무전으로 그 물고기가 그물과 어부의 손에서 잘 빠져나가기로 유명해 '미끄러운 거시기'라 불린다고 말해줬다. 멀리 울퉁불퉁한 바위 더미로만 보이던 곳으로 다가갔는데, 거리가 가까워질수록 짜릿한 파랑과 주황, 노랑으로 약동하며 와글대는 초소형 도시에 절로 관심이 쏠렸다.

호서바는 나를 불러, 돌처럼 생긴 둥그스름한 돌기가 울퉁불퉁하게 돋은 '홍조단괴' 더미를 보라고 했다. 다양한 형태를 만들 수 있는 홍조류의 일종으로 이뤄진 홍조단괴 더미는 개미총 내부처럼 생겨 지렁이 비슷한 작은 생물들이 사는 고층 아파트처럼 북적이는 곳이었다. 어떤 부분은 물고기들이 찾아와 기생충을 제거하고 가는 '청소 구역' 역할을 했다. 청소부 물고기는 잠재 고객을 끌어들여야 하니 보통 색이 화려하고 무늬가 뚜렷하다. 광고에 더 적극적인 청소부는 더듬이를 흔들거나 몸을 살랑거리기도 한다.

"식욕 왕성하기로 제일인 포식자도 대환영이죠." 호서바가 통신 장비 너머로 설명했다. 청소부 물고기는 헤엄치거나 기어서 포식자 물고기의 입으로 들어가 기생충과 죽은 피부를 먹이로 삼는다. 우리는 언제든 다음 손님의 오염물을 제거해주려고 모여 있는 가느다란 페퍼민트새우와 코가 길쭉한 화살게를 구경했다. 호서바가 말하기를 식사 구역에서 청소 물고기 행세를 해 자기를 믿고 받아준 물고기의 연조직을 뜯어먹는 생물도 있다고 했다. 포식자 물고기 또한 그 못지않게 음흉할 수 있다는 말도 더해졌다. 포식자 물고기가 열심히 일하는 청소부 물고기를 꿀꺽 삼키는 일도 간간이 있다는 것이다. "여기는 정글이거든요." 유리 너머의 호서바가 나를 향해 빙긋 웃었다.

이내 호서바는 산호초 주위를 쏘다니는 나비고기와 은은한 빛을 내는 놀래기를 발견했다. 나중에 과학자들과 상의하고 연구 서적에 나오는 여러 물고기 사진과 비교해 살펴보니 우리가 본

물고기 일부는 지금껏 기록된 적 없는 생물임을 알 수 있었다. 과학자들은 그후 며칠 동안 더 잠수해서 남부빨간퉁돔과 흰눈바리도 촬영했다. 둘 다 브라질 정부가 위기종으로 지정한 생물이었다. 눈으로 본 현장을 기록한 이런 자료가 바로 브라질 과학자들에게 필요한 무기였다.

아마존리프는 사방으로 펼쳐졌다. 홍조단괴는 서로 결합하면서 더 큰 구조를 형성해 산호초 자체의 골격을 만들어낸다. 잠수를 몇 차례 거듭하면 그린피스는 바닷속 산호초의 지도를 그려 그 윤곽을 밝혀내고 아마존강 하구부터 프랑스령 기아나까지 970미터 길이로 이어지는 산호초 대부분을 촬영할 수 있을 것이었다. 잠수정이 해저 등고선을 따라 선회하고 상승하니 조명이 모든 방향으로 생물다양성의 새롭고 낯선 증거를 비쳤다. 어떤 때는 위에서 오는 빛이 우리에게까지 닿아 바다 밑바닥에서 아른거렸다. 우리를 둘러싼 분주한 세계를 내다볼수록 앞으로 내가 산호를 고작 '화려한 돌덩이' 따위로 치부하는 일은 결코 없으리라는 확신이 들었다.

호서바와 내가 바다 밑바닥을 유영한 지 한 시간 가량 됐을 때 갑자기 무전이 들어왔다.

"디프워커, 상부다." 목소리가 들렸다.

호서바는 탐사를 계속하고 싶은 마음에 무전을 듣지 못한 척했다.

3분 후 또다시 소리가 들려왔다. "디프워커 조종사 나와라."

"얘기하라." 호서바가 응답했다.

"수면으로 복귀해야겠다."

"알았다." 호서바가 말했다.

우리는 상승을 시작했다. 스테인드글라스 같은 수면에 접근하며 나는 돔형 유리 너머로 위를 올려다봤다. 우리가 평상시 생각하는 동식물과 광물 분류에 깔끔하게 맞아떨어지지 않는 생물들이 사는 연약하고도 생경한 세계에 발을 들였다는 데서 모종의 희열을 느꼈다. 한 번도 보지 못한 것을 보호하겠다는 마음을 사람들에게 심어주기란 어려운 일이라는 생각도 들었다. 우리는 바다의 밑바닥보다 달의 어두운 면을 더 많이 안다고 호서바가 말했다. 그만큼 대중의 감시가 이뤄질 가능성은 작아지고 그린피스 같은 단체가 중간에 개입하기는 힘들어지니 일부 기업에는 도움이 되는 현실이다. 호서바가 덧붙여 말했다. "안타깝게도 우리의 무지가 우리에게 실제로 해를 입힐 수도 있어요."

수면에 도달한 호서바와 나는 에스페란사호의 인양기가 감아올려주기를 기다리는 낚시용 가짜 미끼처럼 말없이 물 위에 둥둥 떠 있었다. 수상기를 타고 아마존 삼림을 둘러보면서 기후 변화로 무엇이 위기에 처했는지 큰 그림을 그릴 수 있었다면, 잠수정을 타고는 그 위협을 맨 앞자리에서 볼 수 있었다. 해저를 가까이서 봤던 다른 경험도 돌이켜봤다. BP가 멕시코만에 유출 사고를 냈을 때의 영상 말이다. 생명이라고는 없이 시커멓던 영상 속 장면은 홍조단괴 둔덕과 청소 구역에서 펼쳐지던 활기 넘치는 색채의 향연과 뚜렷한 대조를 이루고 있었다.

뭍으로 돌아오고 6개월이 지나 에스페란사호에 승선했던 과학자 한 명으로부터 이메일을 받았다. 그때 잠수로 수집한 조사 자료를 보고 브라질 연방환경청이 석유 기업에 추가 정보를 요청했는데, 기업이 그 요청을 거부했다는 소식이었다. 그 결과 정부는 그 기업들에게 내줬던 아마존리프 근방의 시추 허가를 일시적으로나마 취소했다.

국가가 사업용으로 냉큼 개방할 수도 있었을 자국 수역 내 활동을 통제한 보기 드문 사례였다. 이번 전투는 브라질 과학자 집단과 그린피스의 승리였다. 그러나 이보다 큰 전쟁을 바라보는 내 시각은 여전히 비관적이고 잘해도 현실적인 수준에 머물렀다. 돈이 마르지 않을 기업의 석유 사냥은 나 같은 보통 소비자의 암묵적 지지를 받으며 상당한 수준으로 계속되리라는 것을 알기 때문이었다.

10장
해상 노예

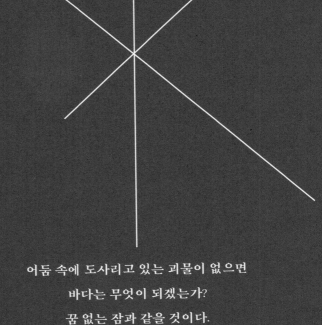

어둠 속에 도사리고 있는 괴물이 없으면
바다는 무엇이 되겠는가?
꿈 없는 잠과 같을 것이다.
—베르너 헤어초크,

『어리둥절한 이들을 위한 안내서: 폴 크로닌과 나눈 대담』

강제 노동은 전세계 어디에서나 이뤄지고 있지만 남중국해, 특히 태국 어선단만큼 이 문제가 횡행하는 곳은 없다. 태국 어업계에서 이렇게 강제 노동이 판을 치는 이유 중 하나는 2014년 UN이 밝힌 바와 같이 이 나라 수산업계에 평년 기준으로 선원이 5만명 가량 부족하기 때문이다. 그 결과 매년 캄보디아와 미얀마에서 이주민 수만 명이 은밀하게 흘러들어와 만성적으로 부족한 인력을 보충하고, 악덕 선장은 성인 남성과 소년을 소유물처럼 사고판다.

해상 노동을 연구하는 사람들은 연료비가 상승하고 가까운 연안의 어류가 감소함에 따라 먼바다로 나가는 모험을 감수하는 선박이 늘어나 이주민 착취가 발생할 가능성이 더 커질 것이라고 예측한다. 일은 가혹하다. 비대하고 비효율적이고 수익은 미미한 이 나라의 선박에서, 선장은 자신이 시킬 때 시키는 일만 할 것을 선원에게 요구한다. 노동 시간이 길어도, 음식이 모자라도, 보수가 쥐꼬리만 해도 불평하면 안 된다. 요컨대 이 선장들은 해상 노예를 부리고 있는 것이다.

"바다 위의 생명은 저렴합니다." 국제인권감시기구Human Rights Watch 아시아 지부 부국장 필 로버트슨Phil Robertson의 말이다. 로버트슨의 말에 따르면 상황은 점점 더 나빠지고 있다. 해상노동법은 느슨하고, 남획으로 수산 자원이 고갈되는 와중에도 전세계의 해산물 수요는 줄지 않고 있기 때문이다.

앞서 이뤄진 탁월한 보도 덕분에 나도 해상 노예 문제에 대해 조금은 알고 있었다.[1] 그러나 내가 마주한 부패의 정도는, 내 눈으로 직접 본 잔악무도함과 그것이 내가 인터뷰한 이들에게 남긴 지워지지 않을 영향은 취재를 끝낸 후로도 줄곧 뇌리에 박혀 있다. 무법의 바다에서 희생자는 (파도 위와 아래에) 수두룩하지만, 우리 식탁에 먹거리를 올려주는 사람들이 당하는 착취는 내게 충격이었다. 소비자의 입장에서 이제 휴대전화는 생활의 거의 모든 국면에서 발생하는 착취에 대응할 수 있게 하는 일종의 경찰 역할을 하고 있는 듯하다. 나쁜 일이 일어나면 아마 영상으로 찍혀 유튜브에 올라올 것이다. 그러나 바다에서는 그런 일이 거의 없다. 바다에서는 계약 노역이 여전히 표준 사업 관행이다.

* * *

"안 봤으면 좋았을 거예요." 경비원 솜 낭Som Nang이 해안으로부터 수백 킬로미터 떨어진 곳에서 목격한 광경을 이야기했다. 2013년 후반 솜 낭은 남중국해상 어선에 재보급을 하는 배를 타고 첫 항해에 나섰다. 솜 낭이 탄 배는 바다에서 나흘을 보낸 뒤 낡아빠진 태국 국적 저인망 어선 옆에 섰다.

남중국해의 태국 어선.

    그 저인망 어선 앞쪽에 웃옷을 입지 않은 수척한 남자가 목에 녹슨 쇠고랑을 찬 채 웅크리고 있었다. 남자의 멍든 목을 옭아맨 1미터 길이의 사슬은 갑판 위 말뚝에 고정되어 있었다. 어선 선장이 나중에 한 설명에 따르면, 그가 배에서 이탈하려 한 적이 있어서 쇠고랑을 채웠고 다른 배가 접근할 때마다 사슬에 묶어둔 것이었다.

    쇠고랑을 찬 남자의 이름은 랑 롱Lang Long이었다. 태국 어선단에 있는 성인 남자와 남자아이 수천 명과 마찬가지로 캄보디아 국경을 넘어 태국으로 인신매매된 사람이었다. 롱은 바다에 나올 생각이 전혀 없었다. 캄보디아 수도 프놈펜의 외곽 마을에 살던 롱은 근처 불교 축제에서 태국 내 건설업 일자리를 제안하며 입국도 도와주겠다는 한 남자를 만났다.

    서른 살 롱에게 그 제안은 새로운 인생을 시작할 기회처럼 보였다. 고향에서 가족이 일구는 논이 모두를 부양할 수 없어 어린 형제들이 배를 곯는 것을 보고만 있어야 하는 상황이 징글징글하던 참이었다. 롱은 밤사이 평상형 트럭 뒤에 몸을 싣고 울퉁불퉁한 흙길을 달려 태국만의 항구 도시로 갔다. 도착해서는 방콕에서 남동쪽으로 16킬로미터 이상 떨어진 사뭇쁘라깐 항구 근처에서 무장한 남자들이 지키는 방에 묵으며 며칠을 대기했다. 인신매매범은 물소 한 마리 시가보다 낮은 액수인 약 530달러에 롱을 한 선장에게 팔았다. 그후 롱은 다른 이주민 여섯 명과 같이 갱웨이를 거쳐 허름한 목조선으로 떠밀렸다. 3년간 이어진 잔혹한 바다 위 감금 생활의 시작이었다. 그 3년 동안 롱은 다른 어선으로 두 번 더 팔렸다.

나는 2014년 9월 태국 남동부 해안에 있는 송클라에서 강제 노동에 대해 취재하던 중 롱을 만났다. 롱이 스텔라마리스 국제선원센터Stella Maris International Seafarers' Center라는 가톨릭 자선 단체에 구조되고 나서 7개월이 흐른 후였다. 그 단체가 선장에게 롱의 몸값을 치러준 것이다. 스텔라마리스는 30개국이 넘는 나라의 200곳 이상의 항구에 사무실을 두고 선원과 선원 가족을 위한 복지 사업을 벌이고 있었다. 나도 인신매매 피해자와의 만남을 주선하고 그런 착취 사건의 수사를 담당하는 관계자를 소개해주겠다는 스텔라마리스 소속 복지사들의 말을 듣고 송클라로 간 것이었다.

롱을 만나려고 기다리는 동안 나는 스텔라마리스 사무실에서 서류철 가득한 사건 파일을 몇 시간 동안 자세히 살폈다. 바다 위에서 벌어지는 잔인한 학대와 고문, 살인이 나열된 경악스러운 목록이었다. 넘기는 페이지마다 아픈 선원을 배 밖으로 던지고, 반항하는 선원을 참수하고, 명령에 불복한 선원을 어둡고 퀴퀴한 갑판 밑 어창에 며칠씩 가둬둔 행태가 손으로 휘갈겨 쓴 메모와 사진으로 묘사되어 있었다. 센터 소장 수찻 쭌탈루카나Suchat Junthalukkhana가 말했다. "매주 새로운 사건이 들어와요."

이런 시련에서 살아남는 것은 대개 이타적 마음씨를 지닌 낯선 이를 우연히 만나고 그 사람이 스텔라마리스 같은 비밀리에 해상 노예를 구조하는 단체에 연락을 취해줬을 때에야 가능한 일이었다. 이런 단체는 말레이시아와 인도네시아, 캄보디아, 태국을 지나는 선원들의 '지하 철도'라 할 만했으며, 솜 낭은 그곳에서 일하는 구조 요원 중 한 명이었다. 마흔한 살 캄보디아인 솜 낭은 자기 이름이 크메르어로 '행운'을 의미한다고 했다. 스텔라마리스를 통해 소개받은 그는 땅딸하고 단단한 체구였고, 호신용으로 벨트에 차고 다니는 접이식 쇠 곤봉을 날래게 자랑해 보였다. 몇 년 동안 부두에서 일하며 잔혹담은 익히 들은 사람이었다. 그랬는데도 보급선에서 본 그런 광경을 대할 준비는 되어 있지 않았다고 솜 낭은 말했다.

솜 낭은 '모선'이라고 불리는 배에서 일하고 있었다고 한다. 연료와 추가 식량부터 여분 어망과 대체 인력까지 모든 것을 실어 나르며 길이가 대체로 30미터는 넘는 이 육중한 배는 바다의 대형 마트 역할을 하는 물 위의 만능 재보급 상점이었다. 롱을 감금 생활에 처하게 한 배도, 훗날 그 생활에서 구해준 배도 같은 종류였다.

저속으로 움직이는 저인망 어선이 육지와 2,414킬로미터 이상 떨어진 곳에서 물고기를 잡을 수 있는 것이 모선 덕이다. 어민이 수개월 또는 수년 동안 바다에 머무는 것이나 어획물이 그물에 걸려든 지 일주일 안에 세척되고 가공되어 미국의 상점 진열대 위로 운송되는 것 모두가 모선이 있기에 가능하다.

일단 모선으로 옮겨진 물고기 더미는 갑판 아래에 있는 동굴 같은 냉동 장치 안에서 다른 어획물과 한데 합쳐지니, 항만 당국이 출처를 알아낼 방법이 없다시피 했다. 어민에게 보수를 주고 합법적으로 잡은 것인지 쇠고랑을 찬 이주민을 부려 불법적으로 밀렵한 것인지 파악하기란 사실상 불가능했다.

솜 낭이 탄 모선은 해안을 떠나 나흘간 항해한 후 롱이 있던 태국 국적의 낡은 저인망 어선 옆에 멈춰 섰다. 그 배의 선원 여덟 명은 인도네시아 수역에서 2주간 벌인 불법 어획을 막 마친 참이었다. 당시 롱은 쇠고랑에 묶여 있었다. 선장은 보통 일주일에 한 번꼴로 다른 배가 가까이 올 때마다 롱의 목에 쇠고랑을 채웠다. 미얀마인 갑판원과 태국인 선임 선원들 사이에서 혼자만 캄보디아인이었던 롱은 자신과 기꺼이 눈을 맞춰주는 상대라면 그게 누구든 눈도 깜박이지 않고 시선을 보냈다. "제발 도와줘요." 솜 낭은 롱이 크메르어로 속삭였던 말을 전했다. 불로 지진 것처럼 기억에 새겨진 그 장면이 자기가 더 이상 바다에서 일하지 않는 이유라고 솜 낭은 덧붙였다.

롱이 구조된 후 경찰 보고서에는 그가 어떤 감금 생활을 했고 그를 이 배에서 저 배로 보내는 몇 차례의 해상 거래가 어떻게 이뤄졌는지 기록되었다. 보고서에는 이렇게 적혀 있었다. "어선 세 척이 보급선 주위에 모여 롱을 놓고 싸우기 시작했다." 해안과 그렇게 멀리 떨어진 곳에서는 늘 일손이 부족했다. 1년 뒤 한밤중에

네 대양과 두 부속해를 건너 쥐를 쫓는 고양이처럼 천둥호를 쫓은 시셰퍼드 요원들은 빙산과 격렬한
폭풍, 충돌 직전의 위기로 가득한 위험천만한 장애물 경기장을 뚫고 장엄한 항해를 하게 된다.

멕시코 익스타파에서 항구를 떠나는 애들레이드호.

팔라우 해양 당국이 팔라우 수역에 있는 대만 국적
참치 연승 어선 성치후이12호에 접근하고 있다.

태국 해안으로부터 몇백 킬로미터 떨어진 남중국해 위 태국 어선에서 일하는 캄보디아인 성인 남성과 소년 들. 이들 대다수가 인신매매되어 배를 타게 되었다.

어선 갑판 아래 처리실의 업무 환경은 위험하기로 세계 어느 업계와 견줘도 뒤지지 않는다. 촬영일자를 알 수 없는 이 사진은 운항 중인 한국 어선에 승선했던 뉴질랜드 당국에게서 구한 것이다

남아프리카공화국 케이프타운 항구 인근의 지붕만 얹은 거처에 있는 데이비드 조지 음은돌와. 2011년 서아프리카 해안과 몇백 킬로미터 떨어진 곳에서 음은돌와와 다른 밀항자는 운항 중인 배에 숨어 있다 들켜, 뗏목에 태워진 채 죽게 방치되었다.

유독 위험했던 해외 해상 취재에 나서기에 앞서 나는 플로리다 클리어워터의 미국 해안경비대 공중수색구조단과 일주일간 동행 취재를 다녔고, 요원들은 뱃전 너머로 떨어졌을 때 무엇을 해야 하는지를 내게 가르쳐줬다.

격랑에 맞서고 있는 밥바커호.

소말리아에서 우리와 같이 있었던 경비원 중 일부는 열여섯 살도 안 되어 보였다.

소말리아 푼틀란드의 보사소항.

성매매 업소를 겸하는 태국 송클라의 항구 변 노래주점. 어선으로 보낼 이주노동자를 찾는 인신매매업자 다수는 이런 주점을 같이 운영한다. 양쪽 업계 모두 노동자를 함정에 빠뜨리기 위해 채무 예속 방식을 쓰는 것이 비슷하다. 대부분 인신매매된 이주여성 성노동자가 이주남성을 접대해 그들을 덫에 옭아매는 데 동원된다. 남성 손님들 역시 인신매매된 사람들로, 결국 어선으로 보내진다.

인도네시아 순찰선 마찬호가 분쟁 수역에서 억류한 베트남의 파란 배 옆에 서 있다. 나포된 선원 수십 명은 탈출하려고 물로 뛰어들기 전까지만 해도 마찬호 뒤편에서 대기했다.

태국 깐땅에서 물고기를 분류하는 항만 노동자들.

태국에서 불법 어업을 일삼고 해상 노예를 부리는 것으로 알려진 최악의 선박 운영주는 다수가 원양으로 나가는 선단에 속하며, 깐땅을 근거지 삼는 경우가 압도적으로 많다. 이런 대형 선박 일부가 뜨랑강 하류 항구로 향하는 것이 목격되기도 한다.

인도네시아 경찰이 분쟁 수역에서 베트남 어선을 붙잡은
갑판원들을 배에서 내리게 하고 ?

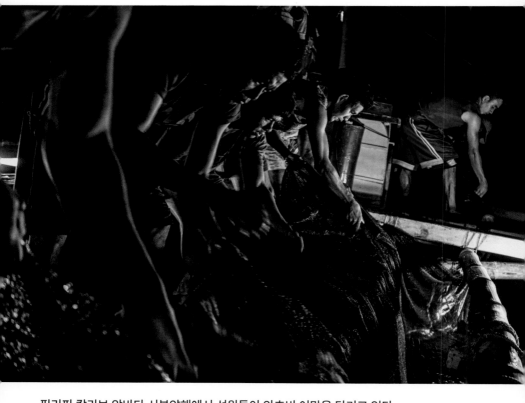

필리핀 칼리보 앞바다 시부얀해에서 선원들이 안초비 어망을 당기고 있다.

태국 송클라에 닻을 내린 한 어선 위의 파란 통들. 얼음이 채워져 있는 이 통은 잡은 물고기를 갑판 아래 어창에 보관하는 데 사용된다.

인도네시아 순찰선 뒤편에 있던 베트남인 억류자 수십 명이 물에 뛰어들어 베트남 해경선으로 헤엄쳐 탈출하려 한다. 일부는 거의 익사할 지경이다. 뒤에 보이는 것은 인도네시아 해양경찰 한 명이 승선해 있는 와중에 베트남 당국이 들이받아 침몰시킨 배다. 그 경찰은 베트남 측에 붙잡혀 인질이 되었다.

태국 어선단에 감금되어 있던 몇 년 동안 랑 롱은 목에 쇠고랑을 찼고 이 어선에서 저 어선으로 팔려 다녔다.

롱이 한 저인망 어선에서 다른 저인망 어선으로 팔릴 때도 비슷한 실랑이가 벌어졌다.

　구조된 갑판원에 관한 스텔라마리스의 사건 파일을 읽고 나니, 복지사 한 명이 휴게실로 나를 데리고 가 롱을 만나게 해줬다. 간이침대들을 잔뜩 들여놓고 전직 선원들의 숙소로 쓰고 있는 방 바로 아래층에 있는 곳이었다. 롱은 몇 달째 이곳에서 지내며 정부가 운영하는 쉼터로 가게 되기를 기다리고 있었다. 태국 당국이 사건을 수사할 때까지 쉼터에서 살 예정이었다. 롱은 키가 크고 마른 체형에 크림커피색 얼굴이 얽은 사람이었다. 그는 시체를 세워놓은 것처럼 부자연스러울 정도로 가만히 앉아, 입을 열기가 두려운 듯 코로만 숨을 쉬고 있었다. 껍데기는 사람이었으나 눈은 시종일관 공허했다.

이번 대화가 다른 때보다 어려우리라는 것은 알고 있었다. 그래서 통역사에게 내 전략 일부를 미리 알려주고 실수하지 말라고 당부했다. 시작할 때 당신이 롱에게 나를 소개해주면 나는 15분에서 20분 정도 아무 말도 하지 않고 앉아 있을 겁니다. 일단은 내가 어떤 사람인지, 그리고 롱에게 일어난 일을 그대로 담아내는 게 내 목표라는 것만 간결하고 정중하게 말해주면 좋겠군요. 그 뒤에 내가 롱이랑 악수할 테니 당신은 내가 대화를 시작하기 전에 몇 분쯤 생각을 정리해야 한다고 해주세요. 그러고 말없이 앉아 있을 겁니다. 미리 말하지만 어색할 거예요. 하지만 침묵의 효과가 나오게 두세요. 내가 벌써 그런 것만큼이나 롱이 말하고 싶어 안달하는 상태가 되도록 무게를 잡는 게 관건입니다. 통역사는 요청을 이해했다는 표시로 고개를 끄덕였다.

나는 말을 이었다. 그러다가 내가 껌을 한 통 꺼낼 겁니다. 내가 입에 하나 물고, 당신도 씹을 수 있게 하나 줄게요. 입에 넣어도 된다는 걸 그런 식으로 롱한테 보여주는 거죠. 롱 앞쪽 탁자에 껌을 하나 두고, 원하면 씹어도 된다는 걸 몸짓으로 은근하게 표현할 겁니다. 내가 그냥 초점 없이 아무데나 볼 수도 있어요. 공책에 뭘 끼적일 수도 있고요. 좀 있다가 탁자에서 일어나 물을 몇 병 가지고 오기 위해 자리를 뜰 겁니다. 돌아와서 당신한테 한 병 주면 그걸 따서 마셔주세요. 나도 똑같이 할게요. 짜고 치는 연출이라는 건 알아요. 조작으로도 보일 수 있다는 건 인정합니다. 하지만 분위기를 푸는 데 효과가 좋더군요. 통역사는 내 말을 알아들은 듯했고 자기 역할을 하기로 했다.

30분 가까이 앉아 있다가(병에 든 물도 마셨고 껌도 씹었다) 나는 롱에게 어떤 일을 겪었냐고 부드럽게 묻기 시작했다. 롱은 처음에는 녹슨 낚싯바늘로 목제 난간에 홈을 파 바다 위에서 보낸 날이 며칠 또 몇 달인지를 기억하려 애썼다고 한다. 결국 그만뒀지만. "다시는 땅을 못 볼 줄 알았어요." 롱이 말끝을 흐렸다. 그러더니 물고기는 두 번 다시 먹고 싶지 않다는 말을 덧붙였다. 이야기가 버거워질 때마다 롱은 내 뒤편을 바라봤다. 나는 롱이 어디다 시선을 두고 있는지 보려고 조심스레 천천히 몸을 돌려봤다. 새하얀 벽 말고는 아무것도 없었다.

배에서 일한 시간이 늘어날수록 불법으로 국경을 넘는 비용을 내준 선장에게 롱이 빚진 채무액은 줄어들어야 했다. 그러나 롱을 옥죈 족쇄는 시간이 흐를수록 빡빡해지기만 했다. 감금은 종신형 형태를 띠기 시작했다. 롱이 바다에서 경험을 쌓을수록 일손 부족한 다른 배의 선장이 롱의 몸값으로 쳐주려는 액수가 올라갔다.

초반의 롱은 초보자답게 실수를 했다. 물고기를 잡아본 경험도 없었고 감금 전에는 바다를 본 적도 없었으니 자신에게 할당된 어망이 다른 갑판원 것보다 더 많이 엉키는 것 같았다고 롱은 말했다. 그의 눈에는 물고기가 (작은 은색 생물로) 죄다 똑같아 보여 분류 작업이 어려웠다.[2] 처음에는 뱃멀미도 심해 속도가 더뎠으나 선장이 한 선원에게 일이 느리다며 채찍을 휘두르는 것을 보고서는 속도를 올렸다고 한다.

노력은 했지만 롱도 가혹한 체벌을 피할 수는 없었다. 태국 정부의 국가인권위원회에서 낸 사건 보고서에는 이렇게 적혔다. "나무나 쇠로 된 막대로 맞았다. 어떤 날은 휴식 시간이 단 한 시간뿐이었다." 식수가 부족하면 갑판원들은 물고기를 넣는 통에서 고약한 맛이 나는 얼음을 훔쳤고, 선원이 어구를 잘못 넣기라도 하면 관리자는 잘못한 사람에게 그날치 식사를 주지 않았다.

롱은 배 밖으로 뛰어내려 탈출할까 하는 생각을 자주 했다고 한다. 나중에 자신을 치료해준 의사에게 한 말에 따르면, 바다에 있던 3년 동안 육지를 본 적이 한 번도 없었다. 밤이면 배의 무전기를 지키는 사람이 아무도 없을 때도 있었지만 롱은 어디에 어떻게 도움을 요청해야 할지 전혀 몰랐다. 배에 있는 그 누구도 자기와 같은 나라의 말을 하지 않으니 감금되었고 고립되었다는 느낌은 더 심했다.

롱은 선장도 무서웠지만 바다가 더 두려웠다고 말했다. 때로는 몇 층 높이까지 솟아오르는 파도가 격랑 속에서 갑판을 두들겼다. 솜 낭의 배가 나타난 것은 롱이 쇠고랑을 차고 벗고 한 지 9개월쯤 되었을 때였다.

솜 낭이 말하기로 쇠고랑 찬 사람을 보는 것보다 더 충격적이었던 한 가지는 모선에 탄 사람들 중 자기 말고는 누구도 그 광경에 놀라지 않은 것 같았다는 사실이었다. 항구로 복귀한 솜 낭은 스텔라마리스에 연락했고, 스텔라마리스는 롱의 자유를 사는 데 필요한 돈 2만 5,000밧(750달러쯤 된다)을 마련하기 시작했다. 그 숫자를 듣고 느꼈던 메스꺼움을 기억한다. 롱의 목숨값은 워싱턴 D.C.에서 방콕으로 오는 내 비행기 표보다 쌌다.

솜 낭이 롱을 본 것은 그때가 마지막이 아니었다. 그후 몇 달 동안 솜 낭은 그 어선으로 두 번 더 재보급을 나갔다. 모선이 어선과 나란히 설 때마다 롱은 쇠고랑을 차고 있었다. "당신을 풀어주

려고 노력하고 있어요." 솜 낭은 보급 중 롱에게 귓속말을 건네기
도 했다.

2014년 4월, 롱의 감금은 그보다 더 맥빠질 수 없는 모양새로
끝났다. 솜 낭은 롱이 억류된 배와 약속을 잡은 보급선에 오를 때,
스텔라마리스에서 받아 온 태국 돈을 종이봉투에 한가득 담아 들
고 배에 탔다. 그리고 약 일주일을 항해해 남중국해 한복판의 접
선 지점으로 가져갔다. 구조 요원이 몸값이라 생각한 돈을 선장
은 '부채 상환금', 그러니까 롱이 일해서 갚아야 할 돈으로 인식
했다. 솜 낭은 별말 없이 롱의 선장에게 돈이 든 봉투를 건넸다.
그후 롱은 솜 낭의 배에 발을 딛고, 단단한 육지로 돌아가는 여정
을 시작했다.

모선을 타고 뭍으로 돌아오는 엿새간의 항해 동안 롱은 대부분
시간을 울며 자며 보냈다. 선원들은 자신들이 이 구조 작업에서
맡은 역할이 다른 어선에 알려지는 것을 막고자 롱을 숨겨뒀다.
다른 배의 선장들이 자기들에게는 노동 분쟁으로 보이는 문제에
보급 업체가 나선다고 분개할 것을 우려했기 때문이다. 솜 낭은
구조 항해를 마치고 얼마 되지 않아 바다에서 일하기를 그만뒀
다. 그리고 공장 경비원 일을 새로 구했다. 나는 송클라와 가까운
외곽에 있는 솜 낭의 콘크리트 블록 집에서 그와 이야기를 나눴
다. 솜 낭은 먼바다에서 목격한 일로 아직도 악몽을 꾼다고 했다.
"거기 상황이 싫어요."

* * *

롱의 이야기를 다룬 내 기사는 「무법의 바다」 시리즈의 한 부

분으로 2015년 7월 27일《뉴욕타임스》1면에 실렸다. 그러자 태국의 인신매매 퇴치 담당관이 내게 연락해 기사에 신뢰성이 있더라는 말과 경찰 특수부대가 롱이 탔던 배의 선장을 체포해 입건하려 하고 있다는 말을 했다. 선장은 그 무렵 다른 배를 타고 바다에 있었다. 그후 2년에 걸쳐 롱은 아이콘 비슷한 존재가 되었다. 당시 미국 국무장관이었던 존 케리John Kerry는 기자회견과 외교 행사에서 노동자 인신매매 근절의 필요성을 강조하며 롱의 사연을 대여섯 번은 언급했다.[3]

어느 날 오후, 태국 군부 정권의 주미 대사 삐싼 마나와빳Pisan Manawapat이 취재와 관련해 논의할 것이 있다며 내게 만남을 요청했다.[4] 마나와빳의 직원 두 명까지 함께해서 우리는 워싱턴 D.C.의 부촌 조지타운에 있는 한 식당에서 만나 점심을 먹었다. 처음에는 진정제 같은 이야기만 나눴다. 방콕 시내 교통이 시간을 엄수하는 게 인상적이라거나, 푸껫을 찾는 관광객이 계속 늘어나고 있다거나, 마나와빳의 딸이 로스쿨을 졸업했으니 취업 전망이 밝다는 둥의 이야기였다.

그러다 본론에 들어갔다. "사실 그 일은 굉장히 심각하게 생각하고 있습니다." 해상 노예 문제를 꺼낸 마나와빳은 자국 정부가 취하고 있는 다양한 조치들에 대해 30분간 설명했다. 노동 착취 관련 사건의 수사와 기소 건수가 증가했다는 사실을 이야기했고, 나라 곳곳에 인신매매 피해자를 위한 쉼터를 조성했다고 말했다. 미등록 노동자 수를 파악해 신분증을 발급하려고 이민국이 등록 업무에 박차를 가하고 있다는 것도 밝혔다.

식사를 마칠 때가 되자 마나와빳 대사는 자신의 개인 휴대전화 번호를 알려주며 말했다. "연락 통로를 계속 열어두자는 부탁만 좀 드리겠습니다." 나는 머릿속에 떠오른 생각을 뱉지 않고 말을 참았다. 《뉴욕타임스》에 기사가 나가기 전만 해도 태국 정부는 내게 거의 묵묵부답으로 일관했고 내 이메일을 수신했다는 답도 하지 않았으며 전화를 받는 것도 거부했다. 앞으로 그런 문제는 없을 것 같아 기뻤다.

몇 주 후 내가 미국 국제개발처에서 발표를 마쳤을 때 한 국무부 공무원이 강단으로 다가왔다. 그는 내게 최근 몇 주 사이 롱 소식을 들은 적이 있냐고 물었다. 나는 없다고 답했다. 그가 말했다. "롱이 사라졌거든요. 태국 정부에서 데려간 것 같습니다." 방콕 내 영사관 인신매매 퇴치 부서에 있는 동료가 롱의 안전을 무척 걱정한다는 말도 덧붙였다. 나는 그에게 알려줘서 고맙다고 인사한 뒤 곧장 마나와빳 대사에게 연락했다. 조지타운에서 점심을 먹으며 했던 이야기를 생각하면 방콕에 있는 대사의 직원들이 즉시 롱을 찾아내 롱이 구류된 것이 아님을 내게 확인시켜주리라 믿어 의심치 않는다고, 정중하지만 단호하게 말했다. 내 취재가 롱이 체포되는 원인이 되었을 수도 있으니 롱의 소재를 파악하고 할 수 있는 수준까지 그의 안전을 보장하는 게 내가 기자로서 지켜야 할 책무라고 생각했다.

다음 날, 롱은 정부 시설에 있는 것으로 확인되었다. 그곳에서 이민국 직원이 롱의 정신 건강을 평가하고 롱이 캄보디아에 있는 고향 코소틴으로 돌아가기를 원하는지 아니면 태국에 머물기를 원하는지를 상의하는 중이라고 했다. 롱이 원래 그 정부 시설에 있었는지 아니면 내가 전화를 한 뒤에 옮겨진 것인지는 정확히 알 수 없었다. 어쨌든 롱은 고향인 캄보디아로 돌아간다면 그 지역의 불교 사원을 청소하던 예전 직장에서 다시 일하고 싶다고 말했다고 한다.

2년여의 시간이 흐른 뒤 나는 롱이 어떻게 사는지 확인하러 태국으로 갔다. 롱은 여전히 송클라 인근에 있는 정부 시설에서 지내고 있었다. 태국 경찰은 문제의 배 이름을 파악해둔 상태였다. 롱이 쇠고랑을 차고 있었던 배의 이름은 N. 푸옹게른8이었다. 태국 당국은 롱을 억류했던 선장의 신원도 확인했다. 수완 숙막 Suwan Sookmak이라는 태국 남자였다. 용의자 사진을 늘어놓고 보여주자 롱과 솜 낭이 숙막의 얼굴을 알아봤다. 송클라에 있는 숙막의 애인 집에서 한 달 이상 잠복근무한 끝에 경찰은 마침내 뭍으로 돌아온 숙막을 체포했다. N. 푸옹게른8호의 소유주인 마낫 뿌깜Manas Phukham과 스리수다 뿌깜Srisuda Phukham도 롱을 팔아넘겨 억류 상태에 처하게 한 사람으로 선장에게 지목되어 체포되었으나, 이들은 추가 증거 부족으로 석방되었다.

나는 송클라 쉼터에서 하루를 보내며 롱을 지켜봤다. 롱의 정신과 감정 체계는 가혹한 혹사로 인해 어쩌면 회복할 수 없는 수준이 된 듯했다. 나는 롱과 다시 인터뷰를 해볼 생각이었으나(미래 계획은 어떠하며, 정부의 사건 처리에 대해서는 어떻게 생각하는지 물어보려 했다) 그토록 쇠약하고 움츠러든 모습을 보고는 그저 그를 지켜보기로 했다. 롱은 인신매매를 겪은 다른 남자 네 명과 함께 각자 자기 이야기를 크레용으로 그려보는 치료를 받았는데, 그 활동도 따라가기 어려워했다. 다른 남자들의 그림에는 작대기로 그린 사람이 들판 위 나무나 초가집과 함께 등장했으나, 롱의 그림에는 선과 동그라미뿐이었다. 쉼터 복지사가 해준 말에 따르면 롱은 집으로 돌아가고 싶다는 말을 종종 했다. 하지만 복지사들은 롱이 혼자 살며 직장에 다니고 약을 챙겨 먹을 수 있을지 확신하지 못하고 있다고 했다.[5]

롱의 악몽이 시작되고 대략 6년이 지난 2017년 8월, 태국 법정은 숙막에게 인신매매 혐의로 4년의 징역형을 선고하고 롱에게 배상금으로 1만 3,500달러쯤 되는 약 45만 바트 이상의 돈을 지급하게 했다. 롱은 2017년 12월 28일 송클라 쉼터를 떠나 캄보디아로 돌아갔다.[6]

나는 지금도 몇 달에 한 번씩 태국 정부 내 인신매매 퇴치 부서의 한 고위 직원과 문자메시지를 주고받는다. 이 여성은 수년간내게 최고의 취재원이 되어줬다. 롱이 캄보디아로 돌아간 후에도이 직원은 계속 롱의 상황을 확인했다. 하지만 이제 롱이 워낙 멀리 있으니 그가 무사한지 정보를 얻는 것이 쉽지는 않다. 우리는둘 다 장기적인 전망은 비관적이라고 본다. 롱은 여전히 손쉬운먹잇감이다. 롱이 인신매매의 다른 관로에 다시 빨려들어간 것을발견하게 된다면 우리가 무엇을 할 수 있을지는 둘 중 누구도 알지 못한다.

* * *

롱의 사례는 극단적이었다. 어선 선장 대다수는 선원에게 쇠고랑을 채우는 방식을 쓰지 않는다. 대체로 빚을 지게 하고 육지와멀리 떨어뜨리는 것만으로도 노동자를 억류하는 데 무리가 없다. 태국 선단의 선박 중에서도 환경이 제일 열악하다고 알려진 것은 수개월 또는 수년씩 육지와 떨어진 곳에 쭉 머물며 대부분 이주 노동자에게 의존하는 장기 운항선이었다.

나는 이 결핍과 착취를 직접 보는 것이 저널리즘 측면에서 중요하다고 느꼈다. 인권운동가와 기자들이 이런 배의 이야기를 이미 다루기는 했다. 그러나 그것들은 보통 탈출한 갑판원을 육지에서 만나 들은 증언에 바탕을 둔 것이었다. 나는 영국인 사진사 애덤 딘Adam Dean과 젊은 태국인 여성 통역사와 함께 이런 장기 운항선의 실태를 내 눈으로 직접 보고자 했다. 이게 꿈이 야무진 목표였다는 것은 얼마 지나지 않아 알게 되었다.

UN의 여러 조약과 다양한 인권 보호 장치는 채무 노동을 공식적으로 금지하고 있지만, 태국 군부와 법 집행 기관은 공해에서 발생하는 위법 행위를 단속하려는 실질적인 행동을 거의 하지 않았다. 법 집행 문제를 한층 더 까다롭게 하는 것은 일부 공무원이 국경을 안전하게 통과하게 해주는 대가로 뇌물을 받는 등 수산업계의 인신매매에 공모한다는 사실이었다. 경찰을 만나 밀수꾼에게서 구조됐지만 결국 경찰 손에 이끌려 다른 밀수꾼에게 되팔렸던 경험을 UN 직원과 인권 단체에 이야기한 이주민이 많았다.

《뉴욕타임스》 독자들은 여러 해에 걸쳐 내게 종종 이메일을 보내, 자기에게 불리할 수도 있는 이야기를 솔직히 털어놓도록 사람들의 말문을 틔우는 방법이 무엇이냐고 물었다. 이쪽 일을 하다 보면 사람들이 얼마나 자기 이야기를 하고 싶어하는지 늘 놀라게 된다는 말 외에는 달리 마땅한 답이 없었다. 기자로서 나는 보통 상대방이 나를 믿을 만한 상대로 판단했을 때 입을 열어준다는 것을 알게 되었다.

어떤 때는 정체를 숨기는 것이, 어떤 때는 벌거벗다시피 투명하게 드러내는 것이 도움이 되었다. 나는 전자의 방식에는 영 서툴렀다. 사람들은 과거 주가 정보가 인쇄되어 나오던 종이처럼 내 눈이 정보를 그대로 드러낸다고 했다. 항구나 붐비는 시장, 불안한 동네 등 날이 선 환경에서 내 호기심이나 당혹감, 두려움이 얼굴에 훤히 드러나기를 원치 않을 때면 나는 선글라스를 썼다. 하지만 보통은 꾸밈없이 솔직하게 상대를 대하고, 또 사전 조사를 해 상대의 관점을 어느 정도는 이해한다는 것을 보여 처음부터 좋은 인상을 남기는 방식으로 사람들의 마음을 얻으려 노력했다. 이런 전략은 사람 됨됨이를 예리하게 판단하는 능력을 갖고 있으며 대체로 일말의 애매함도 참지 못하는 어선 선장들을 대할 때 특히 유용했다.

하지만 장거리 운항선 선장에게 승선 허락을 받아내는 일은 여전히 쉽지 않았다. 애덤 딘과 나는 태국에서 몇 손가락 안에 들게 큰 어항인 송클라에 거점을 꾸렸다. 우리를 배에 태워주도록 설득할 요량으로 밤이면 밤마다 장기 운항선 선장들과 저녁을 먹고 술을 마셨다. 거의 모두가 우리 부탁을 거절했다. 그들은 바다에서 외국인을 태우고 다니는 모습을 보이려는 선장이 누가 있겠냐고 말했다. 업계 평판은 이미 나빠질 대로 나빠져 있었다.

《가디언》, 그리고 EJF로 통하는 비정부 단체 환경정의재단 Environmental Justice Foundation은 업계의 가혹 행위와 인신매매를 고발하는 대규모 보도를 1년 앞서 내놓았다. 이 보도에 대한 반응으로 태국은 이미 미국 국무부 인신매매 감시퇴치국의 주요 표적이 되어 있었고, 수산물 매매업자도 자신들의 공급망에 해상 노예라는 오명이 얼마나 묻었는지 심사할 조사관을 고용해둔 상태였다.

딘과 내가 치근덕대자, 선장들은 위험하고 지저분하다는 걸 누구나 아는 배에서 왜 그렇게 지내고 싶어하는지를 도무지 모르겠다는 반응을 보였다. 나는 단지 그들이 하는 일을 눈으로 보고 선원들의 삶을 기록하고 싶을 뿐이라고 말했다. 마침내 우리를 바다로 얼마간 데려다주겠다고 하는 선장을 찾았는데, 그 선장도 우리를 항구에서 배에 태울 수는 없다고 했다. 대신 우리더러 작은 배를 구해 바다로 나가, 해안으로부터 11킬로미터쯤 떨어져 있어 아무도 우리를 볼 수 없는 곳에서 승선하라고 했다.

우리는 지시받은 대로 작은 배를 몰고 나간 다음 다른 배로 갈아타고 열 시간 가까이 항해한 뒤 다시 세 번째 배로 갈아타 비슷한 시간을 움직이고 나서야 취재의 최종 중심이 될 태국 선망선을 발견했다. 그 배에는 캄보디아인 40명이 선원으로 있었는데 그 가운데에는 열다섯 살도 안 돼 보이는 소년들도 있었다. 풍파에 시달린 배는 번잡하고 녹이 슬어 있어 바다에만 몇 년은 있었던 것처럼 보였다. 나는 배에 오르고 싶어 안달이 났다.

이런 상황에서의 의사소통은 '몸으로 말해요' 게임과 무척 비슷했다. 선장이든 선원이든 영어를 할 줄 아는 사람은 거의 없었고, 우리와 함께 간 태국인 통역사는 이미 극심한 뱃멀미에 시달리고 있었다. 몸을 일으킬 때마다 속을 게워야 했던 통역사는 미안하다는 말을 섞으며 극히 간추린 통역을 했고, 그마저 알아듣기 어려웠다.

이번 취재에 여성 통역사를 데려가도 될지 걱정했었다. 뱃멀미에 약할 것 같아서가 아니라 여자가 전혀 없는 배를 타고 바다에서 몇 달을 지낸 남자들이 여성의 존재에 어떻게 반응할지 짐작할 수 없었기 때문이었다. 하지만 우리 통역사는 강인하고 겁이 없기로 유명했다. 태국과 미얀마 국경 산맥에 있는 로힝야족 난민 캠프를 포함해 이곳 못지않게 위험한 환경에서도 취재를 했던 사람이었다. 나를 실망시킨 적이 없었다. 그녀는 몸 상태가 안 좋은 와중에도 일을 놓지 않았고, 돌아가지도 않겠다고 했다.

어선에 발을 디뎌보려 열심히 협상하고 있자니, 이 고물 배에 타기로 한 결정이 훗날 돌아보면 명백하고도 무모한 계산 착오가 아닐까 하는 의구심이 들었다. 취재 중 마주치는 이런 순간에는 아드레날린과 공포가 넘실댄다. 부족하기 짝이 없는 정보로 그 자리에서 바로 위험을 가늠하는 것 말고는 도리가 없다. 우리랑 같이 있는 이 여자를 저들이 어떻게 보고 있지? 지금 선장들이 서로 의미심장한 눈빛을 주고받는 건가? 이렇게 생긴 배가 바다에 나와도 되나?

많은 면에서 너무나 낯선 환경이기에 신호를 읽어내는 일은 순전한 추측이 된다. 상당 부분은 본능에 기대는데 그쯤 되면 잔뜩 지친 탓에 본능이 제대로 발휘되지 않기 일쑤다. 《뉴욕타임스》 델리 지국장 제프리 게틀먼Jeffrey Gettleman은 이런 것을 '신뢰의 전이성'이라 표현한 적이 있다. 그는 기자는 언제나 여기에 제 목숨을 투자한다고 말했다. 내가 신뢰하는 사람이 자신이 신뢰하는 사람과 나를 연결해주면 그 사람은 자신이 신뢰하는 다른 사람에게 나를 넘겨준다. 이 관계가 길어질수록 사슬이 버텨주기를 바라는 마음도 커진다.

우리를 태워준 배의 선장이 우리의 제안을 밝히자 선망선 선장은 미심쩍다는 눈으로 나를 훑어보았다. 무슨 이유에선지 내게는 그것이 좋은 신호로 느껴졌다. 내가 자기 때문에 불안해 해야 할 것 이상으로 그쪽에서 나 때문에 불안해 하는 것 같았다. 몇 분 후 그 선장은 두 가지 조건을 걸고 며칠 동안 우리를 배에 태워주는 것을 승낙했다. 선장이나 배의 이름을 밝히는 것은 허락되지 않았다. 그리고 때와 상관 없이 일꾼들이 일하는 것을 방해하지 않아야 했다. 선장은 지금 위치가 항구에서 190킬로미터 가량 떨어진 곳이며 9개월 이상 조업했으니 조만간 뭍으로 돌아갈 예정이라고 설명했다. 우리는 그들이 마지막 조업을 하는 동안 그의 배에서 지내다 함께 육지로 돌아갈 것이었다.

우리는 선망선에 냉큼 올라타 이전 배의 선장에게 얼른 떠나라고 손짓했다. 새로 우리를 맞아준 선장이 기회가 남아 있을 때 마음을 바꿀까 봐 겁이 났던 것이다. 그후 몇 분 동안 캄보디아인 선원들은 영문을 모르겠다는 눈빛으로 우리를 쳐다봤는데, 그러고 있으니 선장이 선원들더러 다시 일하라며 확성기에 대고 태국어로 고함을 쳤다. 밤이 찾아들고 어망을 끌어올릴 시간이 되었다. 해가 넘어가자 물 위에 비치던 빛은 은박지처럼 어른대다가 습지 같은 선녹색으로 변하더니 타르 같은 검정이 되었다.

태국 어선단은 대부분 저인망 어선으로, 배 후미에 벽 같은 그물을 끌고 다녔다. 선망선은 그보다 기초적인 원형 어망을 써서 수면 가까이에 있는 어류를 노리고 그물을 내려 그걸 위로 끌어올린 다음 동전 지갑을 끈으로 여미듯 상부를 막았다. 15미터나 되는 어망 입구가 제대로 닫혔는지 확인하려고 남자아이들이 칠흑처럼 검은 바다로 뛰어들었다. 그 중 한 명이 그물에 엉켜 느닷없이 몇 패덤(바다의 깊이를 재는 데 쓰는 단위로, 1패덤은 1.83미터다—옮긴이) 아래로 끌려 내려간다 해도 광란과 어둠과 소음 속에서 그 사실을 바로 알아차릴 사람은 없을 가능성이 컸다.

선원에게 부상은 언제나 존재하는 위험이었다. 취재하러 다니는 내내 이런 배의 갑판원들은 내가 의료 전문가라도 되는 것처럼 내게 자주 의지했다. 아침마다 비타민을 챙겨 먹는 나를 보고 내가 투약하는 법을 안다고 생각한 모양이었다. 필리핀의 한 배에서는 한 남자가 두피 상처를 보여주면서 상처에 벌레가 우글댄다고 했다(내 눈에는 벌레가 보이지 않았다). 소말리아 앞바다에서는 기침을 할 때 피가 나오는데도 예삿일이라는 듯 피를 물에 뱉어내던 갑판원을 만났다. 통역사를 통해 들으니 그렇게 된 지 몇 달째라고 했다. 발진은 가장 흔한 병이었다. 인도네시아에서 본 한 갑판원은 바지나 속옷을 입지 않고 허리춤에 수건만 두른 채 일하고 있었는데, 들어보니 다리 사이에 근지러운 상처가 있어 뭘 걸치면 너무 불편해서 그런다고 했다. 이런 식의 사례 다수에서 선원들은 내게 도움을 청했고 나는 최소한 증상이라도 완화해 줄 것 같은 약이나 연고를 그들에게 줬다. 항해를 마치고 집으로 돌아와서는 의사에게 내가 본 상태를 설명했다. 의사와 나는 다음 항해에서 만날지 모를 선원들을 생각해 짐 속에 챙겨 가는 가루 항생제와 알약 종류를 조정하고 확대했다.

캄보디아인 선원들이 지내는 곳인, 내가 탔던 그 태국 선망선의 위생 상태는 내가 본 배 중에서도 손에 꼽히게 열악했다. 배의 거의 모든 표면에서 기어다니는 크기도 색도 가지가지인 바퀴벌레의 숫자만 봐도 확실한 사실이었다. 밤까지 일한 남자아이 몇 명이 같이 식사하자고 내게 손짓했을 때 내가 멈칫했던 것은 이런 불결함 때문이기도 했다. 삶은 오징어나, 정체를 알 수 없는 무언가가 군데군데 박힌 밥을 하루에 한 그릇 주는 것이 식사였다. 내게는 장을 걸고 하는 도박과도 같았던 선원들의 식사 초대는 그들과 유대를 쌓을 귀한 기회였다. 물론 무척이나 배고팠던 것도 사실이다. 내가 가져온 땅콩버터와 말린 과일은 진작 동이 나 버렸기 때문이다.

먼바다를 항해하는 동안 허기는 곁을 떠나지 않는 동반자였다. 집에 돌아와서 보면 매번 몸무게가 보통 4~5킬로그램씩은 빠져 있었다. 몸을 속이는 데 도가 텄다. 물배를 채웠고, 입이 심심하면 껌을 씹었으며, 커피로 기력을 유지했다. 본능적으로 불평이 튀어나오려 할 때마다 나는 내가 아무리 배가 고프고 목이 마르고 몸이 피곤할지언정 옆에 있는 이 사람들은 나보다 훨씬 더하리라는 사실을 상기하며 마음을 눌렀다.

이 책을 쓰기 위해 취재하는 동안 먹거리가 나오는 순간은 많은 경우 모험이었다. 나는 집에서는 채식을 하지만, 돌아다닐 때는 앞에 있는 대로 먹었다. 누가 주는 음식을 거절하는 것은 실내에서 침을 뱉는 것과 비슷한 수준의 사회성을 보이는 꼴이었을 것이다. '바다 벌레 수프'와 생오징어를 밥에 얹은 것, 톡 쏘는 냄새가 코를 공격하는 두리안 등 어떤 음식은 눈을 감은 채 후다닥 씹고 입가심용 음료까지 넉넉히 마셔야 했다.

미얀마와 태국 국경 인근의 한 노상 식당에서는 통역사가 대하를 한 무더기 주문해줬다. 내 아래팔만큼 커다란 대하는 쪄서 나온 것이긴 했으나 눈알과 더듬이 등 전체 형태가 온전히 유지되

400

어 있어 멸망한 세계의 바퀴벌레처럼 보였다. 인도네시아 수역에서 배를 타고 있을 때는 나를 데려간 사람이 그물로 잡은 대왕조개를 자랑스레 대접해준 적이 있었다. 아직 껍데기 안에 있던 그 생물은 조리실 상판에 얹어보니 높이가 38센티미터나 되었다. 조리수가 억지로 입을 벌리려 할 때마다 삶기 전의 조개는 계속 껍데기를 다물었다. 나는 요리사가 조개와 사투를 벌이는 영상을 '오늘 저녁'이라는 제목의 이메일로 열네 살 아들에게 보냈다. 아들 에이든의 답장이 왔다. "그만해요!"

태국 어선에 있던 캄보디아인 남자아이 몇 명은 에이든보다 어려 보였고, 양쪽의 삶이 얼마나 다른지 생각하면 마음이 굉장히 불편했다. 소년들은 얼룩덜룩한 밥에서 김이 나는 그릇을 내게 건네주며 나를 유심히 지켜봤다. 나는 한 치의 머뭇거림도 보이지 않고 손가락으로 오징어 밥을 입에 퍼넣었다. 아이들은 내가 허겁지겁 밥을 먹는 모습을 흉내 내며 웃음을 터트렸다. "우리랑 똑같네." 한 명이 나를 가리키며 말했다. 남자아이의 이름은 피에르Pier였고 나이는 열일곱이었다. 몇 분이 지난 후 나는 웃음을 기회 삼아 배 위의 생활은 어떻냐고 피에르에게 물었다.

"그냥 열심히 일해야죠, 뭐." 그 배에서 1년 가까이 일했다는 피에르는 이곳이 집보다는 낫다고 했다. "거긴 할 게 없거든요." 피에르는 살 없이 근육만 붙은 이두박근을 뽐내며 노동의 보상을 보여줬다.

피에르는 자기가 선장에게 진 빚 일부는 인신매매업자의 도움을 받아 국경에서 항구로 오는 데 들어간 비용 때문이라고 말했다. 나머지 빚은 현금으로 받아 가족에게 부친 선급금이었다. 마지막에는 어느새 피에르와 나 둘만 남았다. 그 틈에 보다 민감한 문제를 은근슬쩍 물어봤으나 답은 거의 듣지 못했다. 대부분의 질문에 답하는 데 거리낌이 없는 듯했던 피에르였지만 구타당한 적이 있냐거나 빚을 상환하기 전이라도 배를 떠나야겠다고 생각한 적이 있냐는 질문에는 말없이 시선을 떨궜다.

개발도상국에서, 특히 건설업과 농업, 제조업과 성 산업에서 흔히 나타나는 채무 노동은 노동자가 이토록 고립된 바다에서 유독 만연하고 또 극렬했다. 태국에서는 예로부터 선장이 갑판원에게 상당한 액수를 선지급해 노동자가 가족 곁을 비우는 긴 시간 동안 가족을 부양할 수 있게 했다. 그러나 갑판원 중 이주노동자가 늘어나자 선장은 선지급하는 돈을 선원에게 직접 주지 않게 되었다. 대신 이 나라로 노동자를 몰래 들여온 인신매매업자에게 돈을 줬다.

내가 탄 배의 몇몇 갑판원에게 그들이 각자 어떤 경험을 했는지를 물었을 때, 그들은 일단 육지를 떠나면 빚을 완전히 갚기가 어려워진다고 말했다. 빚의 집요함은 세계 경제와 역사의 힘에서 기원을 찾을 수 있다. 1989년 태풍 게이는 태국 수산물업계의 전환점이 되었다. 이 태풍으로 태국 선박 수백 척이 침몰하고 800명 이상이 사망한 탓에 수산업계가 다른 업계보다 더 위험한 직종이라는 평판이 생겨났다. 여러 세대에 걸쳐 어선은 태국 청년, 특히 북동부 시골 마을 출신 청년에게 비교적 보수가 좋은 일자리를 제공했다. 이런 계절성 이동은 태국의 인기곡 〈항해하는 저인망어선〉으로도 남은 하나의 통과의례였다.

태국의 해상 노예 문제는 이 나라에서 중산층이 대두한 현상과도 관련이 있다. 아시아의 '호랑이 국가' 중 하나인 태국의 국내총생산은 1980년대 후반 들어 매년 평균 9퍼센트씩 성장했고 1988년에는 13퍼센트의 성장률로 최고점을 찍었다. 수출 역시 해마다 평균 14퍼센트씩 증대되었다. 육지의 임금도 상승해 태국 국민은 원양에서 일자리를 구하려는 생각을 한층 덜 하게 되었다. 2016년 기준 태국의 실업률은 대체로 1퍼센트 미만이었으니 세계에서 손에 꼽힐 정도로 낮았다.[7] 수산업계는 저렴한 외국인 노동력, 특히 미얀마와 캄보디아, 라오스 출신 노동력에 의존하게 되었다. 태국 어선단은 그러고도 만성적인 일손 부족을 겪었다. 업계가 노동력 절감 기술에 투자하기를 거부하고 선원이 대규모로 필요한 선망 같은 장비에 의존하는 탓에 인력 부족은 갈수록 심해졌다.

태국의 노동 착취와 인권 침해는 환경 문제와도 연결된다. 태국 선박의 숫자가 늘어나면서 양망 규모도 덩달아 늘어나 어류 자원이 급감했다. 어업계와 보전생물학에서 CPUE라고 하는 단위 노력당 어획량catch per unit effort은 대상종이 풍부한지 희소한지를 간접적으로 나타내는 척도다. 태국만과 태국 서쪽 안다만해 양쪽 모두에서 어선의 단위 노력당 어획량은 1960년대 중반부터 21세기 초까지 86퍼센트 이상 떨어졌고, 태국 수역은 남획이 세계 최고 수준으로 심각한 곳이 되었다. 태국 배들은 잡을 물고기가 줄어든 상황에서도 더 먼 바다로 나가는 등의 방법으로 어획량을 늘렸다. 이렇게 경제와 환경의 더 거대한 힘이 모두 공모해 채무 노동은 남중국해의 어업이라는 직물에 더 단단히 짜여 들어갔다.

* * *

　새벽에 선원들과 급하게 식사를 마치고 나니 배가 잠잠해졌다. 선원들은 거의 다 배 뒤쪽으로 이어지는 후끈대는 바닥 아래 공간으로 자취를 감췄다. 높이가 1.2미터밖에 안 되는 그 공간은 체구가 작은 캄보디아인에게도 비좁았다. 엔진 터빈은 귀가 먹먹해지지만 어쩐지 마음이 편해지는 것 같기도 한 소리를 내며 쉼 없이 둥둥거렸다. 배의 목제 갑판은 엔진이 시커먼 벙커유 연기를 수면실로 토해낼 때마다 부르르 떨렸다. 비좁은 공간을 가득 채운 축축하고 고약한 체취를 바꿔주는 매연이 반가울 지경이었다.

　내게서도 악취가 났다. 바지에는 생선 내장 얼룩이 졌고 신발에는 비린내 나는 생선 부속물이 덕지덕지 붙어 있었다. 여행 중 잔뜩 쌓인 오물을 씻어내고 싶은 마음이 굴뚝 같을 때도 있었지만, 목욕을 하려면 후갑판에 서서 발가벗은 채 바닷물을 양동이로 몸에 끼얹어야 했으니 그것도 썩 내키는 일은 아니었다. 어획이 가장 집중적으로 이뤄지는 시간은 밤이었고 이때는 분주한 선원들과 어구로 후갑판이 붐볐다. 갑판에서 몸을 씻을 수 있을 때는 환한 대낮뿐이라는 뜻이었다.

　그쯤 되어 내 체취를 맡으니 여행이 끝나면 옷을 무조건 새로 사야겠다 싶었다. 이 옷은 아무리 빨아봤자 살릴 수 없을 것 같았다. 신발 냄새를 없애기는 사실상 불가능하니 장거리 비행을 앞뒀을 때는 어선에서 신었던 신발은 그냥 버리는 것이 최선임을 나는 창피를 당하며 배웠다. 비행기에 탈 때 그런 신발을 신고 있으면, 아니, 비닐에 밀봉해 들고만 가도 승객들 사이에서 불만이 터져나왔다. ("저기요, 짐칸에서 뭐가 썩었나 봐요.") 아이티 수역에 머물며 옷에 빈대가 득실거리는 생활을 하고 집에 돌아왔을 때는 아내가 나더러 차고로 들어오라고 했다. 옷을 버리지 않을 경우에는 혹시 붙어 왔을 벌레를 없애기 위해 일단 세탁한 다음 냉동실에 일주일 동안 넣어뒀다가 다시 세탁했다.

선망선의 캄보디아 소년들은 찢어진 어망을 매달아 만든 고치 같은 해먹에서 두 시간씩 교대로 잠을 잤다. 나는 아이들이 왜 바닥에서 자지 않고 굳이 비좁은 해먹에서 자는지 몰랐다. 우리는 48시간 동안 잠을 자지 못한 상태였기에 잠시라도 휴식을 취해 보기로 했다. 공간이 어찌나 비좁았던지 그 틈에 들어가려면 선원들의 해먹과 바닥 사이에 몸을 밀어넣고 관 속의 시체처럼 등을 대고 눕는 수밖에 없었다. 선원 대부분은 속옷만 빼고 옷을 다 벗고 있었다. 까딱하면 내 코가 위에 있는 소년의 대롱대는 뒷몸에 닿을 판이었다. 생판 모르는 사람과 그렇게 가까이 붙어 그 몸에서 나는 악취를 들이마시고 있자니, 소년의 사생활을 침해하는 동시에 나 자신에게도 못 할 짓을 하고 있는 것 같았다. 코를 찌르는 냄새를 견디는 데 단련된 나였지만 그 공간에 있는 것은 유달리 고역스러웠다. 오래된 축구 보호대에서 물기를 짜내 그 액체에다 소변과 생선 퓌레를 더해 끓인 것, 딱 그 냄새가 그 후미진 곳에 자욱하게 배어 있었다.

냄새가 대단했으나 그만큼이나 내 피로도 대단했기에 나는 순식간에 곯아떨어졌다. 그러나 겨우 10분 만에 갑자기 아드레날린이 치솟는 것을 느끼며 잠에서 깨고 말았다. 무언가가 잽싸게 내 다리 위를 지나갔다. 나는 일어나 앉으려다가 몇 인치 위에 있던 소년을 들이받고 헤드램프를 떨어뜨렸다. 헤드램프를 다시 차

선망선의 비좁은 수면실에 걸린 해먹은 보통 어망을 고쳐서 만든다. 갑판원들은 바닥에서는 안 자려고 하는데, 거기에 쥐가 득실대는 것이 그 이유 중 하나라는 것을 나는 몸으로 고생하며 배웠다.

비좁고 쥐가 우글대는 선원용 수면실에 비하면 선장이 자는 곳은 한결 쾌적했다.

고 불을 켜보니, 바닥에 쥐 수십 마리가 바글거리고 있었다. 어떤 놈들은 선원들의 반쯤 빈 저녁식사 그릇을 닦아 먹고 있었고, 다른 놈들은 가게를 터는 폭도처럼 소년들의 가방을 날래게 드나들었다.

나는 통역사와 딘을 깨웠다. 두 사람 모두 나와 나란히 누워 있었다. 우리는 선장실 지붕으로 자리를 옮겼다. 소년들이 왜 바닥에서 얼마 떨어지지도 않은 비좁은 해먹을 택했는지 그제야 알 수 있었다. 교훈도 얻었겠다, 나는 큰 도시에 가면 여행용 해먹을 제일 먼저 사겠다고 다짐했다.

* * *

취재 여행 사이사이 미국에 돌아오면, 대학에서 저널리즘을 주제로 학생과 교수 대상 강연을 해달라는 초청이 종종 들어왔다. 질의응답 시간마다 내 일에 수반되는 위험에 대해 질문하는 사람이 꼭 있었고, 나는 대부분 어떻게 대답해야 할지 갈등했다. 나 자신을 내세우자면 세계를 누비는 액션 영화 주인공처럼 비치는 것이 좋았다. 또 내가 몇 번이나 정말로 생생한 위험에 처했던 것도 사실이었다. 그러나 내가 글로 쓴 사람들이, 내가 떠난 뒤에도 그 나라에 계속 남는 내국인 직원(통역사, 사진사, 해결사)과 취재원이, 내가 자기들 세계에 뚝 떨어지기 전부터 이런 사건을 취재했던 현지 기자가 마주하는 위험에 비하면 내 앞의 위험은 늘 아무것도 아니었다.

태국이든 어디서든 그런 배에 오를 때마다 주변 환경은 진정한 위험 요소였다. 미끄러운 턱에서 넘어진다거나, 음식 때문에 구토한다거나, 덜렁대는 기계류 앞을 걸어간다거나 하는 것 말이다. 나는 어찌어찌 공포와 건강한(그것이 건강하지 않다고 할 사람도 있겠지만) 관계를 형성하게 되었다. 내게 닥친 곤경이 강력하고 위험할수록 무사히 헤쳐나가게 되리라는 낙관을 키웠다. 어쨌든 내가 이 위험에서 살아남지 못하면 있었던 일을 들려줄 사람이 없지 않은가? 내가 취재하는 이야기는 알려질 필요가 있었고, 이 일을 하게 된 나는 행운아였다.

이렇듯 심히 터무니없는 시각으로 앞을 바라봤으니 나는 취재 여행 중 재앙이 덮친다면 아크라 도로를 로켓 같은 속도로 누비는 오토바이 택시 뒷좌석에 있을 때나 보르네오 산맥에 있는 절벽 도로 흙길을 달리는 픽업트럭 뒤칸에서 몸이 들썩일 때일 가능성이 훨씬 크다고 생각했다. 그런 평범한 활동 중에는 경각심이 작아지기 때문이다. 이 난해한 논리를 꼭 사수하려는 것은 아니지만, 이런 사고는 책 내용을 취재하는 동안 내게 나름의 방식으로 도움이 되었다.

솔직히 취재차 떠난 탐험에서 신체적으로 정말 위험했던 몇 안 되는 순간은 보통 내 잘못으로 벌어진 것이었다. 모가디슈에 있을 때는 경찰선에서 선측이 4층 높이인 거대한 가축 운반선으로 옮겨 타려고 밧줄 사다리를 오르다가 약 9미터 아래로 떨어질 뻔했는데, 내가 장비를 너무 많이 가져가려 한 탓이었다. 아랍에미리트연합국의 항구에서는 나를 데리러 올 다음 배를 기다리며 해상 경비원 다섯 명과 24시간 내내 붙어 있었다. 그 시간 대부분을 항구의 술집에 앉아 오반 싱글몰트 위스키 세 병을 비우며 보냈다. 그런데 세 병째가 되자 걸걸해진 경비원 한 명이 요란하게 손

뺨을 치고, 술을 쏟고, 텔레비전 속 축구 경기를 향해 소리를 질러대고, 의자에서 떨어졌다. 탁자 두어 개 사이를 두고 다른 경비원 무리가 앉아 있었는데, 그쪽의 인원이 우리의 두 배쯤 됐다. 그들이 소음을 견디다 못해 우리에게 목소리를 낮춰달라는 요지로 몇 마디 말을 던졌는데, 그 말 끝에 싸움이 날 뻔했다. 우리 중 그나마 정신이 멀쩡했던 소수가 일행을 밖으로 데리고 나와 위험을 피할 수 있었다.

소말리아의 자치구인 소말릴란드 하르게이사에서는 10여 명의 남성에게 린치를 당하기 직전까지 갔다. 그때 나는 사진사 파비우 나시멘투Fabio Nascimento와 함께 있었는데, 우리가 '카트'를 씹는 자신들의 모습을 촬영하는 것이 남자들의 심기를 건드렸던 것이다. 카트는 약한 중독성이 있고 암페타민과 유사한 잎으로, 남자들이 많이 씹었다. 앞서 내가 나시멘투에게 사진을 찍어도 괜찮다고 말해둔 터였다. 다행히 우리 운전기사가 아슬아슬하게 때를 맞춰 우리를 급히 현장에서 빼내줬다.

나시멘투를 영입한 것은 남대서양에 있던 한 배에서 과학자팀을 촬영하던 그를 만났을 때였다. 브라질 청년인 나시멘투는 아마존 우림에서 수년간 취재를 해온 사람이었으며, 불편한 여건에서도 능숙하게 작업하는 능력으로 내게 깊은 인상을 남겼다. 스틸 사진과 영상을 찍는 재능, 특히 드론을 활용하는 솜씨는 말할 것도 없었다. 1년간 있을 십수 번의 여행에 동행할 사람으로 나시멘투를 섭외한 것은 엄청나게 현명한 결정이었다. 어떤 환경에서도 든든한 동지였던 나시멘투 덕에 위험을 비켜 간 적이 한두 번이 아니었다. 멕시코에 갔을 때는 내가 택시 기사에게 스페인어로 농담 섞인 말을 건넨 적이 있었다. 같은 경로로 들어올 때 냈던 요금의 세 배를 기사가 청구하기에 요금이 강도 수준이라는 식의 말을 한 것이었다. 그 말에 분위기가 달아올라 하마터면 택시 기사와 주먹다짐을 할 뻔했다. 그때도 말로 나를 진정시킨 사람이 나시멘투였다.

태국에서든 다른 곳에서든 어선에서 일어날 수 있는 일 중 내가 가장 두려워하는 것은 배 밖으로 떨어지는 것이다. 밤에 그런 일이 터지면 몇 시간이 지나도록 아무도 알아채지 못할 가능성이 크다. 사고가 났을 때 생존할 방법에 관한 내 지식은 플로리다 클리어워터에서 미국 해안경비대 수색구조단과 일주일간 동행 취재를 다니며 배운 것이었다. 동행 취재의 대부분은 시코르스키 제이호크 헬기를 타고 바다에서 전용 구조망으로 사람을 건져내는 요원을 지켜보는 일이었다. 그 요원들에게 내 해상 취재 활동을 설명하고 행여 물에 빠졌을 때 생존 가능성을 높일 방법을 물어보자(내 수영 실력은 썩 괜찮다) 요원들은 손을 절단하기로 마음먹고 손목을 봉합할 방법을 묻는 사람을 보듯 나를 쳐다봤다. "그런 상황에 처하지 않는 게 최선이죠." 조종사 한 명이 덤덤하게 말했다.

다른 요원들은 보다 유용한 팁을 줬다. 갑판에 나갈 때는 헤드램프를 착용하고 밝은색 옷을 입어라. 물에 빠졌을 때 물이 차가우면 턱을 꽉 다물고, 보통 숨을 마시다 익사하니 처음 빠진 순간 당황해서 숨을 들이쉬지 않도록 버텨야 한다. 무릎을 가슴 쪽으로 끌어당겨 열 손실을 줄여라. 조류를 거스르는 수영은 절대 하면 안 된다. 무거운 장화나 신발은 벗어버려라. 너무 춥지 않다면 바지나 상의를 벗고 끝을 묶어 공기를 가둔 다음 몸을 띄우는 도구로 써라. '익사 방지' 기술, 즉 긴장을 푼 상태로 몸을 곧게 유지하며 최소한의 힘만 들여 머리를 수면 위에 내놓는 식으로 폐에 공기를 잡아두는 데 집중해 에너지 소모를 줄이는 수영법을 익혀둬라.

내가 탔던 어선 대부분에는 구명조끼가 없어서, 초반에는 개인 조끼를 직접 가져갔다. 그러나 자카르타 공항에서 조끼를 부풀릴 공기통이 폭탄이라 생각한 인도네시아 경비원에게 억류당한 뒤로는 구명조끼를 챙겨 다니는 것도 그만뒀다. 처음에는 방수 가방에 위성전화를 넣어 벨트에 차고 다녔지만 분 단위로 부과되는 통화 요금이 너무 많이 나온다는 것을 알고는 그것도 포기했다. 대신 '가민 인리치'를 들고 다님으로써 GPS 좌표를 확인하고 문자메시지(음성은 안 된다)를 보낼 수 있었다. 내 벨트에 항상 묶여 있던 이 장비에는 누르면 지정된 사람들에게 경보가 발신되어 내게 문제가 생겼음을 알리는 단추가 있었다. 하지만 그 경보를 받은 사람들이 실제로 무엇을 해야 할지는 도통 알 수가 없다.

낮 동안에는 휴대용 태양광 패널로 만능 배터리를 충전했고 밤에는 그 배터리로 추적기와 여러 장비를 충전했다. 추적기는 난간 너머로 떨어졌을 때 유일한 희망이 되어주는 역할 외에도 지구 위 내 위치를 언제든 내게(그리고 특정 웹사이트에 접속한 다른 사람들에게) 알려주는 역할을 했다. 가족과 연락할 때도 요긴한 통신 수단이 되어줬다. 문자 입력은 불편했고 데이터 전송도 느렸지만 나는 아내 셰리에게 꽤 주기적으로 소식을 전했다. ("문제 없음. 기상 지연. 5일 뒤 복귀.") 이런 무뚝뚝한 단문은 언제나 사랑

한다는 뜻의 스페인어 '떼 키에로Te quiero'의 머리글자 'TQ'로 끝을 맺었다. 우리에게는 비상사태에 대비한 암호도 있었다. 내가 무전이나 문자로 '요렐(Yorel)'(내 고등학교 동창 리로이Leroy의 이름을 거꾸로 쓴 것이다)이라는 단어를 보내면 인질로 잡혔거나 해적 행위에 휘말리는 등 문제가 생겼고 말을 할 수 없는 상황이라는 뜻이었다. 셰리에게는 이런 비상사태가 벌어졌을 때 그 상황을 알릴 수 있는 《뉴욕타임스》와 법 집행 기관, 미국 국무부 사람들의 연락처가 있었다. 다행히 요렐이라는 이름을 꺼내야 했던 적은 한 번도 없었다.

그러나 이 책을 쓰는 동안 나를 가장 심하게 괴롭힌 공포는 강연장의 청중들이 기대했을 법한 종류의 공포가 아니었다. 취재 과정에서 눈을 뗄 수 없는 긴박한 순간을 목격하면 목격할수록 내 글이 사람들의 기대에 부응하지 못할 것 같다는 우려가 커졌다. 서사 구조는 어떻게 찾으며, 이건 남겨두고 저건 빼는 힘겨운 결정은 어떻게 내리며, 취재원은 또 어떻게 보호한단 말인가? 취재 여행에서 너무 일찍 발을 빼서 일생일대의 기회를 놓치는 것은 아닐까, 또는 너무 오래 미적대다가 다른 데 사용했어야 할 귀한 시간을 낭비하는 것은 아닐까?

* * *

정확히 말하자면 이번 취재 여행에서 위협적인 면면을 만난 것은 사실이다. 남중국해의 태국 선망선에 캄보디아인 소년들과 함께 있었던 갑판장도 그런 인물이었다. 그의 이름은 땅Tang이었다. 그날 밤 나는 쥐 때문에 잠에서 깬 뒤로 신경이 너무 곤두서서 다시 잠들지 못했다. 그래서 결국 조타실로 올라갔는데, 그곳에서는 땅이 새벽 1시부터 5시까지 야간 교대 근무를 서는 중이었다. 땅은 태국인이었지만 크메르어를 했다. 어깨가 굽고 앞니 세 개가 없는 땅은 선원을 감독하는 일이 주된 업무인 땅딸막한 배불뚝이였다.

땅은 뚝뚝 끊기는 영어로 원양어선의 선장이 받는 압박감이 어마어마하다는 이야기를 했다. 어획한 물고기의 신선도가 오래가지 않는다고 그는 설명했다. 쉽게 녹아버리는 어선 어창의 얼음 탓에 시간을 다퉈야 한다. 물고기가 녹으면 단백질 함량이 감소하고 판매가도 함께 날아간다.

전세계 어선은 멀리 나가는 모험을 감행해야 겨우 수지를 맞출 수 있다. 보통 연료비가 장기 운항선 수입에서 못해도 60퍼센트를 차지하는데 이 비중은 20년 전의 2배다. 예를 들어 태국 국적 배는 과거에는 해안에서 이틀 내로 오갈 수 있는 거리에서 조업을 했다. 그러나 2005년에 이르렀을 때 이런 배는 방글라데시와 소말리아까지 나갔고 몇 년씩 바다 위에 머물기도 했다. 예속된 이주자와 낡은 배에 의존하면서도 태국 어선단은 세계적인 주자로 성장했다.

세계 원양어선 대부분은 실적에 따라 돈을 받는다. "어획량이 충분해야만 선원이 돈을 받죠"라고 땅이 설명했다. 그래서 배 위에는 팽팽한 긴장이 감돌고, 선장은 선원들을 격하게 몰아붙이는 한편 또 그만큼 그들을 두려워한다. 언어와 문화 장벽이 이들을 더 갈라놓는다. 대부분의 배에서 태국인 사관은 세 명(선장, 기관사, 일등항해사)이고 나머지는 다 외국에서 온 이주민이다.

나는 땅에게 배 위의 규율이 왜 이렇게 가혹하냐고 물었다. 땅은 질문이 불쾌하다는 티를 내며, 미얀마인과 캄보디아인 선원이 날이 무딘 정글도를 휘둘러 태국인 사관 셋을 난도질했던 끔찍한 폭동 이야기를 했다. 그러고는 타륜 근처 계기반 위에 놓인 권총을 턱으로 가리켰다. "녀석들한테 보여줘야 합니다." 선원에게 본때를 보여야 한다는 뜻이었다. 그렇게 말하는 태연한 얼굴을 보니 진짜 위험한 사람은 덩치가 아니라 인상이 다르다는 말이 떠올랐다.

내가 찾을 수 있었던 자료를 보면 태국 어선에서 폭동은 그다지 자주 일어나는 일이 아닌 듯했지만, 지난 15년 동안 전세계의 해적 공격은 5건 중 2건이 남중국해에서 발생했다. 이 통계를 읽으니 이것도 데이터가 왜곡된 사례가 아닌지, 태국 당국이 해적 행위로 분류한 것이 실제로는 폭동이 아니었는지 의심스러웠다. 땅은 앞유리 너머를 가리키며 말했다. "굉장히 위험하죠." 그가 말하는 대상이 선원인지 일인지 수역인지는 분명하지 않았다. 무슨 뜻이었든 간에, 자기 심기를 건드리지 말라고 내게 경고하는 것 같기도 했다.

침대로 돌아갈 마음은 여전히 들지 않아서 나는 선장실로 가는 계단을 올라가 문을 두드렸다. 선장이 내게 들어오라고 했다. 배는 한 어장을 떠나 다른 어장으로 이동하고 있었고 선장은 모니터 여러 개를 들여다보고 있었다. 모니터 하나에는 기상 상태가 나왔고 다른 하나에는 배 밑 바다에 있는 어군이 나왔다. 선장은 줄담배를 태우며 이따금 단추를 쿡 누르거나 손잡이를 조절했다. 내가 선장의 업무에 필요한 고요함을 존중한다는 표시로 선장에게 질문할 시간을 기다리는 동안 우리는 묵묵히 앉아 있었다. 20분쯤 지나자 선장이 나를 보며 살짝 웃어줬고, 나는 그 미소를 말해도 좋다는 은근한 초대장으로 받아들였다. 그래서 땅이 했던 이야기 일부를 선장 앞에서 꺼내놓았다.

선장은 강제 노동 이야기의 진상이 곁에서 보이는 것과 다를 때가 있다고 했다. 자의로 계약해놓고는 막상 바다에 나와보니 일이 너무 고되서, 또는 집에서 그렇게 오래 떨어져 지내야 하는 줄 몰랐어서 마음을 바꾸는 이주자도 있다는 것이었다. 배에서 내리거나 가족에게 돌아갈 구실을 찾기 위해 학대를 당했다고 거짓말을 하는 이주자가 있다는 말도 덧붙였다.

선망선에 오르기 전 몇 주 동안 나는 송클라에서 다른 선장 대여섯 명과 이야기를 나눴다. 그 선장들은 강제 노동이 일반적이며 불가피한 관행이라는 데 입을 모았다. 지난 20년 동안 태국 경제가 급속도로 성장하면서 생긴 유감스러운 결과라는 것이었다. 부두에 배를 댈 때마다 선장들은 자발적으로 일하는 자기 배의 노동자들이 보수가 더 나은 배로 달아날까 봐 마음을 졸였다. 억류된 이주민이 고향으로 돌아가려고 다시 국경을 넘어 도망치는 일도 이때 주로 발생했다.

조업 막판에 일손이 부족하면 선장들은 필사의 수단을 동원하기도 했다. "사람을 그냥 낚아채는 겁니다." 한 선장이 내게 놀랍도록 허심탄회하게 설명해줬다. 노동자에게 마약을 주거나 그들을 납치해 강제로 배에 태운다는 것이었다. 이 경우 브로커는 돈을 두 배로 청구한다고 했다.

* * *

선망선에 오른 지 이틀 만에 딘과 통역사와 나는 뭍으로 돌아왔다. 우리가 떠날 때 생각했던 목표(원양어선 생활을 직접 목격하는 것)는 이뤘지만, 선원들은 말을 아끼고 선장은 말을 얼버무린 탓에 소문으로 들었던 가혹 행위에 초점을 선명하게 맞추지는 못했다. 그런데 내가 하선을 기다리던 중, 한 캄보디아인 선원이 자신의 빚이 불어나고 예속 상태에서 벗어나기가 더 어려워진 것은 어선 선장에게 팔리기 전 노래주점의 인신매매업자에게 몇 주간 붙들려 있었기 때문이라는 이야기를 지나가는 말처럼 했다.

새로운 이야기였다. 인신매매의 수송관에서 노래주점이 발판으로 기능한다는 말은 금시초문이었다. 그의 제보에 귀가 솔깃해진 나는 술집들이 어떻게 성매매 업소와 빚의 덫 역할을 겸하는지 알아볼 요량으로 태국과 미얀마 국경에 있는 도시 라농으로 갔다. 부정부패로 유명한 라농은 인신매매업자가 처벌 없이 활동하며 이민국 직원이 수호자보다 포식자에 가까운 곳으로 악명이 높았다.

우리가 가보기로 한 노래주점은 주로 현지인을 상대로 영업하는 곳이었다. 딘은 영국 백인이고, 나는 라틴계 흑인 아버지와 아일랜드계 백인 어머니 사이에서 태어난 여러 인종이 섞인 미국인이다. 라농에서 우리는 말할 것도 없이 튀어 보였다. 《뉴욕타임스》의 기자 준칙 중에는 언론인이냐는 질문을 받게 될 경우 정확히 답해야 한다는 지침이 있었다. 하지만 아무도 물어보지 않았는데 기자가 그 정보를 자진해서 내놓을 필요는 없었다. 나는 취재원이 될 수도 있는 상대와 조금이라도 깊이 있는 대화를 나누게 되면 보통 내 목적을 투명하게 밝혔지만, 대개는 신중하게 행동하려 애쓰고 꼭 필요할 때가 아니면 일반 대중에게 내 직장을 알리는 것을 피했다. 그래서 뭘 마실 양으로 술집에 앉아 있는 동안 딘과 나는 실상을 전혀 모르고 그냥 놀러 나온 여행객 행세를 했다.

그런 술집들은 거의 똑같이 생겼다. 문가엔 형형색색의 조명이 대롱거렸고 어둑한 로비에선 커다란 상자 위에 화면을 얹은 것처럼 생긴 노래방 기계에서 태국어와 버마어, 크메르어 가요가 요란하게 흘러나왔다. 뒤쪽으로는 출입구에 주렴이 걸려 있었고 그 너머로 이어진 복도에는 남자들이 성관계하러 가는 방이 있었다.

한 술집에서는 팔뚝이 내 허벅지만 한 남자 한 명이 까만 나무 곤봉을 들고 입구에 앉아 있었다. 제 동굴을 지키는 키클롭스 같았다. 6캔 맥주 한 묶음만 먹고도 이내 수선을 피울 것처럼 생긴 꾀죄죄한 남자 무리가 근처에서 우리를 빤히 쳐다봤다. 안으로 들어가자 루이Rui라는 이름의 술집 주인이 자리에 앉은 채 영업을 시작했다. 그는 실실 웃으며, 덕지덕지 화장을 하고 딱 달라붙는 반짝이 미니스커트를 입은 채 구석에 앉아 있던 여자아이 두 명에게 손짓을 했다. 아직 사춘기도 되지 않은 아이들이었다. 루이는 겁에 질린 얼굴로 동물 봉제 인형을 꽉 쥔 여자아이들의 폴라로이드 사진 무더기를 자랑스레 탁자에 펼쳤다. 그는 여자아이들을 손가락으로 가리키며 자기가 아이들을 얼마나 잘 꾸며냈는지 뽐내려는 것처럼 사진은 1년 전에 찍은 거라고 말했다. "인기 많아요. 이제 인기가 아주 많죠." 나는 아이들을 성매매하는 그에게 역겨움이 치미는 걸 감추려 애썼다. 이번 취재에서 여러 번 겪은 순간

성매매 업소이기도 한 태국 송클라의 노래주점에서는 인신매매된 미얀마인 성인 남성과 남자아이에게 덫을 씌우는 데 인신매매된 성인 여성과 여자아이가 동원되기도 한다.

으로, 나는 기자고 내 소임은 증언이지만 당장 눈앞에서 벌어지는 일을 막으려 무언가를 더 하지 않는 데서 죄책감을 느꼈다.

라농 같은 항구 도시에서 노동자 브로커와 노래주점 주인은 짬짜미가 되어 있었다. 브로커와 노래주점 주인이 동일인인 경우도 많았다. 보통 술집의 바로 뒤편이나 위층에 여자아이들이 지내는 방이 있었고, 어선으로 인신매매되는 남자들도 국경에서 항구로 가는 여정의 마지막 단계를 거치는 동안 그곳에서 대기했다. 성매매 업소에서 납치되거나 마약을 투약당한 남자들이 육지와 멀리 떨어진 곳에서 눈을 뜨는 사례도 있었다.[8] 그러나 납치할 필요조차 없는 경우가 더 많았다. 채무만으로도 그들을 충분히 옭아맬 수 있었기 때문이다.

루이의 술집에서 파는 맥주 가격은 1달러 정도였고 '인기 있는' 여자아이와 하는 성관계는 12달러였다. 며칠만 지나도 이런 계산서가 차곡차곡 쌓여 가난한 미얀마인과 캄보디아인 남자들에게는 위압적인 액수가 되었다. 이들 다수는 일자리를 찾으러 무일푼으로 수백 킬로미터를 걸어온 사람들이었다. 처음엔 공짜로 제공되는 줄 알았던 식사와 마약, 숙소가 나중에 미납 요금이 되어 나타났다. 돈을 갚아야 하는 이주민은 그렇게 바다로 팔려 갔다. 원정 조업 사이사이 뭍으로 돌아가는 선원에게 선장이 현금이 아닌 노래주점 이용권으로 급여를 주는 일도 빈번했다.

이 책을 쓰기 위해 취재를 다니며 목격한 여러 추악한 일 중에서 라농의 노래주점이 악독하기로는 아마 으뜸이었다. 브로커와 술집 주인이 인신매매된 한 부류의 이주민을 활용해 다른 부류의 인신매매된 이주민을 옭아맨다는 것도 지독했지만, 성 노동자와 빚에 묶인 구매자 양쪽 모두 상당수가 아동이었다는 것도 지독했다. 마침내 라농을 떠날 때, 나는 그곳에 돌아올 일이 다시는 없기를 바랐다.

* * *

하지만 때로는 가장 어두운 곳에서 진정한 영웅이 탄생한다. 갑판원이 선장을 피해 도망칠 때 제일 희망적인 탈출로는 항만 근처에서 안전 가옥을 꾸리는 인신매매 퇴치 운동가들의 지하 철도였다. 이 운동가들은 해상 노예를 숨겨주고, 많은 경우 국경을 넘어 고향으로 돌아갈 비밀 경로도 확보해줬다. 탈출을 결심한 감금 노동자는 보통 배에서 뛰어내려 해안까지 헤엄쳐 가거나, 보급품을 싣고 오는 모선에 몰래 탔다. 선취 수수료로 이미 두둑한 액수를 지불한 선장은 이런 식의 탈출을 절도로 간주했다. 그래서 항구에 있는 동안 자기 배의 선원들을 방에 가두고 감시하는 경우가 많았다.

선원들의 탈출 방식을 자세히 알아보고자 나는 2014년 11월 보르네오섬으로 갔다. 세계에서 세 번째로 큰 섬인(그린란드와 뉴기니 다음이다) 보르네오섬의 면적 약 74만 3,327제곱킬로미터는 인도네시아와 말레이시아, 브루나이 세 국가가 나눠 갖고 있다. 나는 이 섬 말레이시아령의 중심 도시인 코타키나발루에 그 지하철도의 일원인 취재원이 있다는 단순한 이유로 보르네오섬을 선택했다. 위험한 일을 하는 많은 이들과 마찬가지로 내 취재원 역시 익명으로 남기를 요구했다.

코타키나발루에서는 38세 캄보디아인 갑판원 팍Pak을 만났다. 팍은 어선에 감금되었던 기간 중 자신과 다른 이주민들이 '감옥섬'이라 불리는 곳에 한시적으로 내려져 몇 주씩 지냈다는 이야기를 했다. 대개 사람이 살지 않는 남중국해의 환초 수천 개 중 하나인 그곳은 어선 선장이 일정 기간마다 수리차 항구로 배를 가져가는 동안 감금 노동자를 하선해놓고 때로는 몇 주씩 두기도 하는 곳이었다. 선장은 보통 물과 통조림, 낚시 도구를 지닌 경비원을 선원들과 같이 남겨뒀다. 선원들이 음식을 먹게 하고 다른 배로 도망치지 못하게 단단히 지키는 것이 경비원의 임무였다. 팍은 자신이 머물렀던 환초의 이름은 몰랐으나, 다른 선원들도 거기서 이 배에서 저 배로 팔리거나 다음 배로 배치되기를 기다렸다고 했다.

"선장의 소유물이 되는 거예요." 팍은 감옥 섬에 갇힌 뒤 바다에서 어떻게 지냈는지 이야기했다. "날 마음대로 팔아버릴 수 있죠." 곽은 자포자기한 선원 한 명이 배 밖으로 뛰어내려 익사하는 것을 봤다고 했다. 곽 역시 자신이 타고 있던 태국 저인망 어선의 뱃전을 뛰어넘어 반다해 동부 동티모르와 뉴기니 사이에 있는 머나먼 케이 제도까지 1킬로미터쯤 되는 거리를 헤엄쳐 가는 방법으로 탈출했다.

어선에서 탈출해 인구는 적으나 살기에는 문제가 없는 케이 제도로 도망친 이주민이 지난 10년간 1,000명은 넘을 것이라고 UN은 추산한다. 다른 사람이 같은 행동을 하다가 익사하는 것을 보고도 물에 뛰어들기로 한 곽의 대담함과 절박함이 놀라웠다. 그 느낌을 말로 표현하자, 곽은 계속 헤엄을 칠 수 있을지는 확실히 알지 못했지만 배에 계속 있으면 죽겠다는 것은 확실히 알았다고 답했다.

곽과 인터뷰하고 며칠이 지난 뒤 보르네오섬에 있는 내 핵심 취재원이 오전 6시에 호텔로 전화를 걸어왔다. 최근 탈출한 갑판원이 도시 외곽에서 160킬로미터 떨어진 곳에 은신 중이라고 했다. "20분 내로 데리러 갈게요." 우리는 평상형 트럭 뒤에 타서 세 시간 동안 나무가 빽빽한 구역으로 깊숙이 들어갔다. 도망친 사람이 숨어 있다는 가옥에 도착하자 한 여자가 겁에 질려 흐느끼며 나타났다. 여자는 탈주한 선원의 친척이었는데, 어젯밤에 무장한 남자 둘이 자기 집으로 와서 갑판원을 끌고 갔다고 했다.

"어떡해요?" 여자는 거푸 이 말을 했다. 내 취재원은 그녀와 얼마간 이야기를 나누더니 다른 구조 요원들과 연락할 수 있는 전화번호를 그녀에게 알려줬다. 우리는 다시 트럭을 타고 그곳을 떠났다. 취재원이 말했다. "다시 배로 잡혀갔거나 어디 다른 데 갇혀 있을 거예요. 어느 쪽이든 정말 안 좋은 상황입니다." 선장 은 노예로 붙잡은 선원들 값으로 상당한 돈을 치렀으니, 도망쳤 다 잡힌 자에게 처벌이 따르지 않는 경우는 드물었다. 코타키나 발루로 돌아가는 길이 아까보다 훨씬 길다고 느끼는 우리 곁에 괴롭도록 무거운 침묵이 내려앉았다.

보르네오섬으로 가기 전 나는 태국의 항구 도시 사뭇사콘, 송 클라, 깐땅에서 구조 요원들과 인터뷰를 했다. 이들의 일은 생사 를 건 숨바꼭질이었다. 어쩔 줄 몰라하며 숨죽여 말하는 탈주자 의 전화를 한 주에 몇 통씩 받았다. 거의 다 자기 위치는 모르지 만 한시라도 빨리 배에서 벗어날 수 있도록 도와줘야 하는 이들 이었다. 도망친 사람은 보통 항구에서 빠져나와 휑한 허허벌판에 숨어 있거나 어딘가의 화장실, 현관 아래 공간 또는 폐건물 안에 갇혀 있었다. 다른 갑판원에게서 들어 스텔라마리스 같은 단체의 휴대전화 번호를 알고 있는 사람은 운이 좋은 경우였다.[9]

운동가가 탈주자를 찾았을 때 가장 먼저 하는 일은 그 사람을 도로에서 떨어뜨려 눈에 띄지 않게 하는 것이었다. 나는 현지의 오토바이 택시 기사들 가운데 인신매매업자의 끄나풀이 있다는 설명을 들었다.[10] 어떻게든 몰래 항구를 떠나면 탈주자 다수는 시 간이 충분히 지나 모습을 드러내도 되겠다 싶을 때까지 숲에서 버티려 했다. 노동권익증진네트워크라는 태국 단체의 구조 요원 인 빠띠마 뚱뿌차야꿀Patima Tungpuchayakul은 인도네시아 암본섬에서 본국으로 귀환하도록 자신이 도와줬던 태국 남자의 사례를 들려 줬다. 그 남자는 배에서 도망친 뒤 밤에 마을에서 잡아 온 개와 고양이를 먹으며 숲에서 1년 가까이 버텼다고 한다.

보르네오섬을 떠나기로 한 날을 하루 앞두고 내 휴대전화가 다시 울렸다. 취재원은 나를 태우고 몇 시간을 달려, 이번에는 산으로 들어가 넓게 펼쳐진 고무 플랜테이션 농장으로 갔다. 흙길 양쪽으로 키가 크고 늘씬한 점박이 나무들이 곧고 좁다란 줄을 이뤄 몇 킬로미터씩 늘어서 있었다. 수액관을 끊지 않고 라텍스를 얻을 수 있는 깊이로 껍질이 베인 나무에는 대각선으로 줄이 가 있었다. 베인 자리에서 찐득한 우윳빛 점액이 천천히 흘러나와 둥치에 끈으로 고정된 조그마한 '수액받이' 통에 들어갔다. 점액은 이후 화학 물질처럼 응고된 뒤 빨랫줄에 널려 운송을 위해 건조될 가로 60센티미터, 세로 90센티미터짜리 직사각형으로 납작하게 펼쳐졌다.

농장은 정돈되어 있고 한산했으나 거기 있는 오두막 몇 채는 너무 단출해 사람이 살기는 힘들어 보였다. 차를 타고 가며 마주친 고무 채취꾼 몇 명은 누추하고 지치고 가련한 행색이었으며, 이렇게 외진 곳에서 낯선 트럭을 보는 것이 어리둥절하다는 얼굴로 우리 쪽을 돌아봤다. 마침내 목적지에 도착해 트럭에서 내리니 짙고 알싸한 공기가 곧바로 코를 찔렀다. 채취한 라텍스에서 박테리아가 부패해 풍기는 냄새였다. 얇게 펼친 라텍스는 나중에 세척을 거쳐 고무 도매업자에게 팔릴 것이었다.

우리는 근처에 있는 3.7제곱미터 크기의 오두막으로 들어오라는 손짓을 받았다. 파형강판으로 지붕을 얹은 오두막 내부는 컴컴했으며 모기가 우글댔다. 우리는 30대 중반의 캄보디아인 갑판원과 나란히 흙바닥에 앉았다. 앞니 몇 개가 없는 갑판원은 눈 밑의 살이 불룩하게 처졌고 얼굴이 누렇게 떠 있었다. 초조한지 침을 자주 삼켰다.

"배에서 도망쳤나요?" 내 취재원이 크메르어로 물었다. "지금도 도망치는 중이에요." 남자가 대답에 이어 들려준 이야기에서는 내가 탈출한 다른 갑판원들에게서 수없이 들었던 이야기가 메아리쳤다. 그는 미얀마에서 한 남자에게 건설업 일자리를 약속받았으나 결국 당도한 곳은 태국 어선이었다. "고성을 질러대고, 손발과 도구로 구타하고, 어떤 날은 음식을 안 주고, 자기가 화날 땐 물도 안 줬어요." 선장이 선원을 대한 방식이었다. 2주 전 이 갑판원은 마침내 기회를 잡았고 밤에 바다로 뛰어들어 근처 섬으로 헤엄쳐 감금에서 벗어났다. 그후 일주일 동안 숲에 숨어 있던 끝에 그를 보르네오섬까지 태워준 마음씨 좋아 보이는 현지 어민을 만났다.

그가 이 고무 농장에 머물고 있는 이유까지는 듣지 못했다. 대화를 시작한 지 30분이 지났을 무렵 남자 두 명이 오두막 문을 두드렸다. 청바지를 입고 선글라스를 머리에 꽂은 두 사람은 영양 상태와 옷차림이 좋은 걸로 보아 차를 타고 오며 만났던 현지 채취꾼과 달랐다. 그렇다고 농장주라 하기에는 너무 젊고 행동거지가 가벼웠다. 바지 밖으로 꺼내 입은 두 사람의 티셔츠 밑 벨트에서 총이 든 총집이 얼핏 보였다. 그들은 노동자에게 따라 나오라는 손짓을 했다.

취재원에게 이게 무슨 상황이냐고 묻자 그는 손가락을 입술에 갖다 대며 문 너머의 이야기를 엿들으려 하니 조용히 하라는 표시를 했다. 몇 분 후 우리의 위협적인 방문자들이 오두막으로 돌아왔고, 일행보다 키가 크고 계급도 높아 보이는 남자가 나를 빤히 처다봤다. "인터뷰는 끝났어." 남자는 틀린 데는 없으나 억양이 섞인 영어로 말했다. "저……." 나는 일어서서 키 큰 남자를 바라봤다. 사정을 어떻게 설명할지 생각하느라 머릿속이 분주했는데, 남자의 얼굴에 떠오르는 히죽거림을 보니 그쪽은 내가 뭐라 반발하거나 상황을 고조시키기를 바라고 있는 듯한 눈치였다.

갑판원을 두고 떠나는 것이 제일 걱정이었다. 나는 취재원에게 몸을 돌려, 떠날 때는 떠나도 갑판원 없이는 안 된다고 조용히 말했다. 갑판원을 향해 어서 우리 트럭으로 따라오라고 손짓을 하고 있는데, 무장한 남자들이 끼어들었다. "아니, 이야기는 끝난 거야." 그러고는 갑판원은 그곳에 남아야 한다고 덧붙였다. 나는 취재원에게 말했다. "그냥 갈 수는 없습니다." 취재원은 팽팽한 긴장 속에 방문자와 몇 마디를 더 주고받더니 내게 돌아와 달리 방법이 없다고 말했다. "지금 바로 떠나야 해요."

도시로 돌아가는 차 안에서 취재원은 그 남자들이 어선 선장을 대신해 움직이는 사냥꾼일 가능성이 크다고 했다. 인신매매업자에게 부주의하게 정보를 흘린 것이 어쩌면 나일지도 모른다는 생각을 하지 않을 수가 없었다. 내가 방금 저 사람을 죽인 건가? 내 행동으로 방금 저 사람이 다시 노예가 되는 형을 받게 되었나? 심히 괴로운 질문이었다. 나는 내 취재원이 은밀히 움직였으리라 믿었고 우리가 인터뷰 대상의 안전을 보장하는 데 필요한 예방 조치도 빠짐없이 해뒀다고 생각했다. 운전기사는 매번 바꾸고 검증했다. 두 번째로 길을 나설 때는 호텔과 멀리 떨어진 곳에서 창에 선팅을 하고 현지 번호판을 단 차를 탔다.

10년도 넘게 구조 일을 해온 취재원은 우리 잘못이 아닐 거라고 했다. 인신매매업자는 이미 갑판원의 위치를 알았고 그를 다시 배로 끌고 갈 적절한 때를 기다리고 있었을 것이었다. "여기는 작은 동네잖아요. 소식이 빨리 퍼지죠." 나는 경찰에게 연락하자는 말을 꺼냈다. 취재원은 놀랍다는 눈으로, 어쩌면 한심하다는 눈으로 나를 봤다. "이언, 아까 그 사람들이 경찰입니다."

* * *

2017년 여름, 나는 해상 노예 문제를 더 취재하려 다시 남아시아로 갔다.[11] 여행을 준비하면서 나는 바다에서 어선 불시 점검을 실시하는 현장을 볼 수 있겠냐고 태국 정부에 문의했다. 정부는 순찰에 얼마든지 동행해도 좋다며 해안에서 너무 멀리 있는 것만 아니면 어떤 선박이든 내가 선택하는 배에 승선해 조사하겠다고 했다.

이상하리만치 협조적인 반응이었다. 태국의 해상 노예 문제는 이미 국제적인 관심을 받은 바 있었다. 태국의 언론 매체와 비영리 단체가, 이어서 《가디언》과 내셔널퍼블릭라디오 그리고 환경정의재단 같은 국제기관이 이 노동 착취 사안에 관해 일찍이 탁월한 보도를 내놓았다.[12] 2015년에는 《뉴욕타임스》의 보도에 더해 AP의 용감무쌍한 취재진이 도망쳤거나 유기되었거나 일부의 경우 수산 회사에 의해 감금되어 인도네시아 벤지나섬에 있던 사람들 수십 명의 사연을 세상에 드러내는 획기적인 일을 해냈다. 미국 저널리즘계에서 가장 권위 있는 퓰리처상과 포크상을 받은 이들의 보도는 비슷한 상황에 처해 있던 수천 명이 인도네시아와 미얀마를 비롯한 각자의 고향으로 송환되는 결과로 이어졌다.

다시 태국을 찾으면서 나는 태국 당국과 동행하는 해상 취재에서 보게 될 장면의 많은 부분이 순전히 눈치레일 거라고 확신했다. 그러나 정부가 최선을 보여주려 용을 쓰다가 범하는 실수는 무엇이든 특별한 정보가 될 테니 그것을 시도할 가치는 있어 보였다. "저희에게 선박 목록을 주셔야 합니다." 갈 날이 다가오자 태국 정부는 계속 이 말을 되뇌었다. 선박 대부분은 자기 위치를 공개 발신하니 어떤 배가 바다에 있는지는 나도 알고 있었다. 내가 바라는 것은 가혹 행위를 한다는 소문이나 그런 전력이 있는 배에 오르는 것이었다. 나는 직접 취재한 내용을 바탕으로 승선할 만한 선박을 고민해 지명하겠다는 말을 정부에 전했다. 다만 정부에서도 그보다 긴 목록을 직접 만들어 제시해주기를 기대한다는 말을 덧붙였다. 하지만 출항 예정 날짜가 점점 가까워지는데도 정부는 자체적으로 만든 대상 선박 목록을 내놓지 않았다.

노동자와 진행한 면담, 항만 검역과 과거 위반 행위, 진행 중인 경찰 수사 기록을 토대로 태국 정부에서 조사가 필요한 수산 회사나 어선의 우선순위를 매길 수 있으리라는 것은 내 착각이었다. 현실은 그렇지 않았다. 이런 유형의 기밀 정보는 입수가 안 되었거나 아니면 고위험 선박에 정부가 초점을 맞출 수 있는 방향으로 구조화가 되지 않았다. 출발을 며칠 앞두고 한 해군 관계자는 내게 "만들어주신 목록을 믿고 쓰겠습니다"라고 했다. 나는 서둘러 인신매매 퇴치 단체를 찾아, 승선할 만한 선박을 대강이라도 취합할 수 있게 도와달라고 부탁했다. 그러자 그 단체의 운동가들은 최근 탈출한 갑판원들과의 면담 내용과 믿을 만한 현지 경찰에게서 얻은 정보를 주로 활용해, 정부 당국은 3주가 지나도 작성하지 못했던 목록을 48시간 만에 만들어냈다.

이런 실책을 통해 태국 경찰 활동의 결함이 한층 폭넓게 드러났다. 부정부패가 기관들 사이의 신뢰를 좀먹었고, 이 기관들은 유출될 것을 우려해 서로 민감한 정보를 넘기는 것을 주저했다. 사람이 인신매매되는 방식은 어떻고 그 주범은 누구인지, 신규 보호 조치를 우회하는 데 어떤 수법이 쓰이는지에 관한 정보를 구함에 있어 태국 당국은 인권운동가들에게 지나치게 의존했다. 자체적으로 정보를 수집하려면 정부가 노동자들을 면담해야 하는데 여전히 그 작업을 효율적으로 수행하지 못하고 있었다.

이런 실정은 내가 태국 해군의 배 두 척을 타고 바다에서 일주일을 보내는 동안 더욱 분명해졌다. 수산부와 노동부 감독관이 팀을 이뤄 어선 대여섯 척을 불시 점검했다. 보통 성인 남성과 소년이 30명 가량 타고 있었으며 캄보디아인이 대다수였고 태국인과 미얀마인이 일부 보였다. 배 대부분은 큰 선망선이었다. 불도 그처럼 우람한 몸집으로 어기적대는 이 야수에는 얼음을 깔아 어획물을 보관하는 시퍼런 통 수십 개가 갑판 아래에 말도 안 되는 높이로 쌓여 있었다. 감독관이 승선하기에 앞서 방탄조끼를 착용한 중무장 상태의 보안팀이 20분간 모든 어선원을 대상으로 몸수색을 진행하고 무기 소지 여부를 확인했으며, 우리 쪽을 등지고 빽빽하게 붙어 앉아 있으라고 소리쳤다. 보안을 생각하면 합당한 절차였으나, 선원들을 불안하게 하는 일이자 어선 사관이 아니라 선원들이 혐의를 받고 있다는 인상을 주는 절차이기도 했다.

감독관들이 배를 점검하는 동안 선망선 조타실에 선장과 나란히 서 있었던 적이 있다. 선장의 옷에서는 담배 연기에 찌든 냄새가 풍겼고 입에서는 구린내가 났으며 그의 발치에는 빈 레드불 깡통이 굴러다니고 있었다. 타륜 앞에는 사람 두개골이 다섯 개 있었다. 선장은 어망에서 건져 행운의 징표로 보관해온 것이라고 말했으나, 미심쩍게 들리는 이야기였다. 입밖으로 표현하지는 않았지만, 명령에 불복하면 어떻게 되는지 일깨워주려는 뜻으로 둔 해골일 가능성이 크다고 나는 추측했다.

갑판 위 캄보디아인 30명은 초췌한 몰골이었다. 몇몇은 시선을 마주치지 않겠다는 결심이 유달리 굳은 듯했다. 감독관들은 각자 작은 서류철을 들고 다니며 질문지를 훑어내렸다. 계약서? 확인. 최근 급여? 확인. 선원 명부? 확인. 적정 크기의 어망? 확인. 배의 노동자 중 불만이 있어 집으로 가기를 원하는 사람이 존재할 것 같냐고 선장에게 물어본 적이 있었다. 선장의 답은 이랬다. "어차피 못 갑니다. 난 서류를 전부 제대로 갖춰뒀으니까." 선장이 의도한 바는 아니었으나 이 말에서는 이런 식의 조사가 왜 과녁을 빗맞히는 것처럼 보이는지가 압축적으로 드러났다.

서류 작업과 제대로 된 조사의 차이는 질문하는 방식에 있었다. 예를 들어 두 노동자가 임금에 관해 내놓은 답이 다르고 어떤 답도 계약서와 일치하지 않을 때 감독관은 문제를 더 파고드는가, 아니면 노동자에게 '올바른' 답을 알려주는가? 노동자에게 구타를 당하느냐고 질문할 때 만약 그렇다고 답하면 배에서 내려 안전한 곳으로 갈 수 있게 해주겠다는 말을 먼저 하는가?

나이가 지긋하고 푸근한 태도를 지닌 한 감독관은 자신은 도우러 온 사람이니 걱정할 필요가 없다고 선원들을 안심시키는

태국 경찰이 태국 어선에 승선하자 캄보디아인이 대부분인 선원들에게는 구석에서 기다리라는 지시가 떨어졌다.

데 공을 많이 들었다. 바닥에 앉았고 미소를 자주 보였으며 자기를 낮추는 농담을 던졌다. 잠을 충분히 자고 근무한 시간을 기록해두는 것이 중요하다고 아버지 같은 목소리로 설교하기도 했다. 의도야 좋았으나 어느 쪽도 선원이 통제할 수 있는 것이 아니라 선원들에게는 무의미한 제안이었다. 나는 옆으로 조금 떨어진 곳에 통역사와 함께 서서 그 이야기를 들었다.

감독관은 온화하고 진심 어린 태도로 업무를 수행했으나 그 절차는 정말 조사를 위한 것이라기보다는 형식적이라는 느낌이 강했다. 감독관의 유도 신문은 간단한 긍정과 부정의 답만 요구했다. "12시간 일하면 12시간 휴식하는 것 맞지요?"라든가 "배에 있는 사람들 다들 만족하며 지내죠?" 같은 식이었다. 노동자가 정부에서 발급받은 신분증을 들고 있으면 감독관은 그 노동자가 인신매매되지 않았다고 받아들이는 듯했다. 그런 신분증은 노동자가 등록되어 있음을 나타낼 뿐 채무로 예속되었거나 인신매매범에게서 선장에게로 팔렸는지를 나타내는 것이 아니었다. 광범위해야 할 질문은 한정적일 때가 많았다. "지금 다친 데 있습니까? 배에 다친 사람 있어요?" 효과적으로 질문하려면 이렇게 물어야 했을 것이다. "멀리서 일하는 게 고되고 위험하다는 걸 잘 알고 있습니다. 이 배에 있는 노동자가 제일 최근에 다친 건 언제죠? 어떤 일이 있었나요?"

경고 신호가 되어야 할 표현들도 간과되었다. 태국법은 고용주가 노동자에게 매월 급여를 지급하도록 했다. 선장은 임금을 체불해서는 안 되었으나 계약 만료 전에 선원이 떠나는 것을 막으려고 종종 임금 지급을 유예했다. 면담 중 노동자가 장기 조업을 다녀왔더니 자신의 계좌가 '해지' 또는 '정리'되었더라고 말하는 것은 임금 체불의 확실한 징후인데도 감독관은 이들의 말을 멈추고 더 파고들지 않았다. 바다에서 이뤄지는 조사를 지켜보는 몇 시간 동안 나는 내가 목격한 문제들을 기록하려고 맹렬한 속도로 메모했다. 태국 당국이 보여준 열린 자세는 무척 인상적이었지만 개정안 다수를 시행하는 모습은 실망스러웠다.

조사팀에는 캄보디아인이나 미얀마인 통역사가 없었던지라 갑판원의 말을 통역하는 역할은 주로 갑판장(앞서 캄보디아인 소년들이 있던 배에서 만난 땅 같은 사람)에게 기대해야 했다. 태국 어선에서 갑판장은 선원과 같은 민족이고 태국어와 모국어를 모두 할 줄 아는 경우가 많다.[13] 그러면서도 대개 사관들과 끈끈하게 결탁해 배의 기강을 잡는 역할을 맡는다. 구타와 임금 체불, 노동 시간, 실종, 부상에 관해 솔직한 답을 듣고 싶다면 갑판장이야말로 통역을 맡기기에 부적합한 사람이었다. 오히려 면담을 진행하는 동안 노동자들과 떼어놓아야 마땅했다.

우리가 찾아간 배의 선원 전원을 면담하려면 시간이 한참 걸렸을 것이다. 감독관에게는 몇 명을 선택해 이야기할 시간밖에 없었다. 어떤 선원들은 유난히 초조해 보였다. 열네 살이나 열다섯 살쯤 될 법한 두 명은 유독 어린 티가 났다. 갑판원 세 명은 위험할 정도로 지쳤거나 마약에 절었는지 똑바로 앉는 것도 겨우 했으며 눈이 감길락 말락 했다. 선원 다수는 태국어를 모르는 것이 분명해 보였고 동료들을 앞에 두고 뒷줄에 숨으려는 듯했다. 감독관은 이런 이들이 아니라, 눈을 마주치고 이야기도 많이 하고 앞자리에 앉아 언제라도 참여할 의사를 보이는 노동자를 면담 대상으로 선택했다. 일이 거꾸로 되는 모양새였다. 상태가 가장 좋은 선원이 아니라 가장 나쁜 선원을 찾아내는 것이 목적 아닌가?

뭍으로 돌아온 나는 내가 목격한 것을 놓고 상의하고자 제이슨 저드Jason Judd에게 연락했다. 저드는 UN 산하 국제노동기구(ILO) 소속으로 방콕에서 일하는 프로젝트 관리자였다. 태국 정부가 노동법을 개정하고 좀 더 충실히 감독하도록 촉구하는 것이 그의 업무 중 하나였다. 우리는 주요한 법적 장애물 두 개에 대해 논의했다. 첫째는 태국이 이주자의 노동조합 가입을 금지하고 있는 것이었다. 둘째는 이 나라에 인신매매 방지법은 있으나 강제 노동에 관한 법은 부족하다는 사실이었다. 그래서 노동자가 가혹 행위나 감금을 당했다 해도 그가 자발적으로 일을 시작했던 사람이라면 정부는 고발 의지를 거의 보이지 않았다.

저드는 태국이 겨우 2년 만에 얼마나 많이 변했는지도 설명해주었다. 정부가 선박이 바다에 머무는 기간을 30일로 제한하고 국외에 있는 선박의 환적(해상에서 선박 간에 화물을 옮겨 싣는 것) 을 금지한 것을 짚었다. 또한 모든 상업 어선이 차량 번호판과 같 은 고유 번호를 등록하도록 힘쓰고, 이 배들에 육상 단속을 위한 전자 추적 장치인 VMS 장착을 의무화하고 있었다.

태국 정부는 매년 바다에서 배 수백 척을 감독할 뿐 아니라 육 지에서도 유사한 노동자 면담을 진행했다. 태국 왕립해군이 감독 하는 부처 간 협업체인 '입항출항(Port-In, Port-Out)' PIPO의 검문 소는 항구를 들고 나는 총톤수 30톤 이상 어선을 매번 하나하나 검사한다고 알려졌다. PIPO 관계자들은 선박 등록과 기관사 자 격 증명부터 선원 명부와 안전 장비까지 배마다 15개 사항을 확 인했다.

이는 참으로 진전된 성과였다. 태국이 비판의 초점이 되기는 했으나, 어업 관리로 환경 단체에서 두루 찬사를 듣고 있는 인도 네시아를 포함한 이 지역 국가 대다수에서는 태국 정부가 시행한 노동자 보호 조치나 현장 점검을 찾아볼 수 없었다.

나는 태국 정부의 감독이 진행되던 중 목격한 문제점 몇 가지 도 저드에게 이야기했다. 저드는 태국 내 해상 노예 문제를 대하 는 시각에 현격한 차이가 있음을 보여주는 통계 자료를 내게 추 가로 보냈다. 2016년 태국 노동부에서 어선원 대상으로 5만 건이 넘는 조사를 실시했을 때는 노동 환경과 시간, 임금, 선내 처우 등 의 사안에서 위법 사례가 하나도 발견되지 않았다. 반면 국제노 동기구가 같은 시기에 같은 업종의 노동자를 인터뷰하자 너무나 다른 그림이 나타났다. 노동자 거의 절반의 급여에서 불법 공제분이 나왔고, 계약서에 서명한 것을 기억하는 노동자는 반도 안 되었으며, 약 16퍼센트는 배를 떠나지 못하도록 고용주에게 신분 증명서를 뺏긴 상태였다. 두 통계 자료의 차이가 말해주는 것이 많았다.

태국 정부가 노동자 면담에서 다른 인상을 받은 것은 겉핥기식 질문을 했기 때문이었다. 이는 표적이 될 선박과 고발해야 할 수산 회사, 구조해야 할 이주민을 판별하는 태국 당국의 역량에 영향을 미쳤다. 저드는 선상 노동자의 모국어를 할 줄 알면서도 정부 소속은 아니라 노동자들이 신뢰하고 솔직한 답을 내놓을 수 있는 통역 인력을 확충하면 도움이 될 것이라는 제안을 내놓았다. 감독관은 경고 신호를 포착할 수 있게 더 나은 훈련을 받아야 했다. 노동자들이 미리 연습한 대사를 읊는 흐름을 깰 수 있게, 하지만 대화가 답답한 머리싸움으로 주저앉지는 않게 적당한 수준으로 노동자를 압박하는 방법도 익힐 필요가 있었다.

그러나 면담관이 자신의 임무를 어떻게 인식하는지도 중요하다는 말을 저드는 덧붙였다. 감독관이 자신에게 가혹 행위를 적발할 권한이 있다고, 나아가 그래야 할 의무가 있다고 생각했을까? 감독관은 범법 행위를 찾고 있었을까, 아니면 노동자를 몰아세우며 질문지를 훑은 것일까? 법 위반 사항을 많이 찾아야 성공인가, 아니면 적게 찾아야 성공인가?

내가 이런 질문에 답하기 어려웠던 데는 프레이밍의 문제가 어느 정도 있었다. 사실 해상 노예 근절을 위한 태국 정부의 통합된 접근은 없었다. 각기 다른 부처가 각기 다른 수준으로 힘썼다. 외무부와 총리는 개정에 진심으로 충실한 듯 보였고 노동부는 미적지근했으며 수산청과 경찰 조직 다수는 중간쯤에 있었다. 이 문제는 결코 태국만의 문제가 아니었으나 태국이 다른 나라보다 훨씬 위험한 상황에 처해 있는 것만은 사실이었다.

* * *

2015년 11월 7일 태국 정부는 태국 남서부 해안 항구 도시 깐땅에 있는 분라프Boonlarp라는 회사가 관련된 인신매매 사건으로 8명을 검거했다. 태국에서도 손에 꼽히게 떠들썩한 인신매매 사건이었기에 검거를 계기로 해상 노예 문제에 전세계의 관심이 쏠렸다. 태국 정부가 하위의 노동자 알선 브로커만 건드리는 대신 회사의 고위 간부를 대상으로 인신매매 혐의를 제기한 첫 사례였다. 분라프의 전 소유주인 솜퐁 찌로떼몬뜨리Sompon Jirotemontree를 포함한 6명이 유죄 선고를 받았다. 선장 3명과 경비원 1명은 무죄로 풀려났다.[14]

나는 2017년 5월 미얀마 양곤으로 가서, 깐땅으로 인신매매되어 대부분 분라프 소유의 보카 부두에서 일했던 남자 대여섯 명과 이야기를 나눴다. 내가 인터뷰한 미얀마인들은 모두 자신의 전 고용주를 고발하기로 한 태국 정부를 칭찬했다. 그러나 일부는 살인이 아닌 인신매매로 고발이 이뤄졌다는 점에 비판적인 입장을 보였다.[15] 제일 악랄한 범인 몇몇이 징역살이를 하지 않고 풀려났다는 것이었다.

노동자들은 특히 같은 이름 하나를 계속 언급했다. 리엄Liam이었다. 잔악하고 성마르기로 악명이 높아 '베잔지Beh Gyan Gyi'('사악한 남자'를 뜻하는 버마어)라고도 불렸던 리엄은 보카 부두의 선임 경비원이었다. 리엄은 인신매매 혐의에 대해서는 무죄 판결을 받았으나 1990년대부터 저질러온 살인이 10건도 넘을 것으로 추정되었다. 보통 총이나 칼 또는 구타로 이주노동자를 죽음에 이르게 했고 여러 목격자가 보는 앞에서 그런 짓을 하기도 했으며 살인이 끝난 뒤에는 노동자들의 시신을 뜨랑강에 내던졌다는 내용이 환경정의재단과 태국 경찰의 기록에서 확인되었다. 리엄의 혐의는 명백했고 문서 증거도 많았으나 태국 당국이 리엄을 기소한 적은 없었다. 당국이 내게 말하기로는 증언할 목격자를 찾기가 어려웠다고 한다.

내가 미얀마에 가서 인터뷰한 사람 중에도 리엄이 사람을 죽이는 걸 목격한 사람이 있었다. 그들이 제일 소름 끼쳤다고 진술한 살인은 2013년에 벌어졌으며, 선장 앞에서 칼을 빼든 미얀마인 노동자가 당한 일이었다. 보카 부두와 가까운 곳에서 리엄은 20대였던 그 노동자를 버마어로는 '티트투', 영어로는 '산톨'이라고 하는 커다란 과일나무에 사슬로 묶었다. 손은 나무 몸통을 감싸도록 등 뒤로 돌려 결박했다고 남자 몇 명이 내게 일러주었다. 노동자 수십 명이 보는 앞에서 리엄은 쇠막대로 그 노동자를 죽을 때까지 구타했다. "30분 걸리더군요." 내가 인터뷰한 미얀마인 갑판원 중 한 사람인 툰 응에Tun Nge의 말이다.

"이래도 네가 센 거 같냐?" 응에는 리엄이 노동자를 때리며 고함을 쳐댔다고 했다. 매질이 끝나고도 노동자의 시신은 꼿꼿이 묶여 사람들 눈에 띄는 곳에 한 시간도 넘게 그대로 남아 있었다. 웃옷 없이 초록색 반바지만 입고 죽은 남자는 가슴의 상처가 벌어진 채 머리에서 피를 철철 흘렸다고 응에가 말했다.

436

나는 태국 왕립 경찰청장이자 법무소송국 국장인 짜루왓 와이사야Jaruvat Vaisaya라는 남자를 알게 되어 신뢰를 쌓았다. 앞서 깐땅 사건의 수사를 지휘한 사람이었다. 나는 묵고 있던 양곤의 호텔에서 와이사야에게 연락해, 태국 정부가 분라프 수산과 관계된 인신매매와 다른 가혹 행위를 고발할 때 살인 혐의는 왜 제기하지 않았냐고 물었다. 사실 노동자를 공포에 가둬 순응하게 만든 것이 폭력이었던 만큼 살인은 강제 노동과 인신매매 범죄의 핵심이었다.

　와이사야는 요원들이 시신을 찾기 위해 항만 인근의 땅을 팠으나 아무것도 발견되지 않았다고 했다. 노동자들은 증언을 꺼렸고 막상 그들이 정보를 내놓아도 그 정보끼리 충돌할 때가 많았다고도 했다. 노동자들이 지금이라도 증언하겠다면 당연히 수사 재개를 생각해보겠다는 말도 덧붙였다.

　방콕에서 근무하는 와이사야는 이를 공식 발언으로 남기지는 않으려 했으나, 살인 혐의가 제기되지 않은 것은 암암리에 현지 경찰이 연루되어 있기 때문이기도 하다는 것을 나는 확실히 알았다. 깐땅 지역 경찰은 보카 부두 하류 강둑으로 밀려온 시신 수십 구를 수년간 못 본 척했다. 시신 다수에서 고문과 처형으로 보이는 살인의 흔적이 나타났는데도 말이다. 시신 일부의 사진을 보니 대부분이 항구 근처가 아니라 뜨랑에서 깐땅으로 오는 주 도로에서 얼마간 떨어진 유명 묘지의 비석 없는 무덤에 묻혀 있었다.

　미얀마를 떠나기 전, 나는 경비원 리엄이나 무죄 선고를 받은 선장에게 말할 기회가 있다면 무슨 이야기를 하고 싶냐고 노동자들에게 물었다. "당신들이 무슨 짓을 했는지 모르는 사람이 없어."노동자 한 명이 바로 대답했다. 다른 한 명은 "대가를 치를 거야"라고 했다. 대가를 치르는 사람이 나올 것 같지는 않았다. 하지만 최소한 내가 말이라도 전해야겠다는 생각이 들었다. 그래서 태국 깐땅으로 갔다. 여느 때와 마찬가지로 나는 (좀 무모할 수도 있지만 이 일을 하려면 반드시 필요한) 믿음을 품고 있었다. 기자이자 외국인이라는 내 신분이 이런 사람들과 부딪칠 때 필요할 수 있는 모종의 보호막이 되어주리라는 믿음 말이다.

* * *

지금까지 내게 태국의 여러 항구 도시들은 서로 비슷해 보였으나 깐땅은 달랐다. 뜨랑강 하구에 있는 이 도시는 지방 정부가 잦은 홍수를 견디다 못해 더 안쪽 내륙으로 이전하기 전인 1893년에서 1916년 사이 구역의 중심지였던 덕에 귀족적인 영광을 간직하고 있었다. 관광객이 모이는 곳은 이 도시의 오래된 기차역으로, 여전히 운영 중인 역이었다. 장중하지만 방치되어 있는 건물이 번화가를 바라보는 전면부에서는 과거로부터 내려온 부富가 엿보였다. 이런 부는 대개 아직 지역 상권을 쥐고 있는 몇몇 중국 사업가 집단의 손에 있었다.

태국 해상 노예의 세계에서 깐땅은 그야말로 독자적인 범주에 있었다. 전에 조사했던 어느 항구보다 거대한 범죄의 뱀굴이었던 것이다. 깐땅에서는 인신매매 조직의 자금줄이 더 탄탄했고 부정부패가 더 만연했다. 여기에 한몫한 것은 깐땅이 예전부터 줄곧 태국 원양어선의 주요 거점이 되어준 수심 깊은 항구라는 사실이었다. 어선은 더 멀리 나갔고 바다에 더 오래 머물렀으며 인신매매된 노동자를 훨씬 많이 부렸다.

깐땅 수산업계는 주로 중국계 태국 기업 세 곳이 지배했고 이 회사들은 어선과 운반선, 부두, 제빙 공장, 냉동 창고, 가공 시설, 어분 공장의 복합체를 함께 운영했다. 세 기업인 분라프수산합자조합, 쫀몬차이합자조합, 온와따나소폰합자조합은 각각 분라프, 촌 신, 온수파뽄 부두라고 알려진 인근 부지 세 곳을 소유하고 있었다.

"사원은 많지만 신앙은 그다지 없는 동네죠." 이 도시에 관해서는 이런 말을 들을 수 있었다. 뜨랑강을 따라 색이 유달리 쨍한 불교 사원이 서 있었고 그 중 일부는 완공 전이었다. 경건함 못지 않게 부유함을 드러내는 이런 사원 건립을 의뢰한 것은 대개 강제로 노동을 시키고 불법 어업을 일삼는다고 고발당한 바로 그 수산업 집단이었다.

분라프의 전 소유주 솜퐁 찌로뗴몬뜨리는 깐땅 뜨랑강에 늘어선 많은 낚시 부두 중 한 곳을 운영했으며 어선이 60척 이상인 선단을 운용했다. 깐땅에서 내로라하는 유력 가문 출신인 찌로뗴몬뜨리는 그 지역 시장으로 두 번의 임기를 지냈는데, 그의 형 소라논Soranont이 먼저 앉았던 자리였다. 2013년 깐땅에서 인신매매 사건이 터졌을 때 찌로뗴몬뜨리의 이름은 깐땅 시 웹사이트에 '자문위원'으로 올라 있었다. 찌로뗴몬뜨리는 뜨랑수산협회 회장이기도 했으며 깐땅 경찰 내 단속및감독위원회 의장이었다.

분라프를 문제 삼은 이 인신매매 사건은 많은 부분 환경정의재단의 조사에 기초했다. 이 재단이 인신매매와 강제 노동, 살인에 관한 노동자들의 증언과 여타 증거를 낱낱이 모아 당국에 제공했던 것이다. 2013년과 2015년 사이에 공개된 여러 보고서에서 환경정의재단은 분라프의 범죄 행위를 현지의 부패 공무원들이 연루된 것까지 포함해 가감 없이 꼼꼼하고 상세하게 기록했다.

깐땅으로 가기에 앞서 나는 아주 유능한 태국인 통역사를 고용했다. 해결사 일을 겸하는 젊은 태국인 여성으로, 여기서 해결사란 운전기사와 숙박, 정부 허가 등과 관련된 모든 일을 처리하는 만능 일꾼이다. 기밀 유지가 철저해야 한다고 강조하자 내 해결사는 마약 담당 위장 수사관이 본업인 사람을 운전기사로 섭외했다. 이 사람의 근무지는 지역 내 다른 곳이었는데, 무기도 갖고 있는 데다 깐땅 출신이 아니라 현지인에게 뇌물을 받을 가능성도 적으니 이 일에 적임인 듯했다.

가장 먼저 해야 할 일은 타원 짠따락Thaworn Jantarak이라는 남자를 찾는 것이었다. 무죄 판결을 받은 분라프의 선장으로, 그 회사의 직원 중에서도 제일 폭력적이기로 정평이 난 인물이었다. 수산업계는 제법 쫀쫀하게 엮인 동네였고, 내가 섭외한 해결사는 짠따락의 행방을 찾으려면 항구의 누구에게 물어야 하는지를 알고 있었다. 짠따락은 오전에는 집에 없었으나 그날 늦게 찾아가자 문을 열어줬다. 우리와 대화하기 전에 옷을 갈아입고 싶다고 말한 짠따락은 몇 분 후 티끌 하나 없는 흰색 바탕에 글록 권총의 제조사 로고와 그림이 들어간 반소매 상의를 입고 나타났다. 50대 중반인 짠따락은 유치장에 들어가기 전 사진과 비교하면 많이 노쇠하고 야윈 듯했다. 그는 무죄 판결로 끝난 재판이 진행되는 동안 1년 가까이 옥살이를 했다.

짠따락은 모호한 말로 선원 구타 여부를 부인했고, "막판에는

배와 항구에서 발생한 살인을 봤다는 미얀마인 갑판원 10여 명을 미얀마에서 만나 목격자 증언을 수집한 후, 혐의에 대한 답을 듣고자 범인 중 한 명으로 지목된 인물과 이야기를 나눴다. 폭력적이기로 악명 높은 타원 짠따락 선장이었다.

늘 돈을 줬다고요"라는 말을 덧붙였다. 음주와 도박을 끊고 예전 생활을 청산했으니 과거 이야기는 별로 하고 싶지 않다고 했다. 내가 미얀마에서 인터뷰한 노동자들이 분라프 선단에서 가장 가혹하게 군 선장으로 당신을 콕 집어 지목했다고 하자 짠따락은 그 노동자들의 이름을 대라고 나를 압박했다. 폭력을 쓴 적이 없다고 주장할 때면 언제나 "항구에서 일어난 일은 내 소관이 아닌데요"라거나 "남들이 뭘 했는지는 말 못 하죠"라는 말이 따라붙었다.

대화를 시작한 지 15분쯤 지났을 무렵 짠따락은 나를 기자가 아니라 정부에서 나온 사람으로 몰아붙이며 난폭하게 굴었다. 갑자기 탁자에서 벌떡 일어나 내게 나가라고 손짓하더니, 근처에 서 있던 남자들(친척이나 직원 아니면 친구였을 것이다)에게 무언가를 신호하듯 눈빛을 보냈다. 나는 사진사 파비우 나시멘투를 향해 자리가 격해질 수도 있으니 몸을 빼서 그 남자들 뒤로 물러나라고 조용히 손짓했다. 대화는 금세 끝났다. 그 짧은 시간에 나는 내 패를 다 내놓았고, 미얀마인 선원들의 말을 전했다. 반면 짠따락은 한 번도 포커페이스를 잃지 않았다.

다음 날 리엄의 집 주소를 알아낸 우리는 잠복 경찰에게 연락해 우리를 호텔에서 태워 가달라고 요청했다. 차를 타고 가며 우리가 생각한 목적지를 경찰에게 말하자 경찰은 대번에 주차장에 차를 세웠다. "그 일은 못 합니다." 리엄을 만나는 것은 너무 위험하다는 이야기였다. 나는 우리랑 같이 문을 두드릴 필요는 없으며 차 안에 남아 있어도 괜찮다고 경찰을 안심시키려 했다. 그럼에도 그는 거부했다. 나는 무슨 말인지 알겠다고 했고 우리는 차를 타고 호텔로 돌아왔다. 경찰에게는 약속한 돈을 줬다.

나는 리엄을 만날 수 있게 우리를 태워줄 다른 경찰이 있을까 해서 경찰 내부의 취재원 와이사야에게 연락했다. 반드시 믿을 만한 사람이어야 한다고 강조했다. 리엄에게 슬쩍 귀띔할 우려가 있는 현지 경찰의 힘을 빌리는 것은 피하자는 생각이었다. 우리가 직접 택시를 타고 가는 것은 안전하지 않을 것 같았다.

와이사야는 몇 군데 전화를 돌렸고 몇 시간 후 제복을 입은 경찰 두 명이 선팅된 승합차를 타고 도착했다. 나는 태국어를 할 줄 알며 깐땅 사정에도 훤한 영국인 조사원과 함께 갔다. 호텔 로비에서 커피를 마시며 조사원과 나는 경찰에게 우리 계획을 설명했다. 경찰은 호의적인 태도를 보였으나 우리를 흥미로워하는 듯했다. 출발하기 전 경찰 한 명이 잠깐 화장실에 다녀오겠다고 했다.

"그 사람들 방금 왔어." 화장실 칸에 들어간 경찰이 목소리를 낮춰 통화를 했다. 그 경찰이 몰랐던 것은 태국어가 유창한 내 조사원이 마침 같은 화장실에 먼저 들어갔고 얼마 떨어지지 않은 칸에 있어 그의 목소리를 들을 수 있었다는 사실이다. "30분 좀 넘어서 도착할 거다." 경찰의 말이었다. 매복지에 제 발로 걸어 들어가는 꼴이 될까 봐 걱정도 되었으나, 나는 경찰이 그저 리엄에게 예고해주는 것일 가능성이 더 크다고 판단했다.

놀라울 것도 없이, 우리가 문을 두드려도 리엄은 집에서 절대 나오지 않았다. 문을 열어준 사람은 그의 아내였고 우리는 45분 동안 그녀와 대화를 나눴는데 그녀의 말은 이리저리 바뀌었다. 처음에는 리엄이 이 주소에 산 적이 없다고 했다. 내가 아내와 이야기하는 동안 조사원은 이웃에게 말을 붙였고, 이웃들은 리엄이 오후에는 항상 집에 있다고 했다. 그러자 아내는 리엄이 가끔 이 집에 오기는 하지만 여기 살지는 않는다고 했다. 우리는 1년 전 그 집에서 찍힌 리엄의 사진 여러 장을 아이폰으로 그녀에게 보여줬다. 사진 속 리엄은 체크무늬 셔츠를 입고 빨간 스쿠터에 앉아 있었다. 바로 그 셔츠가 그 집 빨랫줄에 널려 있었고 가까운 현관 옆에 바로 그 빨간 스쿠터가 주차되어 있었다. 그 사실을 지적하며 나는 다시 물었다. "리엄이 정말 여기에 안 삽니까?"

우리는 우리 목소리가 들리는 거리에, 문간 바로 안쪽에 리엄이 숨어 있으리라 확신하며 리엄이 사람을 나무에 묶어놓고 때려서 죽였다는 사건을 아내에게 똑똑히 전달했다. "모르는 사람이 없습니다." 노동자들이 내게 해준 말을 리엄의 아내에게 했다. 그녀는 아무 대꾸도 하지 않았다. 나는 이어서 경찰 두 명이 집 내부를 좀 봐도 되겠냐고 물었다. "영장이 있어야죠." 그녀는 그렇게 대답하더니 우리더러 그만 가보라고 했다. 결국 짠따락이나 리엄의 아내가 한 말은 어느 하나 놀랍지도 않았고 특별히 쓸모가 있어 보이지도 않았다. 리엄이 끝까지 집 밖으로 나오지 않았다는 사실이 이루 말할 수 없이 신경을 긁었다.

겉으로 보면 깐땅행은 허탕 같았다. 그래도 나는 와이사야를 취재원으로 계속 신뢰했고 그후 취재에서도 그에게서 든든한 지원과 정보를 받았다. 그러나 현지 경찰이 화장실 칸에서 걸었던 은밀한 전화는 시사하는 바가 컸다. 태국 정부의 고발이 왜 까다로운지, 왜 정부가 살인은 두고 인신매매만 고발하는 등 비교적 손쉬운 표적만 더러 건드리는지를 그 귀띔에서 엿볼 수 있었다. 다른 건 몰라도 이번 여행은 상대가 내 패를 알면 게임이 어렵다는 것을 톡톡히 일깨워줬다.

세계의 정부와 법 체계는 인간의 생명을 함부로 대하는 이들에게 처벌을 내림으로써 인간 생명의 가치를 보인다. 그러나 나를 무자비하게 후려친 현실은 바다에서는 문명 사회의 틀이 완전히 내던져지며 남중국해의 어선 위에서는 특히 그렇다는 것이었다. 태국은 이런 현실에 진정으로 맞서려는 것처럼 보였다. 그러나 부정부패와 비효율적 감독을 포함한 높다란 장애물은 그대로였다.

우리 안의 선한 천사는 이미 2세기 전에 여러 국가들이 자국 국경 내에서 예속을 금하는 법을 통과시켰다고, 그러므로 노예제는 그때 사라졌다고 생각하지만, 노예제는 엄연한 현실로 존재한다. 정부와 기업과 소비자가 그런 일이 발생하는 줄을 모르기에, 또는 알아도 눈을 돌려버리는 쪽을 택하기에 이런 종류의 예속은 전세계의 맹점으로 존재한다.

11장
쓰레기를 흘려보내다

바다를 죽일 수 있다는 생각은 안 하겠지요?
하지만 언젠가 우리는 그걸 해낼 겁니다.
우리가 그 정도로 무신경해요.
　　　　　—이언 랭킨, 「피를 쫓다」

수세기 동안 인류는 바다를 무한의 은유로 여겼다. 과거에는 (솔직히 오늘날에도 많은 이들이) 바다의 광대함에 만물을 흡수하고 소화하는 무한한 능력이 수반된다고 믿었다. 바다가 지니는 신과 같은 힘은 이 광활함에서 비롯된다. 좁게 보면, 이 광활함은 오랜 시간 우리에게 사실상 모든 것을 바다에 내버려도 된다는 허가증이 되어주었다. 석유와 오물, 사체, 화학 발산물, 생활 쓰레기, 군수품, 심지어 시추기 같은 해상 구조물까지도 바닷속으로 사라져 블랙홀에 삼켜진 것처럼 영영 자취를 감출 수 있었다.

나는 선원 착취, 그리고 바다 위 생활과 노동이 선원을 망가뜨리는 방식을 조사하는 것으로 바다를 탐사하기 시작했다. 그런데 시간이 지나면서 내가 이야기를 나눴던 학대당한 선원들과 그들이 일했던 불법 어선은 방대한 생태계의 아주 작은 부분에 지나지 않음을 깨달았다. 바다의 착취를 살피려면 바다 자체를 봐야 했다. 가만히 있는 배경이나 악행이 그려지는 화폭이 아니라 그 자체로 살아있는 하나의 유기체로, 고래의 피부에 들러붙은 바다물이처럼 사람들이 그 거죽 위에서 미끄러지는 생명체로 바다를 봐야 했다. 바닷물이만 조사하는 것으로는 충분치 않았다. 나는 고래까지, 그리고 기생하는 군식구가 고래를 병들게 하는 양상까지 이해해야 했다.

미국 국적 크루즈선 캐리비언프린세스Caribbean Princess에 새로 고용된 기관사 크리스 키스Chris Keays도 먼바다의 사정을 이해해보려 애쓰고 있었다. 2013년 8월 23일, 키스는 배의 기관실에서 무언가가 잘못됐음을 단박에 알아차렸다. 해사 학교를 갓 졸업한 28세의 스코틀랜드인 키스는 290미터 길이의 원양 정기선이자 지구상에서 크기로 둘째가라면 서러운 여객선에 승선해 꿈의 직장에서 일하게 되었다고 믿었던 하급 기관사였다.[1] 이 유명한 배는 약식 골프장과 카지노, 노천 영화관과 19개 갑판에 3,000명 이상의 승객과 1,000명 가량의 선원을 수용할 선실이 있는 수상 마을이었다.

키스는 그 배에 두 번째로 탔을 때 기관실 탐방에 나섰고, 그때 배는 영국 사우샘프턴에 있는 목적지로부터 37킬로미터 떨어진 곳에 있었다. 몸집 작은 어린이라면 그 안을 기어다닐 수도 있을 만큼 거대하고 번쩍이는 관과 이리저리 엉킨 금속으로 이뤄진 3층 높이의 동굴 같은 미로였던 기관실은 배의 가장 깊숙한 내부에 있었다. 직원 40여 명이 고동치는 기계와 빛나는 모니터 수십 대에 둘러싸여 일하는 곳이었다. 평소 자신이 근무하는 공간이 아닌 낯선 구역에 조심스레 발을 들인 키스는 새 직장에 대한 기대로 들떠 있던 마음을 삽시간에 썩혀버리는 무언가를 발견했다.[2] 업계에서 '마법의 관'으로 통하는 불법 장치였다.

글래스고에서 바다를 배운 키스는 눈앞에 있는 것이 무엇인지 정확히 알았다. 몇 피트 길이의 관이 탄소 필터 펌프의 분사구부터 수조까지 이어져 있었다. 이게 무슨 마법을 부리느냐고? 배에서 사용한 기름과 다른 더러운 액체가 사라지는 마법이다. 법에서 정한 대로 독성이 강한 폐수를 보관했다가 항구에서 하역하는 대신 이 관은 폐기물을 몰래 바다에 쏟아버렸고, 덕분에 선주인 카니발코퍼레이션Carnival Corporation은 처리 비용 수백만 달러와 항만 적체 시간을 절약했다.

"이거 개수작이잖아요." 관을 본 키스가 동료에게 말했다. 나중에 아무도 없는 틈을 타 현장으로 돌아온 키스는 휴대전화를 들고 흔들리게나마 그 관의 영상과 사진을 찍었고, 배출이 어떻게 제어되는지 나타나는 기관실 컴퓨터 화면도 사진으로 남겼다. 나도 훗날 법정 문서에서 본 그 사진은 문외한의 눈에는 평범해 보였다. 구불구불한 관과 눈금판, 오수 탱크가 여기저기 흩어져 있는 사진일 뿐이었다. 하지만 키스는 문외한이 아니었다.

크루즈 산업은 유독 기기묘묘한 현대 사회의 산물이자 물에 떠다니는 모순 범벅이다. 자유와 탐험을 팔지만, 실제로 설계된 경험은 뻔하고 익숙하며 연출된 것이다. 놀이공원이 딸린 라스베이거스 호텔과 비슷하다. 멋진 야외 활동을 홍보하지만 대개 사람들은 그런 활동보다는 아이스크림 디저트 가게와 물 미끄럼틀, 소형 경주용 자동차 고카트 경주로(그렇다, 진짜 고카트 경주로 말이다)에 정신이 팔린다. 배는 규모가 커지다 못해 (승객을 5,000명이나 태우는) 수상 도시가 되고 말았고 모든 도시가 그렇듯 이곳에도 사람들이 알거나 보지 않는 편이 나은 영역이 존재한다. 흘

캐리비언프린세스호 소유주인 카니발코퍼레이션의 기소를 맡은 연방 검찰이 제작한 이 도표에서는 어떻게 마법의 관으로 폐기물의 경로를 틀어 바다에 불법으로 배출하는지가 나타난다.

수선 아래에서 일어나는 일은 갑판 아래에서 일어나는 많은 일과 마찬가지로 눈에서 멀기 때문에 마음에서도 멀어진다.

승객은 기항지에서 바다거북과 노닥이기를 꿈꾸겠지만, 자신이 타고 있는 배가 관광객들이 보러 오는 바로 그 바다에 무엇을 버리는지 알면 많이들 민망해 할 것이다. 크루즈 산업은 바다의 젠트리피케이션을 보여준다. 충분한 돈에 철과 알루미늄 그리고 음식이 계속 나오는 뷔페가 있다면 누구든 거북한 부분은 빼놓고 바다가 선사하는 최고의 선물만 즐길 수 있다. 배는 자신이 만든 쓰레기를 챙겨 가 폐기물을 남기지 않는 야영객처럼 자급자족하는 탈것이어야 한다. 그러나 보는 눈이 없을 때면 자신이 만든 폐기물을 바다에 내버리는 쪽을 택할 때가 많다.

안전하고 뽀득거리도록 깨끗해 드넓은 바다에서 가족이 함께 즐기는 휴가치로 손색이 없다는 인식과 달리 이런 크루즈 정기선은 어마어마한 오염 유발자일 때가 많고, 키스가 발견했듯 최고급 크루즈선마저도 불법으로 바다를 더럽히는 일에 거리낌이 없다. 크루즈 정기선은 대형선 대부분과 마찬가지로 시장에서 제일 지저분한 연료를 엄청난 양으로 태운다. 벙커유라고 알려진 이 찐득한 타르는 상온에서 액체보다 고체에 가까워 흐르게 하려면 열을 가해야만 한다. 이 연료는 사용에 앞서 물기와 찌꺼기, 화학 불순물을 제거하고자 여과되고 회전되는데 이 과정에서 '엔진 슬러지'라고 하는 물질이 나온다. 독성이 남다른 이 폐기물을 처리하려면 돈이 많이 들어간다.

크루즈 정기선에서는 유수油水도 수백만 갤런씩 나온다. 디젤 발전기와 공기 압축기, 추진 엔진을 비롯한 배의 수많은 기계에서 떨어져 배의 오수 탱크로 흘러드는 누액과 윤활제 유출분이다. 다른 액체 폐기물도 축적된다. '하수'는 변기 수백 대에서 하루도 빠짐없이 내려오는 오수를 말한다. '중수'는 배에 탄 승객 수천 명의 식기를 세척하고 옷을 세탁하는 과정에서, 또는 조리실과 식당에서 나오는 질퍽대는 음식물 쓰레기와 기름에서 생긴다. 이런 액체 일부는 간단한 처리를 거쳐 바다에 방류할 수 있지만, 기관사에게는 유해한 액체가 배출되지 않도록 보증할 책임이 있다. 그러나 기관사와 회사는 이런 액체를 없애버리려고 더러 마법의 관을 이용한다.

캐리비언프린세스호가 사우샘프턴항에 도착한 뒤 키스는 영국 당국에 범죄를 고발하고 사진과 영상을 제출하고서, 상급 기관사

의 소행을 촬영한 일이 그 기관사들에게 발각되어 목숨이 위태로
워질 것을 두려워하며 즉각 카니발코퍼레이션을 퇴사했다. 카니
발코퍼레이션은 미국 기업이었기에 영국 당국은 미국 해안경비
대에 연락을 취했고 해안경비대가 수사를 시작했다.

그후 법정 서류를 보면, 카니발코퍼레이션은 이 일을 캐리비언
프린세스호만의 단발적 사건으로 칭하고 있다. 그러나 법정 기록
에서 함께 공개된 같은 회사 다른 선박의 기름 기록을 통해, 기름
투기가 널리 퍼진 관행이라는 사실과 카니발코퍼레이션의 다른
선박 기관사들이 이따금 버린 액체 대신 같은 용량의 염수를 끌
어와 감시 장비를 속였다는 사실이 나타났다.

이 회사는 캐리비언프린세스호에 폐유를 감독하고 수거할 별
도의 기계를 세 대 설치했는데 이는 법이 요구하는 수준 이상이
었다. 카니발코퍼레이션은 그 추가분의 기계를 자사가 환경의 청
지기 역할을 충실히 수행한다는 증거로 종종 지목했다.[3] 한편 승
선한 기관사들은 이 감시 장비 세 대를 모두 우회할 시스템을 고
안했다. 연방 검찰은 이 수법을 밝힌 뒤 2016년 약 27억 달러의
수익을 올린 카니발코퍼레이션이 "책임을 인지한 정도가 높다"
고 썼다. 2016년 연방 판사는 이 기업에 4,000만 달러의 벌금을
부과했다. 이런 유형의 벌금 중 해양사상 가장 큰 액수였다.

호리호리한 체격과 밝은 피부의 소유자로 미소가 시원하고 눈
가 주름이 깊게 파인 키스는 카니발코퍼레이션에서 소를 제기했
을 무렵 진작 자리를 떠난 상태였다. 키스는 카니발코퍼레이션에
서 일하는 것의 실상을 알아버렸고, 바다 위 거친 형제의 세계에
서 그는 배신자였다. 당시 키스의 약혼자 또한 그 배에서 일하고

있었는데, 약혼자의 안전이 걱정스러웠던 키스는 사우샘프턴에서 경찰에 신고하러 가며 약혼자에게 자기랑 같이 배에서 내리자고 말했다. "내가 유난이라고 생각하는 사람도 있겠지만, 그런 배의 문화가 어떤지 조금이라도 알면 유난이 아니란 걸 알 거예요."

* * *

100년 전이었다면 캐리비언프린세스호에서 일어난 일은 별문제도 안 되었을 테고 벌금을 물린다는 것도 우스운 소리로 들렸을 것이다. 기름과 다른 폐기물을 배로 바다에 버리는 행위는 해양사 대부분 기간에 법적으로 전혀 문제가 없었다. 그리고 우리는 실제로 버렸다. 2차 세계대전이 끝나고 러시아와 영국과 미국은 터트리지 않은 겨자가스 폭탄과 다른 화학 무기 100만 톤 가량을 배에 싣고 그 배를 먼바다로 보내 군수품을 배 밖으로 가라앉혔다. 그 군수품은 전세계의 어선을 계속 괴롭혔다. 1965년 버지니아 인근에 있던 저인망 어선에서는 바다에서 끌어올린 폭탄이 배 위에서 터져 선원 여덟 명이 사망했다. 1997년에는 겨자가스 폭탄이 어망에 걸려 올라와 폴란드 연안에 있던 어민 네 명이 병원 신세를 졌다. 2016년에도 델라웨어 연안에서 겨자가스 폭탄을 낚는 불상사로 한 조개잡이 어민이 2도 화상을 입었다.[4]

20세기에 접어들고도 한참이 지나서까지 과학자들 사이에서는 "오염은 희석으로 녹여 해결한다"는 주문이 통했다. 그 결과 독성이 강한 폐기물일수록 바다에서 최후를 맞을 가능성이 컸다. 미국과 영국, 소비에트연방을 포함한 10여 개 이상의 국가가 일부에 방사성 연료가 여전히 들어 있으나 쓸모가 없어진 원자로와

핵 슬러지를 북극해와 북대서양, 태평양에 버렸다. 이런 행위는 1993년에야 금지되었고, 그 시점까지 남아 있던 업자는 지하 세계로 자리를 옮겨 지중해와 동남아시아, 아프리카 연안에서 활동하는 세계 폐기물 거래업자가 되었다. 그 가운데 가장 악명 높은 조직은 이탈리아 칼라브리아 출신 범죄 조직 은드란게타로, 문제를 수사한 검찰과 조사한 기자에 따르면 지중해와 소말리아 연안에 드럼통 수백 개 분량의 방사성 폐기물을 수몰시킨 조직이다.[5]

뱃전 너머로 내던져지는 폐기물도 어마어마하지만, 바다를 오염시키는 최악의 물질은 대기나 육지에서 직접 바다로 들어온다. 도로와 매립지에서 날아온 쓰레기는 우선 내륙 수로에 떨어진 다음 하류로 이동해 바다에 이른다. 이런 쓰레기 중에는 생분해가 어려운 플라스틱(특히 봉지와 물병 그리고 바디워시와 스크럽에 있는 작은 구슬 형태의 마이크로비드)이 많다. 세계의 해류는 이런 부유 쓰레기를 붙들고 소용돌이를 이뤄 쓰레기를 축적해 일부를 텍사스만 한 크기의 환류, 동아시아와 북아메리카 사이에서 회전하는 시계 방향의 거대 순환 해류로 흘려보낸다. 이 사안에 대한 인식 수준이 높아지자 기업은 플라스틱을 멀리하게 되었고 도시의 상점에서는 비닐봉지 사용이 금지되었으며 식당에서 음료를 주문하면 알아서 빨대를 꽂아 내주는 것을 멈추자는 '#빨대그만#StopSucking' 운동도 힘을 얻었다. 물론 이런 움직임은 바다라는 양동이 속에서는 한 방울에 지나지 않는다.

대기를 통한 해양 오염은 눈에는 덜 보이지만 해양 투기보다 훨씬 파괴적이다. 지난 2세기에 걸쳐 바다 상층부 수심 91미터 구간의 수은 농도는 인간 활동, 특히 석탄 연소 때문에 3배로 뛰었다. 대기 중 이산화탄소 농도도 마찬가지로 1958년 이래 25퍼센트 가량 증가했다. 잉여 이산화탄소는 상당량이 바다로 녹아들며 이로써 바다의 탄소 농도가 위험할 정도로 치솟는다. 이산화탄소가 물에 용해되면 탄산이 생성되어 전세계 바다의 산성도가 아슬아슬하도록 높아진다. 바다가 아무리 광활해도, 이런 오염원은 많은 생물의 껍데기를 녹이고 일부 어종의 수은 농도를 유해 수준에 이르게 하는 등 바다 생물과 해양 생태계에 영향을 미친다.

그러나 해양 투기의 진정한 죄는 그 행위가 좀처럼 범죄로 보이지도 않는다는 사실에 있다. 유출 사고는 훨씬 커다란 분노를 유발한다. 그러나 원유 유출 등의 문제에 그토록 많은 관심이 쏠려도 고의로 바다에 버려지는 기름이 훨씬 더 많은 것이 현실이다. 델라웨어 대학교에서 진행한 연구에 따르면, 선박들은 매년 8,000만 갤런이 넘는 기름 낀 선저 폐수와 엔진 슬러지를 대개 키스가 발견한 것과 유사한 마법의 관으로 바다에 불법 배출한다. 이렇게 3년이 흐르면 그 양은 BP와 엑손발데스Exxon Valdez의 사고에서 누출된 양을 합친 것보다도 많아진다.[6]

여러 정부는 대형 산업이 폐기물 대량 처리에 바다를 활용하는 것을 인가하고 있다. 가령 발리와 가까운 인도네시아 누사틍가라바랏 지역 남서부 해안에서는 지름 1.2미터짜리 수송관이 구리와 금을 캐는 바투 히자우의 광산에서부터 인도양으로 이어진다. 이 수송관은 '광미'라고 하는 미분 형태의 광물 부스러기와 중금속으로 이뤄진 유독성 슬러지를 하루 16만 톤씩 바다로 뿜어낸다. 먼바다에 투기하는 방식으로 광업 폐기물을 처리하는 광산은 파푸아 뉴기니와 노르웨이를 포함한 8개국에 못해도 16곳은 있다.

선박의 투기는 많은 부분이 업계 표준 관행으로 인정된다. 예를 들어 크루즈선과 화물선, 대형 탱커선은 바다에서 전복되는 것을 방지하고자 까마득한 시절부터 바닥짐을 실어 배 아래를 무겁게 했는데, 오늘날에는 배가 출항하면서 수조에 빨아들이는 해수 수백만 갤런이 바닥짐 역할을 한다. 이 배들은 온 세계를 돌아 다음 항구로 가면서 그 길에 이 해수를 쏟아낸다. 그러나 이제 과학자들은 이런 방식이 특정 서식지에 파괴적인 영향을 미친다는 사실을 안다. 이렇게 밀려나간 물은 유럽에서 오대호(미국과 캐나다에 있는 초대형 호수 다섯 곳을 가리킨다—옮긴이)까지 배를 얻어 탄 얼룩홍합 같은 침입종을 실어나른다. 이 홍합은 연간 50억 달러 규모의 피해를 유발했고, 취수관을 막았으며, 조류 수천 마리를 죽인 보툴리즘 식중독을 부추긴 휴런호 연어 수 급감의 원인이 되었다.

사람이 만들어내는 상식을 뛰어넘는 양의 오수 역시 배에서 버려진다. 양이 적다면 희석은 실제로 효과가 있다. 그러나 오늘날 일부 크루즈선은 승객을 수천 명씩 싣고 다니며 작은 마을의 하수 처리장에서 취급하는 것보다 더 많은 미처리 폐기물을 바다에 쏟아낸다. 질소가 다량 함유된 선박의 슬러지에 더해 도시의 하수관은 더 많은 양의 유독성 유거수를 바다로 토해내며, 농장은 가축 분뇨와 화학 비료의 형태로 더 많은 양의 폐기물을 내놓는다. 이렇게 차고 넘치는 폐기물이 모이면 수중 산소를 앗아가고 해양 생물을 죽이며 해산물 소비자를 병들게 하는 적조 현상과 해로운 녹조 현상이 종종 캘리포니아보다 큰 면적으로 발생한다.

유독하기로는 기름 이상인 것이 거의 없는데도 기름을 바다에 투기하는 것은 1970년대 초 들어서야 불법이 되었다. 최소한 일말의 구체성이라도 있는 규제를 국제 사회가 도입한 것이 이때였다. 이 조치는 1967년 297미터 길이 탱커선 토리캐니언Torrey Canyon이 영국 앞바다에서 좌초해 영국 해협에 기름이 유출된 사고에 대응한 것이었다. 영국 정부는 유출을 억제하기 위해 배를 폭파할 전투기를 현장에 보냈다. 뿜어져나오는 기름을 불로 연소시켜 해안에 미칠 영향을 제한해보려는 계획이었지만, 무모하기 짝이 없는 방안이었다. 이 폭파 작전은 유출을 악화하기만 했고, 프랑스 해안 80킬로미터와 콘월 해안 193킬로미터 이상이 파괴되었다. 토리캐니언호 참사에 대응해 1973년 100개국이 넘는 나라가 해양 오염 협정인 해양오염방지협약International Convention for the Prevention of Marine Pollution from Ships에 서명했다. 흔히 MARPOL이라는 약어로 알려진 이 조약은 배 안의 기름과 여타 폐기물을 어떻게 취급해야 하는지를 규정했다.

대대적인 홍보 속에 새 규칙이 공표되었으니 선박의 부주의한 기름 투기를 막는 것을 비롯해 바다를 보호하는 다양한 조치가 취해져야 했다. 그러나 MARPOL은 기념비적인 협약이기는 했으나 해양 투기의 결과로 나타나는 오염의 좁다란 조각만 관리할 뿐이다. 해양 오염은 무수한 형태로 나타나지만 그 오염의 많은 유형에 관련 규칙이나 규제가 없다. 실제로 바다에 폐기물을 내버리는 행위를 막기 어려운 데는 정의의 문제도 있다. 누군가의 투기가 누군가에게는 재활용인 것이다. 폐기될 연식에 이른 해상 석유 시추 시설의 운명을 생각해보라. 전세계에 건설 붐이 일었던 1980년대에 다수가 건조된 이런 시설 수천 곳은 2020년이면 현장에서 빠져야 한다. 여러 나라는 이 시설을 수몰시킬지 제거할지 아니면 용도를 변경할지를 결정해야 한다.

실제로 실행된 제안은 많지 않지만 이 노후한 거대 시설을 어떻게 활용할지에 대한 아이디어가 부족한 것은 아니었다. 배로만 접근할 수 있는 철통같은 최고 보안 교도소, 바다 전망을 360도로 즐길 수 있는 호화로운 개인 주택, 심해 스쿠버 다이빙 교습소, 양식장, 풍력 발전소 등으로 활용하자는 아이디어들이었다. 그러나 보통 석유와 가스 기업이 선호하는 선택지는 시설을 수몰시키는 것이다. 그 편이 비용이 가장 적게 들기 때문이다. 그런 시설이 물고기가 몸을 숨기고 짝짓기를 할 해양 서식지를 조성하고 산호초가 성장할 수 있는 토대가 된다는 의견으로 여러 과학자들 또한 이 방식을 지지한다. 과학계는 시설을 아예 제거하는 것에 비해 이쪽이 비용도 저렴하며 탄소 발자국도 덜 남는 해결책이라고도 주장한다. 해체를 위해 시추 시설을 해안까지 끌어오려면 예인선 대여에만도 하루 50만 달러 이상의 비용이 들어갈 수 있다.

* * *

2015년 초, 나는 이런 노후 시설에 관심이 생겼다. 시설을 처분하는 것은 먼바다에서, 법의 가장자리에서, 때로는 정부의 허가까지 받고 행해지는 (기름과 오수, 광업 폐기물, 바닥짐 투기를 넘어선) 또 다른 유형의 투기라는 몇몇 환경 보호 활동가들의 의견을 들으니 구미가 당겼다. 당시 이런 시설의 제거 방식을 놓고 논의가 가장 활발하게 벌어진 곳은 말레이시아로, 먼바다의 시추선을 비롯한 구조물 600개 이상을 당장 제거해야 하는 나라였다. 말레

연식이 지나치게 오래된 시추 시설을 가라앉지 않을 방법에 관한 폭넓은 논의의 일환
으로 국제 건축 단체인 [AC-CA]는 2013년 해상 석유 시추 시설을 개조해 새로운 감옥
을 디자인하는 공모전을 개최했다.

이시아 정부는 그것들을 가라앉히는 방법은 피하고 싶지만 현실
적인 대안이 있는지 잘 모르겠다고 했다.

말레이시아 정부가 낸 한 가지 아이디어는 일부라도 호텔로 개
조하자는 것이었다. 이런 아이디어가 실제로 실현되어 운영되는
곳은 내가 찾기로 시벤처스Seaventures라는 곳뿐이었다. 스쿠버 다
이빙과 스노클링을 즐기는 사람들을 위한 안식처라고 홍보하는
곳이었다. 나는 그 방식을 다른 곳에서도 모방할 수 있을지 알아
보고자 이 시설에 가보기로 했다. 그렇다, 솔직히 고백하자면 기
본적인 시설만 갖춘 곳이라 해도 바다 위 호텔에서 시간을 보내
는 것이 기대되기도 했다. 전에 갔던 쥐가 득시글대는 배가 아닌
곳에서 산뜻한 휴식을 취할 수 있을 테니 말이다.

말레이 제도에서 시벤처스와 가장 가까운 섬은 스쿠버 다이빙
의 천국으로 알려진 조그만 섬 시파단이었다. 이 섬은 다른 이유
로도 유명했다. 2000년에 이슬람 무장 세력이 이곳에서 관광객
21명을 납치해 필리핀에 억류했던 것이다.[7] 10년 넘게 군벌의 터
전이었던 지역이라 나는 출발하기에 앞서 미국 국무부에 있는 친
구를 통해 그곳의 최신 안전 동향을 확인했다. 친구는 필리핀 반
군 집단이 최근 그 구역에서 말레이시아 경찰 한 명을 죽이고 다
른 한 명은 납치했는데 납치당한 경찰은 여전히 실종 상태라며
내게 가지 말라고 권했다. 나는 그 말을 듣고도 갔다. 재빨리 조심
스럽게 들어갔다 나오면 아무 문제도 없을 거라고 생각했다.

많은 산업 시설과 유사하게 시추 시설은 대개 규제가 적고(또
는 덜 적용되고) 시추권 가격이 낮은 외진 곳에 있다. 시벤처스는
사바라는 주 근처의 보르네오섬 말레이시아령 연안에 있었다. 거

기까지 가는 과정도 만만치 않았다. 먼저 말레이시아의 수도 쿠알라룸푸르로 가는 비행기를 탔다. 이어서 타와우행 프로펠러 비행기. 다음은 셈포르나라는 작은 항구 도시까지 차로 한 시간을 달렸다. 마지막으로 두 시간 동안 배를 타고 술라웨시해로 나갔다. 여행 중에 우연히 발이 닿을 호텔이 아닌 것은 확실했다.

많디많은 여행은 무법의 바다 취재의 전부나 다름없었다. 지금 어느 나라에 왜 있는지를 떠올리려 애쓰며 치매 초기 증상을 겪는 기분으로 잠에서 깨는 것은 내게 이상할 게 없는 일이었다. 내가 타려는 배는 선실이 비좁은 경우가 많아 여행하다 보면 난감한 선택의 순간을 수없이 맞닥뜨려야 했다. 모든 짐을 커다란 백팩 하나에 구겨 넣어야만 할 때도 있었기 때문이다. 드론을 챙기는 게 나을까, 양모 스웨터를 챙기는 게 나을까? 선원들과 대화를 트기 좋게 정어리 통조림과 껌, 담배를 가져갈까, 아니면 내 배를 채워줄 땅콩과 M&M 초코볼, 말린 살구를 가져갈까? 다행히 물을 짊어지고 다니는 문제는 걱정하지 않아도 되었다. 작은 배는 대부분 병 생수를 넉넉히 싣고 다녔고 큰 배에는 담수화 장비나 선내 수조가 있었다.

프로젝트를 시작하고 1년이 지나자 내 여권은 20여 개국의 도장으로 채워져 빈 페이지가 남지 않았다. 나는 새 여권을 사본과 함께 신청했다. 그래야 하나는 내가 들고 다니고 다른 하나는 다음 방문지로 갈 비자를 내주기 위해 여권을 2주 동안 보관해야 하는 대사관에 둘 수 있었다.

신용카드사 보안팀과는 개인적인 관계를 쌓았다. 한번은 내가 소말리아에 있을 때 카드사에서 의심스러운 활동(다 내가 한 일들이었다)이 확인되었다며 내 비자카드를 정지한 적이 있었다. 인터넷으로 비행기 표를 사고 통화할 수 있게 스카이프 계정에 돈을 충전해야 해 당장 카드가 필요한 상황이었으므로 속이 적잖이 뒤틀렸다. 비자카드의 부정 사용 경고 부서 직원은 통화 중 이렇게 말했다. "고객님의 카드로 몰디브, 소말리아, 아랍에미리트연합국, 멕시코에서 결제된 내역이 확인됩니다. 이게 어떻게 가능한지 설명을 좀 해주시겠습니까?"

말레이시아로, 이어서 시벤처스로 가면서 나는 노후 석유 시추시설을 처리할 창의적인 방안을 연구해온 말레이시아 대학교의 공학자들에게 연락을 취했다. 그들은 물속으로 들어가는 어망을 장치에 매달아 시설을 수중 부화장으로 개조하는 것이 최선의 방안이라고 했다. 시설에 있을 과학자들이 조명 등의 작은 장비를 켜거나 전기를 쓸 수 있게 태양광 패널이나 풍력 터빈을 설치할수도 있을 것이었다. 그 공학자들의 설명에 따르면, 육상 양식장에서는 쉽게 축적되어 심각한 건강상 위험을 유발하는 물고기 배설물이 여기에서는 해류에 씻겨 내려갈 것이었다.

시설의 용도를 (스쿠버 다이빙 호텔, 양식장, 태양광 발전소 또는 다른 무엇으로든) 변경하는 데 반대하는 쪽의 주장은 길이와 폭이 축구장만 하기도 한 이런 구조물의 금속이 시간이 흐를수록 부식해 위험한 오염 물질이 침출된다는 것이었다. "바다가 고철 처리장이 되면 안 되죠." 해양 연구 및 옹호 단체인 해양재단Ocean Foundation의 선임 연구원 리처드 차터Richard Charter의 말이다. 그는 시설을 수몰시켜 산호초가 자랄 틀이 되게 하자는 것도 마찬가지로 잘못된 아이디어라고 주장했다. 시설을 해저로 주저앉히는 것은

술라웨시해 사바 근처의 보르네오섬 말레이시아령 연안에 있는 시벤처스는 과거 석유 시추 시설이었던 곳을 다이빙 리조트로 개조한 것이다. 석유 시추 시설 등의 구조물이 폐기 연식에 도달했을 때 처리할 방안에 관한 창의적인 해결책 중 하나다.

수중 생물에게 실제로 도움이 되지 않고, 물고기가 시설 주위로 모여 포획만 쉬워질 뿐이라고 했다. 해상 투기를 둘러싼 규칙이 최근 몇십 년 사이 장족의 발전을 이루기는 했으나 육상 투기로는 절대 용납되지 않을 광업 폐기물과 오수, 노후 장비를 바다에 버리는 것이 에너지 기업과 다른 업계에 여전히 허용되고 있다는 말도 덧붙였다.

시설을 바다에 수몰시키는 것에 대한 다른 비판점으로는 이 방식이 시추를 장려한다는 문제도 있었다. 시설을 가라앉히거나 호텔로 개조하면 기업(과 소비자)은 처리 비용을 절감하게 되니 화석 연료를 추출하는 일의 수익성이 더 높아진다. 시설의 용도 변경은 장기적인 유지 보수와 부담이라는 짐을 에너지 기업에게서 소비자에게로 떠넘기는 것이기도 하다.

셈포르나에서 배를 타고 출발하자 저멀리 수평선 위로 거미 모양의 점 같은 시추 시설물이 보였다. 영국 앞바다에서 시랜드를 찾아갔을 때처럼 나를 태운 수상 택시가 그곳과 가까워질수록 시설이 차츰 형태를 갖췄는데, 시랜드와 달리 시벤처스는 햇살이 환하게 내리쬐고 바닷물이 수영장처럼 반짝이는 열대 낙원에 있었다. 북해의 짙고 탁한 물이 선뜻 들어가기 어려워 보였던 반면 이곳은 헤엄쳐보라고 나를 유혹하는 것 같았다.

기둥 위에 올라앉은 배 같은 시설이었다. 과거 헬기 이착륙장으로 쓰였던 곳이 전면에 돌출되어 있었고 비스듬히 아래를 받친 지지대는 꼭 뱃머리처럼 보였다. 시설은 전망대와 휴게실이 결합한 곳으로 개조되었고, 가운데에 해먹을 걸고 바다를 바라보는 접이식 의자와 야자수 화분을 놓은 열대 지방의 야외 오두막도 한 채 있었다. 내가 탄 배는 시설 바로 아래에서 털털대며 낡은 타이어로 완충재를 댄 상륙 플랫폼으로 갔다. 배에서 내리자 권양기가 플랫폼을 하갑판으로 끌어올렸다. 위에는 스쿠버 다이빙을 하러 온 중국인 관광객이 대여섯 명 있었다. 시설에서 보이는 전망은 숨이 멎을 만했지만 숙박할 방은 남아 있었다. 객실은 12미터 길이의 선적용 강철 컨테이너를 개조한 것이었다. 물품 보관함은 옷장 역할을 했다. 지난 몇 년 동안 인부들이 드릴 날과 씨름했던 갑판 중 한 곳에서 이제 투숙객들이 반달 모양 바에 앉아 음료를 주문하고 레게 음악을 감상할 수 있었다.

"모기도 없고 파리도 없고 장비에 들어갈 모래도 없어요. 다이빙하러 갈 때랑 하고 나왔을 때 장비를 끌고 다니느라 힘 뺄 일도 없답니다." 시벤처스 다이브 리조트의 총지배인 수젯 해리스

Suzette Harris가 이 호텔만의 특징을 늘어놓았다. 객실 요금은 3박에 3,050링깃(700달러 정도)이었다.

저녁식사 자리에서 시설 직원들은 시벤처스의 외진 입지 때문에 물자 조달이 수월하지 않다는 이야기를 했다. 날씨와 녹에 맞서 자신들이 어떤 식의 소모전을 벌이는지에 대해서도 설명했다. 시설의 철골은 해수에 빠르게 부식되어 몇 달마다 도장을 새로 해야 했다. 수면에서 시설까지 3층을 올라가는 엘리베이터는 직원들이 교체 부품을 기다리는 몇 주 동안 고장난 채로 있다가 최근에야 겨우 수리된 것이라고 했다.

나는 그날 밤 몇 시간 동안, 수년간 누리지 못했던 숙면을 취했다. 그리고 검박한 침대에서 눈을 떠, 상갑판을 돌아다니며 별을 구경할 생각으로 위층에 올라갔다. 그곳에서 머리부터 발끝까지 시커먼 군복을 입고 반자동 무기를 소지한 남자 대여섯 명을 맞닥뜨린 나는 화들짝 놀라고 말았다. 순간 국무부에서 경고했던 무장 세력이 밤의 어둠을 틈타 시설에 몰래 올라왔나 보다 하는 생각이 들었지만, 그들은 말레이시아 특수부대였다. 몸값을 노리는 게릴라에 대비해 야간에 시설을 지키라고 정부에서 파견한 부대라고 한 부대원이 내게 말해줬다.

전혀 예상치 못했던 초현실적인 장면이 이렇게 또 펼쳐졌다. 부자 관광객들의 놀이터인 갑판에서 중무장한 군인들과 한담을 나누게 된 것이다. 나는 한 군인에게 이곳처럼 제 역할을 마친 시설이 호텔로 더 변신할 수 있다고 생각하냐고 물어봤다. 그는 웃었다. 먼바다에서 다른 호텔을 지킬 부대를 또 배치하려면 비용이 너무 많이 들 거라고 했다. 수몰시키는 게 훨씬 간단하다는 의미였다.

* * *

말레이시아 여행에서 돌아온 나는 해상 석유 시설의 처리에 관해 알게 된 사실을 몇몇 해양 보호 활동가에게 이야기했다. 그러자 바다에 폐기물을 투기하는 범인은 석유 회사와 정부만이 아니라는 지적이 대번에 나왔다. 연구자와 사업가도 보통 과학의 탈을 쓰고 같은 행동을 한다는 것이었다. 나는 예를 들어달라고 부탁했다. 활동가들이 입을 모아 가리킨 인물은 사업가이자 해양 연구원인 러스 조지Russ George였다.

어장 관리 일을 했던 조지는 2012년 7월 큰 배를 빌려 100톤이 넘는 철가루를 싣고 브리티시컬럼비아 해안으로부터 수백 킬로미터 떨어진 태평양 공해로 날랐다. 그러곤 그 철광석을 바다에 들이부었다. 그가 표명한 실험의 목적은 기후 변화의 영향을 상쇄하는 데 이바지하고 브리티시컬럼비아 북부 연안의 하이다 과이 군도에 사는 원주민 하이다족을 위해 지역 연어 어장의 회복 속도를 높이는 것이었다. 하이다족은 조지에게 실험의 대가로 250만 달러를 줬다. 조지는 특정 국가의 수역 밖에 있었기에 스스로 최첨단 연구라 표현한 활동에 대해 과학적 감독이나 정부 허가를 필요로 하지도, 구하지도 않았다. 그러나 다른 사람들은 그가 심각한 오염 행위를 했다고 비판했다.

조지의 말대로라면 이 실험은 지구 온난화라는 손대기 어려운 문제를 해결할 창의적이고 진취적인 접근법이었고, 이야기를 풀어놓는 그의 자세는 복음을 전하는 전도사처럼 열정적이었다. 철광석은 바다에 없는 영양소를 제공해 플랑크톤의 대증식을 자극하고, 이 플랑크톤이 자라서 지상의 식물처럼 이산화탄소를 빨아들일 것이라는 주장이었다. 대증식한 플랑크톤은 바다의 '목초지' 역할을 해 초식하는 종의 먹이가 되고, 결과적으로 이런 초식종을 먹은 연어가 역사 속의 풍요를 되찾을 것이었다. 그의 계획에는 경제적인 측면도 있었다. 하이다족은 대증식한 플랑크톤이 탄소를 가두면 이른바 탄소 상쇄권을 기업에 판매해 부족이 돈을 벌게 될 수 있으리라 기대했다. 여러 국가에서 시행하는 배출 총량 거래제에 따라 오염 유발자는 탄소를 저장하거나 다른 방식으로 지구 온난화를 경감하는 프로젝트에서 배출권을 구입해 자신이 배출한 온실가스를 상쇄한다.

많은 과학자는 실험을 향한 조지의 열의에 공감하지 않고, 그 실험이 비과학적이고 무책임하며 바다를 보호하려는 국제 협약을 위반한 행위라고 강력하게 비판한다. 과거 '철 비옥화'라고도 하는 철광석 투하 실험을 승인하에 소규모로 진행했던 지구공학 분야의 동료 연구자들 역시 조지를 비판하는 쪽에 있다.

조지의 실험과 그보다 신중하고 조심스러웠던 다른 공학자들의 실험은 과학적 뿌리가 같다. 철은 모든 식물의 광합성에 필요한 미량 원소다. 바다에서는 용해가 어려우며 식물플랑크톤의 생장에 필수적인 영양소다. 철 비옥화라는 아이디어를 연구한 사례는 거의 없었으나 1980년대 들어 해양학자 존 마틴John Martin이 철이라는 미량 원소의 결핍이 바다의 제일 '척박'한 구역에서 식물플랑크톤의 생장과 전반적인 생산성을 제한한다고 주장하는 연구 결과를 발표했다. 해양 비옥화라는 과학의 틈새 분야를 연구하는 사람들은 철을 충분히 얻지 못한 식물플랑크톤의 감소가 기후 변화를 악화한다고 추정했다. 마틴은 식물플랑크톤을 다시 활성화하고 지구 온난화의 속도를 늦추는 일을 자신이 거뜬히 해낼 수 있다고 생각하며 너스레를 떨었다. "내게 탱커선 반 분량의 철을 주면 내가 또 한 번의 빙하기를 선사해드리지요."

그러나 많은 과학자는 조지가 일을 너무 과하게, 너무 빠르게 벌이는 데 우려를 표했다. 이들은 해양 비옥화를 그렇게 거대한 규모로 진행하면 데드 존(산소가 부족하거나 고갈된 해역—옮긴이)과 독성 조류를 비롯한 의도치 않은 결과가 촉발될 수도 있다고 경고했다. 조지는 더 넓은 과학자 사회에서 사전에 검증된 방법론을 사용한 것이 아니었기에 연구 결과가 동료들의 심사를 거쳐 명망 있는 잡지에 게재될 수도 없을 터였다. 신뢰할 만한 이론도 감독과 심사가 없으면 과학적으로 이도 저도 아닌 상태에 빠진다. 타당한 과학인가, 무모한 투기인가? 회의적인 쪽에서는 조지의 실험이 가져올 장기적인 환경 편익에도 의문을 표했다. 대증식한 플랑크톤이 연어와 다른 어류에게 먹히면 가둬둔 이산화탄소가 물고기 배설물로 다시 방출되어 대기로 돌아가 기후 변화에 준 긍정적 효과를 상쇄하리라는 것이 이들의 의견이었다.[8]

그 전에도 후에도 조지나 조지 같은 사람을 막을 방법은 별로 없었다. 조지는 대개 비밀리에 움직였고, 투기하려는 구역에서 제일 가까운 지역의 원주민 의회에서 일단은 허가를 받은 상태였다. 지구공학 관련 국제 협약은 구속력이 없고 집행이 불가했다.

조지의 실험 소식이 세상에 알려진 후 각국 정부의 반응은 가지각색이었다. 스페인과 에콰도르 정부는 조지의 배가 차국 항구에 들어오는 것을 금지했다. 미국 환경보호청은 그런 실험에 사용하는 선박에 미국 국기를 거는 것은 미국법 위반이라고 조지에게 경고했다. 캐나다 환경부는 실험을 두고 아직 진행 중인 수사의 일환으로 조지의 사무실에 수색 영장을 집행했다. 조지와 그의 작업을 후원하던 이들에게는 조지를 둘러싼 부정적 언론 보도가 거슬렸던 모양이다. 조지를 고용하고 해양 비옥화 계획 진행을 승인했던 원주민 기업 하이다 연어복원조합Haida Salmon Restoration Corporation은 2013년 5월 임원 자리에서 조지를 해고하는 등 조지와의 관계를 완전히 끊어버렸다.

조지는 그후로도 작업을 계속하겠다며 의지를 다졌고 그 연구로 이미 가치 있는 데이터가 풍성하게 나왔다고 주장했다. 그가 2012년 철광석을 투하한 후 몇 개월 만에 거의 1만 360제곱킬로미터에 달하는 면적으로 이어지는 플랑크톤 대증식 현상이 우주에서 위성으로 찍은 사진에 잡혔다. 2013년 알래스카에서는 기록적인 양의 연어가 잡혔다고 보도되었다. 조지는 제 연구에 공을 돌렸다.

다른 건 몰라도 조지의 실험은 스멀스멀 다가오는 전 지구적 위기에 공격적으로 대항한, 어쩌면 돈키호테 같다고도 할 수 있을 방책이다. 바다가 지구 온난화의 재앙적인 결과를 맞닥뜨린 지금, 우리가 살아있는 동안 실현될 재앙에 대응할 방법이랍시고 그런 무모한 실험을 막기는커녕 오히려 장려하는 것이 옳은가? 목적이 수단을 정당화할까? 외부의 감독이 있었거나 표준화된 과학적 방법을 사용한 것이 아니었기에 조지의 실험이 목적을 달성했는지는 알기 어려웠다. 행여 그의 실험이 데드 존이나 다른 폐해를 초래했다고 해도 조지에게 책임을 물을 수 있을지, 추궁할 주체가 있기나 할지는 불확실하다.

확실한 것은 기후 변화에 대한 우려가 증가하는 만큼 대다수 정부의 손이 닿지 않는 바다에서 논쟁적인 기술 실험이 더 이뤄질 가능성이 크다는 사실이다. 재생 에너지 기업은 공해상의 풍력 발전 단지와 조력 에너지 변환 장치, 부유식 태양광 패널을 계획하기 시작했다. 이런 방법이 효과가 없으면, 회사가 도산하면, 아니면 말레이시아의 석유 시추 시설처럼 시설이 수명을 다하면 그 장비를 치울 책임은 누구에게 있을까? 이런 실험이 적법한 연구인지 불법 투기인지는 누가 결정하나? 그럴 주체는 없다는 것이 내 감이 말하는 답이었다. 개별 정부와 국제 사회가 해상 노예 문제에 대응할 수 없는, 심지어 제대로 수사하는 것조차 불가능한 형국이라면 공해에서 시행되는 과학 실험을 다룰 일관되고 효과적인 접근법을 찾아낼 가망은 없어 보였다.

우리가 (재생이든 화석이든) 에너지 생산 목적으로 바다에 설치하는 설비가 그 자체로 투기인 것은 아니라고 주장하는 연구자도 일부 있었다. 그러나 인류가 어떤 식으로든 오염을 유발하는 무언가를 바다에 집어넣으면 그 행위를 투기의 한 형태로 봐도 되지 않냐는 것이 내 생각이다. 더 큰 선이 발생하는 행위라고 정당화될지도 모른다. 하지만 말은 있는 그대로 해야 한다. 바다는 광활하고 푸르고 깊기도 하지만, 고철 처리장으로 쓰이고 있기도 하다.

* * *

조지의 철 비옥화는 법적 회색지대에 떨어졌다. 허가된 것은 아니었으나 딱히 금지된 것도 아니었다. 다른 유형의 해양 투기는 명백히 법에 어긋났다. 내가 캐리비언프린세스호 마법의 관 사건을 담당했던 연방 검사 리처드 유델Richard Udell을 만났을 때, 그는 철 비옥화나 시추 시설을 산호초로 바꾸자는 계획과 달리 바다에 기름을 투기하는 행위는 누가 봐도 불법이라는 것을 바로 지적했다.

마법의 관을 사용하는 오염 유발자를 잡을 수 있는 것은 법적인 경계 설정 덕이다. 투기는 보통 바다 멀리서, 어쩌면 밤을 틈타 비밀과 협박의 장막을 두르고 일어나는 일이라 당국이 투기 자체를 목격하는 경우는 드물다. 유델의 설명에 따르면, 이런 사건에서 기업들은 대체로 범죄를 저지르다가 발각되는 것이라 은폐 시도 중에 적발되었다. 키스가 그랬던 것처럼 내부 고발자가 관의 사진이나 영상을 보여줄 때도 있지만 조작된 기름 기록에서 죄를 입증할 증거가 나오는 경우도 흔하다. 보통 MARPOL에 따라 요구되는 그런 기록을 변경하는 바로 그 행위가 막대한 벌금형을, 때로는 징역형을 가져왔다. 유델의 말에 따르면 그 일지는 워낙 심하게 조작될 때가 많아 노르웨이의 한 크루즈 정기선 기관사들은 그 일지를 노르웨이어로 동화책을 뜻하는 '에벤튀르보크'라고 부르기 시작했다고 한다.

법을 준수하는 선박이라면 배에서 나오는 유수 수백만 갤런을 적절히 처리할 몇 가지 방법을 선택할 수 있다. 분리기에 통과시켜 물에서 기름을 빼내고 잔여물을 선내에서 소각하는 것이 가능하다. 항구에 폐기물 보관소가 있으면 수수료를 내고 그곳에 하역하는 것도 가능하다. 규모가 큰 크루즈선이면 육지에서 폐기물을 제대로 처리하는 비용이 연간 15만 달러를 넘기기도 한다. 일부 기업은 예산에서 여유를 남긴 기관사에게 개인 상여금을 지급한다. 마법의 관을 사용해 법망을 피해 가고 배의 항해 일지를 주물러 그 일을 감출 유인이 생기는 것이다.

미국 해안경비대나 해양보험업자에게 고용되어 마법의 관을 조사하는 사람들은 흡사 법회계사(forensic accountant, 재무제표 정보를 대상으로 부정적 요소가 있는지를 조사하는 회계사—옮긴이)처럼 이런 기록을 낱낱이 뜯어보며 이상하게 앞뒤가 안 맞는 부분과 공교롭게 앞뒤가 맞는 부분을 찾는다. 기름 기록에는 한 위도와 경도에서 배출 작업을 했다고 나오는데 선장의 항해 일지에서는 같은 시점에 배가 그 위치에서 320킬로미터 떨어진 곳에 있었다고 하면 조사관은 까다로운 질문을 던지기 시작한다. 조사관은 '연필 채찍질'(내용을 제대로 파악하지 않은 채 문서를 승인하는 것—옮긴이)이나 '포열 갑판질'(공식 기록을 의도적으로 위조하는 것—옮긴이)이라 불리는 행위의 단서도 찾는다. 몇 주에 걸쳐 하루 중 같은 시간에 배출 작업이 이뤄졌다는 식으로 반복이 눈에 빤히 보이도록 게으르게 장부를 작성한 것을 말하는 표현이다. '포열 갑판질'이라는 표현의 기원은 배에 화포가 더 많아 보이도록 선체 측면에 대포 구멍을 가짜로 그려 넣고 그림을 본 상대가 겁먹기를 바랐던 관행으로 거슬러 올라간다는 추측이 있다.

조사관은 배 자체도 검사한다. 낡은 티가 나야 하는데 새로 칠한 듯 보이는 관을 찾아다닌다. 잔여분이 없어야 하는 관 내부에 남은 기름이 없나 확인한다. 선박 외부에서는 선외 밸브 근처 선체를 따라 막을 형성해 죄의 증거가 되는 기름의 '혜성 자국'을 살핀다. 관과 플랜지에 페인트가 긁혔거나 벗겨진 곳을 확인한

다. 우회용 관이 검사 직전에 분해되었다는 표시일 수 있는 곳이
다. 조사관이 이런 조치를 취할 수 있는 것은 보통 배가 항구나 해
당 국가의 수역에 있을 때뿐이다. 공해에서는 선장의 허가 없이
승선할 수 없고, 설사 범법 행위의 증거를 찾았다고 해도 그 행위
가 어느 나라의 국경에도 들어가지 않는 곳에서 발생했다면 확실
하게 고발할 방법이 없다. 캐리비언프린세스호 사건을 맡은 뉴욕
해안경비대 수사국의 수사관 스티브 프리스Steve Frith는 가끔 조사
관에게 운이 따라주기도 한다는 말을 덧붙였다. "승선했는데 나
를 보고 빙긋이 웃고만 있는 사람이 보이는 거죠. 그 사람 고갯짓
을 따라가면 증거가 있습니다."⁹

배를 나포할 증거를 충분히 찾으면 해안경비대 요원은 즉시 선
원들을 억류하고 한 사람씩 따로 떨어뜨려놓는다. 선원들이 입을
맞출 시간이 적을수록 사실을 말하도록 들쑤시는 일이 쉬워진다.
조사관은 선원들이 기름 분리기 작동법을 알기나 하는지 시험한
다. 기관사가 수치 이상이라면 질색한다는 사실을 이용하기도 한
다. 선박 기관사가 자신이 탔던 배에 마법의 관이 존재했다는 것
을 몰랐다고 시치미를 떼면 프리스는 짐짓 어수룩하게 굴며 은근
슬쩍 기관사의 반발심을 유발해 기관사가 각본을 이탈하게 하려
한다. "여기 뭔가 안 맞는데." 프리스는 기관사에게 기름 기록부
의 이상한 점을 들이대며 같은 말을 반복한다. "데이터가 허술하
거나 당신이 실수했든가, 아니면 내가 이해를 못 하는 것 같은데
요. 좀 도와주십쇼."

최근 몇십 년 동안 미국 정부는 마법의 관 사건을 10건도 넘게
고발했다. 그 사건들을 모두 합해 배의 사관과 간부에게 2억 달

러 이상의 벌금과 총 17년의 징역이 선고되었다. 이런 사례에서 성공을 거둘 수 있었던 것은 미국법의 '포상금' 규정 덕택이기도 하다. 법원이 벌금으로 징수한 돈에서 최대 절반을, 성공적인 기소라는 결과가 나오도록 사건을 신고해준 내부 고발자와 나눌 수 있게 허용하는 내용이다.

마법의 관 사건에서 크루즈 회사와 해운업체를 자주 변호한 해사 변호사 조지 M. 찰로스George M. Chalos는 포상금을 주면 "규칙을 어기고 바다를 오염시키고 또 비율이 이상하게 책정된 엄청난 액수의 보상금을 받을 작정으로 그 위법 행위를 남의 책임으로 돌릴" 유인을 불만에 찬 선원에게 제공하게 되므로 오히려 오염 행위가 더 생긴다고 했다. 해양 환경을 보호하는 데 열과 성을 다하지 않는 기업은 극소수라는 말도 덧붙였다. 찰로스는 선박이 법을 어기지 않고 효율적으로 폐기물을 처분할 수 있는 해안의 처리 시설이 부족해 해운업체가 부담하는 비용과 일정 지연이 증대되는 거라고 주장했다.

포상금이 오염을 유발한다는 찰로스의 주장은 사실과 거리가 먼 듯했다. 바다에서 항해사의 처분을 따라야 하는 선원이 그런 위험을 감수할 가능성은 별로 없어 보였다. 게다가 찰로스의 비판은 캐리비언프린세스호의 위반 행위를 이해하는 데 도움이 되지 않았다. 영국 항구에서 처리 용량은 문제가 되지 않는다. 내부 고발을 감행한 키스의 동기 역시 의심하기 어려웠다. 키스는 보상금이 보장된 것이나 다름없는 미국 부두에 배가 들어갈 때까지 1개월을 더 기다리는 대신 포상금을 주지 않는 영국에서 범죄를 신고했다. 미국 관할권에 들어갈 때까지 기다릴 생각은 안 해봤냐고 키스에게 묻자 그는 소리 내어 웃으며 전혀 안 했다고 대답했다. "강도를 당했는데 한 달이 지난 다음에 경찰한테 말하지는 않잖아요."

* * *

크루즈 산업은 수익성이 대단한 사업이다. 세계적으로 450척이 넘는 대형 선박을 둔 국제 크루즈 정기선 업계는 연간 약 1,170억 달러의 수익을 창출한다. 이 업계에 고용되는 노동자는 100만 명이 넘고 이들은 1년에 2,500만 명 가까이 되는 고객에게 서비스를 제공한다. 그만한 규모의 업계면 어디가 되었든 법을 위반하는 것은 불가피한 일이다. 이런 선박에서 발생하는 범죄는 기름 투기만 있는 것이 결코 아니다.

예를 들어 크루즈 정기선에서 발생하는 승객과 직원의 성폭행은 수사와 기소가 유달리 어렵다. 크루즈선은 외국에 등록된 경우가 많고, 사건은 공해에서 발생하며, 가해자로 지목되는 사람은 외국 국적자일 수 있다. 의회에서 이 문제로 청문회를 진행했을 때 의원들은 이런 선박에서 신고된 성폭행 중 거의 3분의 1에서 피해자가 미성년자라는 것을 알게 되었다. 카니발코퍼레이션 소유의 다른 크루즈선 코스타콘코르디아Costa Concordia가 2012년 이탈리아 연안에서 전복되는 불명예를 안게 되었을 때는 선내에서 성매매가 이뤄졌고 마피아가 밀수한 마약이 배에 실려 있었다는 보고를 수사관들이 찾아냈다.

그곳에서 일하는 직원 수십만 명에게 크루즈선은 극단의 세계다. 이런 수상 리조트는 호화롭고 여유로운 곳으로, 승객을 행복하게 하는 곳으로 설계된다. 그러나 일부 배에서는 그 수가 1,500명을 넘기도 하는 이곳 직원들은 승객이 그 존재를 모르도록 정교한 체계로 숨겨진 계단과 작업장에 격리되어 평행 세계, 때로는 암울한 세계에서 살아가는 것이 보통이다. 취재하면서 버려진 배와 남루한 환경을 많이 접하기는 했으나 크루즈 업계를 조사하면서는 (해상 범죄든 다른 종류든) 범죄란 비길 데 없이 세련되고 호사스러운 외관 아래에서도 발견될 수 있음을 새삼 느꼈다.[10]

나는 대형 크루즈 정기선에 근무했던 전직 소방관을 인터뷰했다. 그는 선내 식당에 종업원으로 고용된 동유럽 여성들이 승객과 직원에게 종종 매춘부 역할을 할 것을 요구받았다고 이야기했다. 그 여성들이 근무 시간을 조정하거나 팁을 더 많이 받을 수 있는 식당으로 올라가기를 바란다면 특정 관리자나 사관과 성관계를 해야 했다. 이 소방관이 알려준 바에 따르면, 이런 배는 직원의 복장 규정이 엄격해 선내 세탁 서비스가 갈취 수단으로 사용되기도 했다. 정해진 누군가에게 소정의 돈을 주지 않으면 근무복은 부속이 떨어지거나 정체 모를 얼룩이 묻은 채로 돌아왔고 그러면 급여에서 돈이 빠지거나 직원이 문책을 받아야 했다. 교도소라면 이런 암시장 서비스와 뇌물이 당연히 일반적이겠으나, 물 위의 호화로운 일주를 누리는 곳에서 예상되는 일은 아니었다.

한번은 항만 대기 중 상륙을 허가받지 못한 인도네시아인 주방직원 몇 명이 그 소방관에게 돈을 바꾸자고 부탁한 적이 있었다고 한다. 꼬깃꼬깃한 소액 지폐를 그들의 고향 은행에서 더 높은 환율로 환전할 수 있는 빳빳한 고액권이랑 교환하자는 부탁이었다. 소방관은 손해 보는 일도 아니니 부탁을 들어줬다. 어느 날 밤이 깊었을 때 누군가가 소방관의 방문을 두드렸다. "그 사람들한테 새 지폐 줬습니까?" 배에서 환전 직원으로 일하는 근육질 몸과 꼿꼿한 성미의 러시아인이 서툰 영어로 물었다. 소방관은 그렇다고 대답했다. 러시아인의 답이 돌아왔다. "아니, 안 그런 겁니다." 소방관은 말을 알아들었다.

크루즈 정기선의 기관실은 대체로 배의 다른 구역과 분리되어 있다. 안전상의 이유로 기관사가 아닌 이들에게는 '금지 구역'이다. 시끄럽고 선뜻 발을 들이기 어려운 기관실에는 거의 항상 특정 유형의 남자들이 근무한다. 기계 기술자는 나이가 비교적 많다(다른 직무보다 교육을 더 많이 받아야 하는 일이다). 배와 장기적으로 함께하는 편이다(기관의 특징을 익히려면 시간이 제법 들고 기계를 다루는 것이 워낙 핵심적인 일이라 기관실 직원을 교체하면 위험할 수 있다). 일은 지저분하고(전부 기름이 발려 있고 공간은 더워서 땀이 절로 난다) 사람과 어울릴 수도 없다(기관 소리가 너무 커서 귀보호 장구가 필수다).

기관실 계급도에서 사관은 대체로 국적이 같다. 캐리비언프린세스호 사관들은 이탈리아인이었다. 기관원, 보일러공, 조립공 등 하급 직원끼리도 국적이 같다. 캐리비언프린세스호에서 이들은 필리핀인이었다. 업무와 기계 장치가 전문적인 만큼 기관사는 갑판원과 조리수, 심지어 선교에 있는 상급 사관보다도 더 고유한 언어를 사용한다. 기관실 문화는 이들을 똘똘 뭉치게 하고 그래서 조사관이 빈틈을 노리기가 더 어려워진다.

캐리비언프린세스호 사건에서 기름 투기를 내부 고발한 키스는 상대적 외부인이었다. 경험 적은 스코틀랜드 청년인 그는 기관실에 있는 동료들과 국적도 달랐고 나이도 그들보다 어렸다. 삼등기관사 보조였던 키스는 캐리비언프린세스호에서 몇 개월 일해본 경험이 한 번 있을 뿐이었다.

미국 해안경비대 수사관이 캐리비언프린세스호 선원들을 신문하기 시작한 것은 범죄가 발생하고 몇 개월이 지나서였다. 기관장과 선임 일등기관사가 이미 선원들에게 마법의 관을 제거하라는 명령을 내린 상태였다. 선임 기관사들이 기관실 사무실에 있는 마이크에 녹음되지 않도록 기관실 직원들을 한 명씩 복도로 불러내 수사관에게 마법의 관에 관한 질문을 받으면 거짓말을 하라고 지시하기까지 했다는 것이 훗날 검찰에 사건을 진술한 직원들의 말이었다.

캐리비언프린세스호에서 기관장은 두 가지 별명으로 불렸다. 하나는 동료들이 붙여준 '브라치노 코르토', 즉 '짧은 팔'이었는데 지갑을 좀처럼 꺼낼 줄 모르는 인색한 사람을 가리키는 이탈리아 표현이었다. 또 다른 하나는 기관장이 스스로 붙인 별명이었다. 그는 배에 새로 채용된 직원들 앞에서 자기가 성질이 급하고 업무 요구가 엄격해 '엘 디아블로'(악마라는 뜻—옮긴이)로 통한다고 경고했다.

엘 디아블로는 마법의 관 사건에 무엇이 걸려 있는지 알았다. 어느 시점에 그는 기관실 사무실에서 직원 회의를 소집했다. 배의 직원들이 나중에 검찰에게 말한 바에 따르면 기관장은 진행 중인 캐리비언프린세스호 수사에 대해 이야기하면서, 조용히 표지를 들어 마이크가 숨겨져 있으니 말조심하라고 경고했다고 한다. 표지에 적힌 말은 "LA가 듣고 있다"였다. 회사 본사가 있는 로스앤젤레스 카운티를 가리키는 것이었다.

캐리비언프린세스호 선원들의 입을 막으려던 엘 디아블로의 노력은 소용이 없었다. 검찰이 승소했다. 2016년 사건 막바지 단계에서 유델은 판사에게 특별 요청을 담은 서한을 썼다. 키스가 올바른 일을 했으며, 자신에게 닥칠 작지 않은 위험을 감수하고도 금전적 이득을 기대하지 않고 올바른 이유에서 그 일을 했다는 내용이었다. 유델의 요청은 이랬다. 비록 키스가 당초 사건을 미국 당국에 직접 신고하지는 않았지만, 이번 사건에서만큼은 규칙을 유연하게 적용해 포상금을 주는 것이 합당하지 않겠습니까? 판사는 동의했고 키스는 카니발코퍼레이션이 납부한 벌금에서 약 100만 달러를 받았다. 키스는 해운업계에서 계속 일하기는 했으나 그의 직장은 스페인에 있는 조선소가 되었다. 키스가 내게 한 말이다. "바다로 돌아가는 건 현명한 선택이 아닌 것 같았거든요."

이런 처벌이 앞으로 일어날 크루즈선의 불법 투기를 막게 될까? 종국에는 크루즈선 운영주와 직원들의 양심 문제로 귀결될 것이다. 아니면 투기로 얻는 보상이 정말 위험을 감수할 만한 수준인지도 모르겠다. 온갖 방법으로 폐기물을 바다에 쏟아냄으로써 아끼고 벌어들일 수 있는 돈이 있다. 이런 범죄는 보통 기관실 밖으로만 나가도 목격자가 없다. 피해자는 또 어떤가? 피해자가 누구인가? 알기 어렵다. 송출 업체에 인신매매되는 선원이나 바다에서 죽임당하는 어민과 달리 파도에 토해진 폐기물은 결국 우리 모두에게 영향을 미칠 것이다. 희석은 어느 순간 한계에 이르고, 그러면 더 이상 문제를 녹일 해결책이 되지 않는다.

12장
출렁이는 국경

질문하지 않으면 거짓말을 들을 일도 없다.

—찰스 디킨스, 『위대한 유산』

인도네시아 해양수산부 장관 수시 푸지아스투티Susi Pudjiastuti를 만난 것은 2016년 9월 워싱턴 D.C.에서 열린 '아워 오션 콘퍼런 스'에서였다. 미국 국무부 주최로 해양 정책과 관련된 국가 지도 자와 각료, 몇몇 유명인이 한자리에 모이는 연례행사다. 나와 푸 지아스투티는 오후 패널 토론에 참석하게 되어 회의장 앞쪽 단상 위에 나란히 앉아 있었다. 푸지아스투티는 보존을 위한 인도네시 아의 노력을 이야기하며 불법 어업은 연료 절도와 돈세탁, 마약 거래와 얽힌 초국가적 조직 범죄라는 내용으로 연설했다. 청중은 열렬한 박수로 화답했다.

푸지아스투티의 발표에 이어 그곳에 모인 사람들 앞에서 내가 연설할 차례가 왔다. 나는 불법 어업을 정의할 때 그것을 어류에 대한 행위로만 국한해야 할지, 아니면 어업에 종사하는 사람에 대한 행위까지 포함되도록 확장해야 할지에 대한 질문을 던졌다. 선원을 폭행하고 급여를 주지 않고 배를 떠날 권리를 박탈하는 행위는 결국 인위적으로 비용을 줄이기 위한 관행이자 불법 조업자가 밀렵에서 지니는 비교 우위라고 역설했다. 인권보다는 환경 문제에 주안점을 둔 이들이 다수였던 청중은 나의 이런 제안에 의례적인 박수로 반응했다.

연설을 마치고 자리에 앉으니 푸지아스투티가 내 어깨를 톡톡 쳤다. "언제 한번 인도네시아에 오시죠. 우리가 처한 상황을 보여드리고 싶습니다." 나도 그러면 좋겠다고 답했다. 8개월 후인 2017년 5월, 나는 인도네시아로 가는 비행기에 올랐다.

그리고 나흘 후 나는 폰티아낙이라는 도시 인근에 정박한 순찰선 뒤편에 서 있었고, 뚱뚱한 체구의 선장이 이른 아침의 어둠 속에서 갑판 위를 오가며 중무장한 대원들에게 우렁차게 외쳤다. "우리는 우리 걸 훔치는 사람을 잡는다." 전투복을 입은 17명의 대원을 향해 소리치는 이는 삼손Samson 함장이었다. 대원들은 배의 후갑판에서 차렷 자세로 꼿꼿하게 서 있었다. "이번 작전으로 그놈들을 잡는 거다."

시각은 새벽 4시, 인도네시아에서 가장 큰 섬인 보르네오섬 서부의 항구에 묵직한 열기가 물먹은 양모처럼 내려앉았다. 삼손은 범인 귀에 소식이 들어가는 것을 막기 위해 아직 어두울 때 배를 몰고 나갈 작정이었다. 자기를 중심으로 모여보라고 대원들에게 손짓한 삼손이 쫙 펼친 손을 가운데에 내놓자 다른 대원들이 미식축구 작전 회의 시간처럼 그 위에 손을 포갰다. 삼손은 목소리를 깔고 말했다. "제군들, 이게 우리 일이다. 자, 늘 하던 대로 하자." 모였던 대원들은 함성을 크게 터트리며 흩어져 순찰선의 출항을 준비했다.

순찰선이 항구의 탁한 물을 휘저어 갈랐고, 야간 조명이 켜진

마찬호 선장 삼손이 자기 배보다 훨씬 큰 몸집으로 빠르게 접근해오는 베트남 해양경찰 선박을 가리키고 있다.

채 항만 안쪽에 늘어선 문형 기중기는 우리 배의 항적 안에서 쪼그라들었다. 인도네시아 수역에서 불법으로 어획하는 외국 선박을 찾는 일상적인 순찰이 되어야 했을 항해였다. 내가 인도네시아 정부의 초청을 받아들여 다시 인도네시아에 와 승선해 있었던 것은 자국 수역에서 모든 외국 선박의 조업을 금지한 이 나라의 보기 드문 무관용 정책이 궁금했기 때문이었다. 뉴질랜드 등 다른 국가도 자국 수역 내에서 외국 선박의 조업을 금지하기는 했으나 인도네시아는 한 발 더 나아가 법 위반으로 적발된 배를 침몰시키거나 폭파하고 있었다. 나는 사진사 파비우 나시멘투, 그리고 억류된 어민과 대화하는 것을 도와줄 젊은 인도네시아인 여성 통역사를 데려갔다.

순찰선이 바다로 출발한 뒤 경찰 한 명이 나를 갑판 아래 작은 공간으로 데려가 바닥 위의 한 지점을 손으로 가리켰다. 그 비좁은 모퉁이가 내가 잠을 잘 곳이라고 했다. 인도네시아인들은 대체로 키가 크지 않았다. 경찰은 내가 들어가기에 대원용 벙커 침대가 너무 작다고 미안해 했다. 나는 나시멘투와 나는 바닥에서 자도 충분하다고 말했다. 통역사는 경찰들이 지내는 선실에 보다 편안한 개인 숙소를 배정받았다.

순찰선이 어로 수역과 거기서 움직이며 물고기를 잡는 외국 밀렵선에 이르려면 몇 시간은 걸릴 것이었다. 나는 경찰이 가리킨 자리에 백팩을 내려놓고 다시 선교로 올라갔다. 삼손과 시간을 보내기 위해서였다. 삼손은 여느 인도네시아인과 마찬가지로 성이 따로 없는 이름이었다. 2000년 해양수산부에서 일을 시작한 이래 불법 선박 수십 척을 나포하고 침몰시킨 삼손은 인도네시아 해양수산부 선단의 배 30척에서 근무하는 해양경찰 수백 명 사이에서 전설로 통했다. 삼손은 가장 극심하게 범죄가 들끓는 인도네시아 수역 외곽을 순찰하는 임무를 맡고 있었다. 인도네시아 해안 가까이에서 만나게 되는 배보다 더 크고 난폭한 밀렵선들이 돌아다니는 수역이었다.

삼손이 모는 배의 이름은 히우마찬1^{Hiu Macan 1}로 '뱀상어'를 뜻하는 인도네시아어였다. 대원 대부분은 그냥 '마찬호'라고 했다. 거의 기척 없이 나타나는 배라 불법 조업자들은 '유령'이라고 불렀다. 2005년에 건조된 마찬호는 길이 36미터에 최대 속도 25노트로 크기에 비해 빠른 편이었다. 삼손이 쫓는 어선 대다수는 최고 속도가 18노트 정도였다. 다만 중국 어선은 예외였다. 큰 배는 30노트까지 속도를 낼 수 있었고 선장도 더 공격적이라 외국 군함이든 경찰선이든 가리지 않고 상대의 배를 들이받는다고 소문이 나 있었다. 마찬호는 선체가 강철이 아닌 유리섬유라 침몰하기 쉬웠기 때문에 삼손은 특히 그 부분을 걱정했다. 마찬호는 인도네시아 해양수산부의 웬만한 배보다 무장을 강화하는 방법으로 이 아킬레스건을 보완하려 했다. 선수 갑판에는 가공할 12.7밀리미터 총의 마운트가 있었고 대원들은 기관단총을 소지했다.

마흔일곱 살인 삼손은 두 아들의 아버지였다. 첫째는 의과 대학 2학년이고 작은아이는 고등학생이라고 했다. 그의 아내와 누이도 해양수산부 직원이었다. 보르네오섬 인도네시아령에 속하며 화교가 많이 사는 칼리만탄에서 성장한 삼손은 인도네시아어뿐 아니라 중국어도 유창했다. 체구는 땅딸했고 아래팔과 손이 어찌나 두툼한지 기계 공구처럼 보일 정도였다. 감정이 잘 드러나는 큰 눈 덕에 언제든 농담을 던질 것 같은 장난기 어린 인상이 더 짙어졌다. 군복은 좀처럼 입지 않았고 헐렁한 청바지에다 '피의 순찰자'나 '어둠 속으로 질주' 같은 문구가 적혀 있어 폭주족이 입을 법한 검정 티셔츠를 즐겨 입었다. 삼손의 대원들은 보통 플립플롭을 신고 반바지를 입었다.

삼손은 대원들에게 삼촌 같은 존재인 듯했다. 대원 중 여섯 명은 삼손이 가르쳤던 학생이었다. 삼손은 10년 가까이 인도네시아의 여러 직업 학교에서 항해와 해도 읽기, 선박 운항 같은 해사 교육 과정을 지도했다. 대원들이 묘사하는 삼손은 공정한 사람이었고, 존경이라는 재산을 쌓기 어려운 직종에서 삼손은 재산이 두둑했다. 대원들은 삼손에게 보이는 충성심의 이유로 그의 용감함과 침착함, 그리고 요리 솜씨를 들었다. 삼손은 경험이 풍부하기로 나라에서 손꼽히는 함장이었으나 선단에서 규모가 더 큰 배로 승진하라는 제안은 누차 거절했다. 자신은 이 배와, 그가 '대원 가족'이라 부르는 사람들과 한몸이라는 것이 이유였다. 마찬호의 선박과 난간, 벽 어디에도 삼손의 손길이 닿지 않은 곳이 없었기에 삼손은 눈만큼이나 감각으로도 마찬호를 알았고, 나는 그가 분주히 돌아다닐 때면 놓치지 않고 따라가느라 애를 먹었다. 선내에서 대원들은 4시간 단위로 교대 근무를 했으며 20일은 일하고 10일은 쉬었다. 한번 바다로 순찰을 나가면 며칠 만에 돌아올 때도 있고 몇 주가 걸릴 때도 있었다. 대부분이 30대 중반인 대원들은 2012년부터 함께한 사이였지만, 그간 어떤 경험을 했든 이번 항해에서 일어날 일에 대비하는 건 불가능했을 것이다.

삼손이 설명하길, 레이더는 65킬로미터 반경 내의 배를 볼 수 있게 해줬고, 다년간의 연습은 이동 양상에 근거해 어떤 배가 외국 배이고 또 활발히 조업 중인지를 알아볼 수 있게 해줬다. 독실한 무슬림인 삼손은 다른 데서도 도움을 받았다. 왼손에 낀 도톰한 금반지에 한자로 적혀 있는 '복'이 언제나 행운을 가져다준다고 삼손은 말했다. 벨트에는 마력이 깃든 '슨티기' 나무를 깎아 만든 파이프가 달려 있었다. 팔찌는 헤라클레스의 돌이라고 하는 자철석으로 만들어져 힘을 준다고 했다. 목에 두른 것은 줄에 엮은 곰 이빨로, 맹렬함을 북돋는 부적이라고 했다.

삼손은 경력 초반 10년 이상을 필리핀, 한국, 인도네시아 수산회사 소속 어선 선장으로 살며 지금과 마찬가지로 바다에서 일했다. 그는 자기도 한때 무법자의 일원이었기 때문에 무법자 색출에 특히 뛰어난 거라고 농담을 했다. 이런 말로 강조하기까지 했다. "악어한테 수영하는 법은 안 가르치죠. 이미 할 줄 아니까요."

* * *

각 나라는 각자의 방식으로 불법 어획 문제를 다뤘으나 인도
네시아만큼 정책이 엄한 나라는 없었다. 그만큼 이 나라에서 불
법 어획으로 인한 문제가 심각했기 때문이다. 1만 7,000개의 섬이
흩어져 있는 국가인 인도네시아는 세계 최대의 군도이며, 그 수
역은 수십 년 동안 불법 어선들의 놀이터였다. 변화가 일어난 건
2014년이었다. 인도네시아가 푸지아스투티를 장관으로, 삼손의
상관으로 임명해 해양수산부를 이끌게 하면서부터다. 과거 수산
업계와 항공업계 임원이었던 푸지아스투티는 해양수산부에서 실
시하는 순찰 건수와 범위를 대폭 확대해 공격적인 단속에 착수했
다. 외국 선박이 인도네시아에서 조업하는 것을 전면적으로 금지
했고, 한 발 더 나아가 이 나라가 새로운 정책을 얼마나 진지하게
시행하는지 드러내는 조치도 취했다. 푸지아스투티의 부처는 배
를 나포해 본국으로 돌려보내는 데 그치지 않고, 선원들을 배에
서 내리게 한 다음 배를 불태우거나 폭파하고 그 소식을 전세계
가 볼 수 있도록 텔레비전과 인터넷에 내보내기 시작했다.

푸지아스투티는 인도네시아처럼 보수적인 무슬림 국가 기준에
서 보면 굉장히 파격적인 선동가였다. 10대 때 정치적 활동을 하
다 고등학교에서 퇴학당하곤 다시는 학교로 돌아가지 않았다. 나
와 만났을 때의 푸지아스투티는 쉰한 살이었으며 이혼 후 세 아
이를 키우는 엄마이기도 했다. 스쿠버 다이빙 전문가이자 줄담배
를 태우는 푸지아스투티는 쉰 것처럼 들리는 목소리로 걸걸하게
웃었고, 그녀의 오른쪽 정강이에는 색색의 불사조 문신('힘과 아
름다움'을 나타내는 것이라고 했다)이 있었다. 단도직입적인 성격으

로 실속 없는 허세를 경멸해 스스로 "날개 달린 말"이라 부른 혼란스러운 전문 용어를 직원들이 사용하지 못하게 했다. 해양 보호 관련 상을 무수히 받은 푸지아스투티는 인도네시아 정부가 불법 어획을 진지하게 대하도록 하려고 오랜 세월 분투해온 세계자연기금World Wide Fund for Nature과 오세아나Oceana 같은 여러 환경 단체의 사랑을 한몸에 받았다. 일본에서 손꼽히는 유명 만화 『고르고 13』에는 푸지아스투티를 모델로 한 캐릭터가 나온다. 이 만화에서 푸지아스투티는 베레모와 선글라스를 쓰고 대원들에게 어선단을 폭파하라는 명령을 내린다.

불법 어획을 향한 푸지아스투티의 공세에 모두가 기뻐하지는 않았고, 중국은 특히 아니었다. 인도네시아의 주요 투자자인 중국은 바다에서 날로 공격적인 움직임을 보이는 나라가 되어 있었다. 세계적으로 그랬지만 남중국해에서 유달리 심했는데 이 바다는 남획으로 인해 해안 가까운 곳까지 물고기가 고갈된 상태였다. 중국의 경제 성장은 이 나라가 새로운 석유와 가스 매장지를 찾아 바다로 눈을 돌리도록 부추겼다. 이 두 가지 압력 때문에 중국은 남중국해 도처의 암석과 모래톱, 암초에 대한 통치권을 주장하게 되었다.

중국은 대체로 무력 충돌을 피하고 해상 민간 세력(즉 자국 어선 수백만 척)에 기대어 해당 수역에 발판을 마련하려 했다. 아시아의 한 학자는 중국이 "양손은 모두 등 뒤로 둔 채 커다란 배를 내밀어 상대를 밀어내려 한다. 먼저 칠 테면 쳐보라고 도발"한다고 설명했다. 중국의 궁극적인 목표는 더 넓은 수역에 자국의 전초 기지를 확립하고 가치가 높은 어장과 해저 매장지에 새로 소유권을 주장하는 것이다. 통제권을 둘러싼 이 경합에서 중국을 악당으로 묘사하면 일이 간단하겠지만, 실상을 들여다보면 베트남과 인도네시아, 필리핀을 포함한 다른 국가들 역시 남중국해에서 각자의 영유권을 확장하려는 지정학적 쟁탈전에 얽혀 있다.[1]

중국이 남달랐던 이유는 무엇보다 이 나라가 다른 나라들에 비해 군사적으로나 경제적으로나 훨씬 막강하다는 데 있었다. 중국은 어선단의 규모가 가장 클 뿐 아니라, 각각 길이가 150미터도 넘는 1만 톤급 선박을 두 척이나 보유하는 등 자국 선단을 보호하는 해양경찰의 규모도 으뜸이었다. 해군 세계에서 '괴물'로 통하는 이 중국 순찰선 두 척은 미국 해안경비대 선박 중 쇄빙선을 제외한 그 어떤 선박보다도 큰 어마어마한 덩치였다. 인도네시아는 이런 군사력에도 굴하지 않고 중국에 점점 더 강경한 태도를 보였다. 푸지아스투티는 장관 임기를 시작한 후 2년 동안 불법 어선을 200척 이상 침몰시켰고 그 중 수십 척이 중국 어선이었다.

2016년 3월, 중국과 인도네시아 사이의 긴장은 터지기 직전까지 무르익었다. 인도네시아가 자국 수역이라 주장하는 곳에서 인도네시아 수산부 경찰이 중국 배 한 척을 나포했다. 그런데 인도네시아 측이 그 중국 배를 인도네시아로 예인하던 중 훨씬 큰 중국 해경함이 끼어들어 인도네시아 경찰이 어선에 묶어둔 케이블을 끊어버렸다. 이 충돌 후 인도네시아 정부는 그런 사건이 또 발생했을 때 대응할 수 있도록 F-16 전투기 일부를 남중국해 나투나 제도로 재배치하겠다는 계획을 밝혔다. 중국 어선의 난입에 대응해 인도네시아가 전투기를 긴급 이륙시켜야 할 지경으로 대립이 격화한 적은 한 번도 없었다. 적어도 아직까지는 그랬다.

인도네시아가 바다에서 맞닥뜨린 여러 난관을 똑같이 겪고 있는 군도 국가 팔라우에서도 비슷한 동행 취재를 한 바 있다. 양국 수역에는 매년 외국 어선 수백 척이 들이닥쳤다. 두 나라 모두 이 사안에 엄중한 태도를 취했으나 순찰할 수역은 감당이 안 될 정도로 넓었다. 한 가지 큰 차이점은 팔라우 수산청 조직에는 순찰선이 1척뿐인 데 비해 인도네시아에는 30척 있다는 것이었다. 인도네시아가 벌이는 법 집행 활동의 규모는 곧 푸지아스투티의 조직이 엄청난 나포 건수를 올린다는 의미였고, 잡히는 배가 해마다 수백 척이었으니 배에서 퇴거시킨 선원 수천 명을 어떻게 다룰지와 같은 과정상의 문제가 발생했다.

마찬호에 타기 전, 나는 인도네시아 정부가 처분을 결정하는 동안 선원들이 억류되는 이 나라의 구금 시설 5곳 중 하나인 폰티아낙 보호소에서 하루를 보냈다. 인권 단체는 이런 선원들을 '바다 난민'이라 부르고 있었다. 대부분이 갑판원이라 조업 위치에 발언권이 없는 이 선원들은 불법 어업에 대한 형사 고발 조치를 받지 않았고, 미등록 이주민으로 간주되었다. 따라서 서둘러 송환되어야 마땅했다. 그러나 이들은 행정 절차가 지지부진하게 진행되는 동안 잊혀진 채 때로는 몇 년씩 구금되어 있기도 했다. 자기 의지로 서명해 배에 올랐기에 인신매매 피해자도 아니었고, 그래서 대부분 UN 국제이주기구 같은 단체가 송환 절차를 도와주는 혜택도 받지 못했다. 범죄자도 아니고 이주자도 아니며 인도네시아인은 더더욱 아닌 사람들이었다. 나는 인도네시아가 이들을 어떻게 하는지 궁금했다.

인권 단체 못지않게 푸지아스투티 장관도 바다 난민 문제로 속

폰티아낙에 있는 인도네시아 구금 시설에 억류된 '바다 난민' 수백 명 중에는 열세 살도 안 되었을 법한 소년도 있었다.

을 썼었다. 푸지아스투티의 단속으로 이런 난민의 수가 급격히 증가했는데 이들에게 들어가는 인도네시아 정부의 비용이 만만치 않았다. 절차 처리와 송환에 시간이 그토록 오래 걸리는 중대한 이유 하나는 그 과정에서 이 선원들의 모국 정부, 특히 베트남과 캄보디아 정부가 사실상 아무런 지원도 안 한다는 것이었다.

60명을 수용하도록 지어진 폰티아낙 구금 시설은 그 두 배가 넘는 인원으로 미어터졌다. 진흙투성이에 모기떼가 가득한 울타리 안 구역은 포로수용소의 외관을 하고 하수 처리장의 냄새를 풍겼다. 피부병이 있는 개들이 엔진 부속 무더기 사이를 쏘다녔다. 누더기가 된 더러운 옷을 걸친 남자들이 지글대는 태양을 피해 방수포 아래에 다닥다닥 쪼그려 앉아 있었다. 맞은편에는 그들이 잠을 자고 음식을 먹는 3칸짜리 벙커 침대들로 채워진, 퀴퀴한 냄새가 나는 좁은 건물이 있었다.

나는 그들 중 중국인이나 인도네시아인, 미얀마인, 태국인도

있을 거라고 생각했다. 틀린 생각이었다. 그들은 거의 다 베트남
인이었고 나중에 알게 된 바로는 이 나라의 다른 구금 시설에 수
용되어 있는 이들도 마찬가지였다. 구금 구역 옆에는 수산부가
관리하는 항구가 한 곳 있었다. 반쯤 가라앉아 녹슬어가는 30척
남짓한 선박이 서로를 깔아 누르다시피 정박해 있어, 물이 찬 고
철 처리장처럼 보였다. 대부분 선체에 칠한 선명한 색 때문에 '파
란 배'라는 이름을 얻은 베트남 배들이었다. 듣기로 이 배들은
'심사'를 받는 중이라고 했다. 인도네시아 당국이 선원을 고발할
지 말지를 결정하는 동안 현장에 억류 중인 배라는 뜻이었다.

심사는 이런 파괴적이고 지지부진한 절차에 적절한 이름이 아
닌 듯했다. 선원들의 고발 여부가 결정되는 동안 배는 수리도 안
될 지경으로 썩어갔고, 선원들의 어업인 인증은 만료됐으며, 고
향에 있는 선원 가족은 수입이 끊겨 극심한 생활고를 겪었다. 죄
가 있든 없든 체포만 당해도 유죄 선고를 받은 것과 다름없었다.

구금되어 있는 이들 가운데 3분의 2 정도는 갑판원, 나머지
3분의 1은 사관이라고 했다. 이 남자들이 구금 시설에 억류되는
기간은 평균 1년 반이었지만 일부는 2015년부터 쭉 그곳에 있었
다고 했다. 폭력 행위에 관해 묻자 그들은 구금자들 간에 이따금
싸움이 벌어진다고 말했다. 지시를 정확히 또는 신속히 따르지
못하면 경비원이 한 번씩 자기들을 구타한다고도 했다. 구금자
전원은 자기가 지내는 구역을 청소하거나, 배구장 뒤 땅뙈기에서
기르는 채소를 돌보거나, 잠을 자는 건물의 배수로나 지붕을 수
리하는 등의 일상적인 잡무를 해야 했다. 시설을 관리하는 수산
부 직원이나 경비원 중 베트남어를 하는 사람은 아무도 없었다.

지시는 대체로 손짓으로 전달된다고 했다.

구금자들은 주로 음식과 모기에, 그리고 애초에 자신들이 억류되었다는 사실 자체에 불만을 토로했다. 이들의 말에 따르면 변호사와 접견한 사람은 아무도 없었다. 이곳에 얼마나 오래 머물게 될지, 어떻게 집에 갈지, 갈 수 있기나 할지를 누구도 확실히 알지 못했다. 구금자 중에는 래 쭈낑 안Le Trucing An이라는 소년도 있었다. 열세 살 정도거나 그보다 더 어릴 수도 있을 것 같았다. (내가 나이를 묻자 아이는 답을 망설이더니 열여섯 살이라고 답했다.) 소년은 부끄러움을 심하게 타는지 아니면 겁을 잔뜩 먹었는지 눈을 통 맞추지 못했고 나와 함께 간 베트남어 통역사에게도 거의 한 단어로만 대답했다. 베트남 남부 메콩강 삼각주 지역의 띠엔장 출신이며 삼촌과 함께 두 달째 바다에서 일하던 중 배가 인도네시아에 나포되었다고 했다. 구금 시설에 머문 지는 2주째였다.

나는 소년과의 인터뷰를 마치고 밖으로 나와 푸지아스투티에게 휴대전화로 연락해 물었다. "구금 시설에 어린아이 하나가 성인 남자 120명이랑 같이 갇혀 있는데 그 사실 알고 계시죠?" 푸지아스투티는 방어적인 태도로 질문의 전제를 부인하며 '구금 시설'이 아니라 '보호소'라고 했다. 빗장 지른 감방이 없다는 차이점이 있다는 것이었다. 그리고 이런 말을 덧붙였다. "아이가 삼촌이랑 같이 거기에 있다고 하셨는데, 애초에 아이가 고기잡이 배에 타는 걸 가족이 그냥 뒀다는 게 문제죠."[2]

마찬호로 온 나는 폰티아낙의 구금자 수십 명에게 들은 이야기를 삼촌에게 했다. 그들은 거의 모두 체포 당시 아직 베트남 수역에 있는 줄 알았다고 했다. "일부는 분명 거짓말을 하고 있다는 걸

압니다. 하지만 적어도 몇 명은 정말 자기 나라 수역에 있다고 생각했을 가능성이 있지 않을까요?" 삼손은 바보 같은 질문을 치워버리려는 듯 손을 홱 내저었다. "전혀 없어요. 선은 분명합니다."

* * *

마찬호의 임무는 인도네시아 경찰이 '험한 동네'라 부른 곳을 순찰하는 것이었다. 인도네시아 수역에는 모든 외국 선박의 출입이 금지되었기에 눈에 띄는 배는 모두 정당한 사냥감이었다. 삼손은 우리가 가려는 위치를 지도에서 보여줬다. 나투나 제도 북동쪽으로 몇백 킬로미터 떨어진 곳이었다. 기시감이 밀려왔다. 2015년에 비슷한 목적으로 사진사를 대동해 그 수역으로 간 적이 있었다. 그때 우리는 불법 어획 중인 외국 선장과 이야기를 나눠볼 요량으로 현지 어민에게 돈을 주고 그곳으로 우리를 데려가달라고 부탁했었다. 어민들은 너무 위험한 일이라며 아무도 우리를 데려가지 않으려 했다. 그러다 한 달 어획으로 벌 수 있는 돈의 두 배인 400달러로 액수를 높여 제안하자 리오Rio라는 현지인 선장한 명이 마침내 부탁을 들어줬다.

쥐 죽은 듯 고요한 밤에 리오는 12미터 길이의 삐걱대는 목조어선에 우리를 태우고는 1.5미터 높이의 너울을 뚫으려 분투했다. 리오는 여러 나라의 수역을 나타내는 해상 경계가 색상으로 구분된 내 지세도 위로 몸을 굽혔다. 그는 건강해 보였지만 나이가 지긋했으며(몇 살인지는 가늠이 안 되었는데 예순다섯 살쯤 되지 않았었을까 싶다) 피부는 억셌고 눈가에 여러 갈래로 주름이 잡혀있었다. 리오는 지세도를 손가락으로 톡톡 두드리며 여러 나라의 수역이 만나는 곳이라고 내가 표시해둔 점들을 건드렸다. 고개를 젓는 그의 눈이 두려움으로 커졌다. 리오는 말없이 팔을 뻗더니 계기반 수납함을 열어 글록 권총 한 정을 보여줬다.

바다의 경계 구역은 육지의 프런티어와 다를 바 없이 음험하기로 악명이 높았다. 세 갈래 교차로가 생기는 구역은 어류 밀렵꾼과 인신매매업자, 총기 밀수업자, 불법 벙커유 판매업자가 특히 눈독을 들이는 곳이었다. 한 나라 당국이 추적해와도 두 갈래 방향으로 도주할 수 있다는 것을 알기 때문이었다. 손쉽게 빠져나갈 구멍이 있는 소매치기의 아지트였다.

리오와 함께한 항해에서는 소득이 없었다. 리오의 선박 레이더가 고장나 배를 찾을 수단이 우리 맨눈뿐이었던 탓에 불법 조업자를 한 명도 찾지 못했다. 삼손과 함께하는 항해에는 승산이 더 있었고 무장도 훨씬 든든했다.

삼손의 임무는 중대했으나 마찬호에는 대부분의 군용 순찰선에서 느껴지는 격식이 없었다. 선교에서는 보통 말레이시아 가요가 흘러나왔다. 식당 텔레비전에서는 〈분노의 질주〉가 반복 재생됐다. 아래층 휴게실에 있는 게임기 앞에선 대원들이 '위닝 일레븐' 게임으로 시끌벅적하게 욕을 주고받으며 서로 약을 올렸다.

내게 바다 위에 있다는 것은 무료함 그리고 상당한 무위의 시간과 싸우는 일이었다. 마찬호를 포함해 대부분의 배에는 인터넷이 없었는데, 인터넷에 연결되지 않은 상태가 괴롭기는 했으나 도피할 길이 적어진 만큼 어쩔 수 없이 주변 환경에 더 주의를 기울이게 되기도 했다. 원정을 떠나기 전마다 나는 정신을 온전히 지켜줄 디지털 식량(집에서 찍은 새 사진과 영상, 선댄스TV의 〈렉티

파이〉와 HBO의 〈레프트오버〉 방영분)을 기기에 비축했다. 읽을거리가 떨어지면 과월호 전권을 킨들에 받지 못하게 한《뉴요커》를 원망했다. 한번은 14일짜리 여행을 시작한 지 몇 시간밖에 안 됐을 때 스포티파이 앱에 오류가 나면서 오프라인 보관함이 날아간 적이 있다. 긴긴 2주 동안 들을 것이라고는 죽어라 귀를 괴롭히는 패리 그립Parry Gripp의 광고 음악 열몇 곡밖에 없었다. 아들은 그 노래를 내 휴대전화에 몰래 넣는 장난을 친 적이 없다며 발뺌했다.

그러나 마찬호에서는 할 거리가 넘쳤다. 선교에서 어울려 일하는 대원들을 관찰하지 않을 때면 나는 분재 수십 그루가 놓인 나무 선반이 즐비하고 이상하리만치 고요한 후갑판 한 구역에 자리를 잡고서 글을 읽거나 쓰며 시간을 보냈다. 삼손은 인도네시아 동부 해안을 따라 누사틍가라티무르 인근에서 배를 몰며 임무를 수행했던 2007년부터 분재를 수집했다고 했다. 나무들은 구멍 뗏목 위쪽으로 달린 선반에 탄성 있는 줄로 단단히 묶여 있었다. 나무들이 바다에서 어떻게 살아남았는지 신기할 따름이었다.

육지로 데려가야 할 억류자가 있을 때 인도네시아 경찰은 억류한 사람들을 이 후갑판에 둘 때가 많았다. 분재 옆에는 여섯 살 먹은 앵무새 폐숫이 사는 새장이 있었다. 폐숫은 새끼일 때 삼손의 품에 들어온 아이였고 삼손은 폐숫을 쭉 배에서 키웠다. 인도네시아어로 폐숫은 빠르고 민첩하기로 유명한 생물인 '강돌고래'를 뜻했다. 녀석은 날 줄도 몰랐고 배의 난간에서 바닷물로 떨어졌다가 그물로 구출된 적까지 있을 만큼 다리로 서는 데도 서툴렀으니 모순적인 이름이었다. 배에 억류된 사람이 있을 때면 폐숫은 그들과 노는 역할을 하러 새장에서 나왔다. "주의를 환기해주거든요." 삼손은 배에 경찰이 다섯 명뿐인데 억류자는 백 명이나 될 때는 보통 수갑을 차고 있지 않은 그 체포자들이 저항할 마음을 먹지 않는 것이 중요하다는 말을 덧붙였다. 그 사람들이 들고 일어나기로 작정하면 아마 이길 가능성이 클 거라고 했다.

억류자들의 저항에 관해 삼손이 가볍게 내놓은 의견은 곧 시험에 부닥칠 것이었다. 폰티아낙에서 출발한 지 여섯 시간이 넘었을 때 삼손이 표적을 발견했다고 알렸다. 인도네시아 수역에 97킬로미터 가량 들어와 조업하고 있는 베트남 선박 일곱 척이 레이더에 잡힌 것이다. "표적을 확보했다." 삼손이 대원들에게 지시하자 대원들은 서둘러 플립플롭과 반바지를 벗고 가리개가 달린 헬멧과 정강이 보호대, 방탄조끼까지 온통 검은색인 특수 기동대형 장비를 갖춰 입었다.

베트남 배들은 400미터 간격을 두고 퍼져 있었다. 인도네시아 대원들은 첫 번째 배에 접근해, 그 배의 선장에게 무선을 쳐 정선을 지시했다. 그러다 거리가 충분히 좁혀지자 삼손이 확성기로 명령했다. 하지만 베트남 어선 선장은 되레 속도를 높였다. 인도네시아 대원들이 몇 분 더 추적한 뒤 다시 같은 지시를 내렸으나 소용없었다. 그러자 인도네시아 경찰 한 명이 베트남 배의 선수 쪽으로 기관단총을 발포했다. 그는 몇 분 후 한 번 더 경고 사격을 했다. 세 번째로 선체 하부를 쏘자 베트남 선장은 곧장 엔진을 껐다.

인도네시아인들은 그 어선에 올라타 베트남인 선원 전원에게 마찬호로 승선하라는 지시를 내렸다. 어선에 타고 있던 선원 11명은 영문을 모르겠다는 얼굴이었다. 한 사람은 두려움에 몸을 떨었다. 인도네시아 경찰은 억류자들에게 웃옷을 벗으라고 지시

불법 조업 중 적발된 베트남의 '파란 배'가 인도네시아 당국을 피해 도주하고 있다. 인도네시아 관계자는 신호를 보내 정선시키려 했지만, 결국 배에 발포하여 선원을 체포했다.

했다. 사람이 옷도 안 걸친 채 떠나려 하지는 않으니 그렇게 하면 선원들이 배에서 뛰어내려 원래 배로 돌아가려 할 가능성이 줄어든다는 말을 나중에 들었다. 그 말을 한 경비원이 여럿이었지만 완전히 이해가 가는 설명은 아니었다. 그렇게 하면 억류자를 때리기 쉬워지고 그들이 무력감을 느껴 더 고분고분하게 굴게 된다는 게 진짜 이유일 것이라고 나는 추측했다.

 그후 두 시간 동안 마찬호는 베트남 선박 네 척을 더 추적해 나포했다. 매번 경찰은 어선을 정선시키려고 배에 총을 쐈고, 그렇게 신속 사격을 하면 어린이용 양철북을 빠르게 두드리는 소리가 났다. 한 베트남 배의 선장은 인도네시아 경찰이 승선하는 와중에 일종의 저항으로 엔진 열쇠를 바다에 던져버렸다. 이 선장은 마찬호 뒤편으로 보내졌을 때도, 뭉쳐서 반격하라고 다른 억류자들에게 고함을 쳤다. 그러자 인도네시아 경찰 한 명이 앞으로 나

나포된 베트남 어선 선원들은 인도네시아 순찰선 마찬호 뒤편에 억류됐다. 그후 한 시간이 채 지나지 않아 베트남 해양경찰의 거대한 배가 인도네시아 측과 대치해 인도네시아 해양경찰이 타고 있던 배 한 척을 들이받아 침몰시킨다.

와 선장의 뺨을 정통으로 올려붙였다. 울부짖는 파도와 끼끽대는 엔진 소리를 뚫고 3미터 떨어진 곳까지 들릴 만큼 센 일격이었다. 경찰이 외쳤다. "앉아!" 선장은 그 말을 따랐다.

　배 하나를 나포하고 다음 선박 나포로 넘어가기 전마다 나는 매번 베트남의 파란 배에 올라가 배 안을 두리번거리며 돌아다녔다. 베트남 선원들은 모두 배에서 내렸으니 선원을 마주칠 일은 없었다. 나는 선원들의 생활 여건을 확인하고 싶었다. 인도네시아 경찰은 거리를 유지한 채, 그렇게 불결한 배에 내가 왜 발을 들이는지 궁금해 했다. 배는 남루했다. 엔진을 켜거나 끄면 떨어뜨린 지팡이를 주우려고 몸을 숙이는 노인처럼 앓는 소리가 났다. 배를 살펴보도록 삼손이 내게 허락해준 시간은 5분이었고 내 발길은 베트남인 갑판원들의 수면실로 이끌렸다. 갑판원들이 뭘 챙겨 왔는지 보고 싶었다.

선원들은 3면에는 벽이 있으나 뒤쪽으로는 트여 있는 공간에서 배 뒤쪽을 바라보고 잠을 잤다. 천장이 어찌나 낮은지 키가 작은 사람도 손발로 기어다녀야 할 지경이었다. 개인 생활도, 소지품을 안전하게 보관할 방법도 없었다. 대개 찢어진 식료품점 비닐봉지에 쑤셔넣어진 그 소지품이란 230그램짜리 레드불 깡통과 베트남산 담뱃갑(몇 개비는 반으로 쪼개져 있었다), 기도집, 호랑이 연고나 '벤게이'와 비슷한 냄새가 나는 근육 연고 따위였다. 몇몇 봉지에는 짙푸른 색에 광택이 돌고 '에미레이트 항공'이라고 적힌 축구 저지가 들어 있었다. 어떤 사람은 물이 닿아 상한 조그만 사진 한 장을 갖고 있었다. 사진 속에서는 여섯 살쯤 되었을 법한, 선원의 딸이 아닐까 싶은 여자아이가 맨발로 하얀 원피스를 입고 있었다. 선원들의 물건을 뒤적여도 대단한 깨달음을 얻을 수는 없었다. 바다에서 몇 개월을 지내러 오면서도 챙겨 오는 소지품이 그렇게 빈약하다는 것을 알게 되어 숙연해질 뿐이었다.

다섯 번째 베트남 선박에 승선해 나포를 마친 뒤 삼손은 나머지 두 척은 빠져나가게 두겠다고 대원들에게 말했다. 나포한 배마다 선원이 11명쯤 있어 마찬호에 55명이 억류되었으니 모두를 감시하기에는 경찰이 부족하다는 설명이었다.

마찬호는 붙잡은 선원들을 내려줄 인도네시아의 바탐섬을 향해 출발했다. 삼손은 나포한 베트남 선박 각각에 경찰을 한 명씩 남겨 키를 잡게 했다. 베트남 배들은 우리 배 뒤로 800미터쯤 떨어져 호송되었다.

압류된 여러 배가 해안을 향해 나아가는 동안 나는 마찬호에 억류된 55명 사이에 섞여, 그들이 내 존재에 익숙해진 듯 보일 때까지 한 시간 가까이 침묵을 지키며 앉아 있었다. 인도네시아 대원들은 억류된 사람들에게 담배와 병 생수, 생선 섞은 밥을 줬다. 다른 배에 탔던 베트남인 다수는 서로를 아는 눈치였다. 가만 지켜보니 그 사람들이 사타구니 완선과 만성 기침, 착란과 갈망, 치아 문제와 흡연 습관, 허기와 분노, 그리고 얼굴에 잔뜩 새겨진 염려까지 갖가지 문제로 고생하고 있다는 것을 분명히 알 수 있었다. 베트남어를 조금 할 줄 아는 한 인도네시아 경찰은 내가 질문을 시작하자 내 통역사의 도움을 받아 최선을 다해 말을 옮겨줬다. 몇몇 선장은 본인들의 조업은 사실 불법이 아니었다고 말했다. 나는 그들에게 인도네시아 수역에 있지 않았냐고 물었으나, 그들은 그 말을 무시하거나 아예 이해조차 하지 못했다.

어떤 선장은 물고기가 국경을 지키지 않는데 어민이라고 지켜야 하냐고 반문했다. 한 명은 이런 말도 덧붙였다. "물고기는 신이 주신 거요. 우리는 그저 인도네시아에서 그걸 빌린 거고." 다른 선장은 같은 말을 더 비꼬아 던졌다. "우린 베트남에서 인도네시아로 헤엄쳐 간 물고기만 잡았는데."

바탐섬을 향해 가는 동안 마찬호는 축제 분위기였다. 삼손은 인도네시아 전통주 아락을 자신과 내 앞에 한 잔씩 따랐다. 내 몫의 잔을 들이키니 목구멍에 배터리산이 들어간 느낌이 들었다. 삼손은 탁자에 술을 약간 붓고서 불을 붙여 술의 도수를 자랑했다. 베트남 어선에 기관단총 발포하는 일을 맡았던 젊은 경찰은 특히 들떠 보였고, 호응해주는 모든 사람과 손바닥을 부딪쳤다.

* * *

바탐섬으로 가는 항해가 한 시간째에 접어들었을 무렵 축하가 느닷없이 끝났다. 경찰 두 명이 식당으로 뛰어 들어왔다. "함장님, 당장 와보셔야 합니다." 한 사람이 어쩔 줄 몰라하는 얼굴로 말했다. "군Gun한테 문제가 생겼어요." 경력이 제일 짧고 제일 최근 배에 탄 경찰인 군은 마찬호를 따라오는 몇 킬로미터 뒤 호송 행렬의 맨 끝에서 압류된 베트남 어선 한 척을 몰고 있었다. 삼손은 아락 잔을 쏟으며 벼락같이 일어났다. 대원들이 선교로 달려가자 무전기에서 군의 목소리가 들렸다. 군이 외쳤다. "도와줘요! 다들 어디 있어요?"

뚝뚝 끊기는 숨가쁜 무전에서 군은 바탐섬으로 돌아가는 도중에 갑자기 베트남 해양경찰의 쾌속정이 나타났다고, 체포된 어민 중 누군가가 연락을 취한 것 같다고 했다. 베트남 배는 군의 진로를 차단해 호송 행렬에서 군의 배를 분리했다. 쾌속정을 앞지르려 했으나 성공하지 못한 군은 베트남 선박이 이제 자기 배를 들이받으려 한다고 말했다. "마찬호, 내 배가 침몰합니다!" 군은 무전으로 소리를 질러댔다. "도와줘요! 마찬호, 제발. 도와줘!"

선교는 공황에 빠졌다. "어디지?" 경찰들은 무전기에 대고 군에게 계속 소리쳤다. "좌표가 어떻게 돼?" 군은 좌표를 모르는 듯했다. GPS가 꺼져 있을 가능성이 컸다. 게다가 남의 어선을 모는 것이니 계기 일부를 읽지 못하는 것일 수도 있었다. 마찬호는 방향을 돌려 군이 있을 것으로 생각되는 위치로 돌아가려 했다. 무전이 잠잠해졌다. "군?" 삼손의 목소리는 심각했다. "군, 대답하라." 삼손은 레이더 위로 몸을 숙인 경찰들 쪽으로 몸을 돌렸다.

"위치 알아내!"

오래 찾을 필요는 없었다. 몇 분 지나지 않아 베트남 해양경찰의 쾌속정이 수평선 위로 나타났다. 길이 80미터에 무게는 3,000톤 가까이 나가는 그 배는 우리 배의 두 배가 넘는 크기였다. 삼손은 창고에서 12.7밀리미터 기관총을 꺼내와 선수 갑판 마운트에 설치하라고 대원들에게 즉각 지시했다. 베트남 쾌속정을 향해 돌진하며 삼손은 압류한 나머지 네 척의 파란 배를 모는 경찰들에게 무전을 보냈다. "각자 배 AIS 당장 꺼." 배 위치를 공개적으로 발신하는 장치를 끄라는 뜻이었다. 삼손은 이 조치가 대원들이 한 명이라도 더 베트남 측에 포로로 잡히는 것을 막는 데 도움이 되기를 바랐다.

삼손은 자카르타에 있는 지휘관에게 위성전화를 걸었으나 답이 없었다. 세 번째 시도 끝에 누군가가 전화를 받았다. 상대방이 위급성을 인지하지 못하는 듯해 삼손의 심기는 금세 불편해졌다. 어느 순간 삼손은 고함을 치기도 했다. "우리 대원이 침몰하는 배에 있다고요. 몇 분 안에 베트남 해경이랑 정면충돌할 판입니다. 지시를 주십쇼." 연결이 끊기자 삼손은 수화기를 쾅 내려놓았다.

일상적인 법 집행 활동으로 시작된 일이 순식간에 팽팽하고 위험한 대치 상황으로 변하고 있었다. 우리 배는 베트남 해경선에 닿았고 그 배는 불과 몇 시간 전에 우리가 파란 배를 내려다봤던 것과 똑같은 형세로 마찬호를 내려다봤다. 억류된 베트남인 55명은 자기 정부의 배를 보고는 소리를 지르며 환호하기 시작했다. 인도네시아 경찰로서는 침몰하는 파란 배에 다가가려 해도 쾌속정이 막고 있어 군이 물에 빠졌는지 아닌지조차 알 수가 없었다.

남중국해 분쟁 수역에서 거대한 베트남 해경선이 접근해 상황이 순식간에 격화한 가운데, 인도네시아 해양경찰이 실탄을 더 달라고 외치고 있다.

　베트남 측에서 마찬호에 친 무전으로 삼손의 무전기가 지직거렸고, 삼손은 내게 수신기를 넘겼다. 베트남 경찰은 영어를 썼는데 삼손도 선교의 다른 경찰들도 영어를 할 줄 몰랐기 때문이다. 나는 기자로서 어느 정도 거리를 유지하려는 마음에 얼른 무전기를 통역사에게 넘겼다. 그러나 인도네시아인들이 통역사에게 무어라 말을 하자 통역사는 곧바로 무전기를 내게 돌려주려 했다. "나 말고 당신이 얘기하길 원한대요." 인도네시아인들이 이런 상황에서 여성을 중재자로 내세우고 싶지 않다고 했다는 것이었다. 나는 잠시 머뭇거리며 이번에도 거절해야 할지 고민했다. 상황이 나빠지면 통역사가 자국 정부 앞에서 곤란해질까? 곤경에 처하게 될지도 모르는 상황으로 이 사람의 등을 떠미는 게 옳은 일인가? 나는 무전기를 받았다.[3]

　그 시점에 우리는 군이 베트남 선박으로 끌어올려졌는지, 아니

506

면 가라앉는 파란 배에 여전히 남은 채로 어쩌면 익사해가고 있는지를 알지 못했다. 삼손은 상대가 자기 대원을 데리고 있는지 물어보라고 했다. "베트남, 이쪽은 인도네시아다." 나는 무전기에 대고 말했다. 내가 마찬호에 타고 있는 미국인 기자라는 것도 밝혔다. 우리 배의 선장을 대신해 내가 잠시 통역사 역할을 하겠다고, 우리 배는 인도네시아 해양수산부의 배라고 했다. 방금 그쪽에서 들이받아 침몰하는 배에 인도네시아 경찰이 한 명 있을 거라고 말했다. "상황을 설명해달라."

무전 상대인 베트남인은 자신이 해양경찰이라고 말했다. "당신들은 지금 베트남 수역에서 UN 해양법 협약을 위반하고 있다." 상대의 말에 나는 어안이 벙벙해져 삼손 쪽을 돌아봤다. "우리 위치가 인도네시아 수역인 거 확실합니까?" 삼손은 그렇다고 했다. "전적으로 확신해요? 내가 모르는 분쟁 수역에 있는 게 아니라고 확신하는 거죠?" 삼손은 다시 한 번 그렇다고, 이번에는 더 힘주어 답했다. 그리고 덧붙였다. "인도네시아 수역에 최소 65킬로미터는 들어와 있습니다."

이 문제로 베트남 측의 관심을 끌지 않는 편이 좋겠다 싶어 나는 군의 안전과 행방으로 화제를 돌렸다. "우리 선장은 이쪽 대원이 안전한지 알고 싶어한다." 베트남 경찰이 무전으로 회신했다. "우리가 원하는 건 배다. 우리 배는 어디 있나?" 나는 인도네시아 측에서 자국 대원이 구조되었다는 보증을 먼저 받으려 한다는 말을 여러 차례 반복했다. "그걸 확인해준 다음에 그쪽이 인도네시아 측과 교환을 논의하면 된다." 베트남 쪽에서는 고함을 쳤다. "배. 배 말이야. 우리 배를 달라고!"

삼손은 침몰하는 파란 배에 접근하려 했고 그 통에 베트남 해경선과 더 가까워졌다. 쾌속정은 엔진 속도를 올렸고 와르릉대는 소리를 통해 그들의 의사가 똑똑히 전달되었다. 베트남 경찰은 이어서 무전을 쳐 노골적으로 밝혔다. "우리 배에서 떨어져라." 나는 그 지시를 삼손에게 전달했고 삼손은 물러났다.

파란 배는 더 빠르게 가라앉기 시작했다. 마찬호의 대원들은 군이 의식을 잃었으리라고 짐작했다. "저 안에서 익사하고 있을지도 몰라요." 경찰 한 명이 자취를 감춰가는 어선을 뚫어져라 바라보며 말했다. 몇 시간 전 바로 저 배를 나포할 때 승선했던 내게 군을 마비시켰을 만한 조타실 내의 몇 가지 요소가 떠올랐다. 지독한 열기와 디젤유의 짙은 매연, 그리고 노출된 상태로 복잡하게 엉켜 인도네시아인들이 베트남 선원을 퇴거시키는 동안 불꽃이 튀는 게 보였던 배선이었다. 나는 다른 한 척의 나포가 끝난 뒤에도 조사차 그 베트남 어선에 올라탔는데, 난데없는 파도에 배가 기우는 바람에 난간인 줄 알고 붙잡은 것이 펄펄 끓는 배관이어서 손바닥을 심하게 데고 말았다. 고통이 어찌나 강렬했던지 기절하는 줄 알았다. 군도 비슷하거나 더 심각한 실수를 저질러 조타실 바닥에 누워 있는 게 아닐까?

나는 무전을 쳤다. "베트남, 아까 그 통역사다. 인도네시아 경찰이 저기 침몰하는 배에 있고 그를 구조하려는 우리를 당신들이 막는 거라면 그 경찰의 죽음은 당신들 잘못이고, 이건 국제법을 명백히 위반하는 일이다." 베트남 측에서 우리 배를 향해 총을 겨눈 상태였기에 내가 가장 우선으로 생각한 일은 자칫 우리가 죽을 수도 있는 긴장 상황을 누그러뜨리고 우리가 가만히 있는 사이 군이 익사하지 않도록 하는 것이었다. 베트남 경찰은 답이 없었다. 기다리는 시간이 억겁처럼 느껴졌다. 물론 실제로는 기껏해야 20분 남짓했을 것이다. 우리는 자카르타에서 지시가 올 때까지 대기했다. 그 지시가 우리더러 현장을 떠나라거나 지원 인력이 가고 있다는 내용이기를 나는 바랐다. 그냥 간단히 베트남 배에 발포하라는 지시일 수도 있음을 모르지는 않았다.

실은 우리 쪽에 잘못이 있을지도 모른다는 생각으로 고민하던 나는 인도네시아 경찰에게 레이더로 좌표를 보여달라고 부탁했다. 나중에 자세히 살펴볼 수 있도록 레이더 화면을 사진으로 찍었다. 인도네시아인 한 명은 손가락으로 지도를 짚어 인도네시아 수역에서 우리가 어디에 있는지를 알려줬다. 베트남 수역과 맞닿은 경계에서 대략 80킬로미터쯤 떨어진 곳이었다. 나는 여행 내내 줄곧 벨트에 차고 다녔던 GPS 추적 장비도 확인했다. 인도네시아 경찰들이 내게 거짓말을 하지는 않을 거라고 믿기는 했으나 내가 챙겨 간 지도에는 해상 경계가 충분히 명확하게 그어져 있지 않아 그들의 말을 자체적으로 검증할 방법이 없었다.

삼손이 대원들과 다음 행동을 상의하고 있을 때 마찬호 후갑판에서는 난장판이 벌어졌다. 베트남인들의 외침이 난동을 피우려는 군중의 소리처럼 고조되었다. 아무도 수갑을 차지 않았던 억류자들은 인원이 대략 우리의 네 배였다. 위기 상황이 고조되면서 특히 덩치 좋은 경찰 대부분은 우리와 같이 선교에 있었기에 억류자를 감시하는 인력이 빠져 있었다. 나는 선교 발코니로 나갔다. 안에 있던 삼손은 소란을 듣지 못했다. 나는 상황이 통제 불능 수준으로 치닫는 것 같다고 삼손에게 알렸다. 그때 어디선가

첨벙거리는 소리가 나서 무슨 상황인지 보려고 뱃전 너머로 몸을 숙였다. 억류되었던 이들이 한 명씩 바다에 뛰어들고 있었다.

그 베트남인 다수는 맥주병이나 다름없었다. 물에서 허우적대는 남자들을 내려다보고 있자니, 눈앞에서 펼쳐지는 이 혼란이 어떤 결과로 이어질지 각기 다른 경우의 수를 계산하느라 머릿속이 부산해졌다. 그들 중 차츰 가라앉는 사람을 보면서 내가 무엇을 해야 할지 생각했다. 물에 뛰어들어 한 명이라도 건져보려 해야 하나? 이대로 갑판 위에서 구명환을 던져주는 게 낫나? 이 배에 구명환이 있기는 한가? 사람이 익사하는 걸 보고도 멀뚱히 서서 증인 노릇만 할 수는 없다는 건 확실히 알았다. 내가 모르는 것은 어떻게 해야 이 상황에 최선의 도움이 되냐는 것이었다.

수영 실력이 특히 형편없는 사람들은 이내 뒤돌아 우리 배로 돌아왔고, 인도네시아 경찰은 그들을 배 위로 다시 끌어올렸다. 물에 있는 다른 억류자들은 베트남 쾌속정을 향해 헤엄쳤으나 그 배의 선측은 2층 높이라 쉽게 올라탈 수가 없었다. 억류자들은 방향을 틀더니 최후를 앞둔 파란 배 쪽으로 갔다. 그 배는 이미 3분의 2 이상이 물에 잠긴 채로 빠르게 가라앉고 있었다.

베트남 해양경찰은 쾌속정에서 보조선 두 척을 내보냈고, 물에 빠진 어민들을 그 배에 태우기 시작했다. 삼손은 간격을 벌려주려고 배를 뒤로 물렸다. 베트남 경찰은 우리 배에 남은 억류자 10여 명 중 한 사람과 이야기하고 싶다고 무전을 보냈다. 억류자들이 무사한지 확인하고 싶다는 것이었다. 삼손에게 요청을 전달하자 삼손은 대원 한 명에게 구금자를 데려오게 한 뒤 그 구금자에게 무전기를 쥐여줬다.

억류된 베트남인 일부는 자신들을 체포했던 인도네시아 경찰선으로 돌아갈 마음은 없으나 베트남 선박의 선측이 너무 높아 그 배에 올라갈 수도 없어 가라앉는 배에 매달렸다.

    그들이 대화를 마치자, 삼손은 자기 대원인 군이 그쪽 갑판에 있는 모습을 확인하고 싶다는 뜻을 베트남 측에 전해달라고 했다. 베트남 측은 침몰하던 파란 배에서 군을 구조했다고 확인해줬다. 그러나 다음 15분 동안 베트남 경찰이 한 말은 군이 살아있다는 것을 증명해 보이기 전에 그가 몇 가지 서류에 서명을 해야 한다는 것이었다. 삼손은 이게 무슨 상황 같냐고 내게 의견을 물었다. 나는 베트남 쪽에서 '자백 진술서'나 자신이 베트남 수역에 있었다고 진술하는 무언가에 군의 서명을 받으려는 것으로 짐작된다고 말했다. 삼손은 모든 일이 일어난 위치가 정확히 표시된 레이더 자료와 GPS 기록이 있으니 상관없다고 대답했다. 체면을 지키는 것이나 억류한 베트남인들을 붙들어두는 것은 중요하지 않다고 했다. 중요한 것은 군을 돌려받는 것뿐이었다.

    마침내 무전이 들어왔다. "지금 그쪽 경찰을 보여주겠다." 베트남 경찰이 말했다. 쌍안경을 집어든 삼손은 쾌속정 선교의 창문 근처에 서 있는 군을 볼 수 있었다. 인도네시아인들은 일제히 한숨을 내쉬었다. 그러나 마찬호의 위성전화가 울리자 분위기는 또 삽시간에 가라앉았다. 자카르타에 있는 무관이 선원들에게 알린 소식은 제일 가까운 해군도 수백 킬로미터 떨어진 나투나에 있다는 것이었다. 지원병이 오는 데 적어도 열다섯 시간이 걸린다는 뜻이었다.

상황은 한층 더 나빠졌다. 삼손이 무관과 통화하고 있는데 경찰 한 명이 끼어들었다. "레이더요." 그 경찰이 화면을 가리켰다. 점 두 개가 우리 쪽으로 오고 있었다. 어느 배인지는 확실치 않았다. 확실했던 사실은 그 배가 크고, 빠르게 이동 중이며, 우리와 겨우 18해리밖에 떨어져 있지 않다는 것이었다. 인도네시아 경찰은 베트남 해양경찰이나 해군의 배일 거라고 짐작했다.

삼손은 나포한 파란 배 네 척에 있는 경찰들에게 마찬호로 다시 올라올 수 있게 배를 옆으로 대라고 지시했다. 자기 대원이 더 붙잡히는 것은 원치 않는다고 삼손은 말했다. 베트남 측에서는 우리에게 다시 무전을 치더니 어민들을 배 한 척에 태워 쾌속정으로 보내라고 강하게 요구했다. 나는 우리에게 보조선이 없어 요구를 이행할 수 없다고 말했다. 군과 어민을 교환할 수 있게 베트남 쪽에서 보조선을 띄워달라고 요청했다. 나는 상대를 안심시켰다. "우리 선장은 어민들을 돌려보내고 싶어한다. 인계할 방법을 찾는 데 도움이 필요할 뿐이다."

베트남 경찰의 영어가 능숙하지 않았기에 나는 짧은 문장과 쉬운 단어로 천천히 말하려고 애썼다. 베트남 경찰이 점점 더 짜증스러워하는 것이 느껴졌다. 그들은 내 말을 이해하지 못했고 인도네시아인들이 비협조적이라고 생각하는 것 같았다.

그때 통역사가 나를 따로 불러내더니, 10분 전에 삼손이 자카르타에 있는 누군가와 통화하는 소리를 우연히 들었는데 통화 상대가 삼손더러 상황이 더 과격해지기 전에 현장에서 즉각 벗어나라고 지시하더라는 말을 했다. 군 방면 협상은 외교 당국이 처리할 것이라는 말을 삼손이 들었다는 이야기였다. 삼손이 지시를 무시하고 있는 듯했다.

삼손의 화도 쌓이고 있었다. 선수 갑판에서 정신없이 움직이며, 장전과 마운트 설치를 마친 기관총을 당기려는 경찰 두 명에게 무어라 말하는 삼손의 모습이 보였다. 대원들은 총의 안전장치를 풀고 베트남 해양경찰을 향해 총을 조준했다. 쌍안경 너머로 보니 베트남 해양경찰 역시 이미 자기들 총을 거치해 우리 쪽으로 똑같은 조치를 해둔 상태였다. 대치 상황은 통제를 벗어나휘몰아쳤고, 베트남 쾌속정 가까이 경고 사격만 해도 인도네시아쪽에는 자살 행위가 될 것만 같았다.

나는 베트남 쪽을 압박해보려고 무던히 애썼다. 15분 동안 5분간격으로 무전 너머 상대에게 군을 보낼 것인지를 물었다. 상대는 나를 나무랐다. "그렇다. 좀 기다려라." 삼손이 내게 고함을 치기도 했다. "베트남 사람들한테 그만 좀 질질 끌라고 해요. 군을당장 배에 태워 보내면 어민들은 전부 돌려보낼 겁니다." 나는 그말을 전했다. 베트남 쪽에서는 기다리라고 또 한 번 내게 소리를질렀다.

삼손이 다시 자카르타에서 온 전화를 받았는데 이번에는 스피커폰을 쓰지 않았다. 짤막한 통화였고, 전화를 끊는 삼손의 낯빛이 좋지 않았다. "당장 떠나야 합니다." 대형선 두 척은 실제로 베트남 군함이었으며 이제 우리와의 거리가 겨우 몇 킬로미터밖에 되지 않았다. 자카르타에서는 더 기다리는 위험을 감수하면 안 된다고 했다. 삼손은 일등항해사에게 마찬호의 방향을 돌려 약 열다섯 시간 정도 가야 하는 인근 인도네시아 섬 스다나우를 향해 전속력으로 달리라고 명령했다. 우리가 그 수역을 떠나자 베트남 경찰은 계속 무전을 쳤다. "어디로 가나? 우리 어민을 넘기란 말이다." 삼손은 내게 대답하지 말라고 지시했다.

대치 현장에서 벗어나는 동안 선교는 걱정으로 눅진했다. 다들 초조하게 레이더를 들여다보며, 우리 배보다 훨씬 빠른 베트남 해양경찰의 쾌속정이나 군함 두 척이 추격에 돌입하는지 확인하려 했다. 배의 나머지 공간은 감정을 누르는 침묵이 채웠다. 이를 악물고, 다른 사람의 눈을 피하고, 창밖을 오래 응시하는 사람이 많았다. 다들 철수한다는 부끄러움과 군을 남겨뒀다는 죄책감을 느끼고 있으리라고 나는 짐작했다.[4]

두 시간 후, 경찰 한 명이 우리가 베트남 배가 닿을 수 없는 안전한 곳에 이르렀음을 알렸다. 삼손은 속도를 늦추지 않았다. 대원 대부분은 선교에서 나가 각자의 자리로 물러나 혼자 담배를 피웠다. 배 위의 작은 모스크 '무숄라'로 기도하러 간 선원이 평소보다 많다는 것이 눈에 띄었다.

우리는 다음 날 오전 5시경 스다나우에 도착해 다섯 시간 동안 머물렀다. 부대에서는 우리에게, 근처 섬인 풀라우티가에서 재급유를 한 후 억류자들을 18시간 거리에 있는 바탐섬으로 데려가라는 지시를 내렸다.

삼손과 대원들을 그렇게 고생시키고도 모자랐는지 우리는 바탐섬으로 가는 도중 흉포한 폭풍에 부닥쳤다. 폭풍이 닥칠 것은 예감하고 있었다. 나는 고등학생 시절 고막이 파열됐던 탓에 기압이 급변하면 왼쪽 귀가 둥둥 울렸기 때문이다. 밖으로 나가 보니 하늘을 뒤덮은 구름이 내리깔리며 어둑해지는 것이 보였고 바람이 돌풍으로 자라나는 것이 느껴졌다. 우리가 가는 쪽에 전선이 있는 거냐고 삼손에게 물었다. 삼손은 어마어마한 전선이라고 팔짓과 눈짓을 했다.

* * *

선박이 바다를 가르고 움직이면 선수와 선미에 파랑이 발생한다. 그 사이로는 파저가 형성된다. 배는 빠르게 운항할수록 파저로 깊이 빠지는데 이 현상을 '선체 침하'라고 한다. 삼손은 (이 배 기준으로 빠른 속도인) 23노트로 마찬호를 몰았고, 선체는 그만큼 깊숙이 내려앉아 억류된 베트남인들이 붙잡혀 있는 후갑판을 7.6미터짜리 파도가 후려치기도 쉬워졌다. 인도네시아인들은 억류자들이 배 밖으로 휩쓸릴 것을 걱정해 그들을 실내로 데려갔다. 페숫만 새장에 갇힌 채 밖에 남아 있었다. 페숫을 구조할 위험을 무릅쓰려는 사람은 없었다. 대원들은 새장이 갑판에 접합되어 있고, 어차피 페숫도 말을 안 들을 거라고 말했다.

분재 하나가 줄에서 떨어져 뱃전 너머로 날아가는 것을 본 나는 후갑판으로 가는 문을 달칵 열어 1분 동안 머리를 내놓고 공기를 느껴봤다. 물보라가 얼굴에 작은 화살들을 난사했다. 바다에서 몰아치는 바람은 해조 냄새를 풍겼으며 차갑고 짭짤했다. 그후 몇 달이 지나 공기 중에서 그 냄새를 다시 맞닥뜨렸을 때 파블로프의 효과가 났다. 흥분과 공포, 경이로움의 기억이 온몸에 남았던 것이다.

마찬호는 그날 밤 거의 내내 격렬하게 요동쳤다. 제대로 고정되지 않은 물건은 전부 바닥에 나뒹굴었다. 쌓아둔 플라스틱 컵과 방석, 의자, 휴지갑, 종이 낱장이 마구 흔들리며 조리실 한쪽에서 반대쪽으로 미끄러졌다. 어떤 순간에는 배가 너무 많이 기우는 바람에 탄성 있는 줄로 묶어둔 냉장고가 떨어져나와 옆으로 쓰러지면서 방 건너편을 강타했다. 대원 몇 명이 달려들어 냉장고를 다시 고정했다. 나는 바닥에 엎질러진 조리용 기름을 치우려 애쓰는 대원들을 도우려 했으나, 그렇게 해도 미끄러운 면적이 넓어질 뿐이라 지나가려는 사람들의 낙상 사고 위험만 커질 판이었다.

인도네시아 사람들에게 이끌려 후갑판에서 실내로 들어온 베트남 억류자들은 다닥다닥 붙어 바닥에 등을 대고 누웠다. 아래층도 같은 풍경이었다. 대원들까지 (이유는 모르겠으나) 각자의 선실에서 나와 복도 바닥과 아래층 휴게실 바닥에 누워 있어 고등학교 역사 시간에 본 노예선 구조도가 떠올랐다.

밤의 바다는 보는 곳이라기보다는 듣는 곳으로, 하갑판을 걸어다니다 보니 내가 마치 귀신 들린 집에 들어온 눈먼 사람이 된 것 같았다. 쇠가 끙끙댔다. 복도는 누가 벽에 나사를 양동이로 들이붓기라도 하듯 덜그럭댔다. 파도가 측면을 후려치는 소리는 차량 파괴 경기에서 마구잡이로 발생하는 충돌음 같았다. 멀리 뒤쪽에서 유일하게 마음을 다독여준 소리는 줄기차게 웅웅대는 엔진 고동 소리였다. 공격받는 육중한 야수의 몸에 들어가 구르고 비틀고 신음하며 느릿느릿 앞으로 나아가는 것만 같았다.

바다의 여러 기분 중에서도 모든 걸 집어삼킬 듯한 이런 난폭한 분노는 읽거나 듣기만 했던 것이라 늘 직접 경험해보고 싶었더랬다. 내게는 두려움보다 짜릿함이 더 컸지만, 달랑 간이 뗏목 하나만 붙들고 폭풍을 맞는 유기된 밀항자와 이런 상황에서 배가 전복되어 익사하는 어민 생각도 났다. 무엇보다 이토록 강력한 힘을 뚫고 지나가는 일이 누군가에게는 일상이라는 것이 놀라웠다.

잠을 잔다는 건 생각도 할 수 없었다. 그래서 조타실에서 시간을 보냈다. 배가 파도 위로 들썩일 때면 놀이터에서 그네를 타는 기분이 들었다. 꼭대기에서 중력을 받지 않고 공중을 맴도는 순간엔 뱃속을 간질이는 희열이 느껴졌다. 때로는 물리 법칙을 거스르는 시간 동안 공중에 떠 있기도 했다. 파랑 앞으로 떨어질 때면 너무 격렬하고 요란하게 내려앉아 배가 이 타격을 감당할 수 있을지 걱정스러웠다. 이가 깨질 뻔한 다음부터는 턱을 악물고 있어야 한다는 것을 배웠다. 잠시 후에는 폭풍이 끝나기만을 바랐고 시간이 늘어난 듯한 느낌을 의식했다. 이렇게 생각한 것을 기억한다. 새벽 3시네. 한 시간 더 버티면 3시 5분이 되어 있겠지.

삼손은 다리를 떡 벌린 채 키를 잡고 배의 거친 흔들림에 맞서 좌우 동요를 상쇄하려 했다. 두 다리를 충격 흡수용으로 쓰면서 콘크리트 블록이라도 든 것처럼 타륜을 잡았다. 그러다 나를 바라보며 머릿속에서 계속 군의 목소리가 들린다고 털어놓았다. 통역사가 자고 있었기에 삼손은 서툰 영어와 몸짓을 써가며, 그리고 선교에 있는 다른 대원의 도움을 받아가며 내게 이야기를 들려줬다. 군은 해양수산부의 다른 순찰선에 있다가 삼손의 팀에 들어온 지 이제 겨우 5개월째였다. "아들 같죠." 삼손은 자기 대원들에 대해 이렇게 말하더니 군은 전에 자신이 가르쳤던 학생이기도 해서 더 특별하다고 덧붙였다.

군은 마흔두 살이었고 자와섬 자카르타에서 동쪽으로 435킬로미터 떨어진 욕야카르타의 클라텐이라는 소도시 출신이었다. 아이가 셋 있는데 큰아이가 여섯 살쯤 되었다고 했다. 군은 바다에서 오래 항해할 때면 쉬지 않고 텔레비전 뉴스를 봤다. 삼손은 마치 부고를 준비하듯 군이 살아온 과정을 자세히 이야기했다. 나는 외교관이 군을 찾아서 데려올 거라고 짐짓 낙관적인 태도로 삼손을 안심시켰다. "전에도 이런 상황을 본 적이 있거든요." 거짓말이었다. 사실 한 나라의 해양경찰이 다른 나라 바다 안으로 그렇게 한참을 들어오는 모험을 감행하거나 무장한 선박 두 척이 그 정도로 아슬아슬하게 발포 직전까지 가는 상황을 실제로 본 적은 한 번도 없었다.

삼손이 창밖을 응시하는 동안 나는 그의 곁에 조용히 앉아만 있었다. 베트남 측과 맞붙었던 격렬한 대립에서는 눈을 먼저 깜박인 쪽이 타격을 입고 있었다. 그 무렵에는 통역사가 일어나 우리 곁에 와 있었다. 잠시 후 삼손이 말했다. "그쪽 어민을 우리가 정말 많이 체포하긴 했지요." 평소와 사뭇 달랐던 베트남 측의 과격한 태도에 느낀 당혹감이 아직 가시지 않은 모양이었다. 베트남인들이 앙심을 키워왔을 수도 있겠다고 삼손은 짐작했다. 그가 이렇게 덧붙였다. "지렁이도 밟으면 꿈틀한다잖아요."

* * *

앞서 인도네시아 해양수산부 직원이 인질로 잡힌 것은 2010년이 마지막이었다. 빈탄섬(인도네시아)과 조호르섬(말레이시아) 인근의 인도네시아 수역에서 불법으로 조업하던 말레이시아 배 다섯 척을 인도네시아가 나포했을 때였다. 인도네시아인들이 나포한 어선을 항구로 호송하던 중 크기가 더 큰 말레이시아 해경선이 몇 척 나타나더니 인도네시아 경찰 세 명을 배에서 채갔다. "그쪽 총이 더 컸죠." 그때 붙잡혔던 경찰 중 한 사람으로, 내가 바탐섬에 갔을 때 만난 세이보 그레웃 웨윙캉Seivo Greud Wewengkang의 말이다. "우리는 그쪽이 시키는 대로 했습니다." 말레이시아 측은 반환에 관한 외교 협상이 성사될 때까지 세 경찰을 자국 유치장에 사흘 동안 가둬뒀다.

삼손은 사건 대부분이 현장에서 해결된다고 했다. 2005년 중국과 충돌했을 때 중국 군함 세 척이 삼손의 순찰선을 에워싸고 압류한 여러 중국 어선에 있던 경찰 세 명을 데려갔던 이야기를 해줬다. "중국은 훨씬 효율적이죠." 중국인들은 인도네시아 측이 억류한 어민과 배를 방면하는 데 동의하자마자 현장에 도착한 지 15분도 안 지나서 경찰들을 돌려보냈다.

바탐섬의 어항은 폰티아낙에 있는 어항과 크게 다르지 않아 보였다. 반쯤 가라앉은 어선이 수십 척씩 들어차 있었는데 거의 모두가 베트남 배였다. 슬라뭇Slamet이라는 이름의 어항장을 만나보니 베트남 측의 행위에 삼손만큼이나 놀란 눈치였다.

슬라뭇은 2013년 전까지는 경찰이 주로 태국 선박을 나포했으며 그 배들이 중무장을 한 채 가끔 공격적으로 나오기도 했다고 말해줬다. 그후 인도네시아가 맞닥뜨린 상대는 주로 베트남 어민이었는데 그들은 공격적인 편도 아니었고 그 전만 해도 자국 해양경찰에 지원을 요청한 적도 일절 없었다. 무엇이 이런 변화의 동력이 되었다고 생각하는지 묻자 슬라뭇은 태국이 2013년 들어 상습적 불법 어획으로 국내 언론과 외신에서 전보다 큰 관심을 받게 되어 그런 것 같다고 추측했다.

그 뒤로는 EU도 태국에 바다판 옐로카드를 주겠다고 위협하기 시작했다. 해상 범죄와 해상 노예 문제를 들며 규제가 잘 이뤄지지 않는 수산물업계에 청소가 필요하다는 경고였다. 태국 정부가 여기에 호응해 자국 수산업계를 서서히 단속해나갔다고 슬라뭇이 말했다. 반면 베트남은 불법 어획이나 다른 선내 가혹 행위에 관해 외신이든 EU든 미국이든 사실상 그 어느 곳에서도 주목을 받지 않았다고 했다. 나는 군 이야기를 물었으나 슬라뭇은 그 일에 대해 말하길 거절하고 짧게 정리했다. "그건 이제 외교 협상 문제죠."

대치 상황이 벌어진 후의 며칠 동안 나는 로드아일랜드에 있는 미국 해전 대학교 국제법 교수이자 남중국해 전문가인 제임스 크라스카James Kraska에게 이메일을 보냈다. 충돌이 발발한 지점의 좌표를 보내 어느 나라 수역에 해당하는지 질문했다. 그의 답은 "말할 수 없군요"였다. 선을 어디에 그을지는 여러 나라가 합의해야 한다는 것이었다. 남중국해에서 인도네시아와 베트남은 그런 합의를 한 적이 없다는 것이 크라스카의 설명이었다.[5]

국경 문제가 그런 회색지대에 있다는 것이 뜻밖이었다. 대치하는 동안 삼손은 마찬호의 위치에 무척이나 자신이 있었다. 폰티아낙 구금 시설의 경비원도 자기 나라 수역에서 조업하는 줄 알았다던 구금자들의 말을 같은 태도로 일축했다. 내가 무전으로 협상했던 베트남 경찰 역시 관할권에는 확신을 보였다.

지도에 그어진 선이 아무리 선명하다 해도 먼바다의 관할권과 해상 국경은 대체로 군사력이 결정한다. 대치 상황에서는 제일 큰 총을 쥔 쪽이 자동으로 그 수역에 발을 뻗는다. 한편 억류된 이들은 잡은 물고기에 관해 설득력 있는 설명을 내놓았다. 우리는 다섯 대양과 수십 곳 부속해가 있다고 생각하려 한다. 그러나 실제로 존재하는 것은 국경도 자명한 법도 없이 연결되어 순환하는 하나의 거대한 물뿐이다. 물고기는 이를 알고 어민도 이를 안다. 정치인과 해양경찰은 달리 생각하는 편을 좋아하지만 말이다.

나는 메모를 찬찬히 살펴보며 인도네시아 취재 여행에서 생긴 일을 종합해볼 작정으로 자리에 앉아, 우선 사건을 설명할 가장 단순하고 중립적인 방법을 찾아보려 했다. 양측이 서로의 사람을 붙잡았다. 그렇게 하는 것이 정당화되는 쪽은 어디였나? 사건은 어느 쪽 수역에서 발생했나? 법에서 허용한 것은 무엇이었나? 군을 거의 죽일 뻔한 쪽은 어디인가? 사실이 간사했기에 답하기 어려운 질문이었다. 사실은 이내 한층 더 간사해졌다.

베트남은 군을 엿새간 더 잡아두었다가 인도네시아 측으로 돌려보냈다. "이건 인질 사건이 아니라 구조 작업이었습니다." 인도네시아 해양수산부 사무처장 리프키 에펜디 하르디잔토 Rifky Effendi Hardijanto는 나중에 기자회견에서 이렇게 말했다. 베트남 해양경찰은 공격이 아니라 구조를 했다는 것이었다. 더 나중의 인터뷰에서 인도네시아 정부는 군이 나포한 베트남 어선 한 척을 육지로

몰고 가던 중 배가 가라앉기 시작해 베트남 해양경찰이 군을 구했다고 기자에게 말했다.[6]

이 이야기는 당연히 실제 사건과 상충하는 허구였다. 인도네시아 정부가 기자에게 말하지 않은 것은 베트남 선박이 인도네시아가 자국 바다라 주장하는 수역에 80킬로미터 이상 들어와 있었다는 사실이었다. '구조'가 필요했던 것은 애초에 베트남 측에서 군이 탄 배를 들이받았기 때문이라는 사실도 빼놓았다. 열띤 교섭이 몇 시간 동안 벌어졌고 그때 인도네시아 측은 베트남 어민을 전원 돌려보내겠다고 누차 제안했으나 베트남 해양경찰 쪽에서 군의 인도를 거부했다는 사실도 이야기되지 않았다.

나는 푸지아스투티 장관에게 연락해 왜 정부가 사건을 눈가림하냐고 단도직입적으로 물었다. "우리는 실망감을 전했고 베트남 측에서 사과도 했습니다. 우리 외교부는 대형 충돌을 원하지 않았고요." 푸지아스투티는 갈등이 일어난 것에 대해서는 여전히 개탄스럽게 생각한다는 말을 덧붙였다. 내가 전화하기 불과 일주일 전에도 경찰이 인도네시아 수역에서 또 한 번 베트남의 파란 배를 무더기로 나포했다고 했다.

이어서 푸지아스투티는 인도네시아가 선박을 몇 척 폭파한 뒤로 난입을 중단한 중국과 달리 베트남 정부는 자국 어선단의 고삐를 조일 역량이나 의지가 없다고 했다. 나는 베트남 측이 어쩌면 자국 수역에 있다고 생각해 그렇게 어획하러 오는 것을 난입으로 여기지 않을 수도 있다는 말을 했다. 푸지아스투티는 웃었다. "그 사람들은 그렇게 말할 수 있죠. 하지만 나는 선이 어디에 있는지 지도로 보여줄 수 있습니다."

13장
위험한 무장지대

바다는 실상 야만적 불분명함과 무질서의 상태로,
문명이 출현하는 곳이면서도
신과 인간의 수고로 구원하지 않으면 이내 퇴행하는 곳이다.
—W. H. 오든, 『달궈진 바다』

밝고 또렷한 한낮의 하늘, 어둡고 울렁이는 바다, 파도 사이에서 까닥이며 자신을 에워싼 배의 선원들을 향해 팔을 휘젓는 남자. 그는 구명조끼를 입지 않았고 바다에 떠 있는 근처의 다른 남자들도 마찬가지였으며 일부는 전복한 목조선의 잔해로 보이는 것에 매달려 있었다. 하얀색의 거대한 참치 연승 어선 여러 척이 이들을 둘러쌌다. 연승 어선 선원 중 헤엄치는 남자들을 도와주려는 사람은 없었다. 구조 작업이 아니었다. 물에 빠진 남자 한 명은 항복을 의미하는 듯한 몸짓으로 손바닥을 앞으로 내보이며 머리 위로 팔을 치켜들었다. 총알 한 발이 남자의 후두부를 뚫자 남자가 얼굴을 처박았다. 남자 주변의 파란 바다로 벌건 피가 서서히 뭉게뭉게 피어났다.

그리고 슬로모션으로 살육이 시작되었다. 이 장면은 10분이 넘도록 계속되었다. 참치잡이 배의 엔진이 요란하게 공회전하는 동안 배 위의 남자들은 최소 40발 가량 총을 쏴대며 물에 있는 사람들을 조직적으로 처단했다. "다섯 명 쐈다!" 참치잡이 배 위에 있

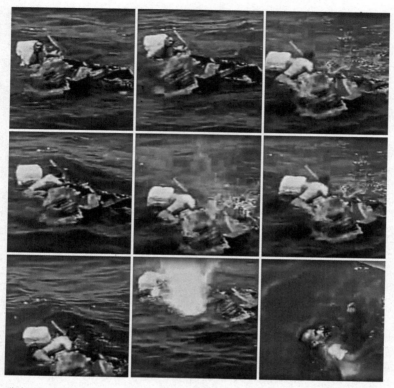

배의 작은 잔해에 매달린 남자가 이내 총에 맞아 쓰러진다. 피지의 한 택시에 떨어져 있던 휴대전화에서 발견된 영상으로, 최소 한 척 이상의 대만 참치 연승 어선에서 총을 든 남자들이 비무장 상태의 남성 네 명 이상을 살해하는 장면이 나온다.

는 남자 한 명이 중국 보통화로 소리쳤다. 곧이어 선원 무리는 셀카 포즈를 취하며 웃어댔다.

2014년 후반, 인터폴에 있는 한 취재원이 휴대전화로 찍은 이 사건 영상을 '충격 주의'라는 제목의 이메일로 내게 보내줬다. 이 메일을 열어 흔들리는 영상을 본 나는 눈앞의 장면에 얼이 빠져 의자에 앉은 채 몸을 뒤로 물렸다. 감금되었던 캄보디아인 랑 롱 같은 해상 노예를 취재하면서 어민에게 가해지는 최악의 폭력을 목격했고 바다 위에서 벌어지는 냉혹한 살상에 관해서도 분명 수차례 들어온 나였다. 그러나 노트북에서 재생되는 그 장면의 극악무도함은 적나라했다. 죽이는 이들이 커다란 사냥감을 잡아 챙기는 사냥꾼마냥 희열을 표출하고 있었다. 나를 더욱 경악하게 한 것은 이 살육에 관해 알려진 사실이 거의 없다는 인터폴 소속 취재원의 말이었다. 드론과 GPS, 빅데이터와 크라우드소싱의 시대에 법 집행 기관이 이런 잔혹 행위의 가해자나 피해자를, 하다못해 사건 발생 위치와 시점 또는 동기조차 추적하지 않았으리라는 것은 상상도 할 수 없는 일 같았다.

육지에서와는 반대로 바다에서 일어나는 범죄는 영상에 담기는 경우가 극히 드물다. 많은 나라에서 어선 갑판원 대다수는 배를 타는 동안 휴대전화를 압수당한다. 내가 바다에서 몇 번이고 목격한 상황이 오늘날에도 끈질기게 지속되는 이유 중 하나가 그것이다. 무언가가 유튜브에 올라가 세상에 나오지 않는 한 그 일은 일어나지 않은 것이나 마찬가지였다. 그랬기에 바다 위에서 벌어지는 참혹한 범죄가 담긴 희귀 영상이 이렇게 버젓이 있는데도, 불붙어 마땅한 분노가 일어나지 않고 잠잠한 듯했다.

영상에 증거가 잔뜩 있으니 나는 무슨 일이 일어났는지를 종합해보고 싶었다. 충분히 노력을 기울이면 운을 스스로 개척할 때도 있다지만, 이번 사건을 풀려면 운이 다발로 필요할 것이었다.

이 이야기는 여러 관점에서 말이 되지 않았다. 최소 네 척의 배에 목격자가 수십 명 있었는데도 살상을 둘러싼 정황은 여전히 수수께끼였다. 사건을 신고한 사람도 전혀 없었다. 해사 법규에 따르면 선원은 그래야 할 의무가 없었고 이 항구에서 저 항구로 이동하는 와중에 자신이 아는 사실을 자진해서 알릴 명확한 절차가 있는 것도 아니었다. 법 집행 기관 관계자들은 사건을 찍은 영상이 2014년 피지의 한 택시에 떨어진 휴대전화에서 발견되어 인터넷에 올라온 뒤에야 비로소 이 사망 사건을 알게 되었다.

휴대전화 주인의 부주의가 아니었다면 그 참치잡이 배에 탔던 목격자와 가해자를 제외하고는 이런 범죄가 발생했다는 사실조차 아무도 알지 못했을 것이다. 증거가, 시신이, 용의자가 없으면 어느 나라 정부가 수사를 이끄는 책임을 맡을지, 그러려는 나라가 있기나 할지 알 수 없었다. 현장에 있던 배 한 척의 신원을 확인해준 대만의 수산 관련 기관은 미수로 끝난 해적 공격으로 사망자가 발생한 것으로 보인다고 내게 말했다. 그러나 해상 보안 전문가는 해적 행위는 사람을 죽이는 보복 행위를 은폐하는 편리한 핑계가 되었을 뿐이라고 알려주며, 그 사람들은 그저 분쟁 수역에 있던 현지 어민이거나 폭동을 일으킨 선원, 유기된 밀항자, 아니면 물고기나 미끼를 훔치다 잡힌 도둑일지도 모른다고 했다.

"즉결 처형, 자경 활동, 과잉 방어, 원하는 대로 부르시죠." '국제선장항해사도선사기구'라는 선원 조합의 변호사 클로스 루타 Klaus Luhta는 이렇게 말했다. "뭐라고 부르든 바다 위에서 살인 사건이 일어났다는 것, 그리고 어떻게 그런 일이 발생할 수 있었냐는 질문으로 이어지는 건 마찬가집니다."

그 어느 때보다 많은 배가 쌓인 바다에서는 무장 수준과 위험성이 덩달아 높아졌다. 해적이 정부의 경찰 활동 역량을 넘어선 더 넓은 수역에서 활동하기 시작하자 상선 대부분은 2008년부터 민간 보안업체를 고용했다. 바다 위의 군비 경쟁은 총과 경비원이 바다 어디에나 있어 해상 무기고라는 틈새 산업이 등장할 정도로 치열해졌다. 해상 무기고라 불리는 배들은 창고이자 합숙소다. 공해의 고위험 수역에 자리를 잡고, 다음 파견까지 너저분한 환경에서 어떨 때는 몇 달씩 기다리는 경비원들을 수용하면서 돌격 소총과 소화기와 탄약 무더기도 보관했다.

해적이 대형 컨테이너선을 공격하는 사례는 선박 대부분이 무장 경비원을 태우고 다니게 됨에 따라 2011년부터 급감했으나 다른 형태의 폭력은 여전히 일상다반사였다. 해상 보안 관계자와 보험업자는 인도양과 서아프리카 해안을 비롯한 여러 수역에서 강도와 폭행을 당하는 선원이 연간 수천 명, 살해되고 납치되는 선원이 수백 명에 이를 것이라고 추산했다.

바다는 선인과 악인이 대립하는 서사를 낚으러 갈 만한 장소가 아니다. 전세계의 어떤 곳에서는 해적과 경비원을 가르는 선이 흐릿하다. 방글라데시 인근 벵골만에서는 무장 갱단이 선장더러 안전하게 통과하려면 돈을 내라고 요구하며 보호 명목의 갈취를 일삼는다. 해양보험 조사관에 따르면 나이지리아 주변에서는 해양경찰이 연료 도둑과 손을 잡는 것이 예삿일이다. 소말리아 앞바다에서는 과거 큰 배를 노렸던 해적이 외국 어선이나 현지 어선에 승선해 일하는 '보안' 업무로 넘어와, 합법의 기운을 두른 채 무장 공격을 막아내고 경쟁자를 총으로 쏴 쫓는다. 그러나 이런 활동은 경쟁하는 어업 단체가 저지르는 즉결 처형보다는 익히 알려진 전투원 사이의 대전에 가까웠다.

이유 없는 공격도 빈번하다. 여러 나라가 미개발 상태로 바다 깊숙이 잠들어 있는 석유와 가스 그리고 다른 광물 자원을 찾아

내 권리를 주장하려고 속도 경쟁을 벌이며, 판이 커질수록 공격성도 커진다. 고가 화물을 운송하는 탱커선은 위험이 예상되는 수역을 통과할 때 무장 경비원을 대동한다. 지중해부터 오스트레일리아 연안과 흑해에 이르기까지 난민과 이주민을 끌고 다니는 인신매매업자에게는 경쟁업자의 배를 들이받고 침몰시키는 것이 일상이다.[1]

어선 간의 폭력 사태는 특히 만연하며, 더욱 심각해지고 있다. 피지의 '참치잡이선주협회' 회장 그레이엄 사우스윅Graham Southwick에 따르면 보조금을 두둑이 받는 중국과 대만 어선은 세계의 여러 참치잡이 어장에서 다른 모든 배를 숫자로 압도한다. 레이더가 발전하고 집어 장치(어군을 유인하는 부유물) 사용이 확산하자 같은 장소에 어민이 몰릴 가능성이 커지면서 긴장이 고조되었다. 사우스윅의 말이다. "어획량은 쪼그라들고 신경은 예민해지니 싸움이 벌어지죠. 이런 배에서 살인은 꽤 흔한 일입니다."

* * *

범죄에 대한 대처는 오로지 집계되는 양만큼만 이뤄지는데 바다에서는 그 양이 많지 않다. 미국 해군 정보국 소속으로 전세계의 선원 공격 사건을 추적 관찰했던 찰스 N. 드래거넷은 어선에서 발생하는 폭력 범죄 비율이 탱커선이나 화물선, 여객선의 20배는 족히 될 것이라고 추정했다. 그러나 그 어떤 국제기관도, 심지어 미국 군대도 해상 폭력 행위를 종합적으로 추적하지는 않는다고 했다. "피해자가 인도네시아, 말레이시아, 베트남, 필리핀 사람이면, 그러니까 유럽이나 미국 출신이 아니면 이야기가 반향을 얻는 일이 없습니다."

나는 전에도 (석탄 채굴 관련 위법 행위, 성적 인신매매 고발, 트럭
기사 사망과 관련해) 데이터베이스를 구축해본 적이 여러 차례 있
었고, 데이터를 정제하고 양식을 맞춰 읽기 좋게 만들려면 보통
며칠이 걸렸다. 해상 강력 범죄라는 문제의 규모를 파악하기 위
해서도 같은 일을 시도했는데, 3주째에 접어들자 내가 전에 했던
작업보다 방대한 일을 하고 있음을 깨달을 수 있었다.

문제는 데이터 정제가 아니었다. 애초에 모으는 것부터 난관이
었다. 나는 해양경비대 수사관과 해군 정보국 장교, 인터폴 관계
자, 학자, 인권운동 단체와 접촉했으나 그들이 갖고 있는 정보는
대부분 파편적이었다. (보통 해양보험사가 사고 배상 건을 조사할 때
고용하는) 민간 조사업체는 양질의 정보를 쥐고 있기도 했지만 그
정보가 기밀이라는 이유로 공유에 제일 소극적이었다. 정보를 얻
으려면 대개 뭉뚱그린 형태를 제외하고는 내용을 일절 공개적으
로 공유하지 않겠다는 데 동의해야 했다.

나는 기어이 전세계의 범죄 보고서 6,000건으로 구성된 데이터
베이스 구축을 마쳤다. 자료는 주로 미국 해군 정보국과 두 해상
보안업체(오케아노스라이브와 리스크인텔리전스), 해적없는바다라
는 연구 단체에서 얻었다. 종합적이라고 하기는 어려운 이 데이
터베이스는 바다의 무법성을 간략히 드러내는 스냅 사진이었다.[2]
추적 수사가 진행되는 경우가 드물고 보고서에는 세부사항이 빠
져 있을 때가 많아 기록으로 잡힌 사망자 수는 대체로 모호했다.
육지에서는 경찰이 살인 사건을 수사하기 위해 무덤을 팔 수도
있다.[3] 하지만 바다 위에서는 어느 수사관의 말처럼 "한번 죽으면

영영 가버린"다.

그러나 자료를 구할 수 있었던 가장 최근 연도인 2014년에 해적과 강도의 공격을 받은 선원이 5,200명 이상이며 서인도양, 기니만, 동남아시아 세 곳에서 인질로 잡힌 선원만 해도 500명이 넘는다는 사실이 데이터베이스에서 드러났다. 소형 고무보트를 몰며 로켓 추진식 수류탄으로 무장한 해적, 밤에 몰래 다니는 연료 도둑, 정글도를 마구잡이로 휘두르는 날강도 등 범인은 각양각색이었다. 속임수를 쓰는 이들도 있었다. 탈취범은 해양경찰로 위장했고 인신매매업자는 어민 행세를 했으며 경비원은 무기 거래 일을 부업으로 삼았다. 이런 기록 대부분은 이해할 수 있었으나 분석이 더 어려운 것도 있었다.

방금까지만 해도 피해자였던 사람이 한순간에 가해자가 되기도 했다.[4] 2012년의 한 사례에서는 여성과 아이를 포함한 난민 10명이 스리랑카에서 한 승조원을 통해 어선에 올라 밀출국을 했다. 그런데 오스트레일리아로 새 항로를 잡아달라는 요구를 거부 당하자 난민들은 선원들을 공격해 선원 4명을 배 밖으로 밀어 살해했다.

2009년에도 사건이 있었다. 남중국해의 태국 저인망 어선에 감금되었던 미얀마인 노동자 3명이 배 밖으로 뛰어내려 탈출했다. 노동자들은 근처 요트로 헤엄쳐 가 주인을 살해하고 요트의 구명정을 훔쳤다.

방글라데시 인근 해역은 해상 폭력 행위가 국제 사회에서 흔히 간과되는 방식과 이유가, 여러 국가가 자국 수역에서 발생하는 범죄와 폭력 행위를 축소하는 데 열심인 이유가 여실히 드러나는 사례 연구감이다. 지역 언론 보도와 경찰 보고서에 따르면 2009년 이후 5년 동안 방글라데시 수역에서는 무장 갱단이 연달아 벌인 공격 행위로 매년 100명 가까이 되는 선원과 어민이 살해당했으며 못해도 비슷한 인원이 인질로 잡혔다.

무장 습격은 늦게 잡아도 폭력 행위의 초기 보고서가 등장한 2000년 이후로는 이런 수역에서 지속적으로 발생한 문제였다. 2013년 방글라데시 언론은 그 해에 700명이 넘는 어민이 유괴되었고 그 중 150건이 9월 한 달 동안 발생했다고 전했다. 인질 중 40명이 한 사건에서 살해당했으며 다수는 손발이 결박된 채 배 밖으로 던져졌다고 알려졌다.[5]

이런 습격은 대개 벵골만과 순다르반스라는 습지대 내수면에서 보호비를 갈취하는 무장 갱단 대여섯 개의 소행이었다. 2014년 정부가 해안 기지와 볼모로 붙들린 배를 급습했을 때 이 조직들은 방글라데시 공군과 해양경찰에 맞서 총격전을 벌였다.

방글라데시 외무장관 디푸 모니Dipu Moni는 부정적 언론 보도를 불쾌하게 여기며 자국 주변 바다를 해적 피해 '고위험' 해역으로 부른 일로 국제 해운업계와 언론 양쪽을 모두 규탄했다. 그런 정의는 명예 훼손이라는 것이 모니의 말이었다. "수년간 해적 사건은 한 건도 없었습니다." 모니는 2011년 12월 기자회견에서 정색하고 말했다. 자국 연안에서 발생한 폭력 사태 대부분은 단순 절도와 강도였으며 범인도 대개 '다코이트'(날강도 '밴디트'에 해당하는 힌디어 단어에서 유래한 용어)라고 했다.

모니가 내세운 주장의 중심에는 국제법에 따라 공해 또는 해안에서 20킬로미터 이상 떨어진 수역에서 발생한 행위만 해적 행위고, 육지와 더 가까운 곳에서 발생한 공격은 해상 강도라는 법적 구분이 있었다.[6] 공격의 결과가 똑같이 참혹할 수 있다는 사실은 고려되지 않았다. 이 구분을 바탕으로 방글라데시 당국은 2011년 '해적신고센터'를 운영하는 기구인 국제해사국International Maritime Bureau, IMB에 항의문을 보냈다. 쿠알라룸푸르 시내에 있는 해적신고센터는 1992년 설립되었고 주로 해운업체와 보험업체에게 자금을 지원받는다. 정부와 군, 대중이 해적 공격에 관한 통계 자료를 얻을 수 있는 주요한 창구다.

방글라데시 관계자들은 국제해사국에 보낸 항의문에서 방글라데시는 해적 고위험 해역으로 낙인찍힐 나라가 아니라고 주장했다. 방글라데시 인근 항구로 오는 항해에 건당 500달러의 보험료를 책정하던 보험업체가 그 해역이 폭력 사태로 유명해진 후로는 요율을 15만 달러로 인상했다는 불만도 제기했다.[7] 국제해사국은 얼마 지나지 않아 답신을 했다. 기록상으로 보면 해적의 공격이 발생할 가능성이 큰 해역이었는데도, 국제해사국은 '해적' 표기를 '강도'로 교체해 웹사이트를 수정하겠다고 했다.

국제해사국 국장 포튼골 무쿤딘Pottengal Mukundan은 자신들이 방글라데시 정부의 압력에 굴복해서 웹사이트를 수정하기로 한 것은 아니라고 주장했다. "그 무리를 해적과 강도 중 뭐라고 부르냐는 문제는 사건 발생 위치에 근거한 법적 구분일 뿐입니다. 행위의 성격이나 무장 괴한이 승선했을 때 배와 선원에게 닥치는 위험은 달라지지 않아요." 무쿤딘에 따르면 국제해사국은 공격이 발생한 정확한 위치 또는 그 위치가 특정 국가의 수역이었는지 공해였는지를 확인하려고는 하지 않았는데, 그런 세부사항에 이의를 제기하는 나라가 많다는 것이 얼마간 이유가 되었다. 무쿤던의 주장은 문제의 시급성과 심각성을 제거하려는 일종의 행정적 눈가림으로 보였다. 게다가 내가 인도네시아에서 알게 되었듯 먼바다에서 주장하는 영유권은 많은 경우 모호하다.

당시 해적없는바다의 국장이었던 존 허긴스Jon Huggins에게 해상폭력 범죄를 추적하려는 종합적이거나 중앙화된 시도, 또는 공개적인 움직임이 없는 이유가 무엇이냐는 질문을 던졌다. 허긴스는 해운업체와 해양보험업체, 민간 경비업체, 대사관과 기국이 각기 다른 수준으로 폭력 행위를 추적한다고 설명했다. 해적없는바다는 이런 단체들이 정보를 공유하도록 설득하는 데 1년 가까이 노력을 기울였으나 성공하지 못했다. 리스크 관리업체는 판매할 수도 있는 데이터를 자신들이 왜 공유해야 하냐고 물었고, 연안국은 그런 정보 탓에 자국 수역이 위험한 곳으로 비쳐 사업체가 달아날까 봐 우려했다고 한다. 기국은 그런 정보가 나가면 범죄에 대처해야 할 의무가 자신들에게 돌아올 수도 있다는 이유로 공유를 주저했으며 그럴 역량이나 동기도 없었다고 허긴스는 말했다.

전직 해군 정보장교인 드래거넷은 이미 일어난 폭력 행위를 추적하는 것만 해도 충분히 어려우며 그런 범죄를 단속하기란 한층더 힘겹다는 말을 보탰다. 보험이 없는 배가 많았고 공격받은 배 선장은 일정 지연이나 경찰 수사에 딸려오는 질문 세례를 꺼렸기에 기소되는 경우가 드물었다(한 전직 미국 해안경비대 대원은 "1퍼센트도 안 될" 것이라고 봤다). 공해를 순찰하는 소수의 군함과 사법선은 보통 다른 나라 국기를 건 선박에 허가 없이 승선할 수 없었다. 기꺼이 목소리를 내려는 목격자도 드물었고 물리적 증거

또한 마찬가지였다.

바다 위의 폭력 행위는 늘 육지의 범죄와 다르게 취급되었다. 드래거넷의 말이다. "뭍에서는 억압이 아무리 가혹하고 또 현지 정부가 아무리 부패해도, 피해자가 누구고 어디에 있었는지와 그들이 사라졌다는 것을 누군가는 알게 됩니다. 그러나 바다에서는 익명성이 곧 규칙이죠."

* * *

해상 폭력 행위가 늘수록 바다 위의 민간 보안 조직 시장도 커졌다. 실제로 바다는 전에 없이 총기가 넘쳐나는 무장지대로 변하고 있다. 지난 10년 동안 소말리아 해적의 활동은 여러 정부가 상선에 자체적으로 무장을 갖추거나 해상 용병을 고용할 것을 권고하는 결과로 이어졌다. 바다 위의 무력 사용에서 국가가 거의 독점권을 행사하던 오랜 관행이 깨진 것이다.

동시에 증가한 테러 우려는 전세계의 항만 관계자가 자국 수역으로 들어오는 무기의 수량과 종류를 빡빡하게 제한할 동기가 되었다. 여기서 역설이 생겼다. 보안을 의식하는 국가는 바다 위에 법질서가 더 강하게 서기를 원하면서도 바다에서 자국으로 무기가 들어오는 것은 원치 않는다. 이 논리에 따르자면 누구나 스스로 무장해야 하지만 그럴 무기를 영역에 들이는 것은 누구에게도 허용되지 않는 셈이다.

이런 난국을 피할 방책으로 해운업계에 해상 무기고가 출현했다. 기본적으로 물 위를 떠다니는 경비원 기숙사인 이런 무기고는 경비원의 무기를 보관하는 창고 역할을 겸하고, 덕분에 해상 보안업체는 새 임무를 내릴 때마다 매번 육지와 바다로 경비원을 이동시키는 일을 하지 않아도 된다. 경비원 한 명을 태워 숙박을 제공하는 대가로 민간 보안업체가 무기고에 지불하는 돈은 1박당 25달러밖에 되지 않으며, 경비원은 보통 6개월에서 9개월 또는 그보다도 길게 바다로 파견된다. 대체로 영국과 미국, 스리랑카 회사들이 소유하고 있는 이 무기고는 의뢰 선박에 경비원을 데려가고 그 선박에서 데려오는 일로도 보안업체에 비용을 청구한다. 이동 건당 수천 달러를 받는 것이 일반적이다. 경비원은 무기고에 도착하면 잠겨 있는 컨테이너 창고에 각자의 무기를 보관한다. 그러고 나서 때로는 몇 주가 되기도 하는 시간 동안 다음 상선에 배치되기를 기다린다.

2015년 겨울, 나는 이런 무기고를 몇 곳 방문해보고자 《뉴욕타임스》 소속 사진사 벤 솔로몬과 함께 오만만으로 갔다. 우리는 세인트키츠네비스의 국기를 건 해상 무기고 MNG 레절루션MNG Resolution에서 경비원 수십 명과 며칠간 지냈다. 어느 날 저녁, 레절루션호 상갑판에서 경비원 대여섯 명과 이야기를 나눌 때였다. 오만만의 그 배는 아랍에미리트연합국과 40킬로미터쯤 떨어진 곳에 정박해 있었다. 해적을 맞닥뜨렸던 과거 무용담을 주고받다 보니 대화는 공통의 걱정거리로 넘어갔다. 규모가 연 130억 달러에 달할 만큼 성황을 이루는 해상 보안업계로 훈련되지 않은 신규 인력이 점점 더 많이 유입된다는 우려였다.[8]

"독신남 손에 신생아를 맡기는 꼴이죠." 한 경비원이 자동 화기를 받은 몇몇 신입의 반응을 이야기하며 불만을 토로했다. 그는 신참 다수가 전투 경험이 부족하고 사실상 영어도 못 하며(유

오만만에 정박한 세인트키츠네비스 국적의 해상 무기고 레절루션호 같은 물 위를 떠다니는 무기 창고들은 공해의 고위험 수역에 자리를 잡고 있다.

창한 영어 실력이 직무 요건이었는데도 그랬다) 무기를 세척하거나 수리하는 방법도 모른다고 투덜거렸다. 근무 첫날 개인 화기를 지퍼백이나 신발 상자에 넣어 오는 신입도 있었다. 보안 회사가 최소한의 검증만으로 인력을 채용했기에 그런 이들도 일자리를 얻을 수 있었다.

군인들과 마찬가지로 경비원도 온갖 부류가 모인 집단이었다. 자신만만한 사람과 조용한 사람, 우락부락한 사람과 호리호리한 사람, 무뚝뚝한 사람과 친절한 사람이 다 섞여 있었다. 일부는 20대인 젊은 경비원들은 확실히 훈련만 많고 실전은 적다고 생각하면서, 전투에 나가서 기술을 시험하고 자신의 능력을 입증하고 싶어했다. 40대 중반에서 50대쯤 되는 비교적 나이가 있는 사람들은 진력이 난 기색이었고 앞에 나서지도 않았다. 이들은 무료함보다는 고향과 멀리 떨어져 있는 것이 불만이었다. 그리스, 미국, 인도, 에스토니아, 영국, 남아프리카공화국에서 온 이들은 보통 같은 나라 사람끼리 뭉쳐 지냈다. 거의 모두가 이라크나 아프가니스탄 또는 아프리카 내 분쟁 지역에서 복무한 경험이 있었다. 또한 확연하면서도 미묘한 뱃사람의 방식으로 남성성을 과시했다. 배가 심하게 요동쳐도 복도 벽이나 난간을 짚지 않으려 한다거나 커피를 잔 가장자리까지 채워 아무리 흔들려도 자기는 커피를 한 방울도 안 쏟는다는 것을 보이는 식이었다. 무기고에 있던 경비원들은 블랙리스트에 올라 앞으로 일자리를 구하는 데 지장이 생길까 봐 거의 모두가 내게 이야기를 해줄 때 이름을 밝히지 않는 조건을 걸었다.

선체가 강철로 만들어진 43미터 길이의 레절루션호는 당시 홍해와 페르시아만, 인도양의 고위험 해역에 정박해 있던 화물선과 예인선, 바지선을 개조한 선박 수십 척 중 하나였다. 2008년 해적 공격이 절정에 달했을 때 레절루션호 같은 배에서 지낸 경비원은 현장에 배치되든 무기고에서 대기하든 보통 하루에 500달러를 벌었다. 근래에는 보수가 전반적으로 꾸준히 감소해 무기고에서 대기하면 겨우 250달러를, 운송선을 보호하도록 파견되면 하루에 550달러를 받는 것이 통상적인 액수가 되었다. 위협 수준이 떨어지자 임금은 더 격하게 떨어졌고 경비원의 국적도 달라졌다. 처음에는 서유럽과 미국 출신 경비원이 많았으나 2011년경 동유럽과 남아시아 사람들로 대거 교체되었고 이들은 월 650달러라

레절루션호 식당에서 민간 해상 보안업체 경비원들이 식사를 하고 있다.

는 적은 급여를 받기도 했다.

경비원들의 말에 따르면, 해상 보안업계에서 빨리 한몫 잡을 궁리만 하는 수상한 회사는 예전과 비교하면 많이 줄어들었다. 레절루션호는 업계 최고 수준이라고 했으나 젊은 경비원들은 그래도 불만이 많았다. 음식이 형편없다, 환경이 지저분하다, 와이파이가 안 된다, 그리고 무엇보다 지겹다는 불만이었다.[9] 그러나 비용 절감 조치 때문에 공격에 제대로 대응하지 못할 수도 있다는 것(과 여기에 수반될 수 있는 치명적인 결과)이 가장 큰 걱정거리라고 했다. 해운업계는 돈을 아끼려고 4인 1조 체제의 경비팀을 경험 부족한 직원 두세 명으로 꾸리도록 바꿨다.

레절루션호에 있던 '팀장'(대부분 미국과 영국, 남아프리카공화국 출신 참전 군인이었다)은 숙련된 경비원이 왜 중요하며 해상 총격전은 육지에서와 어떻게 다른지를 설명해줬다. 해상전은 육상

전과 전술이 달랐기에 경험이 매우 중요했다. "못 싸우겠으면 도망치라고 하지만 여기서는 싸우는 길뿐이죠." 레절루션호에 타고 있던 경비원 캐머런 모앳Cameron Mouat이 한 말이다. 은신할 곳도 후퇴할 곳도, 공중 지원도 탄약 투하도 없었다. 표적은 거의 언제나 빠르게 움직였다. 파도 때문에 조준은 계속 바뀌었다. 어떤 배는 축구장 몇 개를 이어 붙인 것만큼의 길이라 두세 명으로 구성된 경비팀이 맡기에는 너무 컸다. 특히 각기 다른 방향에서 배 여러 척이 공격을 할 때는 더더욱 감당하기 어려웠다.

무엇이 위협이고 무엇이 아닌지를 판별하는 것도 극히 난감한 일이 되었다. 과거 해적을 나타내는 뚜렷한 표지였던 자동 화기는 이제 평범한 것이 되어 위험 수역을 지나는 거의 모든 배에서 발견된다고 했다. 밀수업자는 공격 의사가 없어도 레이더 그늘에 숨어 연안 당국의 탐지를 피하려고 툭하면 큰 상선에 달라붙었다. 큰 배가 해저 퇴적물을 휘저어주면 물고기가 유인되니 때로는 악의 없는 어선도 큰 배의 꽁무니를 파고들게 될 때가 있었다.

"신입 경비원이 오판하거나 당황해 너무 일찍 발포하는 것만 문제가 되는 게 아닙니다. 충분히 일찍 발포하는지도 문제죠." 남아프리카공화국 출신 경비원이 말했다. 경비원이 너무 오래 머뭇거리다간 경고 사격을 하거나 조명탄이나 물대포를 쏠 기회, 또는 접근하는 배의 엔진을 무력화할 기회를 놓치게 된다는 것이었다. 그렇게 되고 발포하려 하면 '절명 사격'이라는 선택지만 남는다고 그가 말했다.[10]

어느 나라든 다른 나라에서 운영하는 군수 창고가 자국 해안과 그렇게 가까이 있는 것을 달가워할 리 없었으니 무기고는 늘 논란거리였다. 공해에서 하선한다는 선택지가 없으면 무장 경비원이 항구까지 들어올 수밖에 없는데, 대다수 항구가 무기 반입을 금지했다. 그런데도 경비원들은 특정 국가의 수역으로 가면서 화기를 그냥 선내에 숨겨두는 경우가 있었다. 그러다 검사관이 오면 화기를 뱃전 너머로 던져버리기도 했다.

어느 날 밤 11시경 솔로몬과 나, 민간 경비원 여남은 명을 한 무기고로 태워주던 배에서 두 엔진 중 한 대가 동력을 상실하면서 배의 속도가 기어가는 듯한 수준으로 떨어졌다. 선장은 초조한 기색이었다. 나는 왜 그러냐고 물었다. "저거 보여요?" 선장은 좌현 너머로 보이는 높다랗게 솟은 해안을 가리켰다. "저기가 이란입니다." 그는 우리 배가 조류에 밀려 저쪽 해안으로 가고 있다고 설명했다. 다른 엔진마저 죽어버리면 배는 800미터도 안 떨어진 이란 수역으로 흘러들 것이라고 했다. "무장한 영국인과 미국인 민간 경비원이 바글대는 배를 반길 곳은 아니죠." 내가 기자라는 사실로 이란 정부의 분노를 면할 수 있을지는 물어볼 필요도 없었다.

선장의 두려움은 근거가 없는 것이 아니었다. 2013년 10월 12일 시맨가드오하이오Seaman Guard Ohio라는 한 해상 무기고가 음식과 물, 연료를 구하려고 인도 수역에 진입했다.[11] 미국의 민간 해상 보안업체 애드밴포트AdvanFort 소유였던 오하이오호 선원들이 나중에 밝히기로 이들은 배에 무기가 있으나 '도움이 필요한' 상황임을 인도 해군 당국에 알렸고, 그대로 진행하라는 허가를 받았다. 그러나 인도 정부는 오하이오호 선원에게 구조가 필요하다는 말을 믿지 않았고, 결국 경찰이 배에 있던 경비원 25명과 선원

10명을 체포해 각종 무기 관련 규정 위반으로 입건했다. 이들은 유죄 선고를 받았고, 누차 항소하고도 인도 남동부 첸나이에 있는 퍼절 중앙 교도소에서 5년간 복역하라는 형을 받았다.

"뉴욕 연안 13해리 내에서 기관총과 중화기 수천 대가 아무 규제도 안 받고 떠다니면 미국 정부인들 대응을 안 하겠습니까?"[12] 내가 연락을 취해 오하이오호 일을 묻자 인도군 관계자는 이렇게 말했다.

인도 측으로서는 자국 앞바다에 있는 용병에 대해 우려할 이유가 더 있었다. 고급 호텔 두 곳을 비롯한 여러 표적을 노렸던 2008년 뭄바이 테러가 일어났을 때 테러범들이 해상으로 잠입했었기에, 인도 정부는 그런 사건이 재발할 것을 염려한 것이었다. 게다가 오하이오호가 체포되기 약 1년 전인 2012년에는 이탈리아 석유 탱커선 엔리카렉시에Enrica Lexie에서 경비원으로 근무하던 이탈리아인 해병 두 명이 인도 어민 두 명을 해적으로 오인해 사살한 적도 있었다. 인도 남부의 주인 케랄라 연안 20해리쯤에서 발생한 사건이었다.

엔리카렉시에호가 저지른 살상은 이탈리아와 인도의 외교 분쟁으로 치달아 2013년 3월 이탈리아 외무장관이 사임하는 결말로 끝났다. 그 장관은 이탈리아 정부가 자국 해병을 인도에 보내 재판을 받게 한 것에 항의하는 뜻으로 사임한다고 밝혔다. 그는 그것이 "국가와 군대의 명예"를 실추한 조치라고 주장했다. 육상의 국경 분쟁도 외교적 긴장을 초래하지만, 이 일은 해상의 분쟁에는 목숨이 걸려 있을 때가 많다는 것을 상기시키는 사건이었다.

레절루션호에 있는 동안 사람들에게 오하이오호 사건에 대해 물어보았다. 마침 오하이오호가 억류되기 몇 개월 전까지 그 배에 있었다는 경비원이 한 명 있었다. 그는 오하이오호 선원들을 체포한 것은 부당한 일이라고 말했다. "구역을 제한하는 법을 호텔에서 위반했다고 숙박객을 체포하면 안 되죠." 오하이오호에서 체포된 인원 중 여섯 명이 전직 영국 군인이었기에 영국 총리 테리사 메이Theresa May는 2017년 G20 정상회의에 참석하는 동안 인도 측 관계자에게 그들의 조속한 석방을 촉구했다. 구금자 중 한 명인 존 암스트롱John Armstrong의 누나 조앤 톰린슨Joanne Thomlinson은 내게 이메일을 보내, 동생과 다른 경비원이 무죄로 풀려났어야 할 증거가 재판 과정에서 그렇게 많이 제시되었다는 점이 무엇보다 갑갑했다고 말했다. "그러고도 최대 형량을 받는 결과라니요?"[13] 톰린슨은 이번 일이 법이 아니라 정치로 판결이 난 사건이라 생각한다고 덧붙였다.

무기고에서는 함께 먹고 자는 경비원들 사이에서 긴장이 폭발할 수도 있다. 일부 무기고는 극악한 환경을 자랑했고 그래서 갈등의 도가니가 될 가능성을 품고 있었다. 내가 수송선을 타고 육지로 돌아갈 때도, 오만만의 다른 무기고를 지키던 경비원 무리에게서 한참 동안 그에 관한 이야기를 들었다. 레절루션호를 떠난 지 한 시간이 되었을 때, 우리는 우리와 마찬가지로 육지에 가는 경비원 몇 명을 태우기 위해 시폴원호라는 다른 해상 무기고 옆에 수송선을 댔다. 아방가르드해양서비스Avant Garde Maritime Services, AGMS라는 이름의 스리랑카 회사가 시폴원호를 운영했는데, 경비원들은 이 배는 비교적 질서 있고 청결한 레절루션호와는 완전히 딴판이라고 했다.

시폴원호에서 나온 경비원들은 스마트폰을 꺼내 배에 득시글 거리는 바퀴벌레 사진을 보여줬다. 다른 사진에서는 좁아터진 선 실에서 남자 여덟 명이 꾸역꾸역 잠을 잤고, 폐기물을 보관할 공 간이 배에 남아 있지 않아 쓰레기가 아무렇게나 널려 있었다. 몇 몇 경비원은 웃옷을 걷어올리더니 빈대에게 물렸다가 감염되어 등과 팔에 빨간 반점이 올라온 부분을 보여줬다.

경비원들은 승선 시 무기를 별도 장소에 안전하게 보관하므로 해상 무기고는 창고 강탈을 노리는 해적에게 매력적인 표적이었 다. 여느 해상 무기고와 마찬가지로 시폴원호는 배에 태운 사람 을 단속하거나 외부 위협에 맞서 배를 지킬 무장 경비 인력을 자 체적으로 두고 있지 않았다. 많은 연안국이 무기고에 반대했으나 무기고는 공해에서 운영되었기에 이들 국가로서는 저지할 방법 이 거의 없었다. 무기고의 위치와 숫자를 파악한 국제 등록소도 없었고 여기에 관할권을 행사할 국제적인 규제 기관도 없었다.

내가 인터뷰한 경비원 중 무기고에서 발생한 충돌로 목숨이 왔 다 갔다 한 일을 아는 사람은 아무도 없었으나 일촉즉발의 상황 은 적지 않았다. 경비원들은 136킬로그램이 넘는 몸무게에 키도 193센티미터 이상이라 시폴원호의 좁은 화장실 칸에 들어갈 수 없었던 한 라트비아 출신 경비원 이야기를 해줬다. 그 경비원이 샤워실에서 용변을 봤다고 한다. 다른 사람이 그걸 청소하라고 하자 그는 싫은데 어쩔 거냐고 배짱을 부렸다.

경비원들은 이틀 전에 있었던 사건도 들려줬다. 남아프리카공 화국 출신 경비원 두 명과 팀장 사이에 불거진 말싸움에 불이 붙어 경비원 몇 명이 끼어들어 진정시켜야 했던 일이었다. 보안업체가 항구로 복귀할 수단도 마련해주지 않은 채 경비원들을 시폴원호에 유기한 뒤로 이들이 30일 동안 급여를 받지 못해 시작된 언쟁이었다.

경비원들이 무엇보다 못 견뎌하는 것은 무료함이었다. 이 무료함은 형태는 없어도 무게가 있었고, 무료함이 경비원을 내리누르는 시간이 길어질수록 그들의 낙담 또한 깊어졌다. 무기고보다 무료함이 무거운 곳은 없었다. 배가 정박 중이라는 것이 한 가지 이유였다. 목적지를 두고 움직이면 시간과 기다림의 무게는 가벼워진다. 그리고 무기고의 경비원들은 다른 대다수 배의 선원보다 사회적 응집성이 낮았다. 경비원들은 소속 보안팀도, 출신 국가와 문화권도 달랐기에 서로를 향한 의심의 눈초리가 짙어졌고 이는 테스토스테론에 절어 남성성을 과시하는 거친 행동으로 이어졌다.

무기고 중 한 곳에서 만난 케빈 톰프슨Kevin Thompson은 무료함이 무기고를 "심리적 압력솥"으로 바꿔놓는다고 말했다. 그는 경비원들의 아슬아슬한 상태를 이해하려면 우선 무료함에서 오는 스트레스를 고려해야 한다고 말했다.

경비원들은 (보통 스테로이드 '주스'의 도움을 받아가며) 근력 운동을 하거나 (배에 몰래 반입할 수 있었다면) 술을 마시는 것으로 마음을 달랬다. 유치한 (그리고 때로는 위험하기까지 했던) 놀이를 만들어내 지루함을 끊어내기도 했다. '뱃머리 타기'는 폭풍우 속에서 배 앞쪽으로 나가 갑판에 파도가 마구 부서지는 와중에 두 발로 서 있으려고 용을 쓰는 것이었다. '로데오'는 균형감과 지구

다음 파견을 기다리며 오만만의 수상 무기고에서 생활하는 민간 해상 경비원들이 스파링을 하고 있다.

력을 겨루는 게임으로 역시 바다가 거칠 때 하는 놀이였다. 러닝머신에서 점차 속도를 올리면서 얼마나 오래 버티는지 겨루기도 했다. 나는 장거리 달리기를 좋아하며 로데오 실력도 평균 이상은 된다고 자부했다. 그러나 이런 게임에서 실력이 괜찮은 사람이 있으면 경비원들이 난이도를 올리고 불을 꺼버린다는 것("밤의 로데오다!")을, 그러면 게임은 식겁할 정도로 빠르게 결판이 난다는 것을 몸으로 부대끼며 배웠다.

평소보다 차분했던 어느 날 오후, 레절루션호 상갑판에 경비원 세 명과 함께 있던 나는 내 아이폰을 꺼내 대만 참치 연승 어선의 살상 영상을 보여줬다. 그들은 몸을 쭈그리고 달라붙어 10분 26초짜리 영상을 끝까지 봤다. 동영상이 재생되는 동안 입을 여는 사람은 아무도 없었고, 우리는 휴대전화의 쩽쩽대는 스피커에서 나오는 총성과 비명을 들었다. 경비원들의 의미심장한 침묵에서 우리 사이의 골이 느껴졌다. 무기고의 환경이나 해상 폭력 행위의 위협에 관해 이런저런 이야기를 나누는 것은 어렵지 않았으나 이 문제는 달랐다. 나는 더 이상 그들의 일원이 아니었다. 그들이 이야기하기를 꺼리는 일에 질문을 던지는 기자였다. 이 남자들은 위험하고 때로는 잔혹하기도 한 바다의 규율에 따라 살았고, 내가 그것을 이해하는지 미심쩍어하는 것이 분명했다.

마침내 한 명이 몸을 젖히며 어색한 침묵을 깼다. "나라면 이렇게 안 했겠지만, 일이 이런 식으로 처리될 때도 있죠."

* * *

레절루션호에서 지내는 동안 바다 위 총잡이 문화를 들여다보는 강렬한 경험은 할 수 있었으나, 사망 순간이 영상에 포착된 그 남자들에게 무슨 일이 일어났는지 파악하는 데에는 진척이 없었다. 선원들이 그 이야기를 입에 올리지 않으려 했기에 더욱 그랬다. 오만만에서 육지로 돌아온 뒤 나는 그 사건의 자세한 진상을 본격적으로 쫓기 시작했다. 총격 영상이 담긴 휴대전화가 발견된 피지의 경찰을 출발점으로 삼았다. 그곳 경찰은 유용한 정보를 거의 주지 않았다. 자기네 나라 선박이 연루되지 않았고 자국 수역에서 발생한 사건도 아니라는 결론으로 사실상 이미 수사를 종결한 상태였다.

해양 조사업체 오케아노스라이브OCEANUSLive의 국장 글렌 포브스Glen Forbes는 내가 피지 쪽과 나눈 대화에 별로 놀라지 않은 눈치였다. 포브스는 정부가 이런 사건을 수사할 때, 보통 목표는 범인을 찾는 것이 아니라 역할이나 책임을 피하려고 사건에서 거리를 두는 것이라고 말했다.

영상의 성격도 책임 소재를 특정하기 어려운 이유가 되었다. 그 남자들에게서는 단일한 국적이 뚜렷하게 드러나지 않았다. 영상 속 사람들은 중국어와 인도네시아어, 베트남어를 했다. 물에 떠 있는 남자들을 둘러싼 대형선 세 척의 모습에서는 얻을 것이 거의 없었다. 그 중 한 척의 갑판에 중국어로 '안전제일'이라고 적힌 현수막이 걸려 있다는 정도가 다였다. 그러나 뒤로 지나가는 것이 포착된 네 번째 배에서 결정적인 단서가 나왔다. 선체에 있는 숫자로 그 배가 대만인 소유의 725톤급 참치 연승 어선 춘이217이라는 것이 드러났다.

세계적 규모의 참치잡이 선단을 보유한 대만 수산업계는 규모로나 정치적 영향력으로나 대만 최고의 고용 창출자라 해도 과언이 아니었다. 나는 대만으로 가, 춘이217호의 소유주이자 대만참치협회이사회 소속이기도 한 린위즈라는 남자를 추적했다. 린은 자신이 10척도 넘는 배의 선주이며 춘이217호가 총격 현장에 있었다고 확인해주었으나, 영상 속 남자들이 총에 맞을 때 본인 소유의 다른 배가 있었는지는 모르겠다고 했다. "우리 선장은 최대한 빠르게 그 자리를 떠났습니다." 총격 현장에 관한 린의 말이었다.

나는 린에게 끈덕지게 물었다. 린은 춘이217호를 탔던 선원들에 대해 자세히 이야기하는 것은 거절했다. 회사에 대만 경찰의 연락이 왔을 때 선장에게 작성시킨 사후 보고서 역시 공유하지 않으려 했다. 자기 배에 있던 민간 경비원은 스리랑카 업체를 통해 채용됐다고 했으나 업체 이름은 말하지 않겠다고 했다.

나는 대만 검찰청에도 연락을 취했다. 검찰청은 이 사건을 조사하고 있었지만 사건 관련한 의견은 주지 않으려 했다. 그러나 나중에 대만 수산청 관계자 두 명이 대만 국적선에 민간 경비원을 배치할 수 있도록 허가받은 업체가 AGMS라는 사실을 말해줬다. 시폴원호를 운영하는 바로 그 회사였다. 경비원들이 감염으로 발진투성이가 된 채 지독한 환경에 불만을 토로하던 오만만의 그 무기고 말이다. AGMS는 자사 경비원이나 해상 무기고에 관한 질문에 답변하기를 거부했다.

대만 수산청장 차이쭈야오는 인터뷰를 하는 동안 춘이217호의 선원 명단과 선장의 이름 또는 경로 관련 정보를 알려주지 않으려 했다. 그러면서 물에 있던 남자들이 해적이었을 수도 있다고 넌지시 말했다. "무슨 일이 있었는지 우리는 모릅니다. 그러니 합법인지 어떤지 우리가 단정할 방법은 없죠." 청장은 힘주어 말했다. 춘이217호가 인도양에서 참치를 어획 중이었기에 나는 해당 해역 내 어업 면허 교부를 감독하는 인도양참치위원회IOTC에, 그리고 역시 허가에 관여하는 세이셸 정부에도 연락했다. 어느 쪽도 답을 주지 않았다.

이런 비협조의 벽은 단순히 막막하다는 말로는 다 표현할 수 없다. 이리저리 고생만 하고 아무런 답도 듣지 못하는 것은 기자 일을 하다 보면 겪게 마련인 고난이었지만, 수년간의 탐사 취재 경험에서는 내가 찾는 정보를 얻을 수 있도록 사람들 구워삶는 것을 도와주려 하는 권한 있는 담당자가 웬만해서는 있었다. 평판에 금이 갈지도 모른다는 우려 역시 기업이나 정부가 기자에게 답하는 최소한의 성의라도 보이게 하는 동기가 된다. 그러나 바다 세계에서는 그렇지 않다. 이곳에서는 모든 행위자가 윤리와 도덕의 나침반을 각기 다른 방향으로 설정해둔 듯했다.

소득 없이 몇 주를 구른 뒤 한 해운업계 변호사에게 넌두리를 하자 변호사는 내가 겪는 일을 이르는 용어가 있다고 했다. 그는 "바다의 회전목마"에서는 누구도 해상 부정행위에 반응하지 않는다고 설명했다. 반응을 보인다 해도 질문자와 질문을 다른 누군가에게 넘기려는 것이 전부다. 바다는 고립된 세계고 내부자들은 그 상태를 고수하려 애쓴다. 내가 이 환경에서 이방인임을 또 한 번 되새기는 계기였다. 선장의 뜻으로 배에는 올랐으나 내가 선주와 대화하게 해줄 뜻이 있는 사람은 아무도 없는 모양이었다.

지푸라기라도 잡아보려는 심정으로 나는 춘이217호와 의심스러운 다른 선박에 관련된 해상 기록과 업체 자료를 모았다. 거창하지는 않아도 유용한 한 가지 세부사항이 나왔다. 세 선박(춘이217호, 평신101호, 춘이236호)의 영업 주소가 같다는 것이었다. 더 파보니 춘이 계통의 선박은 7척이라는 사실을 알게 되었다. 대략 길이가 52미터에서 58미터 사이로 크기는 모두 엇비슷했다. 5척(춘이307, 316, 318, 326, 628호)은 세이셸 기국에 등록되어 있었고 2척(춘이217, 236호)은 대만 국적이었다.

내가 인터뷰한 해사 전문가 대다수가 살상 현장에 있던 선박 사이에 연결고리가 있을 것이며 어쩌면 소유 관계가 엮인 '자매선'일 수도 있다고 추측했으니 주목할 만한 사실이었다. "생각이 다른 사람끼리 은행을 털지는 않잖아요. 춘이217호와 관련된 배에서 발포자를 찾아보시죠"라고 한 전직 미국 해안경비대 관계자도 있었다. 좋은 제안이었으나 큰 진전은 없었다. 더 큰 행운이 필요했다.

* * *

그 총격 사건을 다룬 내 기사는 2015년 7월 《뉴욕타임스》에 실렸다. 얼마 안 있어 해적없는바다의 존 허긴스가 내게 다시 연락을 했다. 나와 마찬가지로 허긴스도 총격 이후의 무대응에 심란해 했고 물에 빠진 남자들이 해적이라는 대만 수산 회사의 공식 입장도 믿지 않았다.[14] 허긴스는 영상을 면밀히 검토해 다른 가능성을 시사하는 실마리를 찾아냈다고 했다. "앞뒤가 하나도 안 맞더군요."

조각난 채 물에 떠다니던 잔해만 해도 해적이 주로 타는 소형선이나 모터보트라기에는 너무 큰 것 같았다. 오히려 한 개 이상의 마스트에 삼각돛을 단 어선으로 홍해와 인도양에서 흔히 쓰이는 다우선일 가능성이 커 보였다.

해적은 보통 다우선을 타지 않는다. 출력 좋은 어선이나 화물선을 잡기에 속도가 모자란 탓이다. 한 가지 예외는 해적이 쌍으로 움직일 때다. 그런 해적들은 주로 밤에 항로를 가로지르도록 줄을 펼쳐놓고, 화물선이나 어선이 들어오면 줄로 뱃머리를 잡아 본인들의 배 두 척을 옆에 가져다 댄다. 이어서 쇠갈고리를 걸어 올리고 배에 올라탄다. 그 살상 영상은 낮에 찍혔고 물에 줄도 없었으니 이 전술이 사용된 것 같지는 않았다.

허긴스는 거기서 가라앉던 배에는 깃발이 걸려 있었으며 그것도 해적의 것이라기에는 이상했다고 말했다. 깃발이 초록색과 빨간색, 흰색이었으니 소말리아의 자치주인 소말릴란드나 이란에서 온 배일 가능성이 있었다. 둘 다 배를 띄우려는 해적에게 인기 있는 지역은 아니었다. 물속에 있던 남자들의 피부색과 얼굴 생김새로 미루어 보면 인도나 스리랑카, 파키스탄 또는 이란 출신일 확률이 높아 보인다는 게 허긴스의 생각이었다.

기사를 내고 새로운 단서를 쫓던 중 한번은 취재원이 내게 이렇게 물었다.[15] "총격 전에 그 사람들이 뭘 하고 있었는지를 왜 굳이 알려고 합니까?" 해적이든 폭도든 경쟁 어민이든 도둑이든 어차피 죽은 사람 아니냐는 말이었다.

초점이 맞지 않은 사진처럼, 나로서는 이해하기 어려운 질문이었다. 총에 맞기 직전에 그 남자들이 무엇을 하고 있었는지 알아내는 것이야말로 핵심이었다. 이 폭력 사태를 둘러싼 서술어가 중요했다. 물에 빠지는 결말을 맞기 전 남자들의 상황을 제일 잘 설명하는 말은 도망치다, 휘말리다, 공격하다, 강도질을 당하다 중 무엇이었을까? 발포자는 즐거워했을까, 머뭇거렸을까, 아니면 무서워했을까? 그 말이 인명 사고를 복수극과 구분하고, 살인을 자기방어와 구분해줄 것이었다. 현장에서 벌어졌던 무법 행위의 종류를 더 정확히 나타낼 것이었다. 복수심을 불태운 정의 구현이었나? 아니면 정당한 응징 임무? 자본주의적 폭력의 난잡한 표출? 『가장 위험한 게임』에 나오는 것처럼 재미로 사람을 사냥한 사건인가? 아니면 영유권 주장? 공격받은 쪽을 기술할 말과 공격한 쪽의 동기를 콕 집어 밝히는 것은 까마득하게 요원한 일이었으나 추적할 가치가 있다는 확신이 들었다.

오래 지나지 않아 노르웨이 해양 조사업체 트뤼그마트트래킹 Trygg Mat Tracking, TMT의 취재원에게서 연락이 왔다. 사건이 벌어지는 동안 발포자 일부가 타고 있던 배가 핑신101호일 가능성이 가장 크다고 판단했다는 것이었다. TMT는 300척 이상의 어선을 찍은 3,000장 이상의 사진을 기록 보관한 자체 데이터베이스와 원본 영상의 화면을 대조해 그런 결론을 내렸다고 했다. 그 회사에서 가장 뛰어난 분석가인 덩컨 코플랜드Duncan Copeland와 스티 피엘베르그Stig Fjellberg는 가장자리 색상과 선체의 독특한 녹 자국, 어구와 안전 장비의 배치, 현창 개수, 난간 형태 등 영상이 촬영되고 총이 발포된 배의 고유한 특징에 집중했다. 핑신101호는 영상에 나온 배 한 척과 여러 특징이 일치했다.

인터폴에 제출한 보고서에서 TMT는 이게 단독 사건이 아니라고 밝혔다. TMT가 인터넷에서 발견한 '소말리아'라는 제목의 9분짜리 영상에는 참치 연승 어선 세 척이 2014년 7월 이전 인도양 어딘가에서 더 작은 어선 한 척을 들이받고 괴롭히는 모습이 나왔다. 공격하던 연승 어선 세 척은 핑신101호와 세이셸 기국에 등록된 포천58호, 포천78호였다.

TMT 보고서에는 내가 겪은 바다의 회전목마를 설명할 작은 단서도 있었다. 나는 해당 수역의 어선에 면허를 내주는 세이셸과 인도양참치위원회 담당자에게 거듭 연락을 취했으나 그쪽은 나와 대화할 의사가 없었다. TMT의 보고서에 신원이 밝혀진 론돌프 파예트Rondolph Payet라는 남자는 흥미를 끌 만한 조합의 역할을 맡고 있었다. 춘이217호와 관련 있는 회사인 세이셸의 임원인 동시에 춘이217호에 어업 면허를 교부한 인도양참치위원회의 총장이었던 것이다.

단순한 이해관계의 충돌이 아니었다. 정치적으로 힘 있는 인물이 혐의가 있는 선박 최소 한 척과 밀접한 관련이 있다는 표시이기도 했다. 혐의가 있는 선박과 파예트의 관계가 발견된 것에 관해 TMT 보고서는 "정치적으로 민감하게 접근할 필요가 있겠다"고 했다. 파예트는 2015년 11월 인도양참치위원회에서 사임했고 이유는 끝까지 공개되지 않았다.[16] TMT가 드러낸 민감한 관계와 얽힌 사임이리라는 의심이 들었다.

이 이야기를 뒤쫓으며 수수께끼를 풀려고 애쓴 지도 수개월이 되었다. 《뉴욕타임스》 담당 편집자는 내가 그만 넘어가 다음 기사 취재를 시작하길 바랐고, 그 생각은 합당했다. 그러나 이 사건을 보내주긴 힘들었다. 이렇게 기록이 잘 남아 있는 사건이 어째서 방치되는 걸까? 나는 사건의 불씨를 꺼뜨리지 않으려고 이 사건과 관련해 새로 발견한 사실들을 요약해, 누군가에게 쓸모가 있기를 바라며 페이스북에 게재했다.

약 1년쯤 지나 내셔널지오그래픽에서 〈크리미널 오션〉이라는 제목의 TV 프로그램이 방영되었다. (대만과 태국, 인도, 이란, 소말리아, 세이셸을 비롯한 각지에 과감히 뛰어들어) 목숨이 오간 이런 사건에서 무슨 일이 일어났는지 알아내고자 지칠 줄 모르는 의지로 밀고 나가는 사설탐정 카스텐 본 호슬린Karsten von Hoesslin을 따라가는 프로그램이었다. 본 호슬린은 이 사건에 대한 정보를 제공하고 취재원의 위치를 알려줄 현지 기자와 어민을 섭외해 총격의 목격자와 잠재적 피해자의 가족, 수감된 소말리아 해적, 익명의 정부 관계자 등을 인터뷰했다. 감격스러운 조사의 진전이자 내가 애타게 원했으나 찾지 못했던 행운이었다.

토론토 출신으로 런던에서 활동하는 본 호슬린은 기업에 보안 관련 자문을 제공하는 일을 전문적으로 하는 리스크인텔리전스 Risk Intelligence에서 선임 분석가로 일한 전력이 있었다. 리모트 오퍼레이션 에이전시Remote Operations Agency라는 회사의 수장이기도 했다. 그 회사의 웹사이트에는 "미제 사건 해결과 원격 환경의 위기 대응 활동에 특화한 틈새 조사 대행업체"라고 설명되어 있었다. 카메라 앞의 본 호슬린은 투지를 불태우며 남성성을 과시하는 모습이었다. 한 회차는 해변을 달리는 본 호슬린의 슬로모션으로 끝났다. 인스타그램 계정에서 그는 살인의 핵심 용의자로 지목한 상대를 도발했다. 그는 이렇게 써놨다. "내가 어떤 사람인지 알게 될 거다. 아주 결딴을 내주지!"

본 호슬린의 공격적인 접근은 결과를 내기 시작했다. 목격자 세 명을 찾아낸 것이다. 두 명은 핑신101호에서 일했던 필리핀인 갑판원 올드린Aldrin과 막시모Maximo였다. 막시모는 총격 이후 웃으며 셀카 자세를 취하는 모습으로 영상에 잡혔던 사람이다. 앞에 '행 10'이라고 적힌 품이 큰 남색 티셔츠를 입고 있었다. 세 번째 목격자인 인도네시아 출신 갑판원 안와르Anwar는 춘이628호를 타고 있었으며 그 배도 현장에 있었다. 세 목격자는 내셔널지오그래픽 촬영팀의 카메라에 모습을 비췄고 촬영팀은 이들의 성을 빼고 이름만 공개했다.

목격자들이 말하길, 물속의 남자들을 쏜 날은 여느 때와 다름없이 시작되었다. 2012년 8월의 어느 날 소말리아와 세이셸 사이 인도양 어딘가에서 조업 중이었는데, 근처 배가 해적의 공격을 받았다는 무전 경보가 들어와 작업이 갑자기 중단되었다. 어떤 배가 공격을 받았는지는 확실히 알지 못했으나 펑신101호와 춘이217호, 춘이268호는 충돌이 발생했다는 지점으로 갔다.

도착해서 보니 여러 어선이 작은 배를 둘러싸고 있었다. 고성이 오갔다. 목격자들은 작은 배에 탄 사람들은 무장을 하지 않은 상태였던 것 같다고 말했다. 총격이 시작되자 작은 배에 있던 사람들이 물에 뛰어들었다. 그 중 일부는 위협할 뜻이 없다고 외쳐댔다. 막시모가 그 말을 들었다고 했다. "소말리아 사람 아니에요! 해적 아니라고요!"

당시 펑신101호의 선장은 왕평위라는 중국인 남자로, 갑판원들은 이 사람을 '주먹 선장'이라고 불렀다. 아트Art라는 갑판원은 이렇게 말했다. "거친 인간이었죠. 사람을 때렸어요." 올드린은 왕 선장(왼팔에 용 문신이 있었고 나이는 30대 후반으로, 선장치고는 젊었다)의 성미가 흉포했다는 말을 덧붙였다. "실수라도 하면 주먹으로 치고 발로 찼어요."

1989년에 건조된 펑신101호는 50미터가 약간 넘는 길이였고 리차오핑이라는 상하이 사업가의 소유였다. 내셔널지오그래픽이 진행한 인터뷰에서 그 배가 2013년 몸바사 부두에 들어왔을 때 승선해 일했다고 말한 덩컨 카위노Duncan Kawino는 이렇게 이야기했다. "배보다는 감옥에 가까웠습니다. 침대는 너무 작고 매트리스도 지나치게 얇았으며 베개도 없었죠. 더럽기 짝이 없었고 이랑 빈대가 사방에 들끓었어요." 카위노는 펑신101호가 안전에도 무신경했다는 말을 덧붙였다. "기가 막혔죠. 구명 뗏목도 없고 부표도 없었어요. 소화기는 최신 제품이 아니었고요."

카워노에 따르면 펑신101호는 대부분 소말리아 수역에서 불법으로 조업하고도, 허가를 받은 세이셸 수역에서 어획했다고 허위로 신고했다. 목격자들이 말하길, 펑신101호와 춘이628호에는 모두 파키스탄 출신인 무장 경비원이 3명씩 배치되어 있었다. 영상 화면으로 보면 물에 있던 사람 최소 4명이 살해당했으나, 올드린과 막시모는 총에 맞은 사람이 그보다 많은 숫자인 10명에서 15명쯤 될 것이라고 했다.

목격자들은 다른 사실도 폭로했다. 총에 맞은 남자들은 해적이 아니라는 것이었다. "그 사람들은 총을 전혀 갖고 있지 않았어요. 배에 있는 건 어구뿐이었죠." 막시모는 이렇게 밝히면서도 그 남자들이 살해당한 이유는 자세히 말하지 않았다. "잘못된 일이었습니다. 사람들이 총 맞은 거 말이에요. 하지만 난 할 수 있는 게 없었어요." 올드린은 그 살상이 단독 사건도 아니라는 말을 심드렁하게 덧붙였다. 영상에 찍힌 사건이 발생하기 일주일 전 새벽 3시경에도 비슷한 살인이 벌어졌다고 했는데, 그런 공격은 특이한 일이 아니며 자신도 딱히 놀라지 않았다는 식의 태도였다. 상황은 거의 똑같았다. 해적으로 몰고, 배를 들이받고, 총을 쏘고, 죽이고, 물에 뜬 시신을 버려뒀다. 이런 폭력 사태는 내가 조사했던 다른 사건과 마찬가지로 영역 다툼으로 초래된 긴장의 산물이거나, 한쪽 배가 다른 배의 어구를 쳐서 망가뜨리는 바람에 벌어진 사건 같다는 의심이 들었다.

목격자들은 두 배(펑신101호와 춘이628호)의 선장이 살상을 명령하기만 한 것이 아니라고 했다. 이들이 경비원의 총을 빼앗아 들고 직접 쏠 때도 그 자리에 있었다는 것이었다. "내가 탔던 배에서 제일 많이 쏜 것 같아요." 그렇게 말한 안와르는 춘이628호를 타고 있었다. 막시모는 펑신101호의 경비원들이 발포를 시작하기 직전에 그 중 한 명에게 말을 붙였다고 했다. 발포 명령을 받기 전 경비원은 이렇게 말했다고 한다. "나도 쏘고 싶은 건 아니에요. 다 가족이 있는데, 잘못된 일이라 생각합니다."

어느 순간에는 물에 빠졌던 남자 한 명이 총알이 쏟아지는 배에 다시 올라타기도 했다. 남자는 엔진 시동을 걸어 탈출 시도로 보이는 행동을 했다고 한다. 그러자 연승 어선 중 두 척이 곧바로 그 배를 들이받아 산산이 조각냈다. 막시모가 말했다. "우리는 그 배를 따라가고 추격하고 쳤어요."

그러는 동안에도 펑신101호와 춘이628호의 선원들은 아직 물속에 있는 다른 남자들을 계속 쏴 죽였다. "끝난 뒤에는 평소와 다름없는 날이 되었죠." 올드린이 말을 이었다. 다들 하던 일로 돌아가라는 지시를 받았다. 안와르의 선장은 춘이628호 승선자의 휴대전화를 모두 모아 영상을 삭제했다. 그래도 적어도 한 명은 선장의 지시를 따르지 않았고, 그 선원이 찍은 영상은 끝내 피지의 택시 뒷좌석까지 왔다.

* * *

바다에서 벌어지는 범죄가 대개 그렇듯 이 사건은(다른 건 몰라도 살인 사건 해결에 필요한 핵심 증거는) 결국 바다 밑바닥에서 끝을 맞이했다. 펑신101호는 2014년 7월 7일에 침몰했다. 배가 가라앉는 동안 선원들은 구명정에 올라탔고 선장은 선내에 알 수 없는 기계 결함이 발생했다며 구조 요청을 보냈다. 당시 배에 있었던 선원 두 명은 사고가 아주 수상했다는 말을 훗날 전했다. 배가 가라앉는 내내 선장과 기관사가 비정상적으로 차분했다는 것이다. 범죄 증거를 인멸하고 어쩌면 사고처럼 보이게 해 보험금까지 동시에 챙기려던 계획의 정점이 그 침몰이었을지도 몰랐다.

"뭐가 터졌고, 물이 들어왔어요." 알존Aljon이라는 선원의 말이다. 몇 시간 후 선원들은 근처에 있던 화물선 샘타이거Sam Tiger호에 구조되어 스리랑카로 이송되었다. 고향으로 보내지기 전 선원들은 각자 현금을 100달러씩 받았다. 아트가 주먹 선장의 말을 전했다. "'경찰이 물어보면 아무 말도 하지 말라고.'"

한편 본 호슬린은 영상 속 총격 피해자 일부의 이름을 밝히는 데도 성공했으며 그 중 세 명은 파키스탄 출신 형제들이었다. 세 형제의 어머니인 카디자Khadija라는 여자는 그 살인이 아들들을 다 앗아갔다고, 이제 자기가 손자를 키우고 있다고 했다.[17] "아들들은 내 삶이었어요. 이 가슴이 언제 아물까요?"

그후 몇 달 동안 본 호슬린은 자신이 조사한 결과물을 대만과 소말리아, 세이셸의 법 집행 기관에 제출하려 했다. 그러나 사건을 추적할 의지가 있는 나라는 없었다. 아마도 살인 영상 속 주동자일 대만인 선장 왕평위는 그후 배를 옮겨 다른 어선에서 일했다. 2017년 기준으로 왕평위는 입건되지 않았고, 바다의 회전목마는 계속 돌아갔다.[18]

14장

소말리아의 일곱 선박

세계가, 이치에 맞고 법에 맞던 그 세계가 사라져갔다.

—윌리엄 골딩, 『파리대왕』

세 차례나 엔진 시동이 꺼졌으니 곤란한 상황임이 분명했다. AK-47을 소지한 경비원 몇 명과 내가 타고 있던 어선은 소말리아 해안과 1.6킬로미터쯤 떨어져 있었다. 이슬람 무장 단체 알샤밥이 예사로 마을을 공격하는 구역 근처였다. 몇 주 전에도 두 명이 총에 맞고 다른 몇 명은 납치되는 사건이 있었다. ISIS이라크 레반트 이슬람국가도 활동하는 지역이었다. 그러나 우리부터도 그다지 우호적인 외관은 아니었고 뭍으로 철수한다는 선택지는 없었다.

나는 남자 15명으로 구성된 팀과 같이 있었는데 그 중 7명은 고용된 무장 경비원으로, 내가 2주간 신변 보호를 받고자 3,000달러를 들인 보안 부대 소속이었다. 선외기가 있는 9미터 길이 목조 어선 세 척이 호송대를 이뤄 이동하고 있었다. 너무 많은 사람들이 탄 탓에 배들이 탑승자의 무게에 허덕였다. 땅거미가 가까워졌고 엔진은 털털댔다.

우리는 소말리아 보안 서비스Somali Security Service라는 회사가 관리하는 군용 등급 민간 순찰선과 접촉하러 가는 길이었다. SSS로 더 많이 알려진 이 업체는 반半자치 지역 푼틀란드의 지방 정부를 대리해 소말리아 수역을 순찰하며 그곳 수역에서 불법으로 어획하는 외국 선박을 적발했다. 소말리아 해적에 관한 암담한 언론 보도가 수년간 나간 이후였으니 불법 조업에 맞서는 푼틀란드의 공격적인 움직임은 좋은 기삿거리 같았다. 정부는 민간의 SSS와 함께 어업법을 집행하고자 푼틀란드해양경찰Puntland Maritime Police Force, PMPF이라는 해양 순찰선단을 자체적으로 꾸리기까지 했다. 푼틀란드 공무원들은 내가 배까지 나를 태워주려는 사람을 찾기만 한다면 SSS의 순찰에 동행할 기회를 주겠다고 했다. 당시 SSS의 선박은 예멘 바로 남쪽, 아프리카의 뿔(소말리아, 에티오피아, 지부티 등 아프리카 북동부 지역을 뜻함―옮긴이) 끄트머리에 있는 하보라는 마을과 몇 킬로미터 떨어진 곳에 정박해 있었다. 육로는 너무 위험해 해로로 가야 했다.

그날은 시작이 안 좋았다. 배에 오를 때부터 우리 중 두 명이 배의 같은 편에 발을 디디는 실수를 했다. 각 배에는 석유가 가득 든 커다란 강철 드럼통이 하나씩 있었는데, 우리 무게에 눌려 배가 움직이자 연료가 철벅거리는 바람에 하마터면 전복될 뻔했다. 해안을 따라 한 시간쯤 움직였을 때, 경비원 한 명이 나더러 바닥에 앉으라고 했다. 나를 납치하면 한몫 잡을 수 있겠다고 생각할 사람들의 눈을 피하자는 것이었다. 해안에서 800미터쯤 떨어져 있는 우리는 내륙 멀리 눈 닿는 곳까지 평평하게 뻗은 주황빛 관목지를 등진 해변과 나란히 이동하는 중이었으므로 눈에 쉽게 띄는 표적이었다.

우리 배 조종사인 모하무드Mohamud는 15분마다 호스를 잡고서

소말리아에서 푼틀란드 해안선을 따라 위험 구역을 지나는 동안 경비원들은 나더러 해안에서 잘 보이지 않도록 바닥에 앉으라고 했다.

한쪽 끝은 자기 입에 물고 다른 쪽 끝은 연료 드럼통에 꽂아 배의 탱크로 기름을 옮겼다. 어쩔 수 없이 기름이 배 안으로 흘렀고 주변에 고여 있던 물과 섞여 내 옷과 백팩을 적셨다. 얼마 안 가 나는 기름 악취를 풍기기 시작했고 매연 때문에 머리가 멍해졌다. 파비우 나시멘투는 기름이 고인 바닥에 등을 대고 누운 채 눈부심 때문에 눈을 감고 있었다고 한다. 몇 분 후 다시 눈을 뜬 나시멘투가 발견한 것은 배 옆쪽에 앉아 있던 경비원 한 명이 근처 다른 곳으로 자리를 옮겼고 장전된 AK 소총 총구가 자기 머리와 5센티미터 떨어진 곳에 아무렇게나 놓여 있는 모습이었다.

머리 위 소말리아의 태양은 각박하고 건조한 열기로 우리를 익혔다. 사고가 증발하고 성질은 조급해지며 두통이 생기게끔 하는 열기였다. 배에 앉아 있는 나의 눈에 모하무드가 선미에서 줄담배를 태우는 것이 보였다. 기름에 절어 있어 옷에 불이 붙기 쉬운 상태였기 때문에 나는 그와 거리를 유지했다. 출발하고 세 시간쯤 지났을 때 나는 모하무드에게 껌 한 조각을 건넸다. 분위기를 풀고 싶기도 했고 내가 가까이 가서 이야기를 나눌 수 있도록 그가 담배를 좀 그만 피웠으면 해서이기도 했다. 멀쑥한 키에 엄해 보이는 인상인 모하무드는 껌은 사양했으나 반쯤 태운 담배를 비벼 끄고 나중을 위해 남겨뒀다. 그리고 비닐봉지에 손을 넣더니, 소말리아 사람들이 흔히 씹는 풀로서 암페타민과 유사한 효과를 내는 카트를 한 줌 꺼냈다. 어선 두 척의 선주인 모하무드는 푼틀란드 정부의 부패에 불만을 잔뜩 품고 있었다. 외국 어선을 단속했다는 언론과 정부의 주장도 무시했다. 외부인들이 현지 수역에서 여전히 통제를 받지 않고 있다는 것이었다.

SSS 선박까지 가는 데 다섯 시간이 걸릴 예정이었다. 네 시간 반쯤 지났을 때 엔진이 고장났다. "이언, 문제가 생겼습니다." 모하무드가 경비원 쪽을 흘긋 살피며 말했다. 모하무드의 표정이 꼭 상한 우유에 코를 댔을 때 같았다. 상황이 안 좋다는 것은 다른 설명이 없어도 알 수 있었다. "그래 보이네요"라고 나는 엔진 쪽으로 고개를 까딱하며 대답했다. "아뇨, 더 심각한 거요." 모하무드의 휴대전화에 뜬 메시지가 SSS 선박의 새 좌표를 알리고 있었다. 모하무드는 목적지까지 아홉 시간이 더 걸리게 생겼다고 말했다. 보안상의 이유 때문인지 SSS 선박은 우리가 출항한 뒤에 더 먼 곳으로 이동한 것 같았다.

원정은 순식간에 위험한 상황으로 치달았다. (엔진을 다시 작동시킬 수 있다는 가정하에) 항로를 유지하면 해가 진 뒤에도 움직이게 될 것이었는데 그때는 해적과 알샤밥의 공격이 더 잦은 시간이었다. 그리고 그보다 더 큰 위험은 바로 바다였다. 밤이면 바람이 거세져 1.5미터짜리 너울이 우리쯤은 간단히 전복시킬 6미터 짜리 파도로 변했다. 우리가 탄 배는 선측이 낮아 물이 들이치기 쉬웠다. 배마다 25마력 모터가 한 대씩 있었으나 출력은 잔디깎이 차 엔진보다 셀까 말까 했다. 석유가 가득 든 드럼통과 중화기의 무게를 감당하는 것은 고사하고 남자 다섯 명을 태운 채 밤 너울을 맞으며 연안을 가로지를 만한 배가 아니었다.

결정은 어렵지 않았다. 나는 뱃머리를 돌려야 한다고 모하무드에게 말했다. 모하무드는 나를 쳐다보더니 고개를 끄덕였다. 그러나 머릿속에 그보다 더 중요한 문제가 있는지 선외기를 계속 손봤다. 무장 경비원 한 명은 유독 초조한 기색으로 날카로운 눈을 하고 자꾸 총을 만지작거렸다. 나는 그에게 걱정하는 것이 알샤밥이나 ISIS냐고 물었다. "PMPF요." 깜짝 놀랄 답이었다. 경비원이 제일 걱정하는 것은 테러리스트가 아니었다. 경찰이었다.

* * *

무법의 바다를 취재하며 다녔던 여정 중 일부는 예상보다 실제가 더 위험했다. 그러나 소말리아행을 준비하면서는 위험에 뛰어든다는 것을 확실히 알고 있었다. 이쪽 지역 상황을 개선한다는 말이야 많았으나 소말리아는 당국과 범죄자가 모습을 바꿔가며 활동하는 장소라 위험은 예측할 수 없는 상태로 늘 존재했다.

가뭄과 내전, 기근, 해적, 테러로 몸살을 앓는 이 나라는 오랜 시간 국가 기능 부전의 대표 모델이었다. 소말리아 해적은 2009년 머스크앨라배마Maersk Alabama호와 그 배를 붙잡은 곤궁한 해적이 등장하는 장대한 이야기로 세계인의 의식에 들이닥쳤다.

습격자들은 선원의 몸값을 요구하려 했으나 미국 해군의 그 유명한 네이비실 6팀이 선원들을 구출했다. 손에 땀을 쥐게 하는 이 이야기는 스릴러 액션 영화 〈캡틴 필립스〉로 극화되었다.

아내는 이제 내가 취재 여행을 떠나도 걱정이 많이 무뎌졌다. 적어도 보기에는 그랬다. 하지만 어머니는 아니었다. 염려의 달인인 어머니는 내가 집에 있을 때면 항상 다음 일은 어디로 가냐고 물으셨다. 그러면서 은근슬쩍 다음 여행만 가고 그만 가면 안 되겠냔 말씀을 하셨다. 그런 어머니였기에 소말리아행을 준비하는 동안 나는 어머니와 대화할 때 계획을 두루뭉술하게만 이야기했다. "동아프리카 쪽에 가요. 일단 케냐로 가서 거기서부터 주변을 돌아보려고요." 사실을 전부 말한 것이 아니었을 뿐 거짓말은 아니었다. 바다의 무법성에 관한 책을 쓰면서 소말리아에 가지 않을 수 없다는 것은 분명했다. 이 나라를 건너뛰는 것은 동물종 다양성을 취재하면서 갈라파고스를 건너뛰는 것과 같았다.

하지만 내가 어느 곳보다 위험한 이 지역에 간 진짜 이유는 이 나라가 먼바다의 단속 활동에서 거둔 최근의 성공이라는 좋은 소식을 전하기 위해서였다. 소말리아 해적은 감소하는 추세였다. 2012년부터는 외국 상선을 공격한 사례가 없었다. 소말리아와 예멘 사이 아덴만을 지나는 상선 통행량은 다시 증가하고 있었고, 희망봉을 돌아가면 일반적인 여정에 3주가 추가된다는 걸 생각하면 아시아와 유럽 사이에서 연료나 여타 화물을 운반하는 해운 회사에는 반가운 일이었다. 일부 해운 회사와 보험업자는 안전요건을 완화하고 배에 배치하는 무장 경비원을 줄였다. EU 파견단이 남아 있긴 했으나 NATO 해군도 몇 달 전 철수한 상황이었다.

푼틀란드해양경찰은 이곳 수역에 유일하게 존재하는 진짜 정부 세력으로, 밀렵꾼과 해적을 격퇴하는 지킴이여야 했다. PMPF와 SSS로 소말리아는 수역 순찰의 새로운 본보기를 만들었다. 최근에는 이례적으로 케냐 정부와 협력해 성공을 거두기도 했다. 가짜 어업 면허로 조업하던 끈질긴 밀렵선 두 척 그레코1Greko 1호와 그레코2Greko 2호를 나포하는 결과를 낸 것이다.[1] 소말리아 정부가 자국 수역에 들이닥친 불법 어선을 나포하는 일은 드물다고 알고 있었기에 이 선박들을 억류했다는 소식에 나는 귀가 솔깃했다. "상황이 나아지고 있는 건 확실해요." 내가 이 지역으로 출발하기 전 워싱턴 D.C.에 있는 한 보안 전문가가 말했다. 나는 여행 사전조사의 일환으로 소말리아 수역에서 항행하는 어선 목록을 정리했다. 먼바다로 나갔을 때 맞닥뜨릴 수 있는 배를 알아두고 싶었다. 그 목록에는 노동 착취로 악명 높은 한 회사 소유의 태국 선박 7척이 있었다.

모가디슈에 도착한 지 며칠 되지 않았을 때, 나는 소말리아 앞바다에서 발생하는 해상 불법 행위에 관해 훨씬 더 복잡하고 심란한 이야기를 발견했다. 〈캡틴 필립스〉 같은 영화가 구현하는 흑백 서사에 깔끔하게 맞아떨어지는 이야기가 아니라는 이유로 서구 언론이 대체로 무시하는 이야기였다.

냉혹하도록 분명하게 드러난 사실은 소말리아의 불법 어획과 해적 행위가 긴밀히 엮여 있다는 것이었다. 모가디슈의 힘없는 연방 정부와 푼틀란드 같은 자치주의 반항적인 지방 정부는 합법 어업과 그렇지 않은 어업의 경계를 흐려 문제를 심화했다. 나도 곧 알게 되었듯, 내가 정리한 목록에 올라간 태국 소유의 저인망 어선 7척을 포함한 불법 선박을 그곳 정부가 보호하고 있다는 것이 푼틀란드의 진상이었다.

이곳의 변동성과 복잡성을 익힌 것은 모하무드의 배에 오르기 전부터였다. 먼바다로 출발하기 며칠 전부터 푼틀란드 어민들과 이야기를 나눠봤는데, 그들은 해적이 곧 돌아올 거라고 예상했다. 그들은 현지 어선보다 외국 어선을 보호하는 데 열성인 푼틀란드 정부에 질릴 대로 질려버렸다고 입을 모았고, 나중에 보니 그 말은 사실이었다. 소말리아 어선을 자주 괴롭히는 외국 선박을 보호하겠다는 정부에 맞서, 지역에서 유력한 씨족장들은 부의 재분배를 위해 해적이 외국 선박을 공격하는 걸 허락하겠다는 논리를 펼쳤다. 말하자면 공평한 경쟁의 장을 조성하자는 것이었다. 나는 이런 소문을 PMPF와 SSS가 보기와는 다르다는 경고로 알아들었어야 했다.

세 척으로 움직이는 우리의 호송대가 파도 위에서 흔들리고 모하무드가 육지로 복귀하는 긴 항해를 위해 엔진과 씨름하는 동안, 내가 탄 배에 있던 남자들이 이야기를 풀어놓기 시작했다. 그 이야기를 들으니 푼틀란드와 이곳 먼바다 단속 활동에 대한 내 머릿속의 그림은 한층 더 복잡해졌다. 다른 경비원 한 명 역시 PMPF가 걱정이라며 그쪽에서 우리를 무장 단체로 오인해 배에 총을 쏠지도 모른다고 했다. 그런 실수를 한다고 우리가 그들을 탓할 수 있을까? 확신이 없었다. 어쨌든 우리 배에는 정부 제복을 입지 않은 중무장한 남자들이 가득하지 않았는가. 무전기가 있는 배가 한 척도 없어서 우리 신원을 적절히 확인할 수단도 없었다.

세 번째 경비원도 말을 얹었다. 줄줄이 늘어지는 우리의 걱정거리에 더해 그는 이 수역이 해적에게 인기 있는 사냥터라는 점을 짚었다. 서구 언론은 소말리아에서 해적 행위가 잠잠해졌다고 주장하는지 몰라도, 그건 표적이 서구가 아닌 쪽으로 옮겨갔기 때문일 뿐이라는 게 그의 생각이었다.

모하무드는 줄담배를 피우면서, 푼틀란드 정부가 민간 경비업체에 우리가 타고 있는 것 같은 배를 표적으로 삼을 권한을 주면서 위험이 발생할 가능성을 키웠다는 말을 덧붙였다. 모하무드가 말하기로 외국 선박은 현지 어민이 보유한 배보다 크기도 크고 성능도 좋아 이미 우위를 점하고 있었다. 그런데 현지 정부가 외국 선박에 면허를 교부하고 선내 무장 경비 인력 배치를 허가했다. 이렇게 위험한 수역에서라면 상당한 이점이었다.

"밤이면 그 사람들이 우리 어망을 자르고, 우리한테 총을 쏘고, 우리 배를 들이받아요." 외국 선박이 그런다는 이야기였다. 때때로 소말리아인들은 이런 충돌로 뭍에서 몇 킬로미터나 떨어진 바다에 발이 묶였고, 그렇게 방치되어 익사하는 일도 자주 일어났다. 외국 어선은 대개 지역 경제에도 도움이 되지 않았다. 그 배들은 소말리아 항구에 입항하기보다 예멘과 오만, 이란, 케냐에서 어획물을 하역하는 편을 선호했기 때문이다.

이쪽 수역에서 발이 묶이는 것이 좋지 않은 이유를 늘어놓으며 토론하고 있으니 내 통역사도 말을 거들었다. 우리에게 진짜 위험한 존재는 SSS라는 것이었다. 우리가 길을 나서며 먼바다에서 만나볼 작정이었던 바로 그 단체 말이다. 통역사는 이 업체가 정부 인가를 받은 현상금 사냥꾼처럼 활동한다고 말했다. 불법 어선을 잡으면 SSS는 푼틀란드 정부가 부과할 수 있는 벌금의 절반을 챙길 수 있었다. "난 그 사람들 안 믿어요." 통역사가 말했다. 자기들이 있는 곳에 도착하기까지 걸리는 시간을 잘못 알려줘 우리가 납치되거나 두둑한 액수의 몸값을 뜯길 가능성을 열어두는 것이 SSS의 의도였으리라고 통역사는 추측했다.

어느 쪽을 믿어야 할지 알 수 없었다. 걱정할 이유는 너무나 많았다. 이 수역을 순찰한다고 하는 각각의 무장 단체들은 다들 한 번쯤은 경비팀을 표방했다. 비슷한 빈도로 외부 전문가 각 단체를 깡패 업체로 특징지었다.

먼바다로 나가는 이 항해가 아주 나쁜 계획일지도 모른다는 조짐은 진작부터 보였다. 푼틀란드로 오기에 앞서 나는 이 변덕스러운 동네를 헤쳐나가고 그 과정을 조율하는 것을 도와줄 해결사를 한 명 섭외했다. 해결사는 교육 수준이 높은 소말리아 남자로, 소말리아의 다른 연방 구성국에 살지만 푼틀란드에 자주 오기 때문에 이곳을 잘 알았다. UN에서 일하는 친구를 통해 찾은 사람이었다. 신원 증명도 확실했고, 이메일을 주고받으며 간간이 통화도 해보니 믿을 만해 보였다. 신뢰할 수 있는 여러 정보원의 검증도 거쳤다.

나는 푼틀란드에 있는 동안 나와 동행해주면 2,500달러를 지급하기로 이 사람과 합의했다. 그가 이곳에서 내 담당 해결사 역할을 할 것이었다. 푼틀란드 정부는 한사코 자기네가 통역사를 붙여주려 했는데 정부 측 통역사의 주된 역할은 내 감시인 노릇이었다. 내가 정확한 정보를 얻고 있는지 확인할 수 있게 따로 통역해줄 다른 누군가가 곁에 있기를 나는 왕왕 바랐다. 해결사가 이 역할을 해줄 수 있을 것이었다.

그러나 소말리아에 도착해서 보니 해결사에게서는 짤막한 전화 통화로 드러나지 않았던 몇 가지 특징이 발견되었다. 우선 그는 거의 모든 질문에 "물론이죠, 100프로입니다"라고 쾌활하게 대답했다. 사실이 아니란 것이 뻔히 보일 때조차 그랬다. 한번은 호텔에서 인터넷을 쓸 수 있는 게 확실하냐고 물었다. "물론이죠, 100프로입니다."(전기조차 간당간당했다.) 정부 방해 없이 항구에 가서 바다로 나갈 수 있는 거 확실해요? "물론이죠, 100프로입니다."(지방 정부는 우리가 호텔로 돌아온 지 얼마 되지 않아 가택연금을 걸었다.)

두 번째 문제는 해결사가 말을 많이 더듬고, 푼틀란드에서 드물지 않게 발생하는 긴장 상황이 닥치면 이 습관이 눈에 띄게 심해진다는 것이었다. 말 더듬기가 그 어느 때보다 심했던 것은 SSS 선박을 향한 운명의 항해에 나설 어선에 오를 때였다. 해결사는 마지막 순간에 내 쪽을 돌아보며 우물쭈물 속내를 털어놓았다. 자기는 너무 무서워서 못 가겠으니 육지에 남겠다는 것이었다. 나는 출발 직전에 물었다. "당신이 우리랑 같이 못 가는 건 그렇다고 칩시다. 그럼 우리끼리 가는 건 안전한 게 확실해요?" 그는 순간의 망설임도 없이 대답했다. "물론이죠, 100프로입니다."

몇 시간 후, 멈춰버린 배에 다른 사람들과 앉아 있는 동안 나는 이런 경고 신호를 곱씹으며 내가 끔찍한 실수를 저지른 것은 아닐까 걱정했다. 젊은 사진사 파비우 나시멘투까지 끌어들였으니, 내가 순진함과 야심에 이끌려 오판을 범했고 그 결과가 처참할 수도 있겠다는 생각에 몸이 움츠러들었다.

다행히도 우리 조종사 모하무드는 20분간 엔진을 손본 끝에 배를 다시 움직였다. 단출한 호송대는 푼틀란드 보사소항으로 터덜터덜 돌아갔다. SSS 선박 동행 취재는 결국 하지 못했고, 돌이켜 생각해보면 애초에 그들의 제안이 진심이었는지도 의심스러웠다. 다른 사람들이 먼저 말해준 것처럼 나도 소말리아의 상황이 '나아지고 있다'고 하기는 어렵겠다는 느낌을 받았다. 사실 개선되지 않고 망가진 채 남아 있는 부분이 훨씬 많아 보였다. 현지인들과 마찬가지로 나 역시 공무원과 날강도를, 경찰과 무법자를 구분하는 것이 몹시 어려웠다.

* * *

소말리아를 이해하려면 이곳을 기능하는 국가로 보지 않는 것이 최선이라는 말은 익히 들었는데, 이는 실제로 소말리아가 국가로서 기능하지 않기 때문이다. 외부인에게 소말리아는 영화와 뉴스 보도로 만들어진 구성물이자, 무기에 뒤덮이고 기근에 시달리는 땅이었다. UN 용어를 쓰자면 '파탄 국가'였다. 내부인에게 소말리아는 자치성이 매우 강한 씨족 거주지의 느슨한 집합체였다. 1991년 내전 후로는 더더욱 그랬다. 모가디슈에는 허약한 연방 정부가 있었지만, 그 도시에서 정부 통제가 닿는 곳은 작은 일부였을 뿐이니 나라의 나머지 지역 관리는 말할 것도 없었다.[2]

소말리아의 정치는 많은 부분이 씨족 기반이었다. 가령 푼틀란드는 여섯 개의 주요 씨족인 하르티, 마지르틴, 와르상갈리, 둘바한테, 디시시, 라일카세의 보금자리였다. 한 씨족이나 그 하위 씨족이 정부에서 주류가 되면 자금과 혜택은 그 구성원 사이에서 돌고 돌았다. 이런 방식은 부정 청탁이나 정실주의로 여겨지지 않고, 대개 힘의 균형을 이루는 통치 방식으로 용인되었다.

육상의 중앙 권력 부재는 먼바다에서 한층 더 두드러졌다. 소말리아는 아프리카 대륙의 어떤 국가보다 해안선이 긴데도 1인당 어류 소비량은 최하위를 기록했다. 소말리아에서는 어업이 인기 있는 생계 수단이었던 적이 없었다. 사람들은 내륙에 정착하는 경우가 더 많았고 주로 농업에 종사했다. 1970년대 후반과 1980년대 초반 이 나라를 독재했던 모하메드 시아드 바레Mohamed Siad Barre는 특히 가뭄과 기근을 몇 차례 겪은 만큼 어업을 둘러싼 문화적 인식과 습성을 강제로 바꿔보려 애썼다. 시아드 바레 정부는 해안을 따라 내륙 유목민 공동체를 재정착시켰고 어업의 건강상 이점과 잠재 수익을 알리는 라디오 광고를 내보냈다. 그러나 캠페인의 영향은 거의 지속되지 않았다.

푼틀란드는 3,219킬로미터에 달하는 소말리아 해안선의 약 40퍼센트를 품는 지역이었다. 어로에는 해안 가까운 곳이 가장 좋았는데, 푼틀란드 인근 대륙붕이 수심 얕은 해저 대지를 형성해 물고기를 잡기 쉽다는 이유가 있었다. 대다수가 불법이었던 외국 선박은 크기가 크고 능률이 높았으며 일부 구역에서는 현지 선박보다 숫자도 더 많았다. 이 수역에서 외국 선박들은 소말리아 선박보다 평균적으로 세 배나 많은 물고기를 잡았다.

2008년 들어 극심한 문제로 자라난 해적 행위는 예멘과 소말리아 사이의 길이 885킬로미터, 너비 320킬로미터 정도 되는 아덴만 수역에서 주로 발생했다.[3] 소말리아 입장에서 이런 해적 행위는 수십 년에 걸친 육상의 부정부패와 무정부 상태의 결과였다. 국가 내에 어떤 종류의 중앙 권력도 존재하지 않는 상황에서 어느 정도 조직을 이루고 과거 육지의 경쟁 씨족을 노렸던 불한당 무리는 주머니가 더 두둑한 표적을 향해 바다로 눈을 돌렸고, 타당한 정도야 달랐으나 공격을 정당화하는 이유로 불법 어획과 다른 불만 사항을 종종 들먹였다.

이 수역을 단속하는 데에는 언제나 재정적 어려움이 있었다. 해안선을 따라 위치한 소말리아의 다른 반자치주와 모가디슈 당국에는 자체적인 해병 인력에 줄 돈이 거의 없었다. 그래서 이들 당국은 최근 몇 년 사이 사기업을 어업 면허 교부의 이해관계자로 끌어들여 활동 자금을 마련했다. 이 모델은 재정적으로 불안하고 부정부패에 취약했다. 외국 수산 회사는 면허 수수료로 소말리아 수역 내 무장 경찰의 급여를 지급했다. 그 결과 SSS 같은 업체에서 일하는 무장 경비원은 외국인을 소말리아인에게서 지키는 활동을 반대 방향의 활동보다 더 중시하게 되었다. 적어도 현지 인식은 그랬다.

SSS 외에 소말리아 해안을 순찰하는 두 번째 세력은 PMPF로, 1,000명쯤 되는 대원과 선체가 견고한 공기주입식 배 3척, 수송기 1대, 헬기 1대를 보유하고 있었다. PMPF의 자금은 어업 면허가 아니라 아랍에미리트연합국 정부에서 거의 전부 나왔다. 보사소 북동쪽으로 1,450킬로미터도 안 되는 거리에 있는 아랍에미리트연합국은 아덴만을 통과하는 항로를 보호하는 데 관심이 있었다. 이 지역의 지정학을 더 복잡하게 할 셈인지 아랍에미리트연합국은 잔혹한 내란이 한창 벌어지던 예멘의 군사 작전을 수행할 군 기지를 푼틀란드에 설립하려고도 했다.

이 단체들에 관해서는 다른 우려도 있었다. UN 관계자와 인권 단체들은 PMPF와 SSS 모두 사실상 어디에도 자신들의 활동을 보고할 의무가 없으며 자기들이 나포한 배에서 받은 벌금의 돈이 어디로 가는지를 감시할 역량이 없다는 점을 지적했다. 이들이 배에 총을 쏠 때 그 무력 사용이 정당한지를 확인하는 것 역시 불가능에 가까웠다.[4]

소말리아 수역을 순찰하는 세 번째 집단은 UN 회원국 연합체였다. 2차 세계대전 후 처음으로 안전보장이사회의 5개 상임국 모두가 갈등 상황 중 같은 편에 군사력을 배치한 것으로, 2009년부터 이 지역에 해군 군함과 군용기가 파견되었다. 이렇게 군대가 주둔하게 됨에 따라 저격수를 배치하고 몸값 지급을 조정하고 인질 발생 시 안전하게 후송하는 작업의 효율성이 높아졌다.

일이 한층 복잡해진 것은 해운업계가 자기만의 방식으로 반응했고 대응의 경제 구조가 때때로 부정했기 때문이다.[5] 예를 들어 화물 회사와 보험업자는 추가로 생기는 보안 비용을 메우려고 (표준 해운 컨테이너당 23달러가 넘는) 해적 요금을 부과하기 시작했는데, 배가 큰 편이면 이 돈은 항해 한 번에 25만 달러가 될 수도 있었다. 민간 경비원에게 들어가는 비용과 해적의 요구에 따라 치르게 되는 수백만 달러의 몸값을 고려한다 해도 해운 회사와 그 일당은 소말리아 해적의 위협 덕에 종종 이익을 보고 있었다.

일부 보안 분석가는 국제적인 해군 순찰 활동이 소말리아의 불법 어업 문제를 악화했을 수도 있다고 지적했다. 소말리아인이 모는 합법적인 현지 어선의 외양이 해적처럼 보일 때가 많아 연합군에 의해 육지로 돌려보내지는 일이 비일비재했다. 그러는 동안 불법 외국 선박은, 특히 중국과 대만, 한국에서 온 선박은 아무런 해도 입지 않고 소말리아 수역에서 조업할 수 있었다. 연합군의 임무가 해적 퇴치라는 좁은 범위에 국한되어 있어서 해양 밀렵 범죄를 단속할 권한은 없었기 때문이다.

그래도 이 대응이 전반적으로 효과를 냈음을 부정하긴 어렵다. 대다수 해군 전문가가 2013년에 소말리아의 해적 공격이 감소한 것은 연합의 순찰 활동과 특히 상선에서 늘어난 무장 경비원 배치의 조합 덕이라고 봤다. 말할 필요도 없겠지만 소말리아로 향하는 나는 그곳 사정이 복잡할 것을 당연히 알고 있었다. 그러나 해적 행위는 감소하는 듯했고, 푼틀란드 정부는 불법 어업 대응에 진심으로 임하는 것 같았으며, 민간 보안 조직은 활동 방식을 정돈했다고 했다. 전체적으로 상황은 '나아지는' 것처럼 보였다.

* * *

늘 위태위태한 푼틀란드지만 내가 갔을 때는 유독 혼란스러웠다. 앞선 몇 주 사이에는 현지 군인 10여 명이 몇 달째 급여를 받지 못했다는 이유로 푼틀란드의 수도인 가로웨에서 폭동을 일으켜 짧은 시간 동안이나마 의회 일부를 점거했다. 알샤밥 전투원은 보사소에서 인터내셔널빌리지 호텔을 기습했고 이 공격으로 경비원 몇 명이 사망했다. 주 의원은 차량 폭탄에 목숨을 잃었다. 400만 푼틀란드 주민은 극심한 가뭄에 시달렸고, 가뭄에 목숨을 내준 사람도 이미 수백 명이었다.

도착하기 전만 해도 푼틀란드 공무원들은 내가 PMPF와 SSS, 대통령을 제한 없이 만날 수 있을 것이라며 입찬소리를 여러 차례 했다. 1개월짜리 주 비자를 내주기도 했다. 그러나 내가 아프리카에 도착하자 공무원들은 태세를 전환했고, 나는 그 전까지와는 다른 내용을 전달받았다. PMPF와 만날 수 있을지는 더 이상 확실하지 않았고, 대통령 인터뷰와 SSS 동행 취재는 가능했으나 호텔에서 대기하며 상황을 봐야 했다. "보장은 못 합니다." 내가 보사소에 도착한 후 몇 시간이 지났을 때 푼틀란드 대통령 비서실장이 전화로 말했다.

나중에 알게 되었는데, 공무원들의 태도가 이렇게 바뀐 이유는 푼틀란드를 방문하겠다는 내 요청으로 주 수산부가 발칵 뒤집혔기 때문이었다. 푼틀란드 대통령 비서실장과 핵심 관계자에 따르면 내 여행을 문제 삼은 주인공은 주 수산부 장관 압디라흐만 자마 쿨미예Abdirahman Jama Kulmiye였다. 푼틀란드와 자기 부처가 어업 면허를 교부하는 방식에 대해 내가 글을 쓸까 봐 우려했다는 설명이었는데, 그러면 사람들이 절차에 부정은 없는지 그리고 수익 중 공공 목적으로 사용되는 액수는 왜 그렇게 적은지 의문을 제기할 수도 있기 때문이었다. 나는 내가 주목하는 것은 그레코호 나포를 포함한 소말리아의 최근 성공 사례라고 강조하며 최선을 다해 이들을 달래려 했다.

사정을 더 자세히 설명하고 상대의 우려를 직접 듣기 위해 나는 결국 쿨미예와 전화 통화를 했다. 나는 PMPF와 SSS라는 단체 자체와 이 조직들이 푼틀란드 수역을 어떻게 단속하는지를 알아보려 한다고 설명했다. 쿨미예가 말했다. "당신이 푼틀란드에 와도 나한테는 문제가 될 게 없습니다. 취재도 도와드리죠. 내가 전적으로 지원하겠습니다." 쿨미예의 어조에 마음을 졸이며 나는 전화를 끊었다.

달갑지 않은 일이 되어버린 내 방문을 어떻게 처리할지를 놓고 수산부 내에서는 열띤 토론이 이어졌다. 한쪽은 내 비자를 취소해야 한다고 주장했다. 논쟁에서 이긴 다른 쪽은 내가 주에 오는 것은 허용하되 접근을 제한하기를 바랐다. 그래서 이들은 내게 비자를 내주면서도 감시인에 가까운 역할을 할 통역사를 배정했다. 통역사의 주된 업무는 대화가 발생하는 모든 상황에서 내 옆에 붙어 있는 것이었다. 모두 영어를 써서 통역사가 필요하지 않은 상황에서도, 어쩌면 그런 상황이면 더더욱 그래야 했다.

나는 쿨미예가 내 방문을 반대한 이유를 곧 알게 되었다. 소말리아에 도착하기 전부터 목록에서 확인해둔 악명 높은 태국 어선 7척이 내가 그 지역으로 길을 떠날 무렵 보사소에 정박해 있었던 것이다. 푼틀란드 정부는 내가 그 선단에 관해 질문하지 않기를 바랐다. '소말리아의 일곱 선박'이라는 별칭이 붙은 그 태국 선박은 촛빠따나55호, 촛차이나위35호, 촛빠따나51호, 차이나위54호, 차이나위55호, 수페름나위21호, 차이차나초께8호였다. 엷은 파랑이나 밝은 청록색 선체에 각각 어류 200톤 이상을 적재할 수 있는 이 저인망 어선들은 상수끼암Sangsukiam이라는 성을 쓰는 유명하고 부유한 태국 일가의 소유였다. 상수끼암 선단의 배는 강제 노동과 인신매매에 연루되었다고 알려졌으며 관련 범죄로 태국과 인도네시아 당국의 조사를 받고 있었다. 7척 모두 유효성이 의심스러운 푼틀란드 어업 면허를 보유하고 있었다.

상수끼암 선단을 둘러싼 수상한 정황은 해외에서 태국 국기를 걸고 다니는 선박에 태국 정부가 엄격한 규정을 부과하면서 촘촘한 검사를 실시하기 시작한 2015년으로 거슬러 올라간다. 새로

소말리아의 일곱 선박 중 한 척이 보사소항에 물고기를 하역하고 있다.

운 규제에 대응해 상수끼얌 일가는 소말리아로 갈 7척을 태국 기국에서 빼내 2016년 소말리아와 북쪽으로 이웃한 지부티에 다시 등록했다.[6] 나는 푼틀란드로 갈 때만 해도 이 태국 선박들에 대해 아는 것이 거의 없었으나, 그 배들로 인해 현지 정부가 당황하는 것을 보면서 점점 더 관심이 생겼다.

푼틀란드에서 소말리아의 일곱 선박은 정치적인 짐을 지고 있었다. 푼틀란드는 주 수역 내 조업을 3개월간 허가했다며 이 선박들을 합법으로 간주했다. 그러나 모가디슈의 연방 공무원은 연방법에 따라 어업 면허 교부 권한은 모가디슈에 있는데, 자신들은 이 배들에 면허를 교부한 적이 없다며 불법으로 봤다. 설상가상으로 이 태국 선박들은 저인망 조업을 했는데 이는 연방법으로 금지된 행위였으며, 외국 국적 선박이 해안선에서 24해리 이내에 들어오는 것도 당시 기준으로 금지된 행위였다.

　이런 분쟁의 배경에는 자치를 원하는 푼틀란드와 소말리아가 국가로 온전히 기능할 수 있게 푼틀란드 같은 주가 연방법을 준수해야 한다고 주장하는 모가디슈 사이의 현재 진행형 줄다리기가 있었다. 푼틀란드는 불법 어업과 인신매매 등의 문제를 놓고 직접 예멘과의 양자 협상에 나서거나 국제 보안업체와 계약하는 등 2011년부터 줄기차게 모가디슈에서 독립하여 행동하려 했다.

　푼틀란드에 가기 전 경유한 모가디슈에서 나는 소말리아의 일곱 선박이 일촉즉발의 존재가 되었음을 알게 되었다. 그 수도에 있는 동안 나는 공항 근처, 방어 시설이 갖춰진 민간 운영 주거 단지에 머물렀다. 그곳은 호텔보다는 군 기지에 가까운 외양이었다. 4.5미터 바람벽으로 둘러싸인 자갈 덮인 땅에 강철 해운 컨테이너 20여 개가 늘어서 있었고, 내가 생활한 임시 거주 구역도 그 안에 있었다. 단지의 모퉁이마다 감시탑이 있어 소말리아 군인 두 명이 마운트에 설치된 커다란 기관총 옆에서 근무를 섰다. 내가 묵은 숙소 중에서도 아늑하다고 하긴 어려운 곳이었다.

　모가디슈에서 취재 인터뷰를 진행할 곳은 항구였다. 단지에서

소말리아 경비원이 모는 소형 쾌속정을 타고, 모가디슈 해안에서 몇 킬로미터 떨어진 곳에 정박한 이집트 국적 가축 운반선을 향해 가고 있다.

그곳까지 거리는 5킬로미터도 안 됐으나 가는 데는 두 시간이 걸렸다. 무장 차량에 탄 우리는 중무장한 민간 경비원 호송대를 뒤에 달고서, 다 헐어 껍데기만 남은 승용차와 버스를 피하고 무너진 건물을 지나 엉금엉금 기어갔다. 단단히 무장을 한 검문소를 지키는 군인이 거의 세 블록마다 우리를 멈춰 세웠다. 종말이 닥쳐 폐허가 된 듯한 모습이었다. 고작 수도의 한 구역을 유지하는 데 이만한 강도의 통제가 필요한 상황이라면 정부가 배후지와 광활한 해안 지대에 영향력을 행사하는 건 언감생심 아닐까 싶었다.

항구에서는 정박한 가축 운반선을 찾아가 선원들과 소말리아 수역의 안전에 관해 대화했고, 그후 육지에서는 우선 모가디슈 공무원, 이어서 푼틀란드 공무원과 이야기를 나눴다. 처음에는 나도 소말리아의 최근 성공 사례에 집중하겠다는 계획을 고수했다. 그래서 그레코호 단속에 대해 질문했는데, 인터뷰 상대들은

모가디슈항에서 파비우 나시멘투와 내가 우리를 연안으로 태워줄 배를 구하기 위해 해안경비대 선임 대원 모하무드 H. 모게Mohamud H. Moghe 함장과 이야기하고 있다.

하나같이 다른 이야기를, 즉 보사소 인근에 정박한 태국 배 이야기를 하고 싶어했다. 일단 연방 공무원 측은 면허를 발급한 푼틀란드를 처벌할 다양한 방안을 고민하고 있다고 했다. 교사의 임금 지급을 유보하는 것도 그 중 하나로, 재원 대부분은 세계 각지에서 모인 기부금이 연방 정부로 들어오는 것이었다. 반면 푼틀란드 공무원은 모가디슈가 자기 주의 문제에 또 간섭한다고 분개했다. 푼틀란드 측이 나를 태국 선박 조사차 푼틀란드에 파견된 사람으로 여기고 있다는 경고는 양측 모두에게 들었다.

나는 다른 이들에게도 누차 말했듯 태국 선박 일곱 척은 내 관심사가 아니라고 설명했다. 그쪽에 주목해야 할지도 모르겠다는 생각이 슬슬 들기는 했다. 면허와 관련한 부정부패 문제를 들여다볼 흔치 않은 기회 같았다. 기자로서 그 사건과 일정 거리를 유지하고 싶다는 마음은 있었으나 나는 어느새 두 과도 정부가 벌이는 힘겨루기의 중심으로 끌려들어가고 있었다. 어느 쪽도 자신이 주장하는 영토에 완전한 관할권을 행사하지 못하고 있는 두 정부였다. 보도 활동에서 늘 사건을 선택할 수 있는 것은 아님을 다시금 일깨워주는 여행이었다. 때로는 사건이 우리를 선택한다. 또 때로는 사건이 일의 한복판으로 우리를 끌어당긴다.

* * *

나는 모가디슈에서 소말릴란드의 하르게이사로 비행기를 타고 간 다음 며칠 후 푼틀란드 보사소로 이동해 가아이테 호텔에 묵었다. 색이 쨍한 낡은 숙소인 그 호텔은 항구 가까운 위치에서 작달막한 관목과 나무가 드문드문 심긴 너르고 황량한 광장 건너편의 보사소항을 바라보고 있었다. 내가 대부분의 시간을 보낸 호텔 안뜰에서는 현지 사업가들이 소규모로 모여 커피를 마시며 회의하는 일이 잦았다. 그들이 미국인 방문자와 인사를 나누고 싶어했던지라 금세 친목을 다질 수 있었다. 미더운 말은 아니었으나 당시 푼틀란드에는 우리 말고는 다른 서양인이 없다고 했다.

안뜰에 모인 엘리트들은 불법 어획이 어느 때보다 기승을 부리고 있다는 데 생각을 같이했다. 그런 조업은 소말리아 수역을 급습한 외부인의 소행일 때도 있었고 가짜 면허를 내주고 면허료를 챙긴 푼틀란드 당국이 한패일 때도 있었다. 사업가 중 일부는 놀랍도록 당당하고 솔직한 태도로 위조 면허를 샀던 경험을 이야기했다. 이들은 이런 외국 선박에 대한 국지적이고 기회주의적인 반작용으로라도 해적 행위가 곧 돌아올 것이라고 예측했다.

내가 왔다는 소식은 이 지역 중심지에 빠르게 퍼졌다. 안뜰에서 여유를 즐기던 몇몇은 그곳 수산부 직원이었다. 내가 푼틀란드에 머무는 것 때문에 쿨미예가 전전긍긍한다는 이야기는 거의 모두가 내게 은밀히 전해줬다. 이들이 덧붙인 말에 따르면 쿨미예는 내 일이 그저 모가디슈와 공모해 UN 어업 기구가 만든 '서구 의제'를 홍보하는 것만이 아니라고 굳게 믿었다. 쿨미예와 그 밑의 실장은 지역 항만 당국과 SSS 대표, PMPF 국장, 푼틀란드 대통령에게 내가 CIA 측 사람이라고 말하고 다녔다. 다른 나라에서 취재할 때도 맞닥뜨렸던(그리고 무시해버린) 주장이었으나 소말리아에서는 위험이 커 보였다.

내가 어업 관련 법 집행 사례를 추적하는 것을 푼틀란드 수산부가 허용할지 호텔에서 소식을 기다리는 동안 내 방문이 초래한 혼란에 관해 새로운 소문이 들려왔다. 푼틀란드 공무원 몇몇이 전하기로, 외국인 기자가 도착하기 전에 당장 항구를 비워야 한다는 말을 한 주 앞서 푼틀란드 정부가 문제의 태국 선박에게 전달했다는 것이었다. 그러나 태국 선장들은 일곱 선박에서 쓰려고 구입한 3개월짜리 어업 면허 값인 65만 달러가 넘는 돈의 온라인 송금이 처리되기 전에는 떠날 수 없었다. 송금은 내가 보사소에 도착하기 48시간 전에 처리되었고, 태국 선박들은 부리나케 내빼다가 어획량 기록을 위해 필수로 데려가야 하는 푼틀란드 옵서버 두 명을 남겨두고 가고 말았다. 몇 시간 후 이 배들은 옵서버를 태워 가기 위해 항구로 도로 소환되었다.

배가 다시 나가기 전에는 말싸움이 일어났다. 태국 선장들은 옵서버가 휴대전화를 제출해야 한다고 우겼다. 옵서버가 영상이나 사진을 찍는 것을 바라지 않았기 때문이다. 대치는 오래가지 않았다. 옵서버는 목격한 것을 기록하려고 배에 타는 사람인데도, 푼틀란드 정부가 뜻을 굽혔다. 옵서버가 휴대전화를 내놓자 배는 출발했다.

푼틀란드 정부가 내 활동을 주시하라고 감시인을 붙인 것은 놀랄 일이 아니었고 나는 금세 그에게 정을 붙였다. 감시인은 조금 문어체긴 하지만 훌륭한 영어를 구사했다. 이따금 '빈장댐(빈정댐)'이나 '학인(확인)'처럼 아깝게 틀려 재미있는 엉터리 단어를 쓰기도 했다. 새로운 이야기를 꺼낼 때마다 '말 그대로'나 '까놓고', '솔직히'로 말문을 여는 습관을 보면 굉장히 친근감을 쌓고 싶어한다는 느낌이었다. 이 똑똑한 20대 청년의 지적 호기심은 꺼질 줄 몰랐다. 쉬는 시간마다 내게 속사포로 질문 폭격을 해대는 살갑지만 약간은 피곤한 습관도 있었다. "클리블랜드에 가봤어요?" "테러를 시작한 건 누구죠?" "미국에도 힌두교인이 있나요?" 그는 내가 쓰는 글에 자기 이름을 밝히지 말라고 요청했고 나는 그러겠다고 했다.

그래도 감시인과 나 사이에는 상호 불신이 있었고, 나는 감시인이 내 앞에서는 한사코 아니라고 해도 뒤에서는 내 취재에 관한 정보를 정부에 흘리고 있으리라 확신했다. 하루는 인터뷰 중간에 나란히 앉아 안뜰을 둘러보는데 우리 사이에서는 드물었던 침묵이 풍선처럼 부풀었다. 이내 통역사가 나서서 풍선을 터트렸다. "나한테는 털어봐요, 이나 씨."(소말리아인 대다수는 내 이름을 제대로 발음하지 못했다.) "푼틀란드에 왜 왔는지, 비밀로 할 테니 나한테 얘기해주세요." 그러고는 이렇게 말했다. "태국 배를 조사하는 거예요?"

우리 관계를 시험해보기에 적절한 순간 같았다. 나는 태국 선박을 조사할 계획이 원래는 없었으나 생각이 슬슬 바뀌는 중이라고 감시인에게 말했다. 그리고 아이폰으로 그 선박들의 현재 이동 정보를 추적하는 자동선박인식 시스템을 보여줬다. 태국 선박들은 2노트쯤 되는 속도로 지그재그를 그리며 이동 중이었고 나는 그 움직임이 저인망 조업의 표시일 수 있다고 설명했다. 소말리아연방법에 따르면 저인망 조업이 불법이라는 것도 짚었다. "와." 감시인은 내 화면을 보면서 연신 이 소리를 뱉었다. 그러고 이야기가 끝날 때쯤 덧붙였다. "이건 우리끼리만 아는 거로 할게요." 나는 아내 안부를 확인하게 전화를 한 통 해야겠다며 탁자에서 먼저 일어났다. "그 자리에 있어요. 45분 안에 돌아올게요."

정말로 아내에게 전화할 생각은 아니었다. 사실 아내나 아들과는 몇 주째 통화를 하지 않은 상태였다. 휴대전화의 수신 불량 때문은 아니었다. 전화 수신은 소말리아의 거의 모든 지역에서 잘 작동하는 몇 안 되는 기능이었다. 두 사람에게 전화를 삼간 것은 푼틀란드 상황이 빠르게 악화할수록 일이 더 위험해졌고 그 사실을 두 사람이 알지 않았으면 하는 내 마음도 커졌기 때문이었다.

내가 탁자에서 일어난 진짜 이유는 새 친구가 믿을 만한지 시험하기 위해서였다. 호텔에 도착하고 얼마 안 되어 나는 비밀리에 또 다른 눈과 귀가 되어줄 사람을 구해뒀다. 영어를 썩 괜찮게 하는 이 청년은 모든 만남이 일어나는 호텔의 옥외 안뜰에 앉아 대화를 가능한 한 많이 듣는 대가로 하루 5달러(근처 가게에서 일하는 그의 일주일치 급여와 비슷했다)를 주겠다는 내 제안을 수락했다. 내가 사람들과 앉아서 이야기할 때면 이 청년은 가까운 탁자로 조용히 옮겨와 내가 자리에서 일어난 후의 대화를 엿들으면 되었다. 종업원은 이 청년이 뭘 먹거나 마시고 싶어하면 모두 내 계산서에 올리기로 했다.

그날 늦은 오후, 나의 젊은 친구는 내가 아내에게 전화하겠다며 자리를 뜨자마자 정부에서 붙여준 감시인이 누군가에게 전화를 건 사실을 알려줬다. 감시인은 이렇게 말했다고 한다. "이 사람 태국 저인망 어선 일을 전부 알아요. 심지어 아이폰으로 배를 볼 수도 있던데요. 어떻게 하는 건지는 모르겠지만 아무튼 볼 수 있어요."

* * *

이런 종류의 취재에서 기자는 생판 모르는 낯선 사람, 그리고 판단할 시간이 거의 주어지지 않는 사람의 손에 자기(와 같이 움직이는 여러 사람의) 목숨을 맡긴다. 예를 들어 보사소에서 내 안전을 책임진 사람은 모하메드 유수프 티게이Mohamed Yusuf Tigey라는 지역 유력가 중개인이었다.《뉴욕타임스》의 연줄을 통해 소개받았기는 하지만 그걸 빼면 티게이는 아예 모르는 사람이었다. 이번 여행에서는 검증되지 않은 인물을 믿는 것 말고 다른 선택지가 없었다. 소말리아에서 첨병 역할을 하던《뉴욕타임스》기자가 살해 협박을 받다가 최근 핀란드로 피신한 참이었기에 믿을 만한 협력자는 나 혼자서 찾아야 했다.

소말리아 행정구 무득의 전 주지사였던 티게이는 부유한 지주 가문 출신으로 마지르틴족의 일원이었다. 나이는 50대 중반이었고 내가 푼틀란드에서 만난 사람 대부분과 마찬가지로 매일 다섯 번씩 기도를 올렸다. 기이할 정도로 차분한 그에게는 아쉬운 게 없는 사람 특유의 덤덤함이 있었다. 아디다스 운동복과 때 묻지 않은 새하얀 테니스화를 좋아하기도 했다. 강직한 사람이라는 평을 널리 듣는 티게이는 가뭄 비상사태 대응에서 푼틀란드 최고로 꼽히는 조정자였고, 이로써 한층 인기를 얻는 동시에 공직자가 암살 시도의 표적이 되기 일쑤인 지역에서 더 자유롭게 돌아다닐 수 있게 되었다.

티게이는 나와 팀을 보호하는 일에 민간 전투원 15명을 배정하기는 했으나 보사소나 주변 지역의 위험성 높은 동네로 가야 하는 상황을 제외하면 그 중 근무를 서는 인원은 보통 12명 정도밖에 안 되었다. 나를 돕지 말라는 푼틀란드 정부의 압력에도 티게이는 굳건했다. 한번은 티게이가 전화로 쿨미예에게 하는 말을 우연히 들었다. "이 사람은 내 손님입니다. 그쪽에서 방문 비자를 줬잖습니까. 나는 이 사람이 가겠다는 곳은 어디든 데려가고 안전을 보장해주겠다고 약속했어요." 어쨌든 티게이는 내게 이런 서비스를 제공하는 대가로 최고 수준의 보수를 받고 있었다. 그것은 특정 통역사와 경비원도 마찬가지였으나 그 사람들이 충실하게 일하리라는 확신은 훨씬 덜했다.

티게이는 능력이 좋았고, SSS 순찰선에 가려던 계획이 조마조마함을 안기며 실패하긴 했으나 나는 티게이 덕분에 안전하게 지냈다. 한편으로 내가 푼틀란드에 머무는 시간이 길어질수록 티게이의 일이 어려워진다는 것을 나는 잘 알았다. 우리가 보사소 해안으로 복귀한 다음 날 수산부는 티게이의 전투원이 동행한다 해도 내가 호텔을 벗어나는 것을 금지하겠다고 티게이에게 통지했다.

소말리아 푼틀란드에서 민간 경비원 무리가 일을 서두른다. 우리가 인근 수역에서 조업하는 태국 선단을 조사하는 것을 원치 않았던 지역 당국이 보사소항에 도착해 저지하려 들기 전에 우리를 먼바다로 안내하려는 것이다.

나는 항구로 다시 갈 수 없었고, 다음 날 약속 일정을 잡아둔 수산부 사무실에 가는 것도 허용되지 않을 것이었다. 푼틀란드 비자는 받아봤자라는 생각이 들었다. 그레코호가 받은 (이른바) 어업 면허든 태국 저인망 어선이 받은 (미심쩍은) 어업 면허든 증명서의 효력이란 발급한 국가가 결정하기 나름이라는 현실을 상기하게 되는 일이었다. 서류는 그냥 서류일 뿐이었다.

나는 호텔에 앉은 채로, 날 놓고 펼쳐지는 상황에 관한 정보를 더 구해줄 다른 정보원과 접촉했다. 그리고 "공식적으로는 가택 연금 상태입니다"라는 말을 들었다. 수산부 장관은 이제 내가 자기를 잡고 푼틀란드를 와해하려 한다고 믿어 의심치 않았다. 푼틀란드 정부의 눈에 내가 첩자에서 파괴 공작원으로 승급한 것이었다. 정보원은 쿨미예와 다른 푼틀란드 사람들이 나를 푼틀란드에서 한시라도 빨리 쫓아내려 애쓰고 있다고 했다. 나는 푼틀란드를 떠나고 싶은 마음은 굴뚝 같지만 당분간은 비행 편이 없다고 대수롭지 않게 대답했다. 정보원은 내가 괜히 가볍게 말한다는 것을 감지한 모양이었다. "아뇨, 이언. 그쪽은 모든 수단을 동원할 작정이에요." 정보원은 경고로 보이는 불길한 눈빛으로 말했다. 세계의 다른 지역에서라면 미국인 기자(또는 CIA 요원)를 살해하는 것은 뒤따라올 혹독한 결과를 생각할 때 일어날 법한 일이 아니었으나 소말리아는 달랐다.

나는 정보원의 경고를 새겨들었다. 인도네시아와 필리핀에서 사조오양 선단이나 에릴 안드라데의 죽음을 취재하며 경험했던 것과는 정반대의 느낌이 드는 것도 인지했다. 그런 지역에서 관계자들은 내 취재에 그보다 더 무관심할 수가 없었다. 반면 이번 사건에서는 어쩌면 너무 많은 이들이 관심을 보이는 듯했다.

위험도는 이내 빠르게 치솟기 시작했다. 그날 오후 돌풍이 느껴지더니 호텔 벽이 진동했다. 두 블록도 안 떨어진 곳에서 폭탄이 터진 것이었다. 알샤밥이 책임을 인정했다. 다섯 명이 부상을 당했다. 도시 안에 있는 보안요원에 따르면 추가 공격 가능성도 있었다. 안뜰에서 내 눈과 귀가 되어준 친구에게 연락이 왔다. 나와 내 팀을 보호하는 것을 비롯한 여러 이유로 자신이 곧 암살당할까 봐 두렵다고 하는 티게이의 말을 우연히 들었다는 것이었다.

모가디슈에 있는 정보원들에게서 온 전갈과 같은 내용이었다. 정보원 중 한 명은 "푼틀란드가 당신을 PNG로 정했어요"라는 문자메시지를 보냈는데, PNG는 '페르소나 논 그라타(외교적으로 기피되는 인물—옮긴이)'를 의미했다. 영국 보안업체에 있는 다른 정보원은 내가 당장 보사소를 떠나야 한다고 썼다. 내 답은 "그게 말처럼 쉬워야 말이죠"였다. 알샤밥과 ISIS가 호송대를 공격하고 있어 주변 도로는 사실상 모두 통행이 불가능했다. 빌릴 수 있는 개인 비행기도 없었다. 제일 먼저 출국하는 상업 비행기도 48시간 후에나 있었다.

다음 날 나는 티게이와 나시멘투에게 내가 들은 소식과 앞으로 이틀간의 계획을 새로 알려주고 싶으니 내 객실에서 만나자고 했다. 그리고 어느 모로 보든 심각해지고 있는 것이 분명한 각기 다른 보안 위협 두 가지를 말해줬다. 첫 번째 위협은 호텔 외부에서 닥치는 것으로, 푼틀란드의 기밀 정보를 추적하는 한 보안업체에서 알려준 것이었다. 보안업체 직원들은 이 구역의 요새화 정도가 약하고 서양인이 투숙 중이라는 것도 이제 널리 알려졌으니 알샤밥과 ISIS가 진입을 시도할 수도 있다고 말했다. 듣기로 두 번째 위협은 호텔 내부에서 생겨나고 있었다. 공포를 자극하는 쿨미예의 수사가 위험을 만들어냈다. 정보원들의 설명에 따르면 서로 다른 집단 출신의 전투원들이 우리가 있는 단지 내에 많이 들어와 있어 친구와 적을 가려내기가 사실상 불가능하다고 했다.

호텔에 있는 이 전투원들 다수는 열다섯 살도 안 돼 보였다. 몇몇은 로켓 추진식 수류탄 발사기를 끌고 돌아다녔다. 다른 몇몇은 칼라시니코프의 벨트 장전식 PK 기관총을 들고 반려 보아뱀이라도 자랑하는 양으로 탄환 100발이 달린 탄띠를 목과 허리에 매고 있었다. 과장된 표정을 짓고 눈을 맞추는 소년보다는 우리를 뚫어지게 보다가 나한테 들켰을 때 시선을 돌리는 삼엄한 얼굴의 소년이 더 걱정스러웠다.

티게이는 비록 의견은 달라도 쿨미예는 자기와 같은 씨족이니 그가 우리에게 해를 끼칠 것 같지는 않다고 했다. 그 말을 듣고 걱정을 덜려던 순간, 티게이는 다른 사람들이 우리에게 해코지하는 것을 쿨미예가 막아줄지는 잘 모르겠다는 말을 덧붙였다. 티게이는 최악의 상황에 대비하는 편이 좋겠다고 했다. 나는 심히 걱정스러웠지만(입이 마르고 속이 울렁거리고 목이 빳빳해지는 종류의 걱정이었다) 주위에 다른 사람들도 있으니 체면을 차리고 싶어 그런 마음을 내색하지 않으려 애썼다.

얼마 지나지 않아 호텔 경비팀장이 내 방으로 찾아와, 다음 날 아침 일찍 보사소를 떠나는 비행 편이 생길 때까지 안전하게 있기 위해 어떻게 할 계획이냐고 물었다. 나는 급히 떠나야 할 때를 대비해 소지품을 싸놓겠다고 했다. 우리 중 한 사람의 객실에 계속 있고 안뜰에는 나가지 않을 생각이었다. 저녁 늦게 우리 방을 조용히 비우겠지만 우리가 아직 있는 것처럼 보이도록 불은 계속 켜놓고 커튼도 쳐둘 것이었다. 무리로 움직이며 측면 계단을 타고 지붕으로 올라가려 했다. 호텔의 경비팀장에게 이런 내용을 전부 말해주는 것이 위험할 수도 있음은 알았으나 대안이 없었다. 이 팀장 외에는 오직 티게이와 그 밑의 경비원 두 명만이 우리 행방을 알 것이었다. 지붕에서 밤을 지새우고 오전 5시가 되면 공항으로 이동할 생각이었다. 혹 공격이 벌어져도 지붕에 있으면 접근이 어렵고 지붕에서는 더 나은 시야와 더 많은 출로를 확보할 수 있다는 데서 티게이와 호텔 경비팀장은 의견이 같았다.

회의가 끝난 직후 누군가가 내 객실 문을 비밀스럽게 두드렸다. 문을 열어보니 호텔 지배인이 서 있었고, 그는 내게 들어가도 되겠냐고 물었다. 객실로 들어와 문을 잠근 지배인은 농구공 크기의 천 뭉치를 내게 건넸다. "필요합니다"라며 친친 감싼 선물을 열어보라고 했다. 천을 풀어보니 장전된 글록 9밀리미터 권총이 나왔다. 탄창을 빼고 약실을 열어보니 총에는 탄환이 가득 차 있었다. "몸에 지니고 계세요." 나는 완곡하게 거절했다. 내가 무기를 소지하면 기자가 아니라는 의심만 키우게 될 터였다.

해가 진 후, 우리는 객실 불을 켜놓고 커튼을 쳐둔 채로 뒤편 계단을 이용해 지붕으로 올라갔다. 바람이 솔솔 부는 선선한 밤이었다. 지붕을 둘러싼 야트막한 콘크리트 난간 너머로 보사소를 내다보았다. 도시는 대체로 어둡고 고요했으나 몇 시간에 한 번씩은 수류탄이 터지고 기관총이 발포되는 것이 보였다. 당연하기 그지없는 이유로 우리는 잠을 잘 생각은 하지도 않았다.

시간은 더디게 흘렀으나 결국 여명이 밝았다. 나는 무엇보다 주의를 환기하고자 모가디슈와 외국에 있는 정부 내 정보원들과 문자메시지를 주고받으며 시간을 보냈다. 정보원들은 내가 처한 곤란한 상황을 이해할 약간의 통찰과 쿨미예가 이렇게 행동하는 이유를 들려줬다. 알고 보니 쿨미예가 내 취재에 품은 반감이 심해진 것은 정치적 소동 때문일 수도 있었다. 푼틀란드 의원들은 압디웰리 모하메드 가스Abdiweli Mohamed Gaas 대통령 내각의 '불신임' 투표를 준비하고 있었고 그렇게 되면 대통령의 통치력에 손상이 갈 것이었다. 투표로 퇴출에 성공하지 못하면 의원들이 '다른 조치'를 취할 것이라는 이야기도 돌았는데 정보원들 말로는 쿠데타를 의미했다.

가스 대통령을 비판하는 많은 이들은 대통령과 행정부가 외국 어선에 어업 면허를 팔아 얻은 돈을 빼돌리고 있다고 믿었다. 같은 씨족 출신인 쿨미예는 대통령과 개인적인 친분이 있었고 어업과 관련된 모든 사안을 주도했다. 어업 부정부패 혐의로 대통령이 고꾸라지면 쿨미예는 더 심하게 고꾸라질 판이었다.

이런 정치적 불안을 고려하니 나를 보는 편집증적 태도가 좀 이해되었다. 내가 푼틀란드에 도착한 시점은 지방의 부정부패와 어업 면허 수익에 관한 의문이 커지던 시기와 맞물렸다. 내가 기이하게도 아이폰으로 태국 선박을 실시간 추적한다는 보고가 올라갔으니 나를 향한 의심은 더욱 깊어졌다. 정부 허가를 받지 않고 SSS를 만나러 간 것도 수상하게 비쳤다. 이게 다가 아니었다. 나는 (항공 사진을 찍기 위한 용도로) 드론까지 가지고 다녔다.

이 모든 요소가 하나로 합쳐져 내가 CIA 파괴 공작원, 또는 푼틀란드의 지방자치를 억압하려고 모가디슈연방 당국에서 파견한 모종의 첩자라는 인상에 힘이 실렸다. 물론 그 어떤 변수로도 지방 정부가 실제로 부패해 가짜 면허를 발급하고 있으며, 공공 재원이 되어야 할 돈을 빼돌리고 있을 가능성이 크다는 사실은 변하지 않았다. 어쨌든 내 취재를 놓고 부글대던 음모론이 끓는점에 도달했으니, 우리의 출발은 아무리 서둘러도 부족했다.

푼틀란드에서 출발하는 비행 편은 딱 하나뿐이었기에 우리가 그날 아침에 타려는 비행 편이 무엇인지는 보사소에서 비밀도 아니었다. 공항은 호텔에서 엎어지면 코 닿을 데 있었으나 우리가 있는 단지에서 공항으로 가는 길은 하나뿐이었으며 경로 대부분이 좁아서 봉쇄하기 쉽고 매복에도 취약했다. 티게이가 우리를 공항으로 데려가는 호송대를 증원하려고 다른 곳에 도움을 청해 전투원 6명을 더 뽑아둔 터라 일행은 총 25명이 되었다.

그러나 출발하기 한 시간 전, 해결사가 지붕으로 올라왔다. 도시를 가로지르는 전력질주라도 했는지 땀에 절은 채 숨을 헐떡였다. 해결사는 역시나 꿋꿋이 말을 더듬으며 우리가 당장 떠나야 한다고 힘주어 말했다. 공항에서 온 연락을 받았는데, 웹사이트에 공지되어 있는 시간보다 비행기가 일찍 출발할 거라고 했다는 것이었다. 하지만 우리 경비원 대다수가 아직 단지에 도착하지 않은 상태라 바로 떠나자니 난감했다. 어려운 결단을 내려야만 했다. 무장 호송대 없이 가든지, 아니면 비행기를 놓칠 위험을 감수하고 다음 비행 편까지 이틀을 더 기다리든지 해야 했다. 모가디슈에서 우리는 '덮개가 단단한' 트럭으로만 이동했다. 방탄유리와 차체 프레임 내부를 감싸는 방폭막을 갖춘 트럭이었다. 하지만 보사소에서 구할 수 있는 트럭은 '덮개가 부드러운' 트럭, 그러니까 보통의 구식 도요타 하이랜더뿐이었다.

우리는 탈출을 시도하기로 했다. 보사소에 더 머무는 건 너무 위험해 보였다. 지붕에서 부리나케 내려가 트럭에 짐을 던져 넣고서 호텔 단지 밖으로 내달렸다. 해가 아직 뜨지 않아 밖은 여전히 어두웠다. 나시멘투는 불안한 나머지 얼굴이 허옇게 질려 있었다. 다들 서로에게 한마디도 하지 않았다. 좀처럼 좋게 끝나지 않는 액션 영화 속 클리셰 장면처럼 느껴졌다. 우리는 황급히 주차장을 빠져나갔으나 호텔에서 두 블록 떨어졌을 무렵 느닷없이 도로의 사각에서 튀어나와 우리를 앞지른 한 트럭분의 전투원들에게 가로막혔다. 가슴이 철렁 내려앉았다.

트럭에 탄 전투원들은 눈에 익지 않은 제복을 입고 있었다. 초조해 하는 티게이를 본 것은 그때가 처음이자 유일하다. 티게이가 우리 트럭에서 내렸고 전투원 몇 명이 그 옆을 지나쳤다. 전투원들은 우리 차 문을 열더니 나를 빤히 쳐다봤다. 나는 그들이 우리를 차 밖으로 끌어낼 것이 틀림없다고 생각했다. 내 한쪽 주머니에는 여권과 현금 뭉치가 있었다. 다른 쪽 주머니에서는 가민추적기의 SOS 단추에 손이 올라가 있었다. 추적기가 있어 다행이었지만, 경보를 발신해도 집에 있는 사람들을 공황에 몰아넣는 것 외에 SOS 기능이 달리 뭘 할 수 있을 것 같지는 않다는 게 솔직한 심정이었다.

그간 겪은 것과는 차원이 다른 공포, 머리와 가슴뿐 아니라 살갗에 느껴지는 공포였다. 분명히 말하건대 어떤 원초적인 냄새마저 딸려 왔다. 입 안은 사하라 사막이 되었다. 눈을 끔벅이는 것은 물론이고 숨도 쉬면 안 될 것 같았다. 전투원들은 영어를 모르므로 내가 하는 말은 아무 소용이 없을 터였다. 몸짓으로 뜻을 전하려는 것도("쏘지 마세요", "돈 있어요!", "나 기자예요") 멍청하고 뻔하고 위험해 보였다. 몸이 뻣뻣하게 굳는 것 외에 할 수 있는 일이 없었다.

티게이는 책임자로 보이는 사람과 한동안 대화했다. 그러다 돌연 우리 트럭으로 돌아왔다. 진로를 막았던 사람들이 자기 트럭으로 돌아가 길을 앞장섰다. 우리도 출발해 그들을 따라갔다. 나는 잠시 후 입을 뗐다. "티게이, 무슨 상황인지 말 좀 해줄래요?" 그 사람들은 티게이가 고용한 추가 경비 인력이라는 답이 돌아왔다. 군에 있는 친구에게 빌린 인원이고 개인적으로 아는 사람들이 아니어서 처음에 알아보지 못했다는 것이었다. "우리는 공항까지 갈 겁니다." 사건은 덜컥 닥친 만큼이나 덜컥 끝났다.

공항에는 무사히 도착했다. 몇 시간 후, 길고 낮은 터미널의 탑승장에서 조마조마한 마음으로 기다린 끝에 나는 어깨에 가방을 들쳐메고 먼지와 흙이 날리는 타맥 포장 길을 지나 우리가 탈 비행기로 걸어갔다. 당장이라도 쓰러질 듯한 모양새에 반쯤은 빈 오션항공 747편으로 이어지는 계단을 마침내 비틀대며 올랐다. 나는 안도감과 피로를 느끼며 좌석에 무너지듯 주저앉았다. 비행기가 이륙했을 때, 어딘가를 떠나며 그렇게 기뻤던 적이 없었다.

* * *

일주일 후 두바이 인근의 배에 있는데 메시지가 들어와 위성전화가 윙윙댔다. 모가디슈에 있는 취재원이었다. 그는 2012년 이래 처음으로 소말리아 수역에서 대형 외국 상선이 납치되는 일이 벌어졌다고 전해줬다. 사건은 하보 인근 푼틀란드 수역에서 발생했고 그 위치는 얼마 전 내가 다른 사람들과 작은 어선에 탄 채 발이 묶였던 지점에서 멀지 않았다. 이번에 납치된 상선은 디젤유를 운반하는 코모로 기국 탱커선이었다. 해적들은 소말리아 언론 인터뷰에서 몸값을 원하는 것이 아니라고 밝혔다. 그들은 자국 수역 내 외국 국적 어선 문제를 부각시키기 위해 이번 일을 벌였다고 밝혔다. 가아이테 호텔 안뜰에 있던 사업가들이 일어나리라 예측한 것이 바로 이런 국면 변화였다.

그후 몇 달에 걸쳐 푼틀란드 내각은 축출되었고 해적 사건은 대여섯 건 더 발생했다. 몇몇 지역 언론 기사들은 푼틀란드 바로 남쪽에 있는 "소말리아 갈무득주의 해안경비대"가 불법 어업으로 고발당한 어선을 풀어줄 테니 벌금을 내라고 요구했다고 보도했다. 당연하게도 갈무득 해안경비대 따위의 조직은 없었다. 최근 등장한 부류의 해적이 스스로 붙인 이름일 뿐이었다. (로이 베이츠, 맥스 하드버거, 시셰퍼드, 러스 조지 등 누구든 간에) 바다에서 활개 치는 사람들에게 익숙해지지 않았더라면 나 역시 그토록 뻔뻔하고 대담한 행동에 놀랐을 것이다.

내 소말리아 이야기는 어쩌면 여기서 끝났어야 했다. 나는 아프리카의 뿔을 떠나면서 이제 내가 취재에서 작성 단계로 넘어가게 될 줄 알았다. 다녀온 여행을 이해하는 일에, 구체적으로 말하자면 민간 경비팀과 횡령하는 지역 관료, 먼바다에서 약탈을 일삼는 날강도 중 어느 쪽이 푼틀란드의 진정한 해적인지를 따지는 데 다음 몇 주를 들이려 했다. 그런 다음 최선을 다해, 곧게 뻗어나가는 설명적 내러티브로 모든 내용을 써낼 것이었다.

그런 운은 따라주지 않았다. 무언가가 나를 자꾸 간질였고, 나는 질문을 멈출 수 없었다. 파탄 국가의 해상 단속 활동에서 희소식인 줄 알았던 것이 실은 검은 이면을 갖고 있었다는 기사를 쓸 수도 있었으나, 그것은 불완전하며 심지어 문제의 심각성을 깎아내리는 일 같았다. 소말리아 내부의 문제만 볼 것이 아니라 다른 여러 국가가 같은 문제 때문에 고생하거나 이를 이용하고 또 악화하는 양상도 살펴봐야 했다.

이 근질거림은 그후 9개월 동안 나를 괴롭혔고, 이런 이유로 나는 몰디브와 지부티, 텍사스행 비행기에 올랐으며 태국과 캄보디아에도 다시 갔다. 내 관심이 닿지 않기를 푼틀란드 당국이 바라 마지않았던 태국 배들에 대해 알고 싶다는 마음이 제일 컸다.

이유를 완전히 설명할 수는 없지만(아마도 죄책감과 고집일 듯하다) 나는 그 배들에서 어떤 일이 벌어지고 있는지, 무엇보다도 거기서 일하는 사람들이 누구인지를 알아내야 할 의무가 내게 생겼다는 느낌을 받았다. 이 일에서 특히 힘든 점 한 가지는 내가 불행 포르노에 발을 담그고 있는 것인지도 모른다는 느낌과 그 많은 악행을 구경거리로 만들면서도 바로잡으려는 노력은 거의 하지 않는다는 느낌이 머릿속을 떠나지 않는다는 것이다. 내가 이 이야기를 내려놓지 않기로 한 데는 머릿속을 맴도는 이 느낌을 도저히 떨쳐낼 수 없다는 이유가 있었다.

내가 푼틀란드를 떠나고 나서 몇 주 후, 그 태국 어선들은 저인망 조업을 중단하고 보사소 인근에 정박했다. 모가디슈 관계자들은 그 선박이 소말리아 수역에서 어획하는 것을 푼틀란드가 연방 승인도 없이 허가했다며 열을 올렸다. 선원들은 어획물 일부를 위즈덤시리퍼Wisdom Sea Reefer라는 이름의 냉장 화물선에 하역했고, 이 화물선은 최종적으로 소말리아 수역 밖으로 물고기를 날라 베트남에 짐을 내릴 것이었다. 태국 당국은 베트남 측에 해당 선박이 그쪽 수역에 진입하면 배를 세워 어획물과 선원을 검사해달라고 부탁했으나 베트남 측은 요청을 무시했다.

소말리아를 떠난 후로도 나는 그 태국 어선에 배치된 민간 경비원을 아는 취재원과 계속 연락을 이어나갔다. 이 취재원을 통해, 바다에 정박 중인 태국 선박 하나에 경비원 한 명이 휴대전화를 몰래 반입하게 할 수 있었다. 그 경비원이 선원들의 모습과 노동 환경이 드러나는 사진과 기록을 내게 보내주기 시작했다. 푼틀란드 정부 내의 다른 취재원은 어획 실적 보고서와 등록 기록,

푼틀란드가 그 배에 발급한 어업 면허 사본 등 핵심적인 서류를 제공해줬다.

그러나 이번 취재에서 저널리즘이 얻은 더 중대한 행운은 소말리아의 일곱 선박에 승선한 선원 여남은 명이 비밀리에 가족과 연락하는 데 사용한 다른 휴대전화 번호를 알아낸 것이었다. 이 전화를 쓰던 선원들은 충전금이 떨어져 침묵할 수밖에 없게 된 상태였다. 나는 익명으로, 인터넷을 통해 선원들의 계정에 원격 충전할 방법을 아는 보사소의 친구를 인권운동가에게 소개했다. 운동가가 휴대전화 계정에 돈을 넣어주자 선원들은 다시 가족에게 문자메시지를 보낼 수 있게 되었다. 나는 마침내 선원들의 허락을 받아 그들이 주고받는 대화에 끼게 되었다.

복잡하게 얽힌 이 정보의 관로로 나는 소말리아의 일곱 선박에서 일어나는 일의 얼개를 그려나갔다. 보사소항에서 3.2킬로미터쯤 떨어진 곳에 함께 정박한 일곱 선박에는 대략 240명쯤 되는 캄보디아인과 태국인이 타고 있었다. 이 시기에 그 중 일부 선박을 방문한 푼틀란드 수산 공무원은 선원들이 쉼 없이 일하더라고 했다(그는 하루 노동 시간이 20시간쯤일 거라고 추측했다). 냉동실에서 일하는 선원은 의복이 마땅찮아 동상으로 고생한다고 했다. 한 캄보디아인 갑판원이 정신을 놓았다는 말도 들었다. "그 사람은 구석에 앉아서 혼잣말만 해요"라고 다른 캄보디아인이 메시지를 써줬다. 다른 선원들은 주로 집에 돌아가고 싶다고 문자메시지로 하소연했다. "우리 편에서 누가 구조하러 오나?" 한 선원이 근처에서 선회하는 헬기 한 대를 보고 가족에게 쓴 메시지였다.

태국 선박은 여전히 자동선박인식 시스템으로 뜨문뜨문 위치를 발신하고 있었는데 어느 순간 그 중 한 척인 촛차이나위35호가 소말리아 수역을 벗어나는 것이 눈에 띄었다. 하루이틀 지켜본 결과 4,828킬로미터 이상 떨어진 태국으로 돌아가는 것이 확실했다. 나는 태국 정부에 있는 취재원에게 경보를 보내, 해당 선박이 불법 어획과 노동 착취를 했을 가능성이 있다고 알렸다. 태국 총리실 인신매매 퇴치 자문위원인 취재원은 태국 왕립경찰 8명과 해군 6명을 대동해 촛차이나위35호에 승선할 계획을 짰다. 조사한 내용을 귀띔해준 대가로 태국 정부는 내가 멀리서도 독자적으로 선원들을 인터뷰할 수 있도록, 내가 태국 대원들이 배를 억류할 때 승선할 조사관을 파견하는 것을 허락했다.

5월 4일 늦은 밤, 촛차이나위35호는 태국 수역에 진입해 사뭇사콘의 타진 유니언항으로 항로를 잡았다. 이 무렵에는 배가 자동선박인식 시스템을 꺼둔 터라 태국 당국은 배를 수색하기 위해 헬기와 고정익 항공기fixed wing aircraft를 한 대씩 내보냈다. 배를 발견한 당국은 배가 항구에 도착하기 전에 진로를 막으라고 해군 군함에 지시했다. 대원 14명과 내가 보낸 조사관은 뭍과 몇 킬로미터 떨어진 지점에서 승선했다.

선원들은 훈련된 것이 분명했다. 내 조사관과 면담하는 동안 그들은 모두 미리 연습한 것으로 보이는 말로 답변했다. 일하겠다고 자발적으로 서명했다, 빠진 액수 없이 제때 급여를 받았다, 음식과 환경에 문제가 없다고들 말했다. 정부 감독관과 내 조사관 모두 그 말을 믿지는 않았으나 진술에 구멍을 내기는 호락호락하지 않았다. 선원들은 거듭 모든 일이 괜찮다고 했다. 그러나 그것도 5월 5일 오전 6시경까지였다. 한 캄보디아인이 다른 사람

없는 데서 따로 이야기하고 싶다며 내 조사관에게 손짓했다.

"다 거짓말이에요." 다른 선원들이 가까이에 있는 갑판에서 잠들어 있을 때, 께아Kea라는 캄보디아인이 목소리를 낮춰 말했다. 께아가 밝힌 바에 따르면 태국 수역에 진입하기 몇 시간 전 촛차이나위35호 선장은 당국이 곧 승선할 것이라는 경고 연락을 휴대전화로 받았다. 선장은 갑판 아래 선실 한 곳으로 선원들을 불러, 질문을 받으면 어떻게 답해야 하는지를 알려줬다. 께아는 자신이 대본에 없는 이야기를 하는 것은 푼틀란드 앞바다에 정박한 채 남겨진 다른 태국 선박 중 하나에 자기 형제가 다른 사람들과 같이 아직 붙잡혀 있기 때문이라고 했다. 다른 선원들은 고용주에게 받아야 할 돈을 받지 못하게 될 것이 두려워 사실을 말하지 않을 가능성이 크다고 께아는 설명했다.

께아가 입을 연 후 내 조사관은 자신이 알게 된 사실을 태국 당국에 새로 전달했고, 께아는 다른 선원들과 즉각 분리되었다. 다른 갑판원들에게는 께아가 신장 결석과 방광염으로 고통을 호소해 밤중에 병원으로 이송되었다고 했다. 실제로 정부가 께아를 옮긴 곳은 태국 빠툼타니에 있는 보호소였고 나는 한 달 후 그곳으로 께아를 찾아갔다.

프놈펜 시내 쇼핑몰에서 볼 수 있을 법한 고등학생 같은 외모의 께아는 새까만 머리카락의 가닥가닥이 세어 있었다. 나이는 스물네 살, 키 162센티미터에 근육이 붙은 체형으로 양쪽 아래팔과 다리가 문신으로 뒤덮여 있었다. 께아는 소말리아의 일곱 선박 선장들이 간간이 선원을 구타했다고 말했다. 또 그들이 생각하기에 선원이 게으르다 싶으면 음식과 약을 주지 않았다고 했다. 어선에 있던 캄보디아인 중 몇몇은 채용될 때 태국 수역 안에서만 조업할 것이라고 들었다. 그래서 배가 소말리아로 간다는 것을 알았을 때 충격을 받았다고 한다.

내가 께아와 인터뷰한 후 5개월에 걸쳐 태국 정부는 소말리아의 일곱 선박에 있는 선원들을 구출할 방안을 모색했으나, 똑떨어지는 법 집행 사례가 되었어야 할 일은 언쟁과 비협조의 늪에 빠져버렸다. 이 늪 때문에 나는 이루 말할 수 없이 분통이 터졌지만, 이는 소말리아 내부의 문제가 외부 세계와 교차하는 양상을, 특히 혼돈이 육지를 지배하는 곳에서 바다의 무법성이 한층 더 심해지는 양상을 조명하는 것이기도 했다.

모가디슈 공무원들은 보사소까지 항해할 수 있는 배가 없어 소말리아의 일곱 저인망 어선에 있는 선원들을 구출할 수 없다고 했다. 물론 나는 다른 요인도 작용했음을 알았다. 그 나라 어느 곳보다 더 가시 돋친 자치 지역 푼틀란드에 맞설 마음이 연방 정부에 전혀 없었다는 것이 주요했다. 그렇게 했다가는 PMPF와 SSS 같은 현지 세력과의 무장 충돌이 일어날 수도 있었다. 이 세력들은 오로지 푼틀란드 대통령의 말만 따랐고, 대통령은 태국 선박을 보호함으로써 이득을 보고 있었다. 그런 충돌은 모가디슈 측에 좋은 결말로 끝나지 않을 것이었다. 게다가 그곳 해안과 가까운 수역에서 푼틀란드에 어떤 권리가 있는지는 모가디슈 당국조차 확실히 알지 못했다.

유럽과 아시아 군함으로 구성되어 소말리아 수역을 순찰하는 해적 퇴치 연합 관계자들은 당초 그 선원들을 구출할 수 없는 이유가 권한 위임 범위에 불법 어업이 포함되지 않아 사건에 관여할 법적 권한이 없어서라고 했다. 그러나 태국 정부의 오랜 접촉 끝에 EU 관계자는 소말리아의 일곱 선박이 불법으로 어획해왔음을 모가디슈 연방 당국이 문서로 확인해주면 배를 파견하는 것이 가능할 수도 있다는 뜻을 밝혔다.

태국 어선이 활동한 수역에서 외국 선박이 저인망 조업을 하는 것은 연방법이 명백하게 금지하는 일이고 푼틀란드의 면허 역시 공인된 것이 아니었으니 연합 세력의 서류 요청은 간단한 일이었어야 했다. 그러나 모가디슈 공무원들은 자기들이 주장하는 불법 행위를 서면화할 때 극도로 오락가락하는 모습을 보였다. 그 선박이 불법이라는 내용을 이번 주에 한 연방 공무원이 태국 공무원과 내게 따로 써서 보냈다가도, 다음 주면 다른 공무원이 정반대 내용을 쓰는 식이었다. 그러는 동안 (푼틀란드든 모가디슈든) 이 공무원들 모두가 공통적으로 보여준 것은 자국 수역을 습격하는 외국 어선의 절도 행위를 향한 분노의 수사뿐이었다.

그 못지않게 성가신 다른 장애물도 있었다. 선박에 붙잡힌 선원들이 캄보디아인이었기에 태국 당국은 캄보디아 정부에 구조 계획 지원을 요청했지만 요청은 대체로 무시되었다. 미국 국무부 관계자는 상황 정보의 주기적 업데이트를 태국 정부에 요청하기는 했으나 그 이상 관여하려고 하지는 않았다. 그 와중에도 태국 당국은 선박 소유주를 압박할 증거를 충분히 모으려고 노력했다. 나아가 UN 마약범죄국과 인질 협상가가 기관의 최근 활동을 소개하는 온라인 공지 페이지에 붙잡힌 선원들의 정보를 공개적으로 발표하지 못하게 막으려고 애썼(으나 실패했)다. 정보가 새어나가는 바람에 배의 운영주는 자신을 대상으로 불법 어업뿐 아니라 인신매매로도 조사가 진행되고 있다는 사실을 알게 되었다.

이 선박들이 자동선박인식 시스템 트랜스폰더를 영영 꺼놓고 선원들을 데리고 바다에서 사라질 것을 우려한 태국 당국은, 인터폴을 통해 소말리아의 일곱 선박 중 어떤 배라도 자국 항구에 나타나면 자신들에게 알려달라고 모든 정부에 요청하는 수배를 7월에 발령했다. 배 두 척은 곧장 소말리아 수역을 벗어나 몇 주간 종적을 감췄다가 이란 수역에 다시 모습을 드러냈다. 국제운수노동조합연맹 ITF의 관계자가 말해준 바에 따르면 태국인 선주들은 그곳에서 배를 팔거나 국적을 변경하려고 했다.

선박들의 국적은 지부티였으니 지부티 기국이 검사를 위해 항구로 돌아오라고 저인망 어선에 명령해 위기를 타개할 수도 있었다. 지부티에는 그 배에 있는 선원의 상태와 조업의 합법성에 제기된 문제를 근거로 그렇게 할 권한이 있었다. 태국 당국은 지부티에 그런 명령을 내려달라고 공식적으로 요청했다. 그러나 지부티 기국은 오히려 배의 선적국 등록을 취소해 재빨리 손을 털어버렸다. 전에도 본 적 있는 조치였다. 인터폴이 수배한 밀렵선 천둥호를 시셰퍼드가 추격할 때 나온 비슷한 요구를 나이지리아가 처리했던 바로 그 방식이었다. 이런 조치는 편의치적 기국을 감독 기관으로 보는 생각이 순전한 허구라는 또 다른 증거였다.

* * *

태국 저인망 어선이 지부티 국기를 걸게 된 사연에서도 알 수 있는 것이 많았다. 선박 운영주가 비용이 제일 저렴하고 규제가 가장 적은 방만한 기국을 찾아 이곳저곳을 비교하는 양상이 이런 데서 드러났다. 태국 저인망 어선 선주는 내가 이 배들의 존재를 알기 한참 전인 2016년 8월에 태국 국기를 떼버렸는데, 정부가 해상 노예와 불법 어업 문제 방지를 위해 도입한 강경한 신규 규제를 준수하지 않으려는 것이 주요한 목적이었다. 태국의 감독을 피해 이동하려는 것은 이 배 운영주만이 아니었다. 태국 정부가 해외에 있는 선박에 전보다 엄격한 규제를 시행한 후 몇 년 동안 이 나라의 장기 운항 어선 54척은 전부 태국 국기를 내렸고 대다수가 오만과 이란, 미얀마 등지로 국적을 변경했다.

배에 새로 걸 국기를 정하려던 소말리아 일곱 선박의 운영주는 지부티 기국 관계자를 방콕으로 모셔와 와인과 식사를 즐기며 조건과 가격을 논의하는 자리를 마련했다. 태국 운영주는 이내 그 저인망 어선 7척을 지부티 기국에서 운영할 권리의 대가로 8만 달러를 지불하는 데 합의했다. 이 조건에 대한 추가 권리로 태국 운영주는 기간제 푼틀란드 어업 면허도 받았다. 이런 세부사항을 내게 전해준 지부티 기국 관계자는 그 푼틀란드 어업 면허가 진짜인지는 잘 모르겠다고 했다.[7] 설사 그런 특권을 제공할 권한이 지부티에 있다고 해도, 최소한 모가디슈에 있는 소말리아연방 당국에 따르면 푼틀란드는 그런 면허를 발급할 수 없었으니 '진짜' 푼틀란드 어업 면허가 뭔지 더 모르겠다는 것이 그 말을 들었을 때의 내 느낌이었다. 모두 상당히 비현실적이었다. 시랜드를 취재할 때로 돌아간 느낌이 들 지경이었다. 허구의 복제물과 수상쩍은 원본을 구별하는 데 애를 먹었던 그곳 말이다.

물론 보사소 인근에 정박한 배에 발이 묶인 캄보디아인들에게 이런 배경 이야기는 하나도 의미가 없었다. 소말리아와 지부티,

태국과 UN 당국자가 이메일을 주고받으며 무엇을 해야 할지 파악하려고 씨름하는 동안 배에 있는 선원들은 다급한 문자메시지를 보내며 계속 도움을 청했다. 한 남자가 쓴 내용은 이랬다. "아버지, 소식을 들려주세요. 그 사람들이 나한테 해코지할까 봐 겁나요." 다른 캄보디아인은 선원 우두머리가 자신을 구타한 후의 일을 이렇게 썼다. "우리한테 약을 안 주려 해요." 그리고 덧붙였다. "숨은 붙어 있지만 지옥에 사는 기분입니다."

내가 받는 긴급 메시지는 나날이 늘어났다. 한 선원은 태국 운영주 측 사람들이 배에 와서 캄보디아인들더러 이 배가 착취와 일절 무관하다는 내용의 문서에 서명하지 않으면 죽여버리겠다고 말한 것을 은밀히 전하는 영상을 보냈다. 내가 받은 영상에서 배를 찾은 회사 직원은 이렇게 말하고 있었다. "과거는 얘기하지 말자고. 미래 얘기를 하잔 거야."

하루는 또 다른 메시지가 충격적인 사진과 함께 도착했다. 마을의 어느 오두막에서 한 캄보디아 남자가 하얀 반소매 칼라 티셔츠와 꽃무늬 반바지를 깔끔하게 차려입고 매끄러운 빨간 커튼 앞에 있었다. 줄에 목을 매 죽은 것이었다. 촛빠따나51호에서 일한 선원의 아버지였다. 내게 사진을 보내준 친척 두 명의 말에 따르면 아버지는 아들이 붙잡혀 있는 데 낙담한 나머지 스스로 목숨을 끊었다. 그의 아내도 아들이 붙잡힌 것에 절망해 목을 매달려 한 적이 있었으나 이웃이 막아 살았다고 했다.

나는 내가 알게 된 사실을 태국 내 여러 경찰 관계자와 인신매매 퇴치 당국자에게 전달하는 한편, UN과 소말리아, 지부티에 어떻게 할 계획이냐고 물었다. 태국 정부만 빼고, 모두가 내 질문에 침묵으로 일관했다. 이렇게 명백히 구조를 필요로 하는 사람들이 있는데 그들을 배에서 빼내 호송할 능력이나 의지를 지닌 주체가 전혀 없다는 것이 나로서는 도무지 이해할 수 없는 일이었다. 2017년 9월 초 기준으로 원래의 일곱 선박 중 보사소 인근에 계속 정박 중인 배는 두 척뿐이었다. 다른 배들은 레이더에서 자취를 감췄고 거기에 있는 선원들이 어떻게 됐는지는 알 수 없었다.

9월 10일 오후, 태국 당국은 소말리아 일곱 선박의 선원 한 명으로부터 캄보디아인 갑판원 18명이 배에서 구출되어 보사소 공항으로 이송된 후 캄보디아로 돌아가고 있다는 정보를 받았다. 태국 경찰은 이들이 도착하는 대로 면담하려고 서둘러 프놈펜으로 갔다. 선원들이 두바이에 경유하는 동안 한 회사 관계자는 그간 겪은 일을 태국이나 캄보디아 경찰에게 나쁘게 말하지 않는 대가로 선원당 2만 바트(약 625달러)를 주겠다고 제안했다. 이 관계자는 앞서 소말리아에서 온 영상에 선원들더러 과거 이야기를 하지 말자고 하는 모습으로 나왔던 바로 그 남자였다.

몇몇 선원은 그 돈을 받았다. 선내 착취에 관해 페이스북으로 아내와 이야기한 사실이 회사 관계자에게 알려진 선원 한 명은 입을 다무는 대가로 30만 바트(약 9,380달러)를 제안받았다. 이 선원은 그 돈을 거절하고 내가 께아에게 먼저 들었던 내용이 사실이라는 증거를 이후 면담에서 태국 경찰에 제공했다. 나중에 알게 된 사실인데 이들 중 캄보디아인 갑판원 한 명은 집에 돌아와 스스로 목을 맸다. 이웃들의 말에 따르면 자신이 잡혀 있는 동안 아내가 떠났다는 소식을 듣고 실의에 빠져 목숨을 끊은 것이었다.

두 달 후인 11월 13일, 이번에는 전원 태국인인 선원 29명이 보사소를 빠져나와 방콕으로 날아왔다. 이번에도 대다수는 노동 시간이 가혹하리만치 길었던 것과 소말리아 수역에 도착한 직후부터 회사에서 가족에게 급여를 보내주지 않았다는 것을 빼면 배 생활에 다른 불만은 없었다고 경찰에게 말했다.

태국 당국은 인권 착취와 어업 위반 행위로 보이는 활동을 쫓아 소말리아의 일곱 선박을 계속해서 공격적으로 추적했다. 태국 정부는 마침내 촛차이나위35호를 압수했다. 2017년 5월 내가 보낸 조사관과 더불어 경찰이 승선했던 바로 그 배였다. 배의 어창에는 값어치로 따지면 44만 달러, 그러니까 1,400만 바트쯤 될 500톤 가량의 냉동 물고기가 들어 있었다. 빨간오징어와 가오리, 고등어뿐 아니라 수익성 좋은 눈다랑어에 비늘돔, 쥐치, 퉁돔, 바리, 촉수 등 산호초에 서식하는 보호종까지 있었다.

그쯤 되니 태국 정부가 여전히 이 사건을 붙들고 있는 것이 놀라웠다. 태국 정부는 이 선박들을 추적하는 데 막대한 액수의 돈과 수백 시간의 공수工數를 들였지만, 해사 규칙에 따라 그렇게 해야 할 의무가 있는 것은 아니었기 때문이다. 어차피 소말리아의 일곱 선박은 해외에 법인이 설립된 회사에서 운영하는 배였다. 등록된 기국도 태국 밖에 있었고 태국 수역을 벗어나 조업했으며 선원 다수도 태국인이 아니었다.[8]

태국 정부가 이렇게 하는 이유를 정확히 파악하기는 어려웠으나 해상 노예와 관련된 부정적 보도가 더 나가는 것을 막으려는 바람일 거라고 나는 짐작했다. 소말리아의 일곱 선박처럼 타국 기국에 등록되었다 해도 태국인 소유의 선박이면, 정부가 노동 착취와 남획 단속에 진지하게 임한다는 메시지를 외국에서 선단을 부리는 선주에게 전하려는 뜻 역시 분명했다.

소말리아에서 마주한 관료와 외국 밀렵꾼의 절도 동기는 설명하기 쉬웠다. 육지에서와 마찬가지로 바다에서도 범죄를 유발하는 것은 돈이지 타락 자체가 아니었다. 크루즈 정기선이 바다에 석유를 투기하는 것은 지구가 싫거나 오염이 좋아서가 아니라 그렇게 하면 합법적으로 처리할 때보다 돈이 덜 들기 때문이다. 밀항자가 표류당하고 선원이 유기되고 이주 갑판원이 기간 계약 노역에 묶이는 것은 다른 방식으로 하면 비용이 더 들기 때문이다. 소말리아에서 해적이 배에 올라타고 경찰이 밀렵꾼을 쫓고 정부 관료가 가짜 면허를 발급하는 이유는 재미도 애국심도 아닌 돈이었다. 마찬가지로 지부티도 태국의 신규 규제를 회피하려던 선박 운영주의 의도가 좋다고 생각해서 태국 저인망 어선 7척이 지부티 국기를 걸 수 있게 승인한 것이 아니었다. 지부티는 사업 기회를 잡았을 뿐이다.

소말리아 취재는 내가 예상한 결과로 이어지지 않았다. 그걸 진작 알아차렸어야 했는지도 모르겠다. 하긴 좋은 뉴스를 기대하고 파탄 국가에 가는 사람도 있단 말인가? 모가디슈에 내린 시점부터 취재 보도의 나침반은 쉴 새 없이 돌아갔다. 나는 누구를 믿어야 할지, 무장을 하고 수역을 순찰하는 여러 집단 중 정당한 조직은 어디인지, 그런 조직이 있기나 한지를 파악하느라 애를 먹었다.

미약하게나마, 정의는 소말리아에서 밀렵하는 태국 저인망 어선의 덜미를 잡아나갔다. 1월 23일 태국 검찰은 상수끼암 일가 사람들을 불법 어업으로 기소했고 촛차이나위35호에 있던 어획물을 압수했다. 불법으로 어획된 물고기라 태국 당국이 그것을 판매하는 것은 금지 사항이었고, 그래서 그후 당국은 물고기를 받을 의사가 있는 자선 단체나 국가를 찾느라 애를 먹었다.

그러는 사이 태국 정부는 배를 항구에 묶어놓고 감시하는 일과 어획물을 저온 창고에 보관하는 일에 매달 약 2만 달러에 상응하는 돈을 들여야 했다. 태국 정부 측 변호사와 수사관은 선박 운영주와 인신매매업자를 상대로 소송할 수 있도록 캄보디아와 지부티, 소말리아의 협조를 얻으려 고군분투했다. 여러 정부가 이런 착취 사례를 외면하는 편을 택하는 이유야 불을 보듯 뻔했다.

바다의 대혼란이라는 주제에 시간을 들인 만큼 부조리의 감각은 내게 톡톡히 스며들어 있었으나 어획물 압수라는 결과는 유난히 농밀한 풍자극이었다. 3년 전 쇠사슬에 묶인 캄보디아인 갑판원 랑 롱의 곤경을 내가 취재한 데 자극받은 태국 공무원들은 자신들이 해상 노예 문제를 단속하고 있다는 확신을 내게 심어주려고 애썼다. 소말리아의 일곱 선박 사건이 서서히 풀려가고 태국 당국이 해당 선박의 운영주들을 기소하려고 적극적으로 노력하는 지금, 그 저인망 어선이 부정하게 거둔 수확은 꽁꽁 얼어붙은 채 돈을 잡아먹으며 정부의 철통 보안 속에 보관되어 있었다. 팔수도 없고 거저 줄 수도 없으며 버릴 수도 없는 증거였다.

나는 이 이야기를 내려놓을 수 없었고 그럴 마음도 없었다. 그래서 한 장이 이렇게 길어졌을 뿐만 아니라 저널리즘의 핵심 난제도 확고한 형태를 띠게 되었다. 그런다고 난제를 피할 구멍이 보이는 것은 아니었지만 말이다. 소말리아의 일곱 선박 취재를 억지로 중단하고 석 달이 지났을 때, 나는 한 취재원에게서 걸려온 전화로 그 배들이 기국과 이름을 변경했지만 같은 태국 일가 소유라는 본질은 아직 그대로라는 소식을 들었다. 이제 인신매매된 새로운 캄보디아인들이 푼틀란드 앞바다에 붙들려 있다고 했다. 나는 취재를 다시 시작했고 내가 알아낸 내용을 트위터에 쏟아냈다.

이런 착취의 순환 고리는 자기 반복으로 누차 새로워지는 옛이야기 같았다. 이번 사건은, 그리고 모든 사건은 언제든 한창 벌어지고 있어 새롭기 그지없게 느껴졌다. 사건이 펼쳐질 때면 다른 사람은 몰라도 내게는 일이 어떻게 끝날지 모른다는 불확실성과 내가 그 결말에 영향을 미칠 수 있을지도 모른다는 희망이 공존했다. 순환 고리를 벗어날 방도를 확실히 알지는 못했으나, 나는 착취 이야기를 몇 번이고 들려주는 것보다도 나쁜 일은 이야기를 아예 들려주지 않는 것밖에 없다는 생각에 나 자신을 맡겼다.

더 간단히 말하자면, 나는 아프리카의 뿔 인근 바다의 무법성에 관해 무엇을 알게 되었는지를 곰곰이 자문했고 상충하는 답을 냈다. 소말리아가 어떻게 불법 어업의 피해자가 되는지 봤으나 소말리아와 푼틀란드 정부가 그 범죄에 얼마나 깊이 연루되었는지도 체험했다. 현지의 해적 퇴치 경찰과 수산부는 문제의 해결책인 만큼이나 그 일부이기도 했다. 태국 선단의 해상 노예 문제와 불법 어업도 여전히 눈에 띄었다. 그러나 한편으로 사건을 해결하려고 끈기 있게 노력하는 주체가 태국 정부뿐인 것도 목도했다. 해사 규칙에 따르면 적어도 비슷한 수준의 책임이 지부티와 캄보디아, 소말리아를 포함한 다른 몇 개 국가에도 있었지만, 이 나라들은 사실상 전혀 힘을 보태지 않았다.

15장

사냥꾼 사냥

바다는 장소가 아니라 외려 사실이자 수수께끼다.

—메리 올리버, 「파도」

2016년 11월 18일, 부두에서 어린아이를 품에 안은 여자들이 일본의 항구 도시 시모노세키를 떠나 출항하는 배 여러 척을 향해 손을 흔들었다. 남극행 선단에 합류할 배들로, 기함 역할을 하는 배는 밍크고래를 사냥하러 가는 '닛신마루'라는 이름의 해상 도살장이었다. 길이가 120미터도 넘는 닛신마루호가 같이 다니는 작고 빠른 작살선 위로 위용을 뽐냈다. 공장식 포경선으로 알려진 이 배는 파도 위의 도축 시설이었다. 배에 갖춰진 특수 강철 미끄럼판이 지방과 표피를 제거하는 나무 갑판 위로 작살 꽂힌 고래를 끌어올리면 선원들이 동물을 신속하게 조각냈고, 그 조각은 갑판 아래 컨베이어 벨트로 내려가 처리되고 냉동되어 판매용 고기로 포장되었다. 선체 양쪽에는 '연구'라는 글자가 굵은 대문자로 씌어 있었다.

닛신마루호는 무리를 지어 사냥했다. '모선'으로 알려진 그 해상 공장을 뒤따르는 소규모 지원 선단에는 작살선 3척, 재급유 탱커선 1척, 경비선 1척, 고래가 섭취하는 자잘한 갑각류를 찾는 작

닛신마루호.

은 크릴 어탐선 1척이 있었다. 1950년대에는 남극을 어슬렁대는 공장식 포경선이 50척도 넘었고 그 배들의 국적은 주로 일본과 소비에트연방, 노르웨이였다. 2017년까지 남은 배는 닛신마루호 하나였다. 이 배는 역겹기 그지없는 작업을 공업적 효율로 수행 했다. 80명쯤 되는 선원들이 20톤짜리 동물을 도축해 가죽과 뼈 를 발라내는 데 30분도 안 걸렸고, 쓸모없다고 여겨지는 몸뚱이 절반 가량은 배 밖으로 버려졌다.

일본 포경선이 항구를 나선 지 얼마 되지 않아 시셰퍼드 소속 배 두 척이 오스트레일리아에서 돛을 펼쳤다. 2015년 내가 동행 했던 천둥호 추적을 벌인 바로 그 해양 보호 단체였다. 이들 역시 항로를 남극해로 잡았다. 몇 해 전부터 해왔던 대로 시셰퍼드는 남극해를 샅샅이 훑어 일본 선단을 찾을 계획을 세웠다. 그 배들 을 찾아낸 후 작살선이 어획물을 닛신마루호에 옮기지 못하게 막는 것이 운동가들의 목적이었다. 사냥을 저지하기 위해서라면 어떤 수단이든 사용할 생각이었다.

지난 10년 동안 시셰퍼드와 일본 포경선은 포경기마다 격렬하게 맞붙어 수단과 방법을 가리지 않는 싸움을 연례행사처럼 치렀다. 일본 선원들은 배를 지키려고 섬광탄과 최루탄, 군중 제어용 음향 무기를 동원했다. 시셰퍼드는 페인트와 냄새 고약한 화학물질이 든 폭발성 깡통과 연막탄을 던졌다. 프로펠러 손상기는 양쪽 모두 활용했는데 배의 프로펠러와 키에 엉키도록 만든 긴 강철 케이블이나 고리 매듭을 지은 폴리프로필렌 줄을 이르는 장치였다. 양측은 상대 배의 굴뚝에 고출력 물대포도 발사했다. 굴뚝은 배의 기관실로 이어져 있었다. 기관실이 물에 잠기면 배가 힘을 못 쓰게 되는 것은 물론이고 그 안에서 일하는 사람들이 감전될 위험도 있었다.

시셰퍼드의 선박 한 척에는 '캔 따개'라고 불리는 특수 제작 장치가 있었다. 배 우현으로 비어져나간 I 형태의 날카로운 강철 기둥으로, 상대 배의 선체를 긁거나 뚫기에 좋았다. 공격이 벌어지면 시셰퍼드 요원들은 작은 조디악 고무보트를 어떻게든 닛신마루호 옆에 댄 뒤, 타정기를 들고 공장선의 배수공을 재빨리 봉했다. 배수공은 고래 피를 바다로 배출하는 방류 통로였다. 일본 측은 이에 대응해 물대포를 발사했고 시셰퍼드의 조디악 고무보트를 물 밖으로 잡아채거나 두 갈래로 찢어버릴 심산으로 긴 줄을 연결한 쇠갈고리를 던졌다. 이런 충돌로 사망한 사람은 없었으나 그것도 시간 문제라는 것이 중론이었다.[1]

양측은 각자의 행동을 방어할 닳고 닳은 논법으로도 무장하고 있었다. 세계적으로 시행된 포경 '일시 중지' 조치에도 불구하고, 일본은 자신들의 사냥이 바다에 고래가 많으며 그 개체 수가 격감하고 있지 않음을 증명할 데이터를 수집하는 과학 활동의 일환이라고 주장했다. 시셰퍼드는 상대 선박을 들이받고 진로를 방해해 법을 위반한 것은 시인했다. 그러나 자신들의 활동은 고래와 여타 해양 생물을 보호하려는 법을 집행하지 못하는 정부의 실패에 이목을 집중시킨다는 목적에서 정당화된다고 주장했다.[2]

시셰퍼드와 포경업자의 충돌이 일상적인 일이 되었다고는 하나 2016년은 유독 각별한 상황이었다. 국제재판소가 일본에 남극 내 포경 중지를 명령했는데도 세계에 마지막으로 남은 공장선은 명령을 무시하고 있었다.[3] 포경선을 운영하는 일본 단체 '고래연구소'는 원정에 재깍 새 이름을 붙였고, 과학이라는 명분을 내세워 그해 겨울에 고래 333마리를 죽이겠다고 공표했다. 닛신마루호 선장은 육지에서 잔치를 즐기고 부두에 모인 사람들의 따뜻한 환송을 받은 뒤 모선을 남쪽으로 몰고 나가면서 배가 눈에 띄지 않도록 위치 트랜스폰더를 끄고 파도를 가르며 지구의 종단으로 향했다.

* * *

2016년에 이르자 시셰퍼드와 일본 사이의 폭력 사태는 단순한 신경전이나 위태로운 이념 충돌 이상으로 불거졌다. 남극에서 펼쳐지는 활극은 바다의 운명에 더 큰 질문을 던졌다.

남극에서 포경금지법과 교란방지법 위반을 누구도 단속하지 않는다면 국가나 기업이 그곳에서 불법 채굴과 투기를 시작할 때는 무슨 일이 벌어질까? 캐나다 앞바다의 철 비옥화 작업처럼 실행하는 쪽에서 연구라고 명명하기만 하면 그 활동이 허용될까? 법 집행이 시셰퍼드 같은 자경단이나 자원봉사자의 몫으로 남겨진 상황에서 이런 단체들이 지치게 되면, 그때는 지구의 극지방이 누구도 통치하지는 않으나 모두가 권리를 주장하는 무법의 무인지대가 되나?

시셰퍼드는 웬만한 상황에서는 자신들이 선한 역할을 하고 있는 것으로 비치도록 프레이밍 하는 데 도가 텄다. 나는 그 교묘한 수사와 영리한 브랜딩의 이면을 보려고, 나아가 시셰퍼드를 비판하는 목소리가 있음을 기억하려고 애썼다. 비판자들의 주장, 특히 시셰퍼드의 도덕적 우월감 과시와 자체 홍보 활동 그리고 시셰퍼드가 자신들이 다루는 사안을 흔히 무 자르듯 대하는 자세를 비판하는 주장에는 일리가 있었다. 그럼에도 불구하고 시셰퍼드의 수호자로서의 매력을 거부할 수는 없었다. 이 단체가 세계를 누비며 펼치는 추격전을 취재하는 일은 이 책의 여러 장을 취재하며 내가 몸담아야 했던 회색 세계에서 한숨을 돌리는 시간으로 느껴졌다는 것도 고백하겠다.

그나마 존재하는 해사 법규는 이해하기 어렵고 모순투성이였으며 혼란스러웠다. 바다의 법적 공백도 충격적이었다. 필요성이 명명백백한데도 법규가 없었다. 바다에서 무법이 판을 치는 것은 법 바깥에서 움직이기가 너무나 쉽고, 법이 아예 존재하지 않으면 그렇게 하기가 더더욱 쉬워지기 때문이다. 다만 시셰퍼드의 추격은 법 집행력의 문제라기보다는 힘 자체의 문제에 가까웠다. 이 단체가 배를 무력화하는 데 쓰는 '캔 따개'도 해사 법규를 대하는 그들의 시각을, 굽히지 않고 독자적으로 일을 처리하겠다는 방침을 상징했다. 시셰퍼드는 바다 위 보안관 역할을 자처했으며, 옳든 그르든 적어도 자신의 의도를 투명하게 드러냈다. 이 책을 구성한 취재 활동 대부분에서 내가 접한 사람들은 보통 자신들의 진짜 목적을 얼버무렸다. 시셰퍼드는 그러지 않았다.

포경은 무법의 바다 탐사를 끝맺을 자연스러운 길로 느껴졌다. 그린피스는 1975년에 처음으로 포경 반대 작전을 개시했고, 해양 보호 운동의 또렷한 구호가 된 "고래를 살리자"라는 슬로건은 저 먼 수평선 너머가 마냥 무탈한 세상이 아님을 일찌감치 드러냈다. 포경 산업 제재가 성공을 거두기도 했으나, 포경 행위는 닛신마루호와 함께 공해에 여전히 남아 있다. '연구'라는 명분을 내세웠지만, 이 배는 바다를 한없이 풍요로운 장소이자 절대 마르지 않을 신성한 보고로 여겼던 시대의 끈질긴 잔재다.

포경은 유구한 행위지만 닛신마루호가 고래를 도살하는 현대적 수법은 많은 부분 베일에 싸여 있다. 조금이나마 알려진 부분은 항해를 나가는 그 배에 승선하는 것이 허락되었던 처음이자 유일한 외국인 기자, 영국인 마크 보티어Mark Votier가 밝힌 것이다. 1992년과 1993년 포경기에 고래연구소는 보티어가 5개월간 배 위에서 생활하며 무엇이든 촬영해도 좋다고 허락했다.[4] 선내에서 이뤄지는 '흉측한' 작업이 영상에 잡히지 않는 한에서였지만.

먹잇감의 위치를 알아내고자 포경업자들은 고래의 이동 경로에 관한 연구 출판물, 고래에게 위성 트랜스폰더를 달아서 얻은 과거 데이터, 크릴을 섭취하는 수역의 지도, 사람들의 목격담이 모이는 웹사이트, 선내 음파 탐지기 등 다양한 경로로 정보를 구

해 활용했다. 닛신마루호와 함께 항해하는 어탐선도 선발대 역할
을 했다.

배에 있는 동안 보티어는 작살로 고래를 잡는 것을 30번 목격
했다. 그가 찍은 영상에는 닛신마루호 선원들이 작살 사냥에 이
어 이 생물을 산 채로 갑판에 끌어올린 다음 업계 용어로 '2차 도
살'이라 하는 작업을 시작하는 장면이 담겼다. 계속 몸부림치는
이 거대한 동물을 10명쯤 되는 남자가 에워쌌고, 그 중 한 명이 전
기 막대로 고래를 감전시켜 죽였다. 그런 다음 고래의 크기를 측
정하고 장검 수준의 긴 칼로 주요 장기와 지방덩어리를 도려내 양
동이에 던져 넣었다. 남은 부분은 사람 몸통만 한 조각으로 썰렸
다. 대여섯 명이 피를 닦고 다른 사람들이 조각을 컨베이어 벨트
에 올리면 조각은 냉동과 포장을 위해 갑판 아래로 운반되었다.
만선인 날에는 고래를 많으면 20마리 가까이 처리할 수도 있었다.

보티어가 살상을 목격한 고래 중 배에 올라오자마자 감전된 숫
자는 절반을 약간 넘는 정도에 그쳤다. 고래가 감전되어 움직임
이 멎기까지는 평균 8분이 걸렸고 한번은 감전사까지 23분이 걸
린 적도 있었다. 뭍으로 돌아와서도 보티어는 자신이 보기에는
고문과 다름없었던 그 장면이 머릿속에서 지워지지 않았다고 한
다. 얼마 후 그는 유달리 '흉측한' 장면을 포함해 촬영분 거의 전
부를 공개했다. 고래연구소는 계약 위반으로 손해를 입었다며 보
티어에게 당시 기준으로 4만 5,000달러 정도 되는 300만 엔짜리
소송을 걸었다. 보티어는 위약금 지불을 거부했고, 다시는 일본
에 발을 들이지 않겠다고 서약하는 것으로 고발을 피했다.

일본 포경업계는 이 사건으로 곤욕을 치른 후로는 눈에 불을

켜고 보안을 사수해왔다. 선주가 배의 조업 방식에 관해 내놓은 몇 안 되는 공개 발언에 따르면 이제 전기 막대는 사용하지 않으며 대신 엽총을 2차 도살에 쓴다고 한다. 언론이나 시셰퍼드 같은 보호 단체의 추적을 피해 일본 측은 AIS 트랜스폰더 전원을 꺼둔다. 그래도 닛신마루호 선주가 사냥 개시에 앞서 떠들썩하게 알려진 잔치를 연 덕에 시셰퍼드는 배를 띄울 시기를 대강 알았다.

피할 수 없는 정의를 뜻하는 그리스 신화 속 여신의 이름을 따 2016년 임무에 '네메시스 작전'이라는 별칭을 붙인 시셰퍼드는 12월 3일 멜버른에서 자기 단체의 대표 선박 스티브어윈호를 내보냈다. 스티브어윈호의 헬기 이착륙장에는 정찰용으로 쓰는 휴스 300 헬기 블루호닛Blue Hornet이 실려 있었다. 왕복 160해리의 이동 거리가 나오는 이 헬기는 기상이 양호할 때면 약 4시간 동안 비행할 수 있었다. 1975년에 건조된 스티브어윈호는 60미터 길이였고 파란색과 검은색, 회색으로 칠해진 선체에 (해골 아래로 삼지창과 목자 지팡이가 뼈처럼 교차한) 시셰퍼드 로고가 얹혀 있었다. 배 이름은 2006년 잠수를 하다 가오리에게 가슴을 쏘여 사망한 오스트레일리아인 환경 보호 활동가 겸 인기 방송인을 기리는 뜻으로 붙인 것이었다.

시셰퍼드의 다른 배인 53미터 길이의 오션워리어Ocean Warrior도 스티브어윈호와 함께했다. 네덜란드와 영국, 스웨덴의 복권 수익금으로 자금을 지원받아 건조된 오션워리어호는 남다른 속도를 자랑하는 새 순찰선으로, 12월 4일 태즈메이니아 호바트에서 첫 임무에 나섰다. 오션워리어호는 30노트 이상으로 속도를 낼 수 있었으니 16노트까지 속도를 올릴 수 있는 닛신마루호와 최고 속

오션워리어호.

도가 약 23노트인 작살선을 추월하기에 충분히 빨랐다. 오션워리어호는 측면에 '밀렵꾼을 막자'라는 문구가 적혀 있는 새빨간물대포도 갖추고 있었다. 1분당 발포 가능 용량이 5,000갤런(1만8,927리터—옮긴이) 이상인 이 물대포는 일반적인 소방차 호스의약 4배에 달하는 출력이었고, 사정거리는 60미터를 너끈히 넘겼는데 그 거리에서도 살갗을 찢거나 사람을 거꾸러뜨릴 수 있었다.

시셰퍼드에게 가장 어려운 일은 바로 닛신마루호를 찾는 것이었다. 배가 사냥하는 수역이 거의 오스트레일리아 면적만 했기때문이다. 시셰퍼드는 매번 작전을 시작하기에 앞서 수색 대상을좁혀 포경업자 적발 확률이 높은 수역에 집중하려 노력했다. 요원들은 부빙의 움직임과 과거 일기도를 연구했다. 고래가 먹는크릴의 이동 경로에 관한 학술 논문과 자사 선박이 전년도에 고래를 포획한 위치를 포경업체가 직접 기록한 보고서도 읽었다.

오션워리어호를 탔던 시셰퍼드 요원들. 앞줄 가운데에 검은 바지를 입은 사람이 애덤 마이어슨 선장이다.

오션워리어호의 키를 잡은 사람은 캘리포니아 네바다시티 출신이며 과거 자동차 정비공과 전세선 선장으로 일했던 53세의 애덤 마이어슨이었다. 스티브어윈호의 선장은 키 183센티미터에 단도직입적인 성격의 전직 네덜란드 해군 대위 비안다 뤼블링크였다. 시셰퍼드의 두 배에 있는 선원은 총 50명으로 남녀의 비율이 같았으며 출신지는 오스트레일리아, 독일, 프랑스, 영국, 오스트리아, 스페인, 캐나다, 미국이었다. 나는 마이어슨과 뤼블링크, 그리고 네메시스 작전에 참여한 요원 다수와 아는 사이였는데 2015년 얼음고기 작전 때 같이 바다로 나갔던 인연 덕분이었다. 내가 합류했을 때 이들은 악명 높은 밀렵선 천둥호를 추격하는 중이었고 당시 천둥호는 인터폴 수배 명단 최상단에 있었다.

얼음고기 작전이 시셰퍼드가 이빨고기 밀렵꾼이라는 새로운 적수에 주목하고 수산 회사, 경찰과 협력하는 등의 새로운 전술을 시험한 활동이었다면, 네메시스 작전은 이 옹호 단체의 뿌리인 포경 반대 활동으로 복귀한 활동이었다. 피할 수 없는 결전인 네메시스 작전은 시셰퍼드가 해묵은 싸움의 결판을 내고 일본의 포경에 마침표를 단단히 찍을 기회였다. 일은 계획대로 되지 않았지만.

* * *

추위가 심해 작물을 키우거나 가축을 기를 수 없는 세계 일부 지역에서 고대인은 생명을 유지하고 영양소를 섭취하고자 고래를 사냥했다. 고래 고기는 비타민 A, C, D는 물론 니아신과 철분, 단백질을 쉽게 얻을 수 있는 공급원이었다. 나중에는 고래 지방으로 지속력이 뛰어나고 비교적 깨끗하게 연소하는 값진 기름을 만들었다. 250년 가까이 국제 무역의 주요 상품이었던 이 기름은 식민지 미국에서 특히 중요했고, 이 시기에 미국은 포경선을 그야말로 부대 규모로 운영했다. 허먼 멜빌Herman Melville이 뉴베드퍼드에서 『모비 딕Moby Dick』의 영감이 된 항해에 나섰던 1840년대에 포경은 미국 경제에 1억 2,000만 달러를 벌어줬고, 이는 오늘날 가치로 따지면 30억 달러 가까이 된다.

포경은 위험도가 높지만 수익성도 높은 일이었다. 고래 한 마리는 2017년 기준으로 25만 달러에 팔렸다. 그 돈에서 선원에게 돌아가는 몫은 거의 없었고 선원들이 노동하는 선내 환경은 가혹했다. 역사학자 브리턴 쿠퍼 부시Briton Cooper Busch에 따르면 고래잡이 선원은 항문성교나 구강성교를 시도했다는 것에서부터 "쇠돌

고래 고기"를 안 먹고 "물에 던져버린" 것까지 온갖 이유로 쇠고랑을 찰 수 있었다. 부시가 『포경은 결코 내게 맞지 않을 것이다 *Whaling Will Never Do for Me*』에 쓴 것에 의하면 항해가 끝날 때마다 평균적으로 선원 3분의 2가 도망쳤다. 선원들은 보통 오랜 시간 등 뒤나 머리 위로 손이 묶여 있는 식으로, 요즘 미군 취조관이 '스트레스 포지션'이라 부르는 자세로 벌을 받았다. 1840년대부터 작성된 것을 부시가 검토한 포경선 일지의 10퍼센트 가까이 되는 기록에 태형이 등장했다.

태형을 정당화하는 이유로는 흔히 두 가지가 제시되었다. 첫째, 선원은 고래가 듣고 도망갈 소리를 내는 실수를 하면 채찍을 맞았다. 둘째, 선원이 원정을 완수하기 전에 배에서 내리려고 누군가에게, 주로 종교 활동가에게 도움을 요청한 사실이 발각되면 선장이 이들에게 족쇄를 채우고 채찍을 휘둘렀다. 기술된 배의 규율을 보니 태국 어선단에서 목격한 강제 노동이 떠올랐다.

미국에서 포경이 내리막길을 걷게 된 것은 경쟁 산업 때문이었다. 1849년 골드러시로 선원들이 더 나은 전망을 찾아 금광으로 가면서 포경선 수백 척이 샌프란시스코에 버려졌다. 10년 후 펜실베이니아 서부에서 원유가 발견된 것은 치명타였다. 괜찮은 유전이면 고래잡이가 바다에서 3년을 항해해야 얻을 수 있을까 말까 한 양의 기름을 하루 만에 더 적은 비용으로 퍼 올릴 수 있었다.

다른 곳에서는 포경 산업이 좀 더 오래 지속됐다. 1892년부터 1910년까지 아이슬란드에서는 이 산업이 국가 경제의 대략 10퍼센트를 차지했다. 크기로 손꼽히는 포경선단은 노르웨이 국적이었고, 19세기 후반 노르웨이에는 사체 처리 설비를 갖춘 포경 부두 수십 곳이 점점이 분포했다. 이 나라에서는 끝부분에 수류탄을 장착해 고래 몸 내부에서 폭발하는 작살인 '그라나타르푼'도 개발해 이 생물을 더 효율적으로 살상했다.[5]

일본인은 수백 년간 고래를 사냥해왔고 그 기간 대부분은 자국해안 가까이에 머물렀다. 그러나 1930년대에 이르러 증기선과 더 큰 작살포 등 기술 발전이 범위와 생산성의 급격한 향상으로 이어지자 일본이 남극해의 공해로 밀고 들어왔다. 2차 세계대전이 끝난 후 이 나라는 전후 빈곤이라는 고비를 겪었는데, 고래 고기는 저렴한 단백질 공급원이라는 이유로 학교 급식의 단골 재료가 되는 등 일본 식문화에서 빼놓을 수 없는 부분이 되었다. 1958년 일본에서 소비된 육류 3분의 1이 고래잡이로 공급되었다.

그후 일본 정부는 대왕고래 같은 멸종 위기종은 피하고 밍크고래처럼 비교적 개체 수가 많은 종만 사냥하는 식으로 포획 대상 고래를 신중하게 선정한다고 강조해왔다. 그러나 UN의 주요 환경 자문처인 국제자연보전연맹은 남극밍크고래가 멸종 위기에 처했는지 아닌지를 판단할 데이터가 충분하지 않다고 말한다. 이 단체에 따르면 남극밍크고래의 개체 수는 1978년과 2004년 사이 60퍼센트 감소했다. 내가 일본 영사관에 포경에 대한 방침을 묻자, 영사관원은 이런 답을 써 보냈다. "일본 정부는 무분별한 상업 포경을 강력히 반대합니다."

포경의 전통은 어떤 면에서는 자부심과 행정적 관성으로 일본에 깊이 뿌리박혀 있다. 일본 정부는 자체 연구 예산과 광범위한 관리 체계를 갖춘 프로그램으로 포획을 감독한다. 이런 행정을 축소하는 것은 관련된 관료와 정치인은 물론이고 이 활동으로 부양되던 산업계에 난감한 일이 될 테고, 그 감축이 외압에 의한 것이면 더더욱 그럴 터였다. 2012년 기준 일본 정부는 한 해에 900만 달러가 넘는 보조금을 포경선단에 지출했다. 일부 추정치에 따르면 일본 정부에서 냉동하고 보관한 고기는 5,000톤 이상이었다.

포경에 민감한 일본의 태도는 이 나라가 해산물에 많이 의존한다는 더 넓은 맥락에서 고려하는 것이 좋다. 일본의 1인당 해산물 소비량은 선진국 중에서도 특히 높다. 많은 일본인에게 고래는 문화적 중요성이 남다를지언정 어쨌거나 또 다른 고기의 일종이다. 자기들이 먹는 음식에 대해 왜 외국인이 왈가불가하냐고 이들은 묻는다. 사실 소만 해도 일부 종교에서는 신성시되지만 다른 나라에서는 고기로 먹는다. 오스트레일리아에서는 캥거루를 먹고 영국에서는 토끼를 요리하며 중국에서는 개를 먹는다. 페로 제도 사람들과 이누이트도 여전히 고래를 사냥하는데, 왜 유독 일본인만 온 세계의 비판을 받아야 하나?

나는 이 질문을 마이어슨에게 던졌다. 노르웨이의 연간 고래 포획량이 아이슬란드와 일본을 합친 것보다도 많다는 사실을 지적했다. "그쪽에 집중하면 어때요?" 마이어슨은 시셰퍼드가 다른 국가를 저지하지 않는 것은 그 국가들이 각자의 수역 내에서만 고래를 잡기 때문이라고 말했다. 지금까지도 멀리 떨어진 공해에서 포경을 하고 있는 나라는 오로지 일본뿐이라는 것이다. 마이어슨은 이 말을 덧붙였다. "그리고 거긴 우리 말고는 누구도 단속하지 않는 수역이죠."

닛신마루호의 사냥터는 지구상에서 가장 거칠고 가장 접근이 어려운 장소라 해도 과언이 아니다. 인간이 살기에는 적합하지 않지만, 이곳 남극해는 경이의 장소이자 지구 어디와도 비할 수 없이 융성한 생태계를 품은 곳이다. 대규모 군락을 이루는 황제펭귄과 아델리펭귄, 눈이 볼링공만 해 깊은 바다에서도 주변을 볼 수 있는 신기한 남극하트지느러미오징어, 지구에서 가장 몸집이 큰 동물로서 동맥이 사람 머리보다 넓은 대왕고래의 서식지다.

남극은 모두가 남의 밥을 쫓는 듯 보이는 먹이 활동 공간이기도 하다. 일본이 고래를 사냥하고 시셰퍼드가 일본을 저지하려 할 때 고래는 이빨고기를 잡는 연승 어선의 뒤를 쫓는다. 이는 '약탈'이라 알려진 현상으로, 고래가 이런 배를 때로는 수백 킬로미터에 이르기까지 따라다니며 연승에 물고기가 빼곡히 달리기를 기다리는 일이 일상적으로 벌어진다. 선장이 어획물을 거두려 하면 연승을 잡아끄는 권양기 모터가 돌아가며 독특한 소리가 난다. 고래에게 이 소리는 물속에서 울리는 저녁식사 알림이다. 고래는 선원들이 물고기를 배 위로 끌어올릴 틈을 주지 않고 연승에 달려들어 줄을 깡그리 쓸어낸다. 수중에서 소리가 가장 멀리 전해지는 맑은 날이면 고래는 24킬로미터 이상 떨어진 곳에서도 저녁식사 알림을 들을 수 있다.[6]

오스트레일리아 멜버른의 디킨 대학교에 있는 약탈 현상 전문가 폴 틱시어Paul Tixier가 내게 말한 바에 따르면 남극에서 조업하는 이빨고기 어선들은 고래의 공격으로 연간 500만 달러 이상의 손해를 본다.[7] 틱시어는 몇몇 이빨고기잡이 선장이 고래 '머그샷'

을 넣어 기록한 항해 일지 이야기를 해줬다. 고래마다 다른 색과 상처, 지느러미 곡선으로 범인을 식별한다는 것이었다. 남극해에 있는 어선 선장들은 상습범을 알아보고 이들에게 '토막 내기 잭' 이나 '벗겨 먹는 잭' 같은 별명을 붙이기도 한다.

고래는 알래스카와 워싱턴, 칠레, 오스트레일리아, 하와이 앞바다 등의 다른 지역에서도 연승 어선을 따라다닌다. 연승 어선 6척을 조사한 내용에 따르면 2011년과 2012년 알래스카만 서쪽에서는 범고래의 약탈 때문에 추가로 들어간 연료와 선원 식량, 지연의 기회 비용으로 각 선박이 하루 980달러의 비용을 썼다. 1990년대 알래스카에서는 수산 당국이 어획기를 2주에서 8개월로 연장한 후로 문제가 한층 심각해졌다. 배가 바다에 있는 시간을 엄격히 제한해서 이를테면 2주간 원하는 양을 마음껏 낚을 수 있게 하는 대신, 시간은 내키는 만큼 들이되 정해진 양만큼만 물고기를 낚을 수 있게 허가했던 것이다.

당국이 어획기를 늘린 목적은 선장이 악천후 속에서 조업을 서두르며 위험하게 모험을 감수하는 것을 막기 위함이었다. 배가 물에 있는 시간이 길어지면서 고래와 배의 움직임이 겹칠 가능성이 커진 것은 정책이 의도하지 않은 결과였다. 이로써 고래에게는 기술을 연마하고 연승 어선을 탈취하기에 제일 좋은 시기와 방법을 정확히 파악할 시간이 생겼다. 틱시어가 말했다. "지금까지는 머리로 고래를 앞지를 효과적인 방안을 찾지 못했습니다."

2016년 초 나는 어민과 고래가 펼치는 경쟁에 대해 더 알아보고자 남극으로 갔다. 가는 길에 칠레 푼타아레나스에 들러 조사를 좀 했다. 세계 이빨고기 어업의 중심지이자 이빨고기운영협의체 회의가 열리는 곳으로, 알래스카와 프랑스 같은 먼 곳의 조업자까지도 모이는 회의였다. 이빨고기를 잡는 글로발페스카 SpA^{Globalpesca SpA}를 운영하는 에두아르도 인판테^{Eduardo Infante}는 부아가 치밀지만 존경하지 않을 수 없다는 태도로 물 아래 적수의 교활한 전술을 설명해줬다.

선원이 40명 정도 있는 인판테의 연승 어선 세 척은 보통 1월부터 5월까지 남대서양에서 조업한다. 성체 고래는 8킬로미터짜리 연승에 걸린 물고기들을 한 시간도 안 걸려 죄다 훑어낼 수 있다.. 고래는 자기 주둥이가 걸리지 않게 낚싯바늘 바로 아래까지만 물고기를 물어뜯는다. 남은 것이라고는 연승에서 달랑거리는 물고기 입술밖에 없을 때도 있다고 인판테가 말했다. 더 노련한 고래는 물고기를 통째로 먹을 수 있게 줄을 물고 흔들어 물고기를 끌러낸다.

고래는 먹이를 먹을 때 연구자들이 '버즈'라고 부르는 특정한 소리를 낸다. 고래들이 약탈에 나서면 소리에 속도가 붙어, 마음껏 먹을 수 있는 뷔페가 차려졌으니 얼른 여기로 오라고 근처 고래에게 알리는 신호가 된다. "골목에서 불량배를 맞닥뜨리는 거랑 같죠." 포클랜드 제도의 이빨고기잡이 선장 한 명은 그 경험을 이렇게 표현했다. 운수가 사나우면 이빨고기 어선 한 척을 향유고래 10여 마리, 범고래 20마리가 모인 군단이 '공격'할 수도 있다는 말도 덧붙였다.

어선이 약탈에 어떻게 대응해야 한다는 명확한 규칙은 없다. 어떤 업체는 고래를 속일 가짜 미끼를 사용한다. 고래에게 거슬릴 헤비메탈 음악을 요란하게 트는 업체도 있다. 몇몇 어선 선장은 고래가 자리를 뜨기 전까지 줄을 당기지 않는 식으로 버티기 싸움을 벌인다. 또 어떤 선장은 연속범을 피하려고 이들에게 위성 장치를 달기도 한다. 공격자가 워낙 빨라 속도로 따돌리려는 시도는 별로 소용이 없다. 고래가 따라붙으면 추적자의 관심을 돌릴 요량으로 일부러 다른 배에 가까이 가는 어민도 있다.

인판테는 그 중에서도 오르카가 단연 최악이라며, 녀석들은 특히 영리하고 끈질기다고 설명했다. 범고래라고도 알려진 오르카는 지구상 가장 큰 최상위 포식자로, 먹이사슬의 꼭대기에 올라앉아 인간을 제외한 어떤 동물에게도 먹잇감이 되지 않는다. 영민한 사냥 솜씨로 유명한 오르카는 보통 향유고래를 들이받아 멍하게 만든 다음 잡아먹는 기술을 쓴다. 돌고래를 공중으로 튕겨 속도를 늦춘다고도 알려졌으며, 어떨 때는 일제히 헤엄쳐 바다표범과 펭귄이 부빙에서 떨어지도록 '파도로 쓸어'버리기도 한다.

인판테는 2013년 칠레 정부가 허가하는 이빨고기 어획량의 3분의 2를 축소하자 고래가 노릴 어선의 수가 급격히 감소했고, 그 결과 본인이 '아사 공포'라 명명한 양상이 고래 사이에서 나타났다고 말했다. 약탈할 공짜 밥이 줄어든 그 기간에 오르카가 너무 굶주린 나머지 극도의 공격성을 보였다는 것이다. 인판테의 선장들은 오르카가 물에서 뛰어올라서는 배 위의 갑판원이 잡은 물고기를 빼내는 해치 개구부 입구에서 낚싯바늘에 걸린 물고기를 바로 잡아챈다며 육지로 무전을 보냈다. 인판테는 말했다. "우리 직원들은 배 밖으로 팔을 뺄 수가 없었습니다. 그 정도로 위험했어요."

인판테는 지난 몇 년 동안 고래를 쫓으려고 몇 가지 음향 장비도 써봤다고 했다. 음향 발생기는 몇 주쯤 효과가 있었으나 오르카는 이내 그 소리를 무시했다. '카찰로테라스'는 아직 사용한다. 줄을 배 쪽으로 당겨 고래가 주로 달려드는 지점인 얕은 물로 올릴 때 낚시에 걸린 이빨고기를 덮어주는 원뿔형의 작은 그물이다. 인판테는 고래 연구자들도 대체로 이를 반대하지 않으며 이런 방법이나 도구가 대부분의 고래 종을 효과적으로 막아준다는 말을 덧붙였다. "근데 오르카는 아니죠."

약탈을 이해하는 것이 중요한 이유는 일본과 노르웨이의 포경 업자들이 때때로 포경 산업을 옹호하는 이유로 이를 들먹이기 때문이다. 그들은 고래가 지나치게 많아 어민이 생계 수단을 빼앗기고 소중한 어류 자원이 고갈된다고 주장한다. 작살 사냥으로 고래를 살처분해 수를 줄이는 것은 적정 균형을 회복하는 데 도움이 된다는 것이다. 그러나 고래 연구자 대다수는 이 주장에 동의하지 않는다.

푼타아레나스를 떠난 나는 이 고래 연구자들 중 한 사람과 이야기를 나눠보고자 칠레 최남단 마젤란 해협에 홀로 있는 72.5제곱킬로미터짜리 외딴섬 카를로스3세섬으로 향했다. 정부가 관리하는 자연 보호지에 속하는 카를로스3세섬에서는 고래의 먹이 활동지가 내려다보인다. 11월부터 5월까지 남반구에서 서머타임이 실시되는 기간에 100마리가 넘는 혹등고래와 그보다는 적은 오르카와 밍크고래가 이 먹이 활동 수역을 찾는다.

섬까지 가는 길에 얻어탄 배는 타누Tanu라는 이름의 11미터짜리 고래 조사선으로, 대다수가 사라진 티에라델푸에고 원주민 셀크남족이 믿는 천상의 고래 정령 이름을 딴 것이었다. 푼타카레라에서 출발한 타누호는 남아메리카 본토 남쪽 끝인 프로와르드 곶을 돌아 도슨섬을 지나갔다. 도슨섬은 혹독하리만치 고립되어 있는 섬으로, 아우구스토 피노체트Augusto Pinochet가 1973년 살바도르 아옌데Salvador Allende 정부 직원 400명을 추방했던 곳이다. 우리는 이어서 북서쪽으로 아홉 시간 동안 계속 이동했고, 그후 타누호는 일주일 후 데리러 돌아오겠다는 약속과 함께 나를 카를로스 3세섬에 내려줬다.

섬의 기지에서 나는 춥고 추적추적한 나날을 보내며 가로세로 6미터, 3미터짜리 텐트에서 나무로 불을 때는 난로 곁에 몸을 웅크리고서, 고래를 연구하는 상주 과학자 프레데리크 토로코르테스Frederick Toro-Cortés와 이야기를 나눴다. 토로코르테스는 섬의 네 주민 중 한 명이었다. 다른 주민 셋은 20대 칠레 남자로, 식사를 준비하고 장작을 비축하고 하루가 멀다고 썩어가는 보도의 나무판을 교체했다. 보도는 내륙으로 1.6킬로미터 들어와 있는 기지에서 출발해 산 옆면을 타고 과학 연구소 기능을 겸하는 단출한 오두막으로 이어져 있었다.

토로코르테스의 설명에 따르면, 옛날에는 어선 선장들이 소총과 작살, 다이너마이트는 물론이고 M-80 폭음탄과 비슷한 '물개 폭탄'과 '폭음 조개'까지 사용해 약탈하는 고래를 쫓았다. 한 연구의 추정에 따르면 1990년대 중반 남인도양 크로제 제도 인근에서는 이런 방법으로 고래가 죽는 일이 너무 비일비재해 그곳의 범고래 개체 수가 70퍼센트 가까이 감소하는 결과로 이어졌다.

나는 칠레로 떠나기 전, 2011년에 뉴저지 근처에서 고래를 총으로 쐈던 사건에 대해 읽었다. 어선 캡틴밥Capt. Bob의 선원이었던 댄 아치볼드Dan Archibald가 낚싯바늘에 걸린 채 일부가 먹힌 참치 사진을 2011년 9월 페이스북에 게시했다. 사진 아래에는 이렇게 썼다. "거두고래한테 고마워 죽겠음." 아치볼드는 고래를 쏴 죽이는 데 썼을 것으로 보이는 총알 사진을 자기 페이스북 페이지에 추가로 올렸고 그후 경찰은 그 고래가 뉴저지 앨런허스트 해변으로 밀려온 것을 발견했다. 체포된 후 아치볼드는 경찰 앞에서, 거두고래 여러 마리에게 총알을 "뿌렸다"는 말을 했다. 그는 거두고래는 사냥꾼이자 자기와 물고기를 놓고 다투는 경쟁자라고 진술했다.

토로코르테스는 어민들이 이렇게 과격한 수단을 쓰는 것은 여전하지만 빈도가 많이 줄었다고 했다. 요즘 선장은 바다사자라도 총으로 잡게 허가해달라고 주장하는 데 그치며, 바다사자는 수가 더 많고 겁이 없다는 게 그의 설명이었다. 토로코르테스가 생각하는 고래는 인판테나 아치볼드가 내놓은 공격적이고 교활한 경쟁자라는 묘사와 확연히 대조되는 온화하고 무해한 거인이었다.

산에 올라 과학 연구소에서 하루를 묵었던 날 밤이었다. 섬에서는 오후 11시나 되어야 해가 졌고 그런 뒤에도 달이 워낙 밝아 풍경은 컴컴하지 않고 은은한 빛을 머금었다. 나는 만을 내려다보며 고래의 수면 장면을 눈과 귀에 담았다. 몸길이가 15미터쯤 되어 보이는 혹등고래 대여섯 마리가 수면을 떠다니며 뿌옇게 수증기를 내뿜다가 몇 분 동안 잠수했다. 마치 겨울잠을 자는 거인의 동굴에 숨어든 기분이었다.

섬을 떠나기 전 마지막 날, 토로코르테스는 내게 형광 초록색 3공 바인더를 보여줬다. 안에는 (대개 토로코르테스의 전임자가 있

던 시기의) 기지와 타누호에서 혹등고래 위주로 고래 생태를 자료
화하며 보낸 추운 나날의 기록 18년치 분량이 들어 있었다. 바인
더 속 코팅지 한 장 한 장에는 등에 솟은 지느러미와 플루크라고
도 하는 고래 배의 꼬리를 줌 렌즈로 촬영한 사진(모두 182장)이
'프리모(사촌)', '마리포사(나비)', '라스파디타(긁는 복권)' 등의
이름과 함께 담겨 있었다. 한 과학자가 각기 다른 해에 이 수역을
최소 두 번 이상 찾아와 같은 고래를 촬영하고 그 이주 패턴을 일
부 밝히면 그 과학자에게는 해당 고래에게 이름을 지어줄 권리가
생겼다. 토로코르테스는 아직 이 목표를 달성하지 못한 상태였
다. "내가 지금 하고 있는 일이 그거예요." 나는 토로코르테스에
게 행운을 빌어줬다.

　일주일 만에 나는 카를로스3세섬을 떠났다. 타누호를 타고 섬
과 멀어지며 푼타아레나스로 돌아가고 있으니 이 작은 기지가 이
정도로 고립되었다는 사실이, 또 토로코르테스가 하는 작업이 수
고스럽도록 더디다는 사실이 놀랍게 느껴졌다. 고래 보호에 역할
하나라도 할 수 있을지를 굳이 따지는 것은 접어두고, 공장 수준
의 효율성으로 이뤄지는 닛신마루호의 도살에 비하면 이 연구는
속도만으로도 상대가 안 되는 듯했다.

　푼타아레나스에 돌아온 나는 남극으로 가는 악틱선라이즈호를
탔다. 이 그린피스 배는 오스트레일리아, 미국, 독일 출신 과학자
네 명으로 구성된 팀을 태우고 땅이 남아메리카 쪽으로 손가락
처럼 튀어나온 남극반도 서측 수역과 웨들해로 갔다. 남극해에서
일본이 포경을 벌이는 곳과는 다른 수역이지만 대왕고래, 긴수염
고래, 혹등고래, 밍크고래가 남극으로 이동하는 경로의 중간 지

점인 곳으로 향한 것이었다.

남극에 도착하기까지는 위험하기로 소문난 드레이크 해협을 통과하는 데 일주일 대부분이 들어갔다. 남아메리카 남단 아래에 있는 수역으로, 맹렬한 파도와 사나운 바람에 몇 세기 동안 배 수백 척이 침몰한 곳이다. 우리 배는 몹시 격렬하게 요동쳐 대다수 선원이 뱃멀미를 하고 있거나 하기 직전이었다. 나도 태어나서 처음으로 뱃멀미를 할 뻔했다. 별안간 주체할 수 없이 식은땀이 났지만, 드라마민 멀미약을 조금 먹고 침대에 있으니 그 느낌이 가시는 데 도움이 되었다. 파도가 측면을 강타해 갑판원 한 명이 식당을 곧장 가로질러 날아가는 것을 보기도 했다. 잔뜩 성난 다스베이더가 내던진 것 같았다. 갑판원은 일어나 웃음을 터트리더니 가던 길을 갔다.

악틱선라이즈호에 탄 여러 나라의 과학자팀은 남극해를 관리하는 기구인 남극해양생물보존위원회 CCAMLR Commission for the Conservation of Antarctic Marine Living Resources에 제출할 신청서를 준비하고 있었다. 목표는 몇 년 사이 상업 어획이 부쩍 증가한 수역에서 이런 조업을 저지할 수 있도록 남극반도 주변에 해양보호구역을 설정하는 것이었다.

그곳에서 조업하는 배들의 어획 대상은 대부분 크릴이었다. 새우 같은 생김새로 물속을 헤엄치는 작은 갑각류로, 몸집은 보통 사람 새끼손가락만 하다. 우주에서도 보일 만큼 커다란 규모로 떼를 지어 살아가는 크릴은 바다표범과 펭귄, 앨버트로스, 오징어, 그리고 다름 아닌 고래의 주요 먹이다. 지구상에서 가장 풍부한 종인 크릴의 개체 수는 여전히 탄탄하다. 문제는 세계 전체의 크릴 수가 아니라 고래가 먹이를 섭취하는 수역에 서식하는 특정 크릴의 개체 수다. 지난 10년 동안 크릴 어업계는 고래가 이동해 와서 이 생물을 섭취하는 바로 그 지점을, 그러니까 남극반도 서부를 따라 늘어선 빙붕과 대륙붕 인근을 집중적으로 노려왔다. 이 수역에서 지난 40년간 남극크릴 성체 개체 수가 70~80퍼센트나 감소했음이 연구 결과로 드러났다.[8]

크릴이 포식자를 피해 은신하고 플랑크톤을 섭취하는 유빙은 기후 변화로 쪼그라들고 있다. 어분으로 분쇄되어 돼지와 닭에게 단백질을 공급하는 데 쓰이다 보니 크릴은 2010년과 2016년 사이 어획량이 40퍼센트 늘어나는 등 지난 10년 동안 수요가 증가했다. 건강에 좋은지는 아직 의문이지만 크릴로 짠 기름도 영양제로 인기다.

그린피스의 악틱선라이즈호에 탄 과학자들은 브라질 앞바다의 밑바닥으로 나를 데려갔던 것과 같은 2인용 잠수정을 사용해, 이곳 바다에 44만 5,478제곱킬로미터 규모의 보호 구역을 설정하자는 그린피스의 신청을 칠레와 아르헨티나 정부가 지원하는 데 필요한 증거를 수집하고자 했다. 유관 국제 감독 기관인 CCAMLR에 신청서를 내려면 과학자들은 보호 장치가 더 요구되는 해양 생물로 이 기관에서 작성한 명단에 이름을 올린 특정한 산호초와 해면동물, 말미잘과 여타 종의 존재를 입증해야 했다.

남극 해양보호구역을 설정하려면 이 과학자들은 크릴을 유독 많이 어획하는 국가, 특히 노르웨이와 중국, 러시아, 한국을 흔들어야 할 것이었다. 이런 크릴잡이 어선은 근래 '연속 조업'이라 불리는 새로운 방식을 개발해 효율을 대폭 높인 상태였다. 어마어마한 규모의 군집을 선내로 빨아들이는 수중의 진공청소기에 연결된 기다란 원통형 어망을 쓰는 방식이다.

이런 기계의 효율을 보면 카를로스3세섬의 고래 연구 기지를 떠나면서 내렸던 결론이 떠올랐다. 세월을 거치며 법적으로든 과학적으로든 바다에서 생명을 뽑아내는 인류의 역량이 바다를 보호하는 역량을 크게 능가했다는 것이다. 진공 어선은 고래의 먹이 활동지이기도 한 남극반도 대륙붕 근처 웨들해로 몰려들었다. 이 배들의 영향을 조사하다 보니 남극에서 벌어지는 포식과 약탈의 순환 고리 속 또 다른 면을 목도하는 기분이 들었다. 일본인은 고래를 사냥했고 시셰퍼드는 그런 일본인을 사냥했다. 고래는 이빨고기잡이 어민의 밥을 훔쳤고 진공 어선은 고래가 먹을 밥을 훔쳤다.

드레이크 해협을 통과하는 약 일주일의 항해 끝에 악틱선라이즈호는 높다란 빙하로 빽빽한 차디찬 수역에 도착했다. 과학자들은 생물다양성이 풍부한 곳이니 잠수 결과가 좋을 거라고 장담했다. 그들은 잠수정을 내릴 준비를 했고, 나도 참여하려고 작업복을 갖춰 입었다. 이번에는 브라질에서처럼 폐소공포로 기겁하지 않겠다고, 계기반 어디도 팔꿈치로 때리지 않겠다고 다짐했다. 한 시간 후 우리는 해저 228미터에 있었다.

해저면에서 3미터 떨어져 운항하던 우리는 포식자가 다른 포식자를 잡아먹는 남극의 경쟁 관계에서 나타나는 맹렬한 순환 고리의 사례를 또 한 번 목격했다. 잠수정 조명이 원뿔형으로 빛을 비추는 곳에서 투명한 젤리처럼 생긴 기묘한 생물 '살파' 수십 마리가 우리를 둘러싸고 꿈틀거렸다. 에어캡으로 된 뱀처럼 생긴 살파는 몸을 통과하도록 물을 뿜어내 앞으로 나간다. 일부 개체 군은 크기가 1.5미터를 넘기도 하는 이 동물이 놀랍도록 많이 보 이는 것은 과학자들에게 걱정스러운 일이었다. 살파는 식물플랑 크톤을 먹고, 식물플랑크톤은 크릴의 생존에 필요하기 때문이다. 살파 수가 급증한 원인은 해양 온난화로, 이는 기후 변화 탓에 균 형이 위험 수준으로 깨지고 있으며 고래에게 끔찍한 결과를 초래 할 수도 있는 방향으로 먹이사슬이 뒤집힌다는 뜻이었다. 잠수정 조종사 케네스 로이크Kenneth Lowyck가 말했다. "고래 먹이를 위협 하는 건 진공 어선뿐만이 아닌 것 같군요."

* * *

고래는 여러 면에서 여타 바다 생물과 다르다. 중대한 차이 한 가지는 고래가 아주 가끔 번식하고 자손도 적게 낳는다는 것이 다. 암컷 고래 한 마리의 자리를 다른 성체 암컷이 대체하기까지 는 평균 20년이 걸린다.[9] 지난 세기 동안 주로 포경선 탓에 고래 290만 마리가 사망했다는 추정치에 과학자들이 우려를 표하는 이유 중 하나가 바로 이런 특성이다.[10]

이런 우려 속에서 1946년 15개 국가가 학살 속도를 늦추자는 조약에 서명하고, 업계를 규제하려는 기구인 국제포경위원회를 창설했다. 1980년대에 이 위원회는 상업적 고래 포획을 중단하는 '일시 중지' 조치를 시행했다. 그러나 이 일시 중지 조치에는 허 점이 있었다. 과학 연구에 관련된 포경은 제외했다는 것이다. 그 리고 일시 중지 조치의 당사자 국가인 일본은 포획을 계속하려고 수년간 면제권을 주장해왔다.

포경 반대 운동가의 촉구 끝에 2010년 오스트레일리아가 UN 국제사법재판소에 안건을 제소해 이 관행에 문제를 제기했다. 일본이 말하는 과학적 포경 프로그램이 법에 어긋나는 꼼수라고 주장한 것이다. 이 주장을 뒷받침하고자 오스트레일리아 측이 제시한 증거 중에는 고래 고기의 상당량이 결국 일본 식당으로 갔다는 내용이 있었다.

2014년 재판소는 12 대 4로 일본에 불리한 판결을 내리고 남극 내 포경을 중단할 것을 일본에 명령했다. 일본은 2015년 포경기 조업을 즉시 취소했으나 2016년이 되자 포경 활동에 새 이름을 붙였다는 정부 발표를 내놓았다. 'NEWREP-A'라는 그럴듯한 이름으로, '남극해상의 새로운 과학적 고래 조사 프로그램New Scientific Whale Research Program in the Antarctic Ocean'을 줄인 것이었다. 새로운 프로그램에 따르면 일본은 자국 선박이 잡을 수 있는 밍크고래 수를 3분의 1로 줄일 것이었다. 일본 정부는 닛신마루호가 다시 남극으로 갈 수 있도록 공장식 포경업자와 그 지원선에 과학목적의 허가를 신규로 교부했다는 것도 추가로 밝혔다. 더 이상규제 때문에 골머리를 앓고 싶지 않았던 일본 정부는 국제사법재판소의 관할 범위에서 자국의 포경 활동을 빼겠다는 뜻을 반기문 UN 사무총장에게 통지하기까지 했다.

일본 측은 이렇게 뻔뻔하게 나왔고, 포경을 비판하는 쪽에서는이런 움직임이 바로 공해가 제대로 관리되고 있지 않다는 증거라고 주장했다. 규제가 마음에 들지 않는다고 어느 나라가 위원회에서 그냥 몸을 빼는 것이 가능하다면 감독이 무슨 의미가 있겠는가? 비판하는 쪽에서는 진짜 문제를 다루지 못한 국제재판소에도 책임을 물었다. 공해의 연구 활동을 법적으로 보호하는 데는 모두가 동의했으나 바다 위 연구 활동의 정의를 누가 정하는지는 아무도 몰랐다.

이러니저러니 해도 육지에서 과학자와 정부 대부분은 널리 인정되는 투명한 방법론을 사용하는 활동으로 연구를 정의했다. 추가로 연구에서는 결과를 분석하고 동료와 공유한 정보에 근거해 데이터나 논문 또는 학술지 기사가, 바람직하게는 동료 평가를 거친 출판물로 나와야 했다. 이 정의에 따르면 일본 포경선에서 베일에 싸인 채 이뤄지는 이른바 연구 활동은 자격을 충족한다고 하기 어려웠다. 새로운 난제는 아니었다. 러스 조지와 그가 바다에 철광석을 투하하는 것을 둘러싼 논쟁에서도 이미 본 것이었다.

일본의 포경 관련 소송에서 오스트레일리아 측은 진정한 해상 과학 조사를 구성하는 요소가 무엇이냐는 문제를 규명해달라고 국제재판소에 구체적으로 촉구했다. 그러나 재판소는 일본 측에서 죽이는 고래 수가 조사용으로 용인되는 것보다 많은지 아닌지에 대해서만 판결을 내리려 했다. 그 덕에 일본 정부에는 단순히 포획할 계획인 고래의 수를 낮추고 포경 활동을 과학이라는 구실로 탈바꿈한다는 선택지가 남았다. 이게 바로 일본 정부가 한 일이었다.

다른 법원 역시 남극에서 벌어지는 무법 행위에 고삐를 조이지 못했다. 2015년 오스트레일리아 연방 법원은 일본 포경업계가 오스트레일리아 고래 보호 구역 내에서 보호종인 고래를 살상해 법원을 모독한 것을 발견했다. 법원은 일본 포경업체 '교도 센파쿠'

에 벌금 100만 달러를 부과했다. 그러나 이 업체는 끝까지 벌금을 납부하지도, 사건 청문회에 출석하지도 않았다.

시셰퍼드를 제재하는 법원 판결도 효과를 못 내기는 매한가지였다. 2015년 미국 연방 항소법원은 일본 포경선에서 457미터 이내에 시셰퍼드 운동가들이 들어가는 것을 금지한 2012년의 접근금지명령을 어겼다며 시셰퍼드에 250만 달러의 벌금을 매겼다. 시셰퍼드는 일본의 포경을 감독한다는 고래연구소에 벌금을 내고서 곧장 남극으로 돌아갔다.[11] 기회만 된다면 2016년 포경기에도 접근금지명령을 다시 한 번 위반할 계획이었다.

* * *

2016년 12월, 시셰퍼드의 배는 오스트레일리아 항구에서 출항한 지 10일 만에 남극 포경터에 도착해 닛신마루호 수색을 시작했다. 해가 거의 24시간 내내 떠 있어 시계에 도움이 되는 듯했으나 짙은 안개와 악천후 탓에 그 이점은 이내 지워지고 말았다. 잔잔한 날이면 바다에서 3미터 높이 파도가 밀려왔다. 반면 폭풍이 유독 사나울 때는 11미터 높이로 벽처럼 솟아오른 물이 오션워리어호의 선수를 내리쳤다. 파도를 맞아 우현의 조종사 통로 문이 경첩에서 뜯겼고, 조디악 고무보트가 보관 지점에서 들려 올라갔으며, 배 의무실로 물이 들이쳤다.

시셰퍼드는 그 수역에 있는 다른 배들에 무전을 보내 일본 배를 본 적이 있는지 확인했다. 과거에는 어민들이 시셰퍼드를 미심쩍게 보며 동맹보다는 적에 가깝게 대했다. 그러나 이번 여정에서는 전보다 많은 어선 선장이 무전에 답을 줬다. 수산업계가 시셰퍼드에게 우호적으로 변한 데는 어류 밀렵꾼을 추적한 지난 작전으로 받은 긍정적 언론 보도가 도움이 됐으리라고 마이어슨은 짐작했다. 그의 생각은 이랬다. "합법적으로 조업하는 배들의 눈에는 법을 어겨서 경쟁 우위를 확보하는 불법 선박이 좋아 보일 리가 없으니 우리를 지지하는 거지요."

나는 당시 다른 지역에서 취재 중이라 항해에 참여할 수 없었다. 그래서 이번 작전에서는 시셰퍼드의 배 어느 쪽에도 타지 않았다. 그러나 뤼블링크와 마이어슨 그리고 임무에 참여한 다른 요원들과 휴대전화와 이메일로 거의 매일 대화해 그 경험을 기록할 수 있었다. 항해가 시작되고 몇 주째에 접어들었을 때 나는 뤼블링크에게 일본 포경업자를 어떻게 생각하냐고 물었다. 뤼블링크는 잠시 뜸을 들이더니 전략가로는 대단하게 본다고 인정했다. "우리 배를 알고 속도를 알고 습성을 알죠." 뤼블링크는 일본이 밍크고래와 혹등고래, 참고래 1,035마리였던 어획 할당량을 최근 밍크고래 333마리로 낮춘 데는 부정적 언론 보도로 본인들을 때려대는 시셰퍼드의 힘을 그 조치로 약화해보려는 생각이 있었을 것이라고 추측했다. 일본이 최근 포획하는 수역을 곱절로 늘리기까지 해 그 면적이 오스트레일리아 면적의 거의 두 배에 달하게 된 탓에 시셰퍼드가 이들을 찾기는 더 힘들어졌다. 뤼블링크가 말했다. "영리한 상대예요."

두 도축업자의 딸인 뤼블링크는 시셰퍼드에서 일하는 사람들 대다수와 마찬가지로 채식을 한다. 오스트레일리아 오지 깊숙한 곳의 보호 시설에서 캥거루, 왈라비, 코알라 등 상처 입은 야생동물을 구조하고 재활 치료하는 일을 3년간 하다가 2013년에 시셰퍼드에 합류했다. 시셰퍼드에서도 노련함이 돋보이는 선장인 뤼 블링크는 과거 네덜란드 해군에서 기뢰전 담당 장교로 약 8년간 복무한 이력이 있으며 오스트레일리아 왕립 해군에서도 2년 반 동안 일했다.

12월 22일, 오션워리어호의 레이더에 빨간 점이 팔딱이며 배 두 척이 나타났다. 깜박대는 것은 배가 16노트보다 느리게 움직인다는 표시였고, 이는 두 배 중 하나가 닛신마루호일지도 모른다는 뜻이었다. 시셰퍼드는 지난 몇 주간 연료 탱커선과 크릴 어탐선은 봤으나 핵심 표적인 모선은 아직 찾지 못한 상태였다.

마이어슨은 자기 배의 선원들과 스티브어윈호에 상황을 알린 다음 화면 위 깜박거리는 점을 향해 25노트 속도로 오션워리어호를 몰았다. 위험하리만치 안개가 짙어 가시거리는 몇백 미터 수준으로 떨어져 있었다. 남극의 이 수역에는 간혹 10층 건물보다 더 높이 솟은 빙하도 있고 그보다는 작지만 트럭과 그랜드 피아노쯤 되는 크기의 빙암이 가득했다. 오션워리어호의 속도에 물보라가 거세게 일었고, 덕분에 마이어슨이 앞유리 너머를 또렷하게 볼 수 있는 시간은 와이퍼가 앞유리를 닦고 지나간 직후의 찰나뿐이었다. 속도를 조금이라도 늦추면 배를 따라잡지 못할 수 있었고, 속도를 높이면 빙벽을 들이받을 위험이 있었다.

다섯 시간의 추적 끝에 마이어슨은 첫 번째 빨간 점을 따라잡았으나, 발견된 것은 모선이 아니라 선단의 작살선이었다. 마이어슨은 즉시 방향을 거꾸로 돌려 레이더에 뜬 두 번째 점으로 향했다. 레이더로 보면 그 배도 16노트보다 느리게 움직였지만, 마이어슨은 너무 기대하면 안 된다는 것을 알고 있었다. 일본 측이 배를 천천히 몰아 시셰퍼드를 속여 모선에서 먼 쪽으로 방향을 돌리게 하는 꼼수를 종종 썼기 때문이다. "다친 새가 제 둥지에서 멀리 날아가 포식자를 속이는 거랑 비슷하죠." 마이어슨의 말이다. 두 번째 점 역시 작살선인 유신마루2호였다.

작살선을 발견했다는 것은 근처에 모선이 있을 가능성이 있다는 뜻으므로 반가운 일이었다. 일본인들은 고래를 죽인 다음 닛신마루호에 옮겨 실으려고 고래의 꼬리를 붙들어 작살선과 나란히 끌고 갔다. 끄는 거리가 너무 길어지면 고기가 훼손되었다.

작살선을 따라잡아 난감했던 것은 이제 일본 측에서 시셰퍼드의 꽁무니를 쫓으며 그 위치를 모선에 보고해 모선 노출을 막을 수 있게 됐기 때문이었다. 오션워리어호가 속도전에 능하도록 건조된 데는 이런 이유가 있었다. 마이어슨은 엔진 출력을 높이고 오션워리어호의 속도를 25노트로 올려, 자신을 따라오려 하는 일본 선박을 손쉽게 따돌렸다. 반면 스티브어윈호는 최고 속도가 15노트로 훨씬 느렸다. 그래서 작전을 마저 수행하는 내내 뒤에 붙은 일본 배를 떼어낼 방도가 없었다.

1월 15일 오전 10시 37분, 뤼블링크는 시셰퍼드의 해양 정찰용 헬기인 블루호닛호를 띄웠다. 보통 뤼블링크가 헬기를 내보내는 때보다 두 시간 정도 이른 시각이었다. "뭔가 감이 오는데요." 뤼블링크는 그날 내게 자신이 한 결정을 이렇게 설명했다. 날씨도 유달리 쾌청했다. 헬기와 스티브어윈호 사이의 통신은 위성전화로 주고받는 문자메시지로만 제한되었다. 무전은 도청당하기가 굉장히 쉬웠기 때문이다. 11시 34분, 스티브어윈호의 위성전화에 문자메시지가 떴다. "닛신마루호와 작살선 확인." 스티브어윈호

시셰퍼드의 헬기 블루호닛호가 일본 포경선 수색을 마치고 연료 재급유를 위해 스티브어윈호로 복귀하고 있다.

에 있던 무선통신사는 곧장 뤼블링크에게 이 메시지를 큰 소리로 읽어줬다. 흥이 오른 비명이 선교에서 터져나왔다.

　뤼블링크는 자기 모국어가 아닌 영어를 완벽하게 구사하면서도 메시지를 다시 읽어달라고 무선통신사에게 요청했다. "반복 부탁한다." 뤼블링크가 지시했다. 몇 주 전 무선통신사가 닛신마루호를 발견했다고 알리는 줄로 잘못 들었다가 크게 낙심한 일이 있었기 때문이다. 무선통신사가 실제로 발음한 것은 이름이 비슷한 같은 무리의 작살선 '유신마루'였다. 뤼블링크는 또다시 그런 실수를 해서 희망 고문을 당하고 싶지 않았다.

　뤼블링크는 이 희소식을 스티브어윈호 선원들에게 확성기로 재차 알린 다음 마이어슨에게 위성전화를 걸었다. 그때 마이어슨은 대략 600해리 떨어진 곳에서 남극해의 다른 수역을 수색하고 있었다. 이어서 뤼블링크는 닛신마루호 방향으로 진로를 잡았다.

일본 포경선 닛신마루호 위, 지방과 표피를 제거하는 갑판에 있는 죽은 밍크고래.

닛신마루호는 오스트레일리아의 배타적경제수역에 깊숙이 들어가 있었다. 닛신마루호의 조업이 금지된 곳이었다. 그 배가 있는 위치는 국제포경위원회에서 지정한 4,999만 제곱킬로미터 규모의 남극해 고래 보호 구역 안이기도 했다.

다음 메시지는 나쁜 소식이었다. "갑판 위 죽은 밍크고래 한 마리 확인." 작살이나 총에 맞아 몸통 아랫부분에 30센티미터 너비의 구멍 두 개가 뚫린 채로 닛신마루호 뱃머리에 누워 있는 고래 암컷 성체를 블루호닛호에 탑승한 요원이 카메라에 담았다. 닛신마루호 선단에 속한 작살선 두 척이 1.6킬로미터쯤 떨어져 있었다. 뤼블링크는 당장 작살선 쪽으로 가서 동태를 살피며 고래에게 발포하고 있는지를 확인하라고 블루호닛호에 지시했다. (작살포에 파란 방수포를 씌워뒀으니 발포하고 있는 것은 아니었다.) 블루호닛호가 닛신마루호로 돌아왔을 무렵에는 고래 역시 방수포로 덮여 있었다. 시셰퍼드가 이따금 포경선의 갑판에 투척했던 냄새 고약한 부티르산 깡통과 연막탄을 막으려고 모선에는 낙하물 방지망까지 둘러놓은 모습이었다.

대략 70해리 정도 떨어져 있던 스티브어윈호는 블루호닛호가 너무 멀리 비행하지 않아도 되게끔 빨리 따라붙으려고 질주했다. 그 동안 블루호닛호는 앞뒤를 오가며 비행해 닛신마루호의 항로를 쫓으려 애썼다. 블루호닛호는 한 번 비행할 때마다 마지막으로 알려진 포경업자의 위치로 갔고, 일본 배를 새로 발견해 그 좌표를 보고한 다음, 재급유를 위해 스티브어윈호의 헬기 이착륙장으로 복귀했다. 그러나 정찰이 여덟 시간 동안 이어지고 블루호닛호가 다섯 번째 비행에 나섰을 때 강풍과 안개가 몰려왔다. 조종사의 피로도는 위험 수준이었다.

남극 남부에서는 1월에는 대부분 시간이 밝았지만, 추적하다 보니 배가 북쪽으로 멀리 올라가며 밤에 접어들고 있어 비행의 위험이 한층 더 커졌다. "일단 안전하지가 않아." 아쉬워하는 블루호닛호 조종사에게 뤼블링크는 이렇게 말하며 헬기를 여섯 번째로 내보내지는 않겠다고 알렸다. 뤼블링크는 닛신마루호와의 간격을 26해리 정도로 얼마간 좁혀놓았다. 그러나 닛신마루호의 최고 속도가 스티브어윈호보다 1노트 빠르다는 것은 단순하면서도 사기가 꺾이는 사실이었다.

그날 밤 나와 선교에서 전화 통화를 한 뤼블링크는 낙심한 기색이 역력한 와중에도 희망찬 어조를 유지하려고 애썼다. 뤼블링크는 일본 배가 스티브어윈호를 따라오지 않을 수 없게 했으니 포획하는 작살선이 한 척 줄어든 셈이라고 말했다. 공장선을 추적한 덕에 그 배가 평소 조업하는 사냥터에서 수백 킬로미터 떨어진 곳으로 몰렸다고도 했다. 뤼블링크의 말이다. "우리한테서 도망치는 동안에는 고래를 잡을 수 없죠." 죽은 고래를 촬영한 화면도 국제 보도에 유용할 것이라고 했다. 죽은 고래와 작살포를 천으로 덮은 것은 증거를 은폐하려 하며 죄를 시인한 꼴이었다. 뤼블링크가 말했다. "우리로서는 성공입니다."

닛신마루호를 놓친 뒤 오션워리어호와 스티브어윈호는 남극해 중에서도 코퍼레이션해 서단 수역으로 향했다. 빙산(아이스버그)이 빽빽하게 들어찬 곳이라 마이어슨은 이 수역에 '버그빌'이라는 별명을 붙였다. 그러지 않아도 위험이 도사리고 있는 미로인데 마이어슨이 레이더를 끄기로 하면서 수역은 한층 더 위험해졌다. 레이더를 쓰면 당연히 근처에 있는 빙산과 다른 선박을 보는데 도움을 받을 수 있었다. 그러나 마이어슨은 일본 측에서 본인을 추적하는 데 오션워리어호의 레이더나 다른 송수신기를 어떻게든 써먹고 있을 거라고 확신했다. 마주치는 작살선마다 마이어슨이 다가오는 것을 미리 알고 있었던 눈치였기 때문이다. 마이어슨은 말했다. "그 배들, 거기서 버티고 있었을걸요."

버그빌을 수색하며 며칠을 보낸 후인 2월 20일, 오션워리어호에 있던 요원들은 물에 둥둥 뜬 짙붉은 거품을 발견했다. 고래가 작살에 맞으면 피와 지방으로 물에 항적이 생긴다. 하지만 이 기름띠는 그보다 빽빽하고 피가 많았는데 마이어슨이 생각하기로 이런 것이 나올 수 있는 곳은 닛신마루호 갑판 아래의 도살장뿐이었다. 바삐 돌아갈 때면 도축 폐기물 수천 갤런을 배 밖으로 퍼붓는 곳이었다. 기름띠를 어느 방향으로 따라가야 할지 몰랐던 마이어슨은 일단 추측을 해봤고, 그 추측은 틀렸다. 한 시간 후 마이어슨은 그를 기다렸다는 듯 공회전하고 있는 작살선 한 척을 맞닥뜨렸다.

마이어슨은 오션워리어호를 돌려 기름띠를 따라가는 반대 방향으로 속도를 냈다. 오션워리어호에 탄 요원 몇 명은 갑판에서 쌍안경을 들고 있었는데 그 중 한 명이 멀리 있는 빙산 뒤로 시커먼 연기가 뭉게뭉게 떠가는 것을 발견했다. 그게 모선에서 디젤유를 태운 연기라면 배와 1.6킬로미터 이내로 들어온 것이었다. 요원들은 수색 지원차 드론을 띄웠다. 타륜을 잡은 마이어슨은 새를 주시하는 고양이 같은 집중력으로 바다를 뚫어지게 쳐다보았다. 그후 세 시간 동안 오션워리어호는 빙산이 만든 길고 좁다란 골목을 오르락내리락 활주했다. 목표물은 끝내 다시 발견하지 못했다. 밤이 내려앉자 희망은 시들었다. 마이어슨은 연료를 너무 많이 태울 것을 걱정해 수색을 완전히 중지했다.

스티브어윈호와 오션워리어호가 오스트레일리아의 항구로 돌아옴으로써 2017년 3월에 네메시스 작전이 끝났다. 양쪽 배에 탔던 요원들은 이번 항해를 긍정적으로 해석해보려 애는 썼으나, 상륙하며 내게 말하기로는 손에 꼽을 정도로 큰 좌절감을 느낀다고 했다. 그러나 더 쓰디쓴 패배의 맛을 볼 일이 아직 남아 있었다.

시셰퍼드는 5개월 후, 2017년에는 매년 하던 포경 반대 활동을 펼치러 남극으로 가지 않을 것이며 자원을 다른 곳에 집중하겠다고 발표했다. "일본이 우리에 비해 막대한 우위를 점하고 있거든요." 나중에 마이어슨이 내게 설명했다. 일본 측은 더 발전한 드론과 레이더를 보유하고 있으며 군용 등급 위성 기술도 사용할 수 있다는 말이 덧붙었다.

법적 풍토가 변해 보호 단체의 포경업자 추적이 더욱 위험해진 것도 시셰퍼드가 사냥을 중지한 이유였다. 2017년 6월 일본은 277개 행위를 "공모하거나 범하는"것을 범죄로 정한 테러방지법을 논란 속에 통과시켰고, 사업 활동을 조직적·강압적으로 방해하는 것을 5년의 징역형에 처할 수 있는 범죄로 대상 행위에 포함했다.[12] 법문의 몇몇 부분은 시셰퍼드를 겨냥했다고 많은 이들이 생각했다.

바다에서 법이 적용되는 방식에 일관성이 거의 없다 보니, 고발당한 활동이 공해에서 이뤄졌다 해도 시셰퍼드 활동가에게는 일본에 구속되고 수감될 위험이 있었다. 이들의 본국은 외교 분쟁에 휘말리거나 자국 선박을 공격하는 상대를 체포할 본인들의 역량을 깎아먹기를 원치 않아 활동가들의 석방에 힘쓰지 않을 수도 있었다.

마이어슨은 2012년 미국 항소법원이 시셰퍼드에 일본 포경선 주위 457미터 내로 다가갈 수 없다는 접근금지명령을 내린 것을 두고 아직도 씩씩거렸다.[13] 마이어슨이 비유하기로 그 법원 판결은 미성년 여아를 성관계 상대로 파는 캄보디아의 성매매 업소 앞에서 시위를 벌이고 고국에 돌아왔더니 성매매 업소의 이익에 손해를 입혔다며 미국법으로 고소당하게 된 것과 다를 바 없었다. 마이어슨은 일본에서 테러방지법이 통과되면서 판이 시셰퍼드에게 위험한 수준으로 커졌다고 말했다. "세계를 파괴하는 일이 이제는 그냥 사업 비용으로 여겨지고, 지구를 지키는 일이 테러 행위로 보여지는군요."

테러리스트와 자유의 투사를 가르는 문제는, 못해도 스파르타쿠스가 로마인에 맞서 무기를 들었던 때부터 정치와 이념으로 범벅된 의미론적 이분법이었다. 먼바다 위 도덕과 법의 진공에서 이 구분은 특히나 흐리다. 시셰퍼드를 누군가는 지지하고 누군가는 폄훼한다. 이 단체는 그럴 만한 이유로 미움도 사고 존경도 받는다. 나는 어느 쪽 시각도 품지 않았지만, 활동할 책임이 있는 주체들이 아무것도 하지 않는 상황에서 시셰퍼드가 공격적 접근법을 취하는 것은 이해가 되고도 남았다.

프런티어를 제일 편하게 느끼는 마이어슨이 그곳을 떠나 있는 시간은 길지 않았다. 마이어슨은 오스트레일리아 해안으로 복귀한 다음 캘리포니아 시에라네바다 산맥 등성이에 있는 집으로 돌아갔다. 바다에서 11개월이 넘는 시간을 보내고 돌아가는 것이었다. 우편물 더미가 마이어슨을 기다리는 중이었고, 그 가운데에는 일본 포경업체를 대리하는 미국 법률 회사에서 보낸 편지도 있었다. 마이어슨이 이미 남극으로 출발한 후 발송된 이 서신에는 일본 포경선을 훼손하거나 공격하면 마이어슨이 오션워리어호의 수장으로서 "개인적으로 책임 추궁을 당할 것"이라고 경고하는 내용이 담겨 있었다. 마이어슨은 편지를 찢어버리고 휴식과 재충전에 몇 주를 들였다. 그러고는 시셰퍼드 작전 상관에게 연락해 다음 임무를 정해달라고 했다.

에필로그

공백

　계속해서 자기 임무를 수행하겠다는 마이어슨의 계획을 전화로 들은 뒤 나는 마이어슨이 보호하려는 고래를 생각했다. 고래 다수는 마이어슨과 나보다 나이가 많았다. 사실 나이로 따지면 시랜드 공국과 팔라우보다도 많았다. 고래는 몸집과 긴 수명 덕에 무엇에도 끄떡하지 않을 강인한 존재로 보였고, 거의 똑같은 이유로 바다는 그 광활함 덕에 실제로는 아닐지언정 무엇이든 다 견뎌낼 수 있는 곳으로 보였다. 그러나 실은 양쪽 모두 절체절명의 위기를 마주하고 있었고, 그 양상은 대개 너무 미묘하고 느리고 이질적이라 대다수 사람이 인지하기도, 대다수 정부가 관리하기도 어려웠다.

　핵심적인 역설이 여기서 다시 한 번 등장했다. 바다는 크고도 작다. 이 행성의 지도를 보면 대부분이 파랗다. 바다의 광대함은 바다를 단속하고 보호하기가 이토록 어려운 이유다. 하지만 체포된 베트남 어민들이 말했듯 바다는 여럿이 아니라 오직 하나다. 바다는 산성화와 투기, 남획 등의 힘으로 무수한 측면에서 연결된 곳이지, 사유재산, 국경, 정부 규제라는 개념 등으로 구획이 나뉘거나 규정되는 곳이 아니다.

마이어슨은 새로 출발했지만 나는 그러지 않았다. 육지에 머물며 신문사 일에 복귀할 시간이었다. 취재하지 못한 놀라운 이야기들을 한 꾸러미 남겨둔 채, 책은 끝맺는 것이 아니라 다만 두고 떠날 뿐이라는 작가의 아픈 이치를 나는 받아들였다.

무법의 바다를 취재하며 보낸 약 4년 동안 나는 끊임없이 움직여야 했다. 갈피를 잡기 어려웠으나 그것은 숭고한 경험이었다. 총체적으로 보면, 우주 여행 체험으로 느껴질 만큼 생경한 장소로 나를 데려간 항해였다. 과거에 두고 빗장을 단단히 걸었다고 생각했던 일(해적 활동, 포경, 노예 노동, 민간 무장)을 목격했기에 시간 여행을 하는 기분이 들기도 했다.

불처벌은 바다의 표준이며, 이는 단순히 규제를 집행하지 않아서만이 아니라 자격 증명이나 동기가 의심스러운 상태로 기강 잡는 일을 하게 되는 인물들 때문이기도 하다. 환경 파괴나 노동 착취가 의심되는 선박에서 드물게나마 실제로 이뤄지는 감독은 (태국에서 알게 되었듯) 수사관이 아니라 행정 관료가 수행한다. 자경단과 민간 용병은 (해상 무기고나 천둥호와 닛신마루호 추적 과정에서 발견했듯) 경찰이나 해군 장교 못지않게 공해를 순찰하고 상습범을 쫓는다. 공해에서 적용되는 규칙은 오랜 세월 입법관과 노동 변호사보다는 외교부와 수산업계, 해운업계의 뜻에 따라 짜였다. 그랬기에 (소말리아의 일곱 선박과 에릴 안드라데의 죽음, 카메라에 찍힌 살인을 조사하며 보았듯) 영업 비밀이 범죄 예방보다 더 높은 우선순위를 차지하게 되었다.

나는 주로 이런 먼바다 위 프런티어의 어두운 이면을, 우리 인간이라는 종이 지닌 최악의 본능이 왕성하게 자라나는 곳을 탐험했다. 그러나 비할 데 없는 아름다움과 순수한 경이로움을 보기도 했다. 건전한 정신이 침잠하는 환경에서, 내가 전에 존재한다고 생각했던 세계보다 태양이 더 쨍하고 파도가 더 소란스럽고 바람이 더 세찬 세계에서 활동하는 이상야릇하며 때로는 영웅적인 인물들을 만났다. 중세의 지도 제작자가 꿈꿨던 기상천외한 지도에 낙하산을 타고 내려앉은 느낌이었다.

어떤 날의 오후가 떠오른다. 남대서양 위, 어느 배의 선수 갑판에 서 있을 때였다. 살굿빛 노을 아래로 날치 한 마리가 날아올라 수백 피트 공중을 가르는 것을 지켜보았다. 잠시 후 몇 마리 새가 바다로 뛰어들어 물속 깊은 곳에서 비슷한 거리를 헤엄쳤다. 그날 밤은 구름이 없었고, 주변이 온통 평평해 사방으로 시야가 가리지 않으니 하늘은 그 이상 클 수 없었다. 밤이 되자 칠판에 분필로 그은 듯한 하얀 선을 별똥별이 길게 그어놓았다. 하지만 최고로 눈부신 유성우는 하늘이 아니라 물 아래에 있었다. 물고기가 일정 구역을 쏜살같이 통과하면 바다에 반짝이는 파란 선이 촘촘히 그려졌다. 물고기가 빛을 방출하게 해주는 발광 플랑크톤의 황홀한 방어 기제가 만든 결과물이었다.

그날 나를 사로잡은 것은 이 장소의 너무나 많은 부분이 마법처럼 뒤집혀 있다는 사실이었다. 물고기가 하늘에, 새가 물속에 있었고 머리 위에는 하얀 줄무늬가, 아래에는 파란 줄무늬가 있었다. 이색적인 예측 불가능성은 그 아름다움의 일부다. 그 모든 것의 경이에는 거부할 수 없는 끌림이 있어 바다의 고통과 괴로움을 목격하고도 육지로 돌아올 때면 나는 그곳을 향한 강렬한 갈망과 내 집이 아닌 장소에 대한 향수를 느꼈다.

그런데 내게 들러붙은 다른 무언가가 더 있었다. 먼바다의 어둠과 아름다움을 모두 초월한 것이었다. 팔라우에서 세스나기를 집어삼킨 시커먼 광막을, 같은 종류의 광활함이 오랜 시간 온 세계의 바다에 폐기물을 투기할 핑계가 되어준 사실을 나는 돌이켜 생각했다. 사람을 짓뭉개는 바다 위의 권태를, 그 권태가 유기된 배의 선원과 해상 무기고의 무장 경비원을 고문하는 독특한 방식을 생각했다. 그렇게 많은 배에서 무뚝뚝함을 키운 침묵을, 그 침묵이 강간당하고 갈취당하고 익사한 사조오양 선단 선원 사이에 어떤 식으로 체념을 길러냈는지를 생각했다. 사조오양 선원 일부는 침묵을 깬 대가를 호되게 치렀으나 목소리를 낸 마법의 관 내부 고발자는 보상을 거둔 것도 기억했다.

이런 스냅 사진에서 무법의 바다와 그 바다를 가로지르는 배가 이 바다를 관장하는 사람뿐 아니라 침묵과 권태, 광활함처럼 형체 없는 힘으로도 규정된다는 것이 드러나는 듯했다. 나는 한 발 더 나가고 싶다. 바다가 무법 상태인 것은 바다의 본질이 선하거나 악해서가 아니라, 소리에 반해 침묵이 그렇고 활동에 반해 권태가 그렇듯 이곳이 공백이기 때문이다. 우리는 여러 세기에 걸쳐 바다에서 솟아나는 생명을 수용하고 상찬해오면서도 타락을 숨겨주는 이곳의 역할에는 대체로 눈을 감았다. 그러나 수세기 동안 그랬듯 무법의 바다는 실재한다. 이 사실을 마주 대하기 전에는 이 프런티어를 길들이거나 보호하는 일을 기대할 수 없을 것이다.

부록

무법의 바다에 고삐를 조이려면

 먼바다의 혼란을 누그러뜨리기 위해 우리는 무엇을 할 수 있을까? 문제의 범위를 생각하면 어려운 질문이다. 이 주제를 다루는 것은 기후 변화 해결 못지않게 위압감이 느껴지는 일로 보일 수 있다. 우리 개인의 행동이 그 자체로는 지구의 과열을 막을 수 없음을 다들 안다. 그런데도 많은 이들은 어떻게 하면 변화를 만들 수 있을지를 여전히 알고 싶어한다. 자신이 문제가 아니라 해결에 일조한다고 느끼고 싶은 것이다.

 예를 들어 연비가 개선되도록 타이어 공기압이 적절히 채워졌는지 확인한다거나 비행기를 탈 때 배출되는 탄소의 영향을 줄일 수 있게 탄소 상쇄 비용을 지불하는 행동은 아무리 작아도 분명히 도움이 된다. 그러나 바다에서 발생하는 불법적이고 위험하며 비인도적인 행위를 막고자 보통사람이 할 수 있는 소소하고 개인적인 행동은 정확히 짚어내기가 어렵다.

 그러나 이런 와중에도 변화를 만들 방법은 있다. 이 책에 그려진 고질적인 현실과 씨름하며 전방에서 활동하는 단체를 재정적으로든 다른 방면으로든 지원하는 것도 그 중 하나다. 검증은 여러분이 직접 하시라. 여기서는 그런 활동을 펼치는 단체 몇 곳을 간략히 소개하겠다. 정부와 기업이 공해를 더 잘 단속하기 위해 취하고 있는(또는 이들이 취해야 한다고 운동가와 연구자가 생각하는) 조치에 관한 맥락도 더 광범위하게 설명하겠다.

선원 보호

선원선교단과 스텔라마리스는 유기와 급여 미지급, 신체적 상해, 인신매매 피해를 입은 선원을 직접적으로 지원하는 매우 효과적인 단체다. 국제 운수 조합 중 최대 규모인 국제운수노동조합연맹ITF은 과거에는 화물선과 탱커선 선원 보호에 주력했으나 최근 들어서는 어선에서 발생하는 노동 착취를 감시하는 쪽으로도 임무의 범위를 넓혔다.

환경정의재단과 국제인권감시기구, 그린피스, 국제노동권포럼을 비롯한 여러 단체는 어선에서, 특히 남아시아와 동아시아 어선에서 발생하는 노동 착취를 조사해 유용한 보고서를 발간한다. 이 단체들은 국제노동기구와 더불어 무대 뒤편에서 중요한 역할을 수행하며 이런 선박에서 일하는 노동자들을 보호할 수 있게 법을 강화하고 법 집행을 개선할 것을 촉구한다. 한편 시셰퍼드는 정책과 관련해 정부에 압력을 넣는 데 있어 연구에는 덜 의존하는 편이다. 시셰퍼드는 적과 직접 대립하는 방식으로 언론의 관심을 유발하고 인식을 제고한다.

강제 노동은 바다에 오래 머무는 배에서 더 흔히 이뤄진다. 이런 선박은 환적이라는 방편에 기대 어선으로 물자를 날라오고 어획물을 육지로 다시 수송하는 식으로 접안과 육상 검사관의 불시 점검을 때로는 수년씩 피한다. 악덕 어선 운영주가 선원을 감금해두고 세관에 제출하는 증명서에 어획물을 거짓으로 올려 실제로는 아니면서 합법적으로 잡은 양 눈가림할 수 있는 것은 환적 덕분이다. 정부와 수산물 매입업자가 나서서 어선의 입항 빈도 증대를 의무화해야 한다고 노동운동가와 환경운동가 다수가 주장하는 데는 이런 이유가 있다. 이들은 해상 환적을 금지하거나 제한해야 한다고도 역설한다.

2017년 UN 국제노동기구는 매년 바다나 항구의 버려진 배에 선원 수백 명의 발이 묶이는 일을 방지할 조치를 취했다. 4개월분의 선원 급여와 이들을 본국으로 돌려보낼 경비를 감당할 자금이 있음을 증명해야 하는 의무가 선주에게 생겼다. 운영주 역시 사망이나 직업상 상해를 입은 선원의 장기 소득보상보험으로 발생하는 비용을 감당할 능력이 있음을 증명해야 한다. 노동운동가들은 이런 종류의 보험이 필수적인 것은 맞지만 그 의무가 어선으로까지 확대되어야 한다고 말한다. 현재 어선들에는 이런 명령과 노동 기구의 주요한 보호 조치 대부분이 적용되지 않고 있다.

인신매매 퇴치 단체는 선원 채용과 관리에 송출입 업체를 쓰지 않거나, 쓴다면 최소한 꼼꼼히 검증하기라도 해 노동 착취에 노출되는 일을 최소화할 것을 수산업체와 해운업체에 권고해왔다. 노동자가 서명한 계약서 사본을 받는 동시에 흔히 노동자를 빚에 옭아매는 데 쓰이는 채용 관련 선취 수수료 사용을 금지하겠다고 업체가 강력히 요구할 수도 있다. 최고로 성실한 업체라면 자문위원을 고용해 현장 점검을 실시하고, 또 전에 근무한 노동자 중 일부 인원을 대상으로 퇴사자 면담을 진행해 급여에서 공제분이 몰래 빠진다거나, 약속된 임금이 노동자가 귀가한 후에도 들어오지 않는다거나, 환경이나 노동 관련 규제 위반 행위에 관해 입을 연 노동자가 블랙리스트에 오른다거나 하는 흔한 문제의 유무를 확인하는 것도 가능하다.

한층 투명한 식품 공급

현재의 어획 방식은 지속 불가능하며, 많은 해양 과학자는 대규모 상업 어획과 다른 산업 활동을 대체로 또는 완전히 금지하는 해양보호구역을 더 설정하자고 요구해왔다. 연구자들 역시 세계 어선단의 규모를 축소하고, 바다에서 건져도 되는 물고기의 수를 제한하는 할당제를 더 엄격히 실시하고, 수산물을 인위적으로 저렴하게 만드는 정부 보조금을 철회할 것을 주장한다. 이 모든 목표에는 불법 수산 회사를 고발하려는 정부의 열의와 적극적인 규제 집행이 필요하다.

결과는 제각각이나 최근 다양한 업계가 공급망 내의 노동과 환경 착취에 맞서왔다. 분쟁 없는 다이아몬드, 돌고래를 해치지 않은 참치, 공정무역 커피, 착취 노동 없는 의류 같은 사례를 생각해보라. 전세계 수산물업계는 이런 문제에 서서히 대응하기 시작했다.

미끼를 물어 식탁에 올라오기까지 물고기를 더 잘 추적할 기술은 존재하고, 새로운 움직임이 부상하며 수산물 추적은 더 용이해지고 있다. 정부와 대규모 수산물 판매업자는 가짜 생선 문제를 막고자 어종을 감별하는 DNA 키트 사용 의무화를 고려하고 있다. 포장 품목을 바코드 라벨로 더 공격적으로 추적하는 방안, 과거 위반 이력이 있는 선박으로 들여온 물건과 흔히 조직범죄와 얽이는 국경 횡단을 거친 화물을 포함해 고위험 수입품을 표시할 알고리즘을 도입하는 방안도 검토 중이다.

식자재상과 요식업자는 컨설팅 서비스와 공급망 감사에 '피시 와이즈' 같은 비영리 단체나 'SCS 글로벌'과 '트레이스 레지스 터' 같은 영리 기업의 도움을 받는다. 그린피스에서 해마다 내놓 는 '바다를 생각하는 장보기Carting Away the Oceans'는 윤리적인 구매 결정과 공급망의 투명성, 어장에서 매대까지 오는 과정의 추적 가능성을 근거로 슈퍼마켓의 순위를 매긴 성적표다. 2018년에는 소매업체 90퍼센트 이상이 통과 점수를 받았으나 '친환경' 지속 가능 점수를 받은 업체는 단 4곳(홀푸드, 하이비, 알디, 타깃)뿐이었 다. 월마트와 코스트코, 크로거 같은 대다수 업체는 중간 정도 되 는 점수를 받았다.

수산물 업체는 자사의 물고기를 어획하거나 운반하는 모든 선 박에 국제해사기구IMO 식별 번호처럼 이름이나 선주, 기국을 변경 하는 것과 무관하게 선박이 수명을 다할 때까지 계속 유지되는 고 유한 선박 식별 번호를 의무적으로 부여하는 방안도 고려하고 있 다. 선박에 이런 종류의 식별 번호가 없으면 그 배에서 상품이나 물 고기를 받는 업체로서는 그 배가 어디로 운항했는지, 노동자가 계 약서를 썼는지, 지역 수산업 관리 기관에서 확인하는 블랙리스트 에 배가 올라간 것은 아닌지를 알 방도가 없다. 2017년 UN 식량농 업기구는 전세계 선박을 한눈에 확인할 수 있는 온라인 데이터베 이스를 공개해 이런 정보를 통합하는 데까지 한 걸음 더 나아갔다.

운동계에서는 UN 조약인 항만국조치협정처럼 자국 항구에 들어오는 선박을 검사할 규칙을 잡은 국제 협약을 비준한 국가에서만 상품을 공급받을 것을 수산물 구매업자에게 촉구해왔다. 다른 중요한 요건으로는 어선에 반드시 옵서버가 승선해야 한다는 것이 있다. 옵서버는 지역 수산 당국의 지시만 따른다. 승선한 옵서버는 배가 할당량을 준수하는지를 감시하고 기록하는 일과 상어 지느러미 채취나 과도한 혼획, 고등급화(먼저 잡은 물고기를 배 밖으로 던져버리고 새로 잡은 물고기로 대체하는 관행) 등 다른 범죄가 발생하지 않는지를 점검하는 일을 한다. 옵서버에게는 노동 환경과 위반 행위에 대해서도 책임과 고발 권한이 주어져야 한다.

소비자들의 관심도 늘어나고 있으며, 해산물(과 고기) 일체를 멀리하기로 선택하는 사람도 많아지고 있다. 물고기를 먹지만 환경 파괴와 노동 착취 문제로부터 거리를 두고 싶은 사람이라면, 물고기를 공급하는 업체에 관해 더 알아볼 여러 방법이 있다.

폴 그린버그는 이 주제를 특히 영리하게 풀어낸 작가로, 가장 문제가 되는 수산물로 새우와 참치, 연어를 꼽았다. 이런 수산물은 수입 비중이 압도적이며, 공급망이 유달리 길고 불투명해 환경법에 어긋나거나 지속 불가능한 활동에 연루된 업체를 포함할 수도 있기 때문이다. "국내산 해산물을 먹고, 지금보다 훨씬 넓은 범위로 다양하게 먹어야 한다"라는 것이 그린버그의 제안이다. 대합과 홍합, 굴 같은 연체동물은 대개 양식이 생태학적으로 이롭고, 환경에 영향을 훨씬 적게 주면서 생산하는 것이 가능하다. 식탁에 올리기에 손색이 없다고 그린버그가 말한 다른 미국산 해산물은 알래스카홍연어로, 관리가 훌륭하게 이뤄지고 있으며 오메가3 함유량이 많다.

그린버그는 나아가 소비자들에게 '분쇄 산업'과 엮인 해산물과 오메가3 보충제를 피하라고 조언한다. 분쇄 산업이란 한 해에 자연산 어류 2,500만 톤을 식이보충제에 들어가는 어유, 그리고 닭, 돼지, 양식 어류에게 단백질 공급용으로 먹이는 어분으로 압축해버리는 거대 산업 부문이다. 이런 보충제가 실제로 건강에 유익하다는 생각을 약화하는 의학 연구가 점점 더 많이 발표되고 있는데도 이런 알약은 여전히 인기가 많다. 어류로 만든 오메가3 보충제보다 나은 선택지로는 해조류로 만든 제품이 있다.

더 자세한 안내를 원하는 소비자라면 몬터레이베이 수족관을 참고할 수도 있다. 이 수족관은 환경 관점에서 '적색'(피할 것), '황색'(좋은 대안), '녹색'(최고의 선택)으로 수산물에 등급을 매긴 해산물 성적표를 발행한다. 성적표는 5,500만 부 이상이 갈무리되거나 수족관을 통해 다른 방식으로 배포되었고, 예를 들어 소비자가 가재를 사려 한다면 미국에서 양식된 것을 선택하라고 권한다. 참다랑어 구매는 주의하라는 경고가 있지만 거의 전량이 양식되는 틸라피아는 일반적으로 좋은 선택지다. 어류가 어획되거나 양식된 장소와 수확에 사용된 기법에 따라 많은 것이 달라진다. 예를 들어 노르웨이 스키에르스타드피오르의 해상 가두리 양식장에서 키운 대서양연어는 '최고의 선택'으로 여겨지지만 같은 종이어도 캐나다 대서양 수역에서 양식된 것은 피해야 한다.

최근 들어 이 수족관은 평가 기준에 인권을 포함해 '리버티 아시아', '지속가능한어업파트너십'과 함께 '수산물 노예 위험 평가 도구Seafood Slavery Risk Tool'를 내놓았다. 이 도구는 종이나 지역으로 검색해 특정 해산물이 노예 노동으로 오염되었을 가능성이 큰지를 판별할 수 있는 공공 데이터베이스다. 한 예로 파타고니아 이빨고기는 아르헨티나나 칠레, 오스트레일리아에서 잡았으면 '저위험'으로 생각되지만 한국에서 잡았으면 '고위험'으로 간주된다. '참치'를 검색하면 남태평양의 암울한 상황이 드러난다. 해양관리협의회에서 인증한 참치를 제외하면 대만에서 온 참치는 거의 전부가 '중대 위험'에 해당한다. 이 도구는 주로 수산업계와 금융업계의 사업용으로 제작되었으나 수족관은 비영리 단체와 소비자, 그리고 윤리적인 해산물에 관심이 있는 사람이라면 누구나 이를 활용하도록 장려한다. 세계자연기금WWF도 지속 가능한 해산물에 관한 국가별 가이드를 발표한다.

해상 범죄의 감시와 조사

바다 위의 폭력에 관해서는 공개적으로 이용할 수 있는 정보가 놀랍도록 부족하다. 선원 대상 가혹 행위나 선원들의 실종을 방지하려면 정부에서 항구로 복귀하는 선박의 불시 점검을 늘리고 선원 명부가 불완전하거나 위조된 경우 벌금을 무겁게 부과해야 할 것이다. 인권 연구자들은 해상 범죄를 신고할 법적 의무를 선주와 선원에게 부여하자는 제안도 내놓는다. 결과로 나온 데이터는 보험업체나 기국에서 사적으로 보유하는 것이 아니라 대중이 이용할 수 있어야 한다. 해양 조사관과 보험업자는 실종된 선원의 행방을 추적하기 위한 공공 데이터베이스 구축을 촉구해왔다. 기국 제도도 여기에 의무적으로 기여해야 한다.

사용 가능한 해상 범죄 관련 정보량을 늘릴 방안을 도출할 때 유용하게 쓸 수 있는 프레임워크로 노동운동계는 당장 존재하는 두 가지 안을 짚는다. 여객선에서 발생하는 범죄 행위를 FBI에 신고할 것을 의무화한 '크루즈선보안안전법'과 선원이 바다에서 폭력에 처했을 때 국제해사국에 이를 신고하기로 주요 기국이 약속한 '선원폭력규탄선언서(워싱턴 선언)'다. 전세계에 적용되게끔 이 조치를 확대하는 것이 가능할 텐데, 다만 조치에 강제력을 더하고 무거운 벌금형은 물론 징역형까지 받게 할 필요가 있을 것이다.

조합 관계자와 노동권 연구자는 여러 국가가 해사노동협약에 조인해야 한다고도 말한다. 이 협약은 해상 노동자의 권익 보호를 위한 세계적 표준으로, 협약 당사국 항구에 들어오는 모든 선박과 기국 깃발을 날리는 모든 국가에 적용된다. 정부는 이 협약을 비준해 다른 나라 기국에 등록된 선박이 자국 항구에 머무는 동안 해경이 실시하는 검사의 일환으로 이런 선박에 더 높은 수준의 유급 휴가와 임금, 의료 급여, 안전 규정을 강제할 수 있다. 2018년 기준으로 미국은 포함되지 않는 85개국 이상이 이 협약을 비준했다. 노동운동가들은 국제노동기구 협약 제188호의 비준 역시 촉구하는데 이는 어선 환경 개선을 구체적 목표로 하는 협약이다.

바다의 광활함으로 인해 밀렵꾼이 정부의 할당제를 무용지물로 만들고, 금지 수역에 진입하고, 보호 구역을 약탈하기가 쉬워진다. 그 결과 해적 조업선은 미국으로 수입되는 자연산 해산물의 20퍼센트 이상을 책임지며 다른 나라에서는 비율이 더 높을 것이다. 모든 어선이 VMS와 AIS 같은 추적 장비를 의무적으로 탑재하게 하면 대중과 법 집행 기관이 바다에서 벌어지는 활동을 추적하게 하는 데 도움이 될 것이다.

편의치적 제도는 많은 경우 상습 범죄 선단의 위장 수단이 된다. 많은 등록처가 등록된 선박에 감독권을 제대로 행사하지 못한다. 의무감을 더 느끼는 업체라면 책임과 투명성 표준이 어느 곳보다 엄격하게 요구되는 깃발만을 걸 것을 자사 공급망을 구성하는 선박에 요구할 것이다. 국제운수노동조합연맹ITF과 선원국제연구센터는 노동 기준에 근거한 기국 등급을 제공한다.

몇몇 기관은 해양 감시 강화에 집중한다. 글로벌어업감시Global Fishing Watch가 어선을 추적해 정보를 공개하는 것이 한 가지 사례다. 트뤼그마트트래킹, 피시아이 아프리카Fish-i Africa, C4ADSCenter for Advanced Defense Studies(선진국방연구소), 윈드워드Windward는 범죄 행위 가담이 의심되는 선박을 조사한다. 해상인권지원센터Human Rights at Sea는 선원 대상 가혹 행위 보고서를 발간한다. 어스워크스Earthworks는 유해 폐기물을 바다에 투기하는 채굴업체를 추적한다. 퓨자선신탁the Pew Charitable Trusts은 불법 어획이라는 세계적인 문제에 관해 귀중한 연구를 꾸준히 내놓는다.

공해에서 행할 수 있는 상업 활동의 종류에 명확하고 강력한 규칙을 세우는 데서는 37곳이 넘는 기관의 협의체인 공해연맹High Seas Alliance이 주요 동력이 되어주고 있다. 연맹은 특히 공해에 해양보호구역을 별도로 마련할 정식 절차를 신설하려는 UN의 해양생물다양성협약을 놓고 협상을 진두지휘해왔다. 육지와 달리 공해에는 상업 활동 금지 구역 설정과 관련된 법적 프레임워크가 없다. 이 협약으로 환경영향평가 절차도 마련될 것이며, 어획과 해저 채굴, 해운, 연구 등 이런 수역에서 수행되는 대규모 프로젝트에 관한 정보를 대중이 알 수 있게 하는 방안이 수립될 것이다.

감사의 말

앞표지에 어떤 이름이 적혀 있든 이 책은 수백 명이 있었기에, 연구자와 해결사, 통역사, 사진사, 운전기사, 편집자, 조사관을 비롯한 여러 사람이 있었기에 나올 수 있었다.

나를 믿고 대역을 맡겨준 전세계의 수많은 선원에게 가장 먼저 감사를 전한다. 좋은 기자는 일화를 몰래 들여오는데, 나는 더없이 귀하고 사적인 이야기를 내게 너그럽게 빌려준 이 선원들에게 빚을 졌다. 남녀를 가리지 않고 그들 모두가 보여준 조용한 회복력과 기운찬 독창성에 경외감을 느끼며 나는 항해를 마쳤다. 내가 출생 복권에 당첨된 것에 감사함을 느끼기도 했다. 이번 취재의 굽이마다 나는 남보다 가진 것 없이 시작해 많은 경우 참담한 생활 환경과 노동 환경에서 살아남고 심지어 성공까지 거두는 사람이 세계 인구에서 얼마나 되는지를 계속 떠올렸다.

지난 15년간 내 직업적 고향이 되어준 《뉴욕타임스》에도 크나큰 감사를 전해야겠다. 세계에서 내로라하는 교육 병원인 《뉴욕타임스》는 이 직업에 막 발을 들인 햇병아리였던 나를 받아줬고,

최고의 의료진이 참을성 있게 내게 일을 가르쳐줬다.「무법의 바다」를 비롯한 여러 프로젝트를 진행하는 동안, 딘 바케이 편집장은 난해하고 까다롭기 그지없는 주제를 풀어낼 시간과 자유 그리고 신뢰를 내게 주었다.

마라톤 선수의 지구력과 이야기 구조를 꿰뚫는 투시력의 소유자인《뉴욕타임스》담당 편집자 리베카 코벳은 시작 단계에서부터 이 프로젝트의 구상을 적극 수용해줬다. 2년간의 고단한 취재 과정에서 나를 능숙하게 이끌어줬고 명료하고 흡입력 있는 서사로 내용을 압축하도록 도와줬다. 무대 뒤에서는 해나 페어필드, 낸시 도널드슨 가우스, 베스 플린, 알렉산드라 가르시아, 맷 퍼디, 스티브 두에이너스, 루크 미첼, 제이크 실버스틴 같은 다른 편집자들이 이루 말할 수 없이 많은 자원을 이 프로젝트에 베풀어주며 과감한 믿음을 보여줬다.《뉴욕타임스》의 사진사와 영상 제작자들, 벤 솔로몬과 에드 오, 애덤 딘, 해나 레예스, 셀라세 코베세이람, 조제 아조르, 배질 칠더스, 크리스티안 모빌라, 윌리엄 위드머, 벤저민 로위의 노고와 보기 드문 재능이 없었다면 이 시리즈는 신문과 온라인에서 지금과 같은 반응을 결코 끌어내지 못했을 것이다. 그래픽 디자이너와 소셜미디어 에디터 재키 민, 데릭 왓킨스, 아리 아이작먼 베버콰, 에런 버드 역시 없어서는 안 될 존재였다.

바케이 편집장은 내가 시리즈 기사를 규모와 지속력을 키운 무언가로 열심히 변형해볼 수 있게 15개월이라는 후한 집필 휴가를 선사했다. 이 목표를 가능한 일로 만들어준 이는 크리스티 플레처로, 20년 가까이 내 출판 에이전트인 동시에 조언자이자 지적경호원이었던 그는 언제나 영민했고 언제나 열렬하게 내 편이 되어주었다. 크리스티를 중심으로 한 멀리사 친칠로, 그레인 폭스, 얼리사 테일러, 세라 푸엔테스 팀에게도 빚을 졌다. 다른 형태의 창작물로 탈바꿈하는 내 기사를 비길 데 없는 끈기와 교섭 감각으로 세심히 이끌어준 영화 및 텔레비전 에이전트 하우이 샌더스의 역할도 마찬가지로 중요했다.

집필 휴가를 쓰는 동안 차이나 프라이는 가장 없어서는 안 될 존재였다. 행 편집부터 실행 계획까지, 그리고 그 중간에 생기는 온갖 업무를 처리한 프라이는 이 많은 여행을 정리하느라 생기는 시시콜콜한 일을 헤치고 그 여행에서 나온 별의별 자료와 세부 취재 내용을 기록하는 혼란 속에서 길잡이가 되어줬다. 사실 확인과 문서 검토를 맡아줬으며 모든 면에서 영감을 준 몰리 사이먼도 무척 소중했다. 책에 쓰인 사진을 촬영한 파비우 나시멘투는 어떤 상황에서도 든든한 길벗 역할을 겸해 여정 동안 내가 몸과 정신을 온전히 지키도록 도와줬다. 그러면서도 실제 위험을 감수하고 많은 경우 가혹했던 환경에서 터무니없이 긴 시간을 작업해 숨을 멎게 하는 영상과 사진을 만들어냈다. 애널리스 블랙우드는 다른 여러 일도 맡아준 가운데 이 모든 취재에서 얻은 시각 콘텐츠를 지칠 줄 모르는 기운과 능숙한 솜씨로 다듬어줬다.

조사와 관련해서는 여러 사람에게 한없이 많은 도움을 받았다. 내가 기자로서 끊임없이 보낸 별스럽기 짝이 없는 요청을 거절할 줄 모르는 듯했던 수전 비치, 키티 베넷, 샬럿 노스워디, 알렉시스 브라보의 도움이 특히 컸다. 키스 헌던, 조 스타스, 찰스 데이비스, 캐럴린 큐리얼, 그리고 이번 취재에서 나온 촬영분을 함께 매

만지는 동안 영상 편집과 소셜미디어에 관해 엄청나게 많은 것을 가르쳐준 학생 기자단에게도 고마운 마음이다. 그 기자단에는 잭 호프먼, 매들라인 맥기, 리즈 거츠, 홀리 스펙, 브룩 케리, 라히몬 나사, 클래리사 소신, 미셸 바루크먼, 세라 더글러스, 샘 도넌버그, 마테오 멘차카, 헤라르도 델 바예, 앤서니 니코테라, 에릭 얼리가 있었다.

글, 법, 취재 보도, 의료, 자금 문제로 조언이 필요할 때면 척 폭스, 딕 쇼언펠드, 루이즈 무디 박사, 샤론 켈리, 피터 베이커, 에밀리 히슬립, 도나 데니즈, 마크 레이시, 마이클 토머스, 재클린 스미스, 조 섹스턴 등 많은 전문가가 내게 붙들려 자문을 제공해줬다. 가민의 칩 노블과 그의 팀, 그리고 이리디움의 조던 해신에게는 내 안전을 지켜주고 방향을 알려줘 감사하다는 말을 전한다.

내가 아직도 완전히 이해하지 못한 모종의 이유로 제이슨 우에 치는 프로젝트에 필요한 소프트웨어를 작성하고 데이터베이스를 구축하며 웹 콘텐츠를 디자인하는 일에 너무나 많은 시간을 자진해서 내줬다. 타니아 라오하타이, 대니얼 머피, 밀코 마리아노 슈바르츠만 캐런 색, 찰스 클로버, 이수현, 리베카 스카우스키, 황스한, 토니 롱, 폴 그린버그, 존 에이머스, 데이비드 펄, 디미트리스 부니아스, 니콜라스 레온토폴로스, 섀넌 서비스, 덩컨 코플랜드, 앨리스터 그레이엄, 피터 솔 로저스, 아뻰야 따찟, 필 로버트슨, 스티브 트렌트, 추띠마 시다사티안, 뿌차라 샌드퍼드, 리카 노바얀티, 부디 차효노, 셸리 티오는 내가 끝없이 보낸 취재 지원 요청을 대개 세계 각지의 머나먼 곳에서 너그러이 들어줬다.

톰슨 로이터스, 스티븐 글래스, 선원선교단, 해적없는바다, 퓨

자선신탁, 오크 재단, 미국 국제개발처United States Agency for International Development, USAID, 아데시윔 재단, 인터폴, 자유신탁과 제휴한 인류연합, 공존지구, 팔리, 셔리 샌트 플러머, 캠벨 재단, 내셔널지오그래픽, 카펜터저커먼앤드롤리, 그린피스, 피터 헌터 페로, 시셰퍼드, 사피나 센터, 시릴 구치, 스테펀 아슈커나지, 프티 에르미타주 호텔, 스텔라마리스 국제선원센터, 스카이트루스, 윈드워드, 웨이트 재단, 록펠러 자선자문단, 환경정의재단, 미국 국무부 인신매매 감시퇴치국, 앤 러스키, 티파니 재단, 섀넌 올리리 조이, 국제운수노동조합연맹, 슈미트가 재단, 오케아노스라이브, 피시아이 아프리카, 몬터레이베이 수족관 재단, 국제인권감시기구, 트뤼그마트트래킹은 물자를 지원하고, 연설 자리를 마련해주고, 비공개회의에 접근을 허락하고, 해양과 인신매매 관련 사유 데이터와 분석 자료를 제공해주고, 프로젝트의 소셜미디어 콘텐츠를 확산하고, 장비와 사무실을 대여해주고, 무엇보다 내가 아무런 제약 없이 배에서 생활하고 선원과 연구원을 만나도록 허락해주는 등 다양한 방법으로 취재 보도에 도움을 줬다.

책의 제목은 바다 위의 혼란에 관해 상선과 여객선 중심으로 탁월한 통찰을 보여준 윌리엄 롱가비슈의 2004년 출간작 『무법해The Outlaw Sea』를 참고한 것이다. 나는 바다 세계가 대체로 법 바깥에 존재한다고 본 롱가비슈와 관점을 같이하며, 이 주제를 다룬 그의 글은 내게 가치를 따질 수 없는 귀감이었다.

감사하게도 내게는 재능과 통찰력이 뛰어난 친구가 적지 않다. 다수는 기자로, 루이 어비나, 킴벌리 웨솔, 브렛 달버그, 카일 매키, 어맨다 레인, 메리 홀먼, 키어스틴 래리슨, 마샤 사일러가 책이 나오기까지 여러 단계에서 아낌없이 시간을 내어 논평해줬다. 이 방면에서 시오 에머리의 도움은 독보적이었다. 누구보다 엄한 독자이자 내가 아는 가장 진실한 작가인 어맨다 푸시는 일에 진지하게 임하는 것의 진정한 의미를 내게 가르쳐줬다.

매일 일상에서 봉사의 중요성을 보여주는 리카도 어비나와 코리 어비나에게 사랑과 고마움을 전한다. 우리 가족 최초의 기자인 에이드리엔 어비나는 한결같이 나를 지지해줘 감사하다.

오랜 친구이자 과거 나의 담당 편집자이기도 했던 애덤 브라이언트는 이 책의 부사관 역할을 맡아 여러 장을 깊이 파고들어 뜯어보며 그것을 비틀고 조이고 다듬고 밝히는 것을 도와줬다. 숙련된 석공인 브라이언트 덕분에 끝까지 성당의 그림을 놓치지 않을 수 있었다. 브라이언트는 내가 아는 가장 겸손하고 친절한 사람인 동시에 이야기를 재치있고 유쾌하고 유창하게 풀어내는 사람으로, 나는 그가 드는 생생하고 기발한 비유에 종종 큰 웃음을 터트렸고 그 간질임으로 노곤했던 뇌 구석구석을 깨웠다.

과감히 뛰어들어준 앨프리드 A. 크노프 출판사의 의지가 없었다면 이 책은 결코 나오지 못했을 것이다. 로빈 데서, 서니 메타, 자키야 해리스에게 감사하다. 몰아치는 법 없이 언제나 무던했던 크노프의 담당 편집자 앤드루 밀러는 책이 올바른 방향으로 가도록 적절한 질문을 속속들이 던져줬고, 메스를 쥐고 책을 세심히 손질해 최종 형태를 잡아줬다. 영국 보들리 헤드 출판사의 윌 해먼드와 일한 것도 무척 신나는 일이었다.

내가 오고 가기를 거듭하는 와중에도 아들 에이든은 자신의 길을 굳건히 지키며 나를 지지해줬다. 내가 다른 나라로 그 많은 여행을 떠나기 전이면 어머니 조앤 매커론과 매부 크리스 클라크라는 두 수호천사가 어떤 질문도, 어떤 사례 요구도 없이 언제나 묵묵히 내 공백을 메워줬다. 두 사람 없이는 이 작업을 할 수 없었을 것이다.

내가 누구보다 큰 빚을 진 사람은 평생 단단한 땅이 되어준 아내 셰리 러셔다. 내 심장의 주인인 셰리는 항상 솔선수범하는 훌륭한 교사이며, 나는 아내의 직업의식과 지적 욕구, 흔들림 없는 솔직함을 따라가려 노력하는 학생으로 남을 수 있어 기쁘다. 내가 이 프로젝트에 달려들면서 따라온 위험에 한 번도 움츠러들지 않았던, 집에서 감당해야 했던 초인적인 부담에 한 번도 불평하지 않았던 셰리에게 감사한 마음은 아무리 표현해도 부족하다. 덕분에 나는 몇 번이고 바다로 향할 수 있었다.

옮긴이 후기

바다 보고 싶다, 바다 보러 가자. 흔히 하는 말이고, 내게도 바다는 그런 곳이었다. 머리를 비우고 싶을 때 찾는 풍경이었고 파도와 갈매기가 번잡함을 달래줄 걸 기대하고 찾는 장소였다. 내가 그리는 바다의 수평선 안에는 사람이 없었다.

이 책의 저자는 다른 바다를 보여준다. 우리가 여태 몰랐거나 차라리 모르려 했던 바다와 그 위에서 상상조차 어려운 방식으로 존재하고 있는 사람들을. 탐사보도 기자로 오래 일해온 저자는 상대를 너무나 좋아해 어둠까지 끌어안으려는 사람처럼 바다의 면면을 헤쳐 생생하게 묘사한다. 자신이 본 바다를 알리는 데도 누구보다 적극적이다. 기사와 책뿐 아니라 웹사이트와 유튜브, 팟캐스트를 통해 한층 다양한 형태로 이야기를 전하며 사람들의 관심을 끌고자 노력한다. 그 열성에 손을 보탤 기회를 얻게 되어 무척 감사한 마음이다.

이 책이 전하는 이야기는 다채롭다. 밀렵과 해적 행위 같은 범죄부터 노동과 환경, 정치와 외교, 주권과 재생산권 문제까지 넘나든다. 저자가 누누이 말하듯 곧게 뻗어나가는 서사로 구성할 수 없는 이야기라 앞서 등장한 문제가 거푸 반복되기도 하고 샛길에 발을 들이는 기분이 들 때도 있다. 그러나 읽어나갈수록 그 샛길마저 여정의 일부라는 게, 이 모든 문제가 연결되어 있다는 게 선명해진다. 가지각색의 주제를 하나로 묶어주는 보자기는 바다 그 자체, 또 이곳이 광활한 공백으로 존재한다는 사실인 듯하다.

책에는 곳곳에 '프런티어'라는 단어가 등장한다. 여기서 그려지는 프런티어는 공해와 변경 지대, 아직 속속들이 알려지지 않은 곳이자 분명한 주인이 없어 뭔가를 시도할 수 있는 곳이며 그래서 여러 주체가 충돌하는 곳이다. 자유와 폭력이 한데 섞인 개척 시대 미국의 이미지가 떠오른다. 그런데 같이 떠오르는 프런티어의 이미지가 또 있었다. 필요한 것을 외부에서 저렴하게 동원하는 프런티어 말이다.

프런티어를 통해 자연과 노동의 값을 깎아내린 덕에 자본주의는 번영을 이뤘다. 저자는 인도네시아 해양수산부 장관 푸지아스투티와 콘퍼런스 연단에 차례로 올랐던 일을 이야기하면서 불법으로 포획되는 어류와 환경 보존을 화두로 한 푸지아스투티의 연설은 열렬한 박수를, 노동자 권리를 화두로 한 본인의 연설은 다소 형식적인 박수를 받았던 일을 쓴다. 그러나 둘은 별개의 요소가 아니다. 인간을 비롯한 모든 생명과 자연은 자본주의의 프런티어에서 다 헐값으로 후려쳐지는 대상이다. 돈은 이 책의 다양한 주제를 묶어주는 또 다른 보자기다.

저자 역시 숨은 비용을 여러 차례 언급하고 14장을 마무리하면서는 돈이라는 문제를 분명하게 짚기도 한다. 노동 착취도, 선원 유기도, 폐유 투기도, 다른 범죄도 전부 비용이 덜 드는 방편을 택한 결과라고 말이다. 잠깐 절감한 것 같았던 비용은 결국 부채가 되어 돌아온다. 환경을 파괴한 게 지금 우리가 감당해야 할 비용이 되어 돌아온 것처럼, 해적에 대응하는 무장 경비원이나 회색지대를 뚫고 의뢰를 처리하는 압류원에게 돈이 돌아가고 그 비용이 결국 소비자에게 전가되는 것도 그런 부채가 드러나는 양상이다. 업계는 정당하게 들였어야 할 비용을 깎아내고, 우리는 그렇게 저렴해진 상품을 아무것도 모른 채 또는 모르는 척하며 누린 결과다.

모르는 것은 내 앞에 곧 닥치리라 생각하면 두렵지만, 언제까지고 몰라도 된다고 생각하면 편안하다. 그러나 언제까지고 몰라도 되는 세계란 사실 없다는 걸, 우리가 지금의 삶을 누리고 있는 한 결코 결백할 수 없다는 걸 저자는 틈틈이 강조한다.

해저의 산호초 세계를 이야기하며 저자는 보지도 못한 대상을 보호하겠다고 마음먹기는 어렵다고 말한다. 이런 면에서라면 자연은 사정이 나은 편인지도 모르겠다. 지친 마음을 자연의 이미지로 달래는 사람이 많은 만큼 아름다운 장관으로 가공된 자연은 몰입도 높은 강렬한 영상이 되어 사람들의 의식에 어느 정도 비집고 들어가 있다. 그 깨끗해야 할 자연이 파괴된 실태 역시 충격적인 이미지로 편집되고 확산되어 우리 머릿속에 자리 잡았다.

그러나 사람들의 사정은 더 막막해 보인다. 참담한 노동 환경은 대체로 감춰져 있다. 물론 현장을 자극적인 장면으로 소비하는 것을 경계하려는 이유도 조금은 있겠다. 그러나 "세상 참 좋아졌다"라는 말이 나오게 하는 효율과 편리의 이면에 저런 환경으로 내몰리는 사람들이 있다는 사실을 직면하기가 버겁기 때문이라는 이유가 분명 클 것이다. 책에 실린 사진에서, 프로젝트의 유튜브 영상에서 사람들의 얼굴이 나오면 나 역시 홧홧한 기분이 들어 (책장 위, 화면 속인데도) 그 눈을 바로 보기가 어려웠다. 그러나 당장 어떻게 할 수 없다고 눈을 돌리기만 해서는 변화의 가능성조차 기대할 수 없다. 뻔한 말 같아도 그간 외면해온 관성을 깨려면 이것부터 외쳐야 한다. 현실을 마주하는 게 시작이라고.

이 책을 옮기면서도 바다는 여전히 보러 갔다. 파도의 힘찬 무상함이 주는 진정 효과도 여전했다. 그러나 동시에, 머릿속 한구석에서 전에 없던 웅성거림이 또렷하게 느껴졌다. 그 웅성거림을 누르지 않고 더 선명하게 키워가기를, 파랗게만 보이던 바다의 장막을 걷고 그 아래의 갖은 색에 적극적으로 눈을 두기를 저자는 바랄 것이다. 갖은 색이 섞였기에 간단히 말하면 회색이라는 단어가 나오겠지만, 어떤 사람들은 그 회색을 이루는 여러 색을 알알이 뜯어보려는 노력을 멈추지 않는다. 그래야 탁해 보이기만 하는 세상에 막막해 하다가도 어떤 색을 더하고 지키고 덜어내야 할지 고민하고 행동할 수 있으니까. 이 책의 저자도 그런 사람이다. 저자가 보여주는 장막 아래 색색의 바다를 부디 많은 분이 보게 되면 좋겠다.

박희원

주
출처, 읽을거리, 여담

이 책은 4년 이상의 취재와 수천 시간 분량의 인터뷰에 기초하며, 내가 알게 된 사실의 출처는 대부분 그런 대화였다. 하지만 나는 새로운 주제를 파고들거나 새로운 여정을 시작하기에 앞서 방향을 잡고자 뉴스 영상과 신문 기사, 읽어볼 만한 다른 자료를 수집하는 편이다. 유용하게 쓰일 수도 있으니 그 참고 문헌을 간추려 여기에 공유한다. 흥미로울 만한 지점에서는 출처와 전후 사정, 짤막한 여담을 추가했다.

1장 천둥을 덮치는 폭풍

1 천둥호 추적 취재는 내가 밥바커호와 샘사이먼호에 있을 때 진행한 것이기도 하지만 2014년부터 2017년까지 피터 해머스테트, 시다스 처크러바티, 비안다 뤼블링크를 비롯한 시셰퍼드 요원들과 주고받은 전화와 이메일 인터뷰로도 이뤄졌다.

2 "The Sam Simon Departs for Operation Icefish," Sea Shepherd, Dec. 8, 2014; "Bob Barker Departs for Operation Icefish," Sea Shepherd, Dec. 3, 2014.

3 "Vessel Report for Typhoon 1," *Lloyd's List Intelligence*, April 16, 2015. 천둥호는 수년간 태풍1호, 쿠코호, 우한4호, 바투1호, 밍5호 등 여러 이름을 써왔다.

4 여섯 날강도 추적에서 필수적인 역할을 수행한 인터폴은 '수배(notice)'라고 하는 각종 경고장을 발부한다. 요청하는 정보의 종류에 따라 색상(자색, 적색, 청색, 황색, 녹색, 귤색, 흑색)이 구분된다. 이런 수배가 발부되는

것은 인터폴이 190여 개 회원국 중 하나에서 공식 요청을 접수한 경우뿐이다. 천둥호 추적에서 인터폴이 수행한 역할을 내가 취재하기 시작한 것은 2016년 10월 프랑스 리옹 소재의 본부에서 며칠을 보내면서였다. 여기서 나는 인터폴 환경범죄과와, 특히 앨리스터 맥도널(Alistair McDonnell)과 긴밀하게 협업했다. 맥도널은 불법, 비보고, 비규제 어업(illegal, unreported, and unregulated fishing, IUU라는 약자로 더 흔히 알려져 있다)에 주력하는 스케일 프로젝트를 지휘한다. 스케일 프로젝트의 자금은 주로 노르웨이와 미국, 퓨자선신탁에서 지원했다.

5 "Radio Conversations with Marine Vessel Thunder," Sea Shepherd, 2015.

6 이 장의 취재 내용은 대부분 2015년 4월 내가 밥바커호와 샘사이먼호에서 보낸 10일에 기초한다. 두 배에 있던 선원들, 사관들과 더불어 육지에서 활동한 시셰퍼드 직원들과 2014년 후반부터 2018년까지 진행한 인터뷰에서도 내용을 얻었다.

7 Paul Watson, "Another Impossible Mission Made Possible by Sea Shepherd," Sea Shepherd, April 17, 2015.

8 Jack Fengaughty, "From the Deep South—Fishing, Research, and Very Cold Fingers," Icescience.blogspot.com, Feb. 17, 2012.

9 Paul Greenberg, "The Catch," *New York Times*, Oct. 23, 2005.

10 Cassandra Brooks, "Antifreeze Fish: Studying Antarctic Toothfish and the Special Proteins in Their Bodies That Help Them Thrive in Subfreezing Waters," *Ice Stories: Dispatches from Polar Scientists*, Nov. 3, 2008.

11 "Chasing the Perfect Fish," *Wall Street Journal*, May 4, 2006, adapted from Bruce G. Knecht, *Hooked: Pirates, Poaching, and the Perfect Fish* (Emmaus, Pa.: Rodale, 2007). 북미에서 일반적으로 '칠레 농어'라 불리는 이 물고기는 칠레에만 서식하는 것도 아니고 진짜 농어도 아니다. 이 이름은 미국인 어류 도매업자 리 랜츠(Lee Lantz)가 내놓은 영리한 마케팅 전략이었을 뿐이다. 1970년대 후반 랜츠는 들었을 때 더 구미가 당기도록 생선에 새 이름을 붙였다. 이 생선은 스페인과 일본에서는 '메로'로, 칠레에서는 '바칼라오 데 프로푼디다드('깊은 곳의 대구'라는 뜻—옮긴이)'로 불린다.

12 Alex Mayyasi, "The Invention of the Chilean Sea Bass," *Priceonomics*, April 28, 2014.

13 Grant Jones, "Ugly Fish with Sweet Meat Proves a Treat: The Rise of the Deep

Dwelling Patagonian Toothfish," News Corp Australia, July 12, 2013.

14 "Combined IUU Vessel List," Trygg Mat Tracking(TMT).

15 Andrew Darby, "Epic Chase of Pirate Fisher Thunder Continues," *Sydney Morning Herald*, March 15, 2015.

16 "Vessel Report for Typhoon 1," *Lloyd's List Intelligence*, April 16, 2015.

17 Vessel Record Images for the Arctic Ranger, Commission for the Conservation of Antarctic Marine Living Resources.

18 IUU Blacklist Vessels, Greenpeace.

19 Max Hardberger, interview with author, Nov. 2017.

20 "Thunder Captain and Officers Face Justice in the Wake of Operation Icefish," Sea Shepherd, Feb. 26, 2018.

21 Fisheries and Resources Monitoring System, "Southern Ocean Antarctic Toothfish Fishery—Banzare Bank," Commission for the Conservation of Antarctic Marine Living Resources, 2015.

22 Avijit Datta and Michael Tipton, "Respiratory Responses to Cold Water Immersion: Neural Pathways, Interactions, and Clinical Consequences Awake and Asleep," *Journal of Applied Physiology*, June 1, 2006; "The Chilling Truth About Cold Water," *Pacific Yachting Magazine*, Feb. 2006.

23 Sea Shepherd, Analysis of Toothfish Catch; "Antarctic Toothfish Poaching Ships Shrug Off New Zealand Navy," AP, Jan. 21, 2015.

24 Tony Smart, "Mauritius: The Best Africa Destination You Know Almost Nothing About," CNN, April 11, 2017.

25 "The History of Sea Shepherd," Sea Shepherd.

26 시셰퍼드와 폴 왓슨의 훌륭한 약력을 알아보려면 다음을 보라. Raffi Khatchadourian, "Neptune's Navy," *New Yorker*, Nov. 5, 2007.

27 Tim Hume, "110-Day Ocean Hunt Ends with Sea Shepherd Rescuing Alleged Poachers," CNN, April 7, 2015; Elizabeth Batt, "Captain Paul Watson Steps Down as Sea Shepherd President," *Digital Journal*, Jan. 8, 2013.

28 "Sea Shepherd CEO and Founder Paul Watson Back in the U.S. After Two Year Absence," Sea Shepherd, Feb. 21, 2018; Interpol, "Wanted by the Judicial Authorities of Japan: Watson, Paul Franklin," International Criminal Police Organization, Aug. 7,

2012; Mike De Souza, "Anti-whaling Activist Paul Watson Gets Back His Canadian Passport, Four Years After Harper Revoked It," *National Observer*, June 27, 2016.

29 "Sea Shepherd Departs for Operation Icefish," *Maritime Executive*, Dec. 3, 2014.

30 "Fishermen Caught in Epic Chase Acquitted," *Age*, Nov. 6, 2005; "Toothfish Crew Found Not Guilty," BBC, Nov. 5, 2005.

31 《뉴욕타임스》기자가 되기 전 나는 시카고 대학교에서 박사 과정을 밟고 있었으며 멕시코와 쿠바에서 인류학자로 일했는데, 마을이든 다른 곳이든 어딘가에 갈 때 사람들과 나눌 만한 것 없이 가면 절대 안 된다는 중요한 사실을 여기서 배웠다. 오악사카에서 모시고 일했던 경험 많은 인류학자 한 분은 언제나 달콤한 간식이나 조그만 사탕으로 주머니를 채워뒀다. 그냥 내주는 법은 없었다. 항상 하나를 먼저 꺼내 잘 보이는 곳에서 천천히 껍질을 벗긴 다음 손을 다시 주머니로 가져갔다가 펼친 손을 내밀어 방에 있는 다른 사람들이 먹을 것을 하나씩 집을 수 있게 했다.

32 Kwasi Kpodo, "Ghana Opens Talks with Exxon on Deepwater Drilling Contract," Reuters, Nov. 13, 2017.

33 Kelly Tyler, "The Roaring Forties," PBS, Oct. 23, 1999; Jason Samenow, "'Roaring Forties' Winds, Gyrating Ocean Currents Pose Malaysia Plane Search Nightmare," *Washington Post*, March 21, 2014.

34 "Climate, Weather, and Tides at Mawson," Australian Government, Department of the Environment and Energy, Sept. 21, 2015; IceCube South Pole Neutrino Observatory, "Antarctic Weather," University of Wisconsin-Madison, 2014; National Hurricane Center, "Saffir-Simpson Hurricane Wind Scale," National Oceanic and Atmospheric Administration, 2012.

35 "Radio Conversations with Marine Vessel Thunder," Sea Shepherd, 2015.

36 Sea Shepherd Operation Icefish Campaign Map.

37 Kate Willson and Mar Cabra, "Spain Doles Out Millions in Aid Despite Fishing Company's Record," Center for Public Integrity, Oct. 2, 2011.

38 "Thunder," Commission for the Conservation of Antarctic Marine Living Resources, May 26, 2016.

39 Carlos Pérez-Bouzada, email interview with author, 2015.

40 천둥호의 소유 관계에 관해 알려진 사실의 출처는 대부분 인터폴과 상투

메프린시페 검찰이 제공한 기밀 문서다. 인터뷰에서 인터폴 요원들은 이 선박이 2000년부터 2003년까지 서던해운, 비스타수르홀딩, 무니스카스티네이라SL 등 스페인과 엮인 몇몇 회사 소유였던 것으로 보인다고 했다. 수사에서 빼놓을 수 없는 또 다른 인물은 오스트레일리아 수산 관리 당국의 수사관 글렌 샐먼(Glen Salmon)이다. 연방 경찰 출신인 샐먼은 남극해에서 천둥호의 소행을 비롯한 불법 어업을 수년간 추적했다. 샐먼의 개인 아카이브에는 오스트레일리아 순찰선과 순찰기로 인도양과 남극해에서 벌어진 불법, 비보고, 비규제 어업 활동을 기록한 보고서가 최소 50건은 들어 있다고 에스킬 엥달과 셰틸 세테르가 말했다.

41 Eskil Engdal, Kjetil Sæter, Catching Thunder: *The True Story of the World's Longest Sea Chase*(London: Zed, 2018).

42 Captain Peter Hammarstedt to Thunder Crew, 2015.

43 "The History of Sea Shepherd," Sea Shepherd.

44 "Transcript of Communications Between Sea Shepherd, the Thunder, and the Atlas Cove," provided by Sea Shepherd, Dec. 2016.

45 Benjamin Weiser, "Fast Boat, Tiny Flag: Government's High-Flying Rationale for a Drug Seizure," *New York Times*, Oct. 28, 2015.

46 영국 경제학자 윌리엄 포스터 로이드(William Forster Lloyd)는 19세기 중반 사유 목초지와 공동체 전체가 소유한 목초지, 구어로 '공유지'라 하던 목초지 사이의 현격한 차이에 주목했다. 사유지에서 기르는 소가 공유지에서 기르는 소보다 더 건강하고 덩치가 컸으며 덜 굶주렸다. 1832년 '인구 통제' 강의에서 로이드는 질문했다. "왜 공유지의 소는 저렇게 왜소하고 위축되었는가? 공유지 자체가 저토록 헐벗은 이유, 울타리를 두른 인접한 땅과 풀이 다르게 뜯긴 이유는 무엇인가?" William Forster Lloyd, *Two Lectures on the Checks to Population*(Oxford University, 1833)을 보라. 로이드는 공유지의 목초가 황폐해지는 것은 목동이 각자의 단기 이익만 보고 행동하기 때문이라 결론지었다. 목초지가 소를 더 부양할 수 없는 수준에 이르러도 목동은 소를 더 데려와 얻는 개인의 이익이 집단의 자원 손실에서 본인이 잃는 몫보다 더 크기 때문에 소를 계속 데려올 것이다. 사유지를 돌보는 농부와 달리 공유 공간을 일구는 농부에게는 목초지를 좋은 상태로 유지할 장기적 유인이 별로 없다. 로이드의 강의에서 '공유지의 비

극'이라는 표현의 아이디어가 나왔고, 이는 1968년 생태학자 개릿 하딘 (Garrett Hardin) 덕에 널리 알려져 무언가를 모두가 소유하면 악용과 방치로 이어져 결국은 모두 빈손이 된다는 개념을 가리키게 되었다. 국제법은 공해, 대기, 남극, 우주를 네 가지 국제 공유지로 본다. 과거에는 국제 공유지에서 발견되는 자원에 접근하기가 어려웠다. 그러나 최근 수십 년 사이 과학과 기술이 발전하며 여기에 변화가 일었다. 다음을 보라. Garrett Hardin, "The Tragedy of the Commons," *Science*, Dec. 13, 1968.

47 국제운수노동조합연맹이 '편의치적 기국'으로 간주하는 나라는 35개국이다. 해운경제물류연구소(독일 소재)의 2012년 보고서에 따르면 2012년에는 상선 톤수(선박 수가 아니다)의 70.8퍼센트가 편의치적으로 등록되어 2005년의 51.3퍼센트에서 증가했다. 다음을 보라. Institute of Shipping Economics and Logistics, "World Merchant Fleet by Ownership Patterns," *Shipping Statistics and Market Review*(2012). UN 무역개발협의회는 세계 선박 4분의 3 이상이 개발도상국에 등록되었으며 개방 등록 형태도 다수 포함되었음을 발견했다. 전세계 선박 톤수 기준 71퍼센트가 외국 국적(소유주의 국적과 선박에 게양된 국기 국적이 다름)으로 등록되어 있다. 다음을 보라. "Structure, Ownership, and Registration of the World Fleet," *Review of Maritime Transport*(2015).

48 "Interpol Purple Notice on Fishing Vessel Yongding," New Zealand, Jan. 21, 2015.

49 "Radio Conversations with Marine Vessel Thunder," Sea Shepherd, 2015.

50 "Thunder Issues Distress Signal. Sea Shepherd Launches Rescue Operation," Sea Shepherd, Feb. 28, 2018; "Poaching Vessel, Thunder, Sinks in Suspicious Circumstances," Sea Shepherd, Feb. 28, 2018.

51 "Video of Conversation Between Cataldo and Chakravarty," provided by Sea Shepherd, 2015.

52 "Poaching Vessel, Thunder, Sinks in Suspicious Circumstances"; "Massive Victory in the Fight Against Illegal Fishing," Sea Shepherd.

53 "Massive Victory in the Fight Against Illegal Fishing"; "Thunder Captain and Officers Face Justice in the Wake of Operation Icefish."

54 취재에 막대한 도움을 준 상투메프린시페 법무부 장관 프레데리크 삼바 비에가스 다브레우(Frederique Samba Viegas D'Abreu)와는 2015년과 2016년 내내 전화와 이메일로 꾸준히 연락을 유지했다. 조사를 지원했으나 익명을

요구한 다른 여러 법 집행관에게서도 안내와 자료를 받았다.

55 Jason Holland, "Spanish Tycoon Hit with USD 10 Million Fine for Illegal Fishing," *Seafood Source*, April 24, 2018.

56 "Bangalore 2016," Moving Waters Film Festival, 2016.

2장 외로운 파수꾼

1 Amanda Nickson, "3 Misconceptions Jeopardizing the Recovery of Bigeye Tuna in the Pacific," Pew, Oct. 13, 2015. 전세계의 여러 어류 자원이 위기에 처했다는 데는 논쟁의 소지가 거의 없으나 그 정도는 심히 불확실하다. 어류 집계 방식을 둘러싼 불확실성을 증명하는 것으로 브리티시컬럼비아 대학교 소속 해양 생물학자 대니얼 폴리(Daniel Pauly)의 연구가 있다. 폴리는 다른 이들과 더불어 UN 식량농업기구가 해당 사안에 관해 내놓은 수치의 정확도에 문제를 제기했다. 수산 통계를 담당하는 국제기관은 매해 어획되는 자연산 어류의 톤수가 증가함을, 즉 자원이 풍부하다는 증거를 보여 사람들을 안심시키는 보고서를 수십 년 동안 발간했다. 그러나 폴리는 1950년 이래 줄곧 증가하기만 했던 전세계의 어획량이 1980년대부터 감소하기 시작했음을 발견했다. 중국은 어획량이 증가한다며 연간 1,100만 톤이라는 믿기 어려운 총계를 보고하고 있었다. 폴리에 따르면 이는 생물학적으로 가능한 수치의 최소 2배였다. 왜곡된 통계에 관해서는 이런 설명이 가능했다. 중국 정부 관료는 생산량이 증가해야만 승진을 하는 것이다. 그랬기에 적어도 장부에서만큼은 생산량이 증가했다.

2 Fisheries Environmental Performance Index, Yale, Aug. 19, 2014; Sarah Kaplan, "By 2050, There Will Be More Plastic than Fish in the World's Oceans, Study says," *Washington Post*, Jan. 20, 2016; "Plastic in Ocean Outweighs Fish," *Business Insider*, Jan. 26, 2017. 플라스틱 포장 용기 재활용은 사업체에도 도움이 된다. 기업은 새 플라스틱 사용으로 매년 800억 달러씩 손해를 본다.

3 Shelton Harley et al., "Stock Assessment of Bigeye Tuna in the Western and Central Pacific Ocean," Western and Central Pacific Fisheries Commission, July 25, 2014.

4 비욘 버그먼(스카이트루스 조사원), 존 에이머스(스카이트루스 국장)와 나눈 대화. 레멜리크호, 신지취33호 관련 취재 내용과 배경의 많은 부분은 2015년과 2018년 사이에 진행한 수차례의 인터뷰에서 나왔다.

5 "Shin Jyi Chyuu No.33," Ship Details Document, Western and Central Fisheries Commission.

6 앨리슨 바이에이(팔라우 해양경찰)와는 레멜리크호에서 보낸 시간 외에도 2015년부터 2017년까지 전화와 이메일로 꾸준히 연락을 유지했다.

7 한 예로 팔라우는 2013년 수역 순찰용으로 드론 사용을 시험하는 데 자금을 지원한 오스트레일리아 광업 거물 앤드루 포레스트(Andrew Forrest)의 도움을 받았다. 팔라우 정부는 드론이 비용을 너무 많이 잡아먹으며 비행도 어려운데 카메라에 담기는 아래 수역은 빨대 너비 정도밖에 되지 않는다는 이유로 최종적으로는 계획을 보류했다. 퓨의 세스 호스트마이어(Seth Horstmeyer)는 이번 취재에 각별한 도움을 줬고, 우리는 2015년과 2018년 사이 이메일과 전화로 수십 차례 이야기를 나눴다. 팔라우에서 드론을 비롯해 여러 기술로 진행한 실험에 관해서는 에어로손데에서 내놓은 다음 보고서에서 정보를 많이 얻었다. "Background Briefing: The Aerosonde UAS," AAI Corporation, Textron Systems, Aug. 2013. 팔라우 인근과 그 외 여러 바다의 순찰에 기술이 사용되는 방식에 관해서는 더 광범위한 자료를 읽기도 했다. 다음은 그 일부다. Brian Clark Howard, "For U.S., a New Challenge: Keeping Poachers Out of Newly Expanded Marine Reserve in Pacific," *National Geographic*, Sept. 25, 2014; Robert Vamosi, "Big Data Is Stopping Maritime Pirates...from Space," *Forbes*, Nov. 11, 2011; Erik Sofge, "The High-Tech Battle Against Pirates," *Popular Science*, April 23, 2015; Brian Clark Howard, "Can Drones Fight Illegal 'Pirate' Fishing?," *National Geographic*, July 18, 2014; "Combating Illegal Fishing: Dragnet," *Economist*, Jan. 22, 2015; Christopher Pala, "Tracking Fishy Behavior, from Space," *Atlantic*, Nov. 16, 2014; "Pew Unveils Pioneering Technology to Help End Illegal Fishing," Pew Charitable Trusts, press release, Jan. 21, 2015. 나는 2015년 가을 팔라우에 있는 동안 퍼시픽미션에비에이션(Pacific Mission Aviation)이라는 기독교 선교 단체와 함께했다. 이 단체는 팔라우에서도 특히 외진 섬에 식료품과 의약품을 전달하는 용도의 소형 비행기 몇 대를 보유하고 있다. 정부는 수역 내 불법 어업을 조사하고자 이 비행기 하부에 첨단 레이더를 부착했다. 비행기를 모는 조종사 역시 수상한 어선을 목격하면 신고했다. 나는 조종사들이 보급에 나설 때 하루 동안 비행에 동행했다. 새로운 목표와 기술로 짝을 이룬 민관 협력이 어떻게 작동하는지 더 자세히 알고 싶었다. 팔라우에는 자체 공군이 없어 수역을 순찰하려면

배가 필요한데 연료는 비싸고 해상 이동은 느리다. 선교 단체와 정부의 협업은 비용을 절감할 유망한 전략으로 보였다. 그러나 이들이 사용한 필수 레이더는 여전히 엄청나게 비쌌다. 대다수 빈곤국으로서는 엄두도 못 낼 비용이라 장비는 재정이 더 넉넉한 정부에서 기증받거나 대여해야 했다.

8 "Monitoring, Control, and Surveillance," Republic of Palau Exclusive Economic Zone.

9 Part V Exclusive Economic Zone, UN Convention on the Law of the Sea.

10 Richard A. Lovett, "Huge Garbage Patch Found in Atlantic Too," *National Geographic*, March 2, 2010; "The World Factbook: Palau," Central Intelligence Agency Library, Oct. 17 2018.

11 "Palau Burns Shark Fins to Send Message to Poachers," AFP, May 7, 2003; Christopher Pala, "No-Fishing Zones in Tropics Yield Fast Payoffs for Reefs," *New York Times*, April 17, 2007; John Heilprin, "Swimming Against the Tide: Palau Creates World's Fist Shark Sanctuary," *Courier Mail Australia*, Sept. 29, 2009; Renee Schoof, "Palau and Honduras: World Should Ban Shark Fishing," McClatchy DC Bureau, Sept. 22, 2010; Bernadette Carreon, "Sharks Find Sanctuary in Tiny Palau," AFP, Jan. 3, 2011; "Sea Shepherd Welcomes Palau Surveillance Deal with Japan," Radio New Zealand News, May 20, 2011; Ilaitia Turagabeci, "Fine and Ban," *Fiji Times*, Feb. 20, 2012; "Chinese Fisherman Killed in Ocean Confrontation with Palau Police, Search On for 3 Missing," AP, April 3, 2012; XiaoJun Zhang, "Compensation Demanded for Slain Chinese Fisherman in Palau," Xinhua News Agency, April 16, 2012; "Palau: China Spying on Us," *Papua New Guinea Post Courier*, April 25, 2012; "Japan to Help Fight Poaching in South Pacific," *Nikkei Report*, Dec. 30, 2012; "Pacific Island Nations Band Together as Overfishing Takes Toll on Global Tuna Supply," PACNEWS, Jan. 24, 2013; "Pacific's Palau Mulls Drone Patrols to Monitor Waters," AFP, Oct. 4, 2013; Edith M. Lederer, "Palau to Ban Commercial Fishing, Promote Tourism," AP, Feb. 5, 2014; Michelle Conerly, "'We Are Trying to Preserve Our Lives,'" *Pacific Daily News*, Feb. 16, 2014; Kate Galbraith, "Amid Efforts to Expand Marine Preserves, a Warning to Focus on Quality," *New York Times*, Feb. 19, 2014; "Marine Protection in the Pacific: No Bul," (bul은 팔라우에서 어업 금지 조치를 부르는 말이다— 옮긴이) *Economist*, June 7, 2014; Amy Weinfurter, "Small Nation Palau Makes Big Waves," Environmental Performance Index, Aug. 19, 2014; "Wave-Riding Robots

Could Help Track Weather, Illegal Fishing in Pacific," PACNEWS, July 29, 2014; Christopher Joyce, "Gotcha: Satellites Help Strip Seafood Pirates of Their Booty," NPR, Feb. 5, 2015; Elaine Kurtenbach, "Palau Burns Vietnamese Boats Caught Fishing Illegally," AP, June 12, 2015; Jose Rodriguez T. Senase, "Palau Closely Monitoring Foreign Fishing Vessels in EEZ," *Island Times*, Jan. 26, 2016.

12 Sienna Hill, "The World's Most Expensive Seafood Dishes," *First WeFeast*, June 27, 2015; Chris Loew, "Chinese Demand for Japanese Cucumber Heats Up," *SeafoodSource*, Aug. 31, 2018.

13 레멩게사우 대통령과는 2015년부터 2018년까지 계속 연락을 주고받았다. 다음 문서도 참고했다. "Biography of His Excellency Tommy E. Remengesau, Jr. President of the Republic of Palau," Palaugov.

14 Yimnang Golbuu et al., "The State of Coral Reef Ecosystems of Palau," in *The State of Coral Reef Ecosystems of the United States and Pacific Freely Associated States: 2005*, ed. J. E. Waddell(Silver Spring, Md.: NOAA, 2005), 488~507.

15 Jim Haw, "An Interconnected Environment and Economy—Shark Tourism in Palau," *Scientific American*, June 12, 2013.

16 Natasha Stacey, *Boats to Burn: Bajo Fishing Activity in the Australian Fishing Zone*(Canberra: ANU E Press, 2007). 여기 쓰인 정보는 존 호서바(그린피스의 캠페인 책임자)와 대화한 인터뷰에서 나오기도 했다.

17 Boris Worm et al., "Global Catches, Exploitation Rates, and Rebuilding Options for Sharks," *Marine Policy* 40(July 2013): 194~204.

18 상어 지느러미 채취에 관해서는 다음을 읽었다. Juliet Eilperin, "Sharkonomics," *Slate*, June 30, 2011; Stefania Vannuccini, *Shark Utilization, Marketing, and Trade*(Rome: FAO Fisheries Technical Paper. No. 389, 1999); Krista Mahr, "Shark-Fin Soup and the Conservation Challenge," *Time*, Aug. 9, 2010; Justin McCurry, "Shark Fishing in Japan—a Messy, Blood-Spattered Business," *Guardian*, Feb. 11, 2011; Michael Gardner, "Battle to Ban Trade in Shark Fins Heats Up," *San Diego Union-Tribune*, June 1, 2011; Justin McCurry, "Hong Kong at Centre of Storm in Soup Dish," *Guardian*, Nov. 11, 2011; "Fisherman's Gold: Shark Fin Hunt Empties West African Seas," AFP, Jan. 8, 2012; Adrian Wan, "Case Builds Against Shark Fin," *South China Morning Post*,

March 4, 2012; Louis Sahagun, "A Bit of Culinary Culture Is at an End," *Los Angeles Times*, June 29, 2013; Doug Shinkle, "SOS for Sharks," *State Legislatures Magazine*, July 2013; Chris Horton, "Is the Shark-Fin Trade Facing Extinction?," *Atlantic*, Aug. 12, 2013; "Fine Print Allows Shark Finning to Continue," *New Zealand Herald*, Nov. 23, 2013; John Vidal, "This Could Be the Year We Start to Save, Not Slaughter, the Shark," Observer, Jan. 11, 2014; Shelley Clarke and Felix Dent, "State of the Global Market for Shark Commodities," Convention on International Trade in Endangered Species of Wild Fauna and Flora, May 3, 2014; Nina Wu, "Documentary Film Shines Light on Shark Finning," *Star Advertiser*, June 8, 2014; Oliver Ortega, "Massachusetts to Ban Shark Fin Trade," *Boston Globe*, July 24, 2014; Mark Magnier, "In China, Shark Fin Soup Is So 2010," *Wall Street Journal*, Aug. 6, 2014; Felicia Sonmez, "Tide Turns for Shark Fin in China," Phys.org, Aug. 20, 2014, 1; "All for a Bowl of Soup," transcript, *Dan Rather Reports*, AXS TV, Jan. 24, 2012; "Bycatch," SharkSavers, a Program of WildAid, accessed Nov. 21, 2018, www.sharksavers.org.

19 레멩게사우 대통령은 물론 그의 보좌관 키어벨 사쿠마(Keobel Sakuma)와 2015년부터 2017년까지 진행한 여러 차례의 인터뷰에서 나온 말이다.

20 Tse-Lynn Loh and Zeehan Jaafar, "Turning the Tide on Bottom Trawling," *Aquatic Conservation: Marine and Freshwater Ecosystems* 25, no. 4(2015): 581~83.

21 Carl Safina and Elizabeth Brown, "Fishermen in Palau Take On Role of Scientist to Save Their Fishery," *National Geographic*, Nov. 5, 2013; "Healthy Oceans and Seas: A Way Forward," President Remengesau Keynote UN Address, Feb. 4, 2014; Johnson Toribiong, "Statement by the Honorable Johnson Toribiong President of the Republic of Palau to the 64th Regular Session of the United Nations General Assembly," Sept. 25, 2009, palauun.files,wordpress.com.

22 Jane J. Lee, "Tiny Island Nation's Enormous New Ocean Reserve Is Official," *National Geographic*, Oct. 28, 2015.

23 Sean Dorney, "Palau Ends Drone Patrol Tests to Deter Illegal Fishing," ABC Australia, Oct. 4, 2013; Haw, "Interconnected Environment and Economy."

24 Aaron Korman, "Stand with Palau Campaign," *Indiegogo*, Aug. 4, 2014.

25 자국 수역 관리에 대한 팔라우의 전망과 계획을 파악하고자 퓨자선신탁이 제공한 정보를 골자로 한 대통령실의 귀중 보고서를 종종 활용했다.

"The Monitoring, Control, and Surveillance Plan for 2015~2020."

26 이 장의 취재 대부분은 팔라우에서 보낸 열흘 동안 이뤄졌으며 많은 경우 위
치는 바다 위 레멜리크호와 팔라우의 다른 소형 경찰선이었다. 경찰 본부에
서도 며칠간 지내며 경찰들의 대화를 들었다. 다음은 이 과정에서 특히 많
은 도움을 준 이들이다. 팔라우와 함께 많은 활동을 한 퓨자선신탁의 세스
호스트마이어, 왕립 오스트레일리아 해군 소령 벤 피넬(Ben Fennell), 퓨의
고문이자 자문위원으로 팔라우에서 퓨 베르타렐리 오션 레거시 프로젝트
를 감독하는 제니퍼 코스켈린기번스(Jennifer Koskelin-Gibbons). 셋 모두
팔라우가 자국 수역을 보호하려 노력해온 역사에 관해 아는 것이 많았다.

27 Jethro Mullen, "Typhoon Bopha Carves Across Philippines, Killing Scores of
People," CNN, Dec. 5, 2012.

28 Jethro Mullen, "Super Typhoon Haiyan, One of Strongest Storms Ever, Hits
Central Philippines," CNN, Nov. 8, 2013.

29 M. Barange et al., "Impacts of Climate Change on Marine Ecosystem Production
in Societies Dependent on Fisheries," *Nature Climate Change*, Feb. 23, 2014.

30 앞의 글.

31 A. M. Friedlander et al., "Marine Biodiversity and Protected Areas in Palau:
Scientific Report to the Government of the Republic of Palau," National
Geographic Pristine Seas and Palau International Coral Reef Center, 2014.

32 "Palau President's Report on Lost Cessna," Republic of Palau, 2012.

33 "Republic of Palau vs. Ten Jin Len," Criminal Complaint, Supreme Court of the
Republic of Palau, 12- 026, April 3, 2012.

34 Victoria Roe, "Request for an Investigation Memo," Office of the Attorney
General, Republic of Palau, April 11, 2012.

35 Nick Perry and Jennifer Kelleher, "Billionaire's Yacht Hunts for Lost Plane off
Palau," AP, April 4, 2012.

36 "Search for Plane That Ditched over Palau Waters Ended," *Kathryn's Report*,
April 5, 2012.

37 사건 정황을 더 알아보고자 다음 자료를 읽었다. Walt Williams, "Map to the
Bizarre and Peculiar Odd Nuggets Around in the Golden State," *Modesto Bee*, June
29, 1997, H-1; "Typhoon While on the Hard," *Latitude 38*, March 2007; "Easier

with Climate Change," *Latitude 38*, Nov. 2008; "A Xmas Story—with Gunfire," *Latitude 38*, April 2010; "Delivery with New Owner," *Latitude 38*, Dec. 2011; "Palau Arrests Chinese Fishermen, 1 Dies After Being Hit by Gunfire; 2 Officers and Pilot Missing in Effort to Film Their Burning Vessel," Pacific News Center, April 3, 2012; Kelleher and Perry, "Billionaire's Yacht Hunts for Lost Plane off Palau"; Brett Kelman, "One Dead in High-Sea Chase," *Pacific Daily News*(Hagatna, Guam), April 4, 2012; "Lost in Aviation Accident," *Latitude 38*, May 2012, A1; "Hawaii: Remains of Plane Found in Palau Not Missing 2012 Police Flight," *US Official News*, May 6, 2014.

38 Jeff Barabe and Kassi Berg, "Candlelight Vigil Held for Pilot and Two Police Officers Who Vanished, Search Suspended," Oceania Television Network, April 11, 2012.

39 John Gibbons to the President of Palau, April 16, 2012.

40 세스나기 실종을 조사하며 나는 익명을 요구한 두 사람과 전화와 이메일을 주고받았다. 한 사람은 사망한 경찰의 친척이었고, 다른 한 명은 항공기 조종사의 친척이었다.

41 Andrew Wayne et al., *Helen Reef Management Plan*, The Hatohobei State Leadership and the Hatohobei Community, 2011; Architect's Virtual Capitol, "Architect of the Capitol."

42 Stephen Leahy, "The Nations Guaranteed to Be Swallowed by the Sea," *Motherboard*, May 27, 2014.

43 Paul Greenberg, Boris Worm, "When Humans Declared War on Fish," *New York Times*, May 8, 2015.

44 "Fishing Gear: Purse Seines," NOAA Fisheries, Nov. 30, 2017.

45 "How Seafood Is Caught: Purse Seining," YouTube, Seafood Watch, May 2013.

46 Paul Greenberg, "Tuna's End," *New York Times*, June 22, 2010; "Catches by Type in the Global Ocean—High Seas of the World," *Sea Around Us*; "World Deep-Sea Fisheries," Fisheries and Resources Monitoring System, 2009.

47 폴 그린버그와 한 2017년 인터뷰를 바탕으로 했다. 이 주제에 관한 그린버그의 시각을 더 알고 싶다면 다음을 보라. Paul Greenberg, *Four Fish: The Future of the Last Wild Food*(New York: Penguin Books, 2011); Paul Greenberg, "Ocean Blues," *New York Times Magazine*, May 13, 2007.

48 Carlos Espósito et al., *Ocean Law and Policy: Twenty Years of Development Under*

the *UNCLOS Regime*(Leiden: Koninklijk Brill NV, 2017).

49 Daniel Hawthorne and Minot Francis, *The Inexhaustible Sea*(New York: Dodd, Mead, 1954).

50 "Automatic Identification System Overview," U.S. Coast Guard Navigation Center website, Oct. 23, 2018.

51 David Manthos, "Avast! Pirate Fishing Vessel Caught in Palau with Illegal Tuna & Shark Fins," SkyTruth, March 4, 2015.

52 Nicki Ryan, "The World's Largest and Second Largest Supertrawlers Are in Irish Waters," *Journal*(Dublin), Jan. 17, 2015.

53 "Pacific Tuna Stock on the Brink of Disaster," Greenpeace, press release, Sept. 3, 2014.

54 "Fishing Gear: Fish Aggregating Devices," NOAA Fisheries.

55 Wesley A. Armstrong and Charles W. Oliver, *Recent Use of Fish Aggregating Devices in the Eastern Tropical Pacific Tuna Purse- Seine Fishery, 1990~1994*, Southwest Fisheries Science Center, March 1996; "The Tuna-Dolphin Issue," NOAA.

56 Elisabeth Eaves, "Dolphin-Safe but Not Ocean-Safe," *Forbes*, July 24, 2008.

57 Avram Primack, *The Environment and Us*(St. Thomas, V.I.: ProphetPress, 2014).

58 Michael D. Scott et al., "Pelagic Predator Associations: Tuna and Dolphins in the Eastern Tropical Pacific Ocean," *Marine Ecology Progress Series* 458(July 2012): 297.

59 "WCPFC Statement to the 45th Pacific Islands Forum Leaders Meeting," Western and Central Pacific Fisheries Commission.

60 대양을 건너는 참치의 이주 패턴을 주제로 하는 연구가 늘고 있다. 태평양의 이주 움직임에 관해서는 다음을 보라. Jeffrey J. Polovina, "Decadal Variation in the Trans-Pacific Migration of Northern Bluefin Tuna(*Thunnus Thynnus*) Coherent with Climate Induced Change in Prey Abundance," *Fisheries Oceanography* 5, no. 2(June 1996). 대서양의 이주 패턴에 관해서는 다음을 보라. Barbara A. Block et al., "Electronic Tagging and Population Structure of Atlantic Bluefin Tuna," *Nature*, April 2005.

61 "PNA-FAD Tracking and Management Trial," Western and Central Pacific Fishing Commission, Dec. 4, 2015.

62 "Palau to Sign National Marine Sanctuary into Law," Pew, press release, Oct. 22, 2015; Brian Clark Howard, "U.S. Creates Largest Protected Area in the World,

3X Larger than California," *National Geographic*, Sept. 26, 2014.

63 팔라우 대통령실에서 제공한 관광 및 경제 통계.

64 팔라우에서 관광이 어떻게 양날의 검이 되는지 더 읽어보고 싶다면 다음을 보라. Bernadette H. Carreon, "Palau's Environment Minister to Take Action on Illegal Trade of Napoleon Wrasse," Pacific News Agency Service, July 19, 2016; Jose Rodriguez T. Senase, "Palau Hotel Accused of Illegally Cooking Protected Fish," *Pacific Islands Report*, Oct. 13, 2015; Jennifer Pinkowski, "Growing Taste for Reef Fish Sends Their Numbers Sinking," *New York Times*, Jan. 20, 2009.

65 B. Russell (Grouper & Wrasse Specialist Group), "*Cheilinus undulatus*: The IUCN Red List of Threatened Species," 2004: e.T4592A11023949; T. Chan, Y. Sadovy, T. J. Donaldson, "*Bolbometopon muricatum*: The IUCN Red List of Threatened Species," 2012: e.T63571A17894276; J. A. Mortimer and M. Donnelly(IUCN SSC Marine Turtle Specialist Group), "*Eretmochelys imbricata*: The IUCN Red List of Threatened Species," 2008: e.T8005A12881238.

66 이 호수의 해파리가 홍콩 수산 시장에 나타났다고 한다. Alex Hofford, "Jellyfish from Palau's 'Jellyfish Lake' on Sale in Hong Kong," YouTube, April 2013. 대통령 부인 데비 레멩게사우(Debbie Remengesau)가 진두지휘한 일련의 조치도 있었다. 무분별한 관광의 역효과를 제한하려는 팔라우의 조치로 중국과 긴장이 고조되었다. Farah Master, "Empty Hotels, Idle Boats: What Happens When a Pacific Island Upsets China," Reuters, Aug. 19, 2018.

67 "Official Statement form Tan Bin," Bureau of Public Safety, Koror, Republic of Palau, April 1, 2012.

68 "Republic of Palau vs. Ten Jin Len," Criminal Complaint, Supreme Court of the Republic of Palau, 12-026, April 3, 2012.

69 "Palau President's Report on Lost Cessna," Republic of Palau, 2012.

70 Victoria Roe, "Request for an Investigation Memo," Office of the Attorney General, Republic of Palau, April 11, 2012.

71 David Epstein, "The Descent," *New York Times*, June 20, 2014.

3장 녹슨 왕국

1 Jack Gould, "Radio: British Commercial Broadcasters Are at Sea," *New York*

Times, March 25, 1966; Felix Kessler, "The Rusty Principality of Sealand Relishes Hard-Earned Freedom," *Wall Street Journal*, Sept. 15, 1969; John Markoff, "Rebel Outpost on the Fringes of Cyberspace," *New York Times*, June 4, 2000; Declan McCullagh, "A Data Sanctuary Is Born," *Wired*, June 4, 2000; Steve Boggan, "Americans Turn a Tin-Pot State off the Essex Coast into World Capital of Computer Anarchy," *Independent*, June 5, 2000; Declan McCullagh, "Sealand: Come to Data," *Wired*, June 5, 2000; David Cohen, "Offshore Haven: Cold Water Poured on Sealand Security," *Guardian*, June 6, 2000; Carlos Grande, "Island Fortress's 'Data Haven' to Confront E-trade Regulation," *Financial Times*, June 6, 2000; "Man Starts Own Country off Coast of Britain," *World News Tonight*, ABC, June 6, 2000; Tom Mintier, "Sealand Evolves from Offshore Platform to High-Tech Haven," *Worldview*, CNN, June 12, 2000; Anne Cornelius, "Legal Issues Online Firms Set to Take Refuge in Offshore Fortress," *Scotsman*, June 15, 2000; David Canton, "Creating a Country to Avoid Jurisdiction," *London Free Press*, June 16, 2000; "Internet Exiles," *New Scientist*, June 17, 2000; Theo Mullen, "A Haven for Net Lawbreakers?," *Internetweek*, June 19, 2000; Peter Ford, "Banned on Land, but Free at Sea?," *Christian Science Monitor*, June 23, 2000; Mara D. Bellaby, "An Internet 'Mouse That Roars' Pops Up off Britain," *Houston Chronicle*, June 25, 2000; "Rebel Sea Fortress Dreams of Being 'Data Haven,'" *Wall Street Journal*, June 26, 2000; Simson Garfinkel, "Welcome to Sealand. Now Bugger Off," *Wired*, July 2000; Edward Sherwin, "A Distant Sense of Data Security," *Washington Post*, Sept. 20, 2000; Ann Harrison, "Data Haven Says It Offers Freedom from Observation," *Computerworld*, Nov. 13, 2000; Grant Hibberd, "The Sealand Affair—the Last Great Adventure of the Twentieth Century?," Foreign & Commonwealth Office U.K., Nov. 19, 2010; Grant Hibberd, "The Last Great Adventure of the Twentieth Century: The Sealand Affair in British Diplomacy," *Britain and the World* 269(2011); James Grimmelmann, "Sealand, HavenCo, and the Rule of Law," *University of Illinois Law Review*, March 16, 2012; Prince Michael of Sealand, *Holding the Fort* (self-published, 2015).

2 William Yardley, "Roy Bates, Bigger-than-Life Founder of a Micronation, Dies at 91," *New York Times*, Oct. 13, 2012.

3 Cahal Milmo, "Sealand's Prince Michael on the Future of an Off-Shore 'Outpost of Liberty,'" *Independent*, March 19, 2016.

4 Rose Eveleth, "'I Rule My Own Ocean Micronation,'" BBC, April 15, 2015. 이 구

조물은 단수형 '러프타워'나 'HMF 러프'로 불리기도 한다. 이름은 구조물이 서 있는 모래톱의 이름을 딴 것이다. 영국은 인근 수역에 흔히 마운셀 요새라고 하는 다른 구조물도 몇 개 더 세웠다. 보통 다리에 얹혀 바다 위로 솟은 채 가교로 연결된 7개의 개별 탑을 가리킨다. Grimmelmann, "Sealand, HavenCo, and the Rule of Law."

5 Thomas Hodgkinson, "Notes from a Small Island: Is Sealand an Independent 'Micronation' or an Illegal Fortress?," *Independent*, May 18, 2013.

6 Grimmelmann, "Sealand, HavenCo, and the Rule of Law."

7 Elaine Woo, "'Prince' Roy Bates Dies at 91; Adventuring Monarch of Sealand," *Los Angeles Times*, Oct. 14, 2012.

8 Grimmelmann, "Sealand, HavenCo, and the Rule of Law."

9 Woo, "'Prince' Roy Bates Dies at 91." 로이는 2차 세계대전 중 이탈리아 군에 포로가 된 적이 있다는 이야기를 2004년 《인디펜던트》 기자에게 하기도 했다. 탈출 시도를 너무 자주 해서 사형 선고를 받았으나 총살팀이 소총을 드는 최후의 순간에 집행유예를 받았다고 했다. 다음을 보라. Mark Lucas, "Sealand Forever! The Bizarre Story of Europe's Smallest Self-Proclaimed State," *Independent*, Nov. 27, 2004, 33.

10 바다 위 해적 라디오 방송에 관해 더 알아보고자 다음 자료를 읽었다. Robert Chapman, *Selling the Sixties: The Pirates and Pop Music Radio*(New York: Routledge, 1992). 다음도 유용했다. Steve Conway, *Shiprocked: Life on the Waves with Radio Caroline*(Dublin: Liberties, 2009). 영국 해적 라디오 방송국의 최근 역사에 관해서는 다음을 보라. John Hind and Stephen Mosco, *Rebel Radio: The Full Story of British Pirate Radio*(London: Pluto Press, 1985). 이 이야기의 미국판은 다음 책에 잘 담겼다. Jesse Walker, *Rebels on the Air: An Alternative History of Radio in America*(New York: New York University Press, 2001). 대중문화에서 이를 가장 잘 다룬 사례는 앨런 모일(Allan Moyle)이 감독한 1990년 작 영화 〈볼륨을 높여라(Pump Up the Volume)〉다.

11 Hodgkinson, "Notes from a Small Island."

12 "Principality of Sealand," Sealand.

13 제임스 베이츠는 한 인터뷰에서 국기의 빨간색은 로이, 흰색은 순수, 검은색은 시랜드가 해적 라디오 방송국이던 시절을 나타낸다고 설명했다.

14 영국 군함이 공국에 너무 가까이 접근했다며 시랜드 주민이 배에 발포하는 비슷한 사건이 1990년에도 있었다. 다음을 보라. James Cusick, "Shots Fired in Sealand's Defence of a Small Freedom," *Independent*, Feb. 24, 1990.

15 Grimmelmann, "Sealand, HavenCo, and the Rule of Law."

16 Dan Bell, "Darkest Hour for 'Smallest State,'" BBC, Dec. 30, 2008.

17 Katrin Langhans, "Newer Sealand," Süddeutsche Zeitung and the Panama Papers, April 25, 2016.

18 다음은 내가 시스테드와 관련해 참고한 자료 전체다. Jerome Fitzgerald, *Sea-Steading: A Life of Hope and Freedom on the Last Viable Frontier* (New York: iUniverse, 2006); "Homesteading the Ocean," *Spectrum*, May 1, 2008; Oliver Burkeman, "Fantasy Islands," *Guardian*, July 18, 2008; Patri Friedman and Wayne Gramlich, "Seasteading: A Practical Guide to Homesteading the High Seas," Gramlich.net, 2009; Declan McCullagh, "The Next Frontier: 'Seasteading' the Oceans," *CNET News*, Feb. 2, 2009; Alex Pell, "Welcome Aboard a Brand New Country," *Sunday Times*, March 15, 2009; Brian Doherty, "20,000 Nations Above the Sea," *Reason*, July 2009; Eamonn Fingleton, "The Great Escape," *Prospect*, March 25, 2010; Brad Taylor, "Governing Seasteads: An Outline of the Options," Seasteading Institute, Nov. 9, 2010; "Cities on the Ocean," *Economist*, Dec. 3, 2011; Jessica Bruder, "A Start- Up Incubator That Floats," *New York Times*, Dec. 14, 2011; Michael Posner, "Floating City Conceived as High-Tech Incubator," *Globe and Mail*, Feb. 24, 2012; Josh Harkinson, "My Sunset Cruise with the Clever, Nutty, Techno-libertarian Seasteading Gurus," *Mother Jones*, June 7, 2012; Stephen McGinty, "The Real Nowhere Men," *Scotsman*, Sept. 8, 2012; Michelle Price, "Is the Sea the Next Frontier for High-Frequency Trading? New Water-Based Locations for Trading Servers Could Enable Firms to Fully Optimise Their Trading Strategies," *Financial News*, Sept. 17, 2012; Adam Piore, "Start-Up Nations on the High Seas," *Discover*, Sept. 19, 2012; George Petrie and Jon White, "The Call of the Sea," *New Scientist*, Sept. 22, 2012; Paul Peachey, "A Tax Haven on the High Seas That Could Soon Be Reality," *Independent*, Dec. 27, 2013; Geoff Dembicki, "Worried About Earth? Hit the High Seas: What Seasteaders Reveal About Our Desire to Be Saved by Technology," *Tyee*, March 1, 2014; Kyle Denuccio, "Silicon Valley Is Letting Go of Its Techie Island Fantasies," *Wired*, May 16, 2015; Nicola Davison, "Life on the High Seas: How Ocean Cities Could Become Reality," *Financial Times*, Sept. 3, 2015.

19 Anthony Van Fossen, *Tax Havens and Sovereignty in the Pacific Islands*(St. Lucia: University of Queensland Press, 2012).

20 Pell, "Welcome Aboard a Brand New Country."

21 "Frequently Asked Questions," Seasteading Institute.

22 Bruder, "Start-Up Incubator That Floats.

23 Rachel Riederer, "Libertarians Seek a Home on the High Seas," *New Republic*, May 29, 2017.

24 Grimmelmann, "Sealand, HavenCo, and the Rule of Law."

25 Bruce Sterling, "Dead Media Beat: Death of a Data Haven," *Wired*, March 28, 2012.

26 Grimmelmann, "Sealand, HavenCo, and the Rule of Law."

27 파나마 페이퍼스에 언급된 아헨바흐 관련 추가 내용은 다음을 보라. Langhans, "New Sealand."

28 Alexander Achenbach, Declaration of August 10, 1978(UK-NA: FCO 33/3355); "Sealand Prepares to Repel Boarders," *Leader*, Sept. 7, 1979, 16(UK-NA: HO 255/1244).

29 Bell, "Darkest Hour for 'Smallest State.'" 추가로 다음을 보라. "My Four Days in Captivity at the Hands of Foreign Invaders," *Colchester Evening Gazette*, Aug. 30, 1978(UK-NA: HO 255/1244); "Tiny Nation's Capture of German Investigated!," *Los Angeles Times*, Sept. 5, 1978.

30 Emma Dibdin, "A Complete Timeline of Andrew Cunanan's Murders," *Harper's Bazaar*, Feb. 28, 2018; Martin Langfield, "Infamous Houseboat Sinks," *Washington Post*, Dec. 23, 1997.

31 Adela Gooch, "Storm Warning," *Guardian*, March 27, 2000.

32 "Principality Notice PN 019/04: Fraudulent Representation of Principality," Sealand, Feb. 15, 2004.

33 "Sealand y el tráfico de armas[Sealand and arms trafficking]," El Mercurio (Santiago), June 17, 2000; José María Irujo, "Sealand, un falso principado en el mar[Sealand, a false principality at sea]," El País(Madrid), March 26, 2000; "Owner of Fort off Britain Issues His Own Passports," *New York Times*, March 30, 1969.

34 Gooch, "Storm Warning."

35 Langhans, "Newer Sealand."

36 Garfinkel, "Welcome to Sealand. Now Bugger Off."

37 A. D. Wissner-Gross and C. E. Freer, "Relativistic Statistical Arbitrage," *Physical Review*, Nov. 5, 2010.

38 Ryan Lackey, "HavenCo: What Really Happened"(presentation at DEF CON 11, Aug. 3, 2003). 영상 30분 15초를 보라.

39 Thomas Stackpole, "The World's Most Notorious Micronation Has the Secret to Protecting Your Data from the NSA," *Mother Jones*, Aug. 21, 2013.

40 Ryan Lackey, "HavenCo: One Year Later"(presentation at DEF CON 9, n.d.).

41 Grimmelmann, "Sealand, HavenCo, and the Rule of Law."

42 "Sealand Shop," Sealand.

4장 상습 범죄 선단

1 계산은 2017년 4월 인트라피시 미디어 편집장 드루 체리(Drew Cherry)의 도움을 받았다.

2 오양70호 침몰 관련 세부사항 일부는 배에서 생존한 사관과 선원 44명의 정부 면담에서 나왔다. 면담 내용은 배에서 몇몇 노동자가 사망한 사건에 대한 광범한 수사의 일환으로 뉴질랜드 웰링턴 검시 법원에 제출되었다. 뉴질랜드의 정보공개법에 따라 정부는 요청 시 이 문서를 DVD로 제공한다. 다음 자료도 활용했다. "Findings of Coroner R. G. McElrea, Inquiry into the Death of Yuniarto Heru, Samsuri, Taefur," Wellington, New Zealand, March 6, 2013. 연방 청문회용으로 2012년에 초안이 작성된 이 문서는 정부 수사에 관여한 연구자들이 내게 제공했다. 사건을 다룬 탁월한 보도라면 다음 책에서 확인할 수 있다. Lee van der Voo, *The Fish Market: Inside the Big-Money Battle for the Ocean and Your Dinner Plate*(New York: St. Martin's Press, 2016).

3 이번 장에서는 인터뷰 외에 다양한 인쇄 자료를 폭넓게 활용했다. 다음 책은 그 중에서 그야말로 최고다. Michael Field, *The Catch: How Fishing Companies Reinvented Slavery and Plunder the Oceans*(Wellington, N.Z.: Awa Press, 2014). 그러나 더 넓은 범위에서는 주로 한국 어선 일반과 그 선단에 엮인 인권과 환경 문제를 중심으로 하는 당시의 다른 보도를 많이 참고했다. 다음은 그 기사 일부다. Giles Brown and Charlie Gates, "Ship Sinks in 10 Minutes," *Press*(Christchurch), Aug. 19, 2010; Charlie Gates, "Disaster 'Only Matter of Time,'" *Press*(Christchurch), Aug. 19, 2010; Keith Lynch and Giles Brown, "Captain Had Too Many Fish in Net, Email Says,"

Press(Christchurch), Aug. 24, 2010; Sophie Tedmanson, "Asian Fisherman 'Abused' on Slave Ships in New Zealand Waters," *Times*(London), Aug. 12, 2011; Ridwan Max Sijabat, "Stop Slavery at Sea: Seamen's Association," *Jakarta Post*, Sept. 3, 2011; Michael Field, "National Party President in Fishing Row," *Sunday Star-Times*, Sept. 18, 2011; Michael Field, "'Model' Fishers Face Grim Charges," *Sunday Star-Times*, Oct. 16, 2011; Helen Murdoch, "Fishing 'Slave Labour' Slated," *Nelson Mail*, Oct. 20, 2011; Michael Field, "Probe Exposes Fishing Underbelly," *Sunday Star-Times*, Oct. 23, 2011; Deidre Mussen, "Danger and Death in the South's Cruel Seas," *Press*(Christchurch), Jan. 14, 2012; Michael Field, "Toothless Response to Korean Toothfish Catch," *Sunday Star-Times*, Feb. 5, 2012; E. Benjamin Skinner, "The Fishing Industry's Cruelest Catch," *Bloomberg*, Feb. 23, 2012; Michael Field, "Action on Fishing Abuse Escalates," *Sunday Star-Times*, March 4, 2012; "Sailing Sweatshops on NZ Waters," *Nelson Mail*, April 14, 2012; Michael Field, "NZ Steps Up for Widows After Trawler Tragedy," *Sunday Star-Times*, April 15, 2012; "Coroner to Probe Korean Fishing Boat Deaths," *Press*(Christchurch), April 16, 2012; Michael Field, "TAIC Faulted for Lack of Assistance," *Press*(Christchurch), April 17, 2012; "Oyang Sinking Was '100 Per Cent Avoidable'—Expert," *Waikato Times*, April 18, 2012; Sophie Rishworth, " 'Terrible' Conditions Aboard Trawler Described," *Otago Daily News*, April 18, 2012; Duncan Graham, "Anomalies Dog NZ-Indonesia Ties," *New Zealand Herald*, April 25, 2012; Duncan Graham, "Indonesians 'Slaves' in New Zealand Seas," *Jakarta Post*, May 1, 2012; Michael Field, "Sanford to Pay Crew Directly," *Nelson Mail*, July 31, 2012; Danya Levy, "Korean Fishing Firm Gags Crew with 'Peace' Contract," *Sunday Star-Times*, Oct. 7, 2012; "Fishermen Left to Die as Ship Sank," *Press*(Christchurch), March 9, 2013; Duncan Graham, "Exposing High Seas Slavery," *Jakarta Post*, April 8, 2013; Michael Field, "Fishermen Claim $17M in Wages," *Sunday Star-Times*, March 23, 2014; "Blitz on Fishing Ships off South Island Coast," *New Zealand Herald*, Sept. 17, 2014; Kim Young-jin, "Sunken Trawler Shifts Focus to Sajo," *Korea Times*, updated Jan. 6, 2015; Sarah Lazarus, "Slavery at Sea: Human Trafficking in the Fishing Industry Exposed," *South China Morning Post*, June 13, 2015; Stacey Kirk, "Reflagging Law to Help Fishing Boat Slaves," *Dominion Post*, May 2, 2016; Olivia Carville, "Exposed: The Dark Underbelly of Human Trafficking in New Zealand," *New Zealand Herald*, Sept. 22, 2016; Ko Dong-hwan, "In the Hurt of the Sea: Gloom of Migrant Seafarers on Korean Vessels in the

Spotlight," *Korea Times*, updated Oct. 31, 2016; Choi Song-min, "Over 300 North Korean Fishermen Feared Dead from Fisheries Campaign," *Daily NK*, Dec. 30, 2016.

4 사조는 한국 전통 고추장과 된장, 게맛살, 어묵부터 해산물 통조림과 참치 통조림, 생참치까지 온갖 품목을 수출한다. 기업의 어선은 다양하다. 참치 연승 어선과 선망선은 보통 적도와 가까운 태평양과 인도양, 대서양, 남인 도양에서 조업하며 참다랑어와 눈다랑어, 황다랑어, 날개다랑어, 새치를 노린다. 대구잡이 저인망 어선과 연승 어선은 북태평양 주변 오호츠크해 와 베링해, 쿠릴 수역을 돌아다닌다. 은연어와 명태, 오징어, 남방청대구도 세계 각지에서 어획한다.

5 서던스톰수산의 진짜 역할을 파악하고자 (역시 뉴질랜드의 정보공개법 을 이용해 확보한) 여러 자료를 모아 활용했으며 다음은 그 일부다. New Zealand Department of Labour, *Findings of the PricewaterhouseCoopers Investigation of the Oyang 75 Crewmen Wages Dispute*(Wellington: New Zealand Department of Labour, 2012); Oceanlaw New Zealand, *Southern Storm Fishing(2007) LTD Response to Preliminary Audit Findings: Summary of Key Points, Chronology of Events, and Index*(Nelson: Oceanlaw New Zealand, 2011); Oceanlaw New Zealand, *F.V. Oyang 75 and Southern Storm Fishing(2007) LTD: Four Affidavits and a Notarial Certificate*(Nelson: Oceanlaw New Zealand, 2011); Oceanlaw New Zealand, *F.V. Oyang 75 and Southern Storm Fishing(2007) LTD: Six Affidavits*(Nelson: Oceanlaw New Zealand, 2011); Oceanlaw New Zealand, *F.V. Oyang 75 and Southern Storm Fishing (2007) LTD: Eight Affidavits and a Comparative Analysis of Vessel Catch Against Hours Recorded as Worked by Crew*(Nelson: Oceanlaw New Zealand, 2011).

6 글렌 인우드에 관해 더 알아보고자 다음을 읽었다. Matthew Brocket, "Government Slammed over Consultants," *Press*(Christchurch), Aug. 18, 2000; "Press Secretary Quits over Whaling Forum," *Evening Post*, Sept. 29, 2000; "Resignation Not Related to Conference Ban, Says Press Sec," New Zealand Press Association, Sept. 29, 2000; Glenn Inwood, "Whale Refuge Not Needed," *Press*(Christchurch), July 20, 2001; Ainsley Thomson, "Sealord's Whaling Link 'Could Harm NZ Stand,'" *New Zealand Herald*, Jan. 16, 2006; Glenn Inwood, "'It Tastes Like Chicken. Doesn't Everything?,'" *Press*(Christchurch), June 24, 2006; Ben Cubby, "A Maori Voice for a Japanese Cause," *Sydney Morning Herald*, Jan. 19, 2008; Siobhain Ryan, "Australia

Accused over Anti-whaling 'Crimes,'" *Australian*, Dec. 30, 2008; Sarah Collerton, "PR Guru 'Paid for Whalers' Spy Flights,'" Australian Broadcasting Corporation, updated Jan. 6, 2010; Andrew Darby, "Whaler Spy Planes Track Protest Ships," *Sydney Morning Herald*, Jan. 6, 2010; Kristen Gelineau, "Conservationists File Piracy Claim Against Japanese Whalers After Antarctic Clash," AP, Jan. 9, 2010; Peter Millar, "Ady Gil Drowned by Japanese Whalers," *Sunday Times*, Jan. 10, 2010; Kristen Gelineau, "Australian, New Zealand Scientists Readying for Key Antarctic Whaling Research Expedition," AP, Jan. 27, 2010; John Drinnan, "Larger-than-Life Trio to Shake Up Nation," *New Zealand Herald*, July 23, 2010; Ray Lilley, "Sea Shepherd, Whaling Protester in NZ Public Spat," AP, Oct. 7, 2010; Field, "'Model' Fishers Face Grim Charges"; "Lobby Group Claims Untrue," *Timaru Herald*, Jan. 13, 2012; Rick Wallace and Pia Akerman, "Government Protest Precious, Say Whalers," *Australian*, Feb. 2, 2013; Glenn Inwood, "Do Sea Shepherd's Actions Make Them 'Pirates'?," interview by Leigh Sales, *7.30 Report*, Australian Broadcasting Corporation, Feb. 27, 2013, transcript; "Warlord Saw Wealth in Whales," *Timaru Times*, Jan. 11, 2014; "Fish-Dumping Trawler Likely to Be Seized," *Timaru Herald*, March 7, 2014.

7 뉴질랜드 수역에서 발생한 노동자 착취 문제를 조사하며 다음 연구를 활용했다. Glenn Simmons et al., "Reconstruction of Marine Fisheries Catches for New Zealand(1950~2010)," Sea Around Us, Global Fisheries Cluster, Institute for the Oceans and Fisheries, University of British Columbia, 2016; Christina Stringer et al., *Not in New Zealand's Waters, Surely? Linking Labour Issues to GPNs*(Auckland: New Zealand Asia Institute Working Paper Series, 11-01, 15, 2011); Christina Stringer and Glenn Simmons, "Samudra Report—Forced into Slavery and Editors Comment," International Collective in Support of Fishworkers, July 2013; Christina Stringer and Glenn Simmons, "New Zealand's Fisheries Management System: Forced Labour an Ignored or Overlooked Dimension?," Department of Management and International Business, University of Auckland, Private Bag 92019, Auckland, May 12, 2014; Christina Stringer, D. Hugh Whittaker, and Glenn Simmons, "New Zealand's Turbulent Waters: The Use of Forced Labour in the Fishing Industry," *Global Networks: A Journal of Transnational Affairs* 16, no. 1(2016); Barry Torkington, "New Zealand's Quota Management System—Incoherent and Conflicted," *Marine Policy* 63(Jan. 2016); Margo White, "The Dark Side of Our Fishing Industry," *Ingenio: Magazine of the University of Auckland*(Spring 2014); Christina Stringer, "Worker

Exploitation in New Zealand: A Troubling Landscape," Human Trafficking Research Coalition, University of Auckland, Dec. 2016; Christina Stringer et al., "Labour Standards and Regulation in Global Value Chains: The Case of the New Zealand Fishing Industry," *Environment and Planning A: Economy and Space* 48, no. 10(2016).

8 "Trafficking in Persons Report 2012," U.S. Department of State, June 2012.

9 이 조치를 이해하기에 가장 좋은 방법은 뉴질랜드 내 관련 부처의 2011년 외국 용선(FCV) 조사 보고서를 읽는 것이다. 근거 가운데 중요한 부분은 다음과 같다. "외국 용선은 뉴질랜드 내수경제 안에서 조업하면서도 뉴질랜드의 해상 안전 환경에서는 일종의 법적 변칙 사례를 구성한다."; "법적으로 따지면 뉴질랜드는 외국 용선으로 알려진 선박류를 인정하지 않는다. 사실 외국 용선은 균질한 선박류를 구성하지 않는다. 법적으로 보면 출신국과 국적 상태, 운용하는 용선 당사자 계약의 성질로 구별되는 선박의 느슨한 집합에 가깝다." 외국 용선이 뉴질랜드 항구에서 조업하면 수색·구조(SAR) 부담은 뉴질랜드에 주어진다. 오양70호의 침몰은 뉴질랜드 구조 조정 센터 소관이었고 조사는 뉴질랜드 운송사고조사위원회가 맡았으며 "올해 후반에 있을 뉴질랜드 검시 조사의 대상이 될 예정"이다. "선박이 뉴질랜드에서 2년간 조업하면 선박안전관리(SSM) 규정을 따라야 하지만 일부 예외도 있다. 이렇게 해서 '뉴질랜드 선박인지, 최근 뉴질랜드 수역에서 조업을 시작한 외국 용선인지, 제도 진입이 의무화되는 2년 기한을 넘긴 외국 용선인지'에 따라 법 기준이 다르게 적용되는 법적 체계가 만들어진다." 뉴질랜드 해사청은 뉴질랜드 수역에서 조업하는 모든 선박에 동일한 법을 적용할 것을 권고했다.

10 가격에 근거한 결정이 전세계에 반향을 일으키는 방식을 보여주는 소소한 사례로 루 그로언(Lou Groen)이 필레오피시 버거를 개발한 이야기를 생각해보자. 신시내티 지역 맥도날드 가맹점주였던 그로언은 식당에 생선 메뉴가 없어 금요일마다 가톨릭교 고객을 많이 놓친다는 것을 알아차렸다(가톨릭에서는 사순절과 매주 금요일에 가축 고기를 먹지 말 것을 권한다―옮긴이). 초기 버거는 넙치로 만들어져 1960년대 물가로 비용이 30센트 정도 들어갔다. 전국으로 확대하려면 버거를 25센트에 판매해야 한다는 맥도날드 경영진의 지시가 떨어지자 그로언은 비교적 저렴한 대서양대구로 재료를 변경했고 그후에는 그보다 저렴한 선택지인 명

태가 발견됐다. 다음을 보라. Paul Clark, "No Fish Story: Sandwich Saved His McDonald's," *USA Today*, Feb. 20, 2007.

11 이 사건에 관한 서류 다수는 침몰한 오룡501호 생존자와 사망자 유가족 일부를 한국에서 대리하는 변호사 데이비드 수리아에게 받았다. 다양한 뉴스 보도와 정부 기록도 활용했다. 다음은 그 일부다. Dylan Amirio, "20 Indonesian Sailors Still Missing in Bering Sea," *Jakarta Post*, Dec. 6, 2014; "Another Accident at Sea," *Korea Herald*, Dec. 10, 2014; Becky Bohrer, "S. Korea to Take Over Search After Fishing Disaster," AP, Dec. 10, 2014; Becky Bohrer, "S. Korean Vessel Heads to Bering Sea Where 27 Died," AP, Dec. 11, 2014; 박보람, 「침몰한 한국 저인망 어선의 생존 선원과 시신 부산 도착」, 연합뉴스, 2014년 12월 26일; 「침몰한 한국 저인망 어선, 선장·선원 자격 미달로 드러나」, KBS 월드뉴스, 2014년 12월 8일; 「한국 선박 침몰 사망자 25명으로 늘어」, 연합뉴스, 2014년 12월 5일; "DOLE to Repatriate Remains of 5 Seafarers," *Manila Bulletin*, Jan. 21, 2015; "Dozens Missing as S. Korea Fishing Boat Sinks in Bering Sea," AFP, Dec. 1, 2014; Michaela Del Callar, "Two More Filipinos Confirmed Dead in Bering Sea Mishap," Philippines News Agency, Dec. 5, 2014; "Eight More Bodies Found near Sunken S. Korea Trawler," AFP, Dec. 4, 2014; "Four More Bodies Recovered from Sunken S. Korean Ship in Bering Sea, Seven Indonesians Died," *Bali Times*, Dec. 9, 2014; 「저인망 어선 오룡호 침몰, 정부 수사 착수」, KBS 월드뉴스, 2014년 12월 3일; 「정부, 심해 조업선 안전 관리 강화할 것」, KBS 월드뉴스, 2015년 1월 20일; 「침몰 저인망 어선 사망 한국인 3명 신원 확인」, KBS 월드뉴스, 2014년 12월 3일; 「바다의 안전 보장」, 《중앙일보》, Joins.com, 2014년 12월 4일; "Indonesia Trying to Save Nationals Aboard Capsized S. Korean Fishing Boat," Xinhua News Agency, Dec. 2, 2014; Lee Ji-hye, "Oryong Sinking Remains Open Sore," *Korea Times*, Feb. 10, 2015; 김세라, 「한국, 오룡호 작전에 구조선 투입」, Joins.com, 2014년 12월 5일; Yoon Min-sik, "After Sewol Tragedy, Doubts Remain on Safety Overhaul," *Korea Herald*, April 16, 2015; 「정 총리 "오룡501호 수색·구조 최대한 신속히 진행해야"」, KBS 월드뉴스, 2014년 12월 2일; "Notorious Fishing Vessel Spotted in Uruguayan Port," *Nelson Mail*, Dec. 20, 2014; "OWWA Vigilant on Status of 7 Missing OFWs from Sunken Korean Vessel," Philippines News Agency, Dec. 9, 2014; "President Aquino Offers Condolences to South Korea on Sinking of Fishing Vessel," Philippines News

Agency, Dec. 12, 2014; Kim Rahn, "Fishermen Worked in Bad Weather," *Korea Times*, Dec. 2, 2014; 「저인망 어선 실종 선원 52명 구조 깜깜」, Joins.com, 2014년 12일 3일; "Rescue of 3 Filipinos from Sunken SoKor Vessel Confirmed," *Manila Bulletin*, Dec. 3, 2014; "Russia Finds Empty Lifeboats from Sunken S. Korea Fishing Boat," AFP, Dec. 2, 2014; "Sailors' Families Blast Trawler Operator," *Korea Herald*, Dec. 2, 2014; "Russia Transfers Three More Bodies, Two Trawler Wreck Survivors to S. Korea," Interfax: Russia & CIS General Newswire, Dec. 8, 2014; "Russian Fleet Hands Over Bodies of 14 Fishermen from Sunken South Korean Trawler," ITAR-TASS World Service, Dec. 6, 2014; Choe Sang-Hun, "Dozens Missing After South Korean Trawler Sinks in Bering Sea," *New York Times*, Dec. 1, 2014; Bagus B. T. Saragih, "3 out of 35 RI Seamen Rescued from Sunken Ship in Bering Sea," *Jakarta Post*, Dec. 3, 2014; Natalia Santi, "Minister Urges Korean Company to Compensate Victims of Oryong 501," *Tempo*, Dec. 11, 2014; "Search of Survivors from Sunken South Korean Trawler Hampered by Heavy Storm," Sputnik News Service, Dec. 6, 2014; Yoo Seungki, "Death Toll Rises to Seven in Sunken S. Korean Fishing Ship," Xinhua News Agency, Dec. 3, 2014; "Six More Bodies of S. Korea Trawler Crew Found in Bering Sea," AFP, Dec. 2, 2014; 「침몰 저인망 어선 선장, 퇴선 거부」, KBS 월드뉴스, 2014년 12월 3일; 「오룡호 선원 수색작업 31일 중단…경비함·초계기 철수」, 연합뉴스, 2014년 12월 29일; "S. Korean Consular Officials Arrive in Chukotka Regarding Ship Sinking," Interfax: Russia & CIS General Newswire, Dec. 5, 2014; 「한국, 선박 안전 법규 위반 처벌 강화할 것」, 연합뉴스, 2015년 4월 13일; 박소정, 「한국, 구조대 파견해 실종 선원 수색 합류케」, 연합뉴스, 2014년 12월 5일; 「한국 경비함 오룡501호 수색 마무리」, KBS 월드뉴스, 2015년 1월 6일; 박소정, 「실종 선원 구조 작업 화요일 재개」, 연합뉴스, 2014년 12월 8일; Park Sojung, "Bodies of 6 S. Koreans from Fishing Tragedy in Russia Arrive Home," *Yonhap English News*, Jan. 11, 2015; 김수연, 「오룡호 생존 선원·수습 시신 한국 이송 예정」, 연합뉴스, 2014년 12월 9일; 김수연, 「한국, 러시아에서 실종된 어민 수색 중단할 수도」, 연합뉴스, 2014년 12월 19일; 김수연, 「한국, 침몰 오룡호 실종 선원 수색 종료 예정」, 2014년 12월 29일; 「침몰 오룡호 생존자 귀향」, KBS 월드뉴스, 2014년 12월 26일; "Third Day of Storms Hamper Rescue Efforts for Sunken South Korean Trawler," Sputnik News Service, Dec. 8, 2014; Kim Tong-Hyung, "11 More Bodies Recovered near Sunken

SKorean Ship," AP, Dec. 3, 2014; "Three of 13 Filipino Seafarers in Korean Trawler Sinking Come Home," ForeignAffairs.co.nz, Jan. 8, 2015; "Trawler Wreck Worst Maritime Accident in Recent Years in Far East," Interfax: Russian & CIS General Newswire, April 2, 2015; "Two Seaborne Aircraft to Join Search for Oryong-501 Crew—Navy Commander," Interfax: Russia & CIS General Newswire, Dec. 10, 2014; "US Rescue Teams Join Search for Missing S. Korea Boat Crew," AFP, Dec. 2, 2014; "U.S. Rescuers Leave South Korean Trawler Wreck Site After Unsuccessful Search," Sputnik News Service, Dec. 10, 2014; Pia Lee-Brago, "Pinoy in Korea Ship Sinking Identified," *Philippine Star*, Dec. 5, 2014; "Death Toll of Indonesians in Sunken S. Korean Fishing Ship Rises to 12," Xinhua News Agency, Dec. 5, 2014; 박유나, 「오룡호 생존자·시신 부산 도착」, Joins.com, 2014년 12월 27일.

12 전직 사조오양 노동자의 이야기 대부분은 2015년부터 2018년까지 인도네시아를 여러 차례 방문해 진행한 대면 인터뷰로 확보했다. 보충 자료는 노동자들이 앞서 법원 또는 정부 기록용으로 제공한 증언에서 얻었다.

13 이번 장 취재 지원에서 하딩은 특히 중요한 역할을 했다. 노동자 면담 녹취와 전문가 목격자 증언과 더불어 문서 수백 장을 공유해줬고 다음은 그 일부다. 크리스티나 스트링어와 글렌 시먼스 선서 진술서, 몰수 반대 구제 청구 성명, 마이클 필드 선서 진술서, 크레이그 턱(Craig Tuck) 선서 진술서, 체불 임금 구제 희망 어선원 신청자 26명을 위한 변호인단 제출 의견서, 몰수 구제 희망 신청자 명단. 하딩은 내가 사리다 타르시디(Saridah Tarsidi), 차르와디 카르소(Carwadi Karso), 마드라이스 등 사조오양에서 일한 적 있는 노동자 대여섯 명과 자카르타에서 진행한 인터뷰를 주선해주기도 했다. 파자르 아디 누그로호(Fajar Adi Nugroho), 나스룰 히다야(Nasrul Hidayah), 아흐마드 토히르(Ahmad Tohir), 슬라못 라하르조(Slamet Raharjo), 안디 수켄다르(Andi Sukendar)의 선서 증언도 철저히 검토했다. 다음 자료도 대단히 유용했다. "Report of the Ministerial Inquiry into the Use and Operation of Foreign Charter Vessels," Ministerial Inquiry into Foreign Charter Vessels, New Zealand, Feb. 2012.

14 김종철 변호사와는 2016년부터 2018년까지 전화와 이메일로 여러 차례 인터뷰를 진행했다.

15 아르헨티나는 포클랜드 영유권을 포기한 적이 없으며 그곳을 말비나라

부르고 있다. 포클랜드 전쟁이 끝나니 오징어 전쟁이 닥쳤다. 전쟁의 불
은 전보다 서서히 붙었으나 남획 혐의와 주권 침해가 장작이 되었다. 아
르헨티나와 포클랜드 제도는 거의 20년간 일렉스오징어 관리에 협력했
으나 2005년 아르헨티나가 협력에서 발을 뺐다. 배는 아르헨티나와 영국
령 포클랜드 제도 사이의 해양 경계를 오가는 오징어 종을 노린다. 빛의
도시로 불리는 포클랜드 인근 구역은 유명 상습범을 자석처럼 끌어당기
며, 뉴질랜드 수역에서 추방된 선박 다수가 감독이 덜한 이곳으로 장소를
옮겼다. 간혹 지역 정부가 이런 수역 내부와 인근에서 권한을 행사하려
하는데 이는 순식간에 폭력 사태로 번질 수 있다. 한 예로 2016년 3월 아
르헨티나 해경은 아르헨티나 수역이라고 하는 빛의 도시 근처에서 불법
으로 조업하는 중국 어선을 적발했다. 중단하라는 무전 지시를 중국인들
이 무시하자 아르헨티나 해경은 어선으로 경고 사격을 했고, 그러자 해당
어선은 등을 끄고 해경의 쾌속정을 들이받으려 했다. 해경은 어선을 침몰
시켰고 침몰하는 배에서 선원 3명과 선장을 구조했다. 그 사건이 일어나
기 2개월 전에도 군 헬기의 지원을 받던 아르헨티나 해군 선박이 아르헨티
나 수역에 진입한 유명 해적선 화리8호를 추격한 유사 사건이 발생했다.
해적선은 도망쳤으나 그후 인도네시아 수역에서 조업하다가 나포되었다.

16 포클랜드 또는 말비나 제도 인근 수역은 유독 법이 지켜지지 않고 지정학
적으로도 민감한 곳이다. 이 구역 오징어잡이 배를 둘러싼 문제를 알아보
고자 나는 아르헨티나에서 활동하는 남아메리카 불법 어업과 인권 문제
전문 조사관 밀코 슈바르츠만(Milko Schvartzman)과 여러 방면에서 협업
했다. 다음 자료도 읽었다. "Ship Hit and Sunk off Falklands," AP, May 29, 1986;
"Argentina Angered by Falklands Move," AP, Oct. 31, 1986; "Fisheries-Argentina:
Fishy Business in the South Atlantic," Inter Press Service, May 19, 1995; "Foreign
Fishing Threatens Argentine Squid Industry," Reuters, Feb. 16, 2001; Oliver Balch,
"Argentina 'Arrests' British Squid Trawler," *Sunday Telegraph*, Feb. 26, 2006; Larry
Rohter, "25 Years After War, Wealth Transforms Falklands," *New York Times*, April 1,
2007; "Falklands War Turned Distant Outpost into Flourishing Community," *Irish
Times*, March 26, 2012; Chuin-Wei Yap and Sameer Mohindru, "China's Hunger for
Fish Upsets Seas," *Wall Street Journal*, Dec. 27, 2012; Michael Warren and Paul Byrne,
"Falkland Islanders and Argentines Agree: Unlicensed Fleet Is Scooping Up Too Much

Squid," AP, March 24, 2013; Ellie Zolfagharifard, "Something Fishy Is Going on in the South Atlantic: Nasa Claims Mysterious Lights Seen from Space Are in Fact Fishermen Boats," *Daily Mail*, Oct. 25, 2013; Dylan Amirio, "Foreign Ministry Criticizes 'Slow' Taiwanese Response," *Jakarta Post*, March 13, 2015; John Ficenec, "Questor Share Tip: Falkland Islands Reports Another Record Squid Catch," *Telegraph Online*, June 8, 2015; Sara Malm, "Argentinian Forces Shoot and Sink Chinese Boat Illegally Fishing in the South Atlantic After It Attempted to Ram Coast Guard Vessel," *Daily Mail*, March 16, 2016; Alice Yan, "Chinese Fishermen Held by Argentina Head Home," *South China Morning Post*, April 10, 2016; John McDermott, "On Business: South Carolina Firm Is Now a Heavy Hitter in the Falkland Islands," *Post and Courier*, June 4, 2017.

17 선원으로 블랙리스트에 올랐다가 국제운수노동조합연맹에서 일하게 된 슈웨 아웅(Shwe Aung)은 인력 송출입 업체가 착취를 고발한 노동자에게 압력을 가하려고 세계에서 공작하는 방식을 이해하는 데 많은 도움을 줬다. 아웅과는 2016년 전화와 이메일로 인터뷰했다.

5장 애들레이드의 항해

1 파도위의여성들에 관해 알게 된 사실은 많은 부분 2016년 8월부터 2018년까지 레베카 홈퍼르츠와 진행한 전화, 이메일, 대면 인터뷰에서 나왔다. 멕시코에서 홈퍼르츠 일행에 합류하기에 앞서 나는 홈퍼르츠에 관해 가능한 한 많은 자료를 읽었다. 다음은 그 일부다. Katarzyna Lyson, "Abortion at Sea," *Mother Jones*, June 20, 2000; Leslie Berger, "Doctor Plans Off-Shore Clinic for Abortions," *New York Times*, Nov. 21, 2000; Valerie Hanley, "Irish Civil Servant Is Abortion Ship Chief," *News of the World*, June 17, 2001; Sara Corbett, "The Pro-Choice Extremist," *New York Times Magazine*, Aug. 21, 2001; John Kelly, "Artful Dodger; Abortion Boat Allowed to Sail After Group Claimed Clinic Was a 'Work of Art,'" *Daily Mirror*, June 9, 2002; Sean O'Hara, "Abortion Ship Back," *Daily Mirror*, July 8, 2002; Julie Ferry, "The Abortion Ship's Doctor," *Guardian*, Nov. 14, 2007; Graham Keely Valencia, "Protestors Threaten to Blockade Port as Abortion Ship Sails In to Challenge Law," *Times*, Oct. 17, 2008; Rebecca Gomperts, "100 Women: Rebecca Gomperts and the Abortion Ship," *100 Women*, BBC, Oct. 23, 2013, video; Emily Bazelon, "The Dawn of the Post-clinic Abortion," *New York Times Magazine*, Aug. 28, 2014; Helen Rumbelow, "Rebecca Gomperts: 'If Men Could Get

Pregnant There Wouldn't Be Abortion Laws,'" *Times*, Oct. 22, 2014; Rebecca Gomperts, "Interview: Dr. Rebecca Gomperts, Who Brought Women Abortion by the Sea," interview by Jia Tolentino, *Jezebel*, Dec. 31, 2014; Katie McDonough, "'The Political Landscape Is Not Ready': Meet the Woman Leading a D.I.Y. Abortion Revolution," *Salon*, Jan. 6, 2015; Nadia Khomami, "'Abortion Drone' to Fly Pills Across Border into Poland," *Guardian*, June 24, 2015; Ryan Parry, "Shame Ship Sails," *Daily Mirror*, June 12, 2001; Mayuri Phadnis, "Champions of Choice," *Pune Mirror*, June 28, 2015; Michael E. Miller, "With Abortion Banned in Zika Countries, Women Beg for Abortion Pills Online," *Washington Post*, Feb. 17, 2016; Noor Spanier, "We Spoke to the Women Performing Abortions on International Waters," *Vice*, March 30, 2016; Maya Oppenheimer, "Rebecca Gomperts: Meet the Woman Travelling the World Delivering Abortion Drugs by Drone," *Independent*, May 31, 2016.

2 멕시코시티는 멕시코에서 첫 번째로 임신중지를 비범죄화한 지역이다. 31 개 주의 임신중지 관련 규제는 가지각색이다. 강간에 대해서는 모든 주가 임신중지를 허용하지만 다른 경우 대부분에 대해서는 많은 주가 임신중지를 불법으로 규정한다. 여성 건강 옹호 단체인 GIRE에 따르면 2017년 기준 13개 주만 여성의 생명이 위험할 때 시술을 허용한다. 2008년 이후 16개 주가 수정 시점부터 생명을 보호하겠다며 주 헌법을 개정했다. 익스타파가 있는 게레로에서는 임신중지를 합법화하려는 법안이 2014년 제안되었으나 위원회에서 부결되었다. 2018년 기준 게레로에서는 여성의 생명이 위독하지 않은 한 임신중지가 여전히 불법이다. 멕시코 내 임신중지 논의의 배경을 더 광범하게 이해하고자 나는 구트마허 연구소와 멕시코시티 지역 가톨릭 교구의 운동가들을 전화로 인터뷰했다. 자료도 폭넓게 읽었다. 다음은 그 자료 일부의 목록이다. James C. McKinley Jr., "Mexico City Legalizes Abortion Early in Term," *New York Times*, April 25, 2007; "Breaking a Taboo—Abortion Rights in Mexico," *Economist*, April 28, 2007; Hector Tobar, "In Mexico, Abortion Is Out from Shadows," *Los Angeles Times*, Nov. 3, 2007; Elisabeth Malkin and Nacha Cattan, "Mexico City Struggles with Law on Abortion," *New York Times*, Aug. 25, 2008; Olga R. Rodriguez, "Mexican Supreme Court Upholds Legal Abortion," AP, Aug. 29, 2008; Diego Cevallos, "Mexico: Rise in Illegal Abortions Buoys Call for Legislation," Inter Press Service, Oct. 8, 2008; Diego Cevallos, "Mexico: Avalanche of Anti-abortion Laws," Inter Press Service, May 22, 2009; Emilio Godoy, "Mexico: States Tighten Already Restrictive Abortion Laws,"

Inter Press Service, Aug. 17, 2009; Ken Ellingwood, "Abortion Foes Sway Mexico States," *Los Angeles Times*, Dec. 27, 2009; Lauren Courcy Villagran, "Mexico's Brewing Battle over Abortion," GlobalPost, Jan. 27, 2010; Daniela Pastrana, "Mexico: Extending the Reach of Safe Abortion," Inter Press Service, June 10, 2010; Tracy Wilkinson and Cecilia Sanchez, "7 Mexican Women Freed in So-Called Infanticide Cases," *Los Angeles Times*, Sept. 9, 2010; Caroline Stauffer, "Mexico Abortion Sentences Reveal Social Collision," Reuters, Sept. 20, 2010; Elisabeth Malkin, "Many States in Mexico Crack Down on Abortion," *New York Times*, Sept. 23, 2010; José Luis Sierra, "Mexico Leans to the Right on Abortion," *La Prensa San Diego*, Oct. 7, 2011; Mary Cuddehe, "Mexico's Anti-abortion Backlash," *Nation*, Jan. 23, 2012; Deborah Bonello, "Pope Visits Mexico Town Where Ending Pregnancy Means Prison," *GlobalPost*, March 23, 2012; Thanh Tan, "Looking to Mexico for an Alternative to Abortion Clinics," *New York Times*, Aug. 12, 2012; Davida Becker and Claudio Díaz Olavarrieta, "Abortion Law Around the World—Decriminalization of Abortion in Mexico City: The Effects on Women's Reproductive Rights," *American Journal of Public Health*, published online Feb. 14, 2013; Erik Eckholm, "In Mexican Pill, a Texas Option for an Abortion," *New York Times*, July 14, 2013; "Mexican Woman Fights Jail Sentence for Having Abortion," Agencia EFE, July 19, 2013; Kathryn Joyce, "Mexican Abortion Wars: American-Style," Nation, Sept. 16, 2013; "Unintended Pregnancy and Induced Abortion in Mexico," Guttmacher Institute Fact Sheet, Nov. 2013; Emily Bazelon, "Dawn of the Post-clinic Abortion."; Allyn Gaestel and Allison Shelley, "Mexican Women Pay High Price for Country's Rigid Abortion Laws," *Guardian*, Oct. 1, 2014; Jennifer Paine, Regina Tamés Noriega, and Alma Luz Beltrán y Puga, "Using Litigation to Defend Women Prosecuted for Abortion in Mexico: Challenging State Laws and the Implications of Recent Court Judgments," *Reproductive Health Matters* 22, no. 44(Nov. 2014): 61~9; Tracy Wilkinson, "Mexico Abortion Foes Hold U.S.-Style Protests Outside Clinic," *Los Angeles Times*, March 15, 2015; "Mexico High Court Rejects Legalizing Abortion," AFP, June 29, 2016; Maria Verza, "Mexico Court Lets Re-education for Abortions Stand," AP, Sept. 7, 2016; Sarah Faithful, "Mexico's Choice: Abortion Laws and Their Effects Throughout Latin America," Council on Hemispheric Affairs, Sept. 28, 2016; "Abortion Ship Sailed Outside Mexican Territorial Waters for Second Time," *Waves on Women*, April 22, 2017.
3 그린 듯 완벽한 익스타파의 해안에서는 화려한 리조트와 다층 요트, 그리

고 우리가 떠올릴 수 있는 수상 스포츠를 전부 즐길 수 있다. 그런데도 미국 국무부는 2016년 말 여행경보를 발표해 비행기를 이용한 익스타파 방문만 예외로 하고 필수가 아닌 게레로주 여행을 미국 정부 전 직원에게 금지했다. 익스타파-시우아타네호에서 갱과 마약이 엮인 총격 사건이 발생한 데 따른 조치였다. 국무부 경보에서는 "익스타파/시우아타네호에서 미국 정부 직원은 관광 구역을 벗어나면 안 된다"고 알리며 정부와 무관하게 독자적으로 운영되는 '자위'대의 존재를 언급했다.

6장 창살 없는 감옥

1 육지의 규칙은 바다의 현실과 부딪힐 때가 많다. 예를 들어 선박이 기름 폐기물을 처리하려면 항구로 가져와야 하지만 많은 항구, 특히 개발도상국 항구에는 그런 폐기물을 수용할 여유가 없다. 선장이 밀항자를 유기하는 것은 금지되어 있지만, 밀항자를 뭍으로 데려와도 가로막히거나 벌금을 문다.

2 프랑스 푸아티에 대학교의 밀항 문제 전문가 팔로마 마케(Paloma Maquet)는 국가들이 일반적으로 선주와 선장, 선원을 압박해 밀항자 관리 책임을 해운업계에 전가한다고 설명했다.

3 밀항자에 관한 학술적 연구나 지속적 언론 보도는 한정적이다. 이들은 흔히 개별 사건으로 알려진다. 밀항의 패턴이나 요인을 알아보고자 다양한 자료를 읽었다. 다음은 그 일부다. Mark Bixler and staff, "Human Contraband: The Asian Connection," *Atlanta Journal Constitution*, Aug. 31, 1999; V. Dion Haynes and Liz Sly, "Smugglers Risk Lives of 'Cargo' for Profit: Lure of U.S. Tempts Numerous Chinese to Endure Boxed Stowage," *Chicago Tribune*, Feb. 14, 2000; Cleo J. Kung, "Supporting the Snakeheads: Human Smuggling from China and the 1996 Amendment to the U.S. Statutory Definition of 'Refugee,'" *Journal of Criminal Law and Criminology*, June 22, 2000; Nicole Tsong, "High Prices for Broken Dreams—a World Away from Home, Smuggled Chinese Stowaways Deal with Imprisonment, Fear, and, for Most, Crushed Hopes," *Yakima Herald-Republic*, July 8, 2001; "Two-Hour Sailing into a Life of Emptiness," *Irish Times,* Dec. 7, 2002; Yang-Hong Chen, "Stowaways and Illegal Migrants by Sea to Taiwan," Jan. 2003; Yang-Hong Chen, Shu-Ling Chen, and Chien-Hsing Wu, "The Impact of Stowaways and Illegal Migrants by Sea—a Case Study in Taiwan," International Association of Maritime Universities, Oct. 2005; Paul Schukovsky,

Brad Wong, and Kristen Millares Bolt, "22 Stowaways Nabbed at Port of Seattle: Chinese Found in Good Health After 2-Week Trip in Container," *Seattle Post-Intelligencer*, April 6, 2006; James Thayer, "The War on Snakeheads: The Mexican Border Isn't the Only Front in the Struggle with Illegal Immigration," *Daily Standard*, April 19, 2006; Semir T. Maksen, "Transportation of Stowaways, Drugs, and Contraband by Sea from the Maghreb Region: Legal and Policy Aspects," World Maritime Universities Dissertations, 2007; Sheldon Zhang, *Smuggling and Trafficking in Human Beings: All Roads Lead to America* (Westport, Conn.: Praeger, 2007); Alison Auld, "Stowaways Arrested in N.S. Say They Came to Canada Looking for Better Life," *Canadian Press*, March 26, 2008; Michael McNicholas, *Maritime Security: An Introduction*(Burlington, Mass.: Elsevier, 2008); Melissa Curley and Siu-lun Wong, *Security and Migration in Asia: The Dynamics of Securitisation*(New York: Routledge, 2008); William Walters, "Bordering the Sea: Shipping Industries and the Policing of Stowaways," Carleton University, 2008; Florencia Ortiz de Rozas, "Stowaways: The Legal Problem," University of Oslo, Jan. 9, 2009; "Increase in Stowaway Incidents," London P&I Club, July 2009; "P&I Club: Take Care That Stowaways Can't Hide in Rudder Stock Recess," *Professional Mariner*, Oct. 9, 2012; Li Hong, "A Chinese Stowaway with No Legal Status in US," *Sino-US*, June 14, 2013; "Stowaways," *Loss Prevention Bulletin*, West of England P&I Club, 2013; Steven Jones, "Maritime Security Handbook: Stowaways by Sea," Nautical Institute, Jan. 1, 2014; "South Africa—Stowaways in Durban," West of England P&I Club, March, 17, 2014; "Gard Guidance on Stowaways," Gard; "Stowaways and Snakeheads," China Central Television. 2000년부터 2018년까지 다음 연례 문서를 동일하게 활용해 매년 발견되는 밀항자 수를 추산했다. *Gard Guidance on Stowaways*(Arendal: Gard, 2000~2018); *Reports on Stowaway Incidents: Annual Statistics for the Year 2010*(London: International Maritime Organization, 2010); Janet Porter, "Box Cells," Jan. 10, 2011; Janet Porter, "Thinking Outside the Box," Nov. 8, 2010; Janet Porter, "ACL Converts Containers into Prisons," Aug. 20, 2010; Janet Porter, "ACL Installs Onboard Cells for Stowaways," Feb. 4, 2010; Janet Porter, "ACL Installs Cabins on Ships to Hold Stowaways," Feb. 3, 2010; "BIMCO Increases Charterer's Liability in Stowaway Claims," Jan. 15, 2010; Jerry Frank, "Stowaways on the Increase Again, Warns London Club," July 14, 2009; Jerry Frank, "Stowaway Numbers See Steady Rise," July 13, 2009; "P&I Club Says Stowaway Claims Cost $20M a Year," June 9, 2009; "UNHCR: Urgent European Action Needed to

Stop Rising Refugee and Migrant Deaths at Sea," United Nations High Commissioner for Refugees, July 24, 2014; Severin Carrell, "Stowaways Found Dead on Cargo Ship in Ayr," *Guardian*, May 27, 2008; Andres Cala, "Three Dominican Stowaways, Charging They Were Beaten and Abandoned at Sea, Say Two Others Dead," AP, April 17, 2003; *Stowaways: Repatriation Corridors from Asia and the Far East* (Singapore: Seasia P&I Services, 2005).

4 오가 피격당한 것은 설명이 어려웠다. 솔로몬과 오, 나는 음은돌와가 직접 연관되었으리라고는 생각지 않았지만, 오가 공격을 당한 후에 그 무리의 젊은 남자 여럿이 수상한 소셜미디어 게시물을 올려놓은 것을 보고 의아함을 느꼈다. 나중에 《뉴욕타임스》에 게재한 기사에서 이 강도 사건을 언급했더니 남아프리카공화국 현지 조사원이 내게 해당 공격에 밀항자가 연루되지는 않았으리라 확신한다고 강조하는 서신을 보냈다. 이 구역의 밀항자들은 윤리 규범을 지키며, 지역 사회에 받아들여진 사진사를 공격할 계획을 짤 리가 없다는 것이 그 조사원의 말이었다. 그러나 나는 여전히 확신할 수 없었다. 밀항자를 더 취재하러 케이프타운으로 돌아간 솔로몬은 현지 경찰이 야영지를 단속했더라고 내게 전했다.

5 한 선박 회사는 2010년 가장 부실한 자사 선박 5척의 해운 컨테이너를 해상 감옥으로 개조했다. 배 안에서 밀항자가 발견되면 그들을 당국에 인도할 수 있을 때까지 폐쇄된 컨테이너에 수용한다. 애틀랜틱컨테이너라인(ACL)이라는 이 회사는 모로코인 2명과 감비아인 1명인 세 밀항자가 독일 함부르크에서 ACL 선박에 몰래 승선했을 때 이 조치를 취했다. ACL은 남자들을 발견하고 벨기에에 배를 댔을 때 이들을 넘기려 했으나 벨기에 이민국은 해당 밀항자 관리를 거부했다. 이어서 독일 정부도 이들이 함부르크에서 승선했다는 증거가 없다면 받을 수 없다며 거절했다. 남자들은 '애틀랜틱컨베이어'라는 다른 배로 이송되었고, 이 배는 이들을 스웨덴에 내려주려 했다. 도착하자 밀항자들은 직접 만든 칼로 컨베이어호 선원을 위협해 팽팽한 대치 상황을 만들었고 이는 스웨덴 외교부가 개입한 뒤에야 끝났다. 내가 연락한 전문가 대부분은 밀항자를 배 밖으로 던진다는 이야기가 들리기 시작한 것이 1980년대 중반이라고 했는데, 이는 이민 규제가 증가한 시기와 겹친다. 1970년대, 특히 자본주의 황금기에는 여러 유럽 국가에서 이민을 적극적으로 장려하는 정책을 펼쳤다.

6 아부 카탈라가 뉴욕호에 구금된 것은 상징적이다. 이 배는 비밀 작전의 일

환으로 지중해에 특별히 파견된 배였다. 배의 표어는 "절대 잊지 말자"였고, 배의 8톤짜리 선수는 세계무역센터 건물에서 수거한 철로 만들어졌다. 이 배는 보통 헬기 2대와 오스프리 항공기 4대를 싣고 운항했다. 오스프리 항공기는 헬기처럼 이륙해 일반 비행기처럼 장거리를 날 수 있다. 뉴욕호가 미국 수역에 접근한 후 오스프리 항공기 1대가 아부 카탈라를 워싱턴으로 데려갔고 카탈라는 그곳에서 형사 소추를 위해 억류되었다.

7 오바마 대통령은 2009년 고문 사용을 제한하고 취조관이 제네바 협약을 따라 작성된 육군 야전 교범을 준수할 것을 의무화하는 행정명령을 발동했다. 교범은 직접 질문과 '착한 경찰, 나쁜 경찰' 방법을 비롯한 다양한 '라포 형성' 기술을 허용했다. 구금자가 정보를 더 내놓게 하는 속임수를 쓰는 것, 공적을 자랑하도록 유도하는 것, 감정에 호소하는 것, 가혹한 법적 대가로 위협하는 것, 일정 수준의 수면 박탈을 허가했다. 고문하겠다는 협박은 허용되지 않았다.

8 외부 감시자의 위치 파악과 사찰이 가능하도록 전쟁 포로를 주소가 고정된 육지에 억류할 것을 제네바 협약이 의무화한다는 사실은 짚어둘 만하다. 미국 법원이 '공공 안전' 사안을 미란다 원칙의 예외로 인정했음을 유의하는 것도 중요하다. 이는 정부가 특정 사건에서 미란다 원칙 권리를 고지하지 않고 용의자를 신문할 수 있게 허용한 것이었다. 미란다 원칙 고지 없이 얻은 진술이 재판에서 용의자에게 불리하게 사용되는 것도 허가되었다. 이론상 이런 예외가 미국 정부의 평계로 쓰일 수 있기는 했으나 9·11 후 민간인 대상 테러 사건에서 '공공 안전' 예외가 적용된 사례는 전부까지는 아니어도 대다수가 며칠이나 몇 주가 아닌 몇 시간 만에 결말이 났다.

9 현실적인 관점에서 보면 미국 정부가 테러와 전쟁을 벌이며 공해를 신문 장소로 사용하는 것은 법적·윤리적 우려가 있을지언정 효과가 좋았다. 미국의 해상 구금 활용이 미란다 원칙의 존재 이유를 갉아먹는 것은 확실하다. 미란다 원칙은 지체되지 않을 때만 의미가 있다. 사안을 둘러싼 법적 문제를 이해하는 데 텍사스 대학교 로스쿨 교수이자 이 주제의 전문가인 스티븐 블라덱(Stephen Vladeck)의 힘을 많이 빌렸다. 블라덱 교수의 말에 따르면 바다에서는 "용의자가 이의를 신청할 유의미한 방법이 없고 그러다 시간이 다 가버려"다. 구금자는 말하라는 강압에 시달린 후에야 말하지 않을 권리를 고지받는다. 블라덱 교수는 말했다. "보통 군에 구금된 사람은

법정에서 인신보호 영장을 신청할 수 있죠. 하지만 아부 카탈라 같은 사람이 그럴 수 있는 상황이 되었을 때면 이미 형사 절차에 이관되었을 가능성이 크고 그러면 인신보호 청원도 고려할 가치가 없다고 무시됩니다." 테러 구금자 관리 방식 문제의 주요한 부분은 '크로스 러프(cross-ruff)'라는 방식과 관련이 있다. 정부가 민간인 형사 사법과 군사 체제 사이에서 양쪽의 이점을 취할 수 있도록 구금자를 이리저리 이동시키는 것이다.

10 영해에서든 공해에서든 해상 취조의 활용을 폭넓게 이해하고자 미국시민자유연맹과 일하는 변호사 히나 샴시(Hina Shamsi)를 비롯한 전문가 몇 명을 인터뷰했다. 다음 자료도 읽었다. Ruth Sinai, "Trial Set for Lebanese Man Suspected of Hijacking," AP, Feb. 23, 1989; Andreas F. Lowenfeld, "U.S. Law Enforcement Abroad: The Constitution and International Law, Continued," *American Journal of International Law* 84, no. 2(1990): 444~93; Steven Lee Myers and James Dao, "A Nation Challenged: Expected Captives; Marines Set Up Pens for Wave of Prisoners," *New York Times*, Dec. 15, 2001; Neil A. Lewis and Katharine Q. Seelye, "A Nation Challenged: The American Prisoner; U.S. Expatriate Is Seen Facing Capital Charge," *New York Times*, Dec. 22, 2001; Steve Vogel, "U.S. Takes Hooded, Shackled Detainees to Cuba," *Washington Post*, Jan. 11, 2002; John Mintz, "At Camp X-Ray, a Thawing Life in the Animosity and Fear; Detainees Get More Comfortable, Talkative in Interrogation," *Washington Post*, Feb. 3, 2002; Jane Mayer, "Outsourcing Torture: The Secret History of America's 'Extraordinary Rendition' Program," *New Yorker*, Feb. 14, 2005; Sangitha McKenzie Millar, "Extraordinary Rendition, Extraordinary Mistake," *Foreign Policy in Focus*, Aug. 29, 2008; Matt Apuzzo, "Somali Man Brought to US to Face Terror Trial," AP, July 5, 2011; Brad Norington, "Interrogation at Sea Gets Obama off Hook," *Australian*, July 7, 2011; Schuyler Kropf, "Graham: Ships Not Jails for Terrorists Says Suspects Should Be Held at Gitmo Bay," *Post and Courier*, Oct. 6, 2013; Charlie Savage and Benjamin Weiser, "How the U.S. Is Interrogating a Qaeda Suspect," *New York Times*, Oct. 8, 2013; Stephen Vladeck and Abu Anas al-Libi, "Legal Questions over Special Ops Raids," interview by Robin Young, *Here and Now*, NPR, Oct. 8, 2013; "Is U.S. Using Warships as the New 'Floating Black Sites' for Indefinite Detention? Terror Suspect Just Captured in Libya Is Being Interrogated at Sea Instead of Sent to Gitmo," *Daily Mail*, Oct. 9, 2013; Ernest Londono and Karen DeYoung, "Suspect in Bombings

Brought to U.S.," *Washington Post*, Oct. 15, 2013; James C. Douglas, "The Capture and Interrogation of § 1651 Pirates: The Consequences of United States v. Dire," *North Carolina Law Review Addendum* 91, no. 119(2013); David D. Kirkpatrick, "Brazen Figure May Hold Key to Mysteries," *New York Times*, June 17, 2014; Carol Rosenberg, "Interrogating Benghazi Suspect at Sea Isn't a New Tactic," *Miami Herald*, June 18, 2014; Michael S. Schmidt et al., "Trial Secondary as U.S. Questions a Libyan Suspect," *New York Times*, June 20, 2014; Michael S. Schmidt and Eric Schmitt, "Questions Raised over Trial for Ahmed Abu Khattala in Benghazi Case," *New York Times*, June 26, 2014; Marisa Porges, "America's Floating Prisons," *Atlantic*, June 27, 2014; Giada Zampano, "Syrian Chemical Weapons Moved to U.S. Ship for Destruction at Sea Operation Is One of Last Phases to Dismantle Syria's Chemical Arsenal," *Wall Street Journal*, July 2, 2014; "Transfer of Syrian Chemicals to Cape Ray Is Complete," U.S. Department of Defense, July 3, 2014; "U.S. Ship Begins Neutralizing Syrian Chemical Weapons," Reuters, July 7, 2014; "US Begins to Destroy Syria's Chemical Weapons," *Al Jazeera*, July 7, 2014; "US to Affirm that UN Torture Ban Applies Overseas," AP, Nov. 12, 2014; Spencer S. Hsu, "Benghazi Terror Suspect Challenges U.S. Interrogation Policy, Prosecution," *Washington Post*, Aug. 4, 2015; Meghan Claire Hammond, "Without Unnecessary Delay: Using Army Regulation 190-8 to Curtail Extended Detention at Sea," *Northwestern University Law Review* 110, no. 5(2016): 1303~32.

11 인용할 만한 다른 사례로 수용소가 문을 연 날 2번 구금자로 관타나모에 이송된 오스트레일리아인 '적국 전투원' 데이비드 힉스(David Hicks)가 있다. 힉스는 2001년 12월 아프가니스탄에서 북부동맹에 붙잡혔고 "미군에 인도되어 페틸루호에 감금"되었다. 변호사나 영사관의 도움은 받을 수 없었다. 탈레반의 전 대변인이자 파키스탄 대사였던 압둘 살람 자이프(Abdul Salam Zaeef)는 아라비아해에서 강습상륙함 바탄호에 붙잡혀 취조당했다. 역사를 더 거슬러 올라가면 전직 CIA 요원이었던 마이클 쇼이어(Michael Scheuer)가 1995년부터 1999년까지 인도 작전을 실행했고 1995년 변칙 인도 프로그램을 만든 공을 인정받았다. 이집트로 이송된 첫 번째 용의자는 탈라트 푸아드 카셈(Talaat Fouad Qassem)으로, 이집트 대통령 안와르 사다트(Anwar Sadat) 암살에 연루된 이집트인이다. 1995년 후반 카셈은 크로아티아에서 납치되어 아드리아해 위 함선에서 미국 요원

에게 취조당한 뒤 이집트로 인도되었다. 인권운동가들은 그가 고문을 받
은 후 처형되었다고 하는데 재판 기록은 전혀 없다.

12 선원 유기 문제가 얼마나 광범위한지 알아보고자 다양한 뉴스 기사를 읽
었다. Jerry Hames, "Stranded Seafarers: Chaplains Face New Challenge," *Episcopal
Life*, n.d.; Rick Lyman, "Abandoned, Cargo Ship and Seamen Wait in Gulf," *New York
Times*, Dec. 5, 1998; Robert D. McFadden, "Crew of Ukrainian Freighter Stranded in
New York Harbor," *New York Times*, Aug. 3, 1999; Albert Salia, "ITF Rescues Sailors
Abandoned in Bulgaria," *Modern Ghana*, May 7, 2001; Solomon Moore, "Ship's Woes
Leave 13 Sailors Stranded," *Los Angeles Times*, Dec. 11, 2004; Catalina Gayà, "Trapped
in the Port of Barcelona," Consell Nacional de la Cultura, Dec. 2010; Rose George,
"Sea No Evil: The Life of a Modern Sailor," *Telegraph*, Jan. 25, 2011; "Vietnam Embassy
Team Visits Stranded Sailors at Chennai Port," *Times of India*, Feb. 20, 2011; "Sailors
Stranded in Portland Port Could Soon Head Home," *Dorset Echo*, May 9, 2012; Arun
Janardhanan, "Sailors Starve on Board Another Stranded Ship," *Times of India*, Nov. 3,
2012; "Georgian Sailors Abandoned by Ship's Owner," *Democracy & Freedom Watch*,
Nov. 19, 2012; Dan Arsenault, "Stranded Sailors Heading Home Give Thanks for
Help," *Chronicle Herald*, Jan. 17, 2013; S. Anil, "21 Indian Sailors Stranded at Egyptian
Port for Five Months," *New Indian Express*, June 28, 2013; Ted Mann, "Computer
Problems Leave Goods Stranded at New York Port," *Wall Street Journal*, Aug. 4, 2013;
Anand Vardhan Tiwary, "Abandoned Seafarer Cases Rising, Less than Past Recessions:
ITF," *Seatrade Maritime News*, Sept. 5, 2013; Joshua Rhett Miller, "Abandoned Ship:
Sailors Left Adrift by Transport Firms' Legal Battles," Fox News, Oct. 6, 2013; Anita
Powell, "Abandoned Indonesian Sailors Face South African Deportation," Voice
of America, Dec. 2, 2013; Isaac Arnsdorf, "Stranded Sailors Signal More Danger
than Somali Pirates," *Bloomberg*, Jan. 14, 2014; "Stranded Crew Given Vital Aid,"
Sailors' Society, March 21, 2014; "ILO, Maritime Sector to Address Abandonment
of Seafarers and Shipowners' Liability," International Labor Organization, April 4,
2014; Isaac Arnsdorf, "Ship Owners Have to Provide Insurance, Bond for Stranded
Merchant Sailors: New UN Rule," *Bloomberg*, April 11, 2014; JOC Staff, "ILO
Backs Protection for Abandoned Seafarers," *Journal of Commerce*, April 11, 2014;
"Abandoned Filipino Sailors from MV B Ladybug Finally Home," *World Maritime*

News, April 29, 2014; "16 Indian Seamen Stranded on Ship in Dubai for Almost a Year," *Asian News International*, June 24, 2014; Noorhan Barakat, "Stranded Dubai Ship Crew 'to Return Home Soon,'" *Gulf News*, June 24, 2014; Faisal Masudi, "Marine Officials Work to Help Indian Sailors Stranded off Dubai," *Gulf News*, July 7, 2014; "Abandonment of Seafarers," Seafarers Rights International Project, Sept. 29, 2014.

13 플로린 라두칸, 제오르제 크리스토프와는 2015년 1월부터 8월까지 주로 전화로 인터뷰했으나 이들의 고국에서 자료를 수집할 수 있게 개인적으로 이들을 만날 조사관도 섭외했다. 같은 시기에 벤 베일리와도 전화와 이메일로 인터뷰했다. 베일리는 선원선교단 쪽에서 일을 처리한 인물이다.

14 국제운수노동조합연맹은 세계 곳곳 항구의 사건 파일을 보고 검사관과 접촉하게 해주는 등 도나리베르타호 취재에 특히 큰 도움을 줬다. 나는 얼마 지나지 않아 도나리베르타호와 관련된 회사 관계자와 대화를 시도하고자 그리스로 갔다. 해운은 경쟁이 심하고 마진이 적은 업계이며 대형 컨테이너선 회사의 경쟁에 쥐어짜인 도나리베르타호 같은 냉동선에서는 더더욱 그렇다. 나는 도나리베르타호 운영주에게 이런 압박에 관한 이야기를 듣고 또 기름 수천 갤런을 바다에 투기하고, 수백만 달러 채무를 지급하지 않고, 선원과 밀항자에게 가혹 행위를 했다는 등 각종 범죄 혐의에 대한 해명도 들었으면 했다. 2015년 초에는 작은 프로펠러기를 타고 터키 해안에서 8킬로미터쯤 떨어진 그리스의 작은 섬이자 세계에서 가장 부유한 선주들을 불균형적으로 많이 배출한 키오스에 갔다. 내가 만난 해운업자 몇 명은 주로 미지급 어음 때문에 마찬가지로 조지 칼리마시아스(George Kalimassias)를 찾으려 했다. 칼리마시아스는 도나리베르타호와 관계가 있는 회사 한 곳을 수년간 운영하다가 종적을 감춘 남자였다. 아테네에서는 통역사와 안내인 역할을 해준 두 그리스인 기자 디미트리스 부니아스와 니콜라스 레온토풀로스가 칼리마시아스를 찾아 도나리베르타호와 연관된 여러 회사 중 한 곳인 페어포트 해운을 방문하는 길에 동행해줬다. 칼리마시아스가 페어포트 사무실 위층 방에 살며 은신 중이라는 소문을 들은 차였다. 우리는 길 건너 이웃집 인터폰을 울렸다. "칼리마시아스 씨를 뵈러 왔습니다." 우리가 말하니 인터폰 건너편에서 답했다. "아, 그 사람은 길 건너면 바로 나오는 자기 회사 사무실 위에 살아요." 뒤돌아 페어포트의 2층짜리 사무실 건물 방을 올려다보니 2층의 기다란 창

문과 그 안에서 우리를 바라보는 한 남자가 보였다. 우리가 손가락으로 가리키자 그 남자는 시선을 피해 황급히 몸을 물렸다. 일주일쯤 지나 페어포트 해운 측 변호사가 당사는 사업이나 칼리마시아스에 관한 어떤 질문에도 답할 의사가 없다는 내용의 이메일을 내게 보냈다.

15 이 기본 이야기를 몇 번이고 다시 마주치니 전에 읽었던 스키타이 철학자 아나카르시스(Anacharsis)의 말이 자꾸 떠올랐다. "세상 사람은 세 부류다. 살아있는 사람, 죽은 사람, 바다에 있는 사람."

16 설상가상으로 세계 해운업계는 2017년에 위기를 맞았는데, 중국 경제가 둔화하며 해로로 움직이는 화물량이 감소한 것이 한 원인이었다. 호황 때 해운업계가 건조를 주문한 신규 선박 수가 지나치게 많았던 것이 과잉으로 이어졌다. 두바이에 있는 한 해운업계 중역에 따르면 2014년에는 상하이에서 유럽으로 컨테이너 하나를 운반하는 금액이 약 2,500달러였다. 2016년이 되자 그 값은 컨테이너당 대략 25달러 정도가 되었다. 업체가 본전이라도 건지고 손해를 면하려면 컨테이너당 최소 360달러는 청구해야 했다. 부정기 화물선이라고도 불리는 건화물선은 특히 힘겨운 시기를 맞았다. 제조 계획에 맞춰 몇 달 앞서 일정이 정해지는 다른 선박과 다르게 이런 배의 선주들은 한층 모험적으로, 필요하다는 곳이면 어디서든 화물을 입하해 한 항구에서 다른 항구로 즉각 운송한다. 컨테이너선으로 넘어가는 화물이 늘어날수록 부정기 화물선은 노는 시간이 늘어 손해를 봤다. 이런 배의 선원들은 스산한 답보 상태에 발이 묶여버린다.

17 이런 사건의 직접 경험담을 읽어보고자 다음 책을 참고했다. Frederick A. Cook, *Through the First Antarctic Night, 1898~1899*(New York: Doubleday, Page, 1909); Marilyn J. Landis, *Antarctica: Exploring the Extreme*(Chicago: Chicago Review Press, 2001); Beau Riffenburgh, ed., *Encyclopedia of the Antarctic*, vol. 1(New York: Routledge, 2007); Bruce Henderson, *Truth North: Peary, Cook, and the Race to the Pole*(New York: W. W. Norton, 2005).

18 세계 나머지와 떨어져 사는 선원들은 바다를 모르는 이들에 비해 자살률이 높다. 국제해사보건협회 저널에 실린 연구에 따르면 지난 50년간 전세계 선원 사망 건의 5.9퍼센트가 자살이었고 이는 2012년 영국이나 오스트레일리아 내 자살 비중의 약 서너 배였다. 실제 비율은 이보다 높을 가능성이 있다. 바다에서의 행방불명이나 익사 사고 역시 자살의 결과일 수 있

는데, 당사자가 아르헨티나 수역에 있는 한국 회사 소유의 뉴질랜드 국적 선박에서 일하던 인도네시아인이라고 하면 추적하기가 어렵다. 이 문제에 관한 연구 역시 만성적으로 부족하고, 설사 연구가 있다고 해도 서양권 선단에 집중되어 동아시아 업계를 대변한다고 하기는 어렵다. 이런 선단의 상황은 암울하다. 영국의 경우 1980년대에 자살률이 가장 높은 것으로 꼽힌 10개 업종에서 21세기 초까지도 순위에 남은 집단은 상선 선원뿐이며 그 순위는 2위였다. 이들이 돌아오도록 안내하는 지원이 별로 없다면 자살하지 않은 사람 역시 그러기 직전인 상태로 살고 있을 것이다. 국제운수노동조합연맹에서 600명이 넘는 선원들을 대상으로 실시한 조사에 따르면 1개 국가를 제외한 모든 국가에서 응답자 50퍼센트 이상이 '때때로' 또는 '자주' 우울하다고 했다. 산토소의 손가락이 없어진 자리에서 알 수 있듯 열린상처를 치료받기도 어려운 업계에서 보이지 않는 상처를 돌본다는 것은 있을 수 없는 일이다. 자살 수단을 쉽게 구할 수 있는 직종에서 이는 더더욱 위험하다. 로버트 아이버슨(Robert Iverson)은 인터뷰와 서신 교환으로 시간과 통찰을 아낌없이 내주었다. 이 주제와 관련해 더 읽어볼 만한 자료는 다음과 같다. Stephen Roberts et al., "Suicides Among Seafarers in UK Merchant Shipping, 1919~2005," *Occupational Medicine* 60(2009): 54~61; Marcus Oldenburg, Xavier Baur, and Clara Schlaich, "Occupational Risks and Challenges of Seafaring," *Journal of Occupational Health* 52(2010): 249~56; Robert Iverson, "The Mental Health of Seafarers," *International Maritime Health* 63(2012): 78~89; Stephen Roberts, Bogdan Jaremin, and Keith Lloyd, "High-Risk Occupations for Suicide," *Psychological Medicine* 43(2013): 1233; Altaf Chowdhury et al., "HIV/AIDS, Health, and Wellbeing Study Among International Transport Workers' Federation(ITF) Seafarer Affiliates," *International Maritime Health* 67(2016): 42~50; Robert Iverson and Ian McGilvray, "Using Trios of Seafarers to Help Identify Depressed Shipmates at Sea," *Lloyd's List Australia*, May 19, 2016.

7장 잃어버린 방주의 약탈자

1 특히 내 관심을 끈 것은 (소말리아 인근의) 해적과 (국가나 기업이 연루된) 반(半)공인 해적, 절도와 압류 사이의 흐릿한 구분이었다. 방향을 잡고자 다음과 같은 몇 가지 자료를 읽었다. Kissy Agyeman-Togobo, "Pirate Paradise—Piracy

Increases in the Gulf of Guinea," *Jane's Intelligence Review* 23, no. 10(2011); Paul Berrill, "Plan Is Hatched to Tackle Nigerian Ports Corruption," *TradeWinds*, July 4, 2014; Keith Bradsher, "Insurance Premiums Rise as Threats to Ships Grow," *New York Times*, Aug. 25, 2005; Marcus Hand, "Organised Crime, Hijackings, and Stolen Vessels—the Murky World of Phantom Ships," *Lloyd's List*, Oct. 13, 2005; Marcus Hand, "Belize Defends Registering Stolen Ship," *Lloyd's List*, Dec. 22, 2005; Terry Macalister, "Southern Drift of Piracy off West Africa Is a Big Worry on All Fronts," *TradeWinds*, Feb. 14, 2014.

2 소피아호 관련 세부사항의 출처는 모두 《로이드 리스트》의 다음 보고서다. "Vessel Report for Sofia," *Lloyd's List Intelligence*, Dec. 13, 2016.

3 "TCA Fund Closes 10 Million USD Loan to NewLead Holdings," Business Wire, March 11, 2015.

4 이 책이 출간됐을 때에도 졸로타스 재판의 결론은 나지 않았다.

5 뇌물의 목적은 졸로타스와 친분이 있는 안드레아스 브게노풀로스(Andreas Vgenopoulos)를 보호하는 것이었다. 위협 요소는 브게노풀로스가 자신의 마핀 투자 그룹으로 라이키 은행 지배 지분을 취득하는 데 중앙은행이 문제를 제기하는 것이었다. 사이프러스에서 브게노풀로스는 이 나라 금융 체계의 붕괴에 책임이 있는 인물로 통한다. 브게노풀로스가 졸로타스를 이용했는지 그 반대인지는 확실치 않으나 두 남자는 모두 입건되었다. 그러나 졸로타스가 인도되고 얼마 지나지 않아 브게노풀로스는 심장마비로 사망했다. 졸로타스의 법적 문제 관련 보도로는 다음을 읽었다. "Focus Trial Defendants Ask for More Time," *Cyprus Mail Online*, April 4, 2017; Mary Harris, "Greek Judges Extradite Businessman Michael Zolotas to Cyprus," *Greek Reporter*, Nov. 8, 2016; Elias Hazou, "Zolotas and Fole Both in Custody," *Cyprus Mail Online*, Oct. 20, 2016; George Psyllides, "Former CBC Governor, Four Others Referred to Criminal Court on Corruption Charges," *Cyprus Mail Online*, March 22, 2017; "Zolotas Free on Bail," *Cyprus Mail Online*, Dec. 23, 2016.

6 맥스 하드버거를 만날 준비 차원에서 다음을 읽었다. Mark Kurlansky, "Smugglers Sell Haiti down the (Miami) River," *Chicago Tribune*, April 19, 1989; Serge F. Kovaleski, "Cartels 'Buying' Haiti; Corruption Is Widespread; Drug-Related Corruption Epidemic," *Washington Post*, Feb. 16, 1998; Nancy San Martin, "Neglected City Feels Sting of Poverty," *Miami Herald*, Sept. 17, 2002; Richard Newman,

"Hackensack Lender Accused in Ship Repossession Intrigue," *Record*(Bergen County, N.J.), May 9, 2004; "Repo Man Snags Cargo Ship from Haiti," United Press International, March 1, 2007; Dan Weikel, "He's His Own Port Authority," *Los Angeles Times*, March 1, 2007; Carol J. Williams and Chris Kraul, "Traffickers Exploit Haiti's Weakness," *Los Angeles Times*, Dec. 23, 2007; Peggy Curran, "How Haiti Lost Its Way: A Tale of Racism, Religion, and Revenge," *Montreal Gazette*, Jan. 30, 2010; Owen Bowcott, "Poverty Opens Haiti to Cocaine Trade," *Guardian*, July 7, 2000; Bob Rust Stamford, "Haiti Port Offers Hope," *TradeWinds*, Jan. 22, 2010; William Lee Adams, "High-Seas Repo Man Max Hardberger," *Time*, July 2, 2010; Graeme Green, "Piracy: Raider of the Lost Arks," *Metro*(U.K.), July 7, 2010; Sarah Netter, "Extreme Repo: Meet the Men Who Take Off with Planes, Ships, and . . . Cattle?," ABC News, Sept. 22, 2010; John Crace, "Max Hardberger: Repo Man of the Seas," *Guardian*, Nov. 14, 2010; "'Repo Man of the Seas' Shivers Pirates' Timbers," interview by Guy Raz, *All Things Considered*, National Public Radio, Nov. 21, 2010; Marco Giannangeli, "I Am the Man the Killer Pirates Fear," *Sunday Express*, Nov. 28, 2010; Aidan Radnedge, "I'm Max and I Steal Ships from Pirates," *Metro*(U.K.), April 19, 2011; Richard Grant, "Vigilante of the High Seas," *Daily Telegraph*, July 23, 2011; Michael Hansen, "More on the Jones Act Controversy," *Hawaii Reporter*, Aug. 13, 2013; Jenny Staletovich, "The Last Voyage of El Faro," *Miami Herald*, Oct. 11, 2015.

7 마야익스프레스호에 관한 세부사항의 출처는 2017년과 2018년 사이 맥스 하드버거와 진행한 인터뷰와 그가 제공한 법원 서류다. 그 법원 서류 일부는 다음과 같다. *Application for Temporary Restraining Order: Blue Ocean Lines Dominicana, S.A. v. Kennedy Funding, Inc., Joseph Wolfer, and Jeffrey Wolfer*, U.S. District Court of New Jersey, April 26, 2004; *Verified Complaint: Blue Ocean Lines Dominicana, S.A. v. Kennedy Funding, Inc., Joseph Wolfer, and Jeffrey Wolfer*, U.S. District Court of New Jersey, April 26, 2004; *Opposition to Motion for Preliminary Injunction: Blue Ocean Lines Dominicana, S.A. v. Kennedy Funding, Inc., Joseph Wolfer, and Jeffrey Wolfer*, U.S. District Court of New Jersey, May 10, 2004; *Order to Deny Preliminary Injunction: Blue Ocean Lines Dominicana, S.A. v. Kennedy Funding, Inc., Joseph Wolfer, and Jeffrey Wolfer*, U.S. District Court of New Jersey, May 14, 2004; *Judgement of the "Maya Express": Kennedy Funding, Inc. v. Skylight Maritime*

Limited, Supreme Court of the Commonwealth of the Bahamas, Aug. 31, 2004.

8 세계의 항만 부정부패 문제를 개략적으로 살펴보고자 다음 자료를 참고했다. "Bribe Poll Reflects Deeper Problems," *TradeWinds*, March 29, 2013; Adam Corbett, "Bribes Blight Reputation of Port-State Inspections," *TradeWinds*, March 29, 2013; David Hughes, "Fighting Port State Control Corruption," *Shipping Times*, Feb. 11, 2004; "Survey Seafarers Seek Fairer Treatment at Sea," *Lloyd's List*, May 26, 2009; "Port State Control: Different Interpretations and Applications," *Financial Express* (Bangladesh), Jan. 15, 2012; Jonathan Bray, "Stuck in the Bottleneck: Corruption in African Ports," Control Risks; Hannah Lilley, "Corruption in European Ports," Control Risks; Tomaz Favaro and Niels Lindholm, "Stuck in the Bottleneck: Corruption in Latin American Ports," Control Risks.

9 이런 바다의 수거업자에 관해 알아보고 1942년 2월 침몰한 미국 함선 휴스턴호로 잠수해보고자 2017년 5월 인도네시아의 케푸라는 마을로 갔다. 640명이 넘는 선원이 그 배와 함께 잠든 것으로 추정된다. 수거업자들이 이 선박을 천천히 뜯어 간다는 데 미국 해군은 크게 낙심하고 있다. 미국 해군은 인도네시아 측에 이를 중지시킬 것을 반복적으로 요구해왔다. 이 주제와 관련해 읽은 자료 목록은 다음과 같다. Sam LaGrone, "New Survey: USS Houston Wreck 'Largely Intact,' HMAS Perth Status Inconclusive," *USNI News*, Feb. 13, 2017; Michael Ruane, "A Broken Trumpet from a Sunken Warship Holds Its Secrets from WWII," Washington Post, Feb. 2, 2016; "WW II Cruiser USS Houston (CA 30) Final Report Completed," Naval History and Heritage Command, Public Affairs, Nov. 14, 2014. 수거업자들이 침몰한 '전쟁 무덤'을 뜯어 가는 것은 미국 해군에게 아주 민감한 문제라 해군은 내가 배에서 아무것도 가져가지 않겠다고 약속하는 포기 각서에 먼저 서명하지 않으면 좌표를 알려줄 수 없다고 했다. 나는 각서에 서명했다. 파비우와 나는 이 취재 여행에서 인도네시아인 잠수 교육사 부디 차효노에게 큰 도움을 받았다.

10 바다의 수거업자와 보물 사냥꾼은 실상 똑같은 동전의 양면이지만 보상의 크기가 다르다. UN은 해저에 있는 선박 잔해가 300만 척이 넘을 것으로 추정한다. 수십 년간 앞바다의 보물 사냥은 스쿠버 다이버의 도움을 받아 얕은 물의 잔해를 대상으로 하는 데 그쳤다. 그러나 1980년대 중반 원격 무인 잠수정(ROV)이 등장하며 여기에도 변화가 생겼다. ROV는 조명과 카메라, 1.6킬로미터에 달하는 깊이에서 물체를 들어올릴 수 있는 기계 팔이 장

착된 잠수정이다. 2008년 4월 7일《뉴요커》에 실린 날카로운 기사「심해의 비밀(Secrets of the Deep)」에서 존 콜래핀토(John Colapinto)는 이 무법의 바닷속 틈새에 관해 이렇게 썼다. "물에 잠긴 유물에 접근하기가 쉬워질수록 인양 작업에서 예로부터 주요했던 '찾는 사람이 임자'라는 개념에 여러 국가가 문제를 제기하기 시작했다. 2001년 유네스코 총회에서는 수중 문화유산 보호에 관한 협약이 채택되었다. 100년 넘은 유산의 거래를 금지해 보물 사냥꾼의 활동을 저지하고자 하는 협약이다. 협약이 아직 발효된 것은 아니지만, 공해에 가라앉은 여러 국가의 전함에 대해 그 국가에 '주권 면제'나 소유권을 인정하는 법은 이미 존재한다. 최근 여러 국가는 이 법을 법정에서 성공적으로 적용했다." 해저에서 펼쳐지는 이런 종류의 절도에 관해 더 알아보고자 다음을 읽었다. Dale Fuchs, "The Battle for the 'Mercedes' Millions," *Independent*, Feb. 8, 2011; "Finders Keepers?," *Canberra Times*, Feb. 10, 2011; Abigail Tucker, "Did Archaeologists Uncover Blackbeard's Treasure?," *Smithsonian*, March 2011; Kate Taylor, "Treasures Pose Ethics Issues for Smithsonian," *New York Times*, April 25, 2011; Matthew Sturdevant, "$10 Million Policy Leads to Glittering Lawsuit; Buckets of Emeralds, a Hartford Insurer, a Fraud Battle," *Hartford Courant*, June 12, 2011; Philip Sherwell, "The Wrecks That Promise to Unlock Mystery of Drake's Final Resting Place," *Sunday Telegraph*, Oct. 30, 2011; "Maine Treasure Hunter Sets Sights on $3 Billion Worth of Platinum," *Portland Press Herald*, Feb. 2, 2012; Vanessa Gera, "From Shipwreck in Italy, a Treasure Now Beckons," AP Online, Feb. 3, 2012; Betty Nguyen, Seth Doane, and Susan McGinnis, "For February 15, 2012, CBS," *CBS Morning News*, Feb. 15, 2012; Jasper Copping, "Closing in on Treasure Island's Hoard: An English Explorer Believes Hi-Tech Wizardry Can Finally Locate a Fabled $160M Stash Buried on Cocos, off Costa Rica's Coast," *Sunday Telegraph*, Aug. 5, 2012; Jasper Copping, "British Expedition to Pacific 'Treasure Island' Where Pirates Buried Their Plunder," *Telegraph*, Aug. 9, 2012; Snejana Farberov, "Reclusive Treasure Hunter Who Found 'Ship of Gold' in 1988 Sought by U.S. Marshalls 'for Cheating Investors out of Millions of Dollars,'" *Mail Online*, Aug. 25, 2012; William Cole, "Maui Man Sets Sights on Sunken Riches," *Honolulu Star-Advertiser*, Sept. 17, 2012; Garret Ellison, "Cargo of Whiskey, Gold Fuels Legend; Famous Shipwreck Discovered by Diver from Grand Rapids," *Bay City Times*, Nov. 18, 2012; Drew Dixon, "Real-Life Treasure Hunter; He Says Long-Lost

주   725

Spanish Galleon May Be Under Nassau Sound Waters," *Florida Times-Union*, April 14, 2013; Seth Koenig, "Portland Treasure Hunter Faces New Challenges, Makes Another Push to Salvage Record $3 Billion Shipwreck Bounty," *Bangor Daily News*, April 24, 2013; Eve Samples, "Selling the Search," *Stuart News/Port St. Lucie News*, June 16, 2013; Adam Linhardt, "No End in Sight in Emerald Treasure Row," *Key West Citizen*, July 21, 2013; Eric Russell, "Key Investors Lose Faith in Gorham Treasure Hunter's Big Claims," *Portland Press Herald*, Dec. 30, 2013; Chris White and David McCormack, "Could Newly Discovered Gold Coins Be the Haul Stolen by Disgraced San Francisco Mint Employee in 1901? Treasure Hunting Enthusiasts Weigh In on Origins of Couple's $10 Million Find," *Mail Online*, Feb. 27, 2014; David McCormack, "Couple Who Found $10 Million Haul of Gold Coins Can Expect to Give Half of Their New Found Fortune to the Taxman," *Mail Online*, Feb. 28, 2014; Maureen Milford, "A Tale of Lost Treasure," *News Journal*, March 16, 2014; Karla Zabludovsky, "Sunken Ship Laden with Gold Lures Treasure Hunters—Again," *Newsweek*, March 28, 2014; Kim Victoria Browne, "Trafficking in Pacific World War II Sunken Vessels: The 'Ghost Fleet' of Chuuk Lagoon, Micronesia," *GSTF Journal of Law and Social Sciences*, April 1, 2014; Eric Russell, "Treasure Hunter Attracts Scrutiny: The Maine Office of Securities Says It Is Seeking Information from Potential Investors About Greg Brooks of Gorham," *Portland Press Herald*, April 15, 2014; Eric Russell, "Testimony in Suit Calls into Question Salvager's 'Plan B'; Did a Treasure Hunter Mislead Investors? One Crewman Says Yes," *Portland Press Herald*, April 27, 2014; Eric Russell, "Former Crew Member Claims Gorham Treasure Hunter Staged Retrieval of Fake Gold Bar," *Portland Press Herald*, April 27, 2014; Kathy Lynn Gray, "Going for the Gold: The Odyssey Explorer Has Returned to the Deep Atlantic in Search of Shipwrecked Treasure," *Columbus Dispatch*, April 28, 2014; "A Quarter-Century and a Legal Nightmare Later, Gold Bars Finally Hauled from Treasure-Heavy Shipwreck," *Postmedia Breaking News*, May 5, 2014; William J. Broad, "X Still Marks Sunken Spot; Gold Awaits," *New York Times*, May 5, 2014; Doug Fraser, "Treasure Hunter Clifford Says He's Found Columbus' Famed Ship," *Cape Cod Times*, May 14, 2014; Savannah Guthrie, "Family of Treasure Hunters Hits Jackpot," *NBC News*, July 31, 2014; "Treasure Hunter Tommy Thompson Who Discovered the 'Ship of 'Gold' in 1988 and Made Millions Remains on the Lam Two

Years After He Vanished amid Lawsuits from Insurers, Investors, and His Own Crew," *Mail Online*, Sept. 13, 2014; Bill Meagher, "Investors in Treasure Hunter Take Seeking Alpha Battle to SEC," *Deal Pipeline*, Oct. 10, 2014; Doug Fraser, "U.N. Group Sinks Barry Clifford's Santa Maria Treasure Claim," *Cape Cod Times*, Oct. 24, 2014; Charlie Rose and Erin Moriarty, "This Is Such an Odd Story Because Thompson Is Said to Be a Brilliant Engineer but He's Been the Subject of an International Manhunt Ever Since He Vanished in 2012," *CBS This Morning*, Jan. 29, 2015; Amanda Lee Myers, "Feds Chase Treasure Hunter Turned Fugitive," AP Online, Jan. 29, 2015; David Usborne, "End of the Adventure for a Pair of Golden Fugitives; It Reads Like a Movie Plot, but the Tale of Tommy Thompson Is All Too Real," *Independent*, Jan. 30, 2015; Jo Marchant, "Exploring the *Titanic* of the Ancient World," *Smithsonian*, Feb. 1, 2015; Joe Shute, "Tory Lord Defends the Treasure Hunt for HMS Victory," *Telegraph*, Feb. 16, 2015; Gavin Madeley, "The Pirate Prince and the Secrets of Treasure Island," *Scottish Daily Mail*, May 23, 2015; Brent Ashcroft, "Shipwreck Discovery May Lead to Great Lakes Treasure," *Lansing State Journal*, May 31, 2015; Sam Tonkin, "Archaeologists Discover 18th Century Wreck of Slave Ship That Sank off the South African Coast in Disaster That Killed More than 200," *Mail Online*, June 2, 2015; Milmo Cahal, "Lost at Sea: A £1.9Bn Atlantic Treasure Mystery," *Independent*, June 20, 2015; Robert Kurson, "The Last Lost Treasure," *Popular Mechanics*, July 1, 2015; John Wilkens, "'Pirate Hunters' Author Sails into Sea of Mystery," *San Diego Union-Tribune*, July 12, 2015; Simon Tomlinson, "You Can't Kidd a Kidder! 'Silver Ingot' from Legendary Pirate Captain Kidd's Treasure Horde Discovered off Madagascar Is a FAKE, Say UN Experts, Who Reveal It Is 95% Lead," *Mail Online*, July 15, 2015; Abby Phillip, "Inside the Turbulent World of Barry Clifford, a Pirate-Ship Hunter Under Attack," *Morning Mix* (blog), Washington Post, July 16, 2015; Charlie Rose and Clarissa Ward, "First on CBS THIS MORNING, We Have Breaking News of an Incredible Treasure Find," *CBS This Morning*, Aug. 19, 2015; William Bartlett, "Diver Gets Hands on Gold," Florida Today, Aug. 20, 2015; Ken Raymond, "Book Review: 'Pirate Hunters: Treasure, Obsession, and the Search for a Legendary Pirate Ship' by Robert Kurson," *Daily Oklahoman*, Aug. 23, 2015; Andrew Casler, "Shipwreck Hunters Seek Cayuga Lake's Treasure," *Elmira (N.Y.) Star-Gazette*, Aug. 29, 2015; Tony Doris, "Lawsuit Says Treasure Hunters

Scammed Man out of $190,000; Treasure Hunter Denies Allegations of Fraud; Palm Beach Gardens Man Alleges Elaborate Venture Was Big Fraud," *Palm Beach Post*, Nov. 23, 2015; Jim Wyss, "Colombian Deep: The Fight over Billions in Sunken Treasure," *Miami Herald*, Dec. 25, 2015; Jenny Staletovich, "Searching for the Lost Wrecks of the Dry Tortugas," *Miami Herald*, Jan. 2, 2016; "How the 'Holy Grail' of Treasure Ships Was Finally Found," thespec.com, Jan. 4, 2016; Jenny Staletovich, "Park Service Surveys Dry Tortugas for Wrecks," *Sun-Sentinel*, Jan. 9, 2016; Jenny Staletovich, "Salvage of Shipwrecks Pits Hunters Against Historians," *Charleston Gazette-Mail*, Jan. 19, 2016; Jenny Staletovich, "Searching for the Lost Shipwrecks: The Government Will Survey the Waters of the Dry Tortugas," *Los Angeles Times*, Feb. 14, 2016; Ed Farrell, "The Voyage Begins: Locals Hoping to Find Treasure Chest of Gold at 'the Ship,'" *Sharon(Pa.) Herald*, May 26, 2016; Michael Bawaya, "Booty Patrol," *New Scientist*, June 11, 2016; Stephanie Linning, "US Salvage Firm Risk Battle at Sea over £12 Billion Treasure on Spanish Galleon Sunk by the Royal Navy More than 300 Years Ago," *Mail Online*, June 19, 2016.

11 이 주제를 중심으로 한 논문 중 유용하게 참고한 것은 다음과 같다. Chris Parry, "Phantom Ships"(Thompson Reuters Accelus, 2012); Jayant Abhyankar, "Phantom Ships," in *Shipping at Risk: The Rising Tide of International Organised Crime*, ed. Eric Ellen(Essex, U.K.: International Maritime Bureau of the International Chamber of Commerce's Commercial Crime Services, 1997), 58~74.

12 특정 유형 부동산 매매의 완결성과 관련해 해사 법규가 어떤 면에서 독특한지를 파악하고자 2016년과 2017년에 이메일과 전화로 이 방면의 전문가 여러 명을 인터뷰했다. 그 전문가로는 마호니앤드킨 법무법인 소속 변호사 에드워드 킨(Edward Keane), 홀랜드앤드나이트의 변호사이자 파트너인 조비 테네브(Jovi Tenev)가 있었다.

13 이런 사기는 위험하기는 해도 수익성이 좋으며, 세계 일부 지역에서는 도난 선박의 암시장 거래가 매우 높은 효율로 이뤄질 수 있다. 국제해사국 연구에서 밝혀진 바에 따르면 30만 달러 정도의 금액으로 필리핀에서 선박을 탈취해 3일 내로 전달받기를 주문하는 것이 가능하다고 한다. 이런 절도는 보통 선주와 절도자가 보험업자를 사취할 목적으로 결탁한 것이라고 보고서는 말한다. 보고서가 발간된 것은 1997년이다. 아브얀카(Abhyankar)의 「유령선(Phantom Ships)」을 보라.

14 돌비는 취재에 막대한 도움을 줬다. 우리는 해상 압류 작업에 관해 2016년과 2017년에 전화로 대여섯 번 대화를 나눴다. 돌비가 말한 이야기의 배경을 포착하고자 다음을 읽었다. Geoff Garfield, "Row Flares After Escort Deal Sours," *TradeWinds*, Dec. 2, 2011; Jack Hitt, "Bandits in the Global Shipping Lanes," *New York Times*, Aug. 20, 2000; Helen O'Neill, "Modern Pirates Terrorize the Seas," AP, Nov. 6, 1999; Mark Rowe, "New Age of the Pirate-Chasers," *Independent*, Nov. 21, 1999; "When a Circus of Trouble Finds the 'Troubleshooter,'" *TradeWinds*, Sept. 22, 2000.

15 내가 (2016년에서 2018년 사이) 인터뷰한 압류원 일부는 익명을 요구했다. 다음은 기꺼이 공개에 응하고 유용한 내용을 제공해준 이들이다. 펠컨인터내셔널의 민간 조사관 J. 패트릭 올티스(J. Patrick Altes); 매리타임리졸브의 파트너 더글러스 린지; ICL 인베스티게이션스 대표 찰리 미첨; 시카고 중역 존 라이트바운(John Lightbown); 바하마세일링어드벤처스 이사 스티브 세일럼(Steve Salem); 프로텍션베슬인터내셔널 설립자 돔 미(Dom Mee); 머린리스크매니지먼트 CEO 존 돌비. 미국 해안경비대 수사국 국장 마이클 버코(Michael Berkow) 역시 큰 도움이 되었다. 수사국은 미국 연안 수역 내 크고 작은 선박의 도난 수사 다수를 처리한다.

8장 중개인

1 안드라데 사건에 관심이 간 것은 두 가지 흔한 오해를 불식할 가능성이 있어 보였기 때문이기도 했다. 어선의 노동 착취가 남중국해와 태국 선박 특유의 문제라는 것이 첫 번째 오해다. 두 번째는 이런 착취가 불량한 선장에 의해서만 일어난다는 것이다. 지난 몇 년간 해상 노예 문제에 관한 국제적 관심은 대개 태국 인근 수역에 집중되었으나 바다 세계 내 인신매매에 의한 노동과 강제 노동의 현실은 더 거대하고 견고하며, 송출입 업체가 수행하는 중심 역할은 아직 많이 조사되지 않은 편이다.

2 전세계의 선원과 어선 노동자 수를 추정하고자 다음을 활용했다. International Labour Conference, *Conditions of Work in the Fishing Sector: A Comprehensive Standard(a Convention Supplemented by a Recommendation) on Work in the Fishing Sector*(Geneva: International Labour Office, 2003); Seafarers, "Global Supply and Demand for Seafarers," Safety4Sea, May 24, 2016; *The State of World Fisheries and Aquaculture: Contributing to Food Security and Nutrition for*

All(Rome: Food and Agriculture Organization of the UN, 2016).

3 안드라데 사건의 추가 취재 내용과 일자리 알선업자, 인신매매업자의 미묘한 구분에 관해 일반적인 내용을 더 알고 싶다면 다음을 보라. Sebastian Mathew, "Another Filipino Story: The Experience of Seven Filipino Workers on Board Taiwanese Long Liners Is a Tale of Breach of Contract," International Collective in Support of Fishworkers, *SAMUDRA Report*, no. 26(Aug. 2000): 36~40; Joshua Chiang, "No Country for Fishermen," *Online Citizen*, Jan. 9, 2012.

4 셸리 티오와 헤이미시 애덤스(Hamish Adams)가 없었다면 내가 에릴 안드라데 사건을 조사하는 것은 불가능했다. 두 사람은 2015년과 2016년에 싱가포르의 옹호 및 연구 단체 이주노동자도중요합니다에서 일했다. 두 사람이 제공한 자료 중에는 "에릴 안드라데와 모랄레스 사건 기록(Eril Andrade y Morales Case Records)"이라는 제목의 다음과 같은 법원 기록 묶음도 있었다. "Complaint," "Affidavit of Julius M. Andrade," "Certification of Police Blotter Signed by PSINSP AILEEN A RONDARIO," May 15, 2013, "Response Letter to PO3 Willian N Aguirre from Ms. Vivian Ruiz-Solano, Manager of Aklan Public Employment Service Office(PESO) Dated April 29, 2011," "Request Letter Signed by PSINSP AILEEN A RONDARIO Dated April 17, 2011 Addressed to PSUPT GEORBY MANUEL re Conduct of Post Mortem Examination to the Cadaver of Eril M. Andrade," "Medico Legal Report No. M-005-2011(AK) Conducted to the Cadaver of Eril M. Andrade," "Letter of PO3 Willian N Aguirre Dated April 20, 2013 Addressed to the Provincial Chief, CIDU, Aklan re Retrieval of Inbox Messages on the Cellular Phone of Eril M. Andrade," "Consular Mortuary Certificate Signed by Jed Martin A. Llona, Vice Consul of the Philippines Dated April 16, 2011," "Report of Death of Philippine Citizen Signed by Jed Martin A. Liana, Vice Consul of the Philippines Dated April 16, 2011," "Cause of Death of Eril M. Andrade Issued by Dr. Wee Keng Poh of Health Science Authority Dated April 12, 2011," "Permit to Land a Body No. 0861 Dated April 6, 2011," "Permission to Export a Coffin Containing a Corpse No. 0000007865 Signed by Kamarul M. Yahya, Port Health Officer Dated April 13, 2011," "Certificate of Sealing Coffin No. 0166 Dated April 13, 2011," "Embalming Certificate No. 0719 Dated April 13, 2011," "Seaman Report(Vessel Hung Yu No. 212)," "Fortuna No. 5 with Name of Eril Andrade and Other Persons," "Passport of Eril M. Andrade," "Acknowledgement

Receipt Signed by P03 Willian N Aguirre Dated 181435 April 2011," "Tourism Infrastructure and Enterprise Zone Authority(TIEZA) in the Name of Eril Andrade." 다른 문서는 칼리보 검찰청에서 구했고 다음은 그 일부다. Reden S. Romarate, "Affidavit," Republic of the Philippines, May 20, 2011, 1~3; Jeoffrey L. Ruzgal, "Police Blotter of the Aklan Police Provincial Office, No. 0594," Provincial Investigation and Detective Management Branch, Camp Pastor Maitelino, Kalibo, Aklan, Philippines, Feb. 8, 2012, 1~2; Tyrone J. Jardinico, "Affidavit," Republic of the Philippines, Feb. 20, 2012, 1~2; Tyrone J. Jardinico, "Certification of Extract of Police Blotter," Aklan Police Provincial Office, Philippine National Police, Feb. 20, 2012, 1~2.

5 필리핀 취재 대부분은 2015년 9월에 이뤄졌다.

6 자이언트오션에 관한 다음의 2012년 9월 보도는 스텝업머린이 "근래 캄보디아에서 발생한 것 중에서도 특히 거대하고 복잡한 인신매매 사건인 자이언트오션 인터내셔널 수산 유한회사 사건"에도 연루되었음을 밝힌다. Andy Shen, *Report on the Situation of Cambodian Fishermen Trafficked Overseas by Giant Ocean International Fishery Co., Ltd.*, Cambodian Working Group for Migrant Fishers, Sept. 2012. 이 보도와 언론의 여러 기사에서는 1,000명 이상의 캄보디아인이 자이언트오션에 의해 해외에서 일하도록 파견된 사실이 드러난다. 자이언트오션이 피해자들을 자주 내보낸 행선지인 남아프리카공화국 케이프타운에 있는 캄보디아 어민들을 보면 어선에서 노동하는 캄보디아인은 시기와 무관하게 대략 1,000명은 될 것으로 짐작되었다. 실종 신고된 사람도 수백 명이었다. "UN과 캄보디아 비정부기구에 따르면 캄보디아로 송환된 전원이 인신매매 피해자로 확인"되었으며 활동 단체는 이를 "극악무도한 형태의 현대 노예제"라 칭했다. 2012년 8월, 자이언트오션의 인신매매 피해자 한 명이 자이언트오션을 "악명 높은 싱가포르 대행사 스텝업머린 엔터프라이즈"와 최초로 이어준 중요한 증거 기록을 제공했다. 2012년 9월 보고서에는 자이언트오션과 관련해 2010년부터 2012년까지 나온 사례 연구 9건이 포함되었다. 이 활동 단체는 2012년 9월 기준 개인이 자이언트오션의 인신매매 피해자로 확인된 사건을 171건 찾았다.

7 이 사건과 관련해 가장 유용한 법원 기록은 다음과 같다. *Mario Hornales v. National Labor Relations Commission, Jose Cayanan, and JEAC International Management Contractor Services*, G.R. No. 118943, Sept. 10, 2001.

8 스텝업머린이 자사가 배치한 선원을 위험한 환경에 유기한 역사는 유구했다. 2009년에는 배의 선장이 도주한 후 필리핀인 선원 8명이 탄자니아에서 불법 어업으로 입건되어 10개월간 구속되었다. 이 선원들을 모집하고 고용한 스텝업머린은 변호사를 섭외하거나 보석 보증을 서지 않으려 했다. 역시 2009년 4월에 있었던 다른 사건을 예로 들면(영화 〈캡틴 필립스〉로 유명해진 사건인데), 미국 국적의 덴마크인 소유 컨테이너선 머스크앨라배마호를 기습한 소말리아 해적이 소말리아 인근 수역에서 불법으로 조업했다는 명목으로 며칠 앞서 탈취해둔 700톤급 대만 참치 연승 어선 원파161호를 작전 본부 같은 '모선'으로 활용해 공격을 벌였다. 원파161호에 있던 선원 30명 중 필리핀인은 17명으로 대부분이 스텝업머린에서 모집한 사람들이었다는 것이 해당 사건에 관여한 선원 보호 운동가들의 의견이다. 선원들은 10개월간 인질로 붙잡혔고 그 기간 중 2명은 영양실조와 질환으로 사망했다.

9 마을에서 이런 경험이 있는 사람을 찾기는 어렵지 않았다. 그러나 이야기를 시작하게 하려면 공을 좀 들여야 했는데, 다수가 사기당한 것을 창피하게 여겼기 때문이다. 한 명은 자신의 경험을 내게 이렇게 전했다. "자랑스레 갔다가 수치스럽게 돌아온 거죠." 성적 학대와 친척들에게 아직도 갚지 못한 빚, 바다에서 마주한 폭력 등 몇몇 주제는 특히 민감했다. 이들이 속을 터놓게 하려고 나는 둘만 있는 곳에서 대화를 시도했다. 그러는 동안 계속 도와준 사람이 이 이야기의 사진사 해나 레예스다. 필리핀 출생의 레예스는 타갈로그어 원어민으로 부드러우면서도 효과적으로 어색함을 깨는 능력의 소유자다. 유독 외진 한 마을에서 레예스와 나는 전에 경찰 리포트에서 읽은 인신매매 피해자의 집을 찾아 숲을 헤치고 걸었다. 피해자의 삼촌은 처음에는 꺼렸으나 결국에는 우리가 그 청년과 인터뷰하는 것을 허락해줬다. 일주일 동안 레예스와 나는 10명 가까이 되는 젊은 남성과 대화를 나눴고, 인신매매되어 어선으로 가게 된 경험에 관해서는 모두가 사연을 품고 있었다.

10 칼리보 지역 검찰청과 셸리 티오의 도움을 받아 실리아 로벨로 사건의 관련 자료를 많이 수집했다. 특히 유용했던 것은 다음과 같다. Jed Martin A. Llona, "MIS—2700–2011," email, Dec. 8, 2011; *People of the Philippines v. Celia Robelo y Flores, Roselyn Robelo y Malihan*, Republic of the Philippines, Regional Trial Court Sixth Judicial Region, Criminal Case Nos. 10273, Sept. 13, 2013.

11 이 책이 출간된 시점에 로벨로는 아직 지역 교도소에 있었다. 몇몇 혐의는 취하되었으나 무조건 종신형이 선고되는 인신매매 혐의는 남았다.

12 검찰은 실리아 로벨로가 인신매매와 불법 모집 혐의로 입건되었으며 유죄 판결을 받으면 교도소에서 종신형을 살게 될 것이라고 했다. 로벨로의 반대 측에서는 원고 2명과 이들의 어머니를 포함한 증인 5명이 나왔다. 동일 죄목으로 입건된 이들은 몇 명 더 있었으나 경찰이 그들의 행방을 몰랐기에 기소된 사람은 없었다. 검찰은 안드라데의 가족이 로벨로의 수감을 원치 않았다는 말도 전하며 그 가족은 로벨로가 진심으로 사람들의 일자리를 찾아주려 했으리라 생각하는 것이 이유로 보인다고 했다.

9장 다음 프런티어

1 해수면 아래의 관리 감독은 분열되어 있고, 규정은 깊이에 따라 달라진다. 물기둥과 200미터 아래 해저면은 연결되어 있어도 부문별로 관리된다. 1982년의 UN 해양법 협약(UNCLOS)은 국제 해양 관리를 모두 포괄하는 프레임워크다. 다각적인 지역 어장 관리 기구는 상업 어장의 수확을 규제하고, 국제해사기구는 해운을 관리하고, 국제해저기구는 국제적인 해저 채굴을 규제한다. 그러나 투기와 해저 인터넷 케이블 매설, 새로운 의학적 발견을 위한 생물 탐사, 군용 무기 시험 등 바닷속에 가로와 세로로 영향을 미치는 여타 활동의 관리는 단일 부문 접근으로 규제되거나 아예 규제가 이뤄지지 않는다. 규제를 실시하는 각기 다른 부문들이 한 구역에 적용할 복합적 압력에 관해 전체적 관점을 도출하고자 협력하는 일은 드물다.

2 Executive order 13795 of April 28, 2017, Implementing an America-First Offshore Energy Strategy.

3 Rodrigo L. Moura et al., "An Extensive Reef System at the Amazon River Mouth," *American Association for the Advancement of Science*, April 22, 2016.

4 《가디언》은 글로벌위트니스와 협업해 환경운동가 살인 사건에 관한 요긴한 목록을 관리한다. 다음 자료도 참고했다. Simeon Tegel, "Latin America Most Dangerous Place for Environmentalists," Public Radio International, Sept. 2, 2013; Monica Ulmanu, Alan Evans, and Georgia Brown, "The Defenders," *Guardian*; June 13, 2017; Michael E. Miller, "Why Are Brazil's Environmentalists Being Murdered?," *Morning Mix*(blog), *Washington Post*, Aug. 27, 2015; Oliver Holmes,

"Environmental Activist Murders Set Record as 2015 Became Deadliest Year," *Guardian*, June 20, 2016; Andrew O'Reilly, "Brazil Becomes Most Dangerous Country in World for Environmental Activists," Fox News, June 20, 2016; Márcio Astrini, "Brazil: The Most Dangerous Country for Environmental Activists in 2015," Greenpeace, June 27, 2016; "Olympics Host Brazil Is the Most Dangerous Country in the World for Environmental Activism," Global Witness, Aug. 4, 2016.

5 Miller, "Why Are Brazil's Environmentalists Being Murdered?"

6 Myrna Domit, "Rancher to Be Charged in 2005 Killing of Nun in Amazon," *New York Times*, Dec. 28, 2008.

7 아마존에 관해 읽은 자료는 다음과 같다. Isabel Allende, "Spirits of the Jungle," *Australian*, April 19, 1997; Simon Barnes, "Good News from the Forest; Reportage," *Times*, Oct. 18, 2007; David Quammen, "A Test of Endurance: A Scientist Studies Conservation and Destruction Deep in the Amazon," *San Francisco Chronicle*, April 17, 1988; Alex Shoumatoff, "The Gasping Forest," *Vanity Fair*, May 2007; Oliver Tickell, "In Peru's Lush Rain Forest," *New York Times*, June 11, 1989; Ken Wiwa, "Saints or Sinners?," *Globe and Mail*, June 29, 2002.

8 Jennifer Frazer, "The Attack of the Giant Water Bug," *Scientific American*, Aug. 27, 2013.

9 내가 배에서 지내는 동안 에스페란사호 선원들은 대단히 개방적이었다. 티아구 알메이다(Thiago Almeida), 줄리아 자놀리(Julia Zanolli), 트래비스 니컬스(Travis Nichols)가 특히 많이 도와줬다.

10 이 작가는 찰스 클로버(Charles Clover)로, *The End of the Line: How Overfishing Is Changing the World and What We Eat*(New York: New Press, 2006)(이 책은 국내에 『텅 빈 바다』라는 제목으로 번역 출판되었다—옮긴이)에서 이 파괴적인 힘을 탁월하게 압축해 묘사했다. 클로버는 이렇게 쓴다. "사냥꾼 무리가 거대한 전지형 차량 두 대 사이에 1마일 길이 그물을 걸고 속도를 내 아프리카 평원을 가로지르며 그물을 끌면 사람들이 뭐라고 할지 생각해보라. 영화 〈매드 맥스〉에나 나올 법한 이 기상천외한 군단은 사자와 치타 같은 포식자, 코뿔소와 코끼리 같은 멸종 위기의 우람한 초식 동물, 임팔라와 영양 떼, 혹멧돼지와 들개 가족 등 가는 길에 있는 모두를 퍼올릴 것이다. 새끼를 밴 암컷도 휩쓸려 딸려올 것이다. 몸집이 제일 작은 새끼만 망 사이로 꼼지락거리며 빠져나갈 것이다. …… 커다란 철봉을 끌고

사바나를 가로지르면 모든 노두는 부서지고 모든 나무와 덤불, 꽃 피는 식물은 뽑히고 새들은 화들짝 놀라 기둥을 이뤄 날아갈 것이다. 뒤에 남는 것은 갈아엎은 들판처럼 기괴하고 남루한 풍경이다. 오늘날 산업의 수렵 채집민은 뒤에서 엉망으로 뒤얽혀 몸부림치거나 죽어 있는 생물을 살피기를 그만뒀다. 이들이 잡은 동물 3분의 1은 맛이 좋지 않다는 이유 또는 그저 너무 작거나 너무 찌부러졌다는 이유로 시장에서 취급되지 않는다. 이런 사체 더미는 평원에 버려져 쓰레기 처리반에 먹힌다. 효율적이지만 극도로 무차별적인 이 동물 살상법은 저인망 어업이라 알려졌다."

11 그린피스의 바위 투하에 관한 세부사항 대부분은 그린피스의 조사원 틸로 마크(Thilo Maack)와 2017년에 진행한 여러 차례의 인터뷰에서 얻었다.

12 이번 여행 들어서 나는 바다를 누비는 일에 내가 그렇게 매혹되고 중독되는 이유를 조금씩 이해하게 되었다. 북극을 지나던 때 여유 시간이 한참 났는데 나는 대부분 먼 곳을 응시하며 보냈다. 하늘은 장대하고 파도는 주의를 집중하지 않고도 눈을 둘 만한 대상이기에 바다는 이런 활동에 적합하다. 내가 육지에서 살던 삶에 이런 몽상 또는 조용한 반추의 기회가 얼마나 적었는지를 떠올리게 되는 황홀한 경험이다. 배에서 돌아다니면 많은 이들이 같은 행동을 하는 것을 볼 수 있었다. 말은 없었고 대개 서로 가까이 있었다. 나는 집에서 이 행동을 할 때면 낮에 매번 주방의 한 자리를 찾았다. 제법 멀리까지 내다보였고 밖의 나무들은 큼직하고 매력적이었다. 때가 맞으면 해가 눈높이에서 집 안을 비춰주는데 적어도 다음 이메일을 받거나 필요한 일을 처리할 시간이 모자란 것을 알아차리기 전까지는 창턱에 올라앉은 고양이처럼 그 볕을 쬘 수 있었다. 인터넷이나 휴대전화도 연결되지 않고 할 것도 많지 않은 배 위에서는 360도로 보이는 그 고요한 전망을 밤낮 할 것 없이 사실상 갑판 어디서나 누릴 수 있었다.

13 그린피스의 법적 전술 일부를 알아보고자 그린피스의 변호사 슈 셸러(Sune Scheller)의 힘을 많이 빌렸다.

14 그린피스는 이 전술을 전에도 시도했으나 결과는 좋을 때도 있고 나쁠 때도 있었다. 2014년 에스페란사호는 바렌츠해에서 스타토일이 시추하려던 지점의 시추선을 앞질렀다. 스타토일이 시위대 진입이 금지되는 독점구역을 설정할 수 있는 것은 시추선이 닻을 내리거나 시설을 한 지점에 유지하는 동적 위치 유지 추력기를 사용할 수 있을 때뿐이었다. 일단 시

추선이 얼추 고정되면 법적 상태의 범주가 운송 중인 선박에서 고정 설비로 변경된다. 에스페란사호는 그 지점에 먼저 가서 들어앉는 방법으로 시추선이 독점 구역을 설정하지 못하게 막았다. 에스페란사호가 그 지점을 반나절 동안 점거하자 노르웨이 해안경비대가 그린피스 선박에 케이블을 부착해 수십 킬로미터 떨어진 곳으로 강제 예인했고 이로써 스타토일이 해당 지점을 차지할 충분한 시간이 생겼다.

15 다음은 이 주제와 관련해 좋은 자극을 준 글 일부다. Tony Bartelme, "Fade to White: From South Carolina to the Florida Keys, Coral Reefs Are the Ocean's Masterworks. Will They Soon Be Gone?," *Charleston(S.C.) Post and Courier*, Oct. 19, 2016; "Dusk and Dawn Are Rush Hours on the Coral Reef," *Smithsonian*, Oct. 1993; Elizabeth Kolbert, "Unnatural Selection," *New Yorker*, April 18, 2016; "Rejuvenating Reefs," *Economist*, Feb. 13, 2016; William K. Stevens, "Violent World of Corals Is Facing New Dangers," *New York Times*, Feb. 16, 1993; Peter Weber, "Coral Reefs Face the Threat of Extinction," *USA Today Magazine*, May 1993; Karen Weintraub, "Giant Coral Reef in Protected Area Shows New Signs of Life," *New York Times*, Aug. 15, 2016; Julia Whitty, "Shoals of Time," *Harper's Magazine*, Jan. 2001.

10장 해상 노예

1 다음은 이 주제에 착수하기 전 읽은 것들이다. "Forced Labour on Thai Fishing Boats," *Al Jazeera*, YouTube, posted May 28, 2013; Beate Andrees, "Caught at Sea: Fighting Forced Labour and Trafficking in the Fishing Industry," International Labor Organization, May 31, 2013; *Caught at Sea: Forced Labour and Trafficking in Fisheries*(Geneva: International Labour Office, 2013); "Chance for NZ to Curb Slavery at Sea," *Press*, March 28, 2012; Robyn Dixon, "Africa's Brutal Cycle of Child Slavery," *Los Angeles Times*, July 12, 2009; Environmental Justice Foundation, "Sold to the Sea: Human Trafficking in Thailand's Fishing Industry," YouTube, posted Aug. 14, 2014; Ashley Herendeen, "Sea Slaves in Asia," *Global Post*, Nov. 29, 2009; Kate Hodal, Chris Kelly in Songkhla, and Felicity Lawrence, "Revealed: Asian Slave Labour Producing Prawns for Supermarkets in US, UK," *Guardian*, June 10, 2014; Kate Hodal and Chris Kelly, "Captured, Tortured, and Sometimes Killed—the Brutal Lives of Thailand's Fishing Workers, Exposed by Kate Hodal and Chris Kelly in Songhal," *Guardian*, June

11, 2014; Dean Irvine, "Slaves at Sea: Report into Thai Fishing Industry Finds Abuse of Migrant Workers," CNN, March 6, 2014; Sharon LaFraniere, "Africa's World of Forced Labor, in a 6-Year-Old's Eyes," *New York Times*, Oct. 29, 2006; Amy Sawitta Lefevre and Andrew R. C. Marshall, "Special Reporter: Traffickers Use Abductions, Prison Ships to Feed Asian Slave Trade," Reuters, Oct. 22, 2014; Sarah Marinos, "The Children's Champion," *Herald Sun*, Aug. 7, 2010; "Cambodia-Thailand: Men Trafficked into 'Slavery' at Sea," IRIN, Aug. 29, 2011; Sian Powell, "Prisoners of the Sea," *Australian Magazine*, Oct. 16, 2010; Shannon Service and Becky Palmstrom, "Confined to a Thai Fishing Boat, for Three Years," NPR, June 9, 2012; Benjamin E. Skinner, "The Fishing Industry's Cruelest Catch," *Bloomberg Businessweek*, Feb. 23, 2012; *Slavery at Sea: The Continued Plight of Trafficked Migrants in Thailand's Fishing Industry*(London: Environmental Justice Foundation, 2014); "Southern Police Inspect Fishing Boats in Search of Human Traffickers," *Khaosad English*, June 19, 2014; Cindy Sui, "Exploitation in Taiwan's $2Bn Fishing Industry," BBC, June 10, 2014; George Wehrfritz, Erika Kinetz, and Jonathan Kent, "Lured into Bondage," *Newsweek*, April 21, 2008; Patrick Winn, "Sea Slavery," *Global Post*, May 21, 2012; Tan Hui Yee, "Deadliest Catch: Slave Labour on the Seas," *Straits Times*, Sept. 1, 2013.

2 이 이야기에서 특히 충격적인 부분은 이 물고기가 가게 될 곳이었다. 롱은 육지로 돌아간 후 자신이 묶여 있었던 마지막 배의 물고기 대부분이 송클라 통조림 PCL이라는 가공 공장으로 보내진다는 것을 알게 되었고, 내가 이후 찾아낸 바에 따르면 이 업체는 태국에서 가장 큰 수산물 업체인 타이유니온 냉동제품의 자회사다. 2015년 태국에서 취재하는 동안 나는 랑 롱의 모선이 정박한 항구에서 물고기를 날라주는 트럭들을 추적했는데 보통 그 목적지가 바로 이 가공 공장이었다. 이어서 미국 세관의 자료를 활용해 2015년 타이유니온이 아이앰스, 미유믹스, 팬시피스트 등 미국에서 판매되는 상위 브랜드의 해산물 기반 고양이와 개 사료를 1,270만 킬로그램도 넘게 출하한 것을 알아냈다. 이런 식의 어류 사용은 한 해에 2,500만 톤의 자연산 어류를 어분과 어유로 압축해버리는 거대한 산업 부문인 세계 '분쇄산업'의 일환이다. 분쇄 산업에서 나오는 이런 어분은 많은 양이 양식 연어의 먹이로 사용되며, 어유는 식이보조제에 들어가는 비중이 높아지고 있다. 미국은 태국 어류의 최대 고객이고, 반려동물 식품은 태국에서 특히 빠르

게 성장하는 수출품으로 2009년 이후 몸집이 두 배 이상 불어나 2017년에는 총 1억 9,000만 달러 규모를 넘겼다. 미국의 일반적인 반려묘는 1년에 어류를 14킬로그램 섭취하는데 이는 일반적인 미국인의 두 배 정도다. 미국인과 여타 서구 소비자들 사이에서 불법 어업과 가짜 생선을 확실히 방지하고자 수산물 회사의 공급망에 책임을 요구하는 압력이 늘어나고는 있지만, 사람이 먹는 수산물을 공급하는 노동에 집중되는 관심은 사실상 없다시피 하며 동물에게 먹이는 어류에 관해서라면 더더욱 그렇다. 오스트레일리아 디킨 대학교의 환경학 교수로 세계 수산 시장을 연구하는 조반니 M. 투르키니(Giovanni M. Turchini)는 이렇게 질문한다. "반려동물이 앞에 놓인 음식을 얼마나 빨리 먹는가, 또 그 밥에는 분쇄하지 않은 덩어리 고기가 얼마나 있는가? 이게 반려동물 보호자가 가장 주안점을 두는 요소다." 일부 유럽 국가의 반려동물 식품 바코드로는 멀리 떨어진 지역의 소비자도 태국에서 수출한 수산물의 육지 가공 시설을 추적할 수 있다. 이 시설은 수산물을 통조림 또는 다른 방식으로 포장하는 곳이다. 그러나 그보다 앞서 해마다 전세계에서 2,800만 톤씩 잡히는 사료 물고기, 바다에서 잡힌 모든 어류의 약 3분의 1을 차지하며 대부분이 반려동물과 동물 먹이로 쓰이는 물고기의 공급망은 보이지 않는다. 타이유니온 냉동제품의 기업 홍보부장 사시난 알만드(Sasinan Allmand)는 강제 노동과 아동 노동 방지를 위해 자사의 통조림 공장과 항만의 선박에 정기 감사를 실시한다고 했다. 감사에서는 선원의 계약서와 여권, 지급 증명서, 근무 환경을 점검한다. "우리는 인신매매나 어떤 종류의 인권 침해도 용인하지 않습니다." 룽이 잡혀 있던 배처럼 바다에 머무는 어선 대상으로도 감사를 실시하는지 묻자 알만드는 답변을 거부했다. 인권운동가들은 더 강력한 관리 감독을 위해 모든 상업 어선에 육상 감시용 전자 트랜스폰더 설치를 의무화하고 바다에 장기 체류하는 시스템과 이를 가능하게 하는 보급선을 금지할 것 등 다양한 조치를 요구했다. 그러나 이들의 노력은 사람들의 관심을 별로 끌지 못했다. 수산물 사업의 이윤은 노동자를 착취하는 이들이 감수하는 위험을 여전히 한참 뛰어넘는다고, 인신매매에 주안점을 두고 과거 국무부 특사로 근무했던 마크 P. 래건(Mark P. Lagon)은 말했다. 팬시피스트와 퓨리나 같은 반려동물 식품 브랜드를 운영하는 네슬레의 기업 홍보 임원 리사 K. 기비(Lisa K. Gibby)는 반려동물 식품 제조에 강제 노동이 들어가지 않도록 회사에서 많이 노력하고 있다고 말했다. "쉬운 일도, 빠르게 이뤄지는 일도 아니죠." 기비가 말했다. 이 회사가 구입하는 어류는 공해로 나가 조업하는 어선과 수많은 항구에서 오기 때문이다. 어류를 사용하지 않으려는 반려동물 식품업체도 있다. 예를 들어 2012년 세계 시장의 약 4분의 1에 달하는 160억 달러 이상 규모로 전세계에 반려동물 식품을 판매한 마즈는 이미 자사의 일부 반려동물 식품에 들어가는 어분을 교체했으며 그 방향성을 유지하려 한다. 이 회사는 2020년부터는 합법적으로 어획 또는 양식되었으며 제3자 감사로 강제 노동에 엮이지 않았음이 인증된 비멸종위협 어류만 사용하겠다고 했다. 마즈가 이 문제에서 다수 경쟁사 대비 더 주도적인 움직임을 보이고 있기는 하지만, 마즈의 대변인 앨리슨 파크(Allyson Park)는 수산업계의 "추적 가능성 문제가 엄청나"며 적절한 노동 환경을 보장하기가 쉽지 않음을 인정했다. 이 문제가 특히 어려운 것은 마즈가 어류를 항만에서 직접 구매하는 것이 아니라 공급망의 훨씬 윗단계에서 구입하기 때문이라고 파크는 말했다. 세관 서류에 따르면 2016년 마즈는 랑 롱이 붙들려 있던 배 한 척이 원료를 대는 통조림 공장에서 고양이와 개 식품을 9만 상자 이상 들여왔다. 태국에서 미국으로 들어오는 수입품을 추적하는 데에는 미국 농무부 해외농무청의 앨리슨 에크하트(Allison Eckhardt)에게 도움을 받았다. 미국 노동총연맹 산업별 조합회의(AFL-CIO)의 몰리 맥그래스(Molly McGrath)는 세관 자료를 검토하는 데 빼놓을 수 없는 역할을 했다. 다음은 내가 큰 도움을 받은 사람들이다. 국제노동권포럼 캠페인 책임자 애비 맥길(Abby McGill); 환경정의재단 이사 스티브 트렌트; 국제노동기구의 제이슨 저드; 국제인권감시기구 지부 부국장 필 로버트슨. 누구보다 긴요했던 인물은 태국 국무총리실의 타니아 라오하타이와 해당 사안의 지역 전문가 대니얼 머피였다.

3 다음은 국무장관 존 케리가 이 문제를 다룬 《뉴욕타임스》 보도를 언급한 사례다. 2015년 10월 칠레에서 열린 아워 오션 콘퍼런스에서 케리는 해상 노예 관련 《뉴욕타임스》 기사를 5분간 소개하고 그 마무리로 해당 주제를 2016년 콘퍼런스의 중심으로 삼을 것이며 "더 많은 국가의 도움을 끌어내고 또 실제로 시행해 《뉴욕타임스》 기사로 내보여진 노예 노동을 방지할 수 있는 세계적 제도를 수립할" 예정이라 말했다. 같은 행사에서 케리는 《뉴욕타임스》의 다른 기사를 인용하며 시셰퍼드를 언급했고, 정부가 수행해야 할 집행 업무를 비영리 단체가 하는 것은 참담하도록 뒤틀린 상황이

라고 평했다. "우리는 그 책임을 정부로 옮기려는 겁니다. 그게 우리 목표
죠." 2015년 7월 기자회견에서는 이렇게 말했다. "1,500억 달러 규모의 불
법 인신매매 산업의 본질과 범위에 대중의 관심을 모으고자 합니다. 이건
산업이에요." 말은 계속 이어졌다. "오늘 자《뉴욕타임스》를 집어보십시
오. 태국에서 건설업 일자리를 약속받은 젊은 캄보디아인 남자가 국경을
넘었다가 웬 무장한 사람들에게 붙잡혀 결국은 바다 위 노역으로 내몰렸습
니다. 바다에서 3년간 사슬을 목에 감은 채 배에 묶여 지냈죠."

4 내가 2015년에 인터뷰한 인물로는 당시 주미 태국 대사였던 이짜왓 이사라
팍디(Vijavat Isarabhakdi)도 있다.

5 태국에서 취재하던 2017년 여름에는 빠툼타니 지역의 보호소인 반 빠툼과
송클라에 있는 다른 보호소인 타논 펫까셈 등 어선에서 구조되었거나 구
금됐던 선원이 수용된 다른 시설도 몇 곳 방문했다. 두 곳 모두 잘 운영되
었으나 많은 이들이 랑 롱과 비슷한 답보 상태에 있어 보였다. 이들은 고향
으로 돌아가고 싶은데도 정부가 각 사건을 수사할 수 있게 어떨 때는 몇 달
씩 기다려야만 하는 사정을 이야기했다.

6 랑 롱을 고향으로 보낸 정부 결정의 내막을 더 자세히 알고 싶다면 다음 자
료가 유용하다. "Report on Lang Long's Return to Cambodia," Pathumthani
Welfare Protection Center for Victims of Trafficking in Persons.

7 실업률 비교에는 다음을 참고했다. "Unemployment, Total (% of Total Labor
Force) (Modeled ILO Estimate)," International Labor Organization, ILOSTAT
database, Sept. 2018.

8 노래주점이 해상 노예를 비롯한 여러 형태의 인신매매와 교차하는 문제
에 관한 유용한 자료로 다음과 같은 제목의 상세한 소책자를 참고했다.
"Summary Report on Karaoke Bars in Thailand," Stella Maris Seafarers Center
Songkhla, Oct. 6~Dec. 2010.

9 몇몇 운동가들은 방콕의 인신매매 퇴치 단체인 미러재단이 2002년에 개시
한 '실종자' 핫라인에서 이런 비밀 연결망이 시작된 것으로 본다. "우리가 주
목한 건 납치 아동이었죠." 핫라인 설립자 중 한 명인 에깔락 룸촘캐(Ekkalak
Lumchomkhae)의 설명이다. 그러나 핫라인에는 성인 자녀와 남편, 형제
가 뱃일을 구했다가 소식이 끊겼다는 가족의 신고 전화가 쏟아졌다. 2008
년 미러재단은 우여곡절 끝에 고향에 돌아온 몇 사람을 인터뷰했는데 이

들은 어선 위 강제 노동과 인신매매라는 훨씬 더 광범한 문제를 들려줬다.

10 알고 보니 국경 도시의 택시 기사는 다양한 역할을 맡고 있었다. 이들은 지역 주민을 두루 알아 사정에 훤한 편이었다. 대개는 어떤 이주자와 외지인이 표적으로 삼기에 제일 좋은지를 가려낼 줄 알았고, 수수료를 받고 일자리 알선업자에게 이 청년들을 데려갔다. 이때 택시 기사는 술 마시고 노래하며 여자와 붙어 놀 수 있는 주점으로 새로 모집된 이들을 데려갔다. 다음 날 새벽이면 보통 모집자나 택시 기사와 한통속인 주점 주인이 무지막지하게 부풀린 계산서를 내놓았다. 청구된 금액을 내지 않으면 폭력을 행사하겠다는 위협과 어선에서 일하기로 계약하면 빚을 청산할 기회를 주겠다는 제안이 이어질 때가 많았다.

11 이 무렵에는 기존 취재 후 이 주제에 관해 씌어진 글을 모두 새로 훑었다. 다음은 이 단계에서 읽은 자료 일부다. Sarah Hucal, "Thai Junta Asked to Crack Down Harder on Rogue Seafood Industry," *Premium Official News*, Aug. 14, 2015; Peter Alford and Gita Athika, "Fishermen Trapped in Slavery," *Australian*, Aug. 7, 2015; Peter Alford, "Stench of Seafood Slavery," *Australian*, Dec. 30, 2015; Peter Alford and Gita Athika, "Crews Go Missing in Ambon Bay amid Slavery Probe," *Australian*, Sept. 12, 2015; "Are Slaves Peeling Your Shrimp? Here's What You Need to Know," AP, Dec. 14, 2015; "A Story of Modern Slavery in Thailand," Thai News Service, Sept. 4, 2015; "Bad Smell Hangs over Thai- German Fish Deal; Slave Labor," *Handelsblatt Global Edition*, Feb. 23, 2016; "Burmese Fisherman Goes Home After 22 Years as a Slave," Thai News Service, July 6, 2015; "Cambodian Labor Trafficking Victims Sue U.S.-Based Seafood Suppliers," *Plus Media Solutions*, Aug. 19, 2016; "Cardin Delivers Remarks on Ending Modern Slavery, Highlights Maintaining Integrity of Trafficking in Persons Reports," U.S. Senate Committee on Foreign Relations, Feb. 24, 2016; Sophie Cocke, "Petition, Lawsuit Filed over Isle Fishing Fleet," *Honolulu Star-Advertiser*, Sept. 23, 2016; Audie Cornish and Ian Urbina, "Oceans Called a 'Wild West' Where Lawlessness and Impunity Rule," National Public Radio, July 31, 2015; "Costco Sued over Claims Shrimp Harvested with Slave Labor," *Daily Herald*, Aug. 20, 2015; Thanyarat Doksone and Martha Mendoza, "Thailand Remains Black-listed by US for Human Trafficking," AP, July 28, 2015; "E.U. Urged to Act on Thai Fishing Slavery," *Maritime Executive*, Feb. 21, 2016; "FAO and the Vatican Condemn Illegal Fishing and Forced Labor on the High Seas,

Urge Collective Action," States News Service, Nov. 21, 2016; "Fighting Slavery, One Seafood Supplier at a Time," *Denver Post*, Dec. 22, 2015; "Fishermen Who Fled Slavery in San Francisco Sue Boat Owner," AP, Sept. 23, 2016; Tara Fitzpatrick, "6 Things You Need to Know About the Seafood Supply," *Restaurant Hospitality*, Oct. 5, 2016; Fakhrurradzie Gade, Margie Mason, and Robin McDowell, "Captain Arrested on Boat Believed to Contain Slave-Caught Fish," *Asian Reporter*, Oct. 5, 2015; Fakhrurradzie Gade, Margie Mason, and Robin McDowell, "Thai Man Arrested on Boat Believed to Be Carrying Slave Fish," AP, Sept. 26, 2015; Rose George, "Saltwater Slaves," *New Statesman*, Feb. 10, 2016; *Get It Right This Time: A Victims-Centered Trafficking in Persons Report: Testimony Before the Subcommittee on Africa, Global Health, Global Human Rights, and International Organizations, House of Representatives*, 114th Cong., 2nd Sess.(2016) (statement of Matthew Smith, executive director of Fortify Rights); Nirmal Ghosh, "Thais Claim Success in Cleaning Up Fishing Sector," *Strait Times*, Feb. 13, 2016; Amy Goodman, *The War and Peace Report*, Democracy Now!, April 18, 2016; "Greenpeace Shuts Pet Food Factory Connected to Slavery and Destructive Fishing," *New Zealand Herald*, May 19, 2016; Nick Grono, "Perpetrators of Modern Slavery Are Devastating Our Environment Too," *Guardian*, Nov. 17, 2015; Nick Grono, "Traumatized and Vulnerable, Slavery Survivors Live with Mental Health Issues," CNN, Nov. 5, 2015; Matt Hadro, "If You Buy Shrimp You Might Want to Know This," *Eurasia Review*, March 7, 2016; Matt Hadro, "You Should Know This if You Buy Shrimp," *Eurasia Review*, Nov. 9, 2016; "Hagens Berman: Class Action Filed Against Nestlé for Slave Labor, Human Trafficking Used to Produce Top-Selling Pet Food," Business Wire, Aug. 27, 2015; Ruth Halkon, "Fisherman 'Enslaved for Five Years on Thai Fishing Boat Because of an Unpaid Beer Tab,'" *Irish Mirror*, May 19, 2016; Esther Han, "Prawns Linked with Trafficking and Environmental Damage Revealed," *Age*(Melbourne, Australia), Dec. 9, 2015; Kate Hodal, "Slavery and Trafficking Continue in Thai Fishing Industry, Claim Activists," *Guardian*, Feb. 24, 2016; Michael Holtz, Stephanie Hanes, and Whitney Eulich, "How to Free Modern Slaves: Three Tech Solutions That Are Working," *Christian Science Monitor*, Nov. 23, 2015; Esther Htusan and Margie Mason, "More than 2,000 Enslaved Fishermen Rescued in 6 Months," Associated Press, Sept. 17, 2015; David Hughes, "Don't Forget the Seafarers and the Fishermen; For Those at Sea, Work, Together with Its Inherent Risks, Carries On as Usual over the Christmas and New Year Season," *Business Times Singapore*, Dec. 23, 2015; Ralph Jennings, "Taiwan Seeks to Improve Conditions in Fishing Fleet," AP, Oct. 4, 2016; John Kerry, "John Kerry's Remarks at the Chicago Council on Global Affairs," Oct. 26, 2016, transcript; Susan Krashinsky, "Clover Leaf Website Will Let Consumers Track the Source of Their Fish," *Globe and Mail*, Oct. 3, 2016; William Langewiesche, "Slaves Without Chains," *Vanity Fair*, Jan. 2016; Erik Larson, "Lawsuit Aimed at Products Where Forced Labour Used; Lawyers Hope to Push Major Firms to Better Police Their Supply Chains," *National Post's Financial Post & FP Investing*, Dec. 14, 2015; Erik Larson, "Slavery Labels Sought for U.S. Goods," *Naples Daily News*, Jan. 2, 2016; Erik Larson, "Slavery on the Label? Lawsuits Aim to Expose Forced Labor in Supply Chain," *Providence Journal*, Dec. 20, 2015; Erik Larson, "Suing to Put Slavery Labels on Goods; Lawyers Want Accountability for Supply Chain," *Vancouver Sun*, Dec. 12, 2015; Felicity Lawrence, Ella McSweeney, and Annie Kelly, "Irish Taskforce to Investigate Treatment of Migrant Workers on Trawlers," *Guardian*, Nov. 4, 2015; Felicity Lawrence et al., "Revealed: Trafficked Migrant Workers Abused in Irish Fishing Industry," *Guardian*, Nov. 2, 2015; Tom Levitt, "Our Love of Cheap Seafood Is Tainted by Slavery: How Can It Be Fixed?," *Guardian*, Oct. 7, 2016; Fault Lines, "A Trafficked Fisherman's Tale: 'My Life Was Destroyed,'" *Al Jazeera*, March 5, 2016; Jenna Lyons, "Fishermen Say They Faced High-Seas Slavery: Indonesian Fishermen Tell of Being Trafficked Before SF Escape," *San Francisco Chronicle*, Sept. 23, 2016; Margie Mason and Martha Mendoza, "AP Investigation Prompts New Round of Slave Rescues," AP, July 31, 2015; Margie Mason, "Indonesia Nabs Ship Believed to Carry Slave-Caught Fish," AP, Aug. 14, 2015; Margie Mason et al., "AP: Global Grocer Supply Chains Tied to Slave-Peeled Shrimp," AP, Dec. 14, 2015; Adam Minter, "How to Fight Asian Slavery, One Supplier at a Time," *Chicago Daily Herald*, Dec. 26, 2015; "Missing Slave Fishing Boats Tracked to Papua New Guinea," PACNEWS, July 28, 2015; Carol Morello, "Changes on Human- Trafficking List," *Washington Post*, July 28, 2015; Sarah Murray, "Casting a Tight Net," *Stanford Social Innovation Review* 13, no. 4(Fall 2015); "Myanmar(Burma): Trafficking Survivors Struggle to Rebuild Their Lives Back Home," Thai News Service, Dec. 23, 2015; Wassana Nanuam, "CCCIF 'Going All Out' to

Revamp Fishing Industry," *Bangkok Post*, Feb. 27, 2016; "Nestle SA: Supports Slave Labor to Produce Fancy Feast, Suit Says," *Class Action Reporter*, Oct. 20, 2015; "Nestle Vows to Fight Slave Labour in Thailand," AFP, Nov. 24, 2015; Wassayos Ngamkham and Penchan Charoensuthipan, "Govt Boosts Slave Labour Crackdown," *Bangkok Post*, Dec. 18, 2015; Katie Nguyen and Alisa Tang, "Thai Traffickers Exposed by Campaign Group Investigating Fishing Industry," Reuters, Nov. 30, 2015; "Pacific Tuna Fishermen Detail Deplorable Working Conditions, Widespread Abuse in Video Testimonials," Targeted News Service, July 28, 2015; David Pinsky, "There's Slavery in the Seafood Industry. Here's What We Can Do About It," *US Official News*, July 22, 2015; Alecia Quah, "Thai Seafood Products Face Increased Risk of Export Ban in the Next Year over Illegal Fishing Practices," IHS Global Insight, Nov. 27, 2015; "Remarks by Secretary of State John Kerry at the Launch Ceremony for the 2015 Trafficking in Persons Report," *Federal News Service*, July 28, 2015; Cazzie Reyes, "Freedom from Slave Fishing Ships," End Slavery Now, Jan. 4, 2016; Michael Sainsbury, "Thailand's Human Trafficking Industry Is Australia's Problem," *Crikey*, July 5, 2016; "Secretary of State John Kerry Remarks at Our Ocean Town Hall Event in Valparaiso, Chile, as Released by the State Department," Oct. 5, 2015; "Slavery Horror Deepens," *Mizzima Business Weekly*, Aug. 6, 2015; Emanuel Stoakes, Chris Kelly, and Annie Kelly, "Revealed: How the Thai Fishing Industry Trafficks, Imprisons, and Enslaves," *Guardian*, July 20, 2015; Emanuel Stoakes, Chris Kelly, and Annie Kelly, "Sold from a Jungle Camp to Thailand's Fishing Industry: 'I Saw 13 People Die,'" *Guardian*, July 20, 2015; Alisa Tang and Beh Lih Yi, "Thailand's Upgrade in Human Trafficking Report Slammed as 'Premature,'" *Metro*(U.K.), July 1, 2016; "Thai Captains Jailed and Ordered to Compensate Fishing Slaves They Tortured and Worked 24 Hours a Day," *Postmedia*, March 11, 2016; "Thailand: Thai Shrimp Peeled by Slaves Taints Global Markets," Thai News Service, Dec. 17, 2015; "Today's Slaves Often Work for Enterprises That Destroy the Environment," *Fresh Air*, NPR, Jan. 20, 2016; Simon Tomlinson, "Inside the Shrimp Slave Trade: Migrant Workers and Children Forced to Peel Seafood for 16 Hours a Day in Filthy Thai Factories That Supply Retailers and Restaurants in the U.S. and Europe," *Daily Mail*, Dec. 14, 2015; Jewel Topsfield, "Australia to Counter 'Terrible Trade in Human Beings,'" *Sydney Morning Herald*, March 21, 2016; "USAID Bureau for Asia Speaks on Human

Trafficking in Seafood Sector," Targeted News Service, Sept. 14, 2016; U.S. Senate, "Blumenthal and Portman Urge Administration to Address Human Trafficking in Fishing Industry," Federal Information and News Dispatch, Inc., Nov. 18, 2015.

12 이 문제에 관해 손에 꼽게 탄탄한 보도는 《뉴욕타임스》나 AP에서 문제를 다루기 몇 년 전인 2012년에 진작 나왔다. 한 예로 서비스(Service)와 팜스트롬(Palmstrom)의 "Confined to a Thai Fishing Boat, for Three Years"를 보라. 다음도 보라. "Employment Practices and Working Conditions in Thailand's Fishing Sector," International Labor Organization, 2014; "Exploitation of Cambodian Men at Sea," United Nations Inter-agency Project on Human Trafficking, April 22, 2009; "Trafficking of Fishermen in Thailand," International Organization for Migration, Jan. 14, 2011.

13 어느 정도까지 개선이 필요한지 조금이나마 감을 잡고 싶다면 통역사의 문제를 생각해보라. 2017년 태국에서 취재할 때 나는 외국 국적자를 통역 담당으로 두지 못하게 했던 규정을 정부에서 고친 것이 불과 얼마 전이라는 말을 들었다. 노동부는 공장과 농장, 어선을 대상으로 수년간 노동 감독을 했고, 이런 곳에서는 노동자 거의 전원이 태국어를 할 줄 모르는 외국 이주자였다. 정부에서 태국 국적자를 통역에 쓴 적도 있기는 했으나 그런 언어 능력이 있는 사람이 노동부나 다른 부처에 근무하는 경우는 거의 없었다. 감독관은 그냥 갑판장을 선택하거나 다른 노동자의 말을 가능한 선에서 현장 통역해줄 대표를 뽑는 경우가 더 많았다.

14 "Press Release: 14 Year Jail Sentences for Thai Human Traffickers," Environmental Justice Foundation, March 21, 2017.

15 이 미얀마 노동자들이 제기한 혐의 일부에 관한 세부사항은 더 알아둘 만하다. 노동자 중 몇몇은 익명을 요구했다. 그 중 기꺼이 공개적으로 나서준 이가 서른네 살의 툰 웅에로, 2015년경까지 10년 이상을 매 사우(Mae Saw)라는 여성이 운영하는 깐땅의 어업 카르텔 안에서 일했다. 툰 웅에는 리엄이 저지른 살인 외에 다른 사건을 이야기해줬고, 그 중에는 쭈아닛호라는 배에서 벌어진 것도 있었다. '대머리 선장'이라는 뜻의 별명 '빠웅지'로 불린 이 배의 선장은 인신매매로 13년의 징역형을 선고받았다. 깐땅에서 유죄 선고를 받은 선장 중 실제로 징역을 산 것은 이 사람이 유일하다. 툰 웅에는 여러 건의 살인을 이야기했고 그 중 하나는 쭈아닛호에서 갑판원 한 명이 접시를 떨어뜨려 깨뜨렸을 때의 사건이었다. 선장은

그 남자에게 달려들어 칼로 난도질했다. 선원은 도망치려 배 밖으로 몸을 던졌다가 익사했다. 툰 웅에가 이름을 기억하지 못하는 다른 배에서 발생한 두 번째 사건에서는 한 선원이 탈출하려고 헤엄을 치다가 성공하지 못해 배로 돌아왔다. 그러자 선장은 그 선원을 폭행했고 이 상황은 다른 사람이 끼어들어 선원을 총으로 쏘고서야 끝났다. 인터뷰한 다른 미얀마인 노동자의 이름은 민 수(Min Thu)였다. 민 수는 리엄이 저지른 다른 살인의 목격자라고 했다. 매 사우 밑에서 총 8년을 일했으며 그사이 2012년 8월쯤 네 명이 살해당하는 것을 눈으로 보았다고도 했다. 민 수가 이를 목격한 것은 항구 쪽에 묶어둔 배에서였으나 보카항 부두와 육지에서도 살해당한 사람이 있었다. 리엄은 포까사타폰12호라는 배에서 술에 취해 다른 사람과 싸우던 선원을 총으로 쐈다. 주정을 부리던 선원은 총상을 입은 채 탈출하겠다고 분라프 부두에서 뜨랑강으로 뛰어들었고 다른 한 사람도 똑같이 했다. "그 인간이 총을 계속 쐈어요." 미얀마인 증인 민 수는 리엄이 물에 빠진 두 사람을 계속 쐈고, 이들을 도와주려고 물에 들어간 다른 이주노동자 두 명까지 더해 총 네 명을 죽였다고 내게 말해줬다. 이런 살인 사건은 벌건 대낮에, 10명에서 30명까지 되는 분라프 부두의 목격자 앞에서 대놓고 일어났다. 이들을 인터뷰한 후 다음 보고서에서 이런 혐의의 증거를 더 찾았다. "Thailand's Seafood Slaves: Human Trafficking, Slavery, and Murder in Kantang's Fishing Industry," Environmental Justice Foundation, 2015. 끝으로 세 번째 미얀마인 노동자 민 민 조(Min Min Zaw)와도 인터뷰했는데 그는 2015년 쭈아닛호에서 벌어진 살인을 이야기했다. 민 민 조는 살인의 동기를 확실히 알지는 못했으나, 태국 선박이 인도네시아 수역에 들어왔을 때 필요한 것을 종종 제공해주던 보급선의 인도네시아인 네명을 쭈아닛호 선장이 쐈다고 했다.

11장 쓰레기를 흘려보내다

1 "Caribbean Princess Fact Sheet," Princess Cruises, 2018.
2 이 장의 취재 대부분은 내부 고발자 크리스 키스, 선임 검사 리처드 유델과 2017년에 진행한 인터뷰로 이뤄졌다. 카니발코퍼레이션이 거듭된 인터뷰 요청을 거절했기에 나는 법정 기록을 보고 비슷한 사건을 다루는 전문 변호사들과 상의해 회사의 관점을 파악해보려 했다. 법정 서류 중 가장 유용

했던 것은 다음과 같다. *United States of America v. Princess Cruise Lines, Ltd.*, U.S. District Court Southern District of Florida, April 17, 2017; *United States of America v. Princess Cruise Lines, Ltd.*, U.S. District Court Southern District of Florida, Dec. 1, 2016. 다음 자료도 참고했다. "Princess Cruise Lines to Pay Largest Ever Criminal Penalty for Deliberate Vessel Pollution," Department of Justice, Dec. 1, 2016.

3 선고 의견서에서 검사와 카니발코퍼레이션의 전 직원들은 선내 환경 담당자의 직무를 이야기했다. 그 일은 근본적으로 "겉치레"라는 것이 이들의 말이었다. 담당관은 환경 기준을 준수하는 데 집중하기보다는 승객과 어울리며 배 곳곳을 안내하고 배에 내려앉는 새를 처리하라는 지시를 받았기 때문이었다. 다음을 보라. *United States of America v. Princess Cruise Lines, Ltd.*, U.S. District Court Southern District of Florida, April 17, 2017.

4 군수품 투기의 역사에 관해서는 다음을 읽었다. Randall Chase and Josh Cornfield, "Clammer Is Injured Dredging Up Old Bomb, Chowder Tossed," AP, Aug. 12, 2016; Andrew Curry, "Chemical Weapons Dumped in the Ocean After World War II Could Threaten Waters Worldwide," *Smithsonian*, Nov. 11, 2016; United Press International, "Boat Snags Torpedo: Delayed World War II Blast Kills 8 Fishermen," *Kingsport Times*, July 25, 1965.

5 이 문제를 더 파고들고자 다음 자료를 활용했다. Tom Kington, "From Cocaine to Plutonium: Mafia Clan Accused of Trafficking Nuclear Waste," *Guardian*, Oct. 8, 2007; Chris Milton, "Somalia Used as Toxic Dumping Ground," *Ecologist*, March 1, 2009.

6 BP와 발데스의 유출물을 합하면 대략 1억 8,280만 갤런(발데스 유출물 약 1,080만 갤런, BP 유출물 약 1억 7,200만 갤런)이 방출되었다. 바다에 일상적으로 또 의도적으로 버려지는 기름 폐수와 연료 슬러지의 양을 파악하려면 다음의 2003년 OECD 보고서를 확인하라. "Cost Savings Stemming from Noncompliance with International Environmental Regulations in the Maritime Sector," Director for Science, Technology, and Industry Maritime Transport Committee, Jan. 30, 2003. 보고서에서는 이렇게 밝힌다. "최근 한 연구에 따라 시각을 달리하면 보통의 운영 과정에서 바다에 불법으로 배출되는 기름은 엑손발데스 기름 유출량의 8배가 넘고 1997년 나홋카호가 일본 앞바다에 유출한 양의 48배가 넘는다. 해마다 그렇다." 1년에 8,460만 갤런이 고의로 투기된다는 통계로 3년치를 추정하면 그 양은 2억 5,380만 갤런에 달

한다. 이런 값을 얻은 뒤 나는 델라웨어 대학교에 있는 해양 오염 전문가 제임스 M. 코벳(James M. Corbett) 교수에게 방법과 결론을 검증받았다.

7 Thomas Fuller and International Herald Tribune, "20 Kidnapped from Malaysian Resort Island," *New York Times*, April 25, 2000.

8 조지가 지구공학에 첫발을 디딘 것은 2012년 실험이 아니었다. 그는 플랑 크토스라는 업체의 최고경영자로 있는 동안 탄소 상쇄권을 판매해볼 요량 으로 2007년 갈라파고스 제도 서쪽 적도 태평양에 철 비옥화 프로젝트를 비슷하게 제안한 적이 있었다. 조지의 회사가 사용한 표현을 쓰자면 환경 주의자를 비롯한 이들이 벌인 "허위 정보 운동"으로 투자자 유치가 불가능 해지면서 프로젝트는 2008년 취소되었다.

9 프리스와는 2017년에 전화로 여러 차례 인터뷰를 했다.

10 크루즈선에서 발생하는 범죄를 알아보고자 다음을 읽었다. Curt Anderson, "ICE Dive Unit in Miami Targets Smugglers Using Freighter, Cruise Ship Hulls to Ferry Drugs," AP Newswires, Feb. 28, 2011; Robert Anglen, "Comprehensive Reports of Cruise-Ship Crime Made Public, Led by Phoenix Man," *Arizona Republic*, Oct. 13, 2016; Donna Balancia, "Crew Member Sues Carnival," *Florida Today*, Feb. 13, 2008; "Brazil 'Rescues' Cruise Workers from 'Slave-Like Conditions,'" BBC News, April 4, 2014; Jonathan Brown and Michael Day, "Cruise Ship Limps In—but Costa's Nightmare Goes On," *Independent*, March 2, 2012; Michael Day, "Costa Concordia: Shipment of Mob Drugs Was Hidden Aboard Cruise Liner When It Hit Rocks off Italian Coast, Investigators Say," *Independent Online*, March 30, 2015; Richard Foot, "Gangs Smuggle Passengers on Cruises," CanWest News Service, Nov. 23, 2005; John Honeywell, "The Truth About Crime on a Cruise Ship," *Telegraph Online*, June 5, 2017; Vincent Larouche and Daniel Renaud, "Three Quebecers Charged with Smuggling $30M in Cocaine on Cruise Ship in Australia," *Toronto Star*, Aug. 30, 2016; Jim Mustian, "Feds Arrest Cruise Ship Crewmen in Alleged Plot to Smuggle Cocaine into New Orleans," *New Orleans Advocate*, Jan. 10, 2016; Natalie Paris, "Cruise Lines Defend Treatment of Staff," *Telegraph Online*, April 7, 2014; "Ten Individuals Charged with Importing Hundreds of Pounds of Cocaine, Heroin into United States Aboard Cruise Ships," *Hindustan Times*, June 10, 2005; U.S. Attorney's Office, Eastern District of Louisiana, "Georgia Man Sentenced in Honduran Cocaine Importation Scheme," Department of

Justice, July 20, 2017. 2012년 이런 선박에서 신고된 폭행 3분의 1이 미성년자를 대상으로 했음이 미국 상원의 한 보고서(*Cruise Ship Crime: Consumers Have Incomplete Access to Cruise Crime Data*, U.S. Congress, Senate Committee on Commerce, Science, and Transportation, 2013)에서 밝혀진 것은 주목할 만하다.

12장 출렁이는 국경

1 중국은 가스가 풍부한 나투나 제도에 대해서도 영유권을 주장했으며, 중국 어선이 엮인 해상 신경전 대부분은 보안 분석가들이 '남해 9단선'이라 칭하는 구역에서 발생했다. 이는 남중국해의 80퍼센트 이상을 감싸는 선이다. 국제법으로 인정되는 선은 아니지만, 중국은 이 구역이 1940년대에는 자국의 '전통 어장'에 속했다고 공표했다.

2 그후 바탐에서 '보호소'라고도 불리는 구금 센터를 한 곳 더 방문했는데 여건은 비슷했다. 수용된 구금자는 약 240명으로 대부분이 베트남인이었다. 구금자 일부는 1년 반 이상 그곳에 있기도 했다. 10퍼센트 정도는 사관이라 불법 어업으로 입건되었다는 것이 내가 현장에서 인터뷰한 인도네시아 이민국 담당자의 말이었다. 나머지 구금자는 미등록 이주자로 잡혀 있는 선원이었고 범죄 혐의로 입건된 것은 아니었다.

3 이 책에 필요한 취재를 하는 동안 공해상에 있는 선박 사이의 언어 장벽 때문에 긴장 상황이 위험 상황으로 악화하는 경우가 대여섯 번은 있었다. 그래서 망망대해 위에서는 비상 상황이 생겼을 때조차 합의된 언어나 구조 규약 측면에서 국적을 뛰어넘은 선박 간 협력이 오랜 세월 동안 거의 이뤄지지 않았다는 것을 나중에 알고도 나는 놀라지 않았다. 1906년 국제무선전신협약에서 조난 선박의 송출 신호로 SOS가 채택되었을 때는 많은 국가와 해운 회사가 자체 부호를 쓰겠다며 이 신호의 사용을 거부했다. 1912년 타이태닉(Titanic)호가 침몰했을 때 승선했던 통신원은 새로운 국제 부호 사용을 망설이며 SOS 신호를 CQD라는 다른 조난 신호와 섞어 썼다. SOS의 배경 이야기는 때때로 혼란스러워지는 공해의 성질뿐 아니라 실제로는 없는 의미와 질서, 고의성을 바다 위 행위에 부여하려 하는 육지 사람들의 태도도 상징적으로 드러냈다. SOS 신호가 만들어지고 얼마 지나지 않아 육지 사람들은 그 의미를 추측하려 들며 머리글자에 맞는 단어를 붙이려 하거나 가짜 어원을 만들어주려 했다. 일반적으로 (그리고 잘못) 알려진

풀이는 이 신호가 '우리 영혼을 구하소서(Save Our Souls)'와 '우리 배를 구해달라(Save Our Ship)'를 의미한다는 것이다. 사실 협약에서 수용한 이 조난 신호는 국제 모스 부호였으며 점 3개, 선 3개, 또 점 3개를 이어 글자 사이에 공백 없이, 무한히 반복하는 것이었다. 신호를 해독하는 한 가지 방법에 따르면 글자는 'SOS'가 되는데 물론 이 축약형은 유일한 것도, 의도된 것도 결코 아니었다. 모스 부호에서는 VTB, IJS, VGI, SMB, VZE(이 외에도 더 있다) 역시 모두 점 3개, 선 3개로 옮기는 것이 바르지만 이런 글자는 사람들이 기억하기에 더 어려웠다.

4 이번 취재의 난관 중 하나는 특정한 체험을 시각적, 정서적으로 포착해 취재와 집필 사이에 오래 틈이 벌어지는 동안 (수첩의 도움을 받아) 그렇게 붙잡아둔 체험을 머릿속에서 생생히 유지하는 것이었다. 내가 일반적으로 하는 작업에서는 수첩을 채우는 일과 기사를 쓰는 일 사이의 시간이 며칠, 길어도 몇 주였다. 이번 프로젝트에서는 몇 달이 흘렀다. 수첩에 더 많은 내용을 포착할 수 있도록 나는 사람과 장소, 선박 이름의 머리글자 체계를 세세하게 만들어냈다. 나중에 상술할 일이 있을 때 작업이 가능하도록 공간을 촬영하는 데는 아이폰을 자주 사용했다. 감정을 포착하고 유지하는 것이 가장 어려웠다. 맞춤한 서술을 찾아내려면 대개 되새김이 필요했기 때문이다. (베트남 선박과 충돌을 피해 달아나는 동안 선교에 앉아 있던) 이런 순간에는 분위기를 효과적인 메모로 남기려 무던히 애썼다. 얼마 안 가서 나는 그 순간에 어울릴 만한 노래를 찾아 머릿속에서 스크롤을 올리고 내리며 감정을 소리와 짝짓는 습관을 키워보려 했다. 나중에 그 장면을 쓸 시간이 오면 그 노래를 다시 듣는 것이다. 이런 기록 전략은 비언어적 방식으로 특징을 묘사하고 어떤 체험의 느낌을 나중에 기억하는 데 유용한 연상 기억 장치였다. 다행히 글을 쓰면서 집중에 도움을 받으려고 영화 음악을 많이 듣는 터라 내 머릿속에는 상당량의 노래를 쉽게 떠올릴 수 있는 보관함이 들어 있다. 이날 팽팽한 긴장 속에 다 같이 선교에 앉아 있는 동안 쓴 메모의 여백에는 〈웨일스(Wales)〉(마코 벨트래미의 곡)와 〈더 나이트 오브(The Night Of)〉(제프 루소의 곡)가 적혀 있었다.

5 더 큰 지정학적 승부에서 외국 어민을 볼모로 써먹는 이런 종류의 영유권 분쟁은 남중국해에만 있는 것이 아니다. 한 예로 2011년부터 인도와 스리랑카 두 나라가 포크 해협이라는 좁다란 바다를 놓고 각자 영유권을 주장

하는 동안 1,200명이 넘는 인도 어민과 450명이 넘는 스리랑카 어민이 체
포되었다. 이 문제를 다룬 날카로운 기사로는 다음을 보라. Joshua Keating,
"Fishermen on the Frontlines," *Slate*, June 10, 2014.

6 이 사건에 대한 후속 보도로 내가 찾은 것은 다음과 같다. Argianto, "Begini
Detikdetik petugas patroli KKP diculik Cost Guard Vietnam," *Tribun Batam*, May 23,
2017; Muhammad Firman, "Penyergapan 5 kapal pencuri ikan Vietnam picu masalah
diplomatik," *Katadata*, May 23, 2017; Pada Rabu, "Pemerintah selesaikan insiden Natuna
Lewat jalur diplomatik," *Media Indonesia*, May 24, 2017; Muhammad Razi Rahman,
"Indonesia-Vietnam selesaikan insiden Natuna secara diplomatik," *Antara News*, May 23,
2017; Sarma Haratua Siregar, "Vietnam lepaskan petugas PSDKP," *Sindo Batam*, May
24, 2017; Zulfi Suhendra, "Disergap KKP, kapal asal Vietnam tenggelam de Perairan
Natuna," *Liputan 6*, May 24, 2017; Tiara Sutari, "Bentrok dengan Vietnam, Indonesia
pilih solusi diplomatik," CNN Indonesia, May 24, 2017; Afut Syafril, "Luhut minta
Indonesia tak emosional tanggapi insiden Natuna," *Antara News*, May 23, 2017.

13장 위험한 무장지대

1 이 책에서 가장 미련이 남는 부분은 취재할 시간을 도무지 내지 못한 이
야기를 줄줄이 남겨뒀다는 점이다. 중동과 북아프리카에서 지중해를 건너
는 해상 이주민과 관련된 인권 침해 위기를 다루지 못해 특히 아쉽다. 2014
년 UN의 한 난민 담당자는 "해상 이주민을 단일 인구 집단으로 집계하면
수십 년 사이 최악의 집단 학살"이 된다고 말했다. 같은 해에 크고 작은 바
다, 주로 지중해를 횡단하려다 사망한 사람은 4,272명 이상으로 추산된다.
이 관계자가 인용한 다른 수치로는 2000년과 2014년 사이에 적어도 4만 명
이 사망했다는 것이 있다. 이 주제에 관해서는 다음을 읽었다. Tara Brian and
Frank Laczko, *Fatal Journeys: Tracking Lives Lost During Migration* (Geneva: International
Organization for Migration, 2014); Alice Ritchie, "UN Rights Chief Slams Indifference
over Migrant Deaths at Sea," *Business Insider*, Dec. 10, 2014. 지중해의 해상 이주민
을 실은 선박 관련 범죄를 더 알아보려면 다음을 보라. Suranga Algewatte et al.,
Smuggling of Migrants by Sea (Vienna: United Nations Office on Drugs and Crime, 2011).

2 다음은 데이터베이스를 구축하고 이해의 폭을 넓히는 데 큰 도움을 준 사
람들이다. 미국 해군 정보국에서 전세계의 해상 공격을 추적한 찰스 N. 드

래거넷; 미국 해군사관학교 박물관 관장 클로드 베루브(Claude Berube); 전 미국 해군 지휘관이자 해적없는바다 국장인 존 허긴스; 국제선장항해사도 선사기구 변호사 클로스 루타; 미국 해양대기청 외무 전문가 데이비드 펄; 트뤼그마트트래킹의 덩컨 코플랜드와 스티 피엘베르그; 프로텍션베슬인 터내셔널 설립자 돔 미; 미국 해안경비대 수사국 국장 마이클 버코. 오케아 노스라이브(특히 글렌 포브스)와 리스크인텔리전스, 해군 정보국에서 여러 자료와 문서를 받았다. 해군 정보국의 세계해운위협보고서, 전세계해상 조난안전시스템과 국제해사국 해적신고센터에서 발신하는 세계 항행 경고 방송의 경고 메시지도 참고했다.

3 해양 범죄 현장이 까다로운 데는 여러 이유가 있는데, 현장까지 가는 거리와 책임 소재 및 관할권을 파악하는 난점도 그 이유에 해당한다. "바다에는 바퀴 자국이 없다"라는 것이 해양 분야 작가 로즈 조지(Rose George)의 표현이다. 실제로 사고가 일어나면 일말의 정의 구현조차 어려울 수 있다. 조지는 이렇게 썼다. "경찰력이나 조합의 지원 같은 건 없다. 마닐라의 송출입 업체에 고용된 상태로 미국인이 소유하고 사이프러스인이 관리하는 파나마 국적 선박에 타서 공해에 있다면 신고를 어디에 한단 말인가?"

4 다음을 보라. Gemma Jones, "Asylum Seekers 'Pirate' Story Disguises Possible Mutiny," *Daily Telegraph*, Oct. 19, 2012; MarEx, "Asylum Seekers or Pirates?," *Maritime Executive*, Nov. 19, 2011.

5 방글라데시 인근 해상 범죄를 파악하고자 다음 자료를 읽었다. AFP, "Bangladesh Launches Operation Against Pirates," DefenceTalk.com, Aug. 15, 2012; "Bangladesh out of Piracy-Prone Nations' List," bdnews24.com, Jan. 1, 2012; Bangladesh Sangbad Sangstha, "Four Abducted Fishermen Rescued," *Bangladesh Government News*, Sept. 10, 2013; Bangladesh Sangbad Sangstha, "2 Pirates Held, 4 Fishermen Rescued at Saronkhola," *Bangladesh Government News*, Sept. 10, 2013; Bangladesh Sangbad Sangstha, "8 Fishermen Abducted, 7 Others Received Bullet Injuries by Pirates," *Bangladesh Government News*, Aug. 26, 2014; "Beefing Up Bay Security," *Financial Express*, Feb. 20, 2015; "Coast Guards Conduct Abortive Drives to Rescue 50 Fishermen," United News of Bangladesh, Aug. 16, 2013; "Dhaka Trying to Get Safe Return of 7 Sailors," *New Nation*, July 14, 2013; "Fishermen Demand Steps to Stop Piracy," *New Nation*, Sept. 26, 2014; "Fisherman Killed by Pirates in

Bhola," United News of Bangladesh, Oct. 9, 2013; "Foreign Minister Dr. Dipu Moni Chaired an Interministerial Meeting on 11 December 2011 at the Ministry to Discuss About the Reports of the International Maritime Bureau(IMB) and ReCAAP and Other International Organizations as well as Media Depicting Bangladesh as a 'Piracy-Prone' Country and a 'High Risk' Zone for the Shipping Industry," People's Republic of Bangladesh, Ministry of Foreign Affairs, 2011; "Forest Robber Arrested in Satkhira," United News of Bangladesh, Feb. 7, 2015; "From Cowboy to Criminal," *Daily Star*, Oct. 2, 2004; "Give Protection to Coastal Fishermen," *New Nation*, Feb. 24, 2014; "Gov't Protests 'False' Piracy Reports," bdnews24.com, Dec. 26, 2011; "Gunfight with Police," *New Nation*, Dec. 15, 2011; "Hon'ble Foreign Minister Dr. Dipu Moni Called Upon the Relevant Institutions Including Government Agencies, Shipping Industries, and the Media to Work Together to Reduce/Eliminate the Incidence of Robbery at Sea in and Around Bangladeshi Waters," People's Republic of Bangladesh, Ministry of Foreign Affairs, 2011; Iqbal Mahmud, "Drugging Gangs Target Cattle Traders, Markets," *New Age*, Oct. 4, 2014; Krishnendu Mukherjee, "Pirates Loot Sunderbans Fishermen for 10 Hours," *Times of India*, Sept. 20, 2013; "Over 100 Fishermen Kidnapped in Bay," United News of Bangladesh, Sept. 5, 2014; "Pirates Kidnap 14 Fishermen in Patuakhali," United News of Bangladesh, Nov. 4, 2014; "Pirates Kidnap 40 Fishermen," *Financial Express*, July 7, 2014; "RAB-Ten Killed," United News of Bangladesh, Sept. 30, 2004; "Seven Abducted Sailors 'Alive,'" *Bangladesh Business News*, July 13, 2013; "Three Killed in Bagerhat 'Shootout' with Rab," *Financial Express*, Feb. 26, 2015; WorldSources Online Inc., "BNP Activist Slaughtered," *Independent*, Nov. 19, 2003; "4 Kidnapped Fishermen Rescued in Sundarbans," United News of Bangladesh, Feb. 4, 2014; "4 Pirates Held in Laxmipur," United News of Bangladesh, Aug. 31, 2013; "5 Kidnapped Fishermen Rescued in Sundarbans," *Financial Express*, July 7, 2014; "8 Fishermen Injured by Bullets in Bay," *Financial Express*, Feb. 17, 2015; "10 Suspected Terrorists Killed in Bangladesh Gun Battle," Japan Economic Newswire, Sept. 30, 2004; "25 Fishermen Kidnapped in Sundarbans," United News of Bangladesh, May 24, 2014; "40 Fishermen Kidnapped in Sundarbans; 15 Hurt," United News of Bangladesh, Feb. 17, 2014; "50 Fishermen Kidnapped," *Dhaka Herald*, Nov. 3, 2013; "68 Fishermen Kidnapped in Sundarbans, Sea," *Bangladesh Chronicle*, Sept. 15, 2013; "70 Abducted Fishermen Rescued, 26 Boats Seized,"

New Nation, Oct. 4, 2013; "100 Fishermen Abducted," *New Nation*, Aug. 18, 2013.

6 전문 용어 목록은 더 충실하게 구체화해둘 만하다. UN 해양법 협약 제101조에 따라 어떤 행위를 해적 행위로 간주하려면 다음 기준을 모두 충족해야 한다. 폭력 행위는 (1) (a) 불법적 폭력 행위 또는 억류, (b) 선박 또는 항공기가 해적선 또는 해적기가 될 것을 알면서도 그러한 활동에 자발적으로 참여, (c) 불법적 폭력 행위 또는 억류를 교사하거나 고의로 방조 또는 해적 행위에 사용된 선박의 활동에 자발적으로 참여하는 행위 중 하나를 수반해 (2) 사적 목적으로 범하며 (3) 민간 선박의 승무원이나 승객이 범하고 (4) 공해 또는 어떤 국가의 관할권에도 속하지 아니하는 곳(한 나라의 기선에서 12해리 이상 떨어진 곳을 의미)에서 발생한다. 한편 국제해사기구 결의안 A.1025(26)6에서는 다음을 수반하는 행위를 선박에 대한 무장 강도로 규정한다. (1) 모든 불법적 폭력 또는 억류 행위와 모든 약탈 행위 또는 그 위협을 수반하는 모든 행위, 이러한 불법 행위를 교사 또는 고의적으로 방조하는 행위, (2) UN 해양법 협약에서 해적 행위로 규정하지 않은 행위, (3) 사적 목적으로 범한 행위, (4) 한 국가의 내수와 군도 수역, 영해(12해리) 내에서 발생한 행위. 다음을 보라. Matthew R. Walje et al., "The State of Maritime Piracy 2014: Assessing the Economic and Human Cost," Oceans Beyond Piracy, 2014.

7 Swadesh M. Rana, "A Template for Those at Risk: India's Response to Maritime Piracy, 2010~2011," UN Department of Disarmament Affairs, Aug. 14, 2014.

8 다음은 민간 해상 보안 시장의 규모를 조사하며 읽은 것이다. "Maritime Security Market by Technology and Systems, Category, Service, and Regions—Trends and Forecast to 2020," Research and Markets, Aug. 2015; "Research and Markets: Global Maritime Security Market Outlook 2019—Key Analysis of the $13 Billion Industry," Business Wire, Oct. 14, 2014. 해상 보안 예산은 소말리아 해적에게서 선박을 보호하는 것뿐 아니라 세계 다른 지역의 시추 구조물의 경비에도 상당 부분 사용되었다. 승선하는 무장 경비원의 수는 감소하고, 민간 해상 보안업체는 책임자를 줄이며, 일부는 사업을 유지하느라 분투 중이다. 해적 공격이 줄어들면서 수가 적어지기는 했으나 몇몇 해운업체는 선원들이 추가 정찰에 들이는 부담을 완화하려고 4인조 팀을 요구하기도 한다. 보험업자가 내세우는 요건을 상품에 녹일 수도 있지만 용선주 쪽에서 원하는 보호 수준이 따로 있을 수도 있다. 세계적으로 12억 달러라는

비용이 인도양에, 3억 달러가 기니만에 들어갔다는 해적없는바다의 2014
년 발표에도 주목하자. 이는 해적 행위의 영향을 가장 많이 받는 두 지역이
전세계 비용에서는 대략 10퍼센트 정도만 차지한다는 의미다.

9 몇몇 민간 해상 경비원은 내가 이 세계를 이해하는 데 특히 많은 도움을 줬
   다. 나는 2016년부터 2018년 사이 대면으로, 또 이메일과 전화로 이들을 인
   터뷰했다. 캐나다인 경비원 에릭 뮬러, 포르투갈인 경비원 미구알 다마스,
   영국인 경비원 케빈 톰프슨 등이 있었다.

10 경비원 다수는 너무 오래 기다리다가 죽는 것보다 먼저 발포하고 살아남
   는 것이 낫다는 생각을 담아내는 데 같은 표현을 사용했다. "6명에게 실
   려 가느니 12명에게 심판받고 말죠." 12명은 장병이 불법 살인으로 기소
   되었을 때 보게 되는 배심원을 가리킨다. 6명은 살해당했을 때 관을 나르
   는 일꾼을 가리킨다.

11 시맨가드오하이오호가 엮인 사건을 더 알아보고자 시맨가드오하이오호
   에서 체포된 경비원 중 한 명인 존 암스트롱의 누나 조앤 톰린슨을 2016
   년 9월부터 2017년 8월까지 인터뷰하고 서신을 주고받았다. 다음 자료도
   읽었다. "AdvanFort Thanks Indian Officials for Providing Safe Harbor for Its Vessel,"
   AdvanFort International Inc., Oct. 14, 2013; Stephen Askins, "Seaman Guard Ohio—
   Indian Decision Shocks PMSCs," Tatham Macinnes, Jan. 19, 2016; "Indian Court Rejects
   Seaman Guard Ohio Appeal," *Seatrade Maritime News*, March 1, 2016; "MV Seaman
   Guard Ohio Guards & Crew in Chennai Prison for Christmas," *Human Rights at Sea*,
   Dec. 12, 2016; Petition for British Foreign Secretary, "Free the 6 British Veterans from
   Indian Jail #CHENNAI6," change.org; Krishnadas Rajagopal, "SC Demands Truth
   About Mystery Ship," *Hindu*, Aug. 31, 2016; Sandhya Ravishankar, "India Sentences
   'Seaman Guard Ohio' Crew to Five Years in Prison in Arms Case," *GCaptain*, Jan. 11,
   2016; Kathryn Snowdon, "British Ex-soldiers, the 'Chennai Six,' Spending Another
   Christmas in 'Hell Hole' Indian Jail," *Huffington Post*, Dec. 25, 2016; World Maritime
   News Staff, "Seaman Guard Ohio Crew Sentenced to Five Years," *World Maritime News*,
   Jan. 11, 2016; "Court Revokes Bail for Seaman Guard Ohio 35," Marine Log, Jan. 8,
   2014; "British Anti-piracy Guards Held in India Granted Bail," BBC, March 26, 2014;
   "Family's Relief as Soldier Is Released from Indian Jail," ITV News, April 7, 2014; *Mariya
   Anton Vijay v. The State*, Madras High Court, July 10, 2014; A. Subramani, "Madras High

Court Quashes Criminal Case Against Crew of US Ship," *Times of India*, July 10, 2014; "India Drops Arms Charges Against British Crew of MV Seaman Guard Ohio," BBC, July 11, 2014; "British Crew of MV Seaman Guard Ohio Face New Setback," BBC, Oct. 3, 2014; "MV Seaman Guard Ohio Crew 'Must Be Allowed Home,'" BBC, March 11, 2015; "Support Groups Call For Cumbrian Man Held in India to Be Allowed Home," ITV News, March 11, 2015; "Unpaid and Unsupported, Seaman Guard Ohio Crew Still Stranded in India," *Maritime First*, March 11, 2015; "SC Sets Aside Madras HC Judgment Quashing Trial of 35 Crew Members of US Ships, Orders Trial to Be Completed Within 6 Months," Live Law, July 4, 2015; Jason Burke, "Britons Offering Protection Against Pirates Facing Five Years in Indian Jail," *Guardian*, Jan. 11, 2016; Reuters, "Seaman Guard Ohio Crew Sentenced to Five Years in Jail," *Maritime Executive*, Jan. 11, 2016; "Seafarers' Mission 'Horrified' at Anti-piracy Convictions," Anglican Communion News Service, Jan. 14, 2016; Stephen Askins, "Seaman Guard Ohio—Indian Decision Shocks PMSCs," Tatham Macinnes, Jan. 19, 2016; "Seaman Guard Ohio: A Travesty of Justice?," Isenberg Institute of Strategic Satire, March 5, 2016; Philipho Yuan, "Seaman Guard Ohio: Who Is Paying?," *Maritime Executive*, March 10, 2016; "HC Reserves Order in Appeal by US Anti-piracy Ship Crew," *Times of India*, Dec. 2, 2016; "Judge Reserves Order on Seaman Guard Ohio Appeal," *Maritime Executive*, Dec. 6, 2016; "MV Seaman Guard Ohio Crew to Stand Trial in India After 625 Days in Detention," *Marine Insight*, Jan. 23, 2017.

12 민간 해상 보안에 대한 규제 증대의 필요성을 개관한 유용한 자료로는 다음을 읽었다. Yvonne M. Dutton, "Gunslingers on the High Seas: A Call for Regulation," *Duke Journal of Comparative and International Law* 24, no. 1(2013). 더턴은 해적 공격 위험이 어느 곳보다 큰 수역을 항해하는 상선이 보호에 관해서라면 최근까지도 대개 세계 해군에 의지했다고 짚었다. 실제로 국제사회는 지난 몇 년 동안 해적 행위 억제라는 목표로 해적이 들끓는 수역을 순찰하는 해군 함선을 지원하는 데 매해 10억 달러 이상을 지출했다. 그러나 오늘날에는 해적이 활동하는 구역이 광대해지면서 해군이 모든 선박을 안전히 보호하기가 불가능해졌다. 위협이 증대되고 뭍에서 멀리 떨어진 곳까지 덮치는 등 해적의 활동 범위가 커지는 동안 해군은 축소되었고, 보안 부담은 많은 부분 이런 수역을 통과하려는 업체로 넘어갔다. 민간 해상 보안 인력에 규제를 더 부과하려는 노력을 파악하고자 한다면 민간에

서 만든 국제 기준 모음인 '무력 사용에 관한 일련의 규정 100항'과 영국의 해양 전문 변호사 데이비드 해먼드(David Hammond)의 글을 읽어볼 만하다. 해운업계와 민간 보안업계의 구성원 다수에게 인정받은 규정이다.

13 민간 해상 보안 인력에 대한 정부 감독의 부재로 발생한 문제도 많지만 반대 방향으로 생기는 위험도 알아둘 만하다. 막상 정부가 개입했을 때 정부가 어떻게 관할권을 행사하는지에 따라 사태가 악화할 수도 있는 것이다. 시맨가드오하이오호는 분명 이런 지적에 부합하는 사례다. 다른 예로 범죄가 만연한 자국 연안 수역에서 나이지리아 정부가 수행하는 역할을 생각해보라. 이 지역에는 파벌이 워낙 많이 존재해 회사나 선장으로서는 정부 행위자와 무장 강탈자를 구별하기가 특히 어려울 수 있다. 나이지리아 수역에서 외국인 경비원은 무장이 불가하며 이들은 대개 곤란한 상황에서 선장에게 '자문'을 제공하도록 고용된다. 나이지리아 군과 경찰만이 무장한 상태로 승선할 수 있으나 일부 경비원과 업계 전문가는 그 대원들이 탈취범과 한통속으로 보인다고 말했다. 내가 나이지리아에 관해 이야기를 나눈 선장과 외국인 경비원에 따르면 나이지리아 수역에서 적대하는 상대가 선박에 접근해올 때 해야 한다고 암묵적으로 합의된 일은 탈취범이 승선하기 전에 나이지리아 측 관계자에게서 무기를 뺏는 것뿐이었다. 다음을 보라. David Osler, "Nigeria 'Ban' on Armed Ship Guards Throws Industry into Confusion," *Lloyd's List*, July 7, 2014.

14 특히 2012년과 2014년 사이에 소말리아 해안 보안 상황이 혼란스러워졌다는 것이 소말리아·에리트레아 감시단의 의견인데, 이들은 역내 무역이나 어업 활동 또는 둘 모두에 참여하는 선박에 올라 무장 보호를 제공하는 일에 규제도 안 받고 훈련도 받지 않은 소말리아 보안 경비원을 쓰는 일이 늘어났다고 지적했다. 단체는 이런 경비원의 무장이 어떻게 봐도 당시 소말리아에서 시행되던 무기 금수 조치를 위반한 것이라고 했다. 한 예로 2013년에는 푼틀란드 당국이 소말리아 연안에서 불법으로 어획하던 이란 선박 5척을 억류하고 그 과정에서 이란인 선원 약 80명과 소말리아 무장 경비원 12명을 체포했다. 이 억류가 독자 행위자의 소행인지 합법적인 정부의 활동인지, 소말리아에서 그 구분의 의미가 무엇인지는 전혀 명확하지 않다. 소말리아는 연방이 실상 국가 대부분에 권한을 행사하지 않는 곳이며 푼틀란드는 더욱 그렇다.

15 이 취재원과 주고받은 대화에서 언어에 관한, 그리고 설명의 의의와 목적에 관한 통찰이 유독 빛나는 두 구절이 떠올랐다. 첫 번째는 마이클 온다치(Michael Ondaatje)의 소설 『잉글리시 페이션트(The English Patient)』에서 두 주인공 캐서린 클리프턴과 라즐로 알마시 백작이 나눈 대화다.

캐서린: 관형어를 그렇게 적게 쓰고도 그토록 긴 글을 쓸 수 있는 사람을 만나보고 싶군요.

알마시 백작: 사물은 앞에 뭘 놓든 여전히 한 사물입니다. 큰 자동차, 느린 자동차, 기사가 모는 자동차, 다 자동차지요.

캐서린: 사랑은요? 낭만적 사랑, 정신적 사랑, 어버이의 사랑은 어떻죠? 분명 제법 다를 텐데요.

두 번째 구절은 클리퍼드 기어츠(Clifford Geertz)의 에세이 『두툼한 기술: 문화의 해석 이론을 향해(Thick Description: Toward an Interpretive Theory of Culture)』에 나온다. 여기서 기어츠는 다른 인류학자 길버트 라일(Gilbert Ryle)의 작업을 논한다. 라일은 두 소년을 예로 들며 둘의 오른쪽 눈이 갑자기 움츠러드는 상황을 이야기한다. "한 소년에게 이는 자기 의사와 무관한 경련이었고 다른 소년에게 이는 친구와 무언가를 작당하는 신호였다. 두 동작은 동작만으로 보면 동일하다. 자신을 카메라로 생각하고 이들을 따로 떼어 '현상적'으로 관찰하면 경련과 윙크를 구별할 수 없다." 다른 소년을 흉내 내는 세 번째 소년을 조합에 추가한다. 이 소년은 "힘을 줘서, 과할 정도로 용을 써서 아마 얼굴까지 찡그리며" 윙크한다. 인류학자가(기자를 덧붙일 수도 있겠다) 마주하는 난관은 경련과 윙크, 흉내를 구별하고 설명하는 것이다. "풍자적인 윙크나 가짜 양 도둑질에 관해 물어야 할 것은 그 존재론적 상태가 아니다. 한편으로는 돌, 다른 편으로는 꿈인 것과 마찬가지로 그것들은 이 세상의 것이다. 물어야 할 것은 그 의미다. 조롱인지 도전인지, 비꼼인지 분노인지, 속물근성인지 자부심인지, 발생하고 대리되어 말해지는 것이 무엇인지 말이다."

16 론돌프 파예트가 인도양참치위원회(IOTC)의 총장 자리에 있던 시절, IOTC의 규제 대상 선박에 면허를 보유한 회사의 임원인 동시에 IOTC의 총장이기도 해 이해 충돌을 일으키던 시절 론돌프 파예트의 아내인 모린 파예트(Maureen Payet)는 위원회의 주요 주주였다. 한때 모린과 론돌프 두 사람은 세이셸에 등록된 회사이자 춘이217호에 면허를 교부한

업체인 국제수산에이전시및해운에 임원으로 있었다. 다음을 보라. Jason Smith, "Newspaper: IOTC Head 'Forced to Resign' amid Links to Videotaped Executions," *Undercurrent News*, Dec. 9, 2015.

17 총격 희생자의 신원을 특정하고자 내셔널지오그래픽은 이란 현지 어민의 힘도 빌렸다. 어민들은 영상 속 어선이 다우선이라고 설명했다. 어민들은 다우선에 있던 표시로 선박이 인도 코나라크에서 건조되었을 것으로 추측했다. 이어서 그곳 현지 기자는 라힘 비바크(Rahim Bibak)라는 선박 건조업자를 찾아냈고, 비바크는 자신이 건조한 배 두 척이 2012년 8월 바다로 나간 지 2주가 약간 지났을 무렵 실종되었다고 말했다. 영상을 보여주자 비바크는 공격받은 배가 자신이 건조한 배가 맞다고 확인해줬으며 희생자 몇 명의 이름도 댔다.

18 이런 이야기는 진정 끝에 이르렀다는 느낌이 없어 쓰기가 힘들다. 이번 범죄는 너무나 극악무도했고 증거가 너무나 확실했으니 취재 소득이 이렇게나 적다는 것은 특히나 통렬한 비극으로 다가왔다. 우리가 조사한 내용이 《뉴욕타임스》에 공개된 후 나는 이 주제로 작업을 계속했으며 정보를 소책자 형태로 엮어 내 개인 웹사이트와 트위터에 게재했다. 읽기에 딱딱한 소책자이기는 하나 법 집행에 힘을 보태고 추후 이 주제로 후속 보도를 하려는 기자에게 유용한 추가 자료가 되었으면 한다. 이런 보고서의 예시는 ianurbina.com에서 "문서 읽기: 바다 위의 살인(A Document Reader: Murder at Sea)"이라는 제목으로 찾아볼 수 있다.

14장 소말리아의 일곱 선박

1 내가 소말리아에 끌린 주요한 이유 중 하나는 불법 어업에 맞선 성공담은 찾기 어렵다는 것이었다. UN 어업 기구의 취재원에게서 악명 높은 밀렵선 그레코1호와 그레코2호 이야기를 들은 적이 있었는데 이게 그런 성공담의 드문 사례 같았다. 그리스인 소유의 이 저인망 어선 두 척은 푼틀란드 인근 소말리아 수역에서 수년간 처벌받지 않고 조업했다. 소말리아인 소유 선박에 할당된 수역에서 조업했고, 금지된 종류의 어망을 사용했으며, 소말리아 당국에 어획물의 크기와 종을 보고하기를 거부했다. 그레코호들의 전략은 케냐 몸바사에 어획물을 하역해 소말리아 항만 당국을 피하는 것이었다. 케냐 당국이 내게 전한 바에 따르면 당국은 그레코호가 보유한 면허의

효력을 확인하고자 2015년 소말리아에 연락을 시도했으나 답변을 끝내 듣지 못했다. 내가 알아가던 무법의 바다의 표준대로 역시 한 비정부 기구가 지원 방안을 들고 개입했다. 상대적으로 빈곤한 아프리카 연안국 간의 소통과 협력을 촉진해 해상의 법 집행을 개선하고자 2012년 설립된 피시아이가 그레코호 사건에 붙어, 나이로비와 모가디슈에서 적당한 관계자를 연결해주고 협업을 촉구했다. 케냐는 곧 그레코호의 입항을 금지해 소말리아의 수도인 모가디슈로 복귀하게 했고, 배는 그곳에서 억류되었다. 그레코호가 잠자코 지낸 시간은 길지 않았다. 이 190톤급 선박은 당국의 감시가 없는 틈에 항구를 빠져나가 며칠 만에 도주했다. 한 선원이 병에 걸리는 바람에 배는 결국 케냐에 정박해야 했고, 그레코호는 다시 억류되었다. 소말리아 당국은 등록된 선주 스타브로스 만달리오스(Stavros Mandalios)와 법정 밖에서 합의했고 만달리오스의 회사는 벌금 6만 5,000달러를 내게 되었다. 값어치가 30만 달러로 추정되는 불법 어획물의 판매가 그레코호에 여전히 허용되었음을 고려하면 벌금은 푼돈이었다. 그렇다 해도 이렇게 밀렵선이 벌금을 내는 일은 드물었다. 그레코호 이야기가 복잡하게 틀어진 것은 이 무렵이다. 만달리오스는 벌금을 납부하기는 했으나 사실 자기는 푼틀란드 수역에서 조업할 적법한 면허를 구매했다고 주장한 것이다. 푼틀란드 수산 당국은 이 어업 면허를 검토해 서류는 진짜지만 공인되지 않은 서명이 들어갔다는 판단을 내렸다. 기관 내에서 누가 이 서류에 접근할 수 있었는지는 잘 모르겠다는 말을 덧붙인 푼틀란드 관계자는 면허를 사느라 얼마를 냈든 그 돈은 해당 부처로 가지 않았다고 확인해줬다. 즉 공익에 보탬이 되어야 했을 돈을 누군가 빼돌린 듯하다는 의미였다. 피시아이아프리카의 국장 퍼 에릭 버그(Per Erik Bergh)는 나와 나이로비에서 만나 사건 이야기를 하는 데 동의했다. 버그는 그레코호 서류를 파헤치다가 만달리오스가 2013년 그레코호 두 척을 폐기하기로 계약하고 약 160만 달러에 해당하는 140만 유로를 EU에서 받았다는 사실을 발견했다. 이런 보조금의 의도는 노후 선박을 퇴출하고 비대해진 세계 선단을 축소해 남획을 방지하려는 것이었다. 버그의 말이다. "그레코호는 소말리아에서 어획만 금지당한 게 아닙니다. 애초에 있어서는 안 될 배였어요." 그후 그리스 검찰의 연락을 받은 만달리오스는 전부 신원 오인 사건이라며 혐의를 인정하지 않았다. 케냐에 억류된 배가 겉보기에는 비슷해도 실제로는 EU에서 폐기 처분을 받은 배가 아니라는 것이 만달리오스의 말이었다. 나는 이 설명을 믿지 않았고, 해상 압류 작업을 취재할 때 집에 익명으로 배송된 수수께끼 같은 해양 사기 안내서를 사건 전반에서 떠올렸다. 이 명백한 범죄 수사에서 피시아이 아프리카가 수행한 역할에도 깊은 감명을 받았다. 해군이 인신매매 용의자 선별을 인권 단체에 의존했던 태국에서, 시셰퍼드가 천둥호를 추격했던 대서양에서 목격했듯 피시아이 아프리카 역시 정부가 해야 할 법 집행 활동을 비영리 단체가 수행하는 사례였다. 바다가 무법 상태인 것도 당연했다. 그나마 존재하는 희박한 법을 적용할 실제 경찰이 거의 없다시피 했으니 말이다. 다음을 보라. Ian Urbina, "The Grekos: A Success Story in the Crackdown on Illegal Fishing," *National Geographic*, March 24, 2017. 그레코호 사건 취재에서는 퓨 자선신탁의 니컬러스 이번절리데스(Nikolas Evangelides)와 피시아이 아프리카의 퍼 에릭 버그에게 크나큰 도움을 받았다.

2 소말리아에 도착하기 전 다음을 읽었다. Mohamed Ibrahim and Jeffrey Gettleman, "Militant Alliance Adds to Somalia's Turmoil," *New York Times*, July 29, 2010; "A Knowledge, Attitudes, and Practices Study on Fish Consumption in Somalia," Food Security and Nutrition Analysis Unit, Nov. 2011; Mohamed Beerdhige, "Roots of Insecurity in Puntland," *Somalia Report*, May 1, 2012; Mark Mazzetti and Eric Schmitt, "Murky Legacy of Army Hired to Fight Piracy," *New York Times*, Oct. 5, 2012; Robert Young Pelton, "Puntland Marine Force in Disarray," *Somalia Report*, Oct. 31, 2012; Yara Bayoumy, "Somalia's Al Shabaab, Squeezed in South, Move to Puntland," Reuters, Nov. 9, 2012; "Somalia Fisheries," Food and Agriculture Organization of the United Nations, Jan. 2013; James Bridger and Jay Bahadur, "The Wild West in East Africa," *Foreign Policy*, May 30, 2013; "Vying with Somali Government for Autonomy," *Deutsche Welle*, July 10, 2013; "Somalia: Puntland Marine Police Forces Mark 3rd Anniversary," *Garowe Online*, Oct. 6, 2013; Martha C. Johnson, "State Building in De Facto States: Soma li land and Puntland Compared," *Africa Today* 60, no. 4(June 2014): 3–23; Anthony Morland, "The State of State-Building in Somalia," *All Africa*, Oct. 23, 2014; "Somalia: Private Company Granted License to Patrol Puntland Waters," *Garowe Online*, April 23, 2015; "Somalia's Puntland Region Marks 17 Years of Autonomy," BBC, Aug. 3, 2015; "Somalia's Puntland Breaks Off Relations with Central Government," Reuters, Aug. 5, 2013; "Somalia: UN Report Blasts Puntland

Leader for Security Failures, Corruption," *Garowe Online*, Oct. 21, 2015; Abdi Sheikh, "Small Group of Somali Al Shabaab Swear Allegiance to Islamic State," Reuters, Oct. 23, 2015; Abdi Sheikh, "At Least 17 Somali Soldiers Killed in Inter-regional Fighting— Officials," Reuters, Sept. 28, 2016; "Puntland President Gaas in Trouble as MPs Set for a Vote of No Confidence Motion," *All Africa*, March 1, 2017; "Puntland President Blames Officials of the Mutiny," *All Africa*, March 14, 2017; "Islamist Gunmen Kill Four Guards in Hotel Attack in Somalia," Reuters, Feb. 8, 2017; "Additional Reports of Recent Violence," *Garowe Online*, March 19, 2017; "Somali Security Forces That Freed Pirated Ship Say NATO Must Do More," Reuters, March 19, 2017; "Action in Countries," *International Rice Commission Newsletter*, vol. 48, accessed Nov. 18, 2018.

3 소말리아 해적은 2010년까지 1,000명 이상을 인질로 잡았고 UN에 따르면 못해도 1억 달러의 수익을 올렸다. 많은 경우 선박을 나포해 몸값을 요구 하고 몇 주 내로 놓아준다. 이런 거래의 효율은 해적의 역량에, 그리고 몸 값을 올려줄 해운 회사의 의지와 능력에 달렸다.

4 소말리아에서 활동을 시도한 사설 보안업체 중에는 블랙워터도 있다. 다음 을 보라. Sharon Weinberger, "Blackwater Hits the High Seas," *Wired*, Oct. 9, 2007; Mark Mazzetti and Eric Schmitt, "Blackwater Founder Said to Back Mercenaries," *New York Times*, Jan. 20, 2011; Katharine Houreld, "Blackwater Founder Trains Somali Troops," AP, Jan. 20, 2011; Giles Whittell, "Billionaire Mercenary 'Training Anti-piracy Forces,'" *Times*(London), Jan. 22, 2011; Mark Mazzetti and Eric Schmitt, "Private Army Formed to Fight Somali Pirates Leaves Troubled Legacy," *New York Times*, Oct. 4, 2012; Ivor Powell, "On the Slippery Trail of Military Deals," *Sunday Independent*(South Africa), Feb. 26, 2012; Ivor Powell, "Sterling Loses Anti-piracy Deal," *Independent on Saturday*(South Africa), Sept. 29, 2012; Eli Lake, "In 'the Project,' the Stormy Battle to Take on Somali Pirates," *Daily Beast*, April, 22, 2013; Armin Rosen, "Erik Prince Is Right: Private Contractors Will Probably Join the Fight Against ISIS," *Business Insider*, Oct. 10, 2014; Ian Shapira, "Was the U.N. Targeting Blackwater Founder Erik Prince on Somalia?," *Washington Post*, Jan. 2, 2015.

5 소말리아 수역 그리고 불법 어업과 민간 보안의 교차점에 관한 유용한 보도 로는 다음을 보라. Peter Bauman, "Strategic Review of the Trust Fund to Support Initiatives of States Countering Piracy off the Coast of Somalia," *Bauman Global*(2016);

"First Hijacking of a Merchant Vessel by Somali Pirates in Five Years," Oceans Beyond Piracy, 2017; Sarah M. Glaser et al., "Securing Somali Fisheries," Secure Fisheries, 2015; Saciid Jamac Maxamed, "Maraakiibta Thailand ee sita calanka Jamhuuriyadda Djabuuti," Federal Republic of Somalia, Ministry of Fisheries and Marine Resources, Office of the Deputy Minister, 2017; Said Jama Mohamed, "Thailand Fishing Vessels Carrying Djibouti Flag," Federal Government of Somali Republic, Ministry of Fisheries and Marine Resources, 2017; "The Somali Fisheries Sector: An Export and Domestic Market Assessment," US Aid from the American People: Somalia Growth, Enterprise, Employment&Livelihoods Project, 2016; "Sustainable Seafood and Responsible Investment," Sustainable Fisheries Partnership, Avista Investors, and Principles for Responsible Investment.

6 상수끼암 일가의 어선단에 관해 더 알아보려면 다음을 읽어볼 만하다. "Turn the Tide: Human Rights Abuses and Illegal Fishing in Thailand's Overseas Fishing Industry," Greenpeace Southeast Asia, Dec. 15, 2016. 해양 범죄 수사의 난점은 선박이나 일가 이름을 번역한 철자가 다양한 데서 생기기도 한다. 가령 상수끼암 일가의 경우 피시아이는 내가 참고한 몇몇 선박 등록 사이트와 마찬가지로 "Sangsukiam"을 사용했다. 그러나 그린피스는 "Saengsukiam"을 썼고, 내가 구한 인터폴과 태국 문서에서는 또 다른 철자가 등장했다. 상수끼암의 세 형제는 위차이(Wichai), 완차이(Wanchai), 수완차이(Suwanchai)다. 일가는 주요 수산 회사 두 개, 즉 세아위(Seavic)와 차이나위(Chainavee)를 보유했고 경영권은 형제들이 나눠 가졌다. 중국과 대만, 태국 선박을 추적하려는 세계의 노력에서 이런 철자 문제는 특히 심각했다. 영어로 옮기면 이름이 골치가 아프도록 다양하게 나오는 탓이다. 배가 존재하는 동안 계속 유지되는 영구한 고유 식별 번호를 모든 선박에 의무적으로 부여할 것을 요구하는 연구자와 운동가가 많은 데는 이런 이유가 있다.

7 이런 태국 선박이 지부티 국기를 걸게 된 배경 이야기의 일부는 내 취재원이 지부티 기국 등록처에 근무하는 50대 후반의 미국인 크리스 워런(Chris Warren)과 나눈 대화의 테이프 녹음본에서 구했다. 워런은 선박의 지부티 국기 사용 계약 중개에서 자신이 외국 대리인으로 독점권을 갖기로 했는데 소말리아의 일곱 선박 계약에서는 배제되었다며 불만을 표했다. 2017년 6월 오스틴의 파파두 시푸드 키친에서 이뤄진 이 만남의 음성 녹음본은 식사 자리에 있던 한 취재원을 통해 내게 들어왔다. 만남 자리에서 태국 어선

을 더 등록하도록 내 취재원을 설득하려던 워런은 자기가 선원 학대에 동조하는 것은 아니며 소말리아의 일곱 선박 선원 관리에 관여한 바는 일절 없다고 강조했다. 그러나 선박을 지부티 기국에 등록하라고 내 취재원을 설득하던 중 노동 조건 같은 사안에 관해 기국이 선주의 일에 개입하지는 않을 것이라고 말했다. 나는 음성 녹음본에서 확보한 정보를 가지고 이후 세부사항을 확인하고자 지부티 기국의 다른 취재원과도 인터뷰를 진행했다.

8 이 선단, 그리고 선단이 현재 진행형 인신매매와 불법 어업 및 여타 노동 착취에 연루되었다는 혐의는 내 머릿속에 단단히 붙박였다. 2018년에는 나도 《뉴욕타임스》의 새로운 취재 프로젝트로 넘어간 상태였으나 내 개인 웹사이트와 트위터에 '질문&단서 알림'을 게재해 정보를 내놓으려고 계속 노력했다. 몰디브에 억류된 두 척과 태국 수역에서 나포된 한 척을 제외한 소말리아의 일곱 선박에는 결국 '알 위삼'과 비슷한 이름들이 새로 붙었다. 국적은 소말리아로 변경되었고 운영주는 신규 선원을 모집했으며 이번에도 대다수는 캄보디아 출신이었다. 그리고 얼마 지나지 않은 2017년 후반 소말리아와 태국, 캄보디아의 운동가에게서 같은 배와 관련한 지원 요청이 새로 들어오기 시작했다. 여느 때와 다를 바 없는 이야기로, 인신매매되어 배에 타게 된 남성 일부가 태국 수역 밖에서 조업한다는 말을 듣지 못했다는 것이었다. 이들 몇몇은 구조와 귀국을 요청했다. 이 취재 내용을 가장 잘 모아둔 것은 내 '질문&단서 알림' 자료에서 확인할 수 있으나 다음에도 추가 자료가 있다. Ian Urbina, "The Somali 7: Fisheries Crimes Exposed by Open- Source Reporting," Safina Center, Aug. 30, 2018.

15장 사냥꾼 사냥

1 닛신마루호는 2007년 일본 연료선의 진로를 막은 시셰퍼드의 선박 샘사이먼호를 들이받았다. 샘사이먼호가 침몰한 것은 아니었으나 충돌로 기관실 벽에는 구멍이 났고 선미에 금이 갔으며 무전 안테나가 넘어졌다. 2010년에는 시셰퍼드의 배 애디길호가 일본 포경선과 충돌한 끝에 실제로 침몰했다. 그후 뉴질랜드 수로 안전에 관한 국가 기구인 '매리타임 뉴질랜드'에서 양쪽 선박에 모두 충돌 책임이 있다는 결론을 내렸는데도 애디길호의 선장은 일본 교도소에 5개월간 갇혀 있었다.

2 여러 인터뷰에서 시셰퍼드 요원들은 내게 늘 질문했다. 일본이 상업이 아

닌 과학적 이유로 포경을 한다면 식당에서 고래 고기가 왜 그렇게 많이 팔리겠냐고 말이다. 시셰퍼드를 비판하는 쪽에서는 나름의 질문으로 반박했다. 오스트레일리아 같은 나라가 시셰퍼드의 포경선 공격이 범죄라고 판단했다면 그 배가 자국 항구에 들어왔을 때 체포하지 않은 이유가 무엇이냐는 것이었다.

3 "Japan Ordered to Immediately Stop Whaling in Antarctic as International Court of Justice Rules Program Was Not Carried Out for Scientific Purposes," Australian Broadcasting Corporation, March 31, 2014.

4 보티어에 관해 더 알아보려면 다음을 보라. Steve Boggan, "Japanese Sue over Whale-Killing Pictures," *Independent*, Dec. 12, 1995; Andrew Darby, *Harpoon: Into the Heart of Whaling*(Cambridge, Mass.: Da Capo Press, 2008); Alexander Gillespie, *Whaling Diplomacy: Defining Issues in International Environmental Law*(Gloucestershire, U.K.: Edward Elgar, 2005); "Japan: Electrocution of Whales Exposed by Journalist," AP Archive; "Japan to Phase Out Lance," *Irish Times*, Oct. 24, 1997; Mark Votier, "One World: An Environmental Awareness Program for the Pacific," interview by Carolyn Court and Lisa Harris, Whales.org, April 1996.

5 포경의 역사를 폭넓게 이해하고자 다음을 읽었다. "A Brief History of Norwegian Whaling," *Norwegian American*, June 15, 2015; AFP in Tokyo, "Whale Meat on the Menu at Japanese Food Festival," *Guardian*, Oct. 9, 2015; Sandra Altherr et al., "Frozen in Time: How Modern Norway Clings to Its Whaling Past," Animal Welfare Institute, OceanCare, and Pro Wildlife, 2016; Australian Antarctic Division, "25 Years of Whale Protection in Australia," Australian Government, Department of the Environment and Heritage, 2006; James Brooke, "Yuk! No More Stomach for Whales," *New York Times*, May 29, 2002; Jóan Pauli Joensen, *Pilot Whaling in the Faroe Islands: History, Ethnography, Symbol*(Tórshavn: Faroe University Press, 2009); Keith D. Suter, "Australia's New Whaling Policy: Formulation and Implementation," *Marine Policy* 6, no. 4(1982); Johan Nicolay Tønnessen and Arne Odd Johnsen, *The History of Modern Whaling*(Berkeley: University of California Press, 1982); "Whales and Hunting," New Bedford Whaling Museum.

6 고래와 바다표범의 약탈에 대해 알아보고자 다음을 읽었다. Jason Allardyce, "Pretenders Singer Joins Seal Shooting Protest," *Sunday Times*, Aug. 9, 2009; John

Arlidge, "Townies' Friend, Fishermen's Foe," *Independent*, Nov. 3, 1995; "ATF Cracks Down on Bombs Used to Scare Seals," Homeland Security Newswire, May 11, 2011; Margaret Bauman, "Changes Coming for Salmon Bycatch, GOA Sablefish Fishery," *Cordova Times*, April 17, 2015; Hal Bernton, "Whales Find Alaska Fishers' Catch Is Easy Pickings," *Seattle Times*, April 9, 2015; Erin Biba, "Alaskan Sperm Whales Have Learned How to Skim Fishers' Daily Catch," *Newsweek*, Nov. 22, 2015; "BIM to Survey Seals After Kerry Fishermen Demand a Cull," *Kerryman*, March 30, 2011; Lise Broadley, "Island Fisherman Makes Seal Repellant; Device Uses Sound of Killer Whales to Chase Mammals Away," *Nanaimo Daily News*, Feb. 25, 2012; Nelson Bryant, "Group Is Seeking Total Protection for Atlantic Salmon," *New York Times*, May 21, 1998; Ronan Cosgrove et al., "Seal Depredation and Bycatch in Set Net Fisheries in Irish Waters," Irish Sea Fisheries Board, Fisheries Resource Series, vol. 10(2013); Andrew Darby, "Protected, but Pesky: Tasmania to Kill Its 'Bolshie' Fur Seals," *Sydney Morning Herald*, Oct. 19, 2000; "Evaluating and Assessing the Relative Effectiveness of Acoustic Deterrent Devices and Other Non-lethal Measures on Marine Mammals," Scottish Government, Oct. 28, 2014; "Fisherman Accused of Shooting Pilot Whales with WWII-Era Rifle," AP, Feb. 20, 2015; Par Marie-Sophie Giroux, "Sperm Whales Robbing Fishermen of Their Catch," *Whales Online*, Nov. 12, 2015; Ben Goldfarb, "Sea Lions Feast on Columbia Salmon," *High Country News*, Aug. 17, 2015; Jason G. Goldman, "Killer Whales Are Stealing Fishermen's Catch to Make Extra Calves," *Guardian*, April 24, 2015; Zoe Gough, "Sperm Whales Target Fishing Boats for an Easy Meal," BBC, Feb. 4, 2015; R. N. Harris et al., "The Effectiveness of a Seal Scarer at a Wild Salmon Net Fishery," *ICES Journal of Marine Science* 71, no. 7(2014): 1,913~20; Thomas A. Jefferson and Barbara E. Curry, "Acoustic Methods of Reducing or Eliminating Marine Mammal-Fishery Interactions: Do They Work?," *Ocean and Coastal Management* 31, no. 1(1996): 41~70; Dan Joling, "Researchers Try Beads to Thwart Thieving Whales," AP, May 15, 2011; Deborah Jones, "Technology May Help Seals, Fishermen Share Same Ocean," *Globe and Mail*, Dec. 30, 1986; Chris Klint, "Seal Bomb Fishing at Southeast Alaska Hatchery, Caught on Video, Nets Fine for Skipper," *Anchorage Daily News*, Jan. 16, 2016; Scott Learn, "Sea Lions' Lives Hang on Disputed Catch Counts," *Oregonian*, May 15, 2012; Jay Lindsay, "Fishermen: Seal Numbers out of Control," AP, Sept. 29, 2006; "Marine Fisheries Research," Center for Coastal Studies; Lindsay McGarvie, "Terror on the Rock as Divers Are Trapped in Seal Killers' Firing Line," *Sunday Mail*, July 18, 1999; Bill Monroe, "Sea Lions' Fishing Prowess Catches Attention," *Oregonian*, Jan. 16, 2006; Doug O'Harra, "As Longlines Rise with Sablefish, Sperm Whales Take a Bite," *Anchorage Daily News*, Feb. 1, 2004; David Perry, "Callaghan Halted Cull," *Aberdeen Press and Journal*, Dec. 30, 2008; Tim Radford, "Wildlife: The Seal of Disapproval," *Guardian*, July 20, 1995; Andrew J. Read, "The Looming Crisis: Interactions Between Marine Mammals and Fisheries," *Journal of Mammalogy* 89, no. 3(June 5, 2008): 541~48; Paul Rogers, "Change in Rules Protects Sea Lions from Fishing Crews," *San Jose Mercury News*, Dec. 20, 1994; Paul Rogers, "U.S. Biologists and Fishermen Agree the Animals' Population Is out of Hand Kill Sea Lions to Save Salon, Experts Urge," *San Jose Mercury News*, March 29, 1997; Zachary A. Schakner and Daniel T. Blumstein, "Behavioral Biology of Marine Mammal Deterrents: A Review and Prospectus," *Biological Conservation* 167(2013): 380~89; Julia Scott, "Feds Begin Enforcement of Restrictions on Bombs Used to Scare Birds, Seals," *Contra Costa Times*, May 9, 2011; Lorna Siggins, "BIM Defends Decision to Shoot up to 45 Grey Seals Annually for Research," *Irish Times*, March 6, 1998; Scott Steepleson, "Seals' Fate May Be Sealed," *Los Angeles Times*, May 5, 1997; DJ Summers, "Black Cod Pots Approved, Buildup for Halibut Action in June," *Alaska Journal of Commerce*, April 16, 2015; "URI Grad Student: Minke Whales Are Predominant Prey of Killer Whales in Northwest Atlantic," University of Rhode Island, Feb. 22, 2016; Cecile Vincent et al., "Foraging Behaviour and Prey Consumption by Grey Seals(*Halichoerus grypus*)—Spatial and Trophic Overlaps with Fisheries in a Marine Protected Area," *ICES Journal of Marine Science* 73, no. 10(2016): 2,653~65; Laine Welch, "Looking at Alaska Fishing in 2011," *Seward Phoenix*, Jan. 5, 2012; Natalie Whitling, "Seals Wreak Havoc on SA Fishing Industry, as Trials of Underwater Firecrackers Struggle," ABC News, March 31, 2016; Anna Wietelmann, "Fishermen, Scientists Seek Whale Avoidance," *Daily Sitka Sentinel*, July 26, 2016; "Woman Arrested for Explosives Scare at WA Hospital," AP, Nov. 15, 2013.

7 틱시어의 연구에 관해서는 다음을 보라. Paul Tixier et al., "Interactions of Patagonian Toothfish Fisheries with Killer and Sperm Whales in the Crozet Islands Exclusive Economic Zone: An Assessment of Depredation Levels and Insights on

Possible Mitigation Strategies," *CCAMLR Science* 17(Sept. 2010): 179~95; Paul Tixier et al., "Habituation to an Acoustic Harassment Device(AHD) by Killer Whales Depredating Demersal Longlines," *ICES Journal of Marine Science* 72, no. 5 (2015): 1,673~81; Paul Tixier et al., "Mitigating Killer Whale Depredation on Demersal Longline Fisheries by Changing Fishing Practices," *ICES Journal of Marine Science* 72, no. 5 (2015): 1,610~20; Christophe Guinet et al., "Long-Term Studies of Crozet Island Killer Whales Are Fundamental to Understanding the Economic and Demographic Consequences of Their Depredation Behaviour on the Patagonian Toothfish Fishery," *ICES Journal of Marine Science* 72, no. 5(2015): 1,587~97; Nicolas Gasco et al., "Comparison of Two Methods to Assess Fish Losses due to Depredation by Killer Whales and Sperm Whales on Demersal Longlines," *CCAMLR Science* 22(2015): 1~14; Paul Tixier et al., "Influence of Artificial Food Provisioning from Fisheries on Killer Whale Reproductive Output," *Animal Conservation* 18, no. 2(2015): 207~18; Paul Tixier et al., "Demographic Consequences of Behavioral Heterogeneity and Interactions with Fisheries Within a Killer Whale(*Orcinus orca*) Population," National Center for Scientific Research, Aug. 21, 2015; Paul Tixier et al., "Depredation of Patagonian Toothfish(*Dissostichus eleginoides*) by Two Sympatrically Occurring Killer Whale(*Orcinus orca*) Ecotypes: Insights on the Behavior of the Rarely Observed Type D Killer Whales," *Marine Mammal Science* 32, no. 3(2016).

8 Andrea Thompson, "Krill Are Disappearing from Antarctic Waters," *Scientific American*, Aug. 29, 2016.

9 고래는 빨리 번식하지 않는다. 암컷 향유고래는 5년에 한 번밖에 새끼를 낳지 못하며 어릴 때는 사망률이 높다. 5~20퍼센트의 고래가 생후 1년 사이에 사망한다. 게다가 "과학계에서는 암컷 자손이 한 마리 성체가 되어 암컷 고래를 대체하기까지 평균 약 20년이 걸린다고 본다." "The Conservation of Whales in the 21st Century," New Zealand Government, 2004. 하버드와 스탠퍼드 대학교 과학자들은 과거의 고래 개체 수를 추산하는 접근법을 개략적 기록에서 유전학적 방법으로 2003년에 변경했다. 이들의 발견에 따르면 기존 개체군 규모 추산치가 10배는 높았어야 했다. 다음을 보라. Joe Roman and Stephen R. Palumbi, "Whales Before Whaling in the North Atlantic," *Science*, July 25, 2003; Roger Highfield, "Whale Numbers in Decline," *Telegraph*, July 31, 2003. 감소 총

계 종합 수치는 없으나 종별 추산치는 있다. 예를 들어 오늘날 혹등고래 수는 역사상 최대였던 개체 수의 10퍼센트 수준에 그친다고 할 수 있다. 아니면 밍크고래 개체 수가 남반구에서만 지난 20년 사이 20만 마리 이상 감소했다고도 할 수 있다. 다음을 보라. "Whale Population Estimates," International Whaling Commission. 다음 자료에 따르면 노르웨이와 아이슬란드, 일본에서는 매년 고래 약 1,500마리를 죽인다. "Stop Whaling," Whale and Dolphin Conservation, us.whales.org. 20세기에만 해도 고래 300만 마리가 살상된 것으로 추정된다. 귀신고래는 19세기 중후반에 거의 말살되다시피 해 이제는 약 2만 2,000마리 정도만 존재한다. 오늘날 일본이 이런 활동에서 밍크고래를 노리는 것은 이런 이유 때문이다. 밍크고래 개체 수는 2012년 기준 51만 5,000마리로 추정되지만 남반구의 포경으로 10만 마리 가까이 타격을 입었다.

10 고래 수 감소에 관해 알아보고자 다음을 읽었다. Ian Ith, "Threatened by the Throngs? Tourist Boats Bring Attention (and Maybe Trauma) to Orcas," *Seattle Times*, Sept. 5, 2004; Michael McCarthy, "20 Years On and Whales Are Under Threat Again," *Independent*, Jan. 2, 2006; Philip Hoare, "North Atlantic Right Whales: Hunted to the Edge of Extinction," *Independent*, July 1, 2006; Lynda V. Mapes, "No Easy Fix for Orcas' Recovery," *Seattle Times*, July 23, 2006; Rich Cookson, "The Whale's Tale," *Independent*, July 24, 2006; R. G. Edmonson, "Whale Watching: Ocean Carriers, Fisheries Service Clash over Proposed Rules to Protect an Endangered Species," *Journal of Commerce*, Sept. 18, 2006; Warren Cornwall, "Recovery Plan for Orcas: $50M, 30 Years," *Seattle Times*, Nov. 29, 2006; Norimitsu Onishi, "Whaling: A Japanese Obsession, with American Roots," *New York Times*, March 14, 2007; Scott LaFee, "A Hole in the Water," *San Diego Union-Tribune*, March 22, 2007; Matt Weiser and Bobby Caina Calvan, "Whale Worries Grow," *Sacramento Bee*, May 23, 2007; Kenneth R. Weiss, "A Giant of the Sea Finds Slimmer Pickings," *Los Angeles Times*, July 6, 2007; Caleb Crain, "There She Blew: The History of American Whaling," *New Yorker*, July 23, 2007; Bruce Barcott, "In the Shadow of Moby-Dick," *New York Times*, July 29, 2007; Kenneth R. Weiss and Karen Kaplan, "Gray Whale Recovery Called Incorrect," *Los Angeles Times*, Sept. 11, 2007; Pat Brennan, "Whales Singing the Blues?," *Orange County Register*, Sept. 24, 2007; Justin Norrie, "Japan Defends Its Whale Slaughter," *Age*, Nov. 24, 2007; Matt Weiser, "Draft Federal Report: Delta System Hazard to Fish;

Species' Threat of Extinction May Hurt Orcas," *Sacramento Bee*, Jan. 9, 2009; Juliet Eilperin, "A Crossroads for Whales," *Washington Post*, March 29, 2010; John M. Broder, "U.S. Leads Bid to Phase Out Whale Hunting," *New York Times*, April 15, 2010; Reese Halter, "What Whales Are Telling Us About the Earth," *San Jose Mercury News*, Dec. 3, 2010; Brita Belli, "Defender of the Seas," *E: The Environmental Magazine*, Jan.~Feb. 2012; William J. Broad, "Learning to Cope with Underwater Din," *New York Times*, July 17, 2012; Felicity Barringer, "Opposition as Aquarium Seeks Import of Whales," *New York Times*, Oct. 10, 2012; Kate Galbraith, "Campaigns on Multiple Fronts Against Whale Hunting," *New York Times*, April 4, 2013; Kate Allen, "Why Are These Humpback Whale Conservationists Applauding the Harper Government?," *Toronto Star*, April 26, 2014; Doug Struck, "The Whale Savers," *Christian Science Monitor*, Oct. 12, 2014; Darryl Fears, "Navy War Games Face Suit over Impact on Whales, Dolphins," *Washington Post*, Nov. 10, 2014; Craig Welch, "Ten Years After ESA Listing, Killer Whale Numbers Falling," *Seattle Times*, Dec. 21, 2014; Anthony King, "Are Grey Whales Climate Change's Big Winners?," *Irish Times*, Aug. 20, 2015; Matthew Berger, "The Story of the Arctic Is Written in Whale Earwax," *Newsweek*, July 1, 2016.

11 이런 법정 싸움에 관해 읽어보려면 다음을 보라. "Environmental News: Japan Caught with Dead Whale in Australia," *Sun Bay Paper*, Jan. 19~25, 2017; Paul Farrell, "Australian Court Fines Japanese Whaling Company $1M for 'Intentional' Breaches," *Guardian*, Nov. 17, 2015; "Institute of Cetacean Research and Kyodo Senpaku to Receive $2.55 Million from Sea Shepherd for Unlawful Attack," June 9, 2015; Justin McCurry, "Campaigners Try to Halt Japan Whale Hunt in Last-Ditch Legal Fight," *Guardian*, Nov. 17, 2015; "Settlement Agreed in Legal Action Against Sea Shepherd," Institute of Cetacean Research. Aug. 23, 2016.

12 Ben Doherty, "Sea Shepherd Says It Will Abandon Pursuit of Japanese Whalers," *Guardian*, Aug. 28, 2017; "Japan Passes Controversial Anti-terror Conspiracy Law," BBC News, June 15, 2017; "Japan Anti-terrorism Law—Tourists May Be Unknowingly Arrested—Complete List of 277 Crimes," *Tokyo Zebra*, June 2017; "Japanese Protest over Passes Controversial Anti-terror Law," *National*, June 15, 2017.

13 AP, "Anti-whaling Group Must Keep 500 Yards from Japanese Ships, Court Rules," *Oregonian*, Dec. 18, 2012.

더 읽을거리

Afrika, Mzilikazi Wa. "SA Teen's Horror of the High Seas." *Sunday Times*, July 18, 2010.

Agnew, David J., John Pearce, Ganapathiraju Pramod, Tom Peatman, Reg Watson, John R. Beddington, and Tony J. Pitcher. "Estimating the Worldwide Extent of Illegal Fishing." *PLOS ONE* 4, no. 2(2009): e4570.

Albrecht, Gerhard, ed. *Weyer's Flottentaschenbuch 1979/81* [Warchips of the world, 1979/81]. Munich: Bernard und Graefe, 1979. For data on the world's marine police and naval forces.

Atlas of the Oceans. London: Chancellor Press, 1996.

Auden, W. H. *The Enchafèd Flood;or, The Romantic Iconography of the Sea.* London: Faber & Faber, 1951.

Baboulene, David. *Jumping Ships: The Global Misadventures of a Cargo Ship Apprentice.* Chichester, U.K.: Summersdale; 2009.

Bahadur, Jay. *Deadly Waters: Inside the Hidden World of Somalis' Pirates.* London: Profile Books, 2011.

Barker, Ralph. *Goodnight, Sorry for Sinking You: The Story of the S.S.* City of Cairo. Glasgow: William Collins & Sons, 1984.

Bates, Quentin. "The Modern Face of Slavery." *IntraFish*, Nov. 2011.

BBC. "South Korea Trawler: Hopes Fade for 52 Missing Sailors." BBC, Dec. 2, 2014.

Beavis, Bill, and Richard McCloskey. *Salty Dog Talk: The Nautical Origins of Everyday Expressions.* London: Adlard Coles Nautical, 1991.

BIMCO and ISF. *The World Wide Demand for and Supply of Seafarers.* London: BIMCO/ISF, 1995.

Bondaroff, Teale N. Phelps, Wietse van der Werf, and Tuesday Reitano. *The Illegal Fishing and Organised Crime Nexus: Illegal Fishing as Transnational Organised Crime.* Geneva: Global

Initiative Against Transnational Organized Crime; Amsterdam: Black Fish, 2015.

Borisova, Yevgeria. "Abandoned Crew Starves in City Port." *St. Peterburg Press*, Dec. 5-11, 1995. For comparisons with pre-World War II conditions, see Ronald Hope, *A New History of British Shipping*(London: John Murray, 1990).

Bowditch, Nathaniel. *The Complete Nautical Dictionary*. Nautical Publications, 2017.

Bowermaster, J. "Slaves on the Seas: Global Fishing Fleets and Human Bondage." *Takepart*, Jan. 10, 2011.

Brennan, M. "Out of Sight, out of Mind: Human Trafficking and Exploitation of Migrant Fishing Boat Workers in Thailand." Washington, D.C.: American Center for International Labor Solidarity, 2009.

Breverton, Terry. *Breverton's Nautical Curiosities: A Book of the Sea*. New York: Quercus, 2010.

Brody, Michael. "Boom in Piracy—There's a Rising Tide of Marine Fraud." *Barron's*, Nov. 29, 1982.

Browne, David. "Murder at Sea: David Nrowne Reports on the Shocking Abuses Faced by Burmese Fishers." Transport International online, 2009.

Buckley, Christopher. *Steaming to Bamboola*. London: Flamingo, 1983.

Buglass, Leslie. *Marine Insurance Claims: American Law and Practice*. 2nd ed. Cambridge, Md.: Cornell Maritime Press, 1972. Readers interested in the technical aspects of marine insurance law underlying the discussion of marine insurance fraud are well advised to consult, for American practice, William D. Winter, *Marine Insurance: Its Principles and Practice*, 3rd ed. (New York: McGraw-Hill, 1952), and for English practice, J. Kenneth Goodacre, *Marine Insurance Claims*, 2nd ed. (London: Witherby, 1981).

Bullen, Frank Thomas. *The Men of the Merchant Service, Being the Polity of the Mercantile Marine for Longshore Readers*. London: Jon Murray, 1900.

Canadahistory.com. "Cod Collapse."

Center for Public Integrity and International Consortium of Investigative Journalist. *Looting the Seas II*. Washington, D.C.: Venter for Public Integrity, 2011.

Ciceri, Bruno. "Fishermen, the Forgotten Seamen." *People on the Move*, no. 85(April 2001).

———. "In search of New Standards and Foreign Fishers on Board Taiwanese Fishing Vessels." Paper for FarEast ICMA Regional Conference, March 7~11, 2005.

Clare, Horatio. *Down to the Sea in Ships: Of Ageless Oceans and Modern Men*. London: Vintage, 2014.

Clark, Andrew. "Fraserburgh Trawler Skipper Death Confirmed." *Press and Journal*, Nov. 3, 2014.

Clydesdale, Simon. "Pole and Line Fishing—Catching Tuna One by One." Greenpeace, Nov. 2, 2012.

Commission for the Conservation of Antarctic Marine Living Resources(CCAMLR), ccamlr.org.

Commission of the European Communities. "Community Action Plan to Eradicate Illegal, Unreported, and Unregulated Fishing." Brussels: European Commission, 2012.

Couper, A. D. *Voyages of Abuse: Seafarers, Human Rights, and International Shipping.* London: Pluto, 1999.

Couper, A. D., Hance D. Smith, and Bruno Ciceri. *Fishers and Plunderers: Theft, Slavery, and Violence at Sea.* London: Pluto Press, 2015.

Cousteau, Jacques-Yves. *Silent World.* New York: Ballantine, 1977.

Crane, Stephen. *The Open Boat.* E-book, Electronic Text Centre, University of Virginia Library, 1995.

Cremer, Peter. *U333: The Story of a U-Boat.* London: Triad Grafton, 1986.

Darnton, John. "Pirates Plying Nigerian Seas." *New York Times*, Jan. 9, 1977.

De Botton, Alain. *The Pleasures and Sorrows of Work.* London: Hamish Hamilton, 2009.

De Coning, Eve. *Transnational Organized Crime in the Fishing Industry.* Vienna: United Nations Office on Drugs and Crime, 2011.

Dickens, Charles. *On Travel.* Edited by Pete Orford. London: Hesperus Press, 2009.

Dillon, Dana Robert. "Piracy in Asia: A Growing Barrier to Maritime Trade." Heritage Foundation, June 22, 2000.

Earle, Sylvia. *A Sea Change: A Message of the Oceans.* New York: Fawcett, 1995.

Ebbesmeyer, Curtis, and Eric Scigliano. *Flotsametrics and the Floating World: How One Man's Obsession with Runaway Sneakers and Rubber Ducks Revolutionized Ocean Science.* New York: Harper Collins, 2009.

Economist. "Brassed Off: How the War on Terrorism Could Change the Shape of Shipping." May 16, 2002.

Ekin, Des. *The Stolen Village: Baltimore and the Barbary Pirates.* Dublin: O'Brien Press, 2008.

Ellen Eric F., and Donald Campbell. *International Maritime Fraud.* London: Sweet & Maxwell, 1981.

Environmental Justice Foundation. *All at sea: The Abuse of Human Rights Aboard Illegal Fishing Vessels.* London: EJF, 2010.

———. *Dirty Fish: How the EU Hygiene Standards Facilitate Illegal Fishing in West Africa.* London: EJF, 2009.

Evans, Bob. *A Dog Collar in the Docks.* Birkenhead, U.k.: Countyvise, 2002.

———. *Mersey Mariners.* Birkenhead, U.K.: Countyvise, 2002.

"Everyday Phrases and Their Nautical Origins." Nautical Know How, 2001.

FAO. International Plan of Action for the Conservation and Management of Sharks.

Rome: FAO, 1999.

———. International Plan of Action for the Management of Fishing Capacity. Rome: FAO, 1999.

———. International Plan of Action for Reducing Incidental Catch of Seabirds in Longline Fisheries. Rome: FAO, 1999.

Field, Michael. Evidence reported at Coroners Court Wellington, April 16~20, 2012.

———. "Families of Fishing Crew Face Backlash." Fairfax Media, Aug. 10, 2011. Quoting Glenn Inwood.

———. "Slavery at Sea Exposed." *Sunday Star-Times*, April 3, 2011.

———. "$10,500 Fine for Fishing Boat's Secret Dumping." Fairfax Media, Feb. 22, 2013. Quoting Glenn Inwood.

Fitzgibbon, Theodora. *A Taste of the sea in Food and pictures.* Vancouver: David & Charles, 1977.

Foulke, Judith E. *Is Something Fishy Going On?* Rockville, Md.: Food and Drug Administration, 1993.

George, Bill. *On the Bridge: A Story of Ing Billy and the Derby Grange.* Thame: Seaman Publications, 2008.

George, Rose. *Deep Sea and Foreign Going: Inside shipping, the Invisible Industry That Brings You 90% of Everything.* London: Portobello Books, 2014.

George, Will. "Saving the Whales Helps Humanity, Too." *Miami News*, Jan. 26, 1983.

Gettleman, Jeffrey, and Nicholas Kulish. "Somali Militants Mixing Business and Terror." *New York Times*, Oct. 1, 2013.

Gianni, Matthew, and Walt Simpson. "The Changing Nature of High Seas Fishing: How Flags of Convenience Provide Cover for Illegal, Unreported, and Unregulated Fishing." Canberra: Australian Department of Agriculture, Fisheries, and Forestry, International Transport Workers Federation(ITF), and WWF International, 2005.

Gilje, Paul. *To Swear Like a Sailor: Maritime Culture in America, 1750~1850.* New York: Cambridge University Press, 2016.

Global Witness/IFT. *Taylor-Made: The Pivatal Role of Liberia's Forests and Flag of Convenience in Regional Conflict.* Sept. 2001.

Golden, Frank, and Michael Tipton. *Essentials of Sea Survival.* Champaign, Ill.: Human Kinetics, 2002.

Graham, Stuart. "Indonesian Fishermen Stranded in S. Africa After Horror Voyage." *Modern Ghana*, Dec. 1, 2013.

Grotius, Hugo. *The Free Sea.* Indianapolis: Liberty Fund, 2004.

Hamburger, Tom, and Kim Geiger. "Forein Flagging of Offshore Rigs Skirts U.S. Safety

Rules." *Los Angeles Times*, June 14, 2010.

Hanson, Neil. *The Custom of the Sea: The Shocking True Tale of Shipwreck and Cannibalism on the High Seas*. London: Corgi Books, 1999.

Hardberger, Max. *Seized: A Sea Captain's Adventure Battling Pirates and Recovering Stolen Ships in the World's Most Troubled Waters*. London: Nicholas Brealey, 2010.

Harlaftis, Gelina. *A History of Greek- Owned Shipping*. London: Routledge, 1996.

Heaton Vorse, Mary. *Time and the Town: A Provincetown Chronicle*. New Brunswick, N.J.: Rutgers University Press, 1991.

"High Seas——Strange Cargo——a Curious Trove of Soviet Arms." *Time*, July 4, 1983.

High Seas Task Force. *Closing the Net: Stopping Illegal Fishing on the High Seas*. London: Governments of Australia, Canada, Chile, Namibia, New Zealand, and the United Kingdom, WWF, IUCN, and Earth Institute at Columbia University, 2006.

Hilborn, Ray, and Ulrike Hilborn. *Overfishing: What Everyone Needs to Know*. Oxford: Oxford University Press, 2012.

Hohn, Donovan. *Moby-Duck: The True Story of 28,800 Bath Toys Lost at Sea and of the Beachcombers, Oceanographers, Environmentalists, and Fools, Including the Author, Who Went in Search of Them*. New York: Farrar, Straus and Giroux, 1990.

Hudson, Rex A., ed. Peru: *A Country Study*. Washington, D.C.: GPO for the Library of Congress, 1992.

Hurst, Peter. "Occupational Health and Safety in the Fishing Sector and Labour Inspection of Fishing Vessels." Final Report: Global Dialogue for Promotion of the Work in Fishing Convention 2007(188). Geneva: International Labour Office, 2013.

ICS/ISF. Code of Good Management Practice in Safe Ship Operation. London: International Chamber of Shipping and International Shipping Federation, 1981.

Imarato, Tetsuo. "The Safety of Maritime Traffic and Investigation on Traffic Rules Violations." Resource Material Series 16:244. Fuchu: UNAFEI, 1979.

International Chamber of Commerce. Guide to Prevention of Maritime Fraud. International Chamber of Commerce, 1980.

——. Piracy and Armed Robbery Against Ships Annual Report.

International Court of Justice. "Whaling in the Antarctic(Australia v. Japan: New Zealand Intervening)." 2014.

International Labor Organization. Abandonment of Seafarers Database. 2013.

International Maritime Organization. International Shipping Facts and Figures: Information Resources on Trade, Safety, Security, Environment. March 2012.

Interpol distributes purple notices "to provide information on modus operandi, procedures, objects, devices and concealment methods used by criminals."

Isil, Olivia. *When a Loose Cannon Flogs a Dead Horse There's the Devil to Pay: Seafaring Words in Everyday Speech*. Camden, Maine: International Marine, 1996.

ITF. *Migrant Workers in the Scottish and Irish Fishing Industry*. Irish Congress of Trade Unions Northern Ireland Committee, 2008.

———. *Out of Sight, Out of Mind: Seafarers, Fishers, and Human Rights*. London: ITF, 2006.

———. *The Top Twenty Worst Shipping Companies in the World*. London: ITF, 1998.

Iversen, Robert T. B. "The Mental Health of Seafarers." *International Maritime Health* 63, no. 2(2012).

Jaynes, Gregory. "Pirates of Lagos: Once an Annoyance, Now a Major Threat." *New York Times*, March 14, 1981.

Johnson, Charles. *A General History of the Robberies & Murders of the Most Notorious Pirates*. London: Conway Maritime Press, 1998.

Johnson, Charles, and Christopher Lloyd. *Lives of the Most Notorious Pirates*. London: Folio Society, 1962.

Joint Nature Conservation Committee. "The UK Biodiversity Action Plan, 1992~2012." Joint Nature Conservation Committee, 1994.

Junger, Sebastian. *The Perfect Storm: A True Story of Men Against the Sea*. New York: W. W. Norton, 2009.

Kadfak, Alin, Nathan Bennett, and Raphaella Prugsamatz. *Scoping Study on Migrant Fishers and Transboundary Fishing in the Bay of Bengal*. Phuket, Thailand: BOBLME, 2012.

Katz, Alan. "Fighting Pirates Goes Awry with the Killings of Fishermen." *Bloomberg*, Sept. 16, 2012.

Kemp, Peter, ed. *The Oxford Companion to Ships and the Sea*. Oxford: Oxford University Press, 1988.

Kington, Tom. "Priest Appeals for Justice for African Migrants 'Left to Die' on Boat." *Guardian*, Sept. 7, 2011.

Koeppel, Dan. *Banana: The Fate of the Fruit That Changed the World*. London: Plume, 2009.

Kraus, Scott D., and Rosalind M. Rolland. *The Urban Whale: North Atlantic Right Whales at the Crossroads*. Cambridge, Mass: Harvard University Press, 2007.

Laist, David W., Amy R. Knowlton, James G. Mead, Anne S. Collet, and Michael Podesta. "Collisions Between Ships and Whales." *Marine Mammal Science* 17, no. 1(2006): 35~75.

Lamvik, Gunnar M. "The Filipino Seafarer: A Life Between Sacrifice and Shopping." PhD diss., Norwegian University of Science and Technology, 2002.

Langewiesche, William. *The Outlaw Sea: Chaos and Crime on the World's Oceans*. London: Granta Books, 2005.

Lanier, Frank. *Jack Tar and the Baboon Watch: A Guide to Curious Nautical Knowledge for Landlubbers and Sea Lawyers Alike*. New York: McGrawHill Education, 2015.

Laskier, Frank. *Log Book*. Aberdeen: Aberdeen University Press, 1949.

————. *A Merchant Seaman Talks: My Name Is Frank*. London: G. Allen & Unwin, 1941.

Law of the Sea Negotiations. Washington, D.C.: U.S. Government Printing Office, 1983. For relevant congressional debates on the issue, see *Hearing before the Subcommittee of Arms Control, Oceans, International Operations, and Environment of the Committee on Foreign Relations*. U.S. Senate, 97th Congress, 2nd Sess., Sept. 15, 1982. Of scholarly interested is Gerald J. Mangone, *Law for the World Ocean* (London: Stevens & Sons, 1981).

Levinson, Marc. *The Box: How the Shipping Container Made the World Smaller and the World Economy Bigger*. Princeton, N.J.: Princeton University Press, 2006.

Lewis, Val. *Ships' Cats in War and Peace*. Shepperton, U.K.: Nauticalia, 2001.

Linskey, Bill. *No Longer Required: My War in the Merchant Marine*. London: Pisces Press, 1999.

Lloyd's Register. *The World Casualty Statistics*. London: Lloyd's Register, 1996.

Looper, Kenneth J. "Divers Comb Ocean Floor in Search of Ship's Booty." Boston Globe, Aug. 7, 1983.

Lyford, George J. "Boat Theft: A High-Profit/Low-Risk Business." *FBI Law Enforcement Bulletin* 51, no. 5(1982): 2.

MacBain, M. "Will Terrorism Go to Sea?" *Security Management* 24, no. 8(1980): 76~77.

MacDonald, Kenneth. *Three Dark Days*. Stornoway, Scotland: Acair, 1999.

MacKenzie, Mike. *Sea Talk Nautical Dictionary*, 2005~2012.

Magudia, Rosie. "How Pole and Line Fishing Enables Sustainability in the Tuna Market." *Guardian*, Aug. 30, 2013.

Marine Terms Dictionary. 2014.

Maritime and Coastguard Agency. *The Human Element: A Guide to Human Behavior in the Shipping Industry*. April 2010.

Maritime Transport Committee of the Organization for Economic Cooperation and Development. *Competitive Advantages Obtained by Some Shipowners as a Result of Non-observance of Applicable International Rules and Standards*. Paris: OECD, 1996.

McGrath, Molly. *The True Cost of Shrimp*. Washington, D.C.: Solidarity Center, 2008.

McKenna, Robert. *The Dictionary of Nautical Literacy*. Camden, Maine: International Marine/McGraw-Hill, 2001.

Melville, Herman. *Moby-Dick; or, The White Whale*. 1851. Kindle edition.

Miami Herald. "The People Smugglers." Dec. 8, 1982.

Missions to Seamen. *Convoy X.K.234 Arrives: The War-Time Story of the "Flying Angel."* London: Missions to Seamen, 1947.

Moore, John, ed. *Jane's Fighting Ships, 1980~81*. London: Jane's, 1980. For data on the world's Marine police and naval forces.

New York Times. "Aide Says Gulf Burning of Wastes May Go Ahead." Dec. 8, 1983.

———. "Five Nations Insist Nigeria Act to Curb Port Pirates." Nov. 23, 1977.

———. "Flotilla of Japanese Whalers Leaves on Antarctic Voyage." Oct. 23, 1983.

———. "Foes of Whaling Says Colleagues Will Be Freed." July 22, 1983.

———. "4 Arrested on a Boat in Raid on Gambling." Oct. 17, 1983.

———. "Judge Refuses to Bar Ocean Burning of PCB's." Nov. 20, 1983.

———. "Philippine Navy Forces Rebels to Yield Ship and 29 Hostages." Sept. 30, 1975.

———. "Pirate Vessel Sets Off a Hunt for Booty." Dec. 12, 1982.

———. "Plan to Burn PCB's in the Gulf Protested at Hearing in Texas." Nov. 22, 1983.

———. "Senators Warned of Damage Facing Historic Shipwrecks." Nov. 6, 1983.

———. "Sweden Improves Defenses Against Submarine Intruders." Sept. 18, 1983.

———. "Thai Pirates Kill 70 'Boat People.'" Jan. 11, 1980.

———. "Underwater Wreck Called Treasure Ship." Dec. 5, 1982.

Nielsen, Detlef, and Steven Roberts. "Fatalities Among the World's Merchant Seafarers(1990~94)." *Marine Policy* 23, no. 1(Jan. 1999): 71~80.

Oceans Beyond Piracy. "The Human Cost of Maritime Piracy." Working paper, 2012. For details of fatalities and human shields.

Panama Star and Herald. "Hundreds of Taiwanese, Cubans Enter U.S. Using Bogus Costa Rican Passports." Feb. 8, 1984.

Parker, Matthew. *Hell's Gorge: The Battle to Build the Panama Canal.* London: Arrow Books, 2008.

Parker, Tony. *Lighthouse.* London: Eland, 2006.

Pauly, Daniel, Villy Christensen, Johanne Dalsgaard, Rainer Froese, and Francisco Torres. "Fishing Down Marine Food Webs." Science 279, no. 5352(1998): 860~63.

Pew Charitable Trusts, Environmental Initiatives. "Fish Aggregating Devices(FADS) Position Paper." June 28, 2011.

Phillips, Richard. *A Captain's Duty: Somali Pirates, Navy SEALs, and Dangerous Days at Sea.* New York: Hyperion, 2010.

Raban, Jonathan, ed. *The Oxford Book of the Sea.* Oxford: Oxford University Press, 2001.

Raymond, Catherine Z. "Piracy and Armed Robbery in the Malacca Strait: A Problem Solved." *Naval War College Review* 62, no. 3(Summer 2009): 31~42.

Rediker, Marcus. *Villains of All Nations: Atlantic Pirates in the Golden Age.* Boston: Beacon Press, 2004.

Roberts, Callum M. *Ocean of Life: How Our Seas Are Changing.* London: Allen Lane, 2012.

———. *The Unnatural History of the Sea.* Washington, D.C.: Island Press/ Shearwater

Books, 2008.

Roberts, Stephen. *Mortality Among Seafarers*. Cardiff: SIRC, 1998.

Roberts, Stephen, and Judy C. Williams. "Update of Mortality for Workers in the UK Merchant Shipping and Fishing Sectors." Risk 1976(2005): 58.

Robertson, Phillip. *Trafficking of Fishermen in Thailand*. Geneva: IOM, 2011.

Roland, Alex, W. Jeffrey Bolster, and Alexander Keyssar. *The Way of the Ship: America's Maritime History Reenvisioned, 1600~2000*. Hoboken, N.J.: John Wiley & Sons, 2008.

Rousmaniere, Leah Robinson. *Anchored Within the Vail: A Pictorial History of the Seamen's Church Institute*. New York: Seamen's Church Institute of New York and New Jersey, 1995.

Safina, Carl. *Beyond Words: What Animals Think and Feel*. New York: Picador, 2016.

———. *Song for the Blue Ocean: Encounters Along the World's Coasts and Beneath the Seas*. New York: Henry Holt, 1999.

Sampson, Helen. *International Seafarers and Transnationalism in the Twenty-First Century*. Manchester: Manchester University Press, 2014.

Sekula, Allan. *Fish Story*. Düsseldorf: Richter, 1995.

Sekulich, Daniel. *Ocean Titans: Journeys in Search of the Soul of a Ship*. Guilford, Conn.: Lyons Press, 2007.

———. *Terror on the Seas: True Tales of Modern Day Pirates*. New York: Thomas Dunne Books, 2009.

Sharpsteen, Bill. *The Docks*. Berkeley: University of California Press, 2011.

Sheppard, Charles R. C. *Natural History of the Coral Reef*. Dorset, U.K.: Blandford Press, 1983.

SIRC. *Proceedings of a Research Workshop on Fatigue in the Maritime Industry*. Cardiff: SIRC, 1996.

Smith, Angela. *Gender and Warfare in the Twentieth Century: Textual Representations*. Manchester: Manchester University Press, 2004.

Smith, David. "Scourge of the Seas: Pirate Fishermen Plunder the World's Fish Supply." *Economy Watch*, May 9, 2013.

Stopford, Martin. *Maritime Economics*. 3rd ed. London: Routledge, 2009.

Stringer, Christina, and Glenn Simmons. "Stepping Through the Looking Glass: Researching Slavery in New Zealand's Fishing Industry." *Journal of Management Inquiry* 24, no. 3(July 2015): 253~63.

Surtees, Rebecca. "Trafficked at Sea: The Exploitation of Ukrainian Seafarers and Fishers." International Organization for Migration(2012).

Szymańska, Kings, Bogdan Faremin, and Elzbieta Rosik. "Suicide Among Polish Seamen and Fishermen During Work at Sea." *International Maritime Health* 57(2006).

Todd, Paul. *Maritime Fraud and Piracy.* 2nd ed. London: Informa, 2010.

Trotter, Henry. *Sugar Girls & Seamen: A Journey into the World of Dockside Prostitution in South Africa.* Athens: Ohio University Press, 2011.

Tuck, Craig. "Slave Free Seas Condemns Employers Manning Agents Intimidating Fishing Crews." Slave Free Seas, Press release, April 2014.

United Nations Convention of the Law of the Sea, Art. 230.

United Nations Office on Drugs and Crime. *Transnational Organized Crime in the Fishing Industry.* Vienna: United Nations Office on Drugs and Crime, 2011.

Verité. *Research on Indicators of Forced Labor in the Supply Chain of Tuna in the Philippines.* Amherst, Mass.: Verité, n.d.

Vidal, John. "Health Risks of Shipping Pollution Have Been 'Underestimated.'" *Guardian*, April 9, 2009.

Wada, Yoshio. "criminal Investigations at Sea." Research Material Series 20:157. Fuchu: UNAFEI, 1980. It is noteworthy that in a single year(1978) the Japanese Maritime Safety Agency had to investigate 1,964 significant incidents of pollution. See Tatsuo Narikone, "Maritime Offenses," Research Material Series 18:130(Fuchu: UNAFEI, 1979).

Warner, Kimberly, Walker Timme, Beth Lowell, and Michael Hirschfield. "Oceana Study Reveals Seafood Fraud Nationwide." *Oceana*, Feb. 2013.

Weber, Peter. "Abandoned Seas: Reversing the Decline of the Oceans." Worldwatch Paper 116. Washington, D.C.: Worldwatch Institute, Nov. 1993.

Whitfield, Martin. "Out of Sight, Out of Mind: Seafarers, Fishers, and Human Rights." International Transport Workers' Federation, 2006.

Whitlow, Jon. "The Social Dimension of IUU Fishing." In *Fish Piracy: Combating Illegal, Unreported, and Unregulated Fishing.* Paris: OECD, 2004.

Wilson, Jack(former assistant commissioner, Scotland Yard). Speech at a meeting of the Association of the Bar of the City of New York, program titled "Crime in the Maritime Industry." New York, Dec. 6, 1983.

Winchester, Simon. *Atlantic: A Vast Ocean of a Million Stories.* London: Harper Press, 2010.

Winn, Patrick. "Desperate Life at Sea." Public Radio International, May 21, 2012.

Woodard, Colin. *Ocean's End: Travels Through Endangered Seas.* New York: Basic Books, 2000.

Woodman, Richard. *The Real Cruel Sea: The Merchant Navy in the Battle of the Atlantic, 1939~1943.* London: John Murray, 2005.

Yea, Sallie, and Shelley Thio. *Troubled Waters: Trafficking of Filipino Men into the Long Haul Fishing Industry Through Singapore.* Singapore: TCW2, 2012.

Zach, F. "Why Fishing Boats Contribute to Drug Smuggling." 2009.

찾아보기

782

사진 출처

도판 1쪽: Simon Ager/Sea Shepherd; 2쪽 아래: Benjamin Lowy, *The New York Times*; 2~3쪽 위: Fabio Nascimento, *The Outlaw Ocean*; 4쪽 위: Adam Dean, *The New York Times*; 아래: Ministry for Primary Industries, New Zealand; 5쪽 위: Ed Ou, *The New York Times*; 아래: U.S. Coast Guard; 6쪽: Simon Ager/Sea Shepherd; 7쪽: Fabio Nascimento, *The Outlaw Ocean*; 8쪽: Fabio Nascimento, *The Outlaw Ocean*; 9쪽: Adam Dean, *The New York Times*; 10쪽: Fabio Nascimento, *The Outlaw Ocean*; 11쪽: Fabio Nascimento, *The Outlaw Ocean*; 12~13쪽 위: Fabio Nascimento, *The Outlaw Ocean*; 13쪽 아래: Fabio Nascimento, *The Outlaw Ocean*; 14쪽: Hannah Reyes, *The New York Times*; 15쪽: Adam Dean, *The New York Times*; 16쪽: Fabio Nascimento, *The Outlaw Ocean*

본문 25쪽: Simon Ager/Sea Shepherd; 26쪽: Sea Shepherd; 30쪽: Simon Ager/Sea Shepherd; 37쪽: Sea Shepherd; 55쪽: Simon Ager/Sea Shepherd; 60쪽: Simon Ager/Sea Shepherd; 68쪽: Simon Ager/Sea Shepherd; 78쪽: Simon Ager/Sea Shepherd; 80쪽: Simon Ager/Sea Shepherd; 85쪽: Simon Ager/Sea Shepherd; 92쪽: Division of Marine Law Enforcement of Palau; 104쪽: Benjamin Lowy, *The New York Times*; 107쪽: Division of Marine Law Enforcement of Palau; 122쪽: Benjamin Lowy, *The New York Times*; 132쪽: Sealand; 137쪽: *The Sun*; 140쪽: Ian Urbina, *The Outlaw Ocean*; 145쪽: Sealand; 151쪽: Sea land; 159쪽: Sealand; 165쪽: Ministry for Primary Industries, New Zealand; 169쪽: Coronial Services of New Zealand; 172쪽: Ministry for Primary Industries, New Zealand; 179쪽: Stuff Limited; 202쪽: Fabio Nascimento, *The Outlaw Ocean*; 215쪽: Fabio Nascimento, *The Outlaw Ocean*; 226쪽: Drawing: David George Mndolwa, *The Outlaw Ocean*; 233쪽: Ed Ou, *The New York Times*; 246쪽: Mission to Seafarers; 249쪽: Ben Solomon, *The New York Times*; 267쪽: Ian Urbina, *The Outlaw Ocean*; 271쪽: William Widmer, *The New York Times*; 275쪽: Josué Azor, *The New York Times*; 305쪽: Max Hardberger, *The Outlaw Ocean*; 311쪽: Hannah Reyes, *The New York Times*; 321쪽: Hannah Reyes, *The New York Times*; 333쪽: Hannah Reyes, The New York Times; 340쪽: Fabio Nascimento, The Outlaw Ocean; 359쪽: Fabio Nascimento, *The Outlaw Ocean*; 361쪽: Fabio Nascimento, *The Outlaw Ocean*; 372쪽: Fabio Nascimento, *The Outlaw Ocean*; 381쪽: Fabio Nascimento, *The Outlaw Ocean*; 385쪽: Adam Dean, *The New York Times*; 406쪽 위: Adam Dean, *The New York Times*; 아래: Fabio Nascimento, *The Outlaw Ocean*; 418쪽: Adam Dean, *The New York Times*; 430쪽: Fabio Nascimento, *The Outlaw Ocean*; 441쪽: Fabio Nascimento, *The Outlaw Ocean*; 450쪽: U.S. Department of Justice; 459쪽: AC-CA Architectural Competition; 463쪽: Adam Dean, *The New York Times*; 485쪽: Fabio Nascimento, *The Outlaw Ocean*; 493쪽: Fabio Nascimento, *The Outlaw Ocean*; 500쪽: Fabio Nascimento, *The Outlaw Ocean*; 501쪽: Fabio Nascimento, *The Outlaw Ocean*; 506쪽: Fabio Nascimento, *The Outlaw Ocean*; 511쪽: Fabio Nascimento, *The Outlaw Ocean*; 526쪽: Photographer unknown; 538쪽: Ben Solomon, *The New York Times*; 540쪽: Ben Solomon, *The New York Times*; 547쪽: Ben Solomon, *The New York Times*; 565쪽: Fabio Nascimento, *The Outlaw Ocean*; 581쪽: *The Outlaw Ocean*; 583쪽: Fabio Nascimento, *The Outlaw Ocean*; 584쪽: *The Outlaw Ocean*; 591쪽: Fabio Nascimento, *The Outlaw Ocean*; 618쪽: Sea Shepherd; 625쪽: Sea Shepherd; 626쪽: Sea Shepherd; 649쪽: Sea Shepherd; 650쪽: Sea Shepherd